THE INTERROGATION ROOMS OF THE KOREAN WAR

THE INTERROGATION ROOMS OF THE KOREAN WAR: The Untold History
by Monica Kim
Copyright ⓒ 2019 by Princeton University Press

All rights reserved. No part of this book may be reproduced or transmitted in any form or by any means, electronic or mechanical, including photocopying, recording or by any information storage and retrieval system, without permission in writing from the Publisher.

Korean translation copyright ⓒ 2025 by Humanitas Publishing Company
Korean translation rights arranged with Princeton University Press
through EYA Co., Ltd

이 책의 한국어판 저작권은 EYA Co., Ltd를 통해
Princeton University Press와 독점 계약한 후마니타스(주)에 있습니다.
저작권법에 의해 한국 내에서 보호받는 저작물이므로 무단 전재 및 무단 복제를 금합니다.

심문실의 한국전쟁 : 포로 송환과 자유주의 전쟁의 새로운 패러다임

1판1쇄 | 2025년 6월 23일

지은이 | 모니카 김
옮긴이 | 김학재, 안중철

펴낸이 | 정민용, 안중철
편집 | 윤상훈, 이진실

펴낸곳 | 후마니타스(주)
등록 | 2002년 2월 19일 제2002-000481호
주소 | 서울특별시 마포구 신촌로14안길 17, 2층 (04057)
전화 | 편집_02.739.9929/9930 영업_02.722.9960 팩스_0505.333.9960

블로그 | blog.naver.com/humabook
엑스, 페이스북, 인스타그램 | @humanitasbook
이메일 | humanitasbooks@gmail.com

인쇄 | 천일문화사_031.955.8083 제본 | 일진제책사_031.908.1407

값 28,000원

ISBN 978-89-6437-482-5 93910

심문실의
한국전쟁

포로 송환과
자유주의 전쟁의
새로운
패러다임

모니카 김 지음 | 김학재 · 안중철 옮김

후마니타스

차례

서문   전쟁과 인간성   11

1부 전쟁의 요소들

1장   심문   45
2장   전쟁 포로   99
3장   심문관   149

2부 인간성을 심문하다

4장   거제도: 반란 또는 혁명   205
5장   38선 남쪽에서: 철조망과 혈서 사이   251
6장   38선에서: 제3의 선택   305
7장   38선 북쪽에서: 미국 시민-전쟁 포로   351

결론   전쟁의 디아스포라   405
감사의 말   418
옮긴이 후기   427

주   442
참고문헌   483
찾아보기   502

일러두기

- 본문의 대괄호([ ])와 각주는 옮긴이의 첨언이며, 아라비아숫자로 매긴 미주는 지은이의 것이다. 인용문에서 지은이가 추가한 내용은 '[-인용자]'로 표시했다.
- 원문에서 강조하기 위해 이탤릭체로 표시한 곳은 드러냄표로 처리했다.
- 단행본, 정기간행물은 겹낫표(『 』), 기사, 논문, 보고서, 편명, 문서·유인물·팸플릿 같은 짧은 글 등은 홑낫표(「 」), 노래, 연극, 영화, 법령 등은 홑화살괄호(〈 〉)를 사용했다.
- 외국어 고유명사의 표기는 국립국어원 외래어표기법 및 관련 용례를 따랐으나 일부 굳어진 표현은 그대로 사용했다.
- 이 시기에 미군이 사용한 한국어의 로마자 표기는 어떤 일관된 형식을 따르지 않았기 때문에 같은 단어도 철자가 서로 다른 경우들이 있었다. 이를 다시 한글로 옮길 때 확인이 가능한 경우는 원래 이름을 찾아 주었으나, 확인이 불가능한 경우는 발음 나는 대로 한글로 옮긴 후 책 뒤 '찾아보기'에 목록을 정리했다. 따라서 실제 이름과는 다를 수 있고, 심지어 성과 이름이 바뀌었을 수도 있다. 이는, 포로의 심문을 한국어나 일본어로 진행했더라도 영어로 기록했기 때문에 생긴 기록의 한계이다.
- 영어 'Korea(n)'와 달리 분단된 양측을 포괄하는 단일한 한국어는 없다. 특히 해방 전후부터 한국전쟁 이후 시기에 이르기까지 국제 무대에 등장하는 Korea(n)는 더욱 번역하기 어려운데, 남측에서는 '한국', 북측에서는 '조선'으로 불렸기 때문이다. 이 책에서는 남과 북 모두를 가리키거나 특별히 구별하지 않고 가리키는 Korea(n)을 '한국(인)'으로 옮겼다(예컨대, '한국인 포로'는 남북한 포로 모두를 가리킨다). 남측과 북측은 각각 '남한/북한'으로 번역했으며, 맥락상 오해의 소지가 없을 경우 남한을 의미하는 Korea는 '한국'으로 두었다. 다만 당시 텍스트를 인용하거나 맥락상 그대로 두는 것이 자연스러운 경우는 바꾸지 않았다(예: 조선, 남조선, 북조선).
- 이 글에서는 정전이라는 표현뿐만 아니라 휴전이라는 표현 역시 함께 사용한다. 사전적으로 정전armistice, cease fire협정은 "교전국이 협상에 임하는 입장이 너무 달라 정식으로 전쟁을 종료하는 강화조약peace treaty을 맺을 수 없"는 상황에서 "전투 행위를 완전히 멈추는 것"이다. 곧, 전쟁의 정치적 목적에는 합의할 수 없기 때문에 전투 행위의 정지, 종료만을 합의했다는 것이다. 반면, 휴전은 이보다 좀 더 광범위한 의미로 "적대 행위는 일시적으로 정지되나 전쟁은 계속되는 상태"를 의미한다. 주지하다시피, 1953년 7월 27일 발효된 협정문은 공식적으로 정전협정문이라 부르지만, 남한에서는 전쟁의 종료보다 일시 중지를 강조하는 휴전이라는 표현이 더 많이 사용되고 있다. 박태균은 남한에서 '정전'이라는 표현보다 '휴전'이라는 표현이 더 많이 사용되는 몇 가지 이유를 추측하며, 그중 하나로 정전협정에 반대했던 이승만 정부가 북진 통일을 주장하고 정당화하기 위해 정전보다 휴전이라는 표현을 주로 사용했을 것이라 지적한다. 이에 대해서는, 박태균, 「정전협정인가 휴전협정인가」, 『역사비평』 통권 73호, 2005/11, 88-92쪽 참조.

한반도에 설치된 포로수용소 위치

나의 어머니 장재순과
나의 아버지 김정한에게

서문
전쟁과 인간성

1950년 10월 1일, 민주청년동맹위원회(민청)에서 얼마간 기관원으로 일하던 스무 살 오세희는 고향인 경상북도 의성군으로 돌아가고 있었다. 보름 전인 9월 15일, 맥아더 장군이 인천에 상륙한 이래로 인민군은 계속해서 퇴각하고 있었고, [민청 기관원으로서 함께 후퇴하던] 오세희는 혼란을 틈타 무리에서 빠져나와 고향을 향해 가고 있었다. 그는 [정찰기를 피해 달아나던] 배추밭에서 나와 큰길로 돌아섰다. 그리고 약간 구부러진 길의 오른쪽으로 몇 발자국 내딛는 순간, 뒤에서 목소리가 들렸다. "손 들엇!" 오세희는 천천히 두 손을 들어 올렸다. 그는 고향에 돌아가는 길에 국군이나 인민군을 언젠가 마주칠 것으로 예상하고 이에 대비해 증명서 네 장을 몸속 이곳저곳에 숨겨 놓고 있었다. 첫째는 인민군에게 [책가방을 강제로 헌납당하고] 받은 '애국자 증명서'●였

● 애국자 증명서에는 다음과 같이 적혀 있었다. "오세희. 위에 적은 동무는 혁명 정신이 투철하여 소유하고 있던 귀중한 물품을 자진하여 인민군대에 헌납한 동무로서 애국적인 인민임을 증명함. 1950년 9월 ○일. ○○연대장 김○○." 오세희, 『65 포로수용소: 한국전쟁 포로의 고발수기』(대구: 만인사, 2000), 234쪽.

다. 그는 이 증명서를 빨치산 베레모 속에 넣어 두었다. 둘째는 유엔군 정찰기가 살포한 '귀항증'이었는데, 이 전단을 가지고 있다가 항복할 때 내보이면 생명을 보장받을 수 있다는 내용이 적혀 있었다.* 그는 이 귀항증을 '윗도리 안주머니에 소중하게 간직'했다. 셋째로, 바지 오른편 뒷주머니에는 그가 다니던 서울대학교 학생증이 들어 있었다. 마지막으로, 바지 왼편 뒷주머니에는 오세희가 시골에서 교사로 재직하던 중학교의 전교생 이름이 적힌 수첩 모양의 교사증이 들어 있었다. 그는 인민군이나 빨치산 유격대, 미군이나 국군과 마주칠 것에 대비해 신분증을 제시하는 연습을 수없이 해 둔 상태였다. 애국자 증명서는 인민군이나 빨치산 유격대를 만났을 때 큰 도움이 되리라 생각했다. 유엔군이 공중 살포한 귀항증은 가장 광범위하게 쓰일 수 있을 것 같았다. 미국이 주도하는 유엔군사령부UNC 지휘 아래에 국군을 비롯한 16개국 부대가 한반도 전역에서 작전을 펼치고 있었기 때문이다. 학생증이나 교사 수첩은 그가 남한에 살고 있는 민간인임을 증명해 주는 것이므로 경찰이나 기타 기관원을 만날 경우 꺼내려 했다.

자동차 한 대가 "찌이이익" 브레이크 소리를 내며 멈춰 섰다. 장교석에 앉아 있던 중위가 오세희를 향해 카빈총을 겨누며 지프에서 내렸다. "넌 뭐야?" 하고 중위가 살기등등하게 소리쳤다. 오세희는 소중히 보관해 온 귀항증을 윗도리 호주머니에서 꺼내어 중위에게 보여 줬다. 그러자 그는 곧바로 "이 새끼야, 이런 거 소용없어!"라고 말하며 갈기갈기 찢어 길바닥에 내팽개쳤다. 오세희가 바지 뒷주머니에서 서울대학교 학생증을 꺼내 보이자 군인은 이것 역시 찢어발기며 "야! 대학생이 여기 왜 왔어!"라고 소리를 질렀다. 생사의 갈림길에서 교사증을 마지막으로 내보였다. "아니, 선생이 왜 여기 왔어!"라며 그

* 귀항증에는 다음과 같이 적혀 있었다. "이 전단을 가진 자는 대열을 이탈하여 유엔군이나 국방군에게 귀항하라. 이 전단을 보이면 생명은 절대로 보장받을 수 있다. 유엔군의 인천 상륙으로 인민군은 완전 포위되었으니 귀항하는 것만이 인민군이 살 길이니 반드시 귀순해서 귀중한 생명을 구하라!" 오세희, 『65 포로수용소』, 44쪽.

것마저 팽개쳤다. 중위는 오세희의 가슴에 총구를 겨누며 "모자 벗어 봐!"라고 명령했다. 긴장한 오세희는 애국자 증명서가 떨어지지 않기를 기도하며 모자 앞을 감싸 쥐고 어깨 너머로 휙 내던졌다. 다행히 애국자 증명서는 모자에서 떨어지지 않았다. 모자를 벗자, 짧게 자른 인민군 병사의 머리가 아니라 몇 주일은 기른 듯 길게 늘어진 머리가 나왔다. 오세희가 인민군이 아니라고 확신한 중위는 이렇게 소리쳤다. "야, 이 새끼 봐라!" 그렇게 그는 전쟁 포로가 되었다.[1] •

전쟁의 각본

우리는 전쟁을 인간의 보편적인 조건 가운데 일부로 생각한다. 그리고 전쟁이 인간이 가진 또 다른 오랜 충동 — '스토리텔링'•• — 과 만나면, 전쟁은 단순히 인간의 소행이 아니라 자연의 힘에 더 가까운 모습으로 이야기 속에 등장한다. 전쟁이 가져오는 공포, 폭력, 황홀경은 한편으로는 인간 본성에 대한 하나의 '알레고리'로, 다른 한편으로는 근본적인 '성찰'의 결과로 정제distill된다. 이렇게 볼 때는 전쟁에 대해 말하는 것은 곧 인간(성)humanity에 대해 말하는 것이 된다.

• 오세희의 회고록에 따르면, 중위를 만난 직후 바로 포로가 된 것은 아니었다. 그는 이후 아버지가 대학 입학 선물로 사 준 스위스제 시계를 장교에게 빼앗기기는 했지만, 북진 중이던 국군이 타고 있는 트럭에 실려 이동했다. 그는 트럭에 실려 가는 도중 신병으로 보이는 국군들과 인사를 하고 고향 소식을 나누는 등 크게 안심하고 있었으나 얼마 지나지 않아 트럭에서 내려 엉거주춤 서 있던 와중에 헌병에게 끌려가 인민군 포로들이 있던 무리 꽁무니에 앉게 된다.

•• 스토리텔링storytelling, 즉 이야기 만들기는 인간의 고유한 충동 가운데 하나로, 인간은 이야기를 통해 정보를 저장하고 나누고 교류한다. 이 점에서 스토리텔링은 인간 종이 가진 진화의 산물이자, 인간 종의 고유한 특징 가운데 하나로 널리 간주되어 왔다. 김용현, 「스토리텔링의 효용성에 관한 고찰: 진화심리학을 중심으로」, 한국독일언어문학회, 『독일언어문학』 94, 2021 참조.

서문

그러나 전쟁을 인간성과 분리해서 보면, 전쟁이라는 인간 드라마가 인간(성)에 대한 영원한, 다시 말해 시공간을 초월한 진리를 반영한다는 가정은 무너지고, 전쟁에 대한 이야기가 단지 알레고리적 힘을 가지고 있을 뿐이라는 사실을 좀 더 분명하게 알 수 있다. 왜냐하면 전쟁 이야기는 가장 근본적으로 '밀접한' 만남[조우]intimate encounter에 대한 이야기이기 때문이다. 말하자면, 전쟁에 대한 이야기를 끌고 나가는 것은 장대한 서사시 같은 것이 아니라 오히려 작은 것들이다. 이런 이야기들은 한 사람이 다른 사람의 인간성을 얼마나 깊게 인식하느냐에 따라 생生과 사死가 갈리는 결정적인 순간들을 다룬다. 총구 앞에서, 음식을 구걸하는 사람 앞에서, 마을에 대한 무차별 폭격 속에서 — 모든 행동은 타인의 인간성을 어느 정도나마 상상하고 공감할 수 있느냐에 달려 있다. 그리고 오세희가 갖고 있던 네 장의 증명서가 보여 주듯이, 전쟁터에서 누군가가 [살 가치가 있는 사람으로] 인정을 받기 위해 가지고 있어야 하는 것은 지극히 구체적인 것이며, 역사적인 것들일 수밖에 없다.

20세기 중반에, 전쟁 도중 [누군가에게] 폭력을 행사하거나 자비를 베풀기 직전의 이 결정적인 멈춤의 순간이 국제적으로 격렬한 논쟁의 초점이 되었다. 바로 이 같은 인식의 순간이 국제기구, 국민국가, 혁명가 집단 등이 좀 더 공식적인 과정으로 제도화하고자 했던 '사회적 만남[조우]'이었다. 세계대전이 초래한 참화의 여파로 전쟁을 어떻게 정의하고 규제할 것인가라는 질문이 제기되었고, 세계 곳곳에서 반식민주의 운동이 급증하면서, 인간성의 한계를 어떻게 정의할 것인가 하는 질문이 제기되었다. 적법한legitimate 전쟁의 각본script을 다시 쓰는 것은 1945년 이후의 세계 질서를 위한 적법한 인간 주체의 견본template을 다시 만드는 일이기도 했다. 누가 살 가치가 있는가?

전쟁과 인간성에 대한 이야기가 이 역사적 순간에 교차하게 된 것은, 그것이 갖는 보편적 성격 때문이 아니라 전후 국제사회의 중요 관심사였던 특정 제도, 다시 말해 국민국가 때문이었다. 제네바나 워싱턴 DC에서 열린 일련의 회담에서 전쟁과 인간성에 대한 이야기는 국가 행위에 대한 각본임이 드러났다. 전쟁을 규제하려면 국가의 행동을 통제해야 했고, 개별 인간을 보호하기 위해서도 국가 행동을 통제해야 했다.

1945년 10월 유엔이 창설되고, 1948년 세계인권선언과 1949년 제네바 조약의 초안이 만들어지면서 '국제사회'family of nations˙는 전쟁과 인간성에 대한 이런 정의를 촉진하는 중심적인 기반 체계가 되었다. 그리고 이 국제사회 체계를 묶고 지탱하는 기본 요소는 주권에 대한 인정이었다.

그러나 인도, 인도차이나, 알제리 할 것 없이 주권 인정을 요구하는 움직임이 서구 식민 지배 국가들의 근간과 그 세계적 영향력을 뒤흔들었다. 이는, [식민지 주민들의] 인간성에 대한 인정이든, 폭력 행사[전쟁 선언]의 권리에 대한 인정이든 간에, 서구가 이를 부정할 특권을 가지고 있다는 전제를 흔든 것이다. 우리는 전쟁이란 오직 주권을 인정받은 국가들만이 누릴 수 있는 특권이었음을 기억해야 한다.

오직 주권을 가진 정치체제만이 카를 폰 클라우제비츠가 '결투'duel라고 개념화한, 즉 서로 인정할 수 있는 양측이 참여하는 전쟁에 관여할 수 있었다. 이와 달리 식민지에서 [제국주의 국가를 향해 발생한] 폭력은 폭동, 반란, 저항 등 다른 이름으로 불렸다.

1950년 6월 25일 한국전쟁이 공식적으로 발발하자, 세계 무대에서 폭력이라고 명명하는 것과 폭력을 길들이는 것 사이에 명백히 기이한 상황이 존재한다는 것이 드러났다. 서구 열강들이 '전쟁법'law of war을 재정의함에 따라, [한반도에서는] 국가들이 '전쟁'을 하고 있지 않은 것처럼 보이기 시작했다. 해리 트루먼 대통령은 미국이 한반도에서 전쟁을 하고 있느냐는 기자들의 질문에 "전쟁을 하고 있지 않다"라고 간단히 답했다. 그는 기자단 중 한 명이 당시

• '국가들의 가족'으로 옮길 수 있는 이 표현은, 19세기 국제법 체계에서 많이 사용되었는데, 흔히 유럽에 위치한 그리스도교 문명국을 가리킨다. 여기에 속하는 국가들은 문명국으로 인정받았으며, 국제법의 주체로서 국제법상의 권리와 의무를 향유했다.

서문

군사 동원의 성격을 "유엔에 의한 경찰 행동[치안 활동]police action"이라고 표현한 데 동의했다.² 이후 군사 행동을 일컫는 다양한 어휘들이 빠르게 늘어났다. 경찰 행동, 개입, 점령 등등.

전쟁의 각본이 변화하고 있었다. 1945년 이후의 세계를 조형한 [전쟁에 대한] 두 가지 요구는 명백히 서로 긴장 관계에 있었다. 첫 번째는 [전쟁에 대한] 식민지 열강들의 요구였다. 당시 서구의 식민 열강들은 전혀 예상하지 못했던 매우 난처한 상황에 봉착해 있었다. 다른 나라와 '전쟁'을 한다는 것은 그 나라의 주권적 정당성을 정치적으로 승인하는 것이 되었는데, 이는 바로 반식민주의 운동 세력을 상대로 그들이 최대한 미루고자 했던 것이다. 두 번째는 [전쟁의] 도덕적 권위와 관련된 것이었다. '침략' 전쟁이 범죄화되면서 국가가 전쟁을 선포하고 동원할 수 있는 정당한 근거가 바뀌었다. 즉, 한 국가의 특권적 이익을 위해 전쟁을 선포한다는 것은 더 이상 전쟁을 일으킬 수 있는 충분한 근거가 될 수 없었다. 이제 전쟁은 한 국가의 특수한 필요가 아니라 보편적 분쟁이라는 틀 안에서 '인류'의 이름으로 수행되어야 했다. 이제 전쟁은 전쟁 자체를 부정하는 방식[말하자면 침략 전쟁에 맞선, 원상회복을 위한 방어 전쟁]으로만 수행될 수 있었다.

이 책은 전쟁이 아니었던 전쟁, 즉 한국전쟁을 통해 20세기 중반 변화하고 있던 전쟁의 각본에 관한 이야기를 들려준다. 한반도에서 등장한 갈등의 핵심은 단순히 영토주권과 국민국가라는 통상적인 문제가 아니었다. 이 싸움의 중심은, 1945년 이후 국민국가 체계의 토대를 형성한 중요한 관계 역학, 즉 정치적 인정의 문제에 있었다. 이 책은 인정이라는 행위가 어떻게 전쟁의 본질적인 지형이 되었는지를 이해하려면, 전쟁의 전통적인 풍경인 전장戰場에서 벗어나 심문실로 들어가야 한다고 주장한다.

전쟁은 주권적 영토의 경계를 넘어 인간성의 가장 내밀한 부분, 즉 개별 인간 주체에까지 파고들었다. 전쟁의 지형은 국가-영토적 의미의 전통적 주권에 국한되지 않았다. 오히려 '새로운' 전후 시대에 전쟁의 중심지는 개인들의 내면세계였다. 미군의 심리학자들이나, 한반도의 공산주의 혁명가들을 비롯해 전후 세계에 살고 있는 사람들은 모두 인간의 내면세계에 주목했다. 왜냐하면 서구 제국주의 열강들이나 [제3세계 사회주의] 혁명들 모두 중심 과제로 탈식민화를 주장했기 때문이다. 프란츠 파농의 말을 인용하자면, "탈식민화는 진정으로 새로운 인간을 창조하는 것"이었다.[3] 이렇게 제국, 혁명, 그리고 국제 연대의 야망이, 군사 전쟁에서의 긴밀한 만남, 즉 심문관과 포로 간의 심문에서 하나로 수렴되었다. 1945년 이후의 세계를 위해 누가 새로운 인간 주체를 만들어 낼 것인가? 이는 답하기 어려운 큰 질문이었지만, [한반도에서 벌어지고 있는] 전쟁의 언어가 [미군과 중국군 등의 참전과 더불어] 파편화되는 것만큼이나 빠르게 폭력의 형태 역시 증가했기 때문에, 현장에서는 긴급히 해결해야 할 중요한 질문이었다. 한국인[남한인, 북한인], 미국인, '동양인', 중국인, 공산주의자, 반공주의자 등 다양한 사람들이 폭력의 파도와 언어의 신뢰 불가능성을 빚어내고 있었다. 이제부터 이 책은 제2차 세계대전부터 한국전쟁을 거쳐 매카시 시대에 이르기까지 태평양의 양쪽 편에서 온, 두 세대에 걸친 사람들이 심문실을 만들고 협상하는 과정을 따라가면서 인간성을 둘러싼 전쟁의 역사를 살펴볼 것이다.

역사의 무대에 오른 한국전쟁

한국 이외의 나라 사람들에게 한반도를 표상하는 가장 확실한 표식이, 한반도를 가로지르는 추상적인 선이라는 사실은 역사의 아이러니가 아닐 수 없다. 1945년 8월 14일 늦은 밤 미군 장교 두 명이, 미군과 소련군의 한반도 점령지를 구분하기 위해 처음 그은 38선은 한반도의 지리적·문화적 경계와 전혀 무관한 것이었다.[4] 실제로 38선이 그어진 1945년 이후 몇 년 동안 한국인, 소련인, 미국인 할 것 없이 모두 38선이 정확히 어디에 그어져 있는지 알지 못했다. 밀수꾼들과 피난민들은 38선을 가로질러 나 있는 다양한 오솔길을 따라 남북을 오가곤 했다. 그러나 1950년 6월 25일 이후 38선은, 잠정적이고 자의적이었던 경계선에서 신성한 주권의 경계를 표상하는 국경으로 바뀌었다. 1950년 6월 26일 해리 트루먼 대통령이 한반도로 미군을 파병하기로 한 결정을 설명하기 위해 성명을 발표했다. 그는 이 성명에서 38선에 초점을 맞추어, 1950년 6월 25일 조선인민군(이하 '인민군')이 38선을 넘어 남하한 것은 "침략 행위"이자 "세계 평화에 대한 위협"이라고 비난했다.5 소련 관료들은 트루먼의 성명에 맞서 "남한 괴뢰 정부"가 6월 25일 38선을 넘어 공격을 도발했다고 비난하면서, 이는 미국이 "제국주의 전쟁광"임을 보여 주는 명백한 증거라고 말했다.6 이런 비난에 따르면, 38선은 한반도에 그려진 하나의 주권적 경계이자, 부상하는 세계 질서의 경계를 상징하는 것이었다.

백악관의 관점에서 볼 때, 한국전쟁은 미국과 소련 사이에서 전개되고 있는 '냉전'이라는 더 큰 갈등의 최전선이었고, 38선은 트루먼에게 기존의 익숙한 전쟁의 각본, 즉 국경을 침범하는 행위에 맞서 전쟁에 나서야 할 명분과 동력을 제공해 주었다. 한국전쟁에 대한 표준적인 이야기들은 38선을 중심축으로 삼고 있다. 1950년 6월 인민군이 빠른 속도로 남진했고, 인민군 병력과 인력은 한반도 이남 지역에 대한 조선민주주의인민공화국의 주권을 주장하는 한편, 토지개혁을 신속하게 시행했다. 일본에서 연합국 최고 사령관으로 있던 더글러스 맥아더 장군은 9월 중순 인천 상륙작전을 지휘함으로써, 패색이 짙던 전세를 뒤집으며 승기를 잡았다. 1950년 9월 말 맥아더는 트루먼 대통령에게, 미국이 주도하는 유엔군사령부가 38선을 넘어 북진할 수 있도록 요청해 허가를 받았다. 트루먼이 승인함에 따라 유엔군은 38선을 넘어 북진했다. 이로써 냉전 시대의 봉쇄 전쟁은 공세적인 롤백 전쟁●이 되었다.

● 한반도에서 소련의 영향력이 한반도 이남 지역으로 확대되는 것을 막는 것이 봉쇄 전쟁이라면, 롤백rollback 전쟁은 한반도에서 소련을 위시한 공산주의 세력을 몰아내는 것을 의미한다.

이 같은 '경찰 행동'은 곧 다시 바뀌었다. 1950년 11월 중화인민공화국(이하 '중국') 인민지원군이, 압록강을 건너 한반도에 진입하면서 전쟁에 참여했다. 다시 한번 전세가 역전되어 미국과 유엔군은 38선까지 밀려났다. 1951년 7월 무렵, 38선은 유엔군사령부, 중화인민공화국, 조선민주주의인민공화국 간의 정전 협상을 위한 협의의 장소가 되었다. 1950년대 초반에 이르면, 정치인들과 외교관들은 한반도에서 폭력이 계속해서 용인되는 이유로, 일방이 다른 쪽의 국경을 침범했다는 상투적인 주장을 계속 이어 가기 쉽지 않다. 즉, 주권적·영토적 국경선을 침범해야 하는 전통적인 전쟁의 각본은 이 갈등에 실제로 걸려 있는 것이 무엇인지를 충분히 설명하지 못했다. 따라서 한국전쟁은 1950년 6월에 38선이라는 경계를 침범한 전쟁으로 시작되었지만, 1952년 초에 이르러서는 인간 주체의 권리, 즉 전쟁 포로의 자기 결정권이나 선택권의 침해를 두고 벌어지는 전쟁으로 변해 가고 있었다.

한국전쟁의 역사를 통해, 우리는 20세기 중반에 공식적인 전쟁이 지정학적 영토를 둘러싼 전쟁에서 인간의 내면을 둘러싼 전쟁으로 변화하는 과정을 생생히 확인할 수 있다. 이런 변화는 정전 협상이 벌어지고 있던 38선의 작은 마을 판문점에서 일어났다. 1952년 1월 2일, 유엔군사령부를 대표하는 미국 대표단은 포로 협상 테이블에서 '자원 송환'voluntary repatriation이라는 새로운 제안을 내놓았다. 중국과 북한 대표단은 1949년 '전쟁 포로의 대우에 관한 제네바협약'에, 종전 시 포로를 [즉각적으로 지체 없이] 강제 송환해야 한다고 명시되어 있음을 지적하며 이 같은 제안을 즉각 거부했다.

미국이 제안한 계획에 따르면, 분쟁이 종식되면, 포로로 잡힌 병사는 "원래 자신이 속했던 편으로 돌아갈지, 아니면 다른 편에 합류할지에 대해 각자 선택"할 수 있게 될 것이었다. 미국 협상 대표인 루스벤 리비 제독은 자원 송환을 제안하며, '선택의 자유 원칙', '개인의 자기 결정권' 같은 표현을 사용했다.7 다시 말해, 리비의 표현에 따르면, 자원 송환 제안은 본질적으로 전쟁 포로를 위한 '권리장전'이었다. "송환과 관련해 선택의 자유를 허용함으로써 개인의 의사에 반하는 강제 송환은 없을 것이다." 리비가 선택한 단어들에서, 우리는 전시에 사람들을 분류하는 관료적 범주였던 '전쟁 포로'가 어떻게 하나의 '정치적 주체'가 되었는지를 알 수 있다. 한때 국가의 보호와 통제를 필요로 했던 취약한 전쟁 주체는 이제 욕망과 선택의 능력을 가진 정치적 주체가 되었다. 이렇게 미국식 자유주의가 포로 심문실로 들어왔고, 이제 그 공간에서 전쟁 포로는 자신의 욕망을 표현할 수 있을 것으로, 따라서 선택의 자유를 행사할 수 있을 것으로 여겨졌다.

한국전쟁을 연구하는 역사가들은 포로 송환 논란을, 정전 협상에서 교전국들이 주도권을 잡기 위해 동원한 선전 책략의 일환으로 치부하며 이를 각주에서만 간단히 다루었다. 하지만 포로 송환을 둘러싼 논쟁이 과열되면서 정전 협상은 약 18개월 동안 지연되었고, 그동안 한반도 전역에서 교전이 지속되었다. 논쟁의 기간과 범위는 예상을 벗어난 것이었다. 미국은 협상 테이블에서 '자원' 송환과 '강제' 송환이라는 극명한 이분법을 만들어 냈다. 자세히 살펴보면, 사실 미국이 매우 놀라운 주장을 하고 있었다는 것을 알 수 있다. 미국은 전쟁에서 가장 불투명하고 강압적인 공간인 심문실이 미국에 의해 자유롭고 관료 행정적인 공간으로 바뀔 수 있다고 주장하고 있었던 것이다.

판문점의 미국 대표단과 트루먼 행정부는 미군 심문실이, 한국인• 전쟁 포로와 중국군 전쟁 포로들이 '고국'으로 돌아갈 것인지 여부를 자유롭게 개별적으로 선택할 수 있는 공간이 될 것이라며, 심사 과정의 투명성을 주장했다. 심문관은 단순히 "예" 또는 "아니요"라는 답변만을 기록할 것이었다. 심문실은 [한국전쟁에서] 주변적이고 보이지 않는 공간이 아니라, 갑자기 미국의 자유주의 권력이 작동하는 공적이고 명시적인 장소로 부각되었다. 이는 전쟁을 종식하는 것이 아니라 전쟁의 수행[심문실에서 포로의 선택을 두고 벌어지는

• 일러두기에서 밝혔듯이 남한인/군과 북한인/군을 통칭하는 'Korean'은 '한국인'으로 옮겼다.

양 진영 사이의 전쟁] 자체가 세계 역사의 무대에서 [미국의] 통치 능력을 입증하는 증거가 될 것이었다.

그러나 북한군 포로들에게 주어진 선택은 단순히 "예" 또는 "아니요"의 문제가 아니었다. 얼핏 간단해 보이는, 송환에 대한 질문이 사실은 1950년 10월 배추밭 옆 오솔길에서 국군 중위가 오세희에게 던졌던 "넌 뭐야?"라는 질문의 다른 형태일 뿐임을 북한군 포로들은 알고 있었다. 그들은 친공인가, 반공인가? 친미인가, 반미인가? 1945년 일제의 식민 통치로부터 해방된 후 각각 미군과 소련군의 점령 아래에서 만들어진 두 국가가 한반도에 존재하게 되면서 말 그대로 어떤 방식의 '탈식민화'가 더 유효하고 효과적이며 민주적인지를 두고 경쟁이 벌어졌다. 1948년에 한반도 이남 지역에서 선거가 실시된 이후 미국과 유엔은 남한을 한반도에서 유일한 주권국가로 선포했다. 미국의 입장에서 볼 때, 전쟁 포로들로 하여금 조선민주주의인민공화국으로의 송환을 거부하게 하는 것이, 남한의 군사점령을 통한 해방이라는 미국의 프로젝트를 정당화하는 것이었다. 북한군 포로들의 입장에서 볼 때, 그것은 생존과 정치적 인정의 교환을 두고 협상하는 또 다른 순간이 될 것이었다.

한국전쟁 도중에 정치의 도덕적 나침반으로 여겨지던 바늘이 38선에서 전쟁 포로로 방향을 바꾸었다. 그리고 이 전쟁의 성격에 대한 논쟁이 심문실을 둘러싼 논쟁 속에서 표출되었다. 포로 송환 문제는 국제 세계의 주목을 받았고, 곧바로 유엔, 국제적십자위원회, 인도·멕시코·브라질이 참여하는 세계적인 논쟁의 불씨가 되었다. 일차원적으로 보이는 이 포로 송환 문제는 사실 세계 정치의 중요한 결절점이었다. 당시 [중립국송환위원회NNRC 위원장으로 선정된] 인도의 코덴데라 수베이야 티메이야 장군이 1953년 38선을 따라 포로 송환 시스템을 만드는 임무에 대한 최종 지시를 받기 위해 자와할랄 네루 총리를 만났을 때, 네루는 그에게 다음과 같이 말했다. "여러분의 임무는 전 세계를 괴롭히고 있는 문제들에 대한 해결책을 한국에서 찾는 것입니다. 그 문제를 풀 수 있으면 아시아의 다른 나라에서도 유사한 문제들이 해결될 수 있을 것입니다. 따라서 여러분의 임무는 아시아 그리고 세계 평화에 기여할 수 있는 것입니다."⁸ 탈식민화를 둘러싼 고도의 정치적 이해관계가 심문실이라는 장소를 재구성했으며, 미소 냉전의 역학이 국제 무대에서 우위를 차지하기 시작하면서 심문실은 예외의 그늘에서 벗어나 외교 정치의 주목을 받게 되었다.

심문실 안에서 이루어진 내밀한 만남intimate meeting의 성격은 곧 1945년 이후 탈식민지화가 진행 중인 세계에서 자유주의 통치 이념을 주장하거나 이에 도전하는 각 국가의 정당성을 가늠하는 척도가 되었다. 한국전쟁 당시 심문실에서 이루어진 이 같은 만남의 양식template은 본질적으로 국가[곧, 미국]에 의해 개별 주체를 탈식민화하는 이상적인 과정을 상징적으로 나타내는 각본의 역할을 했다. 어떤 국가가 과연 식민 지배자와 피식민자라는 기존의 관계를 재창조해 국가와 신민의 관계를 해방, 민주주의, 자유의 관계로 변모시킬 수 있는가?

이 책은 미군정기와 한국전쟁 당시에 이루어졌던 심문의 풍경에 주목해 미합중국, 대한민국, 조선민주주의인민공화국, 중화인민공화국 그리고 인도에 의해 구축된 심문실의 구조를 추적한다. 이러한 심문실 내부에서 한국전쟁을 들여다보면, 냉전 초기의 지배적 당위들에 완전히 종속되지 않은 복합적인 이해관계들이 드러난다. [심문실에서] 전쟁 포로라는 인물은 본질적으로 국가와 그 국민 간의 관계를 압축해 놓은 존재였다. 이상적으로 군인은 국가의 전쟁 동원을 정당화하는 두 가지 핵심 요소를 표상한다. 즉, 군인은 국가의 시민이자 무기였다. 군인의 참전은 한편으로는 국민이 전쟁에 동의했음을 증명하는 것이었고, 동시에 전쟁에서 군인의 활약은 그 국가가 우월한 전쟁 기술을 가지고 있음을 나타내는 증거이기도 했다.• 한국전쟁에서 국가들은 포로 문

• 대체로 전쟁 개시의 정당성과 관련해 중요한 기준 가운데 하나는 승리에 대한 합리적 전망이다. 다시 말해, 승리 가능성이 낮은 전쟁을 일으키는 것은 정당하지 않다고 할 수 있는데, 이 점에서 전쟁 수행 능력의 우월성은 전쟁 개시의 정당성과 관련이 있다.

제를 통해 상대방 국가의 정당성에 문제를 제기했다. 포로가 송환을 거부함으로써 자신의 국가를 포기하도록 하면 그 국가의 정당성이 흔들릴 것이고, 그 국가가 자국 군인을 그의 의지에 반해 부당하게 동원했다고 비판하면 적국의 전쟁 수행 능력의 우월성을 약화할 것이었다.

한국전쟁에서 전쟁 포로를 둘러싼 논쟁은 일련의 정치적 불안과 야심을 촉발했는데, 이는 탈식민화가 진행 중인 세계가 직면한 매우 근본적인 질문들과 공명했기 때문이다. 1945년 이후, 미국의 총력전 체제 아래 이루어진 대규모 군사화, 일본 제국주의의 퇴각, 아시아 전역에서 확산된 반식민지 운동의 용광로 속에서, 1945년 이후 세계에서 일국적 또는 국제적 거버넌스의 실현 가능한 기반이 될 수 있는, 국가와 그 국민 사이의 관계를 어떻게 설정할 것인가를 묻는 질문이 제기되었다. 다시 말해, 국가 건설, 혁명, 또는 제국주의 전쟁을 위해 인간을 어떻게 구성할 것인가? 그리고 탈식민지화된 새로운 미래 시대를 열어 나갈 역사의 행위자는 누구인가?

[자유주의] 제국과 [사회주의] 혁명의 교차로에 있던 한국전쟁의 심문실로 들어가 보자. 각 국가와 군대는 자신들이 심문실에서 공포, 폭력, 권력에 대한 인간의 충동을 완화할 수 있다고 주장하고 있었다. 이상화된 심문실은, 정당한[합법적인] 통치가 어떤 모습인지에 대해 [심문실에서 이루어지는] 만남을 설계했던 사람들이 가졌던 생각을 드러냈다. 그것이 자유주의적 거버넌스에 대한 미국의 이상 및 자유로운 시장에서 이루어지는 선택을 욕망하는 투명한 주체에 대한 미국의 요구든, 집단적 자기 결정권과 관련해 개인의 혁명적 주체성에 대한 북한 공산주의자들의 철학이든, 혹은 탈식민화된 아시아인들이 이미 이상적인 시민이 될 잠재력을 가지고 있다고 주장하는 인도의 비동맹 개념이든, 탈식민 국가 건설이라는 세계사적 무대에서 개인이 차지하고 있는 위치에 대한 이 모든 질문은 한반도 전역에 설치된 심문실 안에서 이루어지고 있었다. 한국전쟁의 이야기에서 심문실은 정보뿐만 아니라 주체들을 생산해야 하는 곳으로 간주되었다.

전쟁의 풍경 속에서 본 심문실

우리는 흔히 심문실을 떠올릴 때 숨겨져 있고, 눈에 띄지 않으며, 일반 사람들의 삶과는 동떨어진 장소로 생각한다. 실제로 많은 사람들에게 심문실은, 신체적 폭력이 자행되거나 지적 기지가 발휘되는 특별한 인간 드라마의 현장으로서, 어딘가에 존재하는 밀폐되고 어두운 방의 이미지로 다가올 수 있다. 심문실은 사회질서의 은폐된 밑바닥, 일상의 규범이 유지될 수 있게 하는 예외적인 주변부를 상징한다. 하지만 이 책에서 묘사되는 심문실은 좀 더 평범하면서도 특이한 곳이다. 심문은 오세희와 국군 사이의 만남[속에서 이루어진 대화/문답]처럼 보일 수도 있고, 전투 도중 항복한 포로들을 위해 급조된 집단 심문일 수도 있으며, 피난민 검문소에서의 심문일 수도 있고, 심지어 인도 주도의 중립국송환위원회NNRC가 38선에서 운영했던 설득실[설명실]* 내의 매우 형식적이고 의례적인 심문일 수도 있다. 이처럼 다양한 방식과 즉흥성이 결합된 '심문' — 현장에 있는 사람들에 의해 실천되고 협상되는 것으로서 — 은 단순히 한정된 공간이 아니라 하나의 풍경으로 기능했다. 그리고 심문이 어떻게 일상 속에 — 때로는 심지어 눈에 잘 띄는 곳에까지 — 스며들었는지를 더 잘 이해하게 되면, 심문관과 전쟁 포로 사이에서 이루어지는 만남이 폭력, 친밀함, 그리고 관료주의로 이루어진 복잡한 생태계의 한 결절점에 불과했다는 사실 역시 이해할 수 있다.

이 책은 20세기 중반에 벌어진 (공식적으로는 전쟁이 아니었던) 탈식민지 전쟁에서 어떻게 개인 자체가, 전쟁이 벌어지는 지형이 되고, 또한 정당한 전쟁 개시의 권리jus ad bellum**를 주장할 수 있는 장소가 되었는지를 보여 줄 것

---

* 여기서 explanation은 '송환, 미송환, 중립국' 가운데 결정을 하지 못한 포로를 대상으로 남북 양측의 대표자가 송환의 이유를 설명하는 것을 말하는데, 이는 표현상으로는 '설명'이지만, 사실상 송환을 설득하는 과정이었다고 할 수 있다. 이 글에서는 이런 맥락에서 '설득'으로 옮겼다.

이다. 그리고 나는 이런 이중의 목적에 맞도록 포로들을 조형하는 중요한 역할을 한 사람이 심문관이었다고 주장한다. 현대전의 계산법에 따르면, 전쟁 포로의 존재 자체는 포로를 포획하는 군인, 군대, 그리고 국가의 인간성[인도주의적 성격] — 자비심, 동정심, 합리적 도덕성 — 을 보여 주는 증거로 여겨졌다. 어느 쪽이 전쟁 포로를 좀 더 인도적으로 대했는가? 어느 쪽이 더 많은 포로를 보호하고 있는가? 전쟁 포로는 전쟁의 해악을 뛰어넘는, 국가의 자비와 능력을 끊임없이 보여 주는 존재였다. 심문실의 관점에서 보면, 한국전쟁 당시 포로를 둘러싸고 벌어진 논쟁에는 더 깊은 이해관계가 얽혀 있었다. 이 논쟁은 전쟁 포로의 인간성에 관한 것이 아니었다. 이 논쟁은 누가 타인의 인간성[뒤에서 살펴보겠지만, 완전한 선택 능력]을 인지할 능력을 갖고 있는가를 중심으로 전개되었다. 미국의 경우, 심문관은 [미국이 아시아에서 수행하고 있는] 전쟁을 정당화하기 위해 전쟁 포로를 내세울 필요가 있었다.

한국전쟁이 전쟁이 아닌 전쟁이었던 것과 마찬가지로, 미국은 제국의 야망이 없는 야심 찬 제국이었다. 제2차 세계대전 직후, 미국은 영국이나 프랑스가 주도했던 식민주의 시대와는 다른 시대를 자신이 선도할 것이라고 주장했다. 1945년 10월 27일 연설에서, 트루먼은 다음과 같이 선언했다. "우리는 이기적인 이익을 위한 영토 확장을 추구하지 않는다. (…) 우리는 무력에 의해 주권과 자치권을 빼앗긴 모든 민족에게 궁극적으로 그것을 되돌려주는 것이 옳다고 생각한다."9 1947년 3월 12일, 트루먼은 튀르키예와 그리스에 원조를 제공하겠다는 내용으로 의회에서 연설을 했고, 그의 연설은 오늘날 이른바 트루먼독트린으로 불리는 미국 외교정책의 주요 원칙을 압축적으로 보여 주었다. 특히 트루먼은 1945년 이후 세계 무대에서 미국의 역할을 전망하며 두

◆◆ 흔히 전쟁권 또는 개전권으로 옮겨지며, 국왕이나 대통령 등 군 통수권자가 국제법상 합법적으로 전쟁을 일으킬 수 있는 권리를 가리킨다. '전쟁 중의 법'jus in bello, '전후 처리에 관한 법'jus post bellum 등과 더불어, 정전론正戰論의 세 분야를 구성한다.

가지를 언급했다. 첫째는 선택의 자유에 대한 것이었다. "세계사의 현시점에서 거의 모든 국가는 대안적인 삶의 방식들 가운데 하나를 선택해야 한다." 소련은 노예제도를 대표하고 미국은 자유를 대표한다는 냉전의 이 같은 서사 구도는 미국이 자비로운 강대국임을 가장 명확하면서도 단순하게 묘사한 것이었다. 둘째는 자유에 대한 위협을 강조했다. "우리의 리더십이 흔들리면 세계 평화가 위태로워질 것이며, 미국의 안녕 역시 위험해질 것이 분명하다."[10] 트루먼의 이야기에 따르면, 미국은 이제 자칭 세계의 수호자가 되었다. 미미 티 응우옌은 미국의 전쟁 수행에 관한 글에서, "자유는 자유주의 제국이 모든 인류를 위한 중재자로 행동하도록 만드는 관용어"[11]가 되었다고 지적한다. 이 같은 자유주의[제국]의 전쟁을 한국전쟁에서 이데올로기적으로 재구성하도록 촉진한 것이 바로 전쟁 포로였다. 그리고 이런 사회문화적 변화는 미국의 제국 건설 과정에서 나타난 거대한 구조적 변화와 함께 진행되었다.

    미국의 역사학자들은 세계 냉전사에서 한국전쟁이 미국에 매우 중대한 사건이었다고 지적한다. 한국전쟁은 이른바 안보 국가 미국의 부상과 이를 위한 동원의 촉매제 역할을 했다. 1950년 4월 폴 니츠가 이끄는 국무부 정책기획국은 역사학자들이 이른바 '미국 국가 안보의 청사진' 또는 '바이블'이라고 부르는 국가안전보장회의 보고서 제68호(이하 'NSC-68')를 트루먼 대통령에게 제출했다.[12] 58쪽 분량의 이 보고서는 미국의 안보 상황을 평가한 것으로, 역사학자 마이클 호건의 말을 빌리자면, "미국에 새로운 총력전의 시대가 도래했다는 확신"[13]이 이 보고서의 핵심이었다. NSC-68은 영구적인 전쟁 상태를 위해 군사 국가militarized state를 제안했는데, 이는 세계 어디에서든 [자유민들에 대한] 공격이 발생하면, 이를 미국에 대한 공격으로 간주한다는 트루먼 독트린의 논리를 따른 것이었다. NSC-68을 작성한 사람들은 소련을 확고한 [화해할 수 없는] 적으로 내세우며, 군비 지출과 군사 지원 프로그램을 "대폭 늘리는 것"과 더불어 "대규모 이탈"이나, "불안과 반란을 조장하고 지원"하기 위한 "공개적"이고 "은밀한 심리전 프로그램"의 개발을 요구했다.[14] 그러나 트루먼과 의회가 보기에 NSC-68이 요구하는 예산 증액은 엄두도 내지 못할 정도의 규모였다. 그런데 그때 마침 한국전쟁이 발발했다. 1953년 딘 애치슨과 폴 니츠는 1950년 초반을 회상하면서, "한국이 나타나 우리를 구했다."라고 입을 모았다.15

애치슨이 좀 더 자세히 말했듯이 "한국은 많은 것들을 이론의 영역에서 현실의 영역이자 긴급의 영역으로 옮겨 놓았다."16 NSC-68의 제안을 "현실의 영역"으로 가져오는 데 필요한 비용은 약 400억 달러였는데, 이는 1950년 당시 군사비로 책정된 130억 달러의 세 배에 달하는 액수였다. 한국전쟁이 발발하면서 군 예산은 1951년 5월 31일까지 480억 달러로 급증했다.17 한국은 곧 전 세계를 향한 미국의 팽창주의 전략의 중심지가 되었다. 1953년, 전 세계에 미국의 지휘하에 있는 군사기지가 813개에 달했으며, 드와이트 아이젠하워 대통령의 첫 임기 동안 68개가 더 건설되었다.18 문승숙과 마리아 혼은 "한국전쟁이 미국의 전후 전략 계획의 근본적인 수정을 가져왔다."고 지적한다. 이들의 연구에 따르면, "미국의 해외 군사 제국 대부분"은 한국, 일본, 오키나와, 서독에 집중되었다.19 이런 인프라와 네트워크는 미국의 개입주의적 군사작전이 전 세계적인 규모로 이루어질 수 있는 기반을 마련했다.

그러나 역사학자 브루스 커밍스가 "제국의 군도群島"라고 불렀던 것[해외 군사기지들]은 탈식민화 시대를 배경으로 미국이 자신의 야망을 재구성한 것이었다.20 스페인-미국 전쟁이 있던 19세기 말에 미국이 필리핀, 푸에르토리코, 괌, 하와이, 사모아 등을 합병했을 때와 마찬가지로, 제2차 세계대전이 끝난 1945년 이후 미국은 서구 제국들로부터 "영토 합병 대신 임대"와 같은 전술을 사용해 130여 개의 태평양 제도들을 자신의 군사 실험 및 기지로 삼았다. 이 같은 전술에 대해 미 국방부는 "우리가 국제적 합의를 준수하고, 전통적으로 제국주의적 야심이 없다는 평판"21을 드높였다고 밝혔다. 이 군사기지들을 통해, 미국은 [해외에] 식민지를 만들어 정착할 계획이 없다고 주장할 수 있었다. 이 광범위한 기지 네트워크는 미국의 군사력을 전 세계로 확장하기 위한 또 다른 전략, 즉 군사 원조 협정과 상호 방위 조약의 기반이 되었다.

심문실은 이 새로운 자유주의 제국에 필요한 노동력, 인프라, 정책을 구성하고 발명하기 위한 압축적 장소였다. 트루먼 행정부 시절 미국은 필리핀, 한국, 대만에 군사원조고문단MAAG을 설치했고, 1952년에는 15개국과 방위 협정을 체결했다. 반란 진압 활동과 군사훈련 또한 1945년 이후 미국의 핵심 전술이었는데, 이는 1947년에 설립되어 "비밀 작전"을 수행한 미 중앙정보국 CIA 같은 기관들과 관련이 있었다. 이런 비밀 작전은 "너무나 치밀하게 계획되고 실행되어 (…) 발각된다 해도 미국 정부는 그 어떤 책임도 부정할 수 있었다."[22] 군사기지, 비밀 작전, 한국전쟁에서의 포로 논란 등 이 모든 것이 [미국의] 제국주의적 성격 및 과거와 현재의 식민 통치 역사를 부정하는 프레임을 만들어 냈다. 심문실에서 [마주한 사람들 각각의] 경험을 자세히 들여다보면, 1945년 이후의 군사화된 감시의 기획들 및 그와 관련된 업무의 복잡한 상호의존성이 분명하게 드러난다. 어떤 사람들[예컨대, 전쟁 포로들]이 심문 네트워크를 통해 [한반도 내에서] 강제로 이동해야 했던 것처럼, 또 어떤 사람들[예컨대, 니세이 출신 심문관]은 여러 지역과 태평양을 가로질러 이런 유연한 네트워크를 만들어 내기도 했다. 심문관과 전쟁 포로[의 신체]는 모두, 그 안에서 제국, 혁명, 국가 건설 기획이 경쟁적으로 맞부딪히며 각각의 의미가 재구성되는 하나의 장場이 되었다. 국군 병사가 오세희에게 던진 간단하고 고압적인 질문, "넌 뭐야?"는 본질적으로 모든 국가나 조직이 심문관들과 포로들에게 답변을 요구하는 질문이었다.

이 연구에서 다루는 미군의 심문실은 미국의 패권 프로젝트에서 단일하거나 절대적인 것이 아니었다. 또한 한국전쟁 3년 동안, 그리고 전쟁을 전후로 한국인들 혹은 미군 포로들이 마주한 유일한 심문 방식도 아니었다. 다양하고 상이한 유형의 심문 방식이 고안된 과정이 이 연구의 중심적인 틀이며, 나는 이렇게 역사적으로 구성된 심문실이 어떻게, 공식적인 탈식민화 기획 및 그것이 또 다른 기획인 현대전과 맺는 관계에 대한 다양한 비전과 해석을 드러냈는지를 살펴볼 것이다. 딘 애치슨 국무장관, 자와할랄 네루 인도 총리, 이승만 대통령이 1945년 이후 세계 질서에서 한국[전쟁]의 위상과 의미에 대해 가졌던 서로 다른 비전들은 다양한 국민들에 대한 수천 번의 심문, 통역, 훈육[교육]이 있었기에 가능했다. 정책 입안자들에게 필요한 적절한 서사를 제공해주고, 자발적이고 열망하는 주체가 있다는 사실을 확신시킨 것도 바로 심문이었다. 이 책의 내용은 하나의 사건으로서 한국전쟁을 포괄적으로 다루려는 것이 아니며, 전쟁의 다양한 측면을 포로들이 어떻게 경험했는지를 포괄적으로 설명하려는 것도 아니다.[23] 그보다는 공식적인 탈식민지화 앞에서, 사람들이 역사적으로 특정한 장소, 기술, 경험 등을 통해 이 전쟁을 어떻게 재구성했는지에 대한 역사다.

이 이야기 속 심문실에는 예상하지 못한 역사적 행위자들이 대거 출연한다 — 제2차 세계대전 당시 포로수용소에서 청소년기를 보낸 일본계 미국인 청년들은 [한국전쟁 시기] 종종 북한군 포로들의 통역을 맡거나 1급 심문관으로 활동했고, 북한군 포로들 중에는 38선 이북 출신뿐만 아니라 이남 출신도 있었으며, 심지어 우즈베키스탄이나 소련 북부에 거주하던 디아스포라들도 있었다. 심문실에는 인도 포로송환관리단(약칭, 인도관리단)•도 있었는데, 이들은 제2차 세계대전 당시 영국군 휘하[의 인도제국군 소속으]로 참전한 바 있었으며, 이 가운데 일부는, 인도가 [1947년] 폭력적인 상황을 거쳐 인도와 파키스탄으로 분리되면서 [인도제국군에서] 인도군으로 통합되었다. 미군 포로

• 포로 송환 원칙을 둘러싼 협상 끝에 1953년 6월, 유엔군과 공산군은 송환 거부 포로를 중립국의 감시 아래 처리하는 방안에 합의했다. 이런 합의를 토대로 설립된 중립국송환위원회는 위원장인 인도를 주축으로 유엔군 측의 스웨덴·스위스 대표와 공산군 측의 폴란드·체코슬로바키아 대표로 구성되었다. 중립국송환위원회의 주요 역할은 송환 거부 포로들을 위한 '설명'(설득)을 총괄하는 것이었다. 인도가 중립국송환위원회의 의장국을 맡았기에, 인도는 5500여 명의 군인 및 운영 요원을 파견했는데, 이들은 포로 송환, 송환 거부 포로의 보호 및 송환 설득실 입회 등의 업무를 수행했다.

들은 대공황 시기를 겪으며 성장한 세대로 짐 크로 법 아래에서 흑백 분리를 경험했고, 제2차 세계대전을 겪으며 국내외적으로 이루어진 대규모 동원을 통해 형성된 "전쟁 국가"를 경험했었다.24

심문관과 전쟁 포로 모두, 전쟁이 근본적으로 제국이나 국가를 건설하는 일과 관련되어 있다는 점을 이해하고 있었다. 아시아 전역에 걸친 팽창주의적 기획에 조선인을 징집병과 자원병으로 활용했던 일본 제국주의 군대의 대규모 해산과, 제2차 세계대전 당시 형성된 전쟁 국가 미국을 재구성한 냉전 사이에서, 다양한 국가들과 기구들이 [제2차 세계대전의 여파로] 유동하고 있는 이 인구들의 노동력을 표시하고 [자신들의 것이라고] 주장하는 데 열중했다.25 그리고 중국군과 북한군 심문관들은, 중국 공산당의 집권을 가능하게 한 1949년 중국 혁명을 통해서든, 1930년대 만주에서 활동한 조선인 항일 게릴라 부대를 통해서든, 합법적인 국민국가의 지위를 주장하며 군대를 창설하는 데 참여한 사람들이었다.

심문실을 통해 한국전쟁을 살펴보면 전쟁의 시작과 끝을 기존과는 다른 시간 틀로 볼 수 있게 해 주는 장점이 있다. 이 같은 관점은 한국전쟁의 의미를, 해방 후 남한(반공)과 북한(친공) 사이에서 벌어진 내전이라는 이분법 안에 국한하지 않을 뿐만 아니라, 냉전 시대의 일반적인 이분법적 권력투쟁 너머로도 이동시킨다. 오히려 심문실이라는 프리즘을 통해 우리는 한국전쟁을, (20세기 중반 한반도에서 수렴한 두 프로젝트, 즉) 일본 제국주의 식민 지배의 유산과, 태평양을 가로지르는 미국의 제국주의적 야망이라는 좀 더 긴 역사의 일부로 이해할 수 있다. 세기 전환기에 발발한 필리핀-미국 전쟁[1899~1902년]에서부터, 러일전쟁[1904년]과 중일전쟁[1937~45년]을 거쳐 제2차 세계대전 당시의 아시아 태평양 전장에 이르기까지 미국과 일본은 자신들이 새로운 세계 질서의 정당한 미래 지평이라는 주장을 재구성하고 있었다. 과거 식민지였던 남북한과 제국이었던 일본, 현재 자신이 제국임을 부정하고 있는 미국 등이 국민국가로서 자신을 어떻게 드러낼 것인가를 모색하고 있었다는 점에서,

심문실의 역사[에 대한 연구]는 1945년 이후 국민-만들기subject-making, 인종 형성racial formations, 주권에 대한 주장 등과 같은 기획들에 대한 비판적 연구가 된다. 이 연구는 어떻게 한국전쟁이, 1950년에 법학자 카를 슈미트가 '인간성을 둘러싼 전쟁'wars over humanity이라고 명명한 시대, 즉 국민국가가 전쟁을 만드는 것이 아니라, 전쟁이 국민국가를 만드는 시대의 도래를 알렸는지를 보여 주는 국제적인 이야기다.26

아카이브 속의 폭력

종이도 전쟁터에서는 무기였다. 1950년 9월, 국군에 붙잡히기 한 달 전, 오세희는 피난 대열에서 빠져나와 고향으로 돌아가는 길에 비행기 소리를 들었다. 그는 곧장 배추밭으로 숨기 위해 달려갔다. 미군 전투기에서 무엇이 떨어질지 전혀 예상할 수 없었기 때문이다. 그것은 네이팜일 수도 있고 종이일 수도 있었다. 그래서 피부에 화상을 입히는 이 젤리 형태의 가연성 물질 때문에 죽게 될지, 소지자는 누구든 항복할 경우 안전을 보장해 준다는 내용이 영어와 한글로 인쇄된 '귀항증' 덕분에 안전을 보장받게 될지는 미리 알 수 없었다. 지상에 있던 민간인과 군인들에게 한국전쟁은 (미국 대중들 사이에서는 그 규모가 잘 알려져 있지 않지만) 지속적이면서도 끔찍한 대규모 폭격을 의미했다. 1950년부터 1953년까지 미군은 38만 6037개의 폭탄과 3만 2357톤의 네이팜탄을 투하했다. 역사학자 매릴린 영에 따르면 "로켓과 기관총 탄약을 비롯한 모든 종류의 공중 폭격을 계산하면 투하된 폭탄의 총량은 69만 8000톤에 달한다."27 한반도에서 전투가 계속되는 3년 동안 미군은 제2차 세계대전 기간에 아시아 태평양 전역에서 투하한 것보다 더 많은 폭탄을 투하했다. 공중전으로의 전환은 심리전에 대한 집중적인 투자와 함께 진행되었다. 정책 입안자들에게 심리전 및 폭격의 목표는 모두 미국의 힘을 세계에 과시하는 데 유용한 추상적 개념이었다. 미군은 전쟁 기간에 한반도에 10억 장이 넘는 전단을 살포했다.²⁸ 심리전은 확실한 전쟁 무기였고 오세희 같은 사람들은 심리전의 목표였다.

　　1950년 9월 그날 오세희의 머리 위에서 폭발한 폭탄은 종이를 실은 폭탄이었다. 나중에 쓰게 될지도 몰라서, 오세희는 땅에 떨어진 '귀향증'을 주워 윗주머니에 넣어 두었다.²⁹ 종이와 그 위에 적힌 내용은 그에게 중요한 자원이자 도구였다. 미군이 한반도 상공에 투하한 10억 장이 넘는 전단과, 국군 중위가 찢어 버린 귀향증 등에서 볼 수 있듯이, 종이는 전쟁에서 중립적인 물건이 아니었다.

　　한국전쟁 시기 포로에 대한 이야기를 하려면 이 네이팜탄과 탄약이 난무하는 상황에서 종이의 유통과 그 의미에 주목해야 한다. 실제로 당시 종이가 매우 부족했기 때문에 종이의 중요성은 분명했다. 국제적십자위원회의 프레더릭 비에리는, 거제도 포로수용소를 방문했을 당시 포로들이, 수용소 내에 게시해 놓고 읽을 수 있게 1949년 제네바협약 사본을 더 많이 제공해 달라고 요청했다고 보고서에 기록했다. 포로들은 또한 필기도구, 일-영 사전, 종이를 더 달라고 요구했다. 1952년 3월 초 친공 포로 30여 명이 유엔군이 관할하는 제1 포로수용소 [도드] 소장을 납치한 후, 처음 요구한 것 가운데 하나가 바로 종이 1000장이었다. 포로들은 아이젠하워 대통령, 유엔, 국제적십자위원회 앞으로 글과 탄원서, 편지를 썼다. 어떤 사람들은 자신만의 글쓰기를 계속하고 있었다. 전쟁 발발 당시 대학에 재학 중이던 이평만이라는 스물네 살의 포로는 수용동 수색 과정에서 "공산주의 운동의 역사가 적힌 공책을 압수당했다."고 불평했다.³⁰ 거제도 수용소에서 여성 친공 포로들이 노래 시위를 선동했는데, 그에 앞서 국군 병사들이 수용동 주변에서 전단 200장을 수거하기도 했다.³¹

　　전시에 포로들이 종이를 활용했던 것은 전쟁의 권력 구조 및 거버넌스 — 이런 것들은 전쟁 상황실이나 군비 조달 과정에만 있는 것이 아니었다 — 에 대응하고 관여하기 위해서였다. 오세희의 경험은, 심문실을 통해 한국전쟁의 이야기를 들려주려는 우리 기획에서 중요한 정치적 관심사, 즉 [심문실에서 생산된] 아카이브로 우리를 안내한다. 포로들이 사용한 종이 너머에는 한국전쟁 당시 포로들을 대상으로 제도적 차원에서 이루어진 거대하고 방대한 문서 작업이 있었다. 사실 포로들에 대한 이야기는, 전 세계에 걸쳐 있으며 관료제와도 깊이 관련이 있는 이 방대한 문서 아카이브에 대한 이야기이기도 하다. 관료제가 전쟁 수행에 필수적이라는 생각은 새로운 것이 아니지만, 포로들에 대한 세부 사항을 기록하는 작업의 필요성과 시급함 또한 우리가 고려해야 할 부분이다. 그리고 전쟁 포로에 대한 다양한 문서들을 추적하다 보면 미 육군, 국무부, 유엔, 국제적십자위원회, 판문점 회담과 같은 다양한 국가와 기관의 관료 체제를 만나게 된다. 다른 한편 그것은 전쟁 포로들이 백악관, 유엔, 국제적십자위원회, 혹은 다른 나라들로 보낸 탄원서·서신·요구를 따라가 보는 것이기도 하다. 한국전쟁에서 그동안 미군에 대한 이야기는 대체로 전쟁터에서 사용한 군사 전술이나 최고위급에서 벌어지는 정치 외교에 초점을 맞춰 왔다. 그러나 이 책에서는 관료로서의 군인, 관료로서의 심문관, 그리고 관료제의 표본으로서의 심문에 더 많은 관심을 기울인다.

특정 종류의 문서 아카이브를 만든다는 것은 국제정치에서 특정 종류의 정당성을 주장하는 것이었다. 국제적십자위원회가, 제네바협약이 국가 간 전쟁에 미칠 규제 효과를 뒷받침하는 데 필요한 문서를 만들어야 할 긴급함은 또 다른 사건과 맞물려 있었다. 학자인 카르마 나불시가 지적했듯이, 제2차 세계대전 기간과 이후 전쟁범죄를 어떻게 정의할 것인지를 둘러싸고 벌어진 논쟁은 1949년 제네바협상에 "직접적인" 영향을 미쳤다. 그는 1942년 [런던 세인트 제임스 궁전에서 열린 회의에서 발표된] "전쟁범죄의 처벌에 관한 선언"을, 1946년의 뉘른베르크재판과 1948년 세계인권선언의 틀을 뒷받침한 "가장 중요한 법적 전례 가운데 하나"로 꼽았다.[32] 자유주의적 국제주의 질서는 증거와 기록에 많은 관심을 기울였으며, 전쟁 포로의 처우를 문서화한다는 명시적인 목적 아래에서 전쟁 포로들에 대한 아카이브를 만들었다. 1945년 이후 전범 재판 단계에서 증거 — 그리고 누가 판단할 것인가 — 의 문제가 포괄적 사안이 되었다. 한국전쟁에서 전쟁 포로는 전시에 이루어진 국가 행위의 증거이자 척도였으며, 국가들은 서로를 여론의 재판정에 세웠다. 하지만 방대한 기록 앞에서 이 책은 관료 행정적 관행을 당연시하지도, 문서를 선량한benign 매체로 간주하지도 않는다. 이 책에서 종이와 전쟁법 이야기는, [1905년] 일본이 조선을 보호국으로 삼는 을사조약을 강제 체결한 데 항의하기 위해 [1907년] 고종이 헤이그만국평화회의에 세 명의 특사를 파견했을 때 그들이 가져간 서신에서 출발해, 1955년 [8월 17일] 드와이트 아이젠하워 대통령이 미군의 행동 규범을 규정한 행정명령 10631에 서명함으로써 식민지 시대를 냉전의 이야기로 끌어들이는 것으로 끝을 맺는다.

이 책은 한국전쟁으로 촉발된 '안보 국가'의 관료 행정이 낳은 거대한 문서들을 다룬다. 정책 메모, 회의록, 군 정보 보고서, 서신이 그런 것들이다. 메릴랜드주 칼리지 파크의 국가기록관리청NARA에 보관되어 있는 미국의 외교·군사 문서는 미국의 외교정책에 대한 역사적 분석의 기반을 제공했다. 군 정보기관이 군사작전이나 정책 결정에 필요한 '정보'를 제공함에 따라, 심문은 이 시스템 안에서 더 많은 문서를 생산했다. 1945년 이후 미국이 남한을 점령한 기간에 미군 방첩대CIC와 미 극동군 사령부 정보참모부(이하 'G-2') 정보부가 작성하고 만들어 낸 보고서는 해방 이후 남한 역사에 대한 기초 정보를 제공했으며, 이 문서들은 한반도가 아니라 메릴랜드주 칼리지 파크에 있는 제2 국가기록관리청•에 보관되어 있다.

이 책의 기반이 된 문서 아카이브에는 그동안 학자들이 체계적으로 분석

• 1984년 국립기록보존소가 독립기관인 국가기록관리청으로 승격했다. 국가기록관리청은 워싱턴 DC에 국가기록관리청 본관Archive I과, 메릴랜드주 칼리지 파크에 제2 국가기록관리청Archives II을 두고 있으며, 그 외에도 연방기록물센터, 지역기록보존소, 대통령도서관, 국가인사기록보존소, 워싱턴국가기록물센터 등을 산하 기관으로 운영하고 있다.

한 적이 없는 문서들도 포함되어 있다. 여기에는 이전에 검토된 적이 없는 두 가지 중요한 문서들이 있다. 첫 번째는 거제도 유엔군 포로수용소에서의 심문 기록과 사건 요약을 포함한 300건 이상의 조사 사례 모음이다. 두 번째는 정보공개법에 따른 오랜 요청을 통해 최근에 기밀이 해제된 일군의 문서들이다. 이는 중국과 북한의 포로수용소에 갇혀 있다가 정전협정 이후 귀환한 미군 포로 1000여 명을 미군 방첩대가 심문한 자료로, 방첩대는 특히 포로들이 받았던 심문 경험에 주목하고 있었다. 이 문서들을 통해 포로들을 심문하는 기법에 대한 매뉴얼과 강의록 이외에도, 심문이 실제로 어떻게 수행되었고 그 결과물이 무엇인지에 대한 이상적인 양식을 파악할 수 있을 뿐만 아니라, 심문 보고서에 적힌 이야기들을 관통하는 즉흥성과 불확실성에 대해서도 파악할 수 있다. 1952년 신입 방첩대 요원들을 위한 지침서에서 조언하고 있듯이 "심문이 음악이나 그림처럼 많은 갈래를 가진 예술"이라면, 심문관에게는 "일관되고 사실에 근거한, 가독성 있는 서사를 만들어 내는 것이 심문의 목적"이었다.33 심문에서 어떤 요소들을 '드러내'고 '밝히'기 위한 표준화된 서술의 양식은 무엇이며, 이런 견본들이 동시에 다른 요소를 은폐하거나 지웠는지를 우리는 어떻게 읽어 낼 수 있을까?

때로는 아카이브 스스로 자신의 논리를 방해하기도 한다. 보안이 철저하고 온도 조절이 가능한 메릴랜드주 칼리지 파크 국가기록관리청 금고 선반에는 [존 F. 케네디의 암살범으로 지목되는] 리 하비 오즈월드의 소총, [히틀러의 오랜 동반자였던 사진가] 에바 브라운의 일기, 찰스 메이슨과 제러마이아 딕슨•의 측량 일지와 함께 대형 문서 보관함 두 개가 놓여 있다. 이 상자들에 담겨 있는 것은 '미국' 역사의 상징적인 물건이 아니라, 미국 주류 사회에서 거의

• 18세기 영국의 천문학자이자 측량사로 메이슨-딕슨선을 수립했다. 메이슨-딕슨선은 펜실베이니아주와 메릴랜드주를 나누는 경계선이다. 흔히 이 선을 기준으로 미국 남부와 북부가 나뉘는데, 이는 또한 노예제도 찬성 주와 반대 주의 경계이기도 하다.

잊힌 전쟁의 혈서 — 즉, 영천 포로수용소에 있던 대한반공청년단 소속의 반공 포로 487명이 피로 쓰고 서명한, 100쪽이 넘는 탄원서 — 이다. 포로들이 직접 한국어로 작성하고 영어로 번역한 이 탄원서는 1953년 5월 10일 자로 세 부가 작성되어 각각 드와이트 아이젠하워 대통령, [유엔군 총사령관] 마크 클라크 장군, [정전 협상 미국 대표] 윌리엄 해리슨 중장에게 전달되었다. 어느 한 기록학자에 따르면, 이 문서가 금고에 보관된 이유는 문서 분류와 보존의 어려움 때문이었다. 즉, 혈서를 어떻게 분류하고 보관할 것인가? 혈서는 마음(언어/텍스트)과 몸(피) 사이의 기본적인 구분을 무너뜨리면서 언어와 신체에 동시에 직면하게 하기 때문에 분류 체계에 도전한다. 이 피로 쓴 탄원서는, 피가 텍스트에 무엇을 하고, 텍스트는 다시 피에 무엇을 하는가라는 단순한 질문을 제기한다. 피라는 글쓰기 매체는 우리로 하여금 텍스트의 내용 자체로 바로 이동하지 않고, 글쓰기의 행위로서 문서에 다시 다가가게 한다. 이 피의 청원은 어떤 종류의 정치적 행위였을까?

행위로서의 글쓰기에 초점을 맞추면 문서들, 특히 심문 보고서에 기록되지 않거나 포함되지 않은 것들을 고려하게 된다.[34] 이런 기록에 대한 관료 행정적 견본들은 심문실 안의 갈등과 투쟁을 지워 버린다. 통역을 둘러싼 좀 더 복잡한 문제들, 신체적 제스처, 폭력의 위협 등은 모두 심문 보고서의 틀 너머로 이동한다. 미국 국가기록관리청에 있는, 일본계 미국인 심문관들의 존재와 노동에 대한 유일한 증거는 보고서에 기록된 심문관의 이름뿐이다. 심문실에서 한국인 포로들이 겪은 경험이나 한국인 통역사가 수행한 업무에 대해서는 기록이 아예 없거나, [이를 파악하기 위해서는] 심문 및 조사 보고서의 내용을 꼼꼼하고 창의적으로 읽어 내야 한다. 심문관이었던 일본계 미국인, 한국인 포로였던 사람, 전쟁 당시 포로수용소 주변에 살았던 마을 주민들과 진행한 구술 인터뷰는 이하에서 이야기할 내용들의 틀을 구성하는 핵심이다. 이런 구술사 서술은 이 책에서 전쟁의 제도화와 관련해 [국제법상의] 주체-형성의 문제에 초점을 맞추는 데 기초가 되었다.

결국 심문실에서 가장 중요한 자료는 문서가 아니었다. 실제로는 신체가 가장 중요한 텍스트였다. 오세희가 국군 중위에게 내민 첫 번째 종이는 유엔군이 살포한 '귀향증'이었지만, 당시 중위는 이를 경멸하듯 찢어 버렸다. 오세희가 제시한 각종 문서들은 아무 소용이 없었다. 대신 그 중위가, 모자를 벗은 오세희의 긴 머리를 보았을 때 오세희는 인생의 또 다른 순간을 누릴 자격이 있는 사람이 되었다. 오세희와 국군 중위는 모두 일제강점기와 미군정 시기의 경험을 바탕으로, 상대방의 생각을 읽는 법, 상대의 반응을 예상하는 법 등에 능숙했다. 포로들이 자신의 역할을 어떻게 수행하고 협상하느냐는 큰 도박이었다 ― 그리고 폭력은 유보된 것이 아니라 끊임없이 존재했다. 포로들의 신체는 항상 이 같은 상황을 구성하는 일부였고, 만남은 종이로만 매개되는 어떤 것이 아니었다.

미국인 전쟁 포로들도 자신이 같은 어려움과 도전에 직면해 있다는 것을 알게 되었다. 1953년 7월 정전협정이 체결되면서 전쟁이 끝난 후, 미국 국민들과 정부는 중국에 남기를 선택했던 미군 포로 스물한 명에게 주목했다. 미국의 주류 사회는 그들이 중국을 선택했다는 사실을 도저히 이해할 수 없었다. 왜 이 미국 청년들은 중국을 선택했을까? 그 대답으로 미국 대중은 '세뇌' brainwashing라는 개념을 사용했다. 즉, 포로들 스스로가 선택한 것이 아니고, '동양'의 공산 정권이 심문실에서 사용한 '세뇌' 기술에 희생되었다는 것이다. 이들은 전쟁 포로 신분에서 공식적으로 벗어난 뒤로도 오랫동안, 북한과 중국의 포로수용소에서 심문받은 포로였으리라는 의혹과 함께 낙인이 그들을 따라다녔다.

"세뇌"라는 문화적 현상은 아카이브와 더불어 신체에 대해 생각해 볼 수 있는 중요한 주제를 던져 준다. 미군 포로들을 둘러싼 히스테리는, 포로 생활의 경험으로 인한 어떤 변화나 영향을 보여 주는 명확한 외부적·신체적 표식이 없는 상황에서, 포로들에게 도대체 무슨 일이 일어났는지를 어떻게 알 수 있는가에 대한 불안감에서 비롯된 것이었다. 본질적으로 신체 역시 하나의 아카이브였다. 신체는 경험의 아카이브였고, 사람들은 어떻게 신체를 효과적이고 효율적으로 읽어 낼 수 있을지를 고민했다. 몸짓, 언어 행동, 신체 그 자체, 이 모두가 읽고 가늠하고 평가할 일종의 텍스트가 되었다. 미군은 '동양인'의 신체가, 거짓말을 할 때와 진실을 말할 때의 차이를 인식하는지에 대한 기본적인 의문을 가지고, 한국인들을 대상으로 거짓말탐지기를 사용했다. 실제로 미군이 심문 기법을 개발하는 데 있어 가장 중요하게 여겼던 신체 유형은 인종화된 신체였다. 진실을 분별하고 말할 수 있는 능력은 구체화된 생물학적 자아의 문제였다. 탈식민지 시대에 인종화된 주체[동양인 주체]의, 진실을 말할 수 있는 능력을 이처럼 이른바 "객관적"으로 측정한다는 것은 탈식민지 사회가 자치 역량이 있는지의 여부를 평가하는 더 큰 정치적 기획의 일부였다. 다시 말해 심문실이라는 밀접하고도 개별적인 공간에서 일어난, 세계의 지정학적 질서를 둘러싼 투쟁은 사실은 인종적 질서를 둘러싼 갈등이었다.[35]

미군 포로들 자신도 심문실에서 인종 질서에 대한 생각들이 근본적으로 문제되고 있다는 사실을 이해하고 있었다. 압록강 인근에 설치된, 북한과 중국이 운영하는 포로수용소에서 미군 포로들은 큐클럭스클랜 Ku Klux Klan(이하 'KKK')을 재현했다. 전시의 심문을 둘러싸고 개인, 국가, 사회가 가졌던 불안감은 심문 과정에서 정확히 무슨 일이 일어났는지에 대한 질문보다는, 심문 경험이 포로들을 어떻게 변화시킬 수 있었는지에 대한 질문과 더 관련이 있다. 자유주의 제국 미국은 포로들이 자신의 욕구를 자유롭게 표현할 수 있는 심문 공간을 요구했다. 북한과 중국이 운영하는 군사 심문실은 자아비판의 과정을 통해 자신의 의지와 정치의식을 개조하는 방법을 제안했다. 인도관리군CFI과 인도 주도의 중립국송환위원회는 '설득실'을 설치해, 각국의 대표들이 포로를 설득해 송환을 시도할 수 있도록 했다. 이런 심문실이 사람들의 내면을 변화시키고 촉진하고 드러낼 수 있는 곳이었다면, 이 방을 통과한 사람들을 계속해서 평가하고 통제하기 위한 또 다른 심문 체계가 만들어졌다. 포로수용소 내에서 남한의 준군사 [반공] 청년 단체들은 심사 과정에서 [친공 포로들에게 '멸공', '대한민국 만세'와 같은] 문신을 새기기 시작했고, 미군 포로들은 '서클'*과 같은 유사 KKK 단체들을 만들었다. "서클은 이 단체의 구성원들이, 공산주의에 우호적인 글을 쓴 포로를 발견하고 빙 둘러서 구타한 사건에서 따온 것"이다.36 구타당한 사람들은 노동계급 출신이거나 흑인, 필리핀, 푸에르토리코 출신 미군 포로들인 경우가 많았다. 사람들의 내면 ― 욕망, 희망, 정치 ― 을 둘러싼 투쟁은, 그것이 인종적 민족주의이든, 제국주의 혹은 군국주의이든, 인종에 대한 실천 관행들과 이데올로기에 내재되어 있었다.

책의 구성

이 책의 1부인 '전쟁의 요소들'에서는 한국전쟁의 심문실, 전쟁 포로, 심문관들의, 태평양을 넘나드는 역사를 파헤침으로써 자유주의 전쟁의 새로운 패러다임을 구축하는 기획을 그려낸다. 1장 「심문」에서는 20세기 초 한반도의 독립 투쟁에서 출발해 1945년 일제의 식민 통치로부터 해방되고 미국이 한국을 점령하는 기간까지를 다룬다. 이 이야기는 미군의 한반도 점령 시기에 형성된 감시의 풍경이 어떻게 개입 전쟁을 위한 심문실의 모체로 변모했는지를 보여 준다. '전쟁 포로'에 대한 2장은 워싱턴 DC의 정책 결정자들과, 거제도 유엔군사령부 수용소의 전쟁 포로 사이를 오가며 전개된다. 이 장은 냉전 탈식민지화 단계에서 전쟁 포로를 관료주의적 전쟁 범주로부터 정치적 주체로 만들어 가는 과정에 있어 정책 결정자들과 전쟁 포로 모두가 어떤 이해관계를 가졌는지에 초점을 맞춘다. 1부의 마지막 장인 「심문관」은 제2차 세계대전 시기 일본계 미국인 수용소에서 이야기를 시작해, 감시받는 '적국 출신 거류 외국인'(적성국 외국인)**이었던 일본계 미국인들이 어떻게 한국전쟁기에 한국

* KKK Ku Klux Klan의 Ku Klux 또한 원circle을 의미한다.
** enemy alien은 적성국 외국인, 다시 말해 전쟁이나 무력 충돌 상황에 있는

인을 심문하는 심문관으로 일하게 되었는지를 다룬다. 이 장에서는 일본계 미국인 심문관들이 어떤 심문실을 만들었고, 무엇에 저항했으며, 무엇을 재해석했는지를 재구성한다.

이 책의 후반부인 2부 '인간성을 심문하다'에서는 네 곳의 심문 현장을 통해 한국전쟁 이야기를 풀어낸다. 먼저 4장「거제도: 반란 또는 혁명」에서 우리는 전시에 미국과 유엔이 운영했던 가장 큰 포로수용소로 돌아와, 철조망을 넘어 전쟁 포로 논란을 전 세계 언론의 장에 정면으로 등장시킨 사건, 즉 대부분 북한 공산군 포로들로 구성된 집단이 미군 수용소장을 납치한 사건을 추적한다. 이 장에서는 거제도에 있는 유엔군사령부 수용소를 판문점의 협상 테이블과 같은 틀에 놓음으로써 주권, 외교, 국제인권법에 대한 질문이 전면에 등장한다. 다음 장「38선 남쪽에서: 철조망과 혈서 사이」에서는 미군정기 동안 한국 청년 단체의 동원이 한반도에 우익 정권과 미국 방첩 네트워크가 형성되는 데 핵심적이었다는 이야기에서 시작한다. 그런 다음 이 책은 한반도에서 미군과 유엔군이 운영하던 포로수용소 네트워크를 통해 수용소 내부에서 한국의 준군사 반공 청년 단체들이 개발한 심문 방식을 검토한다. 6장「38선에서: 제3의 선택」에서 우리는 인도관리군이 38선에서 운용한 포로수용소로 이동하는데, 이곳에는 포로 송환 문제를 둘러싼 판문점 협상의 교착 상태를 해결하기 위해 인도 대표단이 제안한 중립적 '설득실'이 있었다. 설득실에서 포로들에게는 송환, 비송환, '중립국'이라는 세 가지 선택지가 주어졌다. 그것은 비동맹 비전의 초기 모습, 즉 '중립'을 위한 심문실이었다. 이 장에서는 설득실을 나와, '중립국'을 선택한 70여 명의 한국인 전쟁 포로들이 아르헨

상대국의 시민이나, 국민 또는 신민 가운데 자국에 체류하고 있는 이들을 가리킨다. 이 점에서, 적국 출신 거류 외국인, 적성국 국민 등으로 번역할 수 있다. 다만 이 글에서 말하는 제2차 세계대전 당시 일본계 미국인들은 상당수가 미국 시민권을 가지고 있는 이들로, 이 개념에 해당하는 것은 아니었다. 그럼에도, 당시 미국은 이들을 잠재적 배신자로 간주했고, 사실상 적성국 국민으로 취급해 강제수용했다.

티나, 멕시코, 브라질, 인도로 향하는 여정을 추적한다. 마지막 장 「38선 북쪽에서: 미국 시민-전쟁 포로」에서 우리는 중국군과 북한군이 만든 포로수용소와 심문실에 이른다. 심문실 내부에서 듣는, 20세기 중반 한반도의 탈식민지화에 대한 이야기는 한민족의 해방이라는 문제에만 국한된 것이 아니었다. 이 장에서는 탈식민지화가 미국 전쟁 포로들에게 무엇을 의미했는지도 묻는다. 미군 포로가 어떻게 태평양을 가로지르는 심문의 감시 체계 — 북한군, 중국군, 동료 포로들, 미군 방첩부대 — 를 헤쳐 나갔는지가 이 장의 중심을 이룬다.

이 책에 실린 많은 역사적 경험들은 미국이나 한국의 역사책에는 나오지 않는 것들이다. 한국전쟁이 미국 역사의 페이지에서 사라진 윤곽은, 미국의 해외 개입의 계보에 긴 그림자를 드리운다. 한국전쟁의 이야기를 전하는 것은 단순히 하나의 서사를 제공하는 것을 넘어, 이 서사들에 대한 우리 자신의 애착, 반발, 그리고 관심의 역학을 살펴보는 작업을 요구한다. 20세기 미국 전쟁들의 '영예의 전당'에 포함되려면 국가적 신화가 필요하지만, 한국전쟁은 제2차 세계대전처럼 국가적·집단적 사기를 고취하지 않았고, 베트남전쟁이 남긴 국가적·집단적 트라우마를 만들어 내지도 않았다. 그래서 한국전쟁은 우리에게, 전쟁을 기억하거나 망각하는 이유에 대한 질문이 아니라, 전쟁 자체를 어떻게 이야기할 것인가에 대한 질문에서 출발할 수 있는 특별한 기회를 제공한다. 이 이야기의 핵심은 정치적 상상력의 위기에 대한 것이다.

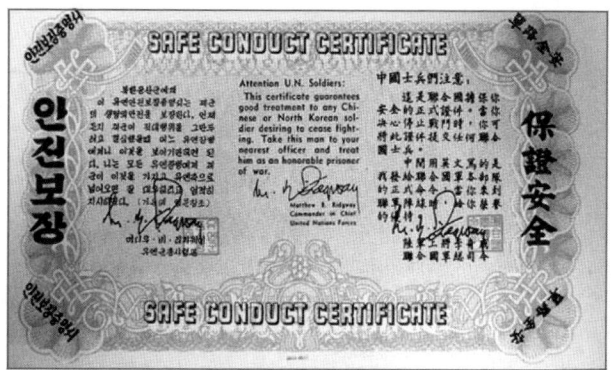

그림 I.1 유엔군사령부가 발행한 통행증: 오세희가 지니고 있던 유엔안전보장증명서 견본(미국 국가기록관리청).

그림 I.2 조선인민군과 중국인민지원군이 발행한 통행증(미국 국가기록관리청).

1부
전쟁의 요소들

1장
심문

1946년 4월, 미군이 파견한 군인 세 명이 농부 장성섭의 집에 도착했다. 상수내리마을1에서 장 씨의 집은 비교적 쉽게 찾을 수 있었다. 대문 앞에 커다란 표지판이 걸려 있어서 지나가는 사람은 누구나 볼 수 있었기 때문이다. 표지판에는 "이 집 아래부터는 남한"이라고 한글·영어·러시아어로 쓰여 있었다. 조그마한 장 씨의 집은 바로 38선 위에 있었다.

3개 국어로 쓰인 표지판에서 볼 수 있듯이, 38선은 안정적인 국경선이라기보다 탈식민지화가 지연된 현실을 나타내는 어색한 표식이었다. 소련이 점령한 북쪽과 미국이 점령한 남쪽 군인들 사이의 총격전이 이 경계선을 따라 여기저기에서 빈번하게 벌어졌다. 남한과 북한, 소련과 미국의 군대는 정작 38선이 어디인지 정확히 파악할 수 없었기 때문에, 농부 장성섭이 직접 표지판을 세워 문제를 해결한 것이다.

1946년 4월 장성섭의 집을 방문한 세 명의 군인들은, 미군정 내에서 빠르게 권력을 잡고 영향력을 행사하게 될 미군 방첩대 소속이었다. 미군 방첩대 요원, 국군, 그리고 한국인 통역관은 농부인 장성섭을 걱정하고 있었다. 방첩대는 북한군 네 명과 소련군 한 명이 장 씨의 집을 다녀갔다는 소식을 듣고 온 상황이었다. 그들은 장 씨에게 무슨 이야기를 했을까? 장 씨에 따르면, 그들이 집에 왔을 때 그는 마침 밭에서 일하고 있었다. 장 씨는 그들이 집 앞에 서서 자신을 "부르는 소리에 집으로 갔는데, 문 앞에 있던 소련군 일행이 이렇게 물었다."고 했다. "왜 미국 쌀을 배급받고 있나? 쌀을 주는 대신 조선의 재산을 차례로 빼앗아 갈 것이라는 걸 모르나?"[2] 방첩대는 농민 한 명을 만나기 위해 세 사람을 파견한 것인데, 그가 살고 있는 집은 당시 38선이 지나가리라고 추정되는 곳[따라서 그의 충성심이 의문시될 수 있는 곳]에 있었다. 브루스 커밍스의 표현에 따르면, 장성섭 같은 농민들은 한국에서 "가장 인구가 많은" 계급이자 "해방 정국에서 대규모 참여와 폭넓은 저항이라는 두 가지 특징을 보여주었"던 사람들이다.[3] 방첩대가 보기에, 이런 농민들의 정치적 열망은 미지의 풍경을 만들어 내고 있었는데, 그 풍경은 38선[이 어디를 지나고 있는지]보다 훨씬 더 모호해 보였다.

한국전쟁이 발발하고 전쟁 포로가 미국의 관심, 불안, 그리고 정책 기획의 주요 대상이 되기 전까지만 해도, 미군정은 바로 장성섭과 같은 농민들에게 더 많은 관심을 가지고 있었다. 한국전쟁에 관한 역사서들에서 한반도 탈식민화의 의미를 둘러싼 투쟁의 역사는, 38선으로 표상되는 냉전 프레임에 갇혀 있다. 한국전쟁에 대한 수많은 연구들이, 38선을 당연한 것으로 여기거나, 한반도의 한가운데 그려진 38선을 강조함으로써, 전쟁의 성격을 주로 [38선이라는] 물리적 지형의 [위아래] 움직임으로 파악한다. 이 책 『심문실의 한국전쟁』은 [전쟁 수행의] 정당성 문제를 한반도에 살고 있는 [남북한의] 개별 국민들[의 선택과 지지]에 초점을 맞추도록 만든, 비상사태state of emergency●의 풍경을

● 비록 해방은 되었지만, 1945년 점령 초기 더글러스 맥아더 장군이 선포한 '비상사태' 기간 동안 한반도에는 아직 정당성을 가진 국가가 존재하지(인정되지) 않았기 때문에 한반도에 살고 있는 사람들은 '국민'이 아니었다. 국가가 존재하지 않고, 그 국가의 국민이 존재하지 않는 이런 비상사태 속에서 바로 이 책에서 다루고 있는

그려 냄으로써, 한국전쟁 서사에서 학자들이 38선에 부여했던 역사적 우위에 도전한다. 미군정 시기에 농민들을 대상으로 한 국가기구의 발전은 한국전쟁 시기에 설치된 심문실의 토대를 마련했다. 농민 대중[의 정치적 열망과 그 성격]을 파악하기 위해 방첩대가 매일 즉흥적으로 처리했던 일의 양은 경이로운 수준이었지만, 또한 일상적인 업무이기도 했다.

장성섬이 38선에 3개 국어로 세운 표지판을 통해 바라보면, 한국전쟁의 전통적인 시간적·지정학적 경계는 사라진다. 미군정하에 있는 남한 농민의 이야기, 미국 정보 네트워크의 발전, 그리고 전쟁 포로에 대한 자원 송환 정책은 20세기에 펼쳐진, 아시아에 대한 미국의 제국주의적·팽창주의적 야망이라는 긴 이야기의 일부였다. 장성섬이 세운 표지판은 전쟁의 패러다임이, 한반도에서 지연된 탈식민화의 풍경을 어떻게 변화시키고 있는지를 잘 보여 준다. 이 장은 1907년 제2차 헤이그만국평화회의에 파견된 세 명의 조선인 특사들에 대한 이야기로 시작한다. 그들은 일제가 강압적으로 체결한 을사조약의 불법성을 알리는 고종의 서한을 들고 이 회의에 참석하려 했다. 하지만 회의장의 문은 그들에게 굳게 닫혀 있었다. 서구 식민 열강이 신성시한 '문명화의 사명'에 비추어 봤을 때, 조선은 주권국가로서의 지위를 인정받지 못했다. 즉, 인종적으로 조선인은 자치를 할 만큼 발전하지 못했다는 것이었다.

미국은 자신의 [제국주의적·팽창주의적] 야망을 유럽 식민 열강의 그것과 차별화하기 위해, 여타 민족들과 탈식민지 국가들의 영토적 주권을 존중하며 이를 인정한다고 주장했다. 따라서 미국은 자신이 얼마나 자비로운지를 보여

정당성의 문제가 발생하는데, 어느 쪽이 한반도에서 정당성을 가진 국가이며, 누가 그 국가의 국민인가의 문제였다. 한국전쟁은 이 같은 정당성을 놓고 벌어진 전쟁으로, 여기서 정당성은 전쟁 포로들이 종전 후 자신이 돌아갈 조국으로 남과 북 사이에서 어디를 '선택'하는지에 달려 있는 것으로 간주되었다. 이에 대해서는 Monica Kim, "The Intelligence of Fools: Reading the US Military Archive of the Korean War", *positions* (2015) 23(4), pp. 695-728 참조.

줄 필요가 있었고, 따라서 [자신이 추진하는 피식민지 국가들을 위한] 해방 프로젝트의 증거가 필요했다. 1945년 이후 남한에서 미국은 두 가지 종류의 군사 행동을 시작하며 이를 법제화·제도화했는데, 이는 20세기 후반 미국이 추진했던 군사화의 특징을 규정하는 것이었다. 첫째, 군사적 점령을 통한 해방, 즉 (한국의 사례에서 좀 더 구체적으로 말하면) 군사적 점령을 통한 탈식민화였다. 그 후 이 프로젝트는 또 다른 종류의 군사 행동으로 이어졌는데, 그것은 개입 전쟁, 또는 한국의 경우 국제적인 차원에서 이루어지는 '경찰 행동'이었다. 식민 통치에서 벗어난 한국의 개인들은 미국이 한반도에 일으킨 단절[파열] ― 즉, 일제 식민주의의 역사적 유산을 청산하고 미국식 자유주의가 제공하는 다양한 가능성들 ― 의 증거로 간주될 것이었다.

방첩대는 미군의 다른 정보 부서들과 함께, 주한미군정청USAMGIK이 선포한 "비상사태"를 일상적 경험의 차원으로 전환하는 데 일조했다. 1946년 38선상에 있는 자신의 집 앞에 3개 국어로 된 표지판을 내건 농민 장성섭과, 1950년에 종이 네 장을 몸에 지니고 있다가 붙잡힌 오세희처럼, 미군정 아래에서 살았던 평범한 한국인들은 각기 다른 집단들이 자신의 인격성personhood을 각기 다르게 독해할 가능성이 있으며, 따라서 이런 가능성들에 대처하며 살아가는 법을 배워야 했다. 그리고 각각의 서로 다른 독해가 누군가에게 신체적으로나 사회적으로 어떤 폭력적 결과를 가져올 수 있는지도 배웠다. 이런 고통스러운 상황에서 심문은 단순히 국가가 승인한 기술만이 아니었다. 한국인들은 미군 정보기관이나 다른 한국인 집단들이 자신을 어떻게 정치적으로 독해할 것인지를 예측하고, 이에 대처해 나가는 방법을 이해하고 있었다. 그것은 일상 정치의 관계적 실천이 되었으며, 미군정에는 [예컨대, 그 정체를 정확히 확인할 수 없는 수많은 농민 대중은 그 자체로] 커다란 불안감을 안겨 주었다.

이 장에서는 남한 지역에서 미군이 구축한 정보 인프라를 추적하고, 이 같은 정보 인프라 구축 프로젝트를 (20세기 전반에 걸쳐) 주권, 인정, 전쟁이라는 개념에서 나타난 전 세계적 변화와 관련해 한국이 차지하고 있는 위치라는 좀 더 큰 이야기 속에서 살펴본다. 이어지는 내용에서는 언어가 특히 권력의 중추적인 영역으로 등장하는데, 왜냐하면 외교 문서와 미군정이 선포한 포고령 등을 꼼꼼히 읽으면 미군정 요원들과 관료들이 자신들이 계획한 군사적 점령 기획에 적합한 한국인 주체들을 어떻게 형성하고 통제하려 했는지를 추적할 수 있기 때문이다. 하지만 한국의 대중은 결코 수동적인 독자나 침묵하는 청중이 아니었으며, 한국 정치단체들은 직접 전단지를 제작해 배포하고 거리 곳곳에 벽보를 붙였다. 한국인들이 제기하는 거부할 수 없는 요구와 추수 봉기 앞에서 미군정은 개별 한국인들에 대한 [예컨대, 좌익인지 우익인지 등과 같은] 확실한 지식을 확보하기 위해 방첩대의 정보에 의존했다. 남한의 좌파[와 그 조직]들을 불법화하는 과정에서 전문화된 방첩대는 임시방편적이고 매우 즉흥적으로 만들어진 조직이었으며, 결정적으로는 한국인 정보원에 크게 의존하고 있었다. 1950년 [한국전쟁의 발발과 더불어] 트루먼이 남한에 군대를 파병했을 무렵에 한국인들은 이미 미국에 의해 군사화된 비상사태가 현장에서 제도적으로 어떻게 운영되는지 잘 알고 있었다.

20세기 한국의 잃어버린 조각

대한제국을 출발해 블라디보스토크, 상트페테르부르크, 베를린을 거쳐 3개월간의 고된 여행 끝에 1907년 6월 25일, 마침내 대한제국의 특사 세 명이 네덜란드 헤이그에 도착했다. 이상설, 이준, 이위종은 전 세계에 전하는 고종의 메시지를 갖고 있었다. 당시 헤이그에서는 국제 전쟁법에 관한 제2차 헤이그 만국평화회의가 열리고 있었는데, 여기에는 모두 44개국이 참여했다. 대한제국은 1899년 제1차 헤이그만국평화회의에는 참가하지 못했지만, 이후 1904년 헤이그에서 열린 외교관 회의에 주프랑스 공사 민영찬을 파견해 '병원선의 지불 면제에 관한 협약'에 서명한 바 있다. 이 협약에 따라 대한제국은 제2차 회의에서도 당사국으로서 발언할 자격이 있었다. 그러나 1907년 특사들에게 회의장의 문은 열리지 않았다. 역사학자 알렉시스 더든의 표현을 빌리자면, 대한제국은 이미 세계 무대에서 '불법적인 존재'로 간주되고 있었던 것이다.4

1905년에 일본은 군사적 위협과 무력시위를 통해, 대한제국 대신들을 압박하여, 모든 외교 관계에서 대한제국을 대표할 권리를 일본에 부여하는 보호조약에 서명을 받아 냈다. 그러나 고종은 이 조약에 서명하기를 거부했으며, 이듬해인 1906년에는 1907년에 열릴 헤이그만국평화회의에서 이 보호조약의 불법성을 폭로하고 항의하기 위해 비밀 특사 파견을 계획하기 시작했다. 그러나 다른 43개국 대표단들과 함께 일본은 대한제국을 대표해 파견된 특사들의 [회의 참석] 요구를 받아들이지 않았다. 이제 대한제국은 국제 무대에서 주권국가가 아니었다.

이상설, 이준, 이위종은 이에 굴하지 않고, 당시 서구 외교의 언어였던 프랑스어로 고종의 서한을 번역해 회의에 참석한 모든 대표단에게 보냈다. 곧이어 이 편지는 유명한 영국의 '복음주의적 사회 개혁가이자 언론인'인 윌리엄 T. 스테드가 편집장으로 있던 일간지 『평화회의보』(6월 30일 자)에 실렸다.5 "왜 대한제국을 배제하는가?"라는 제목 아래 세 명의 대한제국 특사들이 다른 대표들에게 보낸 서한 전문이 실렸다. 대한제국의 특사들은 일본의 보호조약 체결 행위가 "모든 국제법을 위반"했으며 "강제로" 이루어졌다는 점을 강조했다. 이들은 강제 조약 체결에 이르는 과정에서 일본인들이 대한제국에서 저지른 모든 행위를 상세히 요약해 첨부하는 한편, 다음과 같은 세 가지 점을 분명히 제시했다.

1. 일본인들은 대한제국 황제 폐하의 정식 허가 없이 행동했다.
2. 그들의 목적을 달성하기 위해 일본인들은 황실에 대해 무력을 행사했다.
3. 일본인들은 대한제국의 모든 국법과 관례를 무시한 채 행동했다.6

대한제국 특사들의 편지에 대한 대응으로 7월 1일 자 『평화회의보』에는, 대한

제국과 일본 사이에 맺은 조약에 따라 일본이 외교 문제에서 대한제국을 대표할 '독점적 권리'를 갖게 되었다는 일본 대표단의 주장이 실렸다. 다른 나라의 대표단들은 이 주장에 이의를 제기하지 않았다.7

제2차 헤이그만국평화회의에 참여한 식민 열강들로서는 일본의 행동을 비난하거나 비판할 경우, 전 세계에 걸쳐 거대한 식민지 영토를 거느리고 있는 자신들의 입장도 난처해질 수밖에 없었다. 게다가 타국을 "보호령으로 삼는 방식은 19세기 후반 유럽 국가들이 비유럽 국가들에 대해 주권을 공식적으로 행사하지 않으면서도 광범위한 통제권을 행사하는 일반적 기술이었다."8 법학자 앤서니 앵기에 따르면, 이런 보호령은 "본질적으로, 문명화되지 않은 국가들이 스스로 유럽 국가들의 '보호' 아래 들어가는 조약"이었다.9 일본은 러일전쟁(1904~05년)에서도 러시아를 상대로 결정적인 승리를 거뒀다. 침략 행위로서 전쟁은 [국제사회에서] 비난의 대상이 되지 않았다. 그 대신 사회진화론과 문명화의 사명이라는 지배적인 관념이 대한제국을 둘러싼 논쟁의 틀을 형성했다. 1904년 러일전쟁이 일어난 후 법학자 토머스 조지프 로런스는 이렇게 썼다. "장기적으로 볼 때, 대한제국이 주변에 있는 여러 열강들 가운데 어느 한 나라에 합병될 것임은 의심의 여지가 없다. 정치 지도에서 점차 사라지는 것은 작고 허약하며 부패한 국가들의 운명이다." 반면, 식민지를 손에 넣은 일본은 이로부터 커다란 혜택을 누릴 것이었다. 즉, "만약 일본인들이 대한제국을 전리품으로 얻게 된다면, 그들에게 그간 부족했던 것, 다시 말해 속민들 subordinate people을 통치하는 데 필요한 적성을 개발할 수 있을 것이다."10 러일전쟁에서 러시아가 패배함에 따라 일본은 비백인 식민 강국으로 부상할 것으로 보였다. 그리고 식민 강국으로서의 역량을 과시하기 위해 일본은 식민지가 필요했다. 일본이 대한제국을 자신의 '보호'하에 두고 있는 것은, 헤이그만국평화회의에 참석한 나라들이 원칙적으로 주창한 서구 열강의 식민지 문명화 사명을 이행하고 있는 것이었다.

대한제국의 대외 주권이 자국의 보호하에 있다는 일본 측의 성명이 발표

그림 1.1 『평화회의보』(1907년 7월 5일 자) 1면에 실린 이준, 이상설, 이위종(스와스모어 칼리지 평화 컬렉션).

된 지 나흘 후,『평화회의보』1면에는 이준, 이상설, 이위종의 사진과 함께 「대한제국의 왕자 이 씨[이위종]와의 인터뷰」라는 기사가 실렸다. 윌리엄 T. 스테드는 세상을 놀라게 하는 "신新저널리즘"으로 유명한 언론인*이었는데, 그는 [서구 사회의] 도덕적 위기에 대한 [경종을 울리기 위해] 대중의 정서를 동원하는 수단으로 자신의 펜과 언론을 사용했다.[11] 스테드는 제1차 헤이그만국평화회의를 지지하고 보도했으며, 자신이 '국제 평화 십자군'이라고 부른 것에 대한 지지를 호소하기 위해 주간지『전쟁에 반대하는 전쟁』War Against War을 발행하고 유럽을 순회하기도 했다. 스테드는 대한제국이 파견한 특사들의 요구에 대해, 회의에 참석한 나라들이 철저히 침묵으로 일관하자 특사들의 주장을 자신의 언론에서 직접 다루기로 한 것이다.

사진에서 이준, 이상설, 이위종은 나무랄 데 없는 양복을 착용하고 있는데, 이는 역사학자 헨리 임이 "[20]세기로의 전환기에 대한제국에서 등장한 (기독교) 자유주의-부르주아 주체성"[12]이라고 부르는 계급의 전형적인 모습을 보여 준다. 고종은 풍부한 해외 경험과 여러 언어에 능통한 점을 높이 사이들을 특사로 발탁했다. 이위종은 워싱턴 DC, 파리, 상트페테르부르크 등지에서 외교관으로 일하던 아버지를 따라다니며 성장했고, 조선말 외에도 영어·프랑스어·러시아어를 유창하게 구사했다. 중요한 것은 스테드가 1면에서 이위종을 '왕자'prince라고 표현하면서 대한제국의 주권을 [직접] 주장하는 방식을 취했다는 점이다. 기사는 "그는 교양을 갖춘 왕자로서, 여러 언어를 구사하며 열정적이고 활기찬 사람이다."라고 묘사했다. 스테드는 대한제국의 주권이 특사가 아니라 대한제국의 젊은 왕자를 통해 문자 그대로 체현되면, [주권을 찬탈한 일본에 대한] 서구 대중의 분노를 좀 더 확실하게 자극할 수 있

* 영국의 저널리스트. 탐사 보도의 선구자 가운데 한 명으로 알려져 있다. 어린 소녀들이 인신매매를 통해 성 착취를 당하는 과정을 탐사 보도해 영국 사회를 분노로 들끓게 했던 것으로 유명하다. 이 과정에서 탐사 보도를 위해 그 자신이 13세 여성을 성매매한 사실이 밝혀져 수감되기도 했다.

으리라 예상했다. 서양의 독자들이 대한제국을 상상하기 위해서는 이위종이 곧 대한제국이어야 했다. 이름 없는 기자가 독자를 대신하고 있어, 한 편의 연극과도 같았던 스테드의 인터뷰 기사는 식민주의에 반대하는 글은 아니었다. 스테드의 비판은 무력 사용과 기독교 사회의 위선을 향했다. "왕자 이 씨"는 기독교적 평화주의를 구현한 인물이었다. "대한제국은 무장을 하지 않은 나라입니다. 대한제국은 다른 나라를 침략하겠다는 야망을 가져 본 적이 없습니다. 대한제국은 오직 평화롭게 살 수 있게 해 달라고 요청할 뿐입니다. 우리는 당신들과 같은 평화주의자들이 설교하는 것을 실천하고 있습니다. 그런데 정작 당신들은 지금 어디에 있습니까?" [이와 관련해] 여기서 세 명의 특사가, 스테드가 유명한 평화주의 언론인[실제로 그는 1901년 노벨 평화상 후보로 추천되기도 했다]이라는 사실을 알고 일부러 그를 찾아갔을 가능성을 남겨 두는 것이 중요하다.[13] 대한제국을 세계 무대에 알리고 부정할 수 없는 존재로 만드는 것이 그들의 사명이었기 때문이다.

조선이 서구 및 일본과 벌인 교섭의 역사는 헤이그만국평화회의가 열리기 훨씬 전으로 거슬러 올라간다. 미국은 이미 1871년부터 조선을 상대로 군사적 압력을 가하고 있었다. 고든 창 교수는 "1871년 미국이 조선을 상대로 벌인 전쟁"[신미양요]은, "1846~48년 멕시코-미국 전쟁부터 1898년 스페인-미국 전쟁에 이르는 50여 년 동안 미국이 해외에서 군사력을 행사한 것 가운데 가장 규모가 크고 유혈이 낭자한 전쟁 가운데 하나"였다고 지적했다.[14] [신미양요는] 미 국무장관 해밀턴 피시가 프레더릭 로 주청공사駐淸公使와 미국 아시아 함대 사령관 존 로저스 제독에게, "매슈 페리가 일본에 대해 했던 것처럼 조선을 개항시키"라고 명령을 내림에 따라 시작되었다. 이 같은 침략의 결과로 250명 이상의 조선인이 희생되었지만, 페리와 달리 로저스 제독은 조선을 강제로 '개항'시키지 못했다. 미국은 1882년이 되어서야 로버트 슈펠트 제독을 통해 조선과 조미수호통상조약을 체결할 수 있었다. 그럼에도 미국의 군사력 과시가, 개항을 끈질기게 요구하는 서구에 맞서 조선이 견지한 쇄국 정책에 변화를 가져온 결정적인 요인은 아니었을 것이다.

페리가 무력으로 일본을 개항한 것을 재현하려는 또 다른 시도가 이어졌다. 1875년에 일본 군함이 강화도에 도착한 것이다. 포격전이 이어졌고 청나라의 중재가 실패하자, 일본군 400여 명이 해안에 상륙했다. 몇몇 대신들은 고종에게 군대를 동원해 이들을 물리칠 것을 조언했지만, 고종은 이와 달리 1876년 2월 27일 일본과 조약[강화도조약]을 맺었다. 브루스 커밍스가 지적한 바와 같이 "조약의 제1조는 조선을 일본과 동등한 주권을 가진 '자주' 국가로 인정했지만 (…) 실제로 그 조항은 조선 내에서 청나라의 지위가 어떻든 일본은 이제 그것을 더는 존중할 가치가 없다고 본다는 것을 의미했다."[15] 과거에 조선은 중국과 사대 관계에 있었는데, 이는 중국 중심의 우주론에 조선이 편입되어 있음을 인정하면서도 조선의 자율성 역시 상당 수준 허용하는 관계였다. 헨리 임에 따르면, 1883년 초 무렵 조선의 대신과 관료들은 "힘이 어떻게 국제 관계와 국제법의 적용을 결정하는지를 모르고 있지 않았"으며, "국제법은 조선이 일본과 서구 열강을 끌어들일 수도 있고 저지할 수도 있는 유일한 언어로 기능한다는 사실을 이해하고 있었다."[16] 일본이 조선의 자주권을 [자신들에게 유리한 방식으로] 재해석하자, 고종은 일본을 견제하기 위한 하나의 방편으로 서구의 주권 체계 — 동등한 국민국가라는 허구적 개념 — 로 눈을 돌렸다.

조선의 자주권을 지키기 위해 고종 황제는 중대한 의식 — '1895년 서약'이라는 — 을 거행●했는데, 이는 '중국 중심 조공 체계 내에서의 자율성'이라는 기존의 지위에서 벗어나, 대한제국이 국제적인 국민국가 체계 내의 주권국가임을 선포한 것이었다.[17] 1895년 청일전쟁에서 승리를 거둔 일본은 조선

● 고종은 갑오개혁의 일환으로 1894년(고종 31년) 12월에 홍범 14조를 제정했으며, 이듬해인 1895년 1월 7일 종실·백관 등을 거느리고 종묘에 나가 이를 서약하도록 하고 선포했다. 제1조에서 "청국에 의부依附하는 생각을 끊어 버리고 자주독립의 기초를 세운다."라고 선언했다.

이 중국의 영향력으로부터 벗어나 독립적인 주권을 가진 국민국가를 선포하는 데 협력했지만, 서구 주권 체계에서 국민국가 간의 허구적 동등함은 또 다른 애매함 — 즉 일본은 "덜 계몽된" 조선을 위해 서구의 합리적 국제법을 번역해 주는 우월한 지위18에 있었던 것이다 — 을 낳기도 했다. 그리고 1905년 러일전쟁이 끝나면서, 일본은 국제어로 된 조약,* 즉 포츠머스조약을 통해 한국에 대한 권리를 주장했다. 이 조약에서 러시아는 조선에 대한 일본의 이익을 인정했다. 이 협정은 시어도어 루스벨트 대통령의 중재로 이루어졌는데, 그 공로로 그는 노벨 평화상을 수상했다. 이후 1905년 7월 29일 루스벨트 대통령의 육군 장관 윌리엄 하워드 태프트와 일본 총리 가쓰라 다로 사이에서 체결된 밀약[가쓰라-태프트협정]에서, 미국은 대한제국에 대한 일본의 이익에 간섭하지 않고, 일본은 필리핀에 대한 미국의 이익을 인정한다는 데 상호 합의했다. 1905년 말[11월 17일], 일본은 다시 군사력을 동원해, 제2차 한일협약[을사조약]을 강압적으로 체결했는데, 이는 대한제국을 일본의 보호국으로 만들고 본질적으로 "일본이 대한제국의 외교권을 박탈하는 행위를 국제적으로 합법화하는 선례를 마련"한 것이었다.19

[그로부터 2년 뒤인] 1907년 헤이그에서 열린 제2차 만국평화회의 회의장의 문은 [대한제국에] 닫혀 있었다. 그러나 세 명의 특사가 국제적 관심을 받게 되자 일본은 [이에 대한 책임으로] 고종을 압박해 아들 순종에게 왕위를 물려주도록 했다. 뒤이어 대한제국 군대가 일본군에 의해 해산되었고, 이에 저항하는 군인들이 서울 거리에서 일본군과 싸웠다. 3년 후인 1910년 8월 29일 순종이 왕위를 포기함에 따라, 공식적으로 일본은 조선을 식민지로 병합했다.

제2차 세계대전 기간 동안, 20세기 초반에 유행했던 문명화 담론이라는

---

* 원칙적으로 양 국가 간에 체결되는 조약은 두 당사국 언어로 작성되지만, 국제적인 효력을 갖는 조약의 경우, 영어나 프랑스어 등 몇 가지 공인된 언어를 사용해 작성되어야 했다. 포츠머스조약은 영어·일본어·러시아어로 각각 작성되었다.

틀이 전후 점령[정책]에 대한 미국의 비전과 인식을 조형했다. 1943년 카이로 회담에서 프랭클린 루스벨트, 윈스턴 처칠, 장제스는 일본 패망 후 식민지 한국을 어떻게 처리할지에 대해 논의했다.

> 일본이 1914년 제1차 세계대전 이후 탈취 또는 점령한 태평양의 도서 일체를 박탈할 것과 만주·대만 및 평후 제도와 같이 일본이 중국으로부터 빼앗은 일체의 지역을 중화민국에 반환한다. 또한 일본은 폭력과 탐욕으로 약탈한 다른 일체의 지역으로부터 축출될 것이다. 세 위대한 연합국은 한국 인민의 노예 상태에 유의하여, 한국이 적절한 시기에in due course● 자유롭게 독립할 것임을 결의한다.20

한국은 루스벨트, 처칠, 장제스가 일본이 확보하고 있던 식민지를 개괄하는 과정에서 꼭 짚어 언급되었고, 연합군이 전후 질서에 대한 자신들의 도덕적 주장을 입증할 지역이 되었다.21 그리고 "적절한 시기에 자유롭게 독립할 것"이라는 조항의 해석은 곧 [카이로회담 이전부터 신탁통치안을 거론해 온] 루스벨트 대통령에 의해 잠재적 신탁통치라는 모습을 띠게 되었다. 이에 따라 한국[에 대한 처리 문제]은 그 이전부터 오랫동안 진행되었던 대화 — 적국이 소유하고 있던 식민지들을 처리하는 문제, 즉 제1차 세계대전 종전 이후 국제연맹 내에서 이미 진행된 바 있던 위임통치령들에 관한 대화 — 이후, 전후 세계 질서에 대한 연합국 주도의 대화 속에 들어가게 되었다.

● 이 표현은 '너무 늦지 않은 시기에' 또는 '적절한 절차를 밟아'로도 흔히 번역된다. 사실 카이로회담의 선언서 초안에서 이 표현은 원래 '가능한 최단 시기에'at the earliest possible moment였지만, 미국의 루스벨트 대통령이 여기에 줄을 긋고 '적절한 시기에'a proper moment로 수정한 후, 처칠이 다시 이를 적당한 절차 후에in due course로 바꾸었다고 한다. 이에 대한 설명으로는, 국사편찬위원회 누리집, 〈한국사데이터베이스〉에서 "2) 카이로선언과 'in due course'" 항목을 참조할 것.

루스벨트 — 그는 여전히 인종에 따른 문명의 위계와 보호 감독이라는 개념에 기대고 있었다 — 의 비전에 따르면, 그 문명화의 궁극적 목적인telos은 유엔과 미국이 될 것이었다. 1944년 1월, 루스벨트는 일본 제국을 해체하기 위한 방안에 대해 태평양전쟁위원회에서 논의하는 자리에서, 한국을 "40년 동안 보호"하기 위해 신탁통치하에 두는 방안을 이야기했다.22 그 뒤 1945년 2월 8일 오후 얄타에서 이루어진 스탈린과의 대화에서,

> 그[루스벨트-인용자]는 한국에 대해 소련·미국·중국 대표로 구성된 신탁통치를 염두에 두고 있다고 말했다. 그는 우리가 이 문제에 대해 가진 유일한 경험인 필리핀의 경우 국민들이 자치를 준비하는 데 약 50년이 걸렸다고 했다. 그는 한국의 경우 20년에서 30년 정도 걸릴 것이라고 보았다. 스탈린 원수는 기간이 짧을수록 좋다고 말했다.23

이렇게 한국은 미국의 해외 군사 프로젝트 및 이해관계 — 여기에는 필리핀-미국 전쟁, 쇠락 중에 있는 또 다른 제국(스페인) 및 그 식민지들과의 협상이 포함된다 — 의 계보에 포함되었다. 그러나 루스벨트의 사망으로 정책 공백이 발생하자, 미 해군은 한국의 전략적 중요성을 주장하며 신탁통치안을 백지화했다.

일본이 연합군에 항복을 선언한 1945년 8월 15일은 한국이 일본의 식민통치로부터 해방되는 동시에 한반도에 냉전이 도래했음을 알리는 날이었다. 일본의 항복을 앞둔 8월 14일 늦은 밤, 워싱턴 DC에서는 두 명의 미군 장교, 딘 러스크와 찰스 본스틸이 미국과 소련이 한반도를 분할 점령할 경계선을 제안하는 임무를 맡았다. 러스크는 회고록에서, 『내셔널 지오그래픽』의 지도만 봐서는 "자연적인 지리학상의 경계선을 찾을 수 없어"서 그 대신 "38선을 생각해 보았고, 그것을 추천하기로 결정했다." "밤늦게까지 일하느라 지친 두 명의 대령이 건의한 38선을 [국무·육군·해군 삼부조정위원회SWNCC가] 택한

것은 숙명적인 것으로 판명되었다."²⁴라고 썼다. 소련이 이 분단선을 받아들임에 따라 냉전 초기 초강대국들 간의 이분법적 힘의 동학이 한반도에서 작동하기 시작했다. 얼마 지나지 않아 38선을 경계로 한반도 이북 지역에는 소련군이, 이남 지역에는 미군이 진주했다.

    1945년 9월 1일부터 5일까지, 한반도 남쪽 상공에는 약 30만 장에 달하는 전단이 나흘간 연속으로 뿌려졌다. 이 전단은 미군이 9월 9일 한반도에 상륙하기 전 38선 이남 지역의 미군정 사령관으로 임명된 존 하지 중장의 명령에 따라 공군이 배포한 것이었다. "한국민에게 고함"To the People of Korea이라는 제목으로 시작되는 이 전단에는 다음과 같은 내용이 담겨 있었다.

> 미군은 일본군의 항복 조건을 집행하며 한국의 재건 및 질서 있는 정치를 실시하기 위해 가까운 시일에 상륙하게 되었습니다. 이 사명은 엄격히 실시하고자 하오나, 불행한 국민에게 자비심 깊은 민주국인 미국에서 실시하는 것이니 확실한 것입니다. 이 거사의 성공 여부는 (…) 한국민에게 달려 있는 것입니다.²⁵

그러나 맥아더는 이 전단만으로 한국민에게 미군의 점령을 충분히 알릴 수 없다고 판단했고, 1945년 9월 7일 태평양미국육군총사령부포고 제1, 2, 3호를 동시에 발표했다. 맥아더는 자신을 "태평양미국육군최고지휘관"이라고 칭하면서, 앞서 하늘에 뿌려진 전단과는 현저히 다른 어조로 "조선의 주민에게" 직접 다음과 같은 강경한 메시지를 전달했다.

> 태평양미국육군총사령부포고 제2호, 범죄 또는 법규 위반
> 조선의 주민에게 포고함.
>   본관은 본관 지휘하에 있는 점령군의 보전을 도모하고 점령 지역의 공중 치안, 질서의 안전을 기하기 위해 태평양미국육군최고지휘관으로

서 아래와 같이 포고함.

　　항복문서의 조항 또는 태평양미국육군최고지휘관의 권한하에 발한 포고, 명령, 지시를 범한 자, 미국인과 기타 연합국인의 인명 또는 소유물 또는 보안을 해한 자, 공중 치안, 질서를 교란한 자, 정당한 행정을 방해하는 자 또는 연합군에 대하여 고의로 적대 행위를 하는 자는 점령군 군율 회의에서 유죄로 결정한 후, 동 회의의 결정으로 사형 또는 타 형벌에 처함.[26]

존 하지 중장의 포고와 맥아더의 포고령 사이에는 뚜렷한 어조의 차이가 존재했다. 하나는 자비를 약속했고, 다른 하나는 사형을 경고했다. 이 두 메시지의 차이는 당시 한국인들에게 38선보다도 즉각적이고 중대한 분할선이 되었다. 그리고 이 두 포고령에 따르면, 자비를 베풀지 사형에 처할지는 모두 "한국민"의 행동에 달려 있었다. 이 두 포고는 자비와 처벌이라는 상반된 메시지를 통해, 향후 한반도에서 시행될 군정 통치의 이중적인 성격을 처음으로 드러낸 자기 선언이었다.

　　1945년 9월 9일 미군 병력이 군사점령을 위해 한반도에 진주했을 때, 이 두 포고는 그들에게 잠재적 지침으로 주어진 얇은 서류철 속에 들어 있었다. "각 장교들은 각자 카이로선언과, 맥아더가 한국민에게 포고한 세 가지 포고령, 제24군단과 제7함대의 합동참모회의에서 성급히 작성된 군정 실시 비밀 계획, 군정이 발표한 열서너 가지의 법령, 일반 규칙, 주의문 등등의 사본을 휴대하고 있었다."[27] 이 서류들은 일관성 있게 내려진 정책적 결정 사항이라기보다는 주먹구구식으로 작성된 것들이었다. 그리고 이 서류들 가운데 어느 것도 군사점령 자체와 관련된 가장 근본적인 문제를 다루지 않았다. 주한미군 정청에서 [법무국 법률조사국장과 수석 고문 등으로] 일했던 저명한 법학자 에른스트 프랭켈은 "'해방된 국가'를 군사적으로 점령하는 것은 기본적으로 자기모순"[28]이라고 간단명료하게 말했다.

"한국"의 모순은 서구 국제법의 계보와, 식민 지배에 맞서 자신의 주권[독립]을 주장했던 [피식민지민의] 역사 사이의 교차점에 놓여 있었다. 전쟁에서 무조건항복을 한 '적국'의 식민지를 어떻게 '점령'할 수 있을까? 미국이 자신을 점령자이자 해방자로 선포했다면, 해방을 위한 군사점령은 어떻게 수행되어야 할까? 현재 미국과 소련이 분할 점령을 하고 있는 탈식민지 한국은 머지않아 신탁통치를 받는 지역이 될까, 국민국가가 될까, 아니면 전혀 다른 어떤 것이 될까?

주한미군정청 부영사를 지낸 그레고리 헨더슨에 따르면, [1945년 10월 20일이 되어서야] 처음으로 민정 담당 부대들이 남한에 도착했는데, 애초 이들은 필리핀 상륙을 목표로 훈련을 받았던 이들로, 9개월 동안의 교육 기간 가운데 "한국에 대한 강의는 한 시간도 되지 않았다."[29] 한국은 전쟁부와 국무부 내에서, 그리고 미국이 한국과 일본을 동시 점령하는 상황에서, [최우선 고려 대상인] 일본 다음으로 고려될 후순위 대상이었다. 점령을 위해 한반도에 도착한 초기 그룹, 즉 "모든 직업군인, 그리고 민간 업무에 대해 교육받은 적도 경험도 없는 사람들"에게 카이로선언이 제공한, "당시 참조할 수 있는 고위 정책적 언급"은 단 한 문장이었다. "세 위대한 연합국은 한국 인민의 노예 상태에 유의하여, 한국이 적절한 시기에 자유롭게 독립할 것임을 결의한다."[30] 다시 말해, 『주한미군사』에 따르면, "한국인은 해방된 국민[인민]으로 대우받아야 했지만, 해방은 점진적으로 주어져야 했다."[31] 군사점령 기간은 주어질 수도, 이어질 수도, 중지될 수도 있는 것이었다.

그러나 한국인들에게 적절한 해방을 부여하고 가르치는 이 기획에는 난관이 있는 듯 보였다. 1946년 1월 24일, 에른스트 프랭켈은 한국에 부임한 지 일주일 만에 "'여기 살고 있는 사람들'과 그들의 제도는 완전히 딴 세상을 이루고 있다."라고 썼다. 프랭켈은 독일 사민당 당원이자 노동 전문 변호사로 활동하다가 나치의 박해를 피해 미국으로 망명한 법학자로, 미군의 점령 및 향후 한반도에 건설될 국가의 토대가 될 법률적 틀을 마련하는 데 도움을 주기 위해 미군정에 합류했다. 제2차 세계대전 이후 독일에서 미국 점령 시 필요한 법률의 구조를 만드는 데 힘썼던 프랭켈은 한반도에 도착하자마자 상상력의 위기를 맞았다.• 한국은 일본보다 훨씬 낙후되어 있는 "가장 원시적인 동양 사회"였다. "거리는 지독하게 더럽고, 가게는 (매우 정중하게 표현하면) 너무 이상해서 한 집도 들어갈 엄두가 나지 않았으며, 앞으로도 그럴 수 없을 것 같았다. 한국 식당에서 식사를 한다는 것은 현실적으로 불가능한 일이었다." 그러나 이처럼 "완전히 딴 세상"으로 들어가는 것은 단순히 물리적 불가능성만을 의미하지 않았다. 그것은 또한 이해·언어·번역과 관련된 문제이기도 했다. 그는 "그들과 교류를 하는 게 가능할까? 미국이나 유럽 또는 일본에서 교육받은 [그래서 그들을 조금이라도 이해할 수 있는] 극소수 지식인을 제외한다면 말이다."라고 썼다. "지금 우리는 우리가 거의 알지 못하고 아마 앞으로도 결코 이해하지 못할 사람들을 통치하려 하고 있다. 우리는 법령과 심지어 헌법을 제정하고, 전적으로 서양식 사고에 기초한 제도를 수립하며, 우리의 전통과 문명의 틀에서만 의미를 갖는 관념들을 이 나라 정부[통치]에 적용하고 있다."32 프랭켈의 논리에 따르면, 문제는 단순히 번역의 문제가 아니었다. 즉, 문제는 [서구의 전통과 문명의 틀에서만 의미를 갖는] 기본적인 통치의 요소를 이해할 수 있는 능력이 과연 한국인들에게 있는지의 여부였다.

1907년 헤이그만국평화회의에 참여한 각국 대표들은 [일본 측의 입장에 동조해, 특사들의 회담 참석을 거부함으로써] 대한제국을 주권국가로 인정하지 않았다. 20세기 중반 미군이 한반도 이남을 점령한 처음 몇 달 동안, 미국 관

• 1938년 게슈타포에 체포될 위기 상황에서 미국으로 망명한 프랭켈은 제2차 세계대전이 발발하자 워싱턴에 소재한 전략사무국OSS 해외경제관리과에 고용되어, 미국의 참여 속에 독일의 전후 재건에 필요한 법률적 측면의 기반을 마련하는 일을 담당했다. 프랭켈은 이 과정에서 미국의 도움을 받아 민주주의 제도를 다른 나라에 이식하는 데 관심을 갖게 되었고, 그 일환으로 한국행을 택했다. 우디 그린버그, 『바이마르의 세기』, 이재욱 옮김(서울: 회화나무, 2018) 참조.

리들은 "한국인들이 독립적인 주체로서 자신을 상상하고 행동할 능력이 없다."고 주장하기 시작했다. 주한미군정청은 독일법과 미국법에 능통한 프랭켈의 전문 지식이, 독일법을 기반으로 하는 일본 제국의 법률을 자신들의 점령 통치에 맞게 재편하는 데 도움이 될 것이라는 이유로 그를 한국에 데려와 '법률 자문'을 맡겼다.33 프랭켈은 바이마르공화국에서는 실패했지만, 미국 망명 당시 맞닥뜨린 뉴딜에 의해 새 생명을 얻게 된 정치 기획, 즉 "반공주의적 집단적 민주주의"를 [다른 나라에 이식하고 이를 세상에] 널리 알릴 최상의 메커니즘을 미국이 제공할 수 있다는 굳은 신념을 품고 한국에 도착했다.34 프랭켈은 한국을, 미국의 물질적·정치적 이해관계와 밀접하게 얽힌 확고한 반공 국가로 만들겠다는 진심 어린 목표를 가지고 미군정에 참여한 사람이었다. 그러나 한국 사회에서 자신이 경험한 당혹스러움, 혐오감, 이해 부족 등에 대한 고백은, 20세기 제국의 팽창과 패권을 뒷받침하던 담론 저 깊은 곳에서 나타나고 있던 사회정치적 변화를 분명하게 보여 준다. 미국을 비롯한 서구 열강은 세계 질서를 인종에 따라 위계화하는 방식과 관련해, '문명'이라는 비유로부터 '통치'governance[곧, 스스로 통치할 수 있는 능력]라는 특징으로 불균등하게 이동하고 있었다. 주한미군정청이 사용한 언어와 논리는 인종 간 위계질서를 개념화하는 데서 나타난 이 같은 정치적·문화적 변화를 잘 보여 주는데, 이 같은 변화는 인간 표현형의 특징[예컨대, 겉으로 드러난 행태적·생리적 성질]에 따라 "인류"를 위계화하는 것으로부터 통치 능력에 따라 [인종이나 민족의] 수준을 변별화해 위계화하는 것으로 변화했다.

급조된 문명화의 임무

1945년 9월 10일, 한국의 인민들은 "미군은 35년간 이 작은 제국을 통치해 온 일본의 지배자들을 임시로 유임한다."는 미군정 당국의 첫 번째 결정에 항의하기 위해 서울의 거리를 가득 메움으로써, 자신들에게 미군의 점령은 어떤 모습이어야 하는지에 대해 의견이 있음을 알렸다.35 시위는 규모가 매우 컸다. 당시 연합통신사AP 기자들은 한국인들이 "벽에 항의 대자보를 붙였다."고 보도했다. 서울의 공공장소에 도배된 이 벽보들을 통해 한국인들은 미군정에 자신들의 의사를 전달하고 있었다. 일본 정부 관료들이 유임될 것이라는 발표가 나오자, 다양한 정파의 지도자들이 이를 강력하게 비판했다.36 미국 정보 보고서에 따르면, "인천과 서울에서 미군의 점령 정책을 비판하고 비난하는 벽보와 팸플릿이 계속해서 등장하고 있다. (…) 이 글들은 공산주의 그룹과 관련된 여러 급진적 정파들의 것으로 보인다."37

벽보를 통한, 그리고 거리에서 벌어지는 이 같은 대중적 저항을 맞아, 제24군단장 존 하지 중장은 기자회견에서 "사실상 이행기 동안에는 내가 한국 정부다."라고 선언했다(강조는 인용자). 자신이 주권자 — "한국 정부" — 라는 하지의 주장은 거리로 쏟아져 나온 대중으로부터 어떤 [대안적] 권위체가 등장할 가능성을 차단하려는 시도였지만, 그것은 또한 미군정 당국의 누그러지지 않은 불안을 노출한 것이기도 했다. 그런 발언은 미군정의 합법적 권위를 선험적으로 가정하고 있는 것이었지만, 거리에 붙은 벽보나 시위대, 언론의 성토가 증명하듯 [미군정 당국의] 권위는 당연한 것이 아니었다.38

1945년 10월 초, 미군정이 한반도에 진주한 지 채 한 달도 되지 않아, 미군정의 결정에 대한 한국인들의 시위가 점차 격화되고 있는 가운데, 서울 거리에 유인물이 유포되기 시작했다.「미국 시민들에게 보내는 메시지」A Message To U.S.A. Citizens라는 이 영문 유인물은 미군정 정보 요원들 사이에서 상당한 우려를 불러일으켰는데, 이들은 당시 서울 시내 벽에 붙어 있는 군정법령을 계속해서 떼어내고 있는 세력의 배후를 밝히기 위해 수사 중이었다. 이 유인물에는 새로 들어선 미군정에 대한 몇 가지 충고가 담겨 있었다. "며칠 전, 미군정은 '정부 당국의 허가 없이는 어떤 집회나 행진도 할 수 없다'고 발표했다. (…) 여러분은 언론의 자유 없이, 집회의 자유 없이, 모든 정치 활동의 자유 없이 민주적인 방법으로 새로운 국가를 건설할 수 있다고 생각하는가?"39

이 유인물의 작성자들은 조선인민공화국(이하 '인공') 중앙위원회였는데, 인공의 전신은 조선건국준비위원회(이하 '건준')였다. 건준은 1945년 8월 15일 일본이 항복한 직후 발족된 전국적인 차원의 조직으로, 1945년 9월 9일 미군의 도착을 대비해 9월 6일 서울에서 전국인민대표자대회를 소집했다. 이 대회에서는 전국 각지에서 선출된 1300여 명의 대표들이, 한반도 전체를 관할하는 조선인민공화국을 구성했다.⁴⁰ 이 조선인민공화국은 ① 서로 다른 정치 집단들 간의 통합, ② 소작인이, 현재 농사짓고 있는 땅을 구입할 수 있도록 하는 토지 분배 프로그램, ③ 부역자들과 일본인들을 공직에서 추방, ④ 전 국민으로 선거권 확대, ⑤ 정부 독점의 최소화라는 다섯 가지 요소를 바탕으로 강령을 구체화하고 발전시켰다. 이는 전후 해방된 한반도의 재건을 시작하기 위한 강령이었다.

(한국의) 시민이 (미국) 시민에게 말하는 형태로, 인공 중앙위원회는 미군정 당국자들과의 수평적 관계를 주장했고, 새로 도착한 점령 관리들에게 몇 가지 조언을 했다. "한국인들이 스스로 통치하게 하라. 우리를 보호하되, 지배하려 하지 말라. 우리는 우리에게 어떤 정부가 가장 좋은지 알고 있다." 조선인민공화국은 미국의 점령을 절대적으로 반대하지는 않았지만, 점령은 일시적인 것이어야 한다고 주장했다. "조선인민공화국은 [앞으로의] 발전을 위해 여러분의 무한한 공감과 도움을 필요로 한다. 여러분의 공감과 도움은 새로운 한국의 찬란한 역사에 불멸의 기록을 남길 것이다." 미국의 군사점령은 한국의 장구한 역사 — 말 그대로 한국인들이 구현하고 만들어 낸 — 를 놓고 볼 때 한정된 사건에 불과했다. 이 유인물이 미군을 한국 해방의 지지자이자 조력자로 규정하고, 하지 사령관의 이름을 명시적으로 거론하며, 하지의 포고문을 언급했다는 점에 주목해야 한다.

첫 번째 메시지에서 하지 장군은 주한 미군의 세 가지 임무 가운데 하나로 "한국의 재건"을 밝혔다. 우리는 미국의 지도부 — 미국의 장군들인

워싱턴, 링컨, 루스벨트 — 를 신뢰하기에 그 메시지를 감사히, 그리고 정중하게 받아들였다.[41]

인공 중앙위원회는 또한 일본에 대한 적대감을 양국이 공유하고 있다는 점을 강조함으로써 '한국'과 '미국'을 동등한 위치에 놓는 데 각별한 주의를 기울였다. "여러분은 일본인들의 야망, 잔인함, 기만성에 대해 잘 알 것이다. 하지만 일본인들에게 가장 깊은 원한을 가진 사람들이 있다면, 그것은 바로 36년간 그들과 함께 살아온 한국인들일 것이다."[42]

그러나 글쓴이들은, 일제강점기부터 현재에 이르기까지 중단된 적이 없는 정치적 의지와 주체성에 대해 이야기함으로써 이 식민주의의 문제를 다른 수준으로 이동시켰다. 즉, 탈식민지화를 위해 미국과 서구 열강이 식민 지배에서 벗어난 한국인들에게 '정치'를 가르쳐야 한다는 생각과 근본적으로 반대되는 서사적 논거를 제시한 것이다. 가장 중요한 것은, 이 유인물을 작성한 사람들이 한국인의 내면세계를 다음과 같이 기술했다는 점이다.

전쟁 중에도 정신적으로 정상적인 한국인이 있었다면, 그는 바보였을 것이다. 한국인들은 스스로 인격을 분열시켰다. 그들은 일본인들의 면전에서는 순종하는 척했지만 사실은 정반대였다. 혁명가들은 군수품도 없이 들판과 공장에서 용감하게 싸웠다.

한국인의 "분열된 인격"은 의식적인 정치적 퍼포먼스로, 주권을 가진 행위 주체로서 한국인의 역사를 중단 없이 온전히 유지하기 위한 것이었다. 한국인들은 이미 정치적 열망과 역사적 행위 주체성을 갖고 행동하고 결정을 내리고 있었다. 아마도 가장 중요한 것은, 인공 중앙위원회가 "정신적으로 정상적인" 한국인은 바보라고 주장함으로써 — 이는 반대로, 미친 것[또는 무모한 행동처럼 그들에게 비치는 것]이 실은 계산된 지능의 표식이라는 이야기다 —

미군정이 한국인을 "이해하는" 데 심각한 한계를 가질 수밖에 없음을 암시했다는 점이다. 미군정은 한국인을 정치적 주체로 발명할 필요가 없다는 것이었다.43

에른스트 프랭켈이 서울에 처음 도착했을 때, 그를 맞이한 것은 "해방에 감사하지만, 우리는 신탁통치 없는 조선 정부를 원한다."라고 영어로 쓰인 팻말이었다. "깃발을 흔들며 외치고 노래하는 수백 명의 여성과 어린이들"이 "완전히 평화롭고 질서 있게" 행진하고 있었다. 프랭켈이 행진 대열로 다가가자 "여성과 소녀들"이 그를 "거물급 인사나 러시아인(당시 미국 민간인들은 상대적으로 보기 힘들었다)"으로 생각하고 그를 향해 깃발을 힘차게 흔들었다. 프랭켈은 아내에게 보낸 편지에서, 그들은 "자신들이 기대하고 있는 바를 '합창'하듯이 내게 말했다."라고 썼다.44

이런 거리 행진, 배포된 유인물, 점령이 어떤 식으로 이루어져야 하는지에 대한 한국인들의 수많은 요구 앞에서, 주한미군사령관 하지는 그런 요구들의 절박성을 부정할 수 없었다. 즉, "한국인들은 그 무엇보다, 그리고 지금 당장 독립을 원하고 있다. 이는 모든 한국인이 자유와 독립에 대한 연합국의 약속을 잘 알고 있지만, 여기에 '적절한 시기에'라는 단서 조항이 있다는 사실은 모르고 있기 때문이다. 내가 듣기로는 '적절한 시기에'라는 표현이 한국말에는 없다고 한다."45 이처럼 즉각적인 독립에 대한 한국인들의 요구를 단지 번역 불가능의 문제로 축소함으로써 하지는 한국어 자체가, 지연된 시간적 과정의 불확정적 지속이라는 복잡한 의미를 담을 수 없다고 주장했다. 카이로선언에서, 한국을 다른 위임통치·식민지·신탁통치 지역들과 함께 "역사의 대기실"에 위치시킨 '적절한 시기에'라는 구절은 성숙하고 계몽된 정치적 사고를 나타내는 개념이 되었고, 하지의 논리에 따르면, 그것은 한국인과 한국 역사에는 없던 것이었다.46 •

그럼에도 불구하고, 미군정은 정치적 논쟁과 공적 장소에서의 소란 속에서 자신의 목소리를 내기라도 하려는 듯, 엄청난 양의 문서 — 명령, 포고령,

연설 — 를 통해 자신의 권위를 보여 주었다. 하지만 이 같은 문서들을 배포하는 것과 그것을 받아들이는 것은 전혀 다른 문제였다. 1945년 10월 9일 자 G-2 주간정보보고서에 따르면 "민간인들을 인터뷰해 보니, 미군정이 발표한 포고령을 접한 사람은 소수에 불과했다. 민간인들은 포고문을 읽거나 해석할 수 없기 때문에 일부 내용을 오해하는 경우도 있었다."[47] 맥아더는 영어를 미군 점령지의 공식 언어로 선언했으므로 번역의 문제가 추가되었다. 한반도 남쪽에 배포된 이 문서들은 말 그대로 종잇조각에 불과했다. 영어를 읽을 사람이 없었기 때문이다.

서울 거리에서 젊은 한국 여성들이 프랭켈에게 이러저런 충고를 늘어놓고 있는 사이, 프랭켈은 한국인들이 무슨 말을 하고 있는지 이해할 수 없으며 어떤 상황인지 이해가 안 간다고 썼다. 당시 미군정은, 한반도 전역에 걸쳐 다수의 한국인들이 심각한 긴장을 조성하고 있다고 보았다. 1945년 10월 23일 자 G-2 주간정보보고서에서 미군 정보부 요원은 "한국의 인구는 대부분 사회 하층에 속한다."라고 썼다. "한국 주민의 대다수는 주로 농민과 노동자인데, 이들은 어떤 기준에서 보더라도 매우 열악한 조건에 처해 있다. 어떤 형태의 민주 정부에서든, 선거 결과를 좌우할 계층은 이들이다. 모든 정당이 이들에게 구애할 것이며, 특히 급진주의자들에게 이런 상황은 매우 비옥한 토양이 될 것이다."[48] 1946년 4월, 38선 인근 집 근처에서 장성섬이 러시아와 북

- 이와 관련해, 저자가 미주에서 인용하고 있는 디페시 차크라바르티의 글은 이 책의 맥락을 이해하는 데 도움이 되는 중요한 지적을 하고 있다. 본문의 맥락을 이해하는 데 도움이 되기에 좀 더 길게 인용해 보면, "역사주의는 19세기의 비유럽 사람들에게, 누군가가 다른 누군가에게 '아직 아니'라고 말하는 방식으로 다가왔다고 말해도 좋을 한국전쟁과 미국의 세균전것이다. (…) 우리는 모두 같은 목적지를 향해 가지만, 어떤 사람들이 다른 사람들보다 먼저 도착하기 마련이라고 존 스튜어트 밀은 단언한다. 식민지인에게 기다리라고 권유하는 것, 바로 이것이 역사주의 의식이라는 그것이었다." 디페시 차크라바르티, 『유럽을 지방화하기: 포스트식민 사상과 역사적 차이』, 김택현·안준범 옮김(서울: 그린비, 2014), 54, 55쪽.

한 군인들과 나눈 대화의 중요 관심사도 토지, 쌀, 분배 문제였다. 그리고 대다수 조선 민중과 마찬가지로 — 미군정과 방첩대로서는 매우 유감스럽게도 — 그는 이미 자신의 생계 조건을 결정하는 데 [당시만 해도 어느 정도의] 주도권을 쥐고 있었다.

미군정에 참여했던 에드워드 그랜트 미드는 점령 첫해 미군정의 업무와 활동, 정책을 회고하는 책에서, 1945년 9월 초 미군이 도착하기 전부터 이미 한반도에는 "사실상의 정부"가 존재했다고 언급했다.49 이 정부는 조선인민공화국이라고 불렸는데, 「미국 시민들에게 보내는 메시지」라는 유인물을 작성한 바로 그 조직이었다.

이에 앞서 1945년, 총독부 관료들은 일본의 항복과 한반도의 해방을 예상하면서, 일본이 항복했을 때 질서를 유지할 수 있을 만한 인물들을 찾고 있었다. 특히 한국 농민 대중이 보기에 정통성을 가진 인물이 필요했기 때문에, 총독부 관료들은 상하이에서 독립운동에 깊이 관여했고 조선건국동맹을 설립한 중도좌파 여운형50을 선택했는데, 그는 이를 받아들였다.51 여운형의 지도하에 건국준비위원회가 만들어졌고, 각 지방과 도마다 독립적인 건준 지부가 구성되었다. 이후 건준이 조선인민공화국으로 재편되면서 건준 지부들 역시 지방 인민위원회로 재편되었다. 1945년 8월 15일 이후, 건준 위원들(이들은 나중에 조선인민공화국에 참여하게 된다)은 일본인 관리들이 한반도를 떠나는 상황에서 이들을 대신해 쌀 집하와 식량 비축을 관리하고 조직하는 일을 하고 있었다. "미국인들이 도착했을 때, 한국인이 일본 경찰을 몰아낸 후, 미곡 수확 업무를 맡아 미군이 도착할 때까지 이를 성공적으로 수행했다."52 대다수 한국인들에게 토지, 쌀을 비롯한 분배 문제는 단순히 국가 건설을 위한 추상적 메커니즘이 아니었다. 그것은 즉각적이고도 실질적인 문제였다. 『주한미군사』에 따르면 1945년 한국인 식단의 평균 열량은 제2차 세계대전 이전 평균인 "하루 약 2077칼로리"에서 1000~1800칼로리로 떨어졌는데, 이는 "서서히 굶어 죽어가는 정도의 식단"이었다.53 브루스 커밍스가 제시한 1945년 토지 소작 현황을 보면, 근본적인 문제는 기본적인 생계 수단을 확보하기가 어려웠기 때문임을 알 수 있다. 그에 따르면 "한국 농민 100명 가운데 80명가량이 소작농 혹은 반자작농"이었다. 이는 일제강점기 동안 소작농이 급속하게 증가했기 때문이다.54 해방된 한반도에서는 이런 근본적인 문제를 해결해야 했고, 인민위원회가 바로 이 일에 착수했다.

1945년 11월 7일 자 「공안 장교에게 보낸 서한」Memorandum to Public Safety Officer에서 어느 도의 공안 담당 장교의 보좌관은 자신이 담당하던 좌익의 곡성과 우익의 영광 지역 인민위원회에 대해 다음과 같은 견해를 밝혔다.

> 나의 좀 더 깊은 의견은 시골 지역일수록 인민위원회가 잘 조직되어 있고, 거대하고도 영향력 있는 회원을 갖고 있다는 것이다. 그들은 깡패나 건달, 즉 나쁜 구성원들로 구성된 조직이 아닌 것으로 보인다. 도리어 한국인들을 대표하는 단체이다.55

이 공안 담당 장교의 보좌관이, 관할 지역의 인민위원회 위원들이 '깡패'나 '건달'이 아니라고 주장해야 했다는 사실은, 미군이 한반도에 도착한 처음 두 달 동안 고위급 관료들이 이 대중·농민에 기반한 정치 조직들에 대해 얼마나 의구심을 품고 있었는지를 보여 준다. 미드는 자신의 책에서 인민위원회의 성격을 이렇게 묘사했다.

> 그 지도자들 가운데 많은 사람들이 급진적 경향을 가지고 있다는 비난은 쉽게 입증될 수 있으나 그것은 더 연구되어야 한다. 도 건준의 본래 지도자들은 대부분 일제 총독부와의 관계나 한국의 지하운동과는 거의 또는 전혀 관계가 없는, 사회에서 존경받던 사람들이었다. 그들은 정치적 경험이 부족하여 저항운동 지도자들에게 깊이 의존할 수밖에 없었고, 저항운동 지도자들은 조직 활동의 기술에 익숙했기 때문에 대중적인 토대 위

에 인민위원회를 조직해 가면서 인민위원회를 자기들 수중에 넣었던 것이다. (…) 반면 지하운동의 구성원들은 민중의 소망과 태도에 대해 민감하게 인식하고 있었고, 그들이 여론을 파악하고 있는 바에 따라 정책을 형성, 조정해 나가는 기술이 있었다. 인공의 급진적 경향 중에는 한국인의 다수 의견이 상당 정도 정확하게 반영된 것들도 있었다.56

미드는 지방인민위원회 지도자 가운데 상당수가 해방 이전만 해도 '우파'나 '좌파'로 쉽게 분류할 만한 경험이 없는 사람들이었다는 사실을 매우 예리하게 지적했다.

그러나 서울에 있는 미군정은 농민의 조직화, 토지개혁, 현지 지역 경찰력의 급진적 재편성 등의 조합에 대해 냉전 초기의 반공주의 서사라는 렌즈를 통해서만 이해할 수 있었다. 루스벨트, 국제연맹, 신탁통치 등으로 구성된 문명화 사명의 충동은 곧 트루먼독트린, 유엔, 안보 국가로 구성된 반공주의적 사명을 통해 재구성될 것이었다. 1945년 10월 10일, 군정 장관 아치볼드 아널드는 조선인민공화국의 활동 — 아마도 그 유인물을 염두에 둔 듯 — 에 대한 대응으로 직접 기자회견에 나서 다음과 같이 말했다. 즉, "스스로 추천하고 스스로 임명한 '관리'라든가 '경찰'이라든가 '국민 전체를 대표'하였노라는 대소 회합이라든가 (자칭) '조선인민공화국'이든가 (자칭) '조선공화국 내각'은 권위와 세력과 실재가 전연 없는 것이다. 만일 이러한 고관高官과 대직大職을 참람스레 칭하는 자들이 흥행적 가치조차 의심할 만한 꼭두각시극을 하는 배우라면 그들은 즉시 그 극을 폐막하여야 마땅하다."57 한국인들의 정치 모임이나 조직 — 여기서 아널드는 특히 조선인민공화국의 위원회를 염두에 두고 있는데 — 은 주도면밀하고 전략적인 활동이 아니었다. 실제로 아널드 소장의 눈에 그것은 단순한 웃음거리, 한심한 흉내, 거짓 제스처에 불과했다. 정치적 진정성 — 아널드의 표현을 빌리자면 "권위와 세력과 실재"— 은 미군정에 있으며, 그 정당성은 자신들이 부여하는 것●이었다. 말하자면, 한국인들은 아직 법적으로 시민이 아니었고, 한국은 아직 국민국가가 아니었다.

1945년 11월 2일, 미군은 다시 한번 조선인민공화국의 정당성을 깎아내리기 위해, 일제강점기 시절의 법률과 규정이 여전히 '완전한 효력을 갖는다'는 내용의 군정법령 제21호[58]를 발표했다.

> 모든 법률 또한 조선 구정부가 발포하고 법률적 효력을 유한 규칙, 명령 고시 기 기타 문서로서 1945년 8월 9일 실행 중인 것은 기간 이의 폐지된 것을 제하고 조선군정부의 특수 명령으로 폐지할 때까지 전 효력으로 차를 존속함.••

이 군정법령의 내용은 비상사태에서 무엇이 "정지"되는지를 명시하고 있는데, 기본적으로 정지되거나 폐지되는 것은 일제 식민지 법이나 "법령의 효력"이 아니었다. 정지된 것은 "법령의 효력"을 둘러싼 모든 경쟁적 주장이었다. [어떤 법령의 효력이] 합법적인지 여부는 미군정이 결정하는 것이었다. 군정법령 제21호는 사실상 주권자로서의 권위를 미군정에 부여하려는 노골적인 시도였다. 이 점령 초기 단계에서 미군정은 국가 건설을 위한 규범적·법률적 틀을 만드는 데 관심이 없었다. 오히려 미군정은 "법령의 효력"을 둘러

• 본문에서 「아널드 미 군정 장관의 조선인민공화국 부인 성명」을 인용한 부분 바로 앞에 누락되어 있는 표현이 바로 이 문장의 의미를 구체적으로 밝히고 있는데, 이는 다음과 같다. "북위 38도 이남의 조선에는 오직 한 정부가 있을 뿐이다. 이 정부는 맥아더 원수의 포고와 하지 중장의 명령과 아널드 소장의 행정령에 의하여 정당히 수립된 것이다. 이는 아널드 군정 장관과 군정관들이 엄선하고 감독하는 조선인으로 조직된 정부로서 행정 각 방면에 있어서 절대의 지배력과 권위를 가진다." 국사편찬위원회 누리집, 〈한국사데이터베이스〉 참조.

•• 쉽게 풀어 설명하면, 미군정 당국이 군정법령 제11호로 폐지한 일제강점기의 대표적인 악법을 제외하고, 1945년 8월 9일까지 조선에 적용 중이던 일제강점기 법령의 효력을 군정청의 별도 폐지 조치가 없는 한 그대로 존속시킨다는 뜻이다. 위 한글 원문과 해설에 대해서는, 국사편찬위원회 누리집, 〈한국사데이터베이스〉에서 찾아볼 수 있다.

싼 경쟁적 주장들을 중지시키는 데 훨씬 많은 신경을 썼다. 왜냐하면 법령의 효력은 남한이 [신탁통치에서] 벗어나 독립을 이루기 전까지는 미군정만이 결정할 수 있는 대상이 되었기 때문이다. 1945년 12월 12일, 하지는 그레고리 헨더슨의 말을 빌리자면 "'인민공화국'을 불법화했다."⁵⁹ 그리고 헨더슨이 썼듯이 "그 공백을 메운 것은 미군에 의해 지탱되는 미군정 당국뿐이었다."⁶⁰

방첩대, 정보원, 그리고 거버넌스

서울의 거리, 시골 마을, 해안가 항구에는 점령 업무를 위해 소수의 방첩대 요원들이 도착하기 시작했다. 1945년 9월, 제224 방첩대 파견대 요원들이 미군 전함 칠턴호를 타고 인천항에 도착했다. 이들은 [필리핀의] 레이테섬과 오키나와에서 출발한 것이었다. 그러나 필리핀과 일본에서의 경험에도 불구하고, 미군정기 방첩대의 공식 군사軍史에 따르면, "방첩대 요원들은 별다른 준비도 없이 무엇을 기대해야 할지 거의 알지 못한 채 한국에 왔다." "행동 지침으로 참고할 만한, 이전 점령지로부터의 선례도 제공받지 못했다."⁶¹

방첩대 요원들이 도착하기 불과 며칠 전에 하늘에서 배포된 전단이 미군 점령의 조건으로 "자비"와 "죽음"을 이야기했다면, 방첩대 요원들이야말로 점령지인 남한의 인민들에게 "자비"와 "죽음" 가운데 하나를 실제로 실행할 방식[기준]을 만들고 새겨 넣을 사람들이었다. 미국 뉴저지주 해컨색에서 태어나 제2차 세계대전 중 카라치에서 훈련을 받은 방첩대 요원 도널드 니컬스는 제607 방첩부대 'K' 분견대 요원으로 1946년 6월 29일 한국에 도착했다. 그는 도착하자마자 "3인으로 구성된 소규모"⁶² 방첩부대의 대장이 되었다. 그리고 얼마 지나지 않아 그는 자신의 "부대가 '정말로 높은' 한국 정부 고위층을 움직이고 있다."고 언급했다. "모든 문이 우리에게 열려 있었다."⁶³ 불과 몇 달 만에 방첩대는 미군정에 없어서는 안 될 존재가 되었다. 미군정하 국내경비부*의 고위 정보 고문인 케네스 맥두걸 대위는 하지 장군이 방첩대를, 자신이 "의지할 수 있는 부대"로 묘사했다고 회상했다.64 미 국무부로부터 직접 정책 지시가 내려오지 않았기 때문에 하지는 방첩대에 의존했다. 맥두걸은 다른 "고문들이 구체적인 대안을 거의 제시하지 못했기 때문에, 방첩대의 정치보고는 그가 결정을 내리는 데 도움이 되었다."라고 말했다. 그에 따르면 방첩대의 영향력은 직접적이었으며 과소평가할 수 없었다. 방첩대 요원 윌리엄 타이그는 다음과 같이 회상했다. "하지 사령관은 방첩대의 정치 보고에 크게 의존했다. 그는 방첩대가 추천하는 사람은 누구든 기꺼이 지지했다."65

방첩대가 미군의 점령 구조 내에서 막강한 권위를 갖게 된 것은 해방자이자 점령자인 하지에게, 가장 중요한 주장을 펼칠 수 있는 능력을 제공했기 때문일 것이다. 그 주장은 바로 미군정이 남한 대중의 바람과 의도에 대해, 또 그들의 행동을 잘 알고 있다는 것이었다. "'여기 살고 있는 사람들'과 그들의 제도는 완전히 딴 세상을 이루고 있다."라는 프랭켈의 지적에 미군정의 구성원들이 동의했을 만큼, 이 세계는 통제의 대상이자 수많은 긴장과 불안의 원천이었다.66 그러나 이분법적 냉전 정치의 핵심 재료[정보](누가 '적'인지 '친구'인지를 규정하는 것)를 제공하기 시작함에 따라, 남한에서 방첩대의 역할과 그것이 남긴 유산은 통제에 대한 긴장과 불안을 해소하는 것 그 이상이 되었다.

미군정은 한국에 도착한 직후부터 위기에 직면했다. 이는 근본적으로 자초한 것이었다. 1945년 10월 5일 — 인공 중앙위원회가 전단을 배포한 날짜 — 미군정은 소작료와 미곡 시장에 관한 두 가지 법령을 발포했다. 법령 제9호 〈최고 소작료 결정〉은 "현행 계약에 의하야 소작인이 기其 전지田地에 대하야 지불하는 가혹한 소작료 및 이율과 기 결과로 소작인의 반노예화와 그 생활수준이 군정청의 목적인 수준하에 재在한 이유로 조선국에 가비상사태의 존재를 자玆에 포고"했다.67 소작료의 상한선을 선포한다는 이 법령이 공개적

- 주한미군정청 산하 국내 군사 업무 담당 부서. 통위부라고도 하며, 국방부의 전신이다.

으로 내건 목표는 소작인들에게는 인기가 있었으나, 실제로 미군정을 지지하는 이들은 지주들이었고, 미군은 이 법령을 통해 규제하고 집행할 수 있는 효과적인 수단이 없었기 때문에 이 법령 — 국가 비상사태 — 은 실패했다. 두 번째 법령인 일반고시 제1호[〈미곡의 자유 시장〉]는 "조선에 미곡의 자유 시장을 실시하기 위하야 자兹에 차此를 전부 폐지"*한다고 선포했는데, 이는 결국 재앙에 가까운 결과를 초래했다.⁶⁸

미군 정보부는 매주 보고하던 [한국인들의] 동향에 변화가 나타나고 있음을 감지했다. 1945년 10월 9일 자 보고서에는 "많은 사람들이 일자리를 잃고, 식량을 구하는 데 어려움을 겪고 있다."라고 적혀 있다. "공장이 문을 닫았음에도 불구하고 한국인들이 일본인 고용주들과 공장주들에게 보너스와 선불금을 지불하라고 강요하는 사례가 늘고 있다."⁶⁹ 그달 말까지 미군 정보부는 "남한 전역에서 열두 건의 소요가 발생했다."라고 보고했다. 한국인 노동자들은 일본 고용주들에게 기업의 소유권과 통제권을 넘겨줄 것을 요구하기 시작했다. "이런 요구들 가운데 상당수를 관철시키기 위해 무력이 사용되었다." "일본의 패전을 맞아, 강제 철수 중인 일본 민간인들을 압박할 기회를 이용하기 위해 개별 공장의 직원들이 노동 일반이나 직원들을 조직하지는 않았다."⁷⁰ 노동단체들은 이 사건들에 관여하지 않은 것으로 보이며, 미군 정보 당국 역시 이런 요구가 노동자들 사이에서 자발적으로 분출된 것임을 인정했다.

일본인 공장주들을 쫓아내려는 시도는 곧 한반도 이남 지역에 남아 있는 모든 일본인 관리와 경찰을 추방하라는 요구로 발전했다. 1945년 10월 23일부터 30일 사이에 "남한 전역에 걸쳐 정당들이 스물두 건의 소요를 일으킨 것으로 보고되었다."⁷¹ 이런 소요는 "경찰, 교사, 지방 공무원 등으로 공직에 아

• 여기서 폐지하겠다고 밝힌 것은 일본이 1942년 이후 실시하던 식량 통제 정책과, 해방 이후에도 그대로 유지되던 식량 배급제를 가리킨다. 하지만 이 조치는 가뜩이나 심상치 않았던 물가 폭등을 가속화했고, 시장에서 쌀 품귀 현상을 초래했다.

직까지도 남아 있는 일본 군인들과 민간인들을 겨냥"해 벌어졌는데, 어떤 식으로든 모두 조선인민공화국과 관련이 있었다. 하동에서는 조선인민공화국이 지방정부를 장악하기 위해 움직였으며, "[미]군정을 인정하지 않"으려 했다. 이런 양상이 나타나자 G-2 주간정보보고서는 "일본인 혹은 일본 부역자가 재직 중이거나, 미군정이 이들을 고문으로 활용하고 있는 지역에서 이런 소요가 계속될 것으로 판단된다."라고 결론지었다.72 이미 지역에 자리 잡은 인민위원회 네트워크를 활용해, 남한 지역의 인민들은 자신들이 희망하는 구조적 변화, 즉 일제의 식민지 지배를 상징했던 표식들을 남한 인민들의 권위체로 즉시 대체하기 위해 행동에 나서기로 결정했다. 남한 인민들은 미군이 자신들의 독립을 '허락'해 주기를 기다리지 않았다.

변화에 대한 자신들의 요구에 미군정이 불충분하고 부적절하게 대응하고 있다고 생각하는 주민들을 상대로, 1945년 10월 30일 미국 점령군은 군정법령 제19호를 발표했다. 이 군정명령의 제1조는 "국가적 비상시의 선언"이다. 이 법령은 한국 국민들에게 미군을 다시 소개하는 것으로 시작되었는데, 그런 점에서 하지의 포고문을 연상시켰다. "4년간의 장기 전쟁에서 승리를 거둔 후 미국 군대는 조선 민중의 친우이자 보호자로서 차지[이 땅]에 상륙하였다." 이렇게 "자비로운 주권자"라는 주제가 다시 들어왔다. 그러나 이 긴 법령은 법령 작성자가, 돈 버는 것에만 관심이 있다고 ― '자비로운' 미군정과 반대로 ― 묘사한 "일부의 사람들"에 대한 매우 날카로운 논평을 덧붙였다. "차此에 가하여 일부의 사람은 조선 민중의 부를 독점할 목적으로 노동자의 복업復業, 학생의 복교復校, 농민의 산물 매각을 방해하였다." 그리고 "여如 사斯한 상태로 말미암아 조선에 비상시가 발생하였다."라고 설명했다. 파업 중인 노동자들이나 저항하는 농민들에 대해, 근본적으로 어떤 행위 주체성이나 의지도 부정하는 이 같은 문장에 이어, 그다음 문장은 미군정 자신을 묘사하는 전면에 자비를 내세웠다.

주지하는 바와 같이 미국은 강대한 국가다. 그러나 그 국민은 자신의 행운에 대한 자각과 타민족을 역경에서 보호하고자 하는 의도로부터 발생한 진실한 온화성을 가진 온화한 국민이다.73

그리고 이 법령은 국가 비상사태가 무엇을 수반하는지를 규정하지는 않았지만, "고로 민중을 해하는 사태를 방지하기 위하여 자玆에 적격한 비상 설치를 특별히 정한다."라고 선언했다.74 미군정은 집단적인 정치적 조직화와 광범위한 대중의 정치적 인식 사이에 전략적 단절을 만들어 내기 위해 또 다른 '비상사태'를 선포한 것이다. 이 법령은 어떤 의미에서 미군정을, 한반도에 살고 있는 주민들과 관련이 있는 [유일한] 존재로 만들기 위한 전략이었다.

그러나 군정법령 제19호 제4조는 "비상시"의 다른 요소 ― 죽음 ― 를 더욱 정면으로 부각했다. 군정의 권위에 도전하는 행위는 "민중의 복리"를 위협하는 행위로 해석되었고, "불법"으로 규정된 세 가지 행위는, 미군정이 지역에서 자신의 정당성을 확고히 하는 데 있어 어떤 어려움에 부딪혔는지를 보여 주었다. 이 세 가지 "불법행위"는 언어, 물리적 행위, 정치적 의도에 이르기까지 범위가 거의 무한에 가까웠다. 예를 들어, 첫 번째 불법행위는 "공무에 관하여 조선 주둔 미국 육군 또는 조선 군정청의 직원이나 또는 기 권위 아래에서 복무하는 자에게 구두나 서면으로 고의로 하는 허위 진술 또는 무슨 방법으로든지 조선 군정청을 기만하려 하는 기도"였다. 두 번째 불법행위는 [조선 민중의 행복을 위한] "조선 군정청의 명령 또는 공포된 계획에 반하여 행위, 공모, 공갈, 매수 또는 증회[뇌물 제공]로 하는 방해, 방해하려는 기도 또는 위반"이었다. 그리고 세 번째 불법행위는 "조선 주둔 미국 육군 또는 조선 군정청에 여하한 형식으로든지 직접 또는 간접으로 협력하는 자에 대하여 협박, 강제 또는 다른 형식의 공갈 또는 박해(동맹 배척을 포함함) 행위를 지도하거나 이에 참가하여 민중의 복리를 방해하는 것"75이었다. 본질적으로, 미군정은 이제 막 해방된 한반도 이남 지역에 살고 있는 주민들에게 최소한 미군정의 정당한 권위를 인정하는 것처럼 행동하도록 명령하는 동시에, 감독 권한을 확대하고 있었다.

　미군정이 발화 행위를 통제하는 데 집중한 것은 한반도 이남에 살고 있는 주민들에 대한 불안감을 드러낸 것이었다. 미군정이 발행한 각종 문서들 — 게시된 법령과 인쇄된 신분증명서 같은 — 이 한국인들에 의해 종종 찢겨 나가거나 위조되거나 수난을 겪었으며, 거꾸로 한국인들[특히, 조선인민공화국]이 직접 출판물이나 팸플릿을 찍어 내기도 했다. 6개월 후인 1946년 5월 4일, 미군정청은 〈군정 위반에 대한 범죄〉라는 군정법령 제72호를 공표했다. 아홉 쪽에 달하는 이 법령은 '군정 위반에 대한 범죄'로 간주되는 82가지 구체적인 행위를 정리하고 있다. 이 법령은 범죄행위를 구체적으로 열거하는 것이, 점령 초기에 발표한 맥아더 사령관의 포고령 제2호, 즉 미군정의 목적에 '반하는' 행위를 하는 자들에게 "사형 또는 타 형벌에 처함"[76]이라는 내용을 "제약"하지 않는다고 밝혔다. 이 점에서 군정법령 제72호는 사형의 위협이라는 틀을 통해 "비상사태"를 [다시 한번] 선포하고 있었다.[77]

　82개 항목 가운데 27개는 말, 문서, 그리고 권한의 이행에 대한 것이었는데, 여기에는 비방(중상모략), 유언비어, 위조문서, 허위 진술, 위조 신분증 또는 기타 유형의 허가증, 당국이 발행한 문서를 "은폐", 계약서 위조, 군정 인사를 사칭하는 행위 등이 해당되었다.[78] 이 "범죄들"은 미군정의 권위가 얼마나 취약하고 불안정한지, 나아가 어느 정도까지 위조될 수 있는지를 보여 주었다. 이 법령은 특히 공공 영역에서 이루어지는 언어의 정치적 사용을 공격했는데, 여기에는 인공 중앙위원회가 작성한 유인물이 더는 허용되지 않는다는 조항이 있다. 군정 위반으로 열거된 범죄 가운데 22번 항목은 다음과 같다.

　주둔군에 의하여 해산을 당했거나 불법이라 선언된 또는 주둔군의 이익에 반하는 단체 운동을 지지, 협력하는 행동과 지도하는 행위 또는 그 조직에의 참가, 이와 같은 행동을 원조하는 인쇄물, 서적의 발행, 유포 또는 상기 행동을 선전, 유포하는 물건의 소지 또는 상기 단체 운동의 기, 제목, 휘장으로써 하는 선동 행위.79

30번 항목은 "군정청이 필기, 인쇄, 등사한 우편물의 이동, 인멸, 오손 또는 변경"을 다루었고, 31번은 "주둔군, 연합국 (…) 또는 그 국민에 대해 유해, 불손"한 것으로 간주되는 인쇄물, 등사물, 서적의 발행, 수입, 유포를 금지했으며, "주둔군 또는 그 명령하에 행동하는 자의 인격을 손상하는" 유언비어의 살포도 금지했다.80 군정법령 제72호는 한국인들이 유포한 유언비어가 "주둔군 또는 그 명령하에 행동하는 자의 인격을 손상"할 수 있다는 것을 인정하고 있는데, 이는 미군 점령 자체가 단편적이고 파편화된 성격을 갖고 있음을 드러낸다.

이런 행위들을 범죄화한 것은 본질적으로 좌파 세력, 주로 조선인민공화국을 불법화한 것이기도 했다. 더 중요한 것은, 이런 발화 행위를 범죄화한 것이, 미군정이 보유한 막강한 통치 권력에 실은 헤게모니가 존재하지 않는다는 사실을 드러낸다는 점이다. 한반도에 살고 있는 주민들은 인쇄된 법령과 공문서들을 그저 종잇조각 취급했다. 심지어 미군조차 [자신이 선포한 비상 상태가] 평범하고 일상적이며 진부한 것이 될까 두려워했다.

결국 한국의 좌파 정치를 범죄화하기 위해서는 방첩대의 역할이 좀 더 전문화될 필요가 있었다. 방첩대는 미국의 점령이 제공한 자비와 죽음 사이에서 적절한 행동이 무엇인지를 해석하고 이를 실행에 옮겼다. 즉, 방첩대는 한반도 이남 지역에서 죽음과 자비를 가르는 기준을 결정했으며, 이를 통해 [자신의 위상을] 스스로 만들어 냈다. 대규모 시위가 벌어지는 도시의 거리, 파업이 발생하는 공장, 주민과 경찰의 대치가 격화되는 현장, 바로 이런 공공장소들이 방첩대가 활약해야 하는 영역이 되었다. 시위, 파업, 폭력은 한국 대중의 동의나, 미군정의 정당성을 증명하는 것이 아니었다. 비상사태를 통해 [한반도 이남 지역을] 군사화하고 방첩대를 전문화하면서, 미군정은 "해방된" 민주주의 국가 한국의 증거[자신들이 바람직하게 생각하는 현실]를 만들어 내는 데 총력을 기울였다. 방첩대는 다른 어떤 조직보다도 "비상사태" 아래에서 한반도 이남의 공적 영역이 어떤 모습이어야 하는지 통제하는 데 일조했다. 누가, 무엇을, 어떤 방식으로 말할 수 있는가? 조선인민공화국과 그 후 남조선노동당 같은 좌파 및 공산주의에 영향을 받은 조직들이 미군정에 의해 불법으로 간주되고 금지됨에 따라, 방첩대는 이 조직들을 약화하기 위해 활동했다.

냉전 초기부터, 미국은 정권 교체를 위해 또는 대중 정치 운동의 정당성을 약화할 목적으로 대반란·대방첩 전술을 사용해 왔다. 이는 미국이 이미 필리핀이나 라틴아메리카 등지에서 추진한 정권 교체나 대반란 프로젝트의 주요 요소였다. 그러나 한반도에서는, 방첩대가 공개적으로 작전을 수행했다는 점에서 다른 지역과 차이가 있다. 사람들은 통상 방첩대 요원들이 은밀하게 활동한다고 생각하지만, 방첩대의 기록은 정반대였다는 사실 — "방첩대 요원들은 다른 조직과는 다른 제복을 입고 있었기 때문에, 어떤 일에서든 쉽게 노출되었다."[81] — 을 보여 준다. "방첩대 요원들이 착용한 독특한 제복은 한국에서 방첩대의 활동이 원치 않는 주목을 받도록 했던 요인 가운데 하나일 뿐이었다."[82] "한국 국민들은 미군 방첩대가 일본 헌병대"에 해당하는 것이라 믿었기 때문에 그들을 상당히 경계했으며, 그들과 대화 나누는 걸 꺼렸다. 결국 방첩대 요원들은 "G-2 요원, 공보실 직원, 정치고문단PAG 위원, 또는 한국 정치에 호기심과 관심을 가진 신참병" 등으로 위장했다. 물론 한국인들이 이런 제복이나 행동을 곧이곧대로 믿었다고 보기는 어렵지만 말이다.[83] 맥아더 사령관은 미군과 한국 민간인 사이의 "친교"를 금지했다. 하지만 안타깝게도 "외롭고 향수병에 걸린 젊은 병사는, 영어를 할 수 있고 대화를 원하는 한국인이라면 누구와도 긴 대화를 나눌 것이었다."[84] "지난번에 한 건 했다고 자랑 말 것"과 같은 경고성 명령부터, 지하로 잠입한 좌익 조직을 당장 "나가서 잡아 와!!!"GET OUT AND GET IT!!![85]라고 대문자로 노골적으로 지시하는 것에 이르기까지, 방첩대의 공식 월간 보고서에는 전문성과 효율성에 대한 우려를 드러내는 대목이 많았다.

방첩대의 활동은 매우 공개적으로 이루어졌으며, 방첩대의 공식 역사가 '한국의 특수한 상황'이라고 불렀던 환경에 적응하는 과정 역시 대중에게 공개되었다.[86] 케네스 맥두걸에 따르면 "방첩대는 지역 주민들 사이에서 유명했다. 처음에 방첩대는 지역 정치를 조종하는 일을 했다."[87] 1945년 말에 방첩대가 처음으로 한국에서 작전을 시작했을 때만 해도, 그들의 주요 임무는 "송환을 준비하는 모든 일본인을 소집하고 법과 질서를 유지하는 것"이었다.[88] 그러나 1947년에 방첩대의 표준 운영 절차SOP 초안을 작성할 때, "군사 안보의 유지를 지원하는" 것이었던 방첩대의 기본 임무는, "민주 정부 수립이라는 주한 미군의 전반적인 목표를 성공적으로 완수하기 위해 대적 정보와 방첩 분야의 특별한 조사 활동, 즉 정치 세력과 사회단체 조사, 인접 지역[북한]에 관련한 첩보 수집을 포함하는 것으로 확대"되었다.[89] 표준 운영 절차는 방첩대의 활동 목표에 중요한 변화가 있었음을 보여 준다. 점령 첫 두 달 동안 미군의 다른 부대와 유사한 활동을 했던 조직이 이제 "정치단체 및 사회단체"와 관련된 활동에 초점을 맞추게 되었고, 이것이 방첩대 활동의 기본 목표가 된 것이다.

이렇게 정당화되고 전문화된 방첩대의 활동 공간이 바로 "첩보"espionage의 영역이었다. "첩보"는 한반도 내에서 이루어지는 모든 활동들과 개인들의 실체를 포괄하는 용어가 되었다. 방첩대에 의해 동원되고 정의됨에 따라, 첩보라는 용어는 이후 한국전쟁에서 더욱 심대한 영향을 미칠 것이었다.

여러 측면에서 1950년 6월 한국에서 발발한 무력 충돌은 [해방 이후] 5년 동안 조용히 은밀하게 진행되어 온 전쟁의 새로운 국면일 뿐이었다. 그 이전 시기부터 이미 진행되고 있었던 이 전쟁은 거의 화제가 되지 못했고, 주목받지도 못했다. 그러나 점령지 한국에 파견된 방첩대 요원들은 조용히 진행되고 있던 이 싸움에 대해 알고 있었다. 그것은 바로 첩보전

war of espionage이었다.⁹⁰

"첩보전"은 방첩대의 통합적 패러다임이 되었는데, 이는 다양한 배경을 가진 아마추어들로 구성된 집단을, 미군정에 유용한 서사를 생산할 수 있는 효율적인 정보 요원 조직으로 결속해 내는 역할을 했다.

주로 백인 남성 요원으로 구성되어 있어 그 활동이 눈에 띄기 십상이었던 방첩대가 "조용히 진행되고 있던 싸움"을 이어 나갈 수 있는 네트워크를 구축하려면 한국인들이 필요했다. "언어 장벽, 한국인들의 관습, 동양인과 백인 간의 신체적 차이"로 말미암아, 방첩대가 "정보"를 획득하기 위해서는 한국인 요원들에게 의존해야 했다. 방첩대의 전문화는 방첩대가 한국인들의 활동과 네트워크에 점점 의존하게 된 것과 직접적인 관련이 있다. 1947년 말까지 방첩대는 한국인 "방첩대 정규 정보원 180명"으로 구성된 네트워크를 발전시켰다. 180명의 정보원 가운데 150명은 "좌익 공산주의자들이 장악하고 침투한 조직이 벌이는 파괴 활동을 파악하기 위해" 고용됐다. 한국인들은 통역·수사·잠입 요원 등으로 고용되었는데, 방첩대 사무실에 출입할 수 있도록 하는, 또한 업무를 수행하다가 의심을 사 경찰에 체포될 경우 면책을 보장하는 신분증을 소지한 경우가 많았다. 나머지 30명의 한국인 요원은 정당 내에서 활동했다. 방첩대는 주로 민간인을 고용했는데, 한국인 경찰과 미군정의 다른 조직들조차 정보원의 정체를 알 수 없게 하기 위해서였다.⁹¹ 정보원의 제보에 대해 방첩대는 보통 건당 1172원, 혹은 "공개 시장"에서 1달러 18센트에 상응하는 비용을 지불했다. 그렇기는 했지만, "뛰어난 역량을 갖춘 정보원들은 그들에게 업무를 가르친 요원들이 피나는 노력을 통해 양성한 사람들"이었다.

1948년 주한 제971 방첩대 파견대 연례 경과 보고서에는 "방첩대 정보원 양성 및 활용 사례"가 실려 있다. 보고서 작성자들은 이 사례가 "실제로 있었던 일"이라고 앞에서 밝힌 후, 서울 방첩대 사무소에서 써 준 메모를 들고 지방 방첩대 사무소에 도착한 스물여섯 살의 한국 청년에 대해 이야기하고 있다. 이 메모에는, 이 청년이 "서울 사무소에 귀중한 정보를 제공했으며, 아버지 집으로 가는 길인데(그는 남한에 집이 없었다), 이 사람이 일자리를 구하는 데 귀 사무소가 도움을 줄 수 있다면 감사하겠다."라는 내용이 적혀 있었다. 방첩대 요원들은 이 청년이 북한에서 온 피난민이라는 사실을 금방 알아차렸지만, 청년은 "그 일에 대해 이야기하고 싶어 하지 않았다."[92]

그는 한반도 이남에서 태어났지만 6년 전에 "일본 기업체에 크레인 기사로 고용되어" 만주로 떠났다. 해방 후인 1946년 그는 만주의 어느 중국 공산군 정치학교에 다녔고 졸업 후 평양으로 가서 "조선인민군 중좌로 임명되었다." 그러나 그는 "북조선노동당에 당원으로 가입하는 것을 계속해서 거부"하는 바람에 투옥되었다. 그는 가까스로 탈출해 아내와 함께 남한으로 돌아왔다.

당시 미군 방첩대는 중대 기로에 서 있었다. 1947년 초까지만 해도 방첩대는 "남한에서 공산주의 세력들이 (…) 완전히 분쇄되었다."고 생각했다. 그러나 '철저히 지하로' 숨어들어 간 남조선노동당은 남한에서 여전히 영향력이 큰 공산주의 정당으로 보였다. 방첩대는, 이 청년에게 남조선노동당에 잠입해 정보를 제공하면 커다란 "보상을 받을 것"이라고 "넌지시 말했다." 하지만 그는 그런 일이 얼마나 위험천만한 일인지를 안다며 제안을 거절했다.[93]

그러나 그는 쉽게 일자리를 찾지 못해 곧 아내를 아버지 집으로 보내고, 자신은 그 지방의 주요 도시에 머물면서 "일반 노동자"로 일했다. 이후로도 그 지역에서 활동하던 방첩대 요원들이 그에게 남로당에 잠입하는 일과 관련된 제안을 두세 차례 더 상기시켜 주었다. 그해 말, 그는 마침내 방첩대 사무실을 찾아와 정보원으로 일하겠다고 말했다. 얼마 지나지 않아 그는 남로당에서 높은 지위에 올랐다. 방첩대 보고서에 따르면, 그의 "진짜 정체는 그의 아내와 방첩대만 알고 있었다." "그는 경찰에 세 차례나 체포되어 심문을 받았는데, 한 번은 혹독한 고문을 당해 의사의 진찰을 받아야 할 정도였다." 방첩대 보고서의 작성자들은 자신들이 어떻게 이상적인 "현지" 정보원 — 그 정보원의 생존 욕망이 방첩대가 기획한 일과 너무나 긴밀히 얽혀 있어서, 충성심을 의심할 수 없는 — 을 만들 수 있었는지에 초점을 맞췄다. 정보원 자신의 실제 정치적 신념과는 상관없이, 방첩대 때문에 맺게 된 인간관계로 말미암아 그는 예측 가능하고 신뢰할 수 있는 방식으로 행동해야 했다. 방첩대가 하지의 신뢰를 얻을 수 있었던 것은 바로 이런 능력 — 비상사태 속에서 이상적으로 작전을 수행할 수 있는 주체를 만들어 내는 능력 — 때문이었다.[94] 케네스 맥두걸에 따르면, 1947년 8월 13일 "방첩대는 눈에 보이는 공산당의 주요 거점들을 [급습했다-인용자]. 한국 경찰이 그들을 도왔다." 맥두걸은 "이는 우리의 가장 큰 적이 누구인지를 공식적으로 인정"한 것이었다고 회고했다.[95]

방첩대가 정보원들을 광범위하게 활용하고 그들에게 의존했던 것은 방첩대 심문관들이 한국인들의 지능을 어떻게 이해했는지에 따른 논리적 결과였다. 방첩대 요원 조지프 패럴이 지적했듯이, 방첩대 심문관들은 "[한국 사람들을-인용자] 대할 때" "조심하지 않으면 그들에게 거꾸로 당하고 말" 것이었다. 그는 이렇게 설명했다.

> 이 한국 사람들에 대해 고려해야 할 점은 그들이 45년이 넘도록 억압을 받아 왔고,• [일제에 부역한] 조선인 방첩대와 경찰에게 개처럼 취급받고 두들겨 맞는 데 익숙해져 있다는 것이다. (…) 그들은 도덕적 ○○○[오타-인용자]에 대한 개념이 없고, 잡히지만 않는다면 거리낌 없이 거짓말하고 도둑질할 것이다.[96]

패럴은, '거짓말' 속 한국인들의 망설임과 저항을, 자신의 인격에 대한 예외적 주권exceptional sovereignty 주장의 다층적이고 동시적인 협상 과정에서(즉, 한국

• 일제강점기는 35년인데, 기록에는 '45년'으로 표기되어 있다. 포로가 그렇게 말했을 수도 있고, 받아 적거나 영어로 번역하는 과정에서 오기되었을 수도 있다.

인 방첩대와 미국인 방첩대), 생존을 위해 던지는 반응으로 이해하지 못했다. 그 대신 그는 한국인들의 '거짓말'을 식민주의가 내면화된 증상으로 이해했는데, 그것은 어떤 복잡한 구조나 의미의 내면화가 아닌, 단순한 폭력의 내면화를 의미했다. 그가 이해하기에, 한국인들은 도덕성과 같은 시민사회의 더 큰 규범을 이해하지 못한 채 폐쇄적인 의미 체계 속에만 머물러 있는 사람들이었다.

미군정 당시 방첩대 요원이었던 시어도어 그리만은 식민주의와 한국인의 정신에 대해 자신이 만든 인과관계를 다음과 같이 설명했다.

> 한국인들 가운데 일본인들의 독재 외에 다른 것을 기억하는 사람은 거의 없었다. 그들은 어떤 기술도 익히지 못했는데, 그중에는 스스로 통치하는 기술도 포함된다. 만약 누군가가 그들에게 무엇을 어떻게 해야 하는지 말해 주지 않는다면 제대로 기능할 수 있는 사람은 극소수에 불과했다. 민주 정부처럼 독재가 아닌 정부 체제는 어느 것이든 혼란만 가져왔을 것이다.[97]

이런 논리에 따르면, [한국인들의] 주권적 권력이 법적으로 제도화된다 하더라도, 예외 상태는 계속되어야 할 것이다. 그리만이 보기에 주체성과 판단력을 결여하고 있는 한국인들은 합리적이고 정치적인 사고를 필요로 하는 민주주의 사회에 참여할 수 없는 사람들이었다. 대신에, 폭력이 소통과 사회 체계를 구성하는 공통분모가 될 필요가 있었다. 이는 하지 장군 자신이 카이로선언문에 적힌 "적절한 시기에"라는 구절의 의미를 한국어로 번역하거나 담아 낼 수 없다고 일축한 것에서도 드러난다.

정보원을 이용하는 것[예컨대, 정당이나 사회단체에 잠입시켜 정보를 캐는 일 등]은 법치를 우회하는 것이었는데, 방첩대는 한국인들의 내면성에 대한 인종차별적 이해와 이론화를 통해 이 같은 관행을 정당화했다. 방첩대 요원들은, 한국인이 일반적인 규범과 자치의 방식을 이해할 수 없으며, 미국인들의 지도 없이는 자율적 주체가 될 수 없다고 주장했다. 20세기 초, 일본은 국민국가들로 이루어진 국제 무대에서 한국의 외교권을 가로채 갔다. 이 모든 것은 일본이 팽창주의적인 식민지 사업을 성공적으로 수행함으로써 서양 제국주의 열강과 같은 테이블에 앉을 수 있도록 하기 위해서였다. 일본의 주장에 따르면 한국은 주권국가로서 자치를 누릴 능력이 없었다. [러일전쟁 등] 군사력을 사용하고 [헤이그만국평화회의에서처럼] 국제사회의 인정을 차단하는 것과 같은 조치를 통해, 일본은 조선을 식민지화하는 데 중요한 일, 즉 조선을 식민화하는 과정을 서구인들에게 자연스럽고 불가피하며 합리적인 것으로 보이게 하는 데 성공했다. [이런 맥락에서] 미군 방첩대 요원들에게, 한국인은 독립적인 사고 능력이 없었으며, 기존의 관습을 답습하거나 외부에서 주어지는 자극에 반응하는 수준에서 움직이는 것으로 보였다 — 따라서 한국인은 본질적으로 '무질서'를 낳기 쉬우며, 식민 지배 세력의 제약이 없으면 제 역할을 수행할 수 없는 것으로 간주되었다. 1907년 헤이그 회담의 문이 대한제국의 세 특사들에게 닫힌 지 반세기가 지난 후에도, 한국인들과 함께 일한 방첩대 요원들은, 한국인들이 진실을 알 수 없고 오직 힘에만 반응한다는 전제하에 또 다른 국제적인 통치 구조[신탁통치], 즉 민주적 절차가 아닌 [자신들의] 개입주의적 행동을 가능하게 하는 비상사태의 [한반도] 도입을 당연시하고 있었다.

미국은 (한국에서 본질적으로 '거버넌스'의 한 형태로 기능하고 있던) 이런 방첩 구조가 한반도 현지에서 지속될 수 있도록 보장했다. 한국과 미국은 이 같은 정보망을 통해 긴밀하면서도 우호적인 관계를 유지하고 있었다. 그리고 미군 방첩대가 권력·위협·자금을 활용해 한국인 정보원의 충성을 보장받고 그들의 행동을 통제했던 것처럼, 미국은 한국과 그런 관계를 맺으려 했다. 미국은 논란이 많았던 1948년 남한 단독 선거를 지지함으로써 대한민국 정부의 '주권'을 승인했을지 모르지만, 이는 한반도에 미국의 군사적·정치적 존재와 개입을 필요로 하는 영구적 비상사태를 조성하는 데 기여했다. 대한민국

육군본부 정보국 방첩대●는 1949년에 정식으로 제도화되었다. "미 육군 방첩대 장교들이 한국 방첩대의 구성과 훈련에 관여했다고 한다. (…) [한국 방첩대] 가운데 상당수의 장교들이 일본군에서 사병이나 장교로 복무한 경험이 있었다. 따라서 이들의 조사 방법에는 일본식 개념과 미국식 개념이 뒤섞여 있었다." 사실상 미군 방첩대는 끝없는 전쟁을 제도화하고 있었다 — 그리고 1948년 수립된 대한민국의 이승만 정부는 자신의 주권을 주장하기 위해 비상사태를 이용하는 데 몰두했다. 서희경에 따르면, 한국군의 방첩부대들 — 미군 문서에서는 대한민국 육군 방첩대ROKA CIC로 불리는 — 이 '제971 방첩대'●● 의 방첩 활동을 승계했기 때문에 1948년 이전과 이후의 정보 기구는 연속성을 갖고 있었다.[98]

1948년 미군정이 공식적으로 끝날 무렵, 방첩대 요원 존 딜워스는 "군정이 점점 더 많은 권한을 한국 경찰에 넘겨주었음에도 불구하고" "한국민들은 여전히 방첩대를 점령군의 최고 기구로 간주하고 있다."라며 "한국인들 사이에서 방첩대의 명성"이 어떠했는지에 대해 이야기했다.[99] 한국인들은 방첩대

● 남한 내 공산주의자들의 활동 감시, 북한 정권의 대남 간첩 활동 조사, 대북 첩보·정보 수집 등 반공·방첩·정보 업무를 수행하는 동시에, 이승만 정부에 반대하는 정치 세력에 대한 사찰·탄압 등을 담당했던 군사 기구. 1948년 5월 27일 조선경비대총사령부 정보처의 특별조사과로 창설되어, 이후 특별정보대를 거쳐 방첩대로 개편되었고, 나중에는 '특무대'로 명칭이 변경되었다. 방첩대CIC라는 명칭이 사용된 시기는 1949년 10월부터 1950년 10월에 이르는 1년여에 불과하지만, 한국 현대사에서 방첩 업무를 담당하는 부대 전체를 포괄하는 대명사로 쓰이고 있다. 기무사의 전신으로도 잘 알려져 있다. 이에 대해서는 김득중, 「한국전쟁 전후 육군 방첩대CIC의 조직과 활동」, 『사림』 제36호, 2010, 수선사학회 참조.

●● 8.15광복 이후 남한에 주둔한 미 제24군단에 소속된 정보기관이다. 주요 활동은 첩보, 정보 수집뿐만 아니라 한국인 정치 지도자와 미국인에 대한 사찰도 벌일 만큼 매우 광범위했다. 한국에 파견된 방첩대는 도쿄 제441 방첩대 파견대의 통제를 받았는데, 1946년 2월 13일 서울에 파견된 방첩대 제224 파견대가 남한에 주둔한 모든 방첩대 파견대에 관한 작전 통제권을 장악했다. 이후, 제971 방첩대 파견대로 교체되면서 한국에서 본격적인 활동을 시작했다. 이에 대해서는 김득중, 앞의 논문 참조.

의 활동이 실제로 미군정하에서 시행된 '비상사태'의 가장 핵심적인 차원이었음을 이해하고 있었다. 그러나 예외 상태에서 주권은 그 국민들에게 행사되는 단일한, 과잉 결정된 종류의 권력이 아니었다. 그것은 오히려 미군정기 동안 다양한 형태로 존재했다.

'치안 활동'과 '비상사태'

1950년 6월 말 유엔의 깃발 아래 미 8군이 한반도에 상륙했을 때, 제2차 세계대전에서 건져낸 유물들 역시 한반도에 모습을 드러냈다. 트루먼 행정부는, 1948년 "보편적 군사훈련 계획"에 따라 자원했거나 징집된 젊은 병사들에게 그들이 전체주의에 맞서 싸운다는 도덕적 미사여구 ― 녹슨 탱크, 고장 난 총, 수리된 지프 등과 함께 ― 를 늘어놓았다. 언어, 기계, 신체는 이른바 새로운 차원의 세계대전, 즉 냉전을 위해 신속하게 용도가 변경되었다. 그러나 한국의 마을, 소도시, 산간 등지에서 미군이 마주했던 것은 그들이 기대했던 냉전 전체주의의 유령이 아니었다. 그들은 1945년 미군이 진주한 후 시작된, 미군정이 한반도 이남 지역에 남긴 후유증과 마주하게 되었다. 미군정 시기와 한국전쟁 시기는 미군 방첩 기관이라는 끈으로 연결되어 있었다. 1950년 무렵 한반도에 살고 있던 한국인들은 일상이 된 첩보·폭력·감시의 그물망을 더욱 능숙하게 헤쳐 나가고 있었다. 1950년 [한국전쟁의 발발과 더불어] 미군 방첩대 요원들이 한국에 다시 도착●했을 때, 한반도에서는 한국군 방첩부대가 본격적으로 운영되고 있었다. 미군정 이래로 방첩대의 영향이 어느 정도였는지를 가장 잘 보여 주는 것은 한국인들이 한국군에서 운용하는 방첩부대를 미

● 1948년 남한 정부 수립 이후 미군 방첩대는 공식적으로 한국에서 철수했다. 다만 요원 가운데 상당수가 남아 켈로 부대KLO와 미국 극동공군의 대북 첩보 기관인 인간 첩보 부대USAF 요원으로 활동한 것으로 알려져 있다.

군 방첩대만큼이나 두려워했다는 사실일 것이다. 제111 방첩대 파견대 잭 셀즈 중위는 "한국군 방첩대는 무자비한 조직이었기 때문에, '방첩대'라는 글자는 모든 한국인의 마음에 공포를 불러일으켰다. 미군 방첩대 역시 대체로 같은 시선으로 보고 있다."[100] 방첩대의 조지프 고먼 상사 역시 이와 비슷한 지적을 했다. "방첩대는 매우 두려운 존재였다. 한국군 방첩대와 한국 경찰 역시 두려움의 대상이었다."[101]

1951년 2월, 한국전쟁의 첫해가 지날 무렵, 미군 방첩대는 경남 마산에서 놀라운 사실을 발견했다. "한국인 30명이 마산에 있는 G-2 사무소 요원을 사칭"하며, 1950년 10월부터 사실상 "G-2 사무소"를 운영해 왔던 것이다. 이들은 시내에 버려진 생선 창고를 인수해 현관에 "남항상사 지사, 전화 마산 19호"라는 간판을 내걸고 있었다. 신분증, 유니폼, 영어 쓰기, 그리고 완벽한 연기력만 있으면 됐다. 이들은 "위조한 G-2 출입증, 군복 착용 허가증,• 여행 허가증"을 갖고 있었는데, 때때로 방첩대 요원으로 위장하기도 했다.[102] 방첩대가 마산 경찰에, G-2 사무소에 대해 알고 있었는지 물었을 때 "그들은 유엔군이 인가한 조직이라고 믿었다."라고 답했다.

마산 G-2 [사칭] 사건은 미군의 첩보 활동이 한반도에 남긴 유산과 관련해 방첩대에게 양날의 칼과도 같은 것이었다. 이 사건은 미군이 실제로 한반도에서 주권적이며, 예외적인 활동 영역과 권한을 만들어 냈음을 보여 주었다. 하지만 이는 한국인들이 그것을 신성불가침인 것으로 여기지 않았다는 사실 역시 보여 주었다. 마산에 가짜 미군 정보기관을 설립했던 "30명의 한국인들"은 한반도에서 미국이 행사하던 주권적 권위와 유사한 모습을 갖추기 위해 무엇이 필요한지를 잘 알고 있었다. 이 사건에 가담한 한국인들의 개인사를 들여다보면, 이들이 오래전부터 정치적으로 공적인 영역에서 활동해 왔

• 제대자나 군복 착용이 필요한 업무에 종사하는 사람에게 관할 사령관이 발행하는 허가증. 당시는 아무나 군복을 착용하지 못했다.

음을 알 수 있다. 예컨대, 이들 가운데 한 명인 김치규는 일제강점기 말기부터 1951년까지 [그 활동에 있어] 연속성을 잘 보여 준다. 그는 1944년 7월 17일 "치안을 어지럽힌" 죄로 체포되었다가 석방되었다. 해방 후인 1946년 4월에는 민주청년동맹 마산 지부에 가입해 마산상업학교 학생들을 조직하기 시작했으며, [대구 10월 항쟁이 진행 중이던] 1946년 10월 7일 이들의 동맹휴업을 이끌어 냈다. 1950년 6월 30일경에는 "조선인민군을 환영하고 미국의 극동 정책을 규탄하는 벽보를 거리에 붙였다."고 한다. 그는 인민군에 입대했고 이후 마산으로 돌아와 G-2 사무소의 설립을 도왔다.[103]

G-2 사무소를 [위장으로] 설립해 이를 활동의 최전선이자 촉진 기지로 삼은 이들의 전략은 미군정이 한반도에 수립한 주권의 유형과 "예외 상태"가 어떤 것이었는지를 명확히 보여 준다. 마산에 세워진 [가짜] G-2 사무소의 눈부신 성과는 "첩보 활동"이 편집증이나 의심, 심지어 음모라는 규정 속에서 이루어지는 활동이 아니라, 어떻게 주권적 예외[권력]의 실천(여기서 첩보 활동은 주권적 예외 권력의 관점에서 해석하고 수행하는, 일종의 이중적이며 동시적인 행위를 가리킨다)인지를 드러낸다. [이와 관련해] 인류학자인 토머스 블롬 한센과 핀 스테푸타트는 우리에게 "주권 권력이라는 관념을 국가로부터 분리해 그 구성 요소들, 즉 한편으로는 자생적이고 과도하며 폭력적인 지배 의지로서의 주권이라는 불가해한 '비밀'과, 다른 한편으로는 주권적 폭력이 자신을 각인시키면서도 가장 완강한 저항에 부딪히는 현장으로서 인간의 몸과 '벌거벗은 생명'이라는 억누를 수 없는 사실을 자세히 살펴봐야 한다."[104]고 촉구했다. 인공 중앙위원회 — 앞서 언급한 팸플릿의 작성자 — 가 너무나 잘 알고 있던 것이 바로 이 '비밀'이었다. 그들의 영리한 "분열된 인격성들"은 [미군정의] 주권적 예외 권력이 한국인들의 신체를 어떻게 읽어 내는지를 재빨리 탐색했다. 마산 G-2 사무소 사칭 사건에 가담한 30명의 한국인들 역시 미군이 한국인을, 그리고 그 자신을 어떻게 잘못 읽어 내는지를 정확히 예측하고 이를 역으로 이용했다.

한국인들은 미군이나 유엔군이 미군정기에 했던 것과 비슷한 수준에서 작전을 수행할 것이라고 단순히 생각했음이 분명하지만, 이 사건에 대한 조사에서 알 수 있듯이 [한국전쟁 시기에 미국이 벌인] 이런 활동은 미군이 기대했던 것만큼의 두려움이나 존경심을 한국인들에게 불러일으키지는 못했다. 트루먼 행정부가 세계 무대에서 [경찰 행동이라는 개념과, 동양인 전쟁 포로라는 추상적 형상을 통해] "한국전쟁"을 발명하느라 바빴던 만큼, 한반도의 탈식민화를 둘러싼 전쟁은 미군정기 자체와 절대적인 연속성을 갖고 있었다. "첩보 전쟁"은 미군이 한반도 이남을 점령한 이래로 한국전쟁 때까지 계속되었다 — 그리고 이 전쟁은 38선과 같은 경계선이 아니라 한국인 개개인을 대상으로 벌어진 전쟁이었다. 미군 첩보 요원들과 좌파 정치조직 및 네트워크는 매우 익숙한 지형 — 이제는 "경찰 행동"으로 불리게 된 "비상사태" — 에서 조우했다.

[한국전쟁의 발발과 함께] 방첩부대가 한반도로 돌아왔고, "첩보 전쟁"에 접근하는 방첩대의 방식과 이를 헤쳐 나가는 한국인들의 방식은 [미군정 시기인] 1945~47년까지 시기와 놀라운 연속성을 보여 주었다. 1950년 11월 한반도 남쪽에서는 제704 방첩대가 계속해서 활동하고 있었다. 미군 역사 보고서에 따르면 "과거와 현재의 관할 지역은 포항, 경주, 대구, 마산에 이르는 경계 안의 지역이며, 본부 조직은 부산에 있다." 이는 미군정기에 방첩대가 담당했던 지역과 같았다 — 그리고 활동의 목적 역시 미군정 시기와 한국전쟁 시기 사이에 연속성이 있어 보였다. "주요 임무는 이용 가능한 모든 방첩 수단을 동원해 부산항과 그 전역을 보호하고, 담당 지역 내 전현직 남로당 당원을 색출하는 것이다."[105] 1950년 이전 시기에 탈식민지화와 [한반도 이남의 정당한] 주권을 둘러싼 갈등에서 남로당 당원과 빨치산의 투사는 동일 인물이었다.

이 같은 무대 위에서 "전쟁 포로"가 등장했다. "전쟁 포로"는 분명 전쟁의 산물로, 전쟁이 끝나면 아마도 존재하지 않게 될 일시적인 범주의 사람들이었다. [따라서] 전쟁 포로들은 그 자체로 새로운 범주가 아니라, 남로당이나 빨치산과 연속선상에 있는 범주였다. "방첩대 제2 분소는 1950년 11월 한 달 동안 계속해서 전쟁 포로들을 심문했다. 주로 북한군 및 빨치산 부대가 벌인 전복 활동, 전쟁범죄나 잔혹 행위, 그들의 위치와 전력, 무장 수준 등에 대한 정보를 얻기 위해서였다. 이 활동을 수행하는 과정에서 이 팀은 가치 있는 정보를 확보했다." 방첩대의 또 다른 제4 분소는 "남로당원과 게릴라 등 파괴 분자를 색출하는 데 역점을 두고 한국의 법 집행 기관들과 지속적인 연락을 유지했다. 경찰과 부속 4팀 사이에 양질의 연락망이 만들어졌다."[106] 이처럼 한국전쟁 포로들은 미군정기의 정책·경험·폭력에 의해 형성된 정치 지형의 프리즘을 통해 이해되고 굴절되어야만 했다.

미군 병사들이 붙잡은 전쟁 포로들 가운데에는 병사들의 예상과는 전혀 다른 사람들이 있었다. 이는 미군정기와 한미 관계라는 좀 더 긴 역사가 전쟁의 틀 안에 들어왔기 때문이다. 뉴저지 출신의 열아홉 살 조지프 빈센트 리시에브스키 병장은 총 여섯 명의 한국인 포로를 잡았는데, 일부는 "미국에서 학교를 다녔고, 미국 담배를 피웠으며, 미국 말을 구사했다."라고 기록했다.[107] 1947년에 입대해 한국전쟁이 발발하기 전에 한국에서 복무했던 로버트 H. 모이어 하사는 이렇게 말했다. "전쟁 전에 한국인들은 우리를 또 다른 점령자로 여겼다. 그리고 1948년 선거 이후 우리는 안전상의 이유로 세 명 이상씩 그룹으로만 외출이 허용되었다. 한국인들은 우리를 싫어했다."[108] '적'인 한국인이 미국 담배를 피웠고, '친구'인 한국인은 미군의 주둔에 분개했다. 미군 병사들은 국군이나 카투사 병사들을 "무슨 일이 벌어지고 있는지 전혀 모르는 불쌍한 촌뜨기들"이라고 부르며 "동정과 연민"을 표했는데, 그 미군 병사들 가운데 다수가 중서부와 남부 지역 농가 출신이었다.[109]

미군에 포획된 (잠재적) 전쟁 포로의 생사 여부는 전장의 흐름에 따라 크게 좌우되었다. 1951년 1월 26일, 스무 살에 미군에 입대한 로버트 윌리엄 버는 이렇게 말했다.

나는 포로 여섯 명이 생포되었을 때 현장에 있었다. 한 중사가 그들을 [전투가 벌어졌던] 고지 아래까지 데려갈 자원자를 구했는데, 자원자가 없자 자신이 직접 처리하겠다고 했다. 그러고는 그들을 사살했다.[110]

버는 양측 모두 엄청나게 많은 사상자를 낸 두 전투 — 피의 능선과 단장의 능선 전투* — 에 참여했었다. 그는 "내가 영원히 잊지 못할 한 가지 기억은 3800피트가 넘는, 즉 1179(미터) 고지를 오르며 힘들게 벌였던 고지전이었다. (…) 병사들이 포로들을 고지 아래로 데려가려 하지 않았던 것은 이 때문이었다. 너무나 지쳐 있어서, 포로들을 고지 아래로 데려가는 추가 임무가 없었더라면, 당장에라도 그 자리에 쓰려져 눕고 싶을 지경이었다."라고 말했다. 게다가 실제로 버가 인정했듯이, 그는 아시아 군인들을 인도주의라는 지평에서 바라보지 못했다. "그때는 만약 내가 누군가의 개를 차로 치는 게 훨씬 더 꺼림칙했을 것이다. 하지만 지금 뒤돌아보면, 그들이 누군가의 아들, 형제, 남편이었다는 생각을 지울 수 없다."

전쟁이 발발하기 전에 38선을 넘어 남쪽으로 내려온 열여덟 살의 이무호는 월남했다는 이유로 경찰들에게 끊임없이 심문을 당했고, 이를 벗어나기 위해 국군에 입대했다. 중국군의 참전으로 미군과 유엔군 병력이 38선까지 다시 후퇴한 이후, 이무호와 또 다른 국군 병사 둘이 마을 사람들에게 자신들을 숨겨 달라고 부탁했다. 마을 사람들은 이들이 민간인 복장으로 갈아입고 총을 내려놓는 조건으로 숨겨 주었다. 하지만 나중에 마을 근처에서 미군을 만났을

---

* 피의 능선 전투는 1951년 8월 16일부터 9월 5일까지 강원도에서 벌어진 전투로, "피의 능선"이라는 명칭은 많은 사상자가 발생해 능선이 피로 넘쳐흘러 종군기자들이 이 능선을 피의 능선이라는 이름으로 보도하면서 붙여졌다. 단장의 능선 전투(1951년 9월 13일~10월 13일)는 미국 제2 보병사단과 프랑스 대대 및 네덜란드 판 회츠 연대가 중동부 전선의 주 저항선을 강화할 목적으로 894고지, 931고지, 851고지에 배치된 조선인민군 제6, 12사단을 공격해 점령한 전투다.

그림 1.2 부산 포로수용소에 새로 도착한 포로들이 입소 절차와 분류를 기다리고 있다. 1950년 10월 15일(국제적십자위원회 아카이브).

그림 1.3 부산 포로수용소에 새로 도착한 포로들이 입소 절차와 분류를 기다리고 있다. 1950년 10월 15일(국제적십자위원회 아카이브).

때 그들은 정작 자신들이 국군이라는 사실을 증명하기 어렵게 되었다.*111* 곧 그들은 '포로'로 분류되어, 항복한 중국군 무리 속에 있게 되었다.

1951년 1월, 미 육군은 한반도 남동쪽 해안에 있는 거제도에 15만여 명의 전쟁 포로를 수용할 수 있는 수용소를 건설하기로 결정했다. 당시 이 섬에는 한국인들이 상당수 살고 있었는데, 이들은 대부분 벼농사를 짓거나 어업을 생업으로 하고 있었다. 이들 농민은 특히 해방 이후 토지개혁을 강력히 지지했기 때문에, 미군정은 한국전쟁이 발발하기 전만 해도 거제도를 공산주의자들에게 우호적인 "좌익"의 영토로 표시했다. 미군 공병대가 섬 북동쪽에 있는 골짜기 두 곳에 수용소를 건설하기로 결정하자, 이곳 농민들은 자신들의 땅을 몰수하는 데 반발했는데, 미군의 기록에 따르면 성난 농민들이 항의 과정에서 농기구를 마구 휘두르며 격렬하게 저항하기도 했다. 그러나 미군은 수용소 건설을 위한 "한국인 가옥 및 건물 1260채와 1680에이커[약 6.8제곱킬로미터]의 토지"를 기록적인 시간 내에 확보했는데, 국제적십자위원회 대표 단원 프레더릭 비에리는 나중에 "흥미롭게도 논밭이었던 곳에 수용소가 지어졌다."라고 기록했다.*112* 이제 한국전쟁 도중에 건설된 [제2차 세계대전 이후 지어진 세계] 최대 규모의 포로수용소에 방첩대와 전쟁 포로 이무호가 도착하게 된다.

방첩대의 작전은 미군 점령기부터 한국전쟁 시기에 이르기까지 한반도에서 오랫동안 지속된 비상사태를 보여 준다. 전략적인 법의 유예, 거듭된 비상사태의 선언은 자비와 죽음의 경계를 만들었고, 방첩대나 G-2 정보부 같은 미군 정보부대는 현실에서 어떤 것이 비상사태인가를 해석하는 역할을 했다. 누구에게 자비를 베풀어야 하고, 누가 죽임을 당해야 마땅한가? 미국의 점령 — 그리고 이후 전쟁을 통한 그것의 구조적·담론적 유산 — 은 권력과 정치적인 것의 문제를 주권자와 개인 사이의 관계의 문제로 바꿈으로써 한국 정치 담론의 조건들parameters을 골간에서부터 허물어뜨렸다. 그것은 국가와 시민의 문제도, 국가와 국민[신민]의 문제도 아닌, 주권자와 개인 간 관계의 문제가 된 것이다. 국민국가 자체로부터 생겨나는 물질적 문제들 — 그리고 토지·쌀·

그림 1.4 거제도 중앙 계곡에 새롭게 건설 중인 포로수용소. 사진에서 볼 수 있듯, 수용소와 인근 마을은 매우 가까웠다. 1952년 5월 28일(미국 국가기록관리청).

분배를 둘러싼 좀 더 즉각적인 관심사 — 은 사라졌는데, 이는 마치 토지 분배에 대한 농민 장성섭의 이해관계보다, 그가 3개 국어로 쓴 표지판의 의미에 [미소 군정 당국의] 시선이 온통 집중되는 것과 같다.

한편, 국제사회의 관심은 한반도에서 전개되고 있던 "경찰 행동"에 집중되었다. 1951년 6월, 에른스트 프랭켈은 베를린에서 개최된 독일정치아카데미에서 연설을 했다. 당시 그는 "주한미군정청 법무국"의 법률조사국장을 시작으로 "유엔 한국위원회 미 최고사령부 연락관"에 이르기까지 다양한 역할을 수행한 바 있다. 연설 제목은 "한국: 국제법의 전환점?"이었다. 그는 인류가 바라보는 전쟁의 성격 변화에 대한 다음과 같은 성찰로 이야기를 시작했다.

> 전쟁이 만물의 아버지라고 보았던 그리스 철학자들의 생각은 금세기에 들어서면서 그 명성을 잃고 있다. 핵전쟁의 시대에 우리는 전쟁을 모든 가치와 재화의 파괴자로 간주하는 경향이 더 강해졌다. 하지만 실제로 이 두 진술은 서로 배타적인가? 아니면 전쟁은, 자신이 파괴한 구세계의 위험과 결함에 영향받지 않는 새로운 가치와 체계가 출현할 수 있도록 길을 열어 주는 것일까?

프랭켈에게 한국은 기회이자 시험대였다. 전쟁의 불길은 정치적·법률적 지형을 불태워 완전히 새로운 체계를 세울 수 있는 백지상태로 만들었다. 그는 멀리 떨어진 한반도에서 일어나고 있는 "경찰 행동"의 중요한 의미에 대해 독일 관중에게 분명히 말했다. "지금 한국에서 벌어지고 있는 전투는 유엔의 지속적인 존립 및 효능과 관련해 결정적으로 중요할 뿐만 아니라, 미래 국제법 질서의 성격 또한 규정할 것이다."[113] 이 "미래 국제법 질서"의 시험대는 곧 1952년 전쟁 포로라는 모습으로 나타났다.

2장
전쟁 포로

1951년 5월과 6월 사이에 국제적십자위원회 대표단으로 유엔군사령부 제1 포로수용소를 방문한 프레더릭 비에리는 "거제도는 매우 언덕이 많고 (…) 아름다운 풍경과 건강한 환경으로 이루어졌다."라고 말했다. 거제도는 산악 지대였기 때문에, 미군은 두 계곡에 수용소를 건설하기로 결정했다. 물가를 마주한 쪽을 제외한다면, 수용소는 모두 산으로 둘러싸여 있었다. 수용소는 아직 공사 중이었다. 비에리의 보고에 따르면, "수백 개의 돌들이 쌓여 있었는데, 포로들이 직접 해변과 언덕의 돌들을 건설 현장으로 계속 운반하고 있었다."[1] 그해 2월, 미군은 부산에서 거제도로 전쟁 포로들을 이송하기 시작했다. 미군은 가능한 모든 병력을 전방으로 보내야 했기 때문에, 포로들이 자신들이 들어갈 수용소를 직접 건설해야 했다. 심지어 수용소 건설과 관련해, 미군이 작성한 공식 보고서에도 "처음 도착한 포로들은 자신들을 억류하기 위해 세워진 울타리 기둥을 점검하고 철조망을 묶는 임무를 부여받았다."라고 적혀 있다.[2]

거제도의 유엔군사령부 제1 포로수용소*의 철조망 안에는 궁극적으로 17만 명 이상의 전쟁 포로가 수용될 것이었다. 국제적십자위원회 대표 비에리의 말에 따르면, 이 수용소는 "제네바협약에 따라 운영된 포로수용소 가운데 사상 최대 규모"가 될 것이었다.3 수용소 내 각 수용동 중앙에는 1949년 "전쟁 포로 대우에 관한 제네바협약"의 요약본 사본이 배치되어 있었다. 비에리는 그가 1951년 6월 5일에 개최한 두 번의 회의, 즉 한 번은 제6구역 수용동의 모든 대표들과, 다른 한 번은 제7, 8구역에서 온 대표들과 가진 회의에서, 포로들이 요구한 한 가지 특별한 요청에 주목했다. 비에리의 보고서에 따르면 "포로들은 각 수용동에 게시된 한 부로는 충분치 않으며", "제네바협약의 한국어 요약본을 수용동마다 더 많이 배포해 줄 것"을 요구했다. 포로 대표들은 이어서 "포로들은 완전히 생소한 것인 제네바협약에 매우 관심이 많다."라고 덧붙였다.4 하지만 그 협약이 포로들에게 매우 생소한 것이 아니라, 한국전쟁 포로들이 그 협약에서 매우 생소한 존재임이 곧 드러났다. 한국전쟁 포로들은, 그들이 친공 포로건 반공 포로건, 1949년 제네바협약의 적용에 담겨 있는 중요한 이해관계를 인식하고 있었으며, 또 이런 인식을 동원했다.

한국전쟁이 공식적으로 발발한 1950년, 국제적십자위원회는 곧바로 당시 전쟁과 관련된 모든 당사국에 연락망을 신속히 구축하려 했다. 그러나 한국전쟁에 뛰어든 교전 당사국들은 제네바협약이 전통적으로 전제하고 있던 이상적인 주권국가들이 아니었다. 최근 결성된 유엔은 교전 당사자로서 전쟁에 뛰어들었고, 한반도는 여전히 분단되어 있었으며, 한반도 이북을 차지하고 있던 조선민주주의인민공화국은 유엔이나 미국에 의해 주권국가로 인정받지 못했고, 미국은 한반도 [이남 지역을] 군사적으로 점령했던 나라였다. 게다

- 거제도 포로수용소는 60, 70, 80, 90 단위의 숫자가 붙은 구역enclose으로 나뉘었고, 한 개의 단위 구역에는 6000명을 수용했다. 각 구역 내에 수용동compound이 있었는데, 전체 수용소는 네 개의 구역과 28개의 수용동으로 구성되어 있었다. 중앙 계곡에 제6구역, 동부 계곡에는 제7, 8, 9구역이 설치되었다(구역이 이렇게 제6구역부터 시작하게 된 이유는, 부산 포로수용소가 이미 다섯 개의 구역으로 구성되어 있었기 때문이다). 또한 이런 시설과 규모를 자체 지원할 수 있는 비행장, 항구, 보급창, 발전 선박, 병원, 도로, 탐조등을 설치해 운영했다.

가 관련 당사자 가운데 어느 누구도 1949년 협약을 직접적으로 비준하지 않았다. 다만, 전쟁 발발 후 처음 몇 주 내에 국제적십자위원회는 유엔, 조선민주주의인민공화국, 그리고 대한민국으로부터 1949년 제네바협약의 "원칙"을 지키겠다는 약속을 받았다. 그러나 1949년 제네바협약의 "원칙"은 무엇이었을까?

바로 이 질문이 곧 트루먼 행정부 내에서 핵심 지위에 있던 일군의 사람들을 사로잡았던 질문이다. 1951년 4월 4일, 거제도에 포로수용소가 운영을 시작한 지 불과 몇 달 만에 해리 트루먼 대통령은 "심리 작전을 담당하는 부서와 기관에 대한 지침으로서, 국가 차원의 심리 [작전] 목표와 정책 프로그램을 마련해 공포하고, 국가 차원에서 이루어지는 심리 활동을 조율하고 평가하기 위해" 심리전략위원회PSB를 창설하도록 하는 행정 지시를 내렸다.5 심리전략위원회의 책임자이던 레이먼드 앨런이 한때 말했던 것처럼, 심리전략위원회는 "자유세계의 군사력과 경제력을 하나의 전략 아래에서 미국의 체계적인 심리 활동psychological effort과 결합함"으로써, 미국이 "달러나 무기보다 더 강력한 힘, 즉 이념의 힘"6을 활용할 수 있도록 하려는 목적을 갖고 있었다. NSC-68의 청사진을 실현할 수 있는 구체적인 기회로 증명된 한국전쟁 역시, 심리전략위원회가 심리전이 어떤 형태일 수 있고, 그것이 냉전에서 무엇을 의미하는지를 효율적으로 보여 줄 수 있는 첫 번째 실험장이 되었다.

1950년 11월 14일, 국가안전보장회의 고위 참모진은 "한국에 대한 미국의 행동 방침"에 관한 중간 보고서를 발표하며, [중국군의 참전으로] 유엔군이 한국에서 퇴각할 수밖에 없게 될 경우에 필요한 "정치적 행동 방침"을 권고했다.7 비록 중국군과 인민군이 유엔군을 한반도 밖으로 밀어내는 데 성공하지는 못했지만, 이 "정치적 방침"은 결국 정전 협상의 형태를 띠게 되었는데, 협상은 처음에는 개성[동북부에 위치한 내봉장]에서 열렸다가 이내 38선 인근에 위치한 판문점에서 개최되었다. 1951년 여름 동안, 새로 구성된 심리전략위원회의 위원들은 전쟁의 "정치적 방침"을 되돌릴 수 있는 유용한 지렛대로 전쟁 포로에 주목하기 시작했다. 1951년 초까지만 해도, 미군들에게 [급속도로 늘어나는] 전쟁 포로는 대체로 병참상 골칫거리로 여겨졌다. 수용소를 건설하고 운영할 인력이 턱없이 부족했기 때문이다. 실제로 거제도 포로수용소는 대부분 포로들에 의해 지어졌는데, 거제에 도착한 포로들이 제일 먼저 해야 할 일은 자신을 가둘 철조망을 설치하는 것이었다. 1951년 10월 9일, 심리전략위원회는 「전쟁 포로의 지위에 대한 정책 검토」Status of POW Policy Review를 발표했다. 그리고 그해에 "자원 송환 제안"을 공식화했는데, 이는 1952년 1월 3일 루스벤 리비 제독에 의해 판문점 정전 협상 테이블에서 제시되었다. 이로써 전쟁 포로는 한국전쟁 동안 이루어진 정책 결정의 상징이 되었고, 더 중요하게는 냉전 심리전의 상징이 되었다.

심리전략위원회가 전쟁 포로를 우연히 주목한 것은 아니었다. 심리전략위원회는 전쟁 포로를 통해 한국전쟁이 어떤 종류의 전쟁인지를 규정하려 했다. 심리전략위원회 책임자 레이먼드 앨런은 "우리는 지금 평화도 없고 전쟁도 없는 종말론적 시기를 살고 있다."라고 선언했다. "이것은 주권국가들 간의 복잡하고 모순적인 관계에서 비롯된 패러독스로, 일부 국가들은 자신들이 작성하는 데 일조했던 '문명화된 국제 관계의 규칙들'에 따라 행동하는 것을 거부하고 있는 상황이다."8 미국 관료들이 보기에, 특히 정전 협상장과 유엔에서 [남한과 북한의] 주권을 인정하는 문제가 많은 논란을 일으키고 있는 상황에서, 한국전쟁은 1945년 이후의 세계에서 미국이 이 '문명화된 국제 관계의 규칙들'의 중재자가 될 수 있는 기회였다. 심리전략위원회는 미국 국민들에게 한국전쟁의 성격 자체가 어떻게 변했는지, 따라서 왜 심리전의 용어·범위·목적을 적극적으로 재창조해야 하는지를 알려야 할 정치적 의무가 있었다. 한국전쟁의 역사에서 포로 송환 문제는 대체로 프로파간다의 문제로 간주되어 각주로 처리되어 왔지만, 이를 둘러싼 논란이 정책 논쟁에서 폭발적인 관심을 끌 수 있었던 것은 이 논쟁에 관여한 사람들이 포로 송환 협상에 전쟁의 의미·성격·이유 등과 같은 중요한 문제가 달려 있다는 점을 이해하고 있었기 때문이다. 특히 식민 지배에서 벗어난 사회들이 모두 주권의 인정을 요구하고 있는 상황에서, 한국전쟁이 장차 발생할 수 있는 갈등의 본보기가 될 수 있을 것이라는 데 관심이 있었다.

심리전략위원회의 창설은 트루먼 정부가 세계 무대에서 자신의 위상을 수립하려 했던 특별한 역사적 국면을 보여 준다. 엄청난 수의 미군 사상자, 원자폭탄의 공포, 그리고 제3차 세계대전이라는 커다란 위협 앞에서, 전쟁에 지치고 또 전쟁을 두려워하던 대중은 이 모든 전쟁과 죽음의 망령을 트루먼 정부의 행동과 연결하고 있었다. 전쟁으로 인해 발생하는 사망자는 언제나 미국 정부에 매우 복잡한 문제를 야기했다. 제2차 세계대전이 남긴 유산에 대한 국제적십자위원회의 우려와 비슷한 맥락에서, 트루먼 행정부는, 대중이 한국전쟁을 잠재적인 "제3차 세계대전"으로 바라보지 않기를 바랐다. 그 대신 한국전쟁은 미국의 개입을 정당화하면서도, 러시아와의 핵전쟁이나 "제3차 세계대전"은 미룰 수 있는, 어떤 세계적인 "비상사태"가 되어야 했다. 하지만 점차 군인과 민간인 모두에서 엄청난 수의 사상자를 발생시키고 있는 "비상사태"는 점점 더 지속되기 어려워졌다. 따라서 포로 송환 논쟁이 [비상사태의 유지와 미국의 개입에 대한] 동의를 만들어 내는 새로운 장이 되었는데, 이 논쟁에서 포로 송환을 둘러싼 갈등은 '비정치적'이고 '도덕적인' 것이 되었다. 1952년 5월 트루먼이 발표했듯이, 전쟁 포로 송환을 둘러싼 문제는 "자유"[사회]와 "노예"[사회]를 구분하는 문제였다.

그러나 거제도에 있는 유엔군 제1 포로수용소 안의 포로들은 도덕적 보편주의로 추상화된 단순한 인물들에 머물러 있지 않았다. 전쟁 중에 이루어진 미군의 「동양인 친공 포로: 지능intelligence의 관점에서 본 연구」에서, 저자는 "미군은 이런 유형의 포로를 다뤄 본 적이 없다. (…) 이 포로들은 조국을 더 발전시키기 위해 수행해야 할 많은 의무와 임무를 떠안고 있다. 그는 전쟁 포로가 되었다는 이유만으로 그 싸움을 멈추지 않았다. 그는 전선에서 그랬던 것처럼 열정과 애국심을 다해 싸움을 이어 나갔다."[9] 친공 포로든 반공 포로든, 포로들은 이 전쟁의 성패에 [한반도 전체의] 주권과 탈식민화 문제가 걸려 있다는 사실을 잘 알고 있었고, 이를 위해 싸웠다. 심리전략위원회와 국가안전보장회의가 '동양인' 전쟁 포로라는 추상적인 형상을 통해 미국 대중에게 "다른 종류의 전쟁"을 만들어 내고 있었다면, 전쟁 포로들은 다른 질문을 던지고 있었다. 식민 상태로부터 독립한 후 주권은 어떤 모습일 것이며, 지금과 같은 "경찰 행동"이 벌어지고 있는 와중에 누가 그런 주권을 주장할 수 있을 것인가?

심리전략위원회가 포로의 [자유의사에 따른] 자원 송환 제안을 공식화한 8월 동안, 훗날 '64번 사건'으로 명명된 사건이 유엔군사령부 제1 포로수용소에서 발생했다. 그날은 1951년 8월 15일, 거제도에 있던 전쟁 포로들에게도 광복절이 돌아왔을 때였다. 해가 거의 다 저문 21시 30분에 노랫소리가 들려왔다. 그 시각 캐리 S. 터커 미 육군 중령은 숙소에 있었다. "아마도 바람의 방향 때문인지, 한국인들이 행진할 때 부르는 노래가 [철조망으로 만든] 울타리 밖에서 들려오는 것 같았다." 전쟁 포로인 서청만은 통역관으로 일하던 제3 수용동의 입퇴소 사무소에 있다가 노랫소리를 들었다. 그는 그 소리가 인근에 있는 여성 포로 수용동에서 흘러나오는 것임을 깨닫고 그 노래가 무엇인지 알아차렸다. "처음에는 한국 민요가 들리다가, 다음에는 북한 노래와 중국 노래가 섞여 있었다." 50명의 여성 포로들이 수용소 공터에 모여 노래를 부르고 있었다. 노래는 다른 수용동으로 점차 퍼져 갔다. 제6 수용동의 치안을 책임지고 노동을 감독했던 포로 이철수는 제4 수용동에서 노랫소리가 들려왔고, 이어서 제3 수용동, 그리고 자신이 있던 수용동으로 확산되는 것을 들었다.

국군 경비대원들이 곧 터커 중령의 숙소에 도착해 "공산주의자들의 노래인 것 같다."라고 말했다. 터커 중령과 카우프만 대령은 재빨리 이철수가 있는 제6 수용동 남동쪽에 위치한 언덕 꼭대기에 도달했다. "카우프만 대령은 제6 수용동 남동쪽 모퉁이에 있는 경비탑과 언덕의 산마루 사이에 차를 세웠다. 모두 차에서 내려 노래를 들으며, 소리가 들려오는 정확한 지점을 확인하려

했다. 우리가 그곳에 있는 동안 총격이 있었다."¹⁰ 수용동의 철조망 밖에서 국군이 발포한 총격으로 포로 여덟 명이 사망하고 스물한 명이 부상을 입었다. 수용소 당국은 포로들의 죽음에 대해 조사했고, 이를 "64번 사건"으로 이름 붙였다.

64번 사건에 관한 보고서에는, 미군 조사 위원회가 38선 이남 출신의 포로 윤경구에게 왜 노래를 부르는 데 동참했는지를 질문한 녹취록이 포함되어 있다.

> 나는 북조선의 수령 김일성 장군과 젊은 민주주의자들을 찬양하는 노래를 불렀다. 북한군에 있을 때 이런 노래들을 배웠다. 밖에서 노랫소리가 들리기에 나도 따라 불렀다. (…) 8월 15일은 조선 인민들에게 광복절이고 우리는 이날을 가능한 모든 방법으로 기념한다.¹¹

윤경구는 조사위원회에 끌려와 자신이 노래를 불렀다고 공개적으로 인정한 유일한 포로였다. 그는 심문이 이루어지는 공간에 '해방'이라는 문제를 가지고 들어왔다. 윤경구에 따르면, '해방'은 그들에게 무엇보다 여전히 중요했다.

64번 사건 이후 1년 동안 전쟁 포로는 판문점에서 전개된 정전 협상의 핵심 쟁점이 되었으며, 유엔군사령부, 중국, 북조선 대표단 사이에 수많은 논란을 불러일으켰다. 정전협정 체결이 계속해서 지연되면서 전장에서 벌어지는 전투 역시 중단 없이 지속되었다.

거제도로 가는 길

항복한다고 생명이 보장되지는 않았다. 인천 상륙작전으로 북쪽으로 후퇴하고 있던 탁성중과 다른 열여덟 명의 병사들도, 삶과 죽음을 가르는 항복의 순간에 자신들의 운명이 과연 어떻게 될지 쉽게 예측할 수 없었다. 1950년 9월,

맥아더의 인천 상륙작전으로 전쟁의 흐름이 일순간에 바뀌었다. 북쪽으로 이동하던 그들은 탁성중이 회상한 것처럼 "미군 야영지"처럼 보이는 곳을 발견했고, 그들 가운데 용감한 두 사람이 자원해서 정찰을 갔다.

이 두 사람은 미군 병사들을 만나자 기발하게도 손짓발짓을 동원해 이들과 의사소통을 했고, 매우 전략적으로 미군 병사들로 하여금, 항복을 원하는 인민군의 숫자가 '수백 명'이나 되는 것처럼 생각하게 만들었다. 이 영리한 수법으로 이들은 투항이라는 위태로운 순간을, 미군들이 훈장을 받을 수도 있는 중요한 사건으로 바꾸어 놓았다. 두 사람은 미군으로 하여금, 단지 자신들 목숨의 가치가 아니라, 자신들을 살려 둠으로써 장차 [산 채로] 투항할 인민군의 수를 생각하게 만들었다. 미군들은 두 사람을 재빨리 그들의 지휘관인 병참 부대 지휘관(중령)에게 데려갔다.

"다행히도 그 부대는 보병대가 아니었다."라고 탁성중은 말했다. 즉, 전시라는 상황을 고려했을 때, 후퇴 중이던 인민군들이 병참 부대를 만나게 된 것은 행운이었다. 특히 인천 상륙작전 이후 전투가 격화되는 가운데 전투 보병들은 인민군 병사들을 포로로 잡아 후방으로 이송하는 번거로움을 꺼렸을지도 모르기 때문이다.

중령은 미군과 함께 일하던 민간인과 함께 열아홉 명의 인민군 병사들을 만나러 왔다. 한국 민간인의 통역을 통해 탁성중은 미군 중령에게 자신들이 '400명 이상'이 아니라 사실 열아홉 명밖에 되지 않는다고 설명했다. 실망스러웠지만 미군 중령은 그들의 항복을 받아들였고, 인민군 병사들은 그들에게 무기를 반납했다. 대규모 병력의 항복을 약속하며 미 중령을 유인했던 작전이 효과가 있었다.

1950년 9월 27일 합동참모본부는 맥아더 장군에게 38선을 넘도록 허가했다. 전쟁의 방향이 봉쇄에서 롤백으로 전환된 것이다. 미군들에게는 추수감사절까지 작전을 끝내고 고향으로 돌아가기로 약속되어 있었다. 그리고 탁성중은 전쟁으로 절망에 빠져 있는 한국인들과 분위기가 완연히 다른 미군들을 보며 매우 놀라워했다. "휴식 시간"에 미군은 무전기 다이얼을 돌려 가며 음악을 들었는데, 탁성중에게 "당시 그들은 소풍을 가는 것처럼 보였다."

열아홉 명의 인민군 포로들이 제1 해병연대에 인계되었을 때 상황은 다시 바뀌었다. 당초 포로들은 연대의 탄약과 식량, 물을 운반하는 임무를 맡았으나, 해병대는 이들을 점차 신뢰하게 되었고, 이내 그들에게 위장 전투복을 지급했다. 탁성중과 동료들은 해병대의 정찰병이 되었다. 해병대는 이들에게 정찰을 보내 "적들이 아직 마을에 숨어 있는지를 수색"하게 했다.

해병들과 함께 20여 일을 보낸 사령관은 탁성중을 불러들여서 "너희들을 남한군에 보낼 것"이라고 말했다. 탁성중에 따르면, 그와 동료 병사들은 북조선에 맞서 싸우기 위해 남한군에 입대하기를 열망했다고 한다. 하지만 탁성중과 열여덟 명의 병사들은 감옥에 갇히게 되었다. 게다가 그 감옥은 그들이 처음 도망쳤던 장소인 인천에 위치한 형무소였다.[12] 이후 전세가 또다시 바뀌었다. 11월 6일, 맥아더는 중국 공산군이 압록강을 넘어 한반도로 진입하고 있다는 보고서를 트루먼에게 보냈다.* 전쟁의 목표가 [롤백에서 봉쇄로] 다시 한번 변하려 하고 있었다. 딘 애치슨은 회고록, 『역사 창조의 현장에서』 *Present at the Creation*에서, "회고해 보자면" "중요한 시기는 10월 26일부터 11월 17일까지의 3주", 즉 맥아더 장군이 11월 28일에 "우리는 이제 완전히 새로운 전쟁을 마주하고 있다."라고 언급한 그 기간이었다.[13]

이 "완전히 새로운 전쟁"에서, 탁성중과 그의 동료 인민군 포로들은 모두 의심스러운 존재가 되었고, 어쩌면 모두 적일지도 모르는 존재로 간주되었다. 탁성중은 감옥에서 수많은 포로들이 영양실조로 죽는 것을 목격했다. 그의 회고에 따르면, 유엔군 측은 포로가 그렇게 많이 발생할지 예상하지 못했

---

* 맥아더는 1951년 11월 6일 이른바 "도쿄 성명"을 통해, 중국군이 한국전쟁에 개입했음을 처음으로 공식 인정했다. 그렇지만 실제로, 중국군이 한국전쟁에 처음 참전한 시기는 10월 19일이다. 다만 중국은 첫 전투가 있었던 10월 25일을 참전 기념일로 부르고 있다.

그림 2.1 "제5 해병연대 병사들이 전쟁 포로들을 붙잡아 조사하고 있다." 1951년 5월 29일, 미군 병장 존 베이비악 2세(미국 국가기록관리청).

고 식량도 충분하지 않았다. 포로가 급격히 늘어나자 미군이 전혀 생각하지 못했던 문제가 발생했다. 미군에 억류된 전쟁 포로들의 수는 매주, 매달 기하급수적으로 증가했다. 인천 상륙작전이 벌어지기 전인 1950년 8월 말, 총 1745명의 포로가 미군에 억류되어 있었다. 9월 말까지 이 숫자는 1만 819명으로 늘어났고, 이후 10월 말에는 6만 2678명, 11월 말에는 9만 8143명, 12월에는 총 13만 7118명[14]으로 집계되었다. 한국전쟁 기간 동안 미군의 보호 아래 있던 포로의 수는 총 17만 명에 달했고, 탁성중은 그 가운데 한 명이 되었다.

인천 상륙작전 때까지만 해도 국군과 유엔군 병사들은 일제강점기와 미군정기에 사용되었던 마포형무소와 수원형무소를 포로수용소로 사용했었다. 그러나 중국 공산군이 38선까지 밀고 내려옴에 따라 미군은 포로들을 부산에 있는 임시 수용소로 옮기기 시작했다. 그리고 마침내 1951년 2월, 전쟁 포로들을 거제도로 보내기 시작했다.

거제도 포로수용소는 그 규모나 수용 인구 면에서 방대한 시설이었으며, 1949년 제네바협약이 대대적으로 적용된 첫 번째 사례가 되었다. 유엔군의 총 책임자인 미국이 협약의 적용에 최우선적인 책임을 졌으며, 대한민국 국군 또한 유엔군의 일원으로 포함되어 있었다. 수용소에는 총 17만 명의 포로와 미군, 미군에 배속된 국군 지원단KATUSA, 일반 국군, 민간인 노무자 들이 있었다. 제네바협약에 따르면, 포로수용소에서는 군인의 경우 원래의 계급이 유지되고, 소속 중대·대대 등과 함께 집단을 유지해 생활하며, 선거를 통해 대표를 선출하도록 되어 있었다. 다시 말해, 유럽의 인도주의 담론에 의해 형상화된 취약한 인간 주체인 전쟁 포로들은 국가와 유사한 것[포로수용소]의 보호를 받았다. 서구 전쟁법의 관점에서 볼 때, 제1 포로수용소는 국민국가 체계의 질서를 반영하는 장소로, 주권의 규범이 포로 개인을 보호하는 역할을 해야 했다. 수용소 관리 체계가 마련되었고, 겉으로는 명확한 틀이 구축된 것처럼 보였다.

1951년 7월 29일, 거제도 포로수용소에서 수용소 내 주권적 통제권을 요구하던 포로들은 전쟁 포로의 몸에 표식을 하려는 수용소 당국의 시도에 전면적으로 문제를 제기했다. 제76 수용동에 있던 포로들 — 주로 38선 이북 출신이었던 — 이 영내를 둘러싸고 있는 철조망 울타리로 모여들기 시작했다. 이상한 광경이었다. 그들 중 몇몇은 새로 지급받은 밝은 붉은색 유니폼을 입고 있었지만, 나머지 죄수들은 모두 알몸이었다.

이들은 자신들이 지급받은 유니폼에 항의해 시위를 벌이고 있었다. 그 전까지만 해도, 전쟁 포로들은 미군이 입던 낡은 군복이나 재활용품을 입었다. 그런데 미군은 포로들의 탈출을 어렵게 하기 위해 붉은색 하계 유니폼을 지급하기로 결정했다. 수용소 관리자들은 주변에 민간인 마을이 있다는 점을 우려하고 있었다. 포로들이 주변 마을로 탈출할 경우, 지역민처럼 보일 수 있기 때문이었다.

저녁 식사를 마치고 한 시간 후, 포로들이 철조망 주변으로 모여들기 시작했다. 포로 몇 명이 제복을 벗어, 돌덩어리를 한두 개 싸더니 철조망 너머 제77 수용동으로 던져 버렸다. 포로들은 "이런 옷은 입을 수 없다."고 외쳤다. 국군 제33대대가 수용동을 포위했다. 말싸움이 있었고, 포로들은 유니폼을 입지 않겠다고 우겼다. 실랑이가 벌어졌다. 일부 포로는 돌을 던졌고, 일부 국군 병사들은 총을 발포했다. 포로 세 명이 죽고 네 명이 다쳤다. 미군 조사위원회는 사건 파일에서 발포는 "정당하다"고 결론지었다.[15]

제76 수용동에 있던 포로들은 수용소 내 포로들을 대표해 항의한 것이었다. 이들은 일제강점기 때 사형선고를 받은 죄수들에게만 붉은색 유니폼을 입혔다고 주장했다. 포로들이 붉은색 유니폼을 입지 않겠다고 고집한 것은 단순히 미군의 권위를 거부하기 위한 것만은 아니었다. 이는 미군들이 한국인 포로들의 역사, 경험, 그리고 갈등과 전쟁에 대한 인식을 감안해야 한다는 것을 주장한 행위였다. 포로들은 자신들에게 범죄자 표식을 하는 것을 거부하고 있었다.

수백 명의 전쟁 포로들이 붉은색 제복을 입지 않은 채 벌거벗고 서서 저항하기로 한 결정과 그에 따른 충격은 이 포로들의 취약성을 적나라하게 드러냈다. 1949년 "전쟁 포로 대우에 관한 제네바협약"은 수용소 내에 어디에나 현존하고 있었다. 이 책 앞부분에서 살펴보았던 오세희와 국군 병사 사이의 만남을 중재했던 것처럼, 제네바협약은 포로수용소 내에서 포로와 포로, 포로와 위병, 포로와 행정 인력 사이의 만남들 역시 중재했다. 철조망 앞에서 벌어진 시위부터 조사위원회의 결론에 이르기까지, 이 '붉은색 유니폼' 사건은 포로에 대한 적절한 처우라는 제네바협약의 기본 전제들[의 허상]을 폭로함과 동시에, 미군이 억류국으로서 서구[문명사회]의 기준에 따라 제 역할을 수행할 수 있는 능력이 과연 있는지를 시험하는 것이었다.

거제도 수용소에서는 다음 조항, 즉 제121조가 특별한 의미를 갖는다. 즉,

> 제121조: 위병, 다른 포로 또는 기타 인에게 기인하거나 또는 기인한 혐의가 있는 포로의 사망이나 중상 및 원인 불명의 사망에 대하여는 억류국이 곧 정식 조사를 행하여야 한다.[16] •

거제도 포로수용소에서 발생한 사망이나 부상 사건에 대한 300여 건 이상의 사건 파일을 조사해 보면 자살, 탈출 시도, 단식, 포로들이 [다른 포로를 심문하기 위해] 자체적으로 만든 심문 절차에 이르기까지 전면적인 폭력의 정치경제학이 드러난다.[17] 이 파일들에는 심사와 증언 진술에 대한 녹취록과 함께, 수용소 안에서 변화하고 있는 사회정치적 풍경을 살펴볼 수 있는 자료들이 담겨 있다.

거제도 포로수용소의 초기 행정 메모를 보면 포로를 분류하는 과정에서 나타나는 어려움과 불안을 동시에 살펴볼 수 있다. 심지어 가장 기본적인 행

• 121조에 대한 번역은 법제처, 〈국가법령정보센터〉의 내용을 따랐다.

정 업무 — 포로들의 신원을 확인하고 표식을 하는 일 — 조차 어려웠다. 1951년 2월 20일 자로 된 '포로에 대한 적절한 처리에 관한 지침'을 상세히 기록한 메모에는, 포로의 식별표를 작성하기 위한 다음과 같은 다소 간단한 절차가 적혀 있었다.

> 포로가 된 후 직후 그리고 포로가 [포로수용소] 헌병대에 인계되는 즉시, 유엔 사무차장실AGO 양식 #3에 따른 포로 식별표가 준비된다. 포로 식별표에 기재해야 하는 정보 외에도, 포로들은 신원을 확인할 수 있도록 자신의 이름을 한글(또는 한자)과 영어로 기재해야 했다. 이는 대체로 적군 포로들은 자신이 속했던 군대로부터 신분증을 제공받지 못했기 때문이다. 그 후에 각 전쟁 포로들은, 억류자 일련번호가 매겨진 영구 신분증을 발급받을 때까지 항상 이 식별표를 소지하고 있어야 한다.[18]

그러나 이로부터 1년 후에 미 헌병사령관 앞으로 보낸 포로 처리에 관한 메모에서 포로 관리에 대한 어조와 우려는 상당히 달라져 있었다.

> 전쟁 포로 또는 민간인 억류자에게는 금속으로 만든 식별표가 제공되지만, 이는 포로들이 금속을 다른 용도로 사용하는 바람에 무용지물이 된다. 또 다른 (…) 어려움은 한자나 한글을 영어식 이름으로 바꾸는 것이다. 동양인 포로들은 이름을 바꾸거나, 억류자 일련번호를 잊어버리거나, 고의로 바꿔치기하는 경우가 있기 때문에, 지문 이외의 다른 방식으로 신원을 확인하려는 시도는 전혀 실용적이지 못하기에 폐기되었다.[19]

포로들이 수용소 행정 관료들의 감시 — 와 권위 — 를 와해하는 방식에 대한 수용소 당국의 좌절감이 위에 인용된 메모에서 분명하게 드러난다. 수용소가 철조망, 돌, 방수포들로 채워지기 시작하자 미군 행정 당국이

그림 2.2 "부산 출신으로 학생이었던 20세의 공산주의 여성 지도자가 구례에 있는 국군수도사단 포로수용소에서, 한국전쟁 발발 이전 공산주의자로 활동했던 전력에 대해 조사를 받고 있다." 1951년 12월 13일. 미군 상병 폴 F. 스타우트(미국 국가기록관리청).

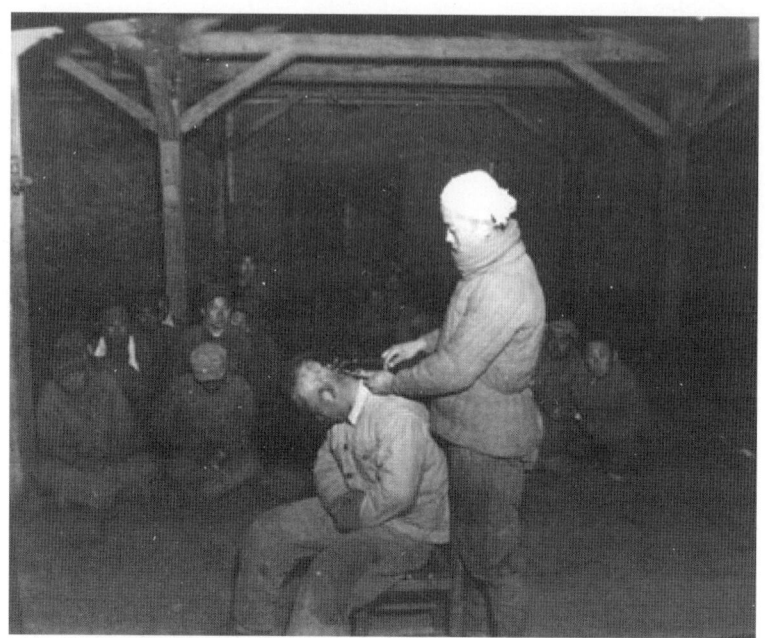

그림 2.3 "포로수용소에 새로 도착한 포로의 머리를 깎고 있는 친공 포로." 1951년 11월 27일, 미군 상병 윌리엄 E. 뉴먼(미국 국가기록관리청).

그림 2.4 거제도 포로수용소의 입소 절차 가운데 하나로 증명사진을 찍고 있다. 1951년 12월 10일. 미군 상병 C. E. 할버트(미국 국가기록관리청).

포로들을 관리하는 데 수많은 난관이 발생했다. 이종규가 거제도에 도착했을 때, 그는 제91 수용동에 배정받았다. 수용동은 1년 동안 계속해서 확장되었고, 제8구역과 제9구역에 수용동이 새롭게 건설되고 있었다. 그가 거제도 포로수용소에 도착해 맞닥뜨린 수용소는 끊임없이 변화하며 재조직되고 있었다. 각 수용동에는 수만 명의 전쟁 포로나 민간인 억류자가 있었다. 군 인력에 대한 전방의 수요 때문에, 거제도에 배정된 미군 병력은 턱없이 부족했다.[20] 1952년 1월 3일 자 보고서에 따르면, "미군 189명이 3만 7000여 명의 포로를 관리했다."[21] 결국 국군과 미군에 배속된 국군 지원단 대원들이 주로 경계 근무를 수행하는 반면, 미군 병사들은 인원수 점검을 비롯한 행정 업무를 수행하곤 했다. 거제도 포로수용소 내의 명령 계통은 명확하지도 안정적이지도 않았다.

전쟁 포로들의 인구 구성은 그 자체로 매우 복잡했다. 어떤 이들은 우즈베키스탄 같은 먼 곳에서 왔고, 또 어떤 이들은 만주 지역에서 왔으며, 38선 이북에서도, 이남에서도 왔다. 예를 들어, 이종규는 1951년 말에 거제도 제1 포로수용소에 도착했다. 상당수의 포로들은 남쪽에 가족이 있었는데, 이종규는, 부산 수용소에 있는 동안 어떤 전쟁 포로는 나이 든 아버지가 매일 수용소를 찾아와 음식을 전해 주었다고 회상했다. 전쟁 전 포로들의 직업은 그들의 고향만큼이나 다양했다. 이들 가운데 다수는 전란이 터지기 전에 '노동자'였다고 답했지만, 그 밖에도 교사와 철도 승무원, 상인, 언론인, 학생, 의사, 간호사 등 출신 배경은 다양했다.[22] 인민군에 가담한 여군과 간호사뿐만 아니라, 여성 빨치산 전사도 수용동에 있었다. 비에리는 수용소에는 엄마와 함께 살고 있는 영유아나 어린이도 있었다고 보고서에 기록했다. 이종규는 심지어 자신이 머물렀던 수용동에는 일가족 3대 — 할아버지, 아버지, 그리고 아들 — 가 있었다고도 말했다.

1951년 3월, 약 5만 명의 전쟁 포로가 자신들이, 전쟁 발발 전 38선 이남에 살고 있었는데 전쟁이 일어난 후 강제로 인민군에 징집되었다고 주장했다. 나중에 판문점 정전회담에서 언급되었듯이, 미군은 빨치산부터 [이른바] 용공 분자들에 이르기까지 광범위한 맥락에서 포로들을 포획했다. 일부는 보안상의 이유로 감금되었고, 또 일부는 "전쟁의 혼란으로 인해" 전쟁 포로가 되었다.[23] 따라서 "민간인 억류자들"이라는 범주가 수용소에 억류되어 있던 이들에게 적용되기 시작했고, 미군과 국군은 이들을 선별하기 위한 심사에 들어갔다. '이남' 출신 민간인 억류자와 포로들은 60번 대 숫자가 부여된 6번 구역에 배정됐고, '이북' 출신은 70번 대 숫자가 붙은 7번 구역에 배정됐다.

그러나 민간인 억류자로 지정된 후에도 많은 갈등이 계속되었다. 이런 '민간인' 가운데 한 명이 된 오세희는 자신의 수용동에 있던 사람들을 다음과 같이 다섯 가지 유형으로 분류했다.

1. 피난을 못 가고 인민군이나 치안대에 끌려가 일하다가 붙잡힌 민간인.
2. 인민군에 강제로 편입되어 국군과 싸우다가 포로가 된 진짜 의용군.
3. 인민군의 포로가 되어 이북으로 끌려가다가, 진격하던 미군에게 다시 잡힌 전직 국군.
4. 미군에 생포되어 언어불통으로 인민군으로 간주된 국군 패잔병이나 탈영병.
5. 피난 중에 포로들의 무리 속에 고의나 실수로 끼어든 민간인이나, 간첩으로 오인되어 체포된 민간인.[24]

38선 이남과 이북 출신의 많은 민간인들이 대규모 국군 병사들과 함께 이 범주 — 포로수용소의 철조망 뒤에 갇혀 있으리라 전혀 예상하지 못했던 사람들 — 를 구성했다. 전선에서 생포한 언어불통의 한국인은 아군이든 적군이든 무조건 포로로 취급했던 미군의 관행으로 말미암아, 군번 없는 민간인 포로들과, 아군인지 적군인지 불분명한 포로들이 수용소 내에 꽤 많았다. 내전의 성격 역시 이런 특징이 만들어지는 데 일조했다. 인민군 출신 병사 가운데에는 38선 이북뿐만 아니라 이남에서 태어난 이들(남녀)도 있었다. 인민군 병사 가운데 일부는 독립운동 시기에 중국에서 군사훈련을 받기도 했다. 반면, 국군 병사들 가운데는 미군정기에 미군 밑에서 훈련을 받은 사람들이 있었고, 또 일본군 출신도 있었다.

'전쟁 포로'나 '민간인 억류자'라는 범주는, 포로들의 실제 경험을 반영하지 못한, 관료 행정적인 범주였다. 포로였던 고영근은 『죽음의 고비를 넘어서』라는 회고록에서, 임시 수용소에 들어가는 순간부터 거제도 포로수용소에 이르기까지 열여섯 번의 죽을 고비를 넘긴 이야기를 서술했다.25 죽음과 맞닥뜨리는 매 순간은 새로운 사람들과(그 사람이 인민군이든, 국군이든, 또는 같은 포로든 간에)의 만남에서 비롯되었다. "넌 뭐야?"라는 질문은 포로에게, 그/그녀 자신에 대해 설명하라는 것이 아니었다. 그 질문은 군인이나 경찰관이 잠재적인 포로의 정체가 "무엇"인지를 결정하는 절차가 시작됨을 알리는 것이었다. 국군 병사가 오세희 앞에서 유엔 전단을 보란 듯이 찢었을 때, 그 병사는 분쟁에 대한 유엔이나 미국의 입장을 거부하는 것으로, 이는 전쟁터에서는 자신이 국가권력을 대표하고 있다고 주장하는 것이었다. 갈등에 대한 미국이나 유엔 주도의 개입은 국군과 오세희 사이의 만남과 아무런 관련이 없는 것이었다. 오직 내전, 즉 일제강점기에 기원을 두고 미군정기에 고조된 갈등이 오세희가 가시화될 수 있는 정당한 맥락이었다.

이종규가 전쟁 포로가 된 경험은 국가라는 체계가 개인의 삶에 개입하고 작동하는 방식을 잘 보여 준다. 전쟁이 발발했을 때, 열여섯 살의 이종규는 징집을 피하기 위해 인민군 출신인 형과 함께 숨어 있었다. 그의 가족은 지역사회에서 기독교인으로 명망이 높았으며, 다른 농가에 비해 큰 땅을 소유하고 있었다. 마침내, 1950년 8월 10일, 그들은 더는 숨어 지낼 수 없다고 결정했다. 이 씨는 징집되어 열흘간 훈련을 받은 후 남쪽으로 보내졌다.

나는 인민군 병사로, 북쪽에서 내려왔다. 맥아더의 인천 상륙이 있던 날 밤 나는 임진강과 한강이 만나는 곳 근처 산에 있었다. (…) 대형 해군 두

척이 밤새도록 폭탄을 터뜨려 북쪽 하늘을 밝혔다. 폭탄은 불덩이처럼 보였다.[26]

인천 상륙은 한국전쟁사에서 커다란 전환점이었다. 수백 명의 미 해병대 및 해군 함대와 맞닥트린 이종규와 부대원들은 북쪽으로 빠르게 후퇴하기 시작했다. 동료 병사들 중에는 같은 고향 출신이 있었는데, 결국 그는 그중 한 명과 탈영해 고향으로 돌아가기로 약속했다. 두 사람은 그런 상황에서 계속 북쪽으로 후퇴하면 결국 죽게 될 것이라고 확신했다. 그들은 어느 날 밤 평안북도 쪽으로 돌아가기 시작했다. 그들은 산악 지대를 넘나들었고, 밭에 남아 있던 무를 캐서 먹기도 했다.

가까스로 고향 근처에 이르렀지만, 그들은 곧 국군에 생포되었다. 두 손을 들고 나간 이종규는 자신이 기독교인이며 공산주의자가 아니라고 거듭 말했다. 그가 의심스러웠던 국군 병사들은 심문을 위해 그를 한쪽으로 데려가서는 주기도문을 외워 보라고 했다. 그는 기도문을 외웠고, 포로가 되었다.

국군이 포획한 전쟁 포로는 본질적인 의미에서 전쟁 포로가 아니었다. 다시 말해, 열정적인 신념을 바탕으로 인민군에 자발적으로 입대한 포로들[이 포획되었다면, 그들]을 기다리고 있는 것은 오로지 죽음뿐이었다. 이종규, 오세희, 고영근의 경우, 국군 병사들은 이들이 내전을 벌이고 있는 두 당사국[남한과 북한]이 아닌 다른 제3의 범주에 속해 있는 것으로 보았기 때문에 이들에게 '전쟁 포로'라는 특권을 부여했다. 그들의 인간성 — 혹은 그들이 또 다른 삶을 살 만한 가치가 있다는 최소한의 인정 — 은 적어도 민간인 같은 외모(오세희의 경우), 또는 '피난민' 같은 외모(기독교인 이종규의 경우)에서 비롯된 것이었다. 주기도문을 외울 줄 알고 머리가 장발이라는 사실은 대규모 폭력이 지속되는 시기에 어느 한 사람과 국가 사이의 관계를 신속히 파악할 수 있는 간편하고 손쉬운 방법이 되었다. 이 순간은 인류학자 페르난도 코로닐과 줄리 스쿠르스키가 "개인의 생애사와 집단의 역사가 일시적으로 결합되어, 역사와 신체가 서로의 영토가 될 때"27라고 묘사했던 순간이었다. 실제로 한국전쟁은 "국가의 영토성과 사람들의 신체성이, 정치체를 재조직하고 국가의 물질적·문화적 공간 내에서 사람과 사상의 이동을 강압적으로 통제하는 특권적인 매개체가 되는" 그런 순간을 초래했다.

심리전략위원회

한국전쟁에서 이루어진 '경찰 행동'이 미국에서 촉발한 대중·노동·재정의 대규모 동원은, 워싱턴 DC에 있는 정치인들이 [냉전 이후의] 세계 질서에 대해 그들이 생각했던 비전을 실현할 수 있는 근거를 마련해 주었다. 국가안전보장회의 문서 NSC-68을 작성한 사람들은 — 미국과 소련 사이의 선과 악의 투쟁이라는 서사와 함께, 증강된 군사 기구 및 심리전 기구들의 운영 계획서를 손에 들고서 — 미국 국민들과 의회가 이런 계획을 실행하는 데 필요한 엄청난 재정지출과 세금 인상을 승인하지 않을 수 있다는 점을 잘 알고 있었다. 존 프래도스는 CIA의 역사에서 중요한 변화 하나를 언급했다. 즉, "갑자기 발생한 한국전쟁으로 말미암아, 심리전에서 평시와 전시를 구분하는 문제에 대해 기존에 막연하게 생각하던 것들을 구체화할 수 있게 되었다."28 해리 트루먼 대통령이 "심리전에 대한 깊은 관심"을 보였다는 사실에 주목해, 프래도스는 트루먼의 지시에 따라 "CIA가 비밀 작전을 시작한" 초기부터 1951년에 심리전략위원회를 설립하기까지의 과정을 추적했다.29 그 후로부터 1년 만에 심리전략위원회는 국가안전보장회의 전 직원들이 운용하는 예산보다 2.5배나 많은 예산을 책정받으며 안보 기구 가운데 가장 큰 부서가 되었다.30 심리전략위원회 위원들은 국무부 국장, 국방부 차관, 중앙정보부 국장, 그리고 심리전략위원회가 필요하다고 생각하는 부처나 기관의 책임자들 또는 대표들이었다. 또한 합동참모본부에서 파견된 대표가 고문으로 참여했다. 트루먼 대통령의 행정명령에 따라, 심리전략위원회는 임무의 일환으로 "심리 작전"에 대한 평가를 국가안전보장회의에 보고하게 되어 있었다.

'심리전'이라는 용어 자체는 지난 수십 년 동안 미군이 다양한 목적을 위해 사용해 온 일련의 관행을, 비교적 최근에 새롭게 부르게 된 명칭이었다. 제2차 세계대전 당시 심리전은 대체로 개인의 의견에 영향을 주기 위해 '정보'라는 개념을 중심으로 구상된 것이다.[31] 심리전략위원회는 심리전을 감독하는 최초의 제도화된 기구였으며, 미국의 자유주의를 더 많은 세계의 대중들에게 "설명"한다는 초창기의 목표를 계속해서 수행했다. 그러나 트루먼이 심리전략위원회의 창설을 위한 행정명령을 발표했을 때, 심리전의 중요성에 대한 태도에서 두드러진 변화가 일어났다. 사실, 프로파간다 — 즉, 심리전 분야 — 는 "미국 팽창주의"에서 일종의 프런티어[미개척지]와 같은 것으로 간주되었다. 1945년 이후 수년간 사회과학 연구에 미국 정부가 쏟아부은 관심을 연구하며, 헨리 루미스는 "미국 정부가 정치전에 사용하기 위해 사회과학 연구를 지원하는 것은 새롭지만 점점 증가하는 현상이었다. 전쟁이 끝난 뒤의 분위기는, 오클라호마 영토를 정착자들에게 개방했을 때의 분위기와 유사했다 — 모든 정부 기관들이 가장 비옥한 영토를 최대한 많이 차지하기 위해 달려나가 말뚝을 박았다."[32]라고 말했다. 가능성은 무궁무진했고, 인간의 내면·의지·욕망에서 나타나는 변덕을 포착할 수 있다는 생각이 만연했다.

미국의 야망을 실현할 수 있는 새로운 "프런티어"로서, 심리전은 수많은 잠재력으로 가득 찬 완벽한 장소이자, 미국 관료들이 주장하는 새로운 전쟁을 위한 무기를 벼릴 수 있는 이상적인 영역처럼 보였다. 심리전략위원회 제2대 책임자였던 레이먼드 앨런의 글은 전쟁 수행에서 나타난 인식론적 위기를 다음과 같이 표현했다.

현대 전체주의 국가의 발전은 전쟁을 일으키는 새로운 방법을 가져왔다. 전쟁의 기본 원칙은 변함없지만, 새로운 방법의 도입은 그런 원칙의 적용을 변화시켰고, 이에 따라 정부를 조직적으로 새롭게 정비할 필요가 있다. 현재 국제 안보를 위한 미국의 조치들은 "평화 시에도 지속되는 전쟁"의 현실을 인정하고 있다. 오늘날 국제 관계는 강력한 심리적·정치-전복적·경제적·군사적인 세력의 끊임없는 행동과 상호 작용에 의해 지배되고 있다.33

앨런이 1952년 2월 국립전쟁대학에서 행한 "심리-정치 전략의 재점검"Psychological-Political Strategy Re-examined이라는 강연에서 말한 것처럼, [오늘날] "세계 분쟁의 본질적인 특징은 과거의 모든 구분선이 흐려지고, 하이픈으로 연결되는 것 — 예컨대, 정치-경제, 정치-군사 등등 — 에 대해 우리가 점점 더 많이 이야기해야 한다는 점"이었다.34 전시와 평시의 구별은 더는 통하지 않았고, 전쟁 자체는 '다양한 분야들이 서로 연관된' 방식으로 운영될 수밖에 없었는데, 경제와 정치, 사회와 군대는 별개의 영역이 아니었다.

그런 전쟁의 수행과 개념화에서 나타난 패러다임의 변화는 전쟁이라는 갈등의 새로운 대상이나 목표를 필요로 했다. 1952년 5월, 심리전략위원회는 미국이 추진하는 심리 전략의 현황을 평가하는 보고서를 발행하며, 매우 중요한 두 가지 사항을 권고했다. 첫째, 심리전략위원회는 미군과 정부에게 "사람들의 마음을 얻기 위한 전투"를 넘어 "심리 작전을 개인과 집단, 나아가 사회 전체의 기본적인 욕구·필요·욕망을 충족하기 위한 역공으로 생각"하라고 촉구했다. 둘째, 심리전략위원회는 전후 일본이 동아시아 지역에서 중추적인 역할을 할 수 있다고 주장했다. "크렘린의 세력 확장에 맞서, 이 지역과 세계 전반에 걸쳐 일본이 차지하고 있는 위치와 관련된 문제를 미국의 정책이 얼마나 성공적으로 해결할 수 있을지가 극동의 미래를 크게 좌우할 것이다."35

1951년 8월 초부터 심리전략위원회는, 동아시아 지역의 지정학적 지배권을 둘러싼 투쟁에서 심리전의 효과를 증명할 수 있는 방안으로 포로 송환 문제에 초점을 맞추기 시작했다. 1951년, 미군과 정부는 롤백이 목표라고 더는 주장하지 않았다. 전쟁은 좀 더 명시적으로 정치적이고 이념적인 영역으로 옮겨 갔다. 맥아더 [퇴진] 이후 전개된 "완전히 새로운 전쟁"에서는 전쟁의 결정적인 역학 관계가 처음에는 개성, 그리고 얼마 후 판문점에 마련된 회담장의 테이블에 반영되고 있는 것처럼 보였다. 전쟁 포로라는 형상figure은, 영토가 아니라 이념과 정치가 중요했던 이런 종류의 전쟁을 상징하게 되었다. 군사적인 차원에서 볼 때, 한국전쟁은 봉쇄 전쟁이었지만, 롤백 역시 — 이번에는 사람들과 그들의 "심리"에서 — 전개되고 있다.

1951년 10월 9일, 심리전략위원회는 「포로 정책에 대한 현황 검토 보고서」Status of POW Policy Review를 발표했다. 심리전략위원회는 "이 문제의 다양한 법적·심리학적 측면을 철저히 연구한 끝에", 포로 송환 문제에 대해 "부서 간 및 기관 간(국무부, 국방부, CIA) 합의를 실무 수준에서 확보하기 위해 노력하고 있다."고 밝혔다. 합동참모본부는 포로들이 중국이나 북한으로 돌아가고 싶은지 아닌지를 선택할 수 있는 일종의 자원 송환 정책을 지지하고 있었다. 국무장관은 인민군에 강제징용된 국군만 38선 이북으로 송환하지 않을 것이라 밝히며, 송환되지 않을 포로들의 수를 가능한 한 줄이려 했다. 국방부 장관은 송환 원칙*을 변경할 경우, 미군 포로들의 처지가 위태로워질 것을 우려해 자원 송환 원칙에 반대했다.36

심리전략위원회는 자원 송환 정책에 다음과 같은 이점이 있다고 보았다. "① 그것은 누구나 폭정으로부터 벗어나 망명할 권리가 있다는 유엔의 원칙을 강화할 것이다.** ② 이 정책의 채택으로 향후 미국 심리전 프로그램의 효과가 향상될 것이다."37 좀 더 구체적으로는, 심리전략위원회는 이 정책이 공

- 제네바협약에 따르면, "포로는 적극적인 적대 행위가 종료한 후 지체 없이 석방하고 송환하여야 한다"(제3협약 제118조). 이를 자동 송환 원칙이라 하는데, 이 부분의 변경을 가리키는 것이다.
- ** 이 구절은 유엔의 인권선언문 제14조항의 내용을 차용한 것으로 보인다. 유엔 인권선언문 제14조항은 다음과 같다. "모든 사람은 박해를 피해 다른 나라에서 비호를 구하거나 비호를 받을 권리를 가진다."

산주의 국가들의 군대, 특히 중공군의 탈영을 장려할 것으로 기대했다. 게다가 그것은 한국전쟁을, 앨런이 정의한 "의지의 전쟁"의 범주 안에 넣었다. 이런 맥락에서 전쟁 포로들은 "공산주의와 반공산주의" 가운데 하나를 자유롭게 선택할 수 있는, 역사에서 추상화된 냉전 시대의 인물들이 될 것이며, 자신의 근본적인 인간성에 따라, 미국이 지지하는 자유 시장 민주주의를 선택하게 될 것이었다.

파머 퍼트넘은 1951년 12월 18일 심리전략위원회의 동료인 트레이시 반스에게 메모를 보냈다. 그는 포로 송환을 둘러싼 법적 문제를 해결하기 위해 몇 가지 제안을 했다.

2. 포로로 잡히기 이전 군대의 통제로 되돌아가고 싶어 하지 않는 포로들을 정치적 난민으로 간주해 보호받을 수 있도록 전 세계에 알리는 것은 어떨까?
3. 국제적십자위원회, 또는 이와 유사한 비정치적 단체들이 각 포로를 인터뷰해, 그들의 개인적 바람이 진짜 무엇인지 규명하도록 하면 어떨까?
4. 이렇게 하면 최소한 제네바협약의 취지에 부합하는 동시에 포로 강제 송환 문제를 해결할 수 있지 않을까?[38]

이런 구조하에서 미국이 관리하고 유엔이 승인하며 국제적십자위원회가 감시하는, 1945년 이후 등장한 국민국가들 사이의 국제 질서가 도덕적 정당성을 주장할 수 있을 — 게다가 포로들은 서구의 국제 인도주의적 규범에 따라 피난처를 제공받을 자격이 있는 사람의 완벽한 표본이 될 — 것이었다.

포로 송환 문제는 심리전략위원회가 미국 정부를 위해 전 세계적으로 추진하고 있던 더 큰 프로젝트 — 어떻게 하면 공산주의 지배하에 있는 사람들의 '내적' 욕망과 의지를 자극해 그들이 미국 민주주의를 지향하고 "선택"하게 할 것인가 — 의 핵심으로 떠올랐다. 한국전쟁에서 포로 송환 문제는 1945

년 8월 두 명의 미군 대령이 임의로 그린 38선과 비교해 보더라도 더 큰 결과를 낳았다. 한반도에서는 1943년 카이로회담에 따라, 새로 등장한 유엔의 첫 공식적인 신탁통치 — 북쪽은 소련이 점령하고 남쪽은 미국이 점령한 채로 — 가 실험될 예정이었다. 물론 신탁통치는 윌슨이 앞서 제안했던 '위임통치'안 — 국제사회가 구식민지 국가들을 후원하며 보호하는 프로그램인 — 의 새로운 형태였다.39 1945년에 미군이 한반도에 도착했을 때, 신탁통치는 곧바로 냉전적으로 분단된 군사점령으로 대체되었다. 미군과 유엔은 1948년 38선 이남에서 선거를 실시했고, 그 결과 이승만이 대통령에 당선되었다. 그러나 한국전쟁 당시 미국의 정책 당국자들이 정작 걱정한 것은 이승만 정권의 정당성이 아니라 미국의 지도하에 탈식민지화를 실행해 나갈 적절한 주체의 문제였다. 실제로 미국은 소련과 [제3]세계 국민들(이들은 형식적으로 탈식민지화 과정을 겪고 있었다) 앞에 성공적으로 "탈식민지화"된 주체를 제시해야 했으며, 한국인들이 미국이 제시한 특정 통치 시스템에 기꺼이 참여하고 그것을 갈망했다는 사실을 보여 줄 필요가 있었다.

심리전략위원회가 제안한 자원 송환안의 핵심 목표는 북한을 하나의 주권국가로 인정하지 않는 것이었다. 이 제안은 개인이 북한이라는 국가가 자신에게 주장하는 주권적 권리를 스스로 포기하도록 유도하는 데 초점이 맞춰져 있었다. 북한의 주권을 대신해, 1945년 이후 미국이 주도하고, 유엔이 승인하며, 국제적십자위원회가 규제하는 국제적 민족국가 체계가 전쟁 포로 개인의 의사를 이해하고 이를 대변하는 권리를 주장하게 되었다. 송환을 거부한 포로는 사실상 무국적 상태가 되며, 국제 체계의 주권적 보호 아래 놓이게 된다. 1952년 1월 2일, 미국 대표단은 자원 송환안을 판문점 정전 협상 테이블에 올렸다.

이와 같은 심리전 전략은 1952년 5월 심리전략위원회가 초안을 작성한 "우리의 심리 작전을 위한 전반적인 전략 개념"Over-all Strategic Concept for our Psychological Operations과 잘 통했다. 이런 전략적인 틀에서, 심리전략위원회는 소련에 효과적인 반격을 가하기 위해 "목표들을 효과적인 선전으로 표현해 내고, 국민들이 쉽게 이해할 수 있는 용어를 사용해 반복적으로 널리 알려야만 한다."고 주장했다. 예를 들어, 심리전략위원회는 미국이 '봉쇄'라는 단어 대신 '해방'이라는 표현을 사용하라고 촉구했다. 또는 원조 프로그램에 사용되는 "미국산"Made in America이라는 라벨 대신 "자유로운 인류를 위한 평화적 협력"Peace Partnership of Free Humanity이라는 꼬리표를 사용하도록 했다. 해방을 위해 식민주의에 맞서 투쟁하는 사람들 편에 서겠다는 강조는 미국의 "[조용하고-인용자] 신속한 물리적 재무장" 조치와 함께 이루어질 것이었다. 가장 결정적으로 심리전략위원회는 정부 관료들에게 "우리가 진정으로 겸허하게 모든 인류를 돕고자 하는 만큼", "자유세계 — 그리고 궁극적으로는 자유롭지 못한 민족들 — 역시 미국의 지도력을 환영할 것"이라는 점을 상기시켰다.40

    1945년 이후 원자폭탄의 망령과, 제2차 세계대전에서 자행된 대규모 폭력의 참상을 배경으로, 미국과 탈식민화 과정에 있는 세계는 전쟁의 언어[개념]와 수행 방식의 전환을 맞이하고 있었다. 이 변화는 1945년 이전부터 이미 시작된 것으로, 독일 법학자 카를 슈미트가 1950년, 즉 한국전쟁이 발발한 해에 발간한 『대지의 노모스』The Nomos of the Earth에서 주목한 바 있다. 카를 슈미트에 따르면, 국제적십자위원회가 옹호하는 보편적 도덕주의는 "인류의 이름으로 이루어지는 전쟁, 적들이 아무런 보호를 받지 못하는 전쟁, 필연적으로 총력전이 될 수밖에 없는 전쟁"을 불러올 것이었다. 슈미트는, 미국이 이 새로운 유형의 전쟁과 제국의 선구자가 될 것이며, 이는 "유럽 법의 전통적 의미에서의 새로운 국가와 정부에 국한되지 않"으며, "개입"이라는 이름 아래 표현되고 실행될 것이라고 보았다. 이 전쟁을 정당화하는 틀로서 도덕적 보편주의를 강조한 것은, 카를 슈미트가 1945년 이후의 세계에서 지배적인 전쟁 형태가 될 것이라고 예측한 "인류에 대한 전쟁"41과 소름 끼칠 만큼 일치했다.

    제2차 세계대전이 끝나고 몇 년 동안 송환 문제•가, 특히 전쟁 포로와 관련해 전 세계적으로 크게 부각되었다. 유럽에서는 "실향민"으로 간주되는 사람이 대략 1500만 명이 있었는데, 전쟁 포로 역시 이 범주에 포함되었다. 전쟁 중에 일어났던 대규모 동원은, 제국과 군대가 해체되거나 재구성됨에 따라 고향과 집으로 대거 돌아가는 군인과 민간인의 흐름으로 바뀌었다. 1952년 초 트루먼 대통령이 이른바 "강제 송환"에 더는 관여하지 않겠다고 선언했을 때, 그는 나치 독일과 싸웠으나 그 전에는 볼셰비키에 맞서 싸웠던 수만 명의 코사크 병사들을 [제2차 세계대전 직후] 강제 송환하기로 한 미국의 결정[이른바, 코사크 송환]을 도덕적으로 언급하고 있었다. 이때 송환된 코사크 병사들은 소련에 도착하자마자 스탈린 치하의 굴락 수용소로 보내졌다.

그러나 트루먼 정권이 한국전쟁 당시 포로들을 이런 틀에서 바라보는 것은 근본적으로 부정확한 것이었다. 한국전쟁 당시 포로 문제와 관련 있는 좀 더 적절한 맥락은 알제리의 프랑스군이든 케냐의 영국군이든 제2차 세계대전 이후 유럽 식민지 열강들이 자신의 식민지에서 [무장 독립 세력들과] 벌인 전투였다. 역사가 지빌레 샤이퍼스가 지적하는 바와 같이, "일반적으로 포로에 대한 처우는 그 전쟁의 성격에 달려 있는 것으로 가정되지만, 그 반대로 작용하는 경우[포로, 즉 사로잡은 적을 어떻게 처우하는지가 전쟁의 성격을 규정하는 경우]도 있다."[42] 그리고 20세기 후반을 장식한 탈식민지 전쟁에서는, 알제리의 민족해방전선이든 케냐의 마우 마우이든,** "전투 도중에 붙잡힌 사람들에게 전쟁 포로의 지위를 부여하는 것은 종종 그들이 내건 대의의 정치적 정당성을 인정하는 것으로 인식되었다."[43] [탈식민 국가에 대한] 주권 인정 문제와, 아

• 송환 또는 귀환 문제는 단순히 전쟁 포로의 송환/귀환에만 국한되는 것이 아니다. 고국을 떠나 다른 나라에 정착한 사람들 가운데도 전쟁이 끝나고 나서 고국으로 돌아가야 하는 경우도 많았다. 이 밖에도 송환은 전쟁 시 약탈당한 문화재 등의 반환을 의미하기도 했다.

•• 알제리 전쟁은 1954년부터 1962년까지 프랑스의 식민 통치에 맞서 알제리민족해방전선FNL이 벌인 무장 독립 투쟁을 가리킨다. 마우 마우Mau Mau는 케냐에서 1952년부터 1960년까지 영국의 식민지 통치에 대항해 벌어진 무장투쟁을 가리킨다.

시아태평양 지역에 대한 미국의 야망은 1945년 이후의 한국 관련 문제들로 다시금 수렴되었다.

실제로 심리전략위원회의 자원 송환 제안은 불과 2년 전인 1949년 제네바협약에서 미국 대표단이 합의한 입장을 말 그대로 완전히 뒤집은 것이었다. 1949년 4월 21일 목요일, 스위스의 정치부 장관 막스 페티트피에르가 제네바협약을 체결하기 위해 모인 64개국 대표들을 향해 회의 개막 환영 연설을 했을 때, 그는 그들 앞에 놓인 문서에 대해 다음과 같이 설명했다. "제네바 시민인 앙리 뒤낭*이 처음 고안한 1864년 협약은 인류의 정신적 유산의 일부가 되었다. 이번 협약을 통해 인류는 한 단계 더 높은 문명의 수준에 올라섰다."⁴⁴

이 협약은 주로 부상자와 병자 등 특정 범주에 속한 사람들을 위해 만들어진 것이었다. 그러나 곧 전쟁이 양산한 또 다른 유형의 사람들이 ─ '민간인' 범주 또는 '부상자와 병자'라는 범주를 두고 벌어졌던 것을 능가하는 ─ 엄청난 논쟁과 에너지를 불러일으켰다. 역사학자 제프리 베스트가 썼듯이, "1929년의 교두보**를 넘어 크게 확대된 1949년의 '포로 대우에 관한 협약'

• 앙리 뒤낭Henry Dunan은 제네바 출신 사업가로 국제적십자위원회를 창립했으며, 국제인도법 제정을 주장했다. 제네바협약은 국제적십자위원회가 준비한 협약 초안을 토대로 참가국들 사이의 논의를 거쳐 확정되었다. 1864년에 처음 제정된 제네바협약의 정식 명칭은 "육지전에서의 군대 부상자의 상태 개선에 관한 최초의 제네바협약"이다. 이 협약을 통해, 근대 국제인도법의 시대가 열렸다고 평가받는다.

•• 앞서 설명했듯이, 제네바 제1협약은 육지전에서의 전쟁 희생자만을 대상으로 했지만, 전쟁의 양상이 바뀜에 따라, '1864년 8월 22일 자 제네바협약의 제 원칙을 해전에서 응용하기 위한 1899년 7월 29일 헤이그 협약'(제네바 제2협약)이 제정되었다. 이후로도, 제1차 세계대전의 경험을 토대로 병상자, 조난자 못지않게 무기를 버리고 투항해 육체적·정신적 고통을 당하는 전투원, 즉 포로에 관한 협약이 '포로의 대우에 관한 1929년 7월 27일 자 제네바협약'(제네바 제3협약)으로 제정되었다. 제2차 세계대전을 경험한 이후, 앞서 세 협약의 미비점을 보완해, 1949년 8월 12일 제네바에서 개최된 외교 회의에서 전시 민간인 보호에 관한 협약이 추가로 채택됨으로써 '전쟁 희생자 보호에 관한 4개 제네바협약'(제네바 제4협약)이 완성되었다. 대한적십자사 누리집에서 '국제인도법의 개념' 항목 참조.

은 143개의 조항과 다섯 개의 부속 문서로 이루어져 있었다. 다른 세 개의 협약 가운데 어느 것도 그만큼 전쟁 포로 문제에 집중했거나 관심을 끌지 못했다. 이 협약의 초점은 단 한 가지 유형의 행위자, 즉 전쟁 포로와 이들이 밀집해 모여 있는 장소인 포로수용소에 집중되었다."[45] 전쟁 포로는 이 협약에서 매우 중심적인 위치를 차지했는데, 이는 포로라는 형상이 국가의 정당성과 관련된 매우 기본적인 질문을 환기하고 드러냈기 때문이었다.

[1949년에 개최된 회의에서] 영국 대표단은 아직도 영국군의 보호를 받고 있는 포로 가운데 일부가 소련으로 송환되는 것을 원하지 않는다고 주장했다. 1949년 6월 23일, 오스트리아 대표단은 전쟁이 끝나고 전쟁 포로들이 송환 여부를 선택할 수 있도록 하는 개정안을 제안했지만, 대다수가 이를 즉각 거부했다.

스킬로프 장군(소련 측)은 감금된 상황에서는 포로가 자신의 의사를 표현할 완전한 자유를 누리지 못할 수 있다고 우려했다. 더욱이, 이 새로운 조항으로 말미암아 억류국이 [포로에게] 부당한 압력을 행사할 수도 있었다. 파커 장군(미국 측)은 그 의견에 동의했다.[46]

관건은 자국민에 대한 국가의 주권적 주장[적국에 잡힌 자국민 포로의 무조건 송환을 요구하는 것]이 유효한지 여부였다. 1949년 제네바협약에서 개인[의 자발적 선택]을 강조하는 입장 — 그리고 그것이 국가주권에 의미하는 바 — 이 나중에 심리전략위원회가 자원 송환 원칙을 공식화하는 과정에서 또다시 부각되었다. 20세기에 전쟁의 제도화가 이루어졌다면, 1949년 제네바 제4협약과 한국전쟁 당시 포로들의 송환을 두고 벌어졌던 논쟁은 국가 행동을 규제하는 한 방법으로 "개인"에 대한 관점에 변화가 나타났음을 보여 주었다. 1958년, 국제적십자위원회 장 픽테의 편집으로 1949년 제네바 제4협약에 관한 900쪽에 달하는 해설서가 간행되었는데, 여기엔 다음과 같은 설명이 달려 있었다.

개인은 그 자신의 권리를 갖고 있는 것으로 간주된다. 국가만이 법의 유일한 주체가 아니며, 제네바협약에 의한 이 같은 진전은 오늘날 국제법에서 나타난 중요한 발전이다.[47]

따라서 심리전략위원회의 자원 송환 제안은, 가장 엄격한 의미에서, 1949년 미국이 취했던 기존 입장을 뒤집은 것은 아니었다. 그것은 주권과 관련해, 가장 기본적인 관계 — 국가와 개인 사이의 — 에서 기존과는 다른 주장을 제시한 것이었다. 국제적십자위원회가 옹호하는 국제전쟁법과 미국의 심리전 전술은 서로 어울릴 것처럼 보이지 않았지만, 한국전쟁 동안 전쟁 포로를 둘러싼 갈등과 1949년 제네바 제4협약의 적용은 전쟁의 지형이 어떻게 미국의 심리전 전술과, 국제적십자위원회 모두가 주목하고 있던 주체 — 바로 개별적인 인간 주체 — 위로 옮아갔는지를 보여 주었다.

자원 송환 제안은 동아시아 지역을 [자신의 이해관계에 맞게] 조형하려는 미국의 야망을 실현시키기 위해 심리전략위원회가 제시한 전략이었다. 1951년 샌프란시스코에서 열린 일본과의 강화회의에서 트루먼 대통령은, 과거에 일본을 [강제로 개항해] 유럽 중심 체제 내에서 제대로 된 국민국가로 성장할 수 있도록 가르쳤던 미국의 프로젝트를 한껏 치켜세웠다. 그러면서 [미국의 가르침을 받은] "새로운 일본은 상대적으로 짧은 시간에 성장을 이룩했기에 (…) 지속적으로 주권을 박탈당하고, 자신의 과업을 수행할 수 있는 능력이 계속 억압될 경우, 일본 국민들로서는 그들의 에너지가 탄력을 받고 있는 건설적인 방향이 역전될 수밖에 없을 것이다."라고 말했다.[48] 남한과 북한은, 1907년 만국평화회의에서와 마찬가지로 주권 문제가 해결되지 않았기에 회의에 참석하지 못했다. 샌프란시스코 평화조약 회의에서 미국의 주요 관심사는 일본 제국을 미국의 이해관계에 부합하도록 전략적으로 해체(문자 그대로, 영토에 주권을 표시하는 것과 관련해)하는 것이었다.

한국은 미국이 아시아 태평양을 냉전 상황에 걸맞게 재구조화하는 데 핵

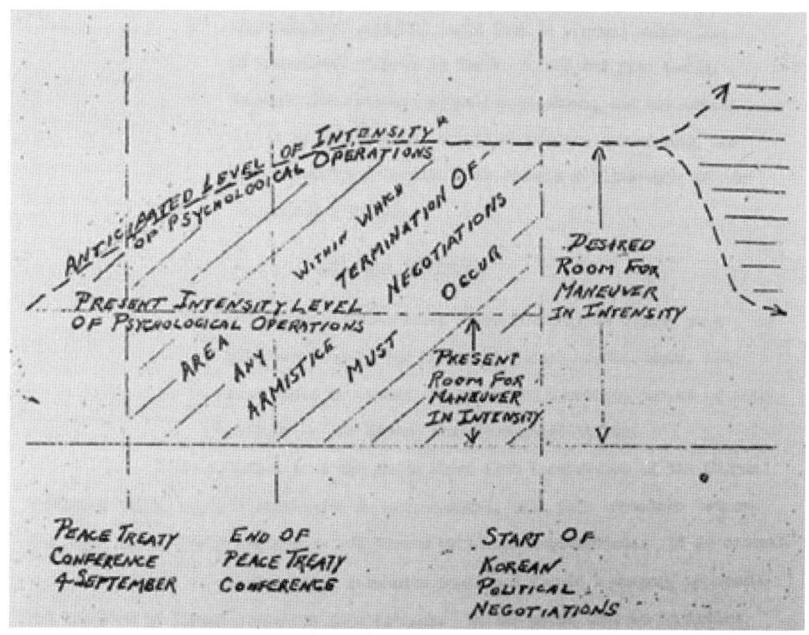

그림 2.5 한국전쟁의 정전회담, 샌프란시스코 평화조약 회의, 한국의 정치 협상 등과 관련해 태평양 극동 지역에서 미국이 추진하고 있는 목표에 대한 대중적 지지의 잠재적 변동을 보여 주기 위해 심리전략위원회가 만든 차트. 자원 송환 제안은 평화조약 회의가 끝날 때 높은 대중적 지지를 유지하기 위한 것이었다.

심적인 열쇠였다. 트루먼의 심리전략위원회는 판문점에서 열리는 정전회담과 관련해 [협상이 중단될 경우를 대비해] "이륙 작전"*을 정식화했다. 이는 "협상 중단"이 발생할 경우 "불안과 정서적 우울"이 가중돼 "세계인들이 심리적으로 취약해질 것"⁴⁹을 우려한 것이었다. [다른 한편으로] 심리전략위원회는 한국전쟁에 대한 대중적인 관심과 열의를 북돋우기 위한 방안으로 자원 송환 계획을 제안했다. 전쟁 포로의 모습은 미국 대중이 이 전쟁에 무엇이 걸려 있는지를 이해할 수 있게 하는 새로운 방법을 제공하고 있었다. 미국은 개인이 선택권과 '자유 의지'를 행사할 수 있도록 하기 위해, 한반도에서 벌어진 전쟁에 개입했다는 것이다.

트루먼 정부는 이런 맥락에서 새로운 종류의 심문실 ─ 즉, 송환 여부를 심사하는 심문실 ─ 을 발명했다. 유엔군에 의해 억류된 한국인과 중국인 포로들은 고국으로 돌아가기를 원하든 원하지 않든 자유롭게 선택할 수 있을 것이고, 미국 대표단과 트루먼 행정부가 주장했듯이, 미군이 발명한 심문실은 전체주의의 [억압적] 힘이 아니라 개인의 욕망이 발현되는 "자유 의지"의 공간이 될 것이었다.⁵⁰ 한국전쟁 포로들의 선택[곧 북한이나 중국으로의 송환 거부]은 미국이 주도하는 민주주의 프로젝트가 세계 무대에서 매력을 지니고 있다는 추가적인 증거가 될 것이었다.

미국은 한반도에서 벌어진 전쟁에 개입한 가장 중요한 명분으로 전쟁 포로를 내세웠다. 이렇게 인간성의 수호가 참전의 도덕적 동기로 전면에 등장함에 따라, 한국의 농민들은 보편화된 자유주의적 개인으로 추상화되었다. 주권 인정, 탈식민화, [해당 국가는 물론이고] 미국을 포함한 국가의 이해관계 등, 미국 국민들이 미군의 해외 군사개입에 대해 생각할 때 고려해야 할 요소들은

• 이륙 작전Operation Take off이란 세균폭탄을 이북 지역에 투하하는 것을 말한다. 이 명칭은 이후, BROADBRIM으로 바뀌었다. 이에 대한 좀 더 자세한 논의는, 스티븐 엔디콧·에드워드 해거먼, 『한국전쟁과 미국의 세균전』, 안치용·박성휴 옮김 (서울: 중심, 2003), 190-194쪽 참조.

제시되지 않았다. 그러나 한국은 20세기 초 아시아에서 [자신의 영향력을] 확장하려는 미국의 야심을 실현하는 데뿐만 아니라, 냉전 기간 동안 아시아 태평양 지역에 전략적 군사 네트워크를 건설하는 데서도 중요한 역할을 했다. 한국은 각 역사적 국면에서 일본 제국과 관련된 협상의 대상이었다. 그리고 1951년, 미국은 샌프란시스코 평화조약을 통해, 과거 일본의 식민 지배하에 있던 다양한 영토를 할당하고, 여기에 다양한 법적 지위를 부여함으로써● 자신만의 "방어선"defense perimeter●●을 만들 수 있는 능력을 갖게 되었다. 미국은, 트루먼 대통령이 "공포가 불러일으킬 마비로부터 인류를 보호하는 방패"라고 지칭한 광대한 군사 네트워크를 구축하려는 전 세계적 야망을, 전쟁 포로라는 개별적인 인물에도 담아냈는데, 트루먼은 이런 방패 없이는 "세계의 다른 지역과 마찬가지로 태평양에서도 사회적·경제적 진보는 불가능할 것"51이라고 역설했다.

그러나 포로들은 단순히 전쟁이 만들어 낸 담론적 형상으로만 남아 있지는 않았다. 딘 애치슨은 회고록에서 "포로 문제"에 대한 글을 몇 쪽에 걸쳐 썼다. "4월 중순까지 리지웨이 장군으로부터 당황스러운 보고들이 들어왔다. (…) 3월에는 포로 열두 명이 살해되었다. 그러자 리지웨이 장군은 17개 수용동 가운데 7개 동 3만 7000명의 포로들은 무력을 사용하지 않고는 심사를 진행할 수 없다고 보고했다."52 포로들은 1949년 제네바[제3]협약을 적용하라고

● 이는 태평양전쟁의 전후 처리를 위해 미국과 일본이 1951년 9월 8일 체결한 샌프란시스코 평화조약의 제2장에 해당하는 내용이다. 여기에는 "일본은 한국의 독립을 인정하고, 제주도, 거문도, 울릉도를 포함한 한반도와 그 부속 도서에 대한 모든 권리, 자격, 영유권을 포기한다."는 조항 외에도, "남태평양 구위임 통치 지역은 미국이 신탁통치하고, 오키나와와 오가사와라 제도는 미국의 신탁통치 예정 지역으로 삼는다." 등의 내용이 들어 있다.

●● 본문에서처럼 이 표현은 흔히 방어선으로 옮기기도 하는데, 애치슨이 사용한 정확한 표현은 말 그대로 '방어적 주위' 또는 '방어 거점 지역' 등이다. 애치슨이 선언한 아시아 태평양 지역 방어선에는 대만, 한반도, 인도차이나반도 등이 제외되어 있었다.

요구하고 있었고, 내전, 냉전 상태에서 발생한 '열전'Cold war 'hot war', 반제국주의 혁명이라는 세 개의 전쟁이 수용소 안에 존재하고 있었다. 한국전쟁을 둘러싼 전쟁은 철조망 안과 밖에서 동시에 벌어지고 있었다.

유엔군사령부 제1 포로수용소에서의 전쟁

전쟁 포로의 대우에 관한 1949년 제네바협약은 전쟁 포로들이 본질적으로 취약한 처지에 있는 사람들이라는 가정하에 작동했고, 그들의 생명을 박탈하는 것보다 포로로 억류하는 것이 좀 더 선진적 문명의 표시라는 규범적 이해를 만들어 냈다. 실제로 이 협약에 따르면, 문명사회의 척도는 포로의 신체에서 ― 억류국이 포로를 어떻게 입히고 먹이고 보호하는지, 또한 포로의 신체에 어떤 표식을 하고, 관리하고 이송하는지, 포로의 신체를 어떻게 보호하고 조사하며 파악하는지 ― 드러난다.53 하지만 이런 척도는 '붉은색 유니폼 봉기'[홍의 사건]에서처럼, 포로들이 [억류국의 방침을] 위반하거나 조롱하고 저항하는 바로 그 순간에 가장 내밀하게 드러났다.

수용소 내에서 발생하는 폭력은 처음에는 미군 수용소 당국에 문제가 되지 않았다. 거제도 수용소를 운영한 첫 1년 동안 일어난 102건의 사건 가운데 사건 발생일과 조사일 사이의 평균 기간은 4~9개월이었다. 이 102건 가운데 28건은 특히 포로 수용동 내에서 발생한 부상 및/또는 사망 사례를 구체적으로 다루었다. 수용소에서 실제로 벌어진 일에 대해 이 사건 파일이 제공하는 서술은, 남한의 반공 정부와 미국 정부가 전쟁터와 협상 테이블에서 친공 포로들에 대한 자신들의 입장을 위해 동원했던 기본적인 이데올로기 서사, 즉 한국인 공산군 포로는 광신자이며, 다른 사람들에게 전체주의나 파시즘을 강요하기 위해 폭력적인 수단을 동원하는 이데올로그라는 서사를 머쓱하게 하는 것이었다. 28건의 사건 가운데 친공 포로가 '가해자'인 경우는 네 건에 불과했는데, 이는 수용소 내에서 반공 포로들이 폭력 사건에 더 많은 관련이 있었음을 의미했다.

    1952년 3월 13일, 반공 포로들이 큰 사건을 일으켰다. 이날 거제도 포로수용소에서 경비병으로 근무하던 국군 병사 60여 명이 소집되었는데, 이들은 오전 9시 30분경 국군 대위의 지시에 따라 300여 명의 포로들이 벌이는 "행진"을 호위하게 되었다. 나중에 증언한 국군 경비대 가운데 한 명은 "포로들이 태극기와 유엔기를 들고 있어서 깜짝 놀랐다. 나와 여섯 명의 남자가 태극기를 들고 행진 대열의 맨 앞에 섰다."라고 말했다. 행진은 "제92 수용동에서 200야드[약 183미터] 떨어진 곳"에서 시작되었는데, 친공 포로들이 주로 모여 있던 바로 그 제92 수용동을 지나갈 예정이었다. 그들이 친공 포로 수용동 주변을 지날 무렵, 상호 간에 욕설이 난무했고 상황은 곧 악화되었다. 유엔군 병력이 국군에 합류하기 위해 도착했고, 누군가가 수용동 안으로 총격을 가했다. 행렬이 끝날 무렵 포로 열두 명이 사망하고 스물여덟 명이 부상을 입었다.[54]

    1952년 3월 13일의 '행진' 사건은 그 노골적인 성격만 놓고 보면 매우 이례적이었다. 이날 행진에서 일단의 포로들은 수용동 철조망 바깥에 태극기와 유엔기를 나란히 내걸고 [남한 정부의] 정당성과 주권을 주장하며 시위를 벌였다. 행진이 있기 전 몇 달 동안 남한 정부의 정당성에 대한 주장은 대부분 수용동 내에서 심문과 구타의 형태로 이루어졌다. 1951년 4월 18일부터 1952년 3월 13일까지 미군은 주로 반공 포로들이 주도한 수용동 내 구타 사망 사건을 조사해 26개의 사건 보고서를 만들었다. 사건 보고서에는 대체로 포로 한 명이 사망한 사건이 많았지만, 열다섯 명이 사망하거나, 열아홉 명이 부상을 입은 사건 등도 다수 있었다. 구타와 심문은 포로들이 새로운 수용동으로 이송된 직후에 발생했는데, 이는 왜 사건들이 특정 날짜에 집중되었는지를 설명해 준다. 1951년 9월 17일 오후 4시경 [반공 포로들이 장악한] 제83 수용동의 경비병 일곱 명이 새로 온 최현효를 심하게 구타했다. 그는 나중에, "경비병들은 내가 기독교인인지 물었고, 내가 아니라고 대답하자 곡괭이 자루로 나를 100대 정도 때렸다."라고 진술했다. 이 구타 사건의 목격자인 이윤준은 최현효가 "공산주의자라는 이유로 구타를 당했고, [친공 포로들이 장악한] 제78 수용동에서 다른 반공 포로들을 죽였다가 제83 수용동으로 이송되었다."[55]라고 말했다. 수용소 내에서 감시가 이루어지고 있었던 것이다.

1952년 3월 13일, 포로 "행진" 사건에서 친공 포로들은 지나가는 [반공] 포로들과 국군 병사들에게 욕설을 퍼붓기 시작했다. 이 사건이 발생하기 1년 전부터 친공 포로들은 철조망 너머로 국군과 헌병에게 모욕적인 욕설을 끊임없이 퍼부었다. 이런 일들이 계속되면서 결국 적어도 한 명 이상의 포로가 경비병의 총격으로 사망하게 되었다는 사실은, 그 모욕의 의미와 동학, 모욕의 형태가 시간에 따라 어떻게 진화해 왔는지, 모욕이 보여 주는 힘, 그리고 모욕이 야기한 폭력과 보복에 대해 좀 더 자세히 분석할 가치가 있음을 보여 준다.

1952년 4월 10일 오후 6시 15분쯤 제95 수용동에서 제33 경비대대 소속 일등병 임채관이 경계 근무 도중 포로 한 명을 총으로 쏴 부상을 입혔다. 사건의 전말은 30분 정도 전부터 시작된다. 포로 한 명이 울타리 근처 수용동 모퉁이에 위치한 변소 안에 들어가 문을 걸어 잠그고 있었다. 제551 헌병 호송중대 소속 로버트 J. 매켄지 병장은 제95 수용동 모퉁이에 국군 경비병 세 사람이 한데 모여 있는 것을 보았다. "나는 그들이 왜 초소로 돌아가지 않고 서 있는지 확인하려고 걸음을 멈추었다. 그들은 경비병이었다. 제95 수용동 울타리 바로 앞에는 벽돌에 양철 지붕을 얹은 변소가 있었는데, 그 안에 있는 포로 한 명이 국군 경비병들을 향해 확성기로 무언가 나쁜 말을 하고 있는 것 같았다." 또 다른 병사(루이스 D. 레인스 제551 헌병 호송중대)는 포로가 "양철 지붕을 얹은 변소에서 국군과 유엔군에게 큰 소리로 온갖 욕설을 퍼붓는 걸 들었다."[56]고 말했다.

이후 심문을 받은 포로 은진식은 사실 포로가 "화장실에 있다가 돌아오는 길이었고, 그가 경비병에게 제네바협약에 대해 말하고 있었는데, 경비병이 듣기 싫다며 총을 쐈다."고 진술했다. 조사관은 "그가 제네바협약에 대해 뭐라고 했"는지 물었다. "제95 수용동 포로들은 상황이 매우 열악했다. 다른 수용동처럼 배급품을 평등하게 분배하지 않았기 때문에, 우리는 평등하게 분배해 달라고 요구했다."57 변소에서 확성기를 쥐고 있던 포로는 자신이 있는 수용동에 친공 포로가 많다는 이유로, 이미 할당된 배급품을 나누어 주지 않는 국군 병사들을 비난하고 있었다.

임채관의 증언에 따르면, "포로들은 우리 모든 국군 병사들에게 욕설을 퍼부으면서 돌을 던졌다. 그렇게 내버려두면 대한민국 국방부 법에 따라 내가 처벌받게 될 것이므로, 결국 총을 쐈다."58 임채관의 진술을 이해하려면 훨씬 이전의 사건을 들여다볼 필요가 있다. 앞서 국군 경비병이 자신을 모욕했다는 이유로 포로 한 명을 사살한 사건에 대해, 국군 경비대를 지휘하던 이병화 대위는 1952년 2월 13일 15시에 다음과 같이 증언했다.

> 과거에 나는 다음과 같은 명령을 받았다. 포로가 탈출을 시도하는 경우 발포하기 전에 "정지"라고 세 번 외쳐야 했다. 나는 이 명령을 다음과 같이 해석했다. 즉, 포로가 수용동에서 탈출을 시도하거나, 수용소 내에서 소란을 피우거나, 폭동을 일으키거나, 경비병을 모욕하거나 위협하거나 불복종하는 경우, 경비병은 사살하기 위해 발포할 수 있다.59

이병화의 진술에 따르면, 탈출·폭동·모욕 행위는 처벌 가능한 범죄라는 측면에서는 동일하다. 하지만 폭동이나 탈출 시도와 같은 수준이 될 만한 모욕 행위란 도대체 어떤 것이었을까? 그것은 무엇을 위반한 것일까? 포로가 계속 모욕을 하도록 내버려두면 처벌을 받았을 것이라는 임채관의 주장은 남한에 대한 모욕[모독]이 폭동·반역 등 국가 안보를 위태롭게 하는 것과 동등하다는 것을 시사한다.

1951년 6월 18일, 제72 수용동에 있는 북한군 장교들이 단식투쟁을 벌였다. 북한군 장교들이 벌이고 있는 단식 행동의 의미를 조사관들에게 충분히 설명하기 위해, 거제도 포로수용소의 최고위급 장교 가운데 한 명인 캐럴 쿠퍼 소령은 과거에 이들이 툭하면 단식투쟁을 벌였다며 사례들을 열거했다. 그러면서 그는 북한군 장교들에 대한 불만을 표출했다. 제네바협약에 따르면, 장교들은 노동을 할 필요가 없었다. 사병들이 그들이 할 일을 대신 하기 때문이었다. 그러나 이 장교들은 사병들이 자신의 일을 대신 하는 것을 거부하고 항의하며 자신들이 직접 하겠다고 주장했다. 하지만 쿠퍼에 따르면, 이들은 자신들의 수용동 구역을 깨끗이 유지하는 일조차 전략적으로 거부하고 있었다. "포로들은 기본적인 위생 요건조차 지키지 않았다. 적절한 용기가 제공되었지만 아무 데서나 대소변을 보았고, 온갖 쓰레기를 바닥에 버렸다."

이런 상황에서, 1951년 6월 18일 10시, 열흘 전에 제72 수용동 감독관으로 임명된 로버트 R. 암스트롱 대위는 북한군 선임 장교를 모두 소집해, 포로들의 숙소를 매일 점검하겠다고 말했다.

6월 18일, 나는 모든 수용동을 점검했다. 중국군 포로 지역은 원하는 기준에 잘 들어맞았다. 북한군 장교 지역은 개탄할 만한 상태였다. 선임 장교들을 수용동 사령부로 불러 그런 상황에 대해 언제 보고받았는지를 묻고, 같은 날 18시에 다시 한번 검사하겠다고 알렸다. 또한 그들에게 점검이 끝날 때까지 저녁 식사를 제공하지 않을 것이라고 말했다.[60]

암스트롱에 따르면, 그가 같은 날 18시에 돌아왔을 때, 제72 수용동 내 세 구역 가운데 한 곳의 포로들이 노골적으로 수용동 정리를 거부했다. 암스트롱은 포로들에게, 자신의 명령을 따를 때까지 배급을 하지 않겠다는 명령을 내렸다. "20시 30분경 수용동 지휘관 칼 상사가, 수용동 내 세 곳의 구역에 음식이 제공되기 전까지 모든 북한군 장교들이 단식투쟁을 하기로 했다고 내게 보고했다."

미군은 포로들의 단식투쟁을 가장 도발적인 행동으로 보았고, 미군과 국군 병사들은 폭력적인 방식으로 이에 대응했다. 19일 아침에도 포로들은 계속해서 음식을 거부했다. 포로들은 깡통을 두들기고 군가를 부르며 미군과 국군 병사들을 맞이했다. 아르멘도 포레타 병장이 수용동으로 들어가다가 돌멩이를 맞았다. 포로 한 명이 '무거운 쇠사슬'로 그를 공격하려 했다. 곧이어 더 많은 돌이 날아왔다. 포레타는 수용동을 빠져나와 기관총을 들었다. 총격전이 벌어졌고 전쟁 포로 열한 명이 총에 맞았으며, 그중 일곱 명이 수용소 병원에 도착하자마자 사망했다.

이 사건 파일에는 6월 18일 사건의 발발 순간에 대해, 좀 다르게 이야기하는, 인민군 총좌 리학구와의 대화 내용이 포함되어 있다.

> 1951년 6월 18일, 죄수들은 담배를 배급받기로 되어 있었다. 제2대대의 포로 가운데 몇 사람이 철조망에 빨래를 걸었는데, 이는 금지된 것이었다. 미군 병장이 이를 보고 빨래를 가져갔다. 이 일은 포로들이 잘못한 것이었으므로 우리는 세탁물을 돌려 달라고 부탁하지 않았다. 다만 그날이 담배 배급 날이었으므로 담배를 달라고 요구했다.61

리학구는 명백한 반항 행위로 간주된 것이 어쩌면 실제로는 사소한 위반 행위였을 것이라고 지적했다. 예를 들어, 잘 정돈되지 않았다는 구역은 물통을 실외가 아닌 실내에 놓았을 뿐이었는데, 이 일로 음식을 지급받지 못했다는 것이다. 편파적으로 보이지 않도록 노력하면서도, 리학구는 총격으로 포로가 사망한 것과, 포로들이 저지른 단순한 경범죄 사이의 심각한 괴리를 설명하기 위해 노력하는 것처럼 보였다.

그러나 조사위원회는 붉은색 유니폼 사건 때와 마찬가지로, 폭동과 탈출 시도를 막기 위한 것이라는 점에서 폭력이 "정당했다"고 결론을 내렸다. 쿠퍼 소령은 다음 세 가지 "사실"로 증언을 마무리했다.

1. 이 수용동에 도착한 이래로, 이 포로들은 보호 인력이 자신들에게 적절한 시설을 제공하려는 모든 노력에 가능한 모든 방법으로 저항해 왔다.

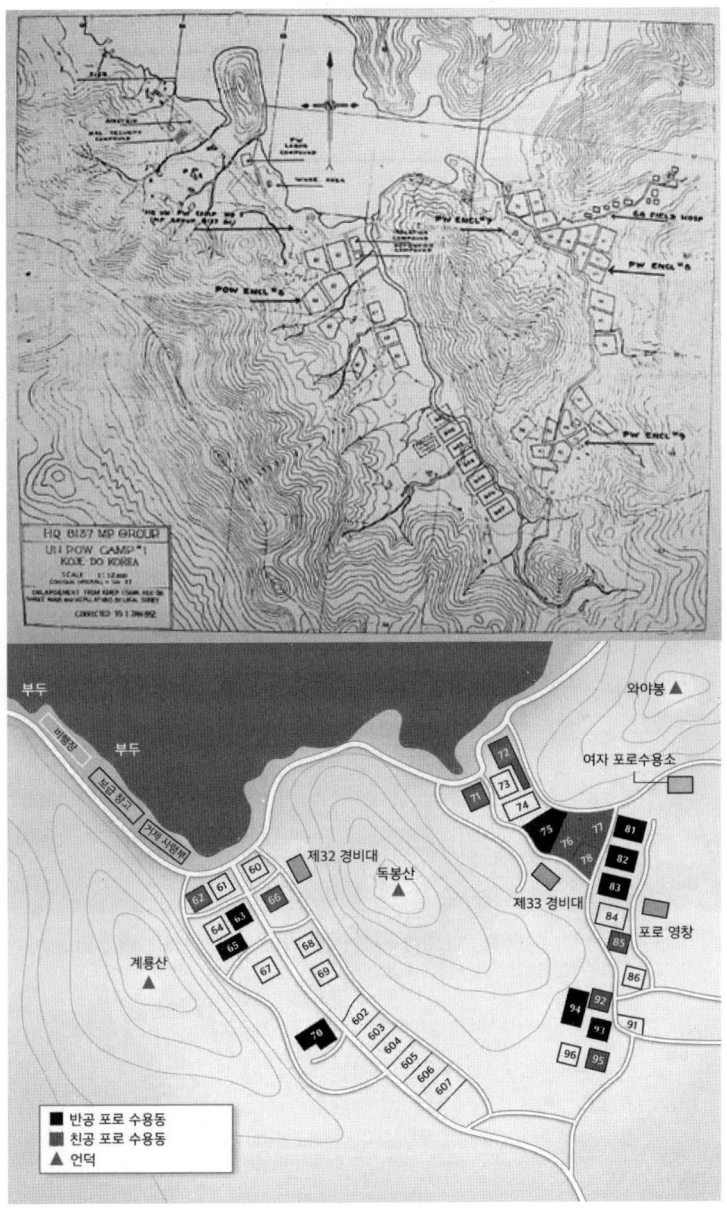

그림 2.6 한국의 거제도에 있던 유엔군 제1 포로수용소 지도[위: 원 출처인 국가기록관리청 그림 / 아래: 나무위키에 있는 지도를 참고해 다시 그림].

그림 2.7 유엔군사령부 제1 포로수용소의 제62 수용동, 제6구역의 사진. 1951년 12월 23일, 제20 헌병대 범죄수사대 요원 도널드 싱클레어(미국 국가기록관리청).

2. 그들의 근로 의욕은 보호 세력에게 요구를 하고 양보를 받아 내기 위한 수단일 뿐이었다. 이런 요구는 항상 그들 자신에게만 유리했으며, 모든 사람에게 유익하지는 않았다.
3. 그들의 거짓 약속은 시간을 끌기 위한 것으로, 미국 정부를 불명예스럽게 하고 비난받게 하려는 의도를 드러낸다.[62]

제72 수용동 포로들에 대한 쿠퍼 소령의 불만은, 그들이 미군의 보살핌이나 처우를 받아들이지 않았다는 사실에서 비롯되었다. 결정적으로 이 포로들은 1949년 제네바협약에 따라 부여된 전쟁 포로의 역할뿐만 아니라, 이들의 억류를 담당하는 미군의 역할 또한 거부했다. 포로들이 거부하는 것은 다양했다. 즉, 영내 청소를 거부하고, 사병들이 자신을 위해 노동하는 것을 거부하고, 효율적이고 신속한 작업을 거부하고, 식사를 거부했다. 이번에도 포로의 신체가 논의의 중심에 있었고 포로들은 전략적으로 미군들이 쉼터와 운동, 영양 공급 측면에서 자신들의 신체를 돌보지 못하게 하고 있었다. 그리고 포로의 역할을 받아들이지 않으면 처벌로 목숨을 잃을 수도 있었다.

어떤 의미에서 전쟁 포로들은 자신들의 신체를 사용함으로써만 항의, 다시 말해 정치적 입장을 드러낼 수 있었다. 미군은, 수용소 당국에 가장 큰 골칫거리는 중국 공산군 포로들이 아니라 북한군 친공 포로라는 사실을 계속해서 언급했다. 사실, 수용소 내 포로들 간의 폭력 행위를 조사하는, 300개가 넘는 사건 보고서들 가운데 96퍼센트 이상이 중국 포로가 아니라, 반공 포로와 친공 포로와 관련된 사건이었다. 북한군 친공 포로들은 폭력에 노출될 위험을 감수하며 저항하는 모습을 드러냄으로써 자신의 몸을 정치적인 것으로 만들었고, 중국군 포로들에게는 없는 무언가가 자신들에게는 있다는 사실을 보여 주었다. 그 무언가는 바로 전쟁의 의미였다. 한국전쟁 포로들은 억류국이 [제네바협약에 따른] 의무를 이행하지 못하도록 그들의 지시를 거부함으로써 미국이 내세우고 있는 보편적 도덕주의를 거부하고, 나아가 미국이 도덕적인 이유에서 전쟁에 개입했다는 주장을 비판하고 있었다.

1952년 2월 12일

1952년 2월 12일 포로들에 대한 예비 심사를 진행하라는 서한이 판문점으로부터 거제도 포로수용소에 도착했다. 1951년 12월 말에도 송환 심문이 있었지만,* 몇몇 수용동에서 심문팀이 문을 통과해 영내로 들어오지 못하도록 막고 있었다. 제62 수용동에는 5600명의 민간인 억류자들이 수용되어 있었는데, 이들은 과거 "전쟁 포로"로 분류되었다가 자신들은 군인이 아닌 민간인이라고 주장해서 신분이 바뀐 사람들이었다. 이곳의 민간인 억류자들은 자칭 공산주의자였으며, 자원 송환이라는 개념을 거부해 왔다.

1952년 2월 18일, 오전 5시 30분에 제27 보병사단 제3대대 미군 850명을 동반한 국군 심문팀이 제62 수용동에 도착했다. 날이 밝기 전이어서, 철조망 위에 설치된 조명이 비추는 세 군데 구석진 곳을 제외하면 수용동은 여전히 어둠에 잠겨 있었다. 날이 밝기 전에 이 구역에 병력이 도착한 것은, 이 수용동 내 대형 천막에 거주하고 있는 5600명의 민간인 억류자들을 기습해 제62 수용동을 장악하기 위한 전략의 일환이었다. 하달된 명령에 따르면, 군 병력은 [친공 포로가 장악한] 제62 수용동을 장악해 민간인 억류자들을 아침 식사를 위해 줄을 세우고 나서 화장실로 안내해야 한다고 되어 있었다. 노먼 에드워즈 중령의 증언에 따르면, 이 명령은 "아침 식사가 끝나고 모든 준비를 마

* 1951년 12월부터 이듬해 2월까지 조기 석방을 할 남한 출신 포로들을 '민간인 억류자'로 공식 분류하기 위해 남한 정부에 의해 '민간인 억류자' 심사가 이루어졌다. 한편, 1952년 4월에는 미국 측이 공식 포로 송환 방침으로 결정한 '자원 송환' 원칙을 뒷받침하기 위해 유엔군 포로수용소 내 모든 포로 및 민간인 억류자를 대상으로 송환 여부를 묻는 '송환' 심사가 이루어졌다. 최예린, 「6·25전쟁기 미군의 포로 정책 전개 양상: 전범조사부와 민간정보교육국의 활동을 중심으로」, 서울대학교 석사 학위논문, 2017, 77쪽.

치면, 조별로 투표 장소로 안내해 투표를 실시한다. 민간인 억류자들은 쪼그려 앉거나 엎드려 있게 한다."63라고 지시했다.

그러나 계획은 예상대로 진행되지 않았다. 오전 9시까지 미군 병사 한 명이 사망하고, 민간인 억류자 55명이 사망했으며, 미군 네 명과 민간인 140명이 부상당했다. 이후에 부상자 가운데 22명이 사망했다. 미군들이 수용동을 포위했다는 사실을 알아차린 민간인 억류자들은 철조망을 감아 만든 몽둥이와 곤봉, 돌을 들고 미군 병력에 맞섰다. 사망한 포로들은 대부분 충격 수류탄으로 인한 부상으로 죽었다. 많은 사상자가 발생하자 왜 그런 작전을 미군이 고집했는지에 대한 의문이 제기되었다.

에드워즈 중령은 자신이 이해한 임무의 목표를 다음과 같이 진술했다. "각 민간인 억류자에게 재심사를 희망하는지를 자유롭게 말할 권리를 주는 것, 즉 재심사를 받을 때 북한으로 돌아갈지 남한에 남을지를 말할 수 있도록 하는 것"64이었다. 칸막이가 되어 있는 투표 구역은 민간인 억류자들이 "자신의 바람을 자유롭게 표현할 수 있"도록 도움을 줄 것이었다. 그러나 그런 공간을 만들고 포로들에게 보장하기 위해 군대를 동원한 것은, 투표장에서의 "자유"가 (군대의 현존에 따른) 폭력의 위협에 의해 만들어졌음을 보여 주었다. 개인의 자유로운 선택을 표현하는 관료 행정적 공간[예컨대, 투표소나 심문실]과, 그것을 만들기 위해 동원된 군대는 명백히 모순적이었고, 이는 곧 이후 조사에서 주요 초점이 되었다.

하틀렛 F. 데임 중령에 따르면, 미군 병력은 "포로들이 어떤 공공연한 행동을 하지 못하도록, 특히 병사들을 공격하지 못하도록 압도적인 힘을 행사하라."는 지시를 받았다.65 조사위원회는 사건 파일의 결론 부분에 이와 유사한 논리를 이어 갔다. 즉, "민간인 억류자들은 압도적인 무력 앞에서도 유엔군 병사들을 고의적으로 공격했다." [여기서] "압도적인 무력"은 이 조사 중인 사건에 대한 서술에서 이성적인 국가권력을 나타내는 표현이었다. 전쟁 포로들은 이런 권력의 이성적 과시를 인정하지 않았고, 따라서 자신의 생명을 보호할 수 있는 권리를 박탈당했다.

하지만 다음과 같은 대화는 '이성적 국가'의 특징인 '압도적 무력'의 이 같은 표현을 불안정하게 만들었다. 거제도 포로수용소 부소장 모리스 피츠제럴드 대령 역시 조사위원회에 출석했다. 무력 사용과 관련해 조사위원회와 피츠제럴드 사이에 다음과 같은 대화가 오갔다.

> Q: 제62 수용동과 관련해, 사실상 적군이 점령하고 있는 것처럼 보이는데, 그런가?
> A: 아니다. 우리는 제62 수용동에 언제든지 들어가서 원하는 건 뭐든지 할 수 있다.
> Q: 무력 없이도?
> A: 내 말은, 우리가 원하는 일을 할 수 있다는 뜻이다. [제62 수용동은 우리가 원할 때] 언제든지 [우리가 원하는 대로] 바꿀 수 있다. 무력 없이도 할 수도 있다. 우리는 우리가 원하는 것을 할 수 있는 능력이 있다.
> Q: 그런 뜻이 아니다. 그 능력에 대해 의문을 제기하는 것이 아니다. 요점은, 수용동에 들어가려면 무력이 필요한가이다.
> A: 그들의 과거 행동, 그들의 구역, 그들의 암묵적인 의도와 위협을 고려하면, 무력을 사용해야 한다고 가정하는 것이 합리적이다.[66]

이 사건이 일어날 당시 수용소 부소장이었던 피츠제럴드는 무력을 사용하는 문제에 대해 망설이고 회피했다. 무력을 사용한다면, 민간인 억류자들이 보호국으로서 미국의 권위에 동의하지도 인정하지도 않았다는 사실이 분명해지기 때문이었다. 무력 사용은 "임무"라는, 실제 공언된 목표를 위협하고 있었다.

3개월 후인 1952년 5월 7일 트루먼 대통령은 "유엔군사령부는 공산주의 통치로의 복귀를 강력히 반대한다고 말해 온 포로들을 분리하는 데 극도의 주

그림 2.8 이 사진에 대한 공식 설명을 보면, 포로들을 중국군 포로로 잘못 표기하고 있다. 공식 설명에 따르면, "최근 폭력의 분출로 많은 포로들이 죽었다." 이는 1952년 2월에 벌어진 사건을 말하는 것인데, 미군과 국군이 포로들의 죽음과 부상에 책임이 있다는 언급은 없었다. 이 사진에 나타난 상징적인 점은 가장 큰 현수막이 한글과 영어로 동시에 쓰여 있다는 점이다. "인민군 포로들에 대한 야만적인 위협·공갈·고문·투옥·학살을 즉각 중지하라!" Stop Instantly Brutal Threat, Menace, Insult, Torture, Injailment[오기], & Atrocity Against the PWs of North Korea People's Army. 친공 포로들은 이처럼 두 개의 언어로 현수막을 만들었다. 그 밖에 사진 속 현수막들은 모두 한글로 작성되었다. 1952년 3월 5일, G. 디미트리 보리아(미국 국가기록관리청).

그림 2.9 "제62 수용동 포로들이 시위를 벌이자 거제도 포로수용소의 한 경비병이 이들에게 기관총을 겨누고 있다." 이 수용동은 2월 18일 사건이 발생했던 바로 그 수용동이다. 벽에 걸린 현수막들은 모두 영어로 쓰여 있다. 한 현수막에는 "유엔 포로수용소 사령관을 만나게 해 달라."고 쓰여 있다. 1952년 5월 27일, 미군 일병 어윈 파인스타인(미국 국가기록관리청).

의를 기울이고 있다."⁶⁷라고 발표했는데, 이는 제국의 야망을 극구 부인하는 국가에 관료 행정적 [과정처럼 보이는] 심문실이 왜 그렇게 매력적이었는지를 잘 보여 주었다. "압도적인 힘"이 권력의 합리적 과시인 것처럼, 단순히 "예", "아니요"를 말하는 관료 행정적 심문실은 통치의 합리적 과시였다. 한국인 포로들은, 압도적인 힘에 저항하거나 심지어 송환 심문실에 들어가는 것을 거부하기 위해 자신을, 합리적으로 이해할 수 있는 인간성의 경계 밖에 두었다. 이런 논리에 따라, 미군의 조사는 포로들이 폭력을 자초했다는 결론을 내릴 수 있었고, 트루먼 대통령은 미군이 "포로들을 심문하면서 지극히 세심한 주의를 기울였다."라고 분명하게 주장할 수 있었다.

제62 수용동에서 사건이 발생한 직후, 미군은 모리스 피츠제럴드 대령에게 징계를 내리며, 거제도 수용소 가운데 친공 세력이 장악한 특정 수용동을 감독하는 임무를 맡겼다. 대신 프랜시스 도드 준장이 거제도에 도착해 유엔군사령부 제1 포로수용소 소장을 맡게 되었다. 그러나 전쟁 포로라는 주체를 창조하는 과정에서 무력과 관료주의를 [동시에] 사용하는 것과 관련된 문제는 여전히 남아 있었다. 전쟁 포로는 과연 어떤 유형의 사람이어야 했을까?

자원 송환 문제와 관련된 이해관계는 판문점 협상장에서뿐만 아니라 거제도 철조망 뒤쪽에서도 매우 복잡하게 얽혀 있었다. 심리전략위원회의 제안과, 한국에서 벌어지고 있는 세 개의 서로 다른 전쟁[냉전, 냉전 속 '열전', 반제국주의 혁명]이 전쟁 포로라는 형상으로 수렴됨에 따라, 이제 전쟁 포로들이 국제사회에 요구할 차례였다. 이 시점에서 한국전쟁 포로는 한국전쟁의 다른 어떤 시기보다 국제 무대에서 가장 주목받는 존재가 되었다. 그러나 "광신적인 동양인 공산주의자" 포로가 미군과 미국 정부의 관료 행정 문서에 나타나기 시작하는 시점이기도 했다. "전쟁 포로"에 대한 정의를 둘러싸고 벌어진 갈등에서 미국은 결정적인 전환점을 맞이했다. "동양인 공산주의자 포로"는 이성적 사고가 결여된 "광신자"로, 정치적인 것에 대한 어떤 주장도 할 수 없는 존재였다.

그러나 친공 포로들은 이 장에서 살펴본 바로 그 관료주의의 구조와 언어를 사용해, 탈식민지화의 의미를 둘러싼 갈등 속에서, 자신들이 생각하는 의미의 주권을 주장했다. 포로들은 얼마 뒤 유엔군사령부 제1 포로수용소 소장을 납치해 개인적인 면담을 가질 것이었다. 그것도 그들이 제시하는 조건 위에서.

3장
심문관

샘 미야모토는 한국전쟁 당시 미군 심문관으로 징집되었던 경험을 회고하며, 친공 포로들은 거의 예외 없이 심문실에 들어오기 전 복도에 침을 뱉었다고 말했다. 그러나 일단 심문실에 들어오면 그들은 오히려 심문관인 자신에게 질문하고 싶어 했다고 한다. 사실 포로들에게는 미야모토에게 꼭 묻고 싶었던 질문이 하나 있었다. 포로들은 일본의 진주만 공습 이후 미국 정부가 건설한 억류 수용소에 대해 궁금해했다. 미야모토에 따르면 대화는 다음과 같았다.

> 그들은 내가 제2차 세계대전 당시에 미국의 강제수용소에 있었다는 사실을 알고 있었고, 이렇게 말했습니다. "이봐, 내가 만일 너처럼 그 수용소에 있었다면, 난 여기에 오지 않았을 거야. 미군 밑에서 싸우고 있지 않았을 거라고." 그리고 나는 그들에게 진실을 말했어요. "내가 여기 있는 건 명령 때문이야. 내가 선택한 게 아니야. 나는 이곳에 합류하라는 명령을 받았고, 한국어를 공부하라는 명령을 받았어. 여기 와서 이렇게 당신과 이야기하라고 명령을 받았다고."[1]

그림 3.1 / 그림 3.2 샘 시게루 미야모토의 사진.

70세의 샘 미야모토는 2008년 2월에 있었던 [저자와의] 구술 인터뷰에서, "나는 그에게 진실을 말했어요."라고 말했다. 반세기 전에 심문관으로서 자신의 경험을 반추하던 전직 심문관이, 심문실에서 포로들에게 '진실'을 말했다고 주장하는 것은 매우 놀라운 모습이었다.

1950년 11월, 일본계 미국인 2세 샘 미야모토는 포로 심문관으로 미군에 징집되어 한반도에 도착했다. 미군은 한국이 일본의 식민지였기 때문에 일본어를 사용해 한국전쟁 포로들과 의사소통할 수 있다고 판단했지만, 상당수의 한국인들은 이를 거부했다. 제2차 세계대전 당시 일본계 미국인은 관료 행정적 통제와 감시의 대상이었지만, 한국전쟁에서는 심문관으로서 포로의 '신뢰도'를 평가하는 하급 군 관료가 되었다. 한국전쟁 당시 통역관이 턱없이 부족했기 때문에 미군은 심문관과 통역관으로 일본계 미국인들을 징집하고 모집했다. 약 4000명의 일본계 미국인들이 한국전쟁에 참전해 언어와 관련된 [통역이나 심문과 같은] 업무를 담당했다.[2] 이들 대부분은 제2차 세계대전 당시 철조망으로 둘러싸인 강제수용소에서 청소년기를 보냈다.

미군이 일본계 미국인 통역관들과 심문관들에게 의존했다는 사실은 조지프 매카시 상원의원이 주도하던 상설조사소위원회 산하 '한국전쟁 잔학 행위

특별 소위원회'가 개최한 청문회에서도 분명히 인정되었다. 1953년 12월 4일 전직 전쟁범죄조사단● 단장 제임스 M. 헨리 대령은 그의 법무감실JAG 팀이 작성한 보고서 및 사례의 진실성을 보증하기 위해 사용된 심문 과정에 대해 다음과 같이 설명했다.

> 우리가 이 포로들을 어떻게 심문했는지에 관심이 있을 겁니다. 당연히 우리는 포로들을 예비 심문하는 데 한국인을 활용했고, 중국인의 경우에는 중국인 혹은 최소한 중국어를 구사하는 한국인을 활용했습니다. 몇몇 심문의 경우는 일본어를 하는 '니세이'●●들이, 일본어를 이해하고 말할 수 있는 한국인들과 함께했습니다. 상당수 한국인들이 일본어를 했습니다.³

헨리 대령은 해당 정보의 정확성을 검증하기 위해, 이 [심문 실행] 규약에 따라 "모든 경우에 포로들은 미국인 장교 앞에서 선서를 하거나, 나중에 영어로 번역된 문서를 받아 볼 수 있도록 되어 있었다고 강조했다. 포로가 선서한 문서는 그들의 모국어로 작성되어 있어서, 문서를 읽고 자신이 서명한 내용을 정확히 확인할 수 있었다." 헨리 대령에게, 그 과정의 [곧 법률에 규정된 요식에 기반한] 절차적이고 관료 행정적 성격은 심문실을 "객관적 진실"이나 "정보"를 만들어 낼 수 있는 장소로 제시하는 데 있어 매우 기본적인 것이었다. 모든 왜곡 — 가능한 인적 변수에 따른 — 은 관료제의 견제와 균형을 통해 제거될 것으로 추정되었다. 전쟁 동안, 미군이 운영하는 심문실은 미국이 주도하는 자유주의 국제사회가 옹호하는 투명성, 동정심, 객관성의 모범으로 널리 선전

● 한국에서 전쟁범죄조사단은 1950년 10월부터 1954년 5월까지 미 8군 법무과와 한국병참관구Korean Communications Zone에서 운영되었다. 전쟁범죄조사단은 한국전쟁 동안 발생한 모든 전쟁범죄를 조사할 책임을 지고 있었다. 양정심, 「한국전쟁기 미군의 전쟁범죄 조사와 처리」, 『한국민족운동사연구』 제64집, 2010, 402쪽 참조.

●● 니세이Nisei는 일본계 미국인 2세를 가리킨다.

되고 있었다.

그러나 실제 심문실은 1953년 헨리 대령이 상원 소위원회에서 주장한 것과는 전혀 다른 모습이었다. 미군의 심문실은, 태평양 전역에 걸쳐 추진되었던 다양한 제국 [건설] 프로젝트라는 더 긴 시간성 속에 배태된, 그 자체의 역사를 가지고 있었다. 미야모토가 말한 "진실"은 다양한 제국 [건설] 프로젝트들 — 일본과 미국의 제국주의적 야망 — 을 실행하는 주체subject로 만들어진 한 남자의 진실이었다. 그러나 자신이 "진실"을 말했다는 미야모토의 주장은, 자신이 선택을 했다는 주장이기도 했다. 미야모토의 인생 이야기를 통해, 우리는 미국이 만들고 동원한 다양한 일련의 "비상사태" 속에서 한국전쟁을 바라볼 수 있다. 캘리포니아에서 태어난 샘 미야모토는 루스벨트가 "치욕의 날" 연설•을 했을 당시 열네 살이었다. 그의 가족은 그 후 애리조나주 포스턴에 있는 수용소로 보내졌다. 1년도 채 되지 않아 미야모토와 그의 가족은 일본인들과 일본계 미국인들을 [일본에 억류되어 있던] 미국인 백인 사업가, 언론인, 선교사와 교환하는 포로/인질 교환의 대상이 되어 SS 그립스홀름호에 탑승했다. 요코하마항에 도착한 미야모토는 또 한 번 기구한 운명에 처하게 된다. 그는 부모들이 일본에서 출생신고를 하지 않아, 일본에서 시민으로 인정받지 못하는 무국적자가 된다. 일본 학교에 다닐 수 없었고, 전쟁으로 폐허가 된 일본에서 살아남기 위해 고군분투하던 미야모토는 자신의 길을 개척하기 위해 가족을 떠나 도쿄로 갔다. 미군의 도쿄 폭격을 경험하고, 원폭이 투하된 히로시마의 처참한 풍경을 목격한 그는 법적으로는 미국 시민이었지만 본질적으로는 무국적자였으며, 두 제국 모두에서 적이자 이방인이었다. 1949년, 일본에서 기독교 선교사가 운영하는 학교를 다닌 후, 미야모토는 캘리포니아 대학

• 치욕의 날 연설Day of Infamy Speech은 프랭클린 루스벨트 대통령이 1941년 12월 8일 의회 상원 합동회의에서 한 유명한 연설로, 일본이 진주만을 공습한 1941년 12월 7일을 치욕의 날로 명명하고, 그날을 잊지 않겠다고 다짐했다.

교 로스앤젤레스 캠퍼스UCLA에 입학했지만, 당시에는 캘리포니아 대학교 버클리 캠퍼스에서만 개설되었던 법학 공부를 하고 싶었다. 편입을 기다리는 동안 그는 대학에 정식으로 등록하지 않았고, 그 바람에 바로 군에 징집되었다. 몇 달 만에 미야모토는 한국인 포로들을 심문하라는 지시를 받고 한반도에 도착해 있었다.

1945년 8월에 벌어진 사건[일본의 무조건항복]은 태평양을 가로지르는 정치 무대의 변화를 촉진했다. 1945년 이후, 일본의 식민지였던 한국은 미군의 점령을 거쳐 국민국가가 되었고, 제국이던 일본은 미국에 의해 국민국가로 길들여졌으며, 미국은 제국주의적 야망을 부인하는 패권국으로 부상했다. 미야모토가 인터뷰 도중 말했듯이 "살아남기 위해서는 역사를 알아야 했다." 1950년 11월 미국이 이번에는 포로 심문관으로 샘 미야모토를 동아시아에 보냈을 때, 그의 처지는 뒤바뀐 것으로 보인다. 그는 이제 적이 아닌 동맹자, 감시받는 사람이 아니라 감시하는 사람이 된 것이다. 이제 미야모토의 행동과 움직임에는 전쟁 포로를 대상으로 하는 법이 아니라 시민을 대상으로 하는 법이 적용되었다. 그러나 미야모토의 도착 — 1943년과 1950년 두 차례에 걸친 — 은 운명의 뒤바뀜뿐만 아니라 세계 질서의 변화를 의미하기도 했다. 미야모토의 인격과 관련해, 미국은 인종의 의미를 재발명했는데, 이는 1945년 이후 질서를 위해 재구성된 국가와 국민 사이의 관계를 반영한 것이었다.

1950년 한국전쟁이 발발하자, 트루먼 행정부는 자신들이 특수한 곤경에 처해 있다는 사실을 깨달았다. 전쟁에 지친 국민 앞에서 해리 트루먼 대통령은, 한반도에서 벌어지고 있는 폭력적인 분쟁에 미군이 개입해 또 다른 총력전으로 이어질 것이라는 우려를 해소하고, 이와 동시에 냉전의 도덕적 추동력에 대한 대중의 공감대를 어떻게 동원할 수 있을지를 모색해야 했다. 이를 위해 트루먼은 이 전쟁을 "경찰 행동"*이라고 불렀다. 한국전쟁은 세계 패권을 향한 미국의 열망 아래에서 벌어진, 또한 NSC-68의 비호 아래 전개된 미국의 개입 전쟁 가운데 첫 번째 전쟁이 될 것이었다.

한반도 상황에 대한 미군의 개입을 둘러싼 기본적인 논변은 군사행동의 새로운 특성, 즉 미군이 정밀한 전쟁precise warfare을 수행할 수 있는 능력과 인도주의를 갖추고 있다는 점을 중심으로 전개되었다. 원자폭탄이 특정 인구집단을 겨냥한 전략적 기술로 간주되어, 냉정한 계산속에서 수많은 미군 병사의 생명을 구했다고 여겨졌듯이, 한국전쟁에서는 심문실이 인명의 손실과 폭력의 규모를 제한하는 정밀한 전쟁 기술로 떠올랐다. '정밀한 전쟁' 개념은 봉쇄정책이 공고화되던 이 시기에 매우 매력적이었고, 심문실은 냉전 이데올로기의 결절점이 되었다.

심문실을 정밀한 전쟁의 현장으로 만드는 데는 관료주의가 중심적인 역할을 했다. 심문실 자체가 정보 생산을 위한 합리적인 공간이 될 수 있다는 생각은 미국 정부가 제시한 중요한 특징이었다. 미군 심문실은 어둠과 비밀, 폭력으로 점철되어 있던 과거의 심문실과는 달리, 심문관과 포로 사이에 자발적인 대화가 이루어지는 이상적인 장소로 가정되었다. [그렇다면] 심문 과정에서 수집된 정보를 신뢰할 수 있는지 여부를 어떻게 판단했을까? 심문을 받는 포로가 기꺼이 정보를 제공하도록 유도하기 위해 심문을 어떻게 조정했을까? 한국전쟁 당시 미야모토와 같은 심문관들의 경험은, 정보의 정확성이 포로들로부터 얻어낸 정보의 양에 비례하는 것이 아니라, 정보를 제공하려는 포로의 의지가 어떤지에 비례한다는 것을 드러냄으로써, 심문실이 [관료주의적 절차와 규칙에 의해 정확한 정보를 생산하는] 객관적 권위를 가지고 있다는 미군 측의 주장을 허물어트린다. 이와 관련해, 심문관으로서 일본계 미국인 2세들은 한국전쟁에서 '정밀한 전쟁'이라는 관념에 필수적인 존재가 되었다. 특히 미국은, 전쟁이라는 국가적 사업에 일본계 미국인이 참여하고 있는 모습을 보여 줌으

- 트루먼 행정부는 제2차 세계대전이 끝난 지 얼마 안 되는 시점에서 미국이 전쟁에 또다시 개입하는 것에 대해 국민 여론과 의회가 부정적으로 나올 것을 우려했다. 이에 따라 한반도에서 벌어진 분쟁에 개입하는 것은 전쟁이 아니라 경찰 행동이라는 이유를 제시했고, 의회의 승인 없이 한국전쟁에 개입했다.

로써, "동양인" 전쟁 포로들이 미국의 자애로움을 인정하고 받아들이도록 설득하는 데 도움이 되길 바랐다.

　포로 심문관으로서 샘 미야모토 — [제2차 세계대전 기간 동안 일본계 미국인에 대한] 대규모 억류에도 불구하고, 미국인으로 동화되고 싶어 할 것으로 가정되었기 때문에 국민국가로서 미국의 통합성은 훼손되지 않을 것이었다 — 는 미국의 보편화 사명을 구현하는 존재가 되어야 했다.4 반면 식민 지배에서 이제 막 벗어난 한국인 전쟁 포로와 중국인 전쟁 포로들은 그들이 품고 있던 [새로운 국민국가 건설에 대한] 열망으로 말미암아 미국의 제국주의적 야망을 비판적으로 거부 — 다른 민족들이 미국이 정의하는 자유주의적 세계 질서에 속하고 싶어 한다는 것을 보여 준다면, 미국은 전 세계에 제국주의적 질서를 강요하는 것이 아니다 — 할 수 있었다. 그러나 열망은 심문실에서 예측할 수 있는 변수가 아니었다. 미야모토의 심문실은 1945년 [해방] 이후 국민국가 시스템을 둘러싼 투쟁 속에 한국전쟁이 내재되어 있음을 알려주고 있었다. 친공 포로들이 심문실에 들어오면서 침을 뱉는 것은 단순히 미군의 권위를 거부하는 행위만이 아니라, 한반도 이남에 새로운 정권이 수립됨으로써 한반도의 탈식민지화 사업이 완료되었다는 미국의 주장을 거부하는 것이기도 했다. 샘 미야모토가 친공 포로에게 자신의 '진실'을 말했을 때, 이는 자신이 겪은 역사와 그가 처해 있는 상황을 어느 정도 인정해 달라고 주장하는 것이기도 했다. 이처럼 통역이라는 작업은 단순히 언어를 변환하는 기술적 과정에 그치지 않았다. 그것은 미국 자유주의와 인종-만들기race-making가 요구하는 복잡한 과제를, 태평양을 가로지르는 다층적이고 분열된 역사 속에서 조율하는 과정으로 확장되었다. 샘 미야모토가 심문실에서 수행한 번역은 단순히 한국인 공산 포로의 말을 영어로 바꾸는 것이 아니라, 미국과 일본 제국주의, 탈식민지적 갈등, 그리고 인종적 억압이 교차하는 복잡한 역사적 맥락을 중재하고 재구성하는 작업이었다. 이 글에서는, 냉전 초기 주류 서사에서 흔히 볼 수 있는 외교관들이나 국가 관리들의 '친밀한 관계' 대신, 심문실 내에서의 관계가 전면에 등장하는데, 이 관계들은 언어와 전쟁, 인종과 역사적 기억, 관료주의와 폭력 사이의 '긴밀'하면서도 필수적인 연관성을 드러낸다.

미야모토의 심문실에서 나타났던 저항과 주저함은, 국민-만들기가 심문자와 피심문자 모두가 연관된 이중적 과제였을 뿐만 아니라, 두 사람이 "인격"personhood의 변화 — [한국인 포로의 경우] 식민지 신민에서 일국의 시민으로, 샘 미야모토의 경우 적국 출신 거류 외국인으로부터 시민-군인으로의 변화 — 를 두고 협상하는 과정이었음을 보여 주었다. 본질적으로 이 이야기는 한국전쟁 속, 심문하는 사람과 심문받는 전쟁 포로 모두에 대한 이야기다. 심문관이 만들어지는 [과정에 대한] 이야기는 하와이의 사탕수수밭에서 시작해, '치욕의 날'과 억류 수용소를 거쳐, 한국전쟁의 포로수용소로 이어진다.

'전쟁'을 알리는 포로 교환

1941년 12월 8일, 프랭클린 루스벨트 대통령은 미국 의회 앞에 서서 미국의 제2차 세계대전 참전을 알리는 연설을 했다. "1941년 12월 7일 어제, 치욕의 날로 기억될 이날에, 미합중국은 일본 제국 해군과 공군의 고의적이고 기습적인 공격을 받았습니다." 그는 "12월 7일 일요일 일본의 부당하고 비겁한 공격 이후 미합중국과 일본 제국의 전쟁상태가 성립되었음을 의회가 선언해 줄 것을 요청하는 바입니다."[5]라며 연설을 마쳤다.

"전쟁"의 도래는 1941년 12월 미국 정부가 취한 두 가지 조치로 즉각 알려졌다. 미국 정부는 자국 내 일본계 미국인 2000명 이상을 체포하고, 미국 내 일본인과 일본계 미국인을, 일본에 있는 미국 민간인과 교환하자는 서한을 일본에 보냈다. 연방수사국FBI 소속 요원들이 일본계 미국인의 집을 직접 방문했고, 토로 이소베나 샘 미야모토 같은 청소년의 가족을 포함해 일본계 미국인 남성 2000명이 연행되었다. 1941년 12월 7일 당시 토로 이소베는 열네 살이었다. 샌프란시스코에서 태어난 토로는 대공황 시기인 1939년에 일자리를 찾아 부모와 함께 로스앤젤레스로 이사했다. 그의 아버지는 빅토리아 호텔이라는 작은 호텔을 관리하는 일을 하게 되었고, 그들은 호텔에 딸려 있는 작은 방을 임대해 지냈다. "12월 7일 밤, FBI가 와서 아버지를 데려갔다. 어머니와 아이들 넷이 남겨졌다."6 샘 미야모토도 FBI가 자신의 집을 방문했던 것을 기억했다. "나는 아직도 1942년 2월 19일 임페리얼 밸리의 작은 농촌 마을에 사이렌을 울리며 우리 집에 찾아온 두 명의 FBI 요원을 기억한다. 무서웠다. 아버지는 얼굴이 하얗게 질리셨다." 미야모토의 아버지는 자신이 합법적 이민자라는 사실을 증명하기 위해 FBI에 여권을 보여 주었다. 그러자 FBI는 "당신의 충성심을 의심하지 않지만, 지역사회 지도자들을 체포하고 있다."고 밝혔다. FBI는 미야모토의 아버지를 연행했고, 가족의 은행 계좌를 동결했다. "재정적 파탄과 불확실한 미래에 대한 두려움이 결국 아버지에게 타격을 입혔다. 1943년 7월 아버지가 다시 가족 곁으로 돌아왔을 때, 그의 머리는 하얗게 세어 있었고 갑자기 늙고 주눅이 든 것처럼 보였다. 내가 우리 농장, 장비, 자동차, 집, 트럭, 개인 소지품 등 모두를 잃었다고 말하자, 아버지는 고통스러워했다."7

1942년 6월 27일, 악명 높은 공개 포고령 제8호가 군사 지역• 곳곳의 담벼락과 전신주에 게시되었다.

현재 이들 군사 지역 내에서 벌어지고 있는 상황은 군사적 필요에 따른

• 진주만공격 이후 미국 정부는 일본계 미국인이 집중적으로 거주하던 서부 해안 지역을 군사 지역으로 선포하고, 12만 명에 달하는 일본계 미국인을 내륙에 급조된 수용소로 강제 이주시켰다. 당시 캘리포니아주 법무장관이었던 얼 워런(그는 훗날 연방대법원의 진보적 판결을 주도하며, 미국 사회의 진보를 이끈 인물로 추앙받았다)은 "일본인들은 캘리포니아 지역의 비행기 공장, 공항, 댐, 급수장, 군사기지 등 전략적 거점에 집중적으로 모여 살고 있다. 진주만 습격을 보건대, 이는 군사적 목적으로 치밀한 계획하에 행해진 것"이라고 지적하며, 이들을 격리해야 한다고 주장하기도 했다. 「집단 히스테리아의 폭력성」, 〈뉴스앤조이〉 2001/09/03 참조.

것으로서, 군사 지역 1호, 2호 내의 특정 지역에서 소개된 일본계 사람들을 재배치, 관리 및 감독을 위해 재이주 수용소로 이동시키고, 재이주 수용소는 전시 재배치 프로젝트 지역으로 지정되며, 그 지역으로 소개된 모든 일본계 사람들에 대해서는, 그들이 외국인이든 비외국인이든, 해당 지역으로의 출입, 체류, 퇴거할 권리에 대해 적절한 제한이 이루어질 것을 공포한다.[8]

이후 3년간 약 12만 명이 넘는 일본계 미국인이 미국 정부에 의해 와이오밍주 하트 마운틴과 애리조나주 포스턴 등지에 마련된 수용소로 강제 이주되었다. "피억류자의 3분의 2가 미국 시민이었지만, 그들은 아무런 기소나 재판, 또는 증거 없이 수감되었다."[9] 이들 대부분은 [임시로] 산타 아니타 경마장으로 이송되었다가, 미국 전역에 흩어져 있는 수용소들, 즉 캘리포니아주 만자나르, 아칸소주 제롬, 애리조나주 피닉스 인근 힐라강, 아칸소주 로워, 애리조나주 포스턴, 와이오밍주 하트 마운틴 등으로 보내졌다. 당시 열두 살이었던 아널드 요시자와는 로스앤젤레스의 보일 하이츠 인근에 살고 있었다. 그는 만자나르로 보내졌다. 롱비치에서 자란 열한 살의 로버트 시로이시는 가족과 함께 산타 아니타를 거쳐 아칸소주 제롬으로 보내졌다.[10]

곧이어 일본계 미국인 공동체들 사이에서 또 다른 이주가 일어났다. 샘 미야모토(당시 15세)와 그의 가족들(부모님과 세 명의 형제) 역시 또 다른 명단에 오르게 되었다. 이들의 이름은 1943년 9월 2일에 미국 정부가 작성한 「SS 그립스홀름호의 두 번째 출항에 승선할 일본인」[11]이라는 승선 명부에 들어 있었다. 그들은 미국과 일본 사이에서 이루어진 "인질 교환"에 포함된 것이다.

미야모토 가족의 삶에는 행정명령, 포고령, 헌법 외에도 또 다른 문서가 영향을 미쳤다. 1929년 전쟁 포로에 관한 제네바협약이 바로 그것이었다. 미야모토 가족과 같은 사람들에게 어울리는 신분을 결정하는 데 있어 다른 계산법이 등장했는데, 일본계 미국인들에게는 '군법'과 '군사적 필요성'이라는 또 다른 기획이 적용되고 있었던 것이다.

　루스벨트 대통령의 "치욕의 날" 연설이 있던 1941년 12월 8일, 미국 정부는 도쿄 주재 스위스 장관*을 통해 [상대방 나라에 있는] 미국 정부 관리들과 일본 정부 관리들에 대한 처우와 교환에 대한 최초의 제안을 전달했다. 1942년 미 해군 정보부의 계산에 따르면 극동 지역에는 약 3000명의 미국 시민이 있었고 그중 1000명에서 1500명이 선교사였다. 일본군은 만주에서부터 남아시아 대륙 — 싱가포르와 필리핀 — 에 이르기까지 대략 3000명의 미국 시민들을 포로로 억류하고 있었다.12 "인질"로 억류된 사람들 가운데 대다수가 사업가, 언론인, 그리고 선교사 — 즉 "민간인" — 였다. 미국 정부는 이들의 신변에 대해 우려하고 있었다.

　1941년 12월 10일, 도쿄의 일본 관리들은 일본 제국, 특히 만주 지역에 있는 미국 시민권을 가진 민간인들을 정부 관료들과 함께 교환하자는 미국의 제안을 받았다. 그러나 한 가지 문제가 있었다. 어떤 법적인 선례나 기준에 따라 교환을 할 것인가? 1941년 12월 17일, 국제적십자위원회 총재인 맥스 후버는 바로 "이 점에 대한 일본 측의 질문에 이렇게 답했다. '전쟁의 당사국들이 합의한 상호주의를, 또는 당사국들이 1929년 전쟁 포로에 관한 협약에 포함된 조항을 적용할 준비가 되었다고 일본이 선언한다면, 우리는 일본이 전쟁 포로에 관한 1929년 협약[의] 당사국이 아니라는 사실이 위에서 언급한 계획을 수행하는 데 방해가 되지 않는다고 생각한다.'"13 일본과 미국 정부가 1929년 제네바협약의 조항을 따르기로 합의함에 따라, "상호주의"라는 문구가 곧 많은 협상에서 중요한 원칙이 되었다.14

　얼마 지나지 않아, 미 국무부 관료들은 "미국인들"에 대한 일본인들의 처

---

* 이 인물은 카미유 고르제Camille Gorgé로 1940년부터 1945년까지 도쿄 주재 스위스 장관을 역임했다. 스위스의 중립적 입장을 대변하며, 일본과 연합국 간의 중재 역할을 했다.

우에 불만을 갖게 되었다. BL(아마도 브레킨리지 롱 국무부 차관보를 가리키는 것으로 보인다)은 메모에서 "그런 일들이 반복적으로 내 눈에 띄었다. 한동안 나는 일본과의 인질 교환 협정에 따라 모든 일은 상호주의를 토대로 이루어져야 한다고 생각해 왔고, 이를 기록으로 남겨 두려 했다."라고 썼다.15

일본군은 미국 시민들을 도시의 특정 구역이나 수용소 같은 곳에 격리했다. 그러나 이런 우려는 교환exchange의 "상호주의"적 측면을 성찰하게 하는 계기가 되었는데, 국무부 직원들은 일본계 미국인들에게 미국이 했던 행동으로 말미암아, 일본이 미국 시민들을 수용소에 격리하는 데 항의할 수 있는 근거가 약화되었음을 인정했다.

> 1943년 2월 16일
> SD[국무부 특수부-인용자]는 우리 정부가 1928년 2월 13일에 스위스 베른에서 제시한 네 가지 이유에 근거해, 현재 미국인들에 대한 대대적인 억류에 항의할 수 있는 입장에 있지 않다고 생각한다.
>
> 첫째, 상당수의 일본인들이 수용소가 완공되기 전에 재이주 수용소로 이송되었다.
> 둘째, 임산부와 어린아이들뿐만 아니라 노약자, 병약자 등도 기차와 버스를 이용해 재이주 수용소로 옮겨졌다.
> 셋째, 많은 일본인들이 단 몇 시간 만에 집에서 쫓겨났다.
> 넷째, 일본인이 이송된 재이주 수용소 가운데 상당수가 접근이 어려운 외딴 지역에 있었다.
>
> 일본은 상하이와 그 인근에 있는 미국인들을 대규모로 억류한 이유를 제시하지 않고 있다. 우리가 그 조치에 항의한다면, 일본 정부는 미국이 앞서 일본 국민들에 대해 유사한 조치를 취한 바 있다고 답할 것으로 보이

는데, 이는 사실이다.¹⁶

국무부 특수부 측에서, "상호주의"에 대한 다양한 해석, 항의의 좌절, 그리고 그것에 대한 집착이 갖는 의미는 미국과 일본이 그들의 제국주의적 야망을 서로 협상해 왔던 오랜 역사의 맥락 위에 있다. "상호주의"에 대한 이런 관심은, 일본과의 "인질 교환"과 관련된 또 다른 이해관계가 걸려 있음을 보여 준다.

정치적 인정을 둘러싼 갈등 — 더 직접적으로 말하자면, 영국과 미국이라는 백인·유럽 중심적인 제국주의 패권 체계 내에서 일본의 지위를 둘러싼 갈등 — 은 그 자체로 역사를 가지고 있었다. 브루스 커밍스는 "20세기 세계체계에서 일본의 고고학"이라고 부른 것에서, 일본 관료들과 외교관들이 아시아에서 패권을 차지하기 위해 영국 및 미국과 어떻게 협상해 왔는지를 추적했다. 커밍스의 표현에 따르면, 일본이 "2인자"¹⁷로 남아 있는 한, 이 두 서구 국가들은 일본의 야심을 뒷받침하고 장려했다. 영국과 미국의 저명인사들의 견해에 따르면, 일본은 한국과 중국을 비롯한 아시아 지역을 '계몽'하고 "문명화 사명"을 수행해야 하는 독특한 위치에 있었다. 1905년 가쓰라-태프트 협약은 필리핀에 대한 미국의 지배권을 보장하는 조건으로, 일본이 한국을 식민지로 삼을 수 있게 했다. 아시아 지역에 대한 일본의 야심이 커지고, 이 지역에 대한 지배력이 증가함에 따라, 아시아에서 일본이 맺은 조약에 명시되어 있던 동등한 국민국가 또는 국가적 실체라는 개념이 실은 얼마나 허구적이었는지가 부각되었다. 일본은 영향력을 이용해 유럽-미국 세력권에서 자신이 공인된 강국임을 주장하기 위한 일련의 제안을 내놓았는데, 가장 중요한 것은 베르사유조약의 인종 평등 조항이었다. 그러나 아시아 제국이 내놓은 이 제안은 유럽-아메리카 제국주의와 식민지 체계에 내재된 모순을 너무 많이 들춰내고 있었다. 결국 인종 평등 조항은 채택되지 않았고, 일본 역시 미국의 중국인 이민 금지 조치 이래로 계속된 아시아인 배제 법안에 맞서 미국과 신사협정을 맺기 위한 협상을 진행하게 되었다.¹⁸

이주와 노동의 영역 외에도 전쟁과 주권은 일본과 미국 사이에서 인정과 국민[주체] 자격•의 문제가 협상되는 경합 장arena이 되었다. 가장 주목할 만한 것은 1931년 스팀슨 독트린이었다. 1931년 9월 18일, 일본군은 남만주의 도시와 마을을 점령하기 위해 이동했다. 이후 두 달 동안 미 국무부의 구성원들은 일본의 행동에 대해 취해야 할 적절한 입장이 무엇일지를 두고 논의했다. 가장 시급한 우려는 켈로그-브리앙조약•• ― 미국이 중국의 시장과 원료에 접근하는 것 외에도 ― 의 위반이었다. 이 문제에 대한 해결책은 헨리 스팀슨 국무장관이 작성해 보낸 메모의 형태로 이루어졌는데, 이것이 나중에 스팀슨 독트린으로 알려졌다. 이는, 미국이 만주 지역에서 일본이 획득한 영토를 인정하지 않겠다는 내용이었다. 이런 불인정의 순간에 국민국가 체계의 허구성이 확고히 드러났고, 스팀슨 독트린은 일본이 서구 국가들과 동등한 제국이 될 수 없다는 점을 분명히 했다.

미국과 일본 사이의 조약 체결과 교류의 긴 역사 속에서, 이 특별한 "인질" 교환은 오래된 딜레마를 새로운 관점에서 드러내고 있었다. 즉, 미국은 동등한 존재로 인정하고 싶지 않은 적과 어떻게 인질을 교환할 것인가? '상호주의'라는 표현은 인질 교환의 조건을 둘러싼 협상에서 핵심적인 부분이 되었고, 주권국가의 평등이라는 허구성을 백일하에 드러냈다. 브루스 엘리먼에 따르면, 인질 교환에 대한 일본 관계자들의 입장은 다음과 같았다. 즉, "제2차 세계대전이 한창이던 당시, 일본 협상가들은 전쟁 당사국들 사이의 불평등을 허용하지 않기로 결정했다. 설상가상으로, 전쟁 초기에는 미국에 억류되어 있는

• subjecthood는 사전적 정의 그대로, 군주나 정부와 관련해 그의 신민이나 국민이 되는 상태나 조건을 의미한다. 이 책에서는 대체로 '국민[주체] 자격'으로 옮겼다.

•• 켈로그-브리앙조약은 흔히 부전不戰 조약으로도 불리는데, 1928년 미국의 국무장관 프랭크 켈로그와 프랑스 외무장관 아리스티드 브리앙의 제안으로 파리에서 미국·일본·프랑스·독일 등 15개국이 체결한 전쟁 규탄 조약이다. 이 조약은 목적은 숭고했지만, 조약 가입국들이 조약을 위반했을 경우 대처할 수 있는 구체적인 방안이 없었다.

일본 관료와 민간인보다 일본에 억류되어 있는 미국 관료와 민간인이 훨씬 많았다. 이로 인해 진정한 '상호주의적' 교환이 매우 어려워졌다."[19] 인정의 정치 ─ 각 국민국가는 세계 무대에서 동등한 행위자라는 ─ 에 따른 산법은 인질 교환 방식을 결정하는 산법이기도 했다. 즉, 미국 시민 한 명당 일본 신민[국민] 한 명이었다.

그러나 누가 '일본' 신민[국민]subject이고, 누가 '미국' 시민이었을까? 그리고 교환할 "일본 신민[국민]"이 충분하지 않을 때 어떤 일이 벌어질까? 조약과 전쟁이라는 국제적 언어가 교환을 구속하는 틀frame이 되었고, "전쟁 포로"라는 언어가 관료와 민간인의 교환에 적용되었다. 이 순간 일본계 미국인의 정체성은 단순히 한 국가가 아닌, 인정의 정치에 의해 규정되었다. 일본계 미국인은 한 국가의 확고한 시민이 아닌, 정치적 인정을 둘러싸고 갈등을 표출할 두 제국의 신민[국민]이었다.

일본 정부는 자신이 억류하고 있는 미국 시민과 "상호주의적" 교환이 가능하다고 판단되는 미국 거주 일본인의 명단을 미국 정부에 제공했다. [하지만 일본으로 송환할] 명단 작성에는 많은 어려움이 있었다. 미 국무부 특수부는 5월 18일 [스위스] 베른*에 보낸 전보에서 다음과 같이 밝혔다. "미국은 SS 그립스홀름호의 예정된 항해 일정에 따라 먼저 송환을 ─ 개별적으로 표명했든 아니면 일본의 이해를 대변하는 스페인 대사관에 의해 표명되었든 ─ 희망한 모든 일본인 억류자나 구금자, 또는 기타 일본인들을 본국으로 송환할 것임을 확인한다."[20] 여기서 주목할 점은, 미국 정부가 일본 정부가 보낸 명단에 없는 일본인 및 일본계 미국인 억류자들을 찾기 시작했다는 사실이다.

미 국무부의 예상대로 일본계 미국인 억류자들은 [송환에] 응답하지 않

---

* 제2차 세계대전 당시 중립국 스위스는 미국과 일본을 비롯한 참전국 간의 외교 교류에서 중립적인 중재자로서 중요한 역할을 했다. 서로 적국이었던 미국과 일본은 워싱턴과 도쿄 모두에 공관이 있는 중립국 스위스를 통해 포로/억류자 교환을 진행했다.

았다. 국무부 특수부 문서, "일본 정부가 송환을 위해 명단을 올린 일본인 가운데 일본행을 거부한 사람들"에 따르면 3101명이 송환을 거부했다. 또 다른 56명은 송환에 대한 질문에 아예 응답하지 않았다. 이처럼 상당수가 송환과 조사 응답을 거부한 데 대해 특수부의 조지 브란트는, 일본인들은 "순종적인 인종"[21]이기 때문에, 송환을 거부한 이들이 만약 "자신들의 천황"이 송환을 요청했다는 사실을 알게 되면, 송환에 대해 다시 생각할 수 있다고 썼다.

그러나 국무부가 기대했던 "순종"과 "충성심"은 [억류된 일본인들에게] 나타나지 않았다. 1942년 가을, 전쟁부와 전쟁재배치국은 두 기관의 의제가 수렴함에 따라 함께 "신원 조사뿐만 아니라 설문지를 통해 충성심과 국가 수호 의지를 확인하는 대규모 등록 캠페인을 실시했다."[22] 총력전을 추진하던 미 전쟁부는 전장에서든 후방에서든 군대를 지원할 더 많은 인력이 필요했다. 이런 맥락에서 일본계 미국인들 역시 곧 가용 노동력의 원천으로 고려되기 시작했다. 동시에, 노동력 부족에 시달리던 미국 정부도 이 억류자들을 필요로 했기 때문에, 전쟁재배치국은 향후 이들의 퇴소와 재정착 계획에 대비할 필요가 있었다.

특히 설문지에 제시된 [악명 높은] 두 가지 질문은 "충성심"에 대한 논란을 빚었다. 수용소에 격리된 성인 남성들에게 다음과 같은 질문지가 제시되었다.

(27) 미합중국 군대에서 전투 임무를 수행하라는 명령을 받으면 어디서든 기꺼이 미군에 복무할 의사가 있는가?
(28) 미합중국에 대한 무조건 충성을 맹세하고, 외국이나 국내 세력의 일부 또는 모든 공격으로부터 미국을 성실하게 방어하겠는가? 그리고 일본 천황이나 기타 외국 정부, 권력 또는 조직에 대한 어떤 형태의 충성이나 복종도 거부하겠는가?[23]

학자인 다카시 후지타니는 이렇게 설문지와 함께 등록이라는 '정치적 의례'

가 결합된 것은 "일본인들은 주체성이 없는 동물과 같다는 소개疏開의 배경이 된 기존의 전제"와 차이가 있다고 지적했다. 이 명단 작성 의례에서, 미국 관리들은 군대에 자원한 사람들을 미국 사회의 구성원으로 만들기 위해 "억류자들을 합리적 결정을 내리는 자유로운 주체들"로 생각해야 했다.24 다카시 후지타니는, 미국은 "그 개인이 군인으로 자원해 죽음을 맹세한 경우에만, 시민으로 살아갈 권리를 온전히 인정했다."25고 지적했다. 일본계 미국인 1세 억류자들은 '순종적인 인종'이기 때문에, [자신들의 천황이 요청한 것이라는 사실을 알게 될 경우] 곧 송환을 재고할 것이라는 국무부의 가정과, 선택[충성 서약]을 통해 미국인으로 살 수 있다고 2세대에게 제시한 전쟁재배치국의 프로그램 사이에 주목할 만한 불협화음과 긴장이 일어났다. 자유주의적인 인종적 자기-꾸미기[자기-형성]●와, 좀 더 생물학적인 인종주의가 병행하는 이중성은 지속되었고, 이는 전후에 등장한 안보 국가의 인종화를 구성하는 프레임이 되었다. 개인들은 자신의 욕망을 국가에 투명하게 드러내야 하는 부담을 떠안게 되었다. 그리고 좀 더 비판적으로, 다카시 후지타니가 지적하는 바와 같이, 어느 쪽을 선택하든 그것은 일종의 죽음을 강요하는 것이었다. 즉, [충성 맹세를 통해] 미국이라는 정치체에 포함되는 것이 말 그대로 [군인으로서의] 죽음을 대가로 사회적·시민적 삶의 가능성을 획득하는 것이라면, [충성 맹세를 거부하는] 의도적인 자기 배제는 육체적·사회적 삶 모두에서 일회용 상태[언제든 처분 가능한 상태]에 처해지는 것을 의미했다. 설문지를 마주한 순간 억류자들은 이런 계산법이 작동하고 있다는 것을 잘 이해하고 있었다. 어떤 삶이 가능했을까? 슬퍼해야 할 것은 무엇인가? 어떤 선택이 말 그대로 삶을 위태롭게 할 것인가, 어떤 방식으로, 어느 정도까지?

- 자기 꾸미기self-fashioning는 어떤 사람이, 옷이나 보석, 학력 등 사회적 상징을 골라 공적 자아를 설정하는 것을 가리킨다. 본문의 맥락에서는, 충성 서약을 통해 온전한 미국인으로 자신을 꾸며야 시민으로 살아갈 권리가 주어지는 것을 가리킨다.

브루스 엘리먼에 따르면, 악명 높은 이 '충성심 설문지'는 미국 국무부가 일본계 미국인들 사이에서 더 많은 "송환 희망자"를 찾아내기 위해 채택한 방법 가운데 하나였다. 그러나 결국 "1942년 제1차 교환에는 수용소 출신 일본인이 네 명만 포함됐고, 1943년 교환에는 314명이 포함됐다."[26]

충성도 설문지를 통해, "일본으로 돌아가는 공식 미·일 교환 프로그램에 참여하겠다는 일본 시민과 일본계 미국 시민 총 2만 161명"을 찾아낼 수 있을 것으로 생각되었다. 이들 가운데 1만 5000명이 넘는 사람들은 결국 전쟁이 끝날 무렵 미국에 남기로 결정했다 — 일본 정부는 "상호주의"를 주장하면서, 주로 노동계급이었던 일본인들을 [자신이 억류 중이던] 미국 관리들과 교환하는 것을 거부했다. 반면 이미 지적한 바와 같이 일본 정부가 요청한 일본인과 일본계 미국인 가운데 3101명은 "송환"을 거부했다. "충성"과 "순종"은 분명히 이런 '송환' 선택을 틀 짓는 이데올로기가 아니었다. 그럼에도 불구하고 충성하는 사람과 충성하지 않는 사람에 대한 끊임없는 재평가와 명단 작성은 계속되었다.

인종적 자유주의 프로젝트는 다양한 형태로 진행되었다.[27] 그러나 끊임없는 명단 작성과 재분류는 일본계 미국인 억류 프로젝트의 핵심이기도 했으며, 이 강박적인 활동은 그 자체로 주목할 필요가 있다. 미국이 명단 작성을 통해 신체에 대해 폭력적인 주장을 하는 것은, 미국의 주권적 권력을 과시하는 것이었다. 미국은 사람들을 다양한 방식으로 무국적자로 만들 수 있다는 사실을 보여 주고 있었다. 경쟁 관계에 있는 팽창주의 제국 일본과 정치적 인정을 둘러싼 갈등을 벌이면서, 미국은 국민 자격을 부여하는 것이 아니라 무국적자를 만들어 내는 능력을 통해 주권적 권력을 행사했다. 미국은 궁극적으로 이런 무국적자 프로젝트를 통해 인종 질서를 주장함으로써, 일본이 제국들의 세계에 들어오는 것을 막으려 했다. 일본 국민과 일본계 미국인들에게 인정의 정치는 결코 추상적인 것이 아니었다.

두 제국 사이에서 "적국 출신 거류 외국인"의 선택

1942년 9월, SS 그립스홀름호로 교환될 사람들을 호송하기 위해 무장 경비원들이 포스턴 수용소에 도착했다. 샘 미야모토는 "내가 원했거나 자원한 일이 아니"라고 말했다. 몇몇 사람들은 뉴욕에 도착하자마자 항의하며 배에 오르기를 거부했지만, 미야모토에 따르면, 승선을 "거부할 경우 묶인 채로 짐과 함께 배에 실어 인도로 보낼 것이라는 말을 들었다." 결국 모든 사람이 탑승했고, SS 그립스홀름호는 뉴욕을 떠났다.

> 우리는 산더미처럼 큰 빙산을 바라보며 남극해를 지나 남쪽으로 항해했다. 전쟁을 피해 우리는 마침내 인도에 다다랐다. 우리는 인도양의 아름다움과 고요함에 현혹되어 있었다. 나는 가끔 인도양으로 뛰어든 한 일본계 미국인에 대한 기억에 사로잡히곤 한다. 그는 무슨 생각을 하고 있었을까? 그는 낭만주의자였을까? 아니면 슬퍼하고 있었을까?

'송환'이라는 선택은 미지의 것들로 가득 찬 선택이었다. 일본어를 하지 못하는 15세의 젊은 일본계 미국인 샘 미야모토에게 일본에 간다는 것은 상상도 할 수 없는 일이었다. 인도양에 몸을 던졌던 일본계 미국인이 무슨 생각을 하고 있었을까라는 미야모토의 질문에 답할 수는 없지만, 우리는 이 유사pseudo-송환●이라는 '선택'이 1세대와 2세대 일본계 미국인들에게 어떤 영향을 끼쳤는지 좀 더 깊이 탐구할 수 있다.

국무부 특수부 기록 보관소에 있는 많은 일본계 미국인 목록에는 일본계

● 말 그대로 송환은 포로나 불법으로 입국한 사람 등을 본국으로 돌려보내는 것을 의미한다. 하지만 여기서 송환은 미국으로 합법적으로 이주한 일본계 미국인들과 그 자녀를 대상으로 했다는 점에서 송환 개념에는 맞지 않는다. 그래서 이를 유사-송환으로 표현한 것이다.

미국인 가족, 특히 미국 본토 수용소로 끌려간 아버지와 하와이에 살고 있는 가족 간에 오간 편지들의 발췌·요약문이 포함되어 있다. 발췌한 내용을 자세히 읽어 보면, 특수부의 권고를 따라 일본으로 갈 것인가 말 것인가를 선택하는 문제에 있어, 가족 상봉, 그리고 전후 세계에 대한 상상의 관점에서 논의되고 있었음을 알 수 있다.[28] 충성심, 민족주의, 일본 제국 등과 관련된 문제는 적어도 발췌한 편지에서는 찾아볼 수 없었다. 그 대신 이 가족들이 고민한 문제는 다음과 같은 것들이었다. 전쟁이 끝난 후 일본계 미국인에게는 어떤 삶이 가능할까, 그리고 그 삶은 어디에서 가능할까?

오클라호마주 포트 실에는 하와이 출신 일본계 미국인 남성들이 상당수 억류되어 있었는데, 가족들이 보낸 편지를 보면, 가족들이 재결합을 위해 어떻게 "송환"을 활용하려고 했는지 알 수 있다. 하와이 출신의 히라요키 오카지는 오클라호마 포트 실에 있는 도요미 오카지에게 "일본에 가기 위해 옷가지를 준비했어요, 어머니도 함께 갈 수 있습니다. [필요하다면] 나와 사네히로가 여기 남아 당신에게 돈을 부칠 수도 있습니다."라고 썼다. 마우이 출신의 T. 쇼다는 세이치 쇼다에게 "만약 당신이 가게 된다면, 우리도 어떻게든 갈 것"이라고 썼는데, 이는 쇼다가 일본에 가게 되면 가족 모두 쇼다가 있는 일본으로 갈 것이라고 암시한 것이다. 특수부는 하와이 힐로의 야스 히노 부인이 S. 히노 목사에게 보낸 편지에서 "편지를 쓴 [히노] 부인은 자신의 친구들이 일본으로 송환될 것이 확실하다며, 남편에게 자신도 일본으로 갈 수 있도록 조치를 취해 줄 것을 요청했다."라고 기록했다. 하와이 힐로 출신의 요시나오 고쿠조 역시 히노 부인의 친구 가운데 한 명이었을 것이다. 특수부는 히노의 친구들이 포트 실의 젠카이 고쿠조 목사에게 보낸 편지에서 "글쓴이는 자신이 일본으로 돌아가고, 결국 남편과 재회할 것이라 확신하며 이를 고대하고 있었다."고 적었다.[29]

전후 시대를 예측하고 상상하는 것은 이들의 의사 결정 과정에서 매우 중요한 부분이었다. 리빙스턴 캠프에 있던 호놀룰루 출신의 도라이치 우예다는 아내인 마사예 우예다에게 매우 솔직한 편지를 썼다. 특수부의 요약을 보면, "남편은 아내에게 자신이 왜 송환되기를 원하는지를 말했다. 일본에 노모와 아들이 있고 전후 미국보다 일본에서 [가족들이 있는] 곳으로 더 빨리 갈 수 있다는 것이었다." 미국 내에서 일본계 미국인이 현재 받고 있는 처우를 지적하는 의견도 있었다. 미국 캘리포니아주 파인데일 소재 전시민간인통제국WCCA 산하 [어셈블리] 센터에 있던 T. 세키구치는 캐나다에 있는 B. A. 플로에에게 "어셈블리 센터에서 받은 처우는 전혀 만족스럽지 않다. 미국에서 태어난 사람들은 외국인 취급을 받는 걸 좋아하지 않는다."라고 썼다. 다른 편지들도 비슷한 정서를 반영한다. 하와이나 미국에 있는 일본계 미국인들이 전후 미래에 대해 갖는 두려움이 드러난 것이다. 뉴멕시코주 로즈스버그에 있는 호시다는 하와이에 있는 아내 다마에 호시다에게 "전쟁이 끝나고 나면 하와이에는 이제 기회가 남아 있지 않을 테니, 일본에서 다시 시작하는 편이 더 나을 것"이라고 편지를 썼다.

미야모토는 아버지가 왜 가족을 일본으로 데려오기로 결심했는지 정확히 알지 못했지만, 일본계 미국인 사회의 간국가적transnational 상상●에서 '송환'의 문제가 결정적인 순간이었음은 분명하다. 그리고 이 일본계 미국인들에게 초국적이라는 것은 에이치로 아즈마가 자신의 연구에서 주장했듯이 국가를 '초월'transcending하는 것이 아니었다. 그것은, 세계 지정학적 무대에서 서

● 에이치로 아즈마에 따르면, 일본계 미국인들의 정체성은 복잡한 양상을 띠고 있었다. 즉, 일본인들의 미국 이민은 어디까지나 아시아에서 유일하게 근대화를 이룬 일본에 대한 자부심에서 비롯되었다. 그들에게 일본 제국의 요구와 미국 제국의 요구는 크게 다르지 않았고, 심지어 일본이 제국이기 때문에 또 다른 제국인 미국과 형제 같은 관계에 있다고 믿었다. 말하자면, 그들은 미국에 맞추어 적응하고 있었던 게 아니라, 확대된 일본 안에서의 삶을 지속하고 있었던 것이다. 아즈마에 따르면, 이 같은 트랜스내셔널한 정체성은 진주만공격 이후에야 본격적으로 문제시되었다. 이에 대해서는, 박진빈, 「미국사의 '트랜스내셔널 전환': 제국주의, 이민, 사회정책」, 『서양사론』 제105호, 2010, 280, 281쪽 참조.

로 경쟁하는 "인정의 정치" 내에서 일본계 미국인들이 자신들의 위치를 협상하기 위한 전략의 중요한 요소였다.³⁰ 일본계 미국인들에게 "인정의 정치"는 이미 노동에 대한 권리를 요구하는 측면에서 작동하고 있었다.

역사학자 유지 이치오카*는 그의 저서 『이세이』The Issei에서 "일본계 미국인의 역사는 노동의 역사"라고 기술하고 있는데, [이주] 노동이라는 프레임은 전후의 젊은 일본계 미국인들의 삶을 추적하는 데 매우 중요하다.³¹ 이들의 가족사는 1882년 중국인 배제법Chinese Exclusion Act 1882,** 1907년 신사협정, 1913년 외국인 체류자 토지법, 1924년 이민법, 1931년 스팀슨 독트린을 통해 중요한 정책 변화들이 나타나던 시기에 걸쳐 있었다. 억류 수용소와 "인질 교환"을 통한 일본계 미국인들의 이동은, 이주와 노동에 대한 좀 더 긴 협상의 역사 안에 위치한다.

노동에 관한 이야기는 태평양 연안의 사탕수수, 철강, 목재, 물고기에 대한 이야기로 시작된다. 백인 정착민들이 미국의 식민지인 하와이에 세운 사탕수수 농장, 미국 서부로 뻗어 나간 철도 시스템, 북서부 주들의 어업 및 목재 산업은 대체로 20세기 초에 일본인들이 접근할 수 있었던 최초의 노동시장이었다. 1927년에 태어난 형제인 토머스 다나카와 해리 다나카의 부모는 후쿠오카에서 하와이로 건너와 사탕수수밭에서 일했다.³² 철도 회사들은 중국인 노동자에 크게 의존했지만, 1882년 중국인 배제법이 제정되면서 일부 일본인 이주 노동자들이 하워드 오카다의 할아버지처럼 그 자리를 채우기 시작했다. "엘에이LA로 가는 산타페 철도를 아시나요? 많은 중국 노동자들이 그랬듯이, 할아버지도 그 철도를 건설하는 일을 했죠."³³ 로이 시라가의 아버지와 짐 야나기하라의 아버지는 모두 북쪽으로 갔다. 시라가의 아버지는 1905년 16세

* 미국의 역사학자이자 민권운동가. 아시아계 미국인Asian American이라는 표현을 만들었다.
** 미국에서 특정 민족의 이민을 배타적으로 제한한 최초의 법으로, 처음에는 10년간 한시적인 것으로 제정되었지만 계속 연장되다가 1943년에야 폐지되었다.

에 샌프란시스코에 도착했으나, 1906년 대지진 이후 오리건과 워싱턴의 제재소에서 벌목꾼으로 일하기 위해 북쪽으로 갔고, 이후 북부 철도에서 일했다. 야나기하라의 아버지는 처음에 시애틀에서 어업에 종사하다가, 오카다의 할아버지처럼 남부 캘리포니아의 임페리얼 밸리에 정착했다.34

1882년 중국인 배제법에 맞서 일본인을 구제하고 예외화하려는 시도로, 1907년 미·일 간에 "신사협정"이 체결되어, 일본 당국이 일본인의 미국 이민을 막는 대신 일본인 유학생과 외교관의 미국 여행이 허용되었다. 1908년에는 '이세이'[일본계 미국인 1세]의 전략에 변화가 예고되었다. 즉, 이미 미국에 거주하고 있던 이세이들은 노동계약을 맺는 노동력 공급원에서 거주자 — 다시 말해, 에이치로 아즈마가 "정착 식민지 주민"settler colonist이라 부르는 정체성 — 로 바뀌어 가고 있었다.35 이세이는 미국의 반일·반아시아 움직임에 대응하기 위한 방편으로 영구 정착민이 되었고, 농업 분야가 정착을 위한 주요 전략 거점이 되었다.

캘리포니아 남부로의 이주는 1세대 일본계 미국인들 사이에서 흔한 일이 되었다. 일본계 미국인들은 "아스파라거스, 딸기, 샐러리, 양파, 감자, 멜론 등 백인 농부들이 소홀히 하는 틈새 작물을 재배해" 생계를 유지할 수 있었다.36 오카다의 아버지는 프레즈노[캘리포니아 중남부에 있는 도시] 외곽에서 딸기와 채소를 재배했고, 로이 마쓰자키의 부모들은 딸기 농장에서 일하며, 겨울에는 오이를 재배했다. 가쓰야 "가츠" 나카타니의 아버지는 로스앤젤레스 9번가 시티 마켓에서 노점을 운영하면서, 주변에 사는 다른 농부들이 재배한 농산물, 주로 양배추를 팔았다.37

그러나 이 시기는 일본계 미국인들의 권리를 더욱 박탈하는 일련의 법적 조치들이 뒤따랐다. 1913년 캘리포니아 최초의 외국인 토지법이 제정되어, "시민권이 없는 외국인"은 최대 3년까지만 토지를 임대할 수 있으며, "외국인"의 토지 소유는 모두 금지되었다.38 1913년 캘리포니아주 외국인 토지법과 1924년 이민법* 사이의 기간 동안, 애리조나(1921년), 오리건·아이다호·

몬태나(1923년)에서 유사한 외국인 토지법이 빠른 속도로 채택되면서, 일본계 미국인 사회는 다양한 법적 어려움에 봉착했다. 일본계 미국인의 법적 지위와 관련된 문제는 역사적인 사건인 '오자와 대 미국' 소송**에서 가장 주목받았지만, 1922년 연방대법원은 일본계 미국인에게 귀화 가능한 시민권을 부여하지 않는 기존 원칙을 계속 유지하기로 결정했다. 역사학자 아즈마는 1920년대를 미국 내 이세이들의 전략에 중대한 변화가 일어난 시기로 규정한다. "대부분의 이세이가 미국에 남기를 선택했지만, 상당수 이민자들은 다른 민족의 지배를 받는 삶을 거부했다. 그런 사회적 굴레에서 벗어나기 위해, 그들은 미국을 떠나 고국, 또는 자신들이 '일류 국가의 국민'으로 대우받을 수 있다고 믿었던 제3국으로 떠났다."39 미국 인구조사에 따르면, 미국을 떠나는 일본 농부들의 비율이 1923, 24년 사이에 가장 높았다.

조지 다니구치의 아버지는 1924년 일본에서 미국으로 가는 마지막 배를 탔지만, 나중에 다시 가족을 데리고 브라질로 갔다. 다니구치의 아버지는 학생이었기 때문에 신사협정에 따라 미국 이주가 허용되었지만, 1924년 이민법은 아시아로부터의 이주를 전면 금지했다. 미국의 합법적인 인종차별에 직면한 다니구치의 아버지는 남반구에 있는 또 다른 일본인 정착지인 브라질로

• 1924년 이민법은 흔히 존슨-리드법Johnson-Reed Act으로도 불리는데, 인종적으로 열등하다고 간주되는 사람들이 미국에 들어오지 못하도록 제한했다. 대표적으로, 일본인을 비롯한 아시아인의 이주가 전면 금지되고, 동구권으로부터의 이민자 수에는 할당량을 설정했다. 이에 대해서는, 정회옥, 『아시아인이라는 이유: 혐오와 차별의 정치학』(서울: 후마니타스), 2022 참조.

•• 다카오 오자와는 일본에서 태어나 1894년에 캘리포니아주로 이주했다. 그는 캘리포니아에서 고등학교와 대학을 졸업했고, 이후 하와이에 정착해 미국 회사에서 근무했다. 오자와는 1922년 하와이 법원에 시민권을 신청했으나, 법원은 오자와가 일본에서 태어난 일본인이기 때문에 시민권을 받을 자격이 없다고 판단했다. 이에 오자와는 연방대법원에 이의를 신청했으나, 연방대법원은 동아시아인은 몽골계로 분류되며 코카시아인종이 아니기에 백인이 될 수 없다고 지적하며, 이에 따라 시민권을 발급할 수 없다고 판정했다. 이에 대해서는, 정회옥, 같은 책, 71, 72쪽 참조.

건너가, 일본인이 세운 건설 회사에서 엔지니어로 일하기로 결정했다.[40] 브라질에서 그들은 나중에 제2차 세계대전이 발발하기 직전에 일본으로 되돌아왔다. 다른 가족들은 멕시코나 만주 등지에 정착했는데, 만주 지역은 1931년 일본에 합병되었다.[41]

 1세대 가족들은 미국에서 떠나는 걸 논의하기 시작했다. 가쓰야 나카타니는, 미국에서 땅을 살 수 없었기 때문에 부모님이 일본으로 이주할 생각을 했다고 회고했다.[42] 외국인 토지법은 캘리포니아주의 살리나스 주변에서 자란 일본계 미국인 조지 쓰다의 부모에게도 영향을 끼쳤는데, 그의 할아버지는 1910년 이전에 철도에서 일하기 위해 미국으로 건너왔다가 결국 나중에 일본으로 돌아갔다. 1937년, 중일전쟁으로 말미암아 쓰다는 반일 감정이 거세졌던 것을 기억했다.[43] 쓰다의 아버지도 미국에서 가족의 미래에 대해 다른 생각을 하게 되었다. 나카타니에 따르면, 그의 아버지는 "우리가 농장에서 하는 일에 대한 [정당한] 보수를 받기를 원했습니다. 아버지는 농장에서 일하는 [우리-인용자] 가족의 가치를 알려 줄 필요가 있다고 생각했죠. 게다가 농장의 임대계약이 만료되었는데 농장주는 임대료를 올리려고 했습니다. 이런 사정으로 우리 가족은 일시적으로나마 일본으로 귀국하기로 결정했습니다." 쓰다가 열세 살 되던 해인 1938년 2월 3일, 쓰다와 그의 가족은 일본 여객선 다이요 마루호를 타고 샌프란시스코를 떠났다.

 아메리카 대륙과 일본에서 형성된 일본계 디아스포라는 이후 SS 그립스홀름을 통해 귀환하는 사람들의 인구 구성에도 영향을 미쳤다. SS 그립스홀름호에 탑승한 사람들은 페루, 파나마/코스타리카, 멕시코, 쿠바, 에콰도르, 엘살바도르, 온두라스, 니카라과, 볼리비아 등 다양한 국가에서 온 [일본계] 이민자와 그 가족들이었다. SS 그립스홀름은 1943년 9월 2일 뉴욕을 출발한 후, 브라질 리우데자네이루와 우루과이 몬테비데오에서 승객을 더 태웠고, 보급품을 보충하기 위해 남아프리카의 엘리자베스항에 들렀다. SS 그립스홀름의 목적지는 사실 포르투갈의 식민 지배하에 있던, 따라서 중립 영토였던, 남아시아의 고아Goa였다.* 고아의 모무가오가 교환 장소가 될 예정이었다. 교환은 1943년 10월 20일에 이루어졌다. 요코하마에서 온 다이요 마루호와 뉴욕시에서 온 SS 그립스홀름의 승객들이 모두 해안에 하선했다. "교환을 하는 동안, 양쪽 승객들은 한 줄로 서서 서로를 지나쳐 다른 배에 탑승했다."⁴⁴ '일본' 국민 한 명에, '미국' 국민 한 명씩.

미군이 된 일본계 이민자

샘 미야모토와 그의 가족은 일본 요코하마항에 내렸다. 그리고 아버지의 고향 마을을 향해 떠났다. 그러나 식량이 많이 부족했고, 샘 미야모토는 입이라도 덜기 위해 가족을 떠나기로 했다. 그는 성공해서 돌아오겠노라 부모에게 말하고는 도쿄로 향했다. 도쿄에서 미야모토는 목조 건물이 즐비한 도시가 미군의 폭격을 받은 모습을 목격했으며, 일본 시민이 아니기 때문에 학교에 다니거나 공립 병원을 이용할 수 없다는 사실을 알게 되었다.⁴⁵ 한 가톨릭 미션스쿨이 그에게 피난처가 되어 주었다. 그곳에서 영어 수업을 하는 대가로 의식주를 해결했고, 교육도 받을 수 있었다. 미국이 히로시마에 원자폭탄을 투하했다는 소식을 들은 샘 미야모토와 그의 형은 히로시마를 직접 가 보기로 했다.

> 1945년 8월, 미국이 원자폭탄을 투하했다. 이 추악한 전쟁에서는 신성한 곳이라곤 한구석도 없다. 특히 원자폭탄의 여파를 목격하며, 나는 히로시마를 직접 보고 싶었다. 기차를 타고 변두리에 도착해서 시내로 걸어 들어갔다. 원자탄의 폭발로 도시는 완전히 파괴되었다. (…) 아직도 나는 가끔 이 끔찍한 "생지옥"이 등장하는 악몽을 꾼다. 폭발에서 살아남은 사람들의 몸은 그 어떤 의료적인 도움도 받을 수 없을 만큼 손상되고 불에

* 오늘날 인도 남서부 아라비아해에 위치한 주.

탔다. 그들은 살아남았지만 심한 고통을 겪다 며칠 후에 죽었다. 괴로워하는 피해자의 비명 소리는 어떤 언어로든 똑같다는 것을 뼈저리게 배웠다. 히로시마에 다녀온 지 45년 만에 레몬 크기의 뇌종양이 생긴 것은 아이러니입니다. 원자폭탄의 방사능 때문일까 아니면 그냥 우연일까?[46]

"히로시마를 직접 보고 싶었"던 샘 미야모토는 열여섯 살이었다. 형과 함께 도쿄에서 히로시마까지 기차를 타고 이동하던 샘은 폭격과 전쟁으로 폐허가 된 풍경을 목격했다. 일본계 미국인 2세 두 사람이 왜 히로시마의 여파를 직접 봐야겠다고 느꼈는지 의아해할 수도 있다. 그러나 우리가 히로시마에 머물면서 주위를 둘러본다면, 미야모토가 그곳에 있었던 것이 뜻밖의 일인 것도, 그렇게 모순적인 것만도 아니었음을 알 수 있을 것이다. 미국과 일본 사이에 존재하는, 두 제국 사이 공간interstice에 존재하는 사람들은 히로시마를 비롯한 일본의 다른 현에도 존재했다.

원폭 투하 당일 히로시마에는 트루먼의 관점에서는 '적성국 주민'이고, 일본의 관점에서는 제국의 참된 신민인 사람들이 있었다. 히로시마와 나가사키에는 식민지 조선에서 징용을 온 노동자 2만 명도 있었다. "백인 미국인 포로 수십 명"도 히로시마에 있었다. 마지막으로, 희생자 통계에서 놓치지 말아야 할 사실은, 존 다우워에 따르면, 원폭 투하 당시 히로시마에 "당시 약 3000명의 일본계 미국 시민이 거주"하고 있었다는 점이다. 그리고 그중에는 주디(아야) 엔세키라는 젊은 여성이, 미야모토와 그의 가족을 '고아'로 이송했던 바로 그 배인 SS 그립스홀름을 타고 일본에 도착해 있었다.[47]

주디 엔세키는 캘리포니아주 델러노의 한 농가에서 8남매 가운데 다섯째로 태어났다. 루스벨트의 "치욕의 날" 이후, 엔세키는 만자나르 수용소에서 아이를 낳았다. 역시 니세이였던 남편은 미국 시민권을 포기하고 낯설기만 한 일본으로 "송환"되기로 결정했다. 히로시마에 도착하자마자 그녀의 남편은 일본 제국군에 징집되었고, 만주에서 소련군에 포로로 잡혔다.

주디 엔세키는 전시 일본에서의 경험을 "물 밖에 나온 물고기" 같았다고 표현했다. 미군 점령지에 있는 다른 많은 일본계 미국인 2세들과 마찬가지로, 그녀는 미국 점령군에 의지해 생계를 유지하면서 다시 미국으로 돌아갈 방법을 모색하고 있었다. 린지로 소데이에 따르면, "여전히 영어를 기억하는 나이든 니세이에게도 통역 일을 할 기회가 많이 있었다. 엔세키는 점령군 특별 열차를 타고 히로시마를 떠나 도쿄로 갔다."**48** 실제로 연합군최고사령부GHQ는 이런 니세이와 그들의 가족이 점령군에 매우 유용하다는 점을 알고 있었다. 1946년 5월 8일, 연합군최고사령부는 "전쟁 중 일본에 거주하는 모든 일본계 미국인, 그 가운데 일본 국적을 취득한 사람, 그리고 일본군이나 정부 기관에서 복무한 사람들의 명단을 작성해 미국 당국에 제출하도록 일본 정부에 명령했다." 연합군최고사령부는 미국의 점령을 위해 일할 자격이 있는 사람뿐만 아니라, 다시 태평양을 건너 미국으로 돌아갈 자격이 있는 사람도 결정할 것이었다.**49**

1948년에 발간된 남부 캘리포니아 일본인의 역사에 따르면, 1948년에 가장 많은 수의 니세이가 미국이 점령한 일본에서 남부 캘리포니아로 이주해 왔다.**50** 일본계 미국인에 대한 미국의 처우는 그사이 현저하게 바뀌어 있었다. 일본계 미국인이 제2차 세계대전에 미군으로 참전해 영웅적인 무용과 희생을 보여 줌으로써, 이들이 미국에 충성할 뿐만 아니라 완전히 동화되었음을 증명했다는 이야기에 의해, 일본인들이 수용소에 격리되었던 기억은 다르게 채색되었다.

1948년 6월 5일, 『로스앤젤레스 타임스』와 『워싱턴 포스트』는 알링턴 국립묘지에서 열린 니세이 병사• 두 사람의 장례식을 상세히 알리는 기사를

• 이들은 일본인 강제수용소에서 충성 서약을 하고 자원한 일본계 미국인 2세들로 구성된 제442연대 전투단 소속이었다. 통칭 니세이 부대로도 불렸다. 이 부대는 미군 역사상 가장 많은 훈장을 받은 부대로도 유명했다.

실었고, 각각의 헤드라인에는 "알링턴의 명예가 두 명의 영웅 니세이 군인들에게 바쳐졌다", "니세이 영웅들에게 경의를 표하다"라고 쓰여 있었다. 기사들은 이 두 일본계 미군의 충성심에 초점을 맞췄다. 『로스앤젤레스 타임스』는 다음과 같이 보도했다.

> 미 육군은 오늘 알링턴 국립묘지에 두 명의 일본계 미국인 병사를 안장하며, "이들은 추호의 의심도 없이 충성심과 헌신을 증명했다."고 선언했다.
> 　두 사람은 버지니아주 알링턴 인근 출신의 후미타게 나가토와 텍사스주 샌 베니토 출신의 사부로 다나마치였다. (…)
> 　두 명의 니세이에게 마지막 예우를 다한 고위급 장교 가운데 한 명인 미 육군 지상군 사령관 제이컵 디버스 장군은 이렇게 말했다.
> 　"고국에 대한 충성심을 증명하기 위한 최고의 마지막 시험이 하나 있다. 이 시험은 나라를 위해 싸울 준비가 되어 있고, 필요하다면 기꺼이 목숨을 바치는가 하는 것이다. 이 미국인들과 그 동료들은 이 시험을 통과했다."[51]

니세이 병사들의 죽음은, 그들이 전체주의와의 대결이라는 미국의 이상을 끝까지 목숨 바쳐 지켜 냈음을 증명하는 것이었다. 이 전쟁터는 일본계 미국인 병사들에게 [충성심을 증명하는] "최고의 마지막 시험"이었고, 디버스 장군의 말에 따르면 이곳에서 "그들 스스로 '미국인 일등병'"American first class임을 증명했다. 언론의 묘사와 공식 군사 연설에서, 그 "시험"은 니세이 병사들이 보주산맥에서 독일군을 격파한 것이 아니었다. "조국을 위해" 자신을 희생할 수 있는지가 궁극적인 "시험"이었다. 이들이 이룬 성취는 개별적이고 내면적인 것으로 그 성취 속에서 그들은 "미국인다움"Americanness이라는 추상적인 이상에 동화되기를 열망한다는 사실을 증명했다. 하지만 억류의 경험은 인정받지 못했다.

가시성visibility의 정치[미국 사회 속에서 자신이 진정한 미국인임을 증명해야 한다는 압력]는 일본계 미국인을 둘러싼 인종 형성*의 변화와 특별한 연관이 있었다. 미국 정부가 일본계 미국인 수용소, 전후 일본과 한국, 필리핀에 대한 점령, 그리고 "세계"를 위해 인종적으로 조화로운 미국 사회 건설이라는 프로젝트를 뒷받침하고자 "동양인"에 대한 묘사를 바꿔 감에 따라, 인종 이데올로기의 구성적 성격이 크게 부각되었다. 일본계 미국인은 곧 미국적 가치에 성공적으로 동화되고 그것을 내면화한 모범이 되었다 — [그리고 이 과정에서] 인종적 위계질서의 활력보다는 미국 민주주의의 활력에 [대중의] 관심을 집중하기 위해 자유주의적 개인주의 담론이 동원되었다.52

1948년 7월 20일 『뉴욕 타임스』는 "트루먼 대통령은 오는 8월과 9월 중 17일 동안 950만 명의 젊은이들에게 징집에 응해야 한다는 포고문을 발표하며, 징집을 시작했다."라고 보도했다. 포고령 2799를 통해 트루먼 대통령은 (사실상 미군의 전 세계 주둔을 위한) 군사력 증강을 시작했는데, 이는 훗날 NSC-68에서 더욱 구체화되었다. 트루먼 대통령이 반공산주의 대 공산주의라는 두 진영 간에 펼쳐지는 전 세계적 드라마로 묘사함에 따라, 냉전은 미국 내에서 신속한 군사화를 요구하는 슬로건이 되었다.

그러나 제2차 세계대전 당시 강제수용소에서 청소년기를 보낸 일본계 미국인 청년들에게 징병은 전혀 다른 의미를 지녔다. 교육과 가족은 결국 이들이 미군 입대를 합리화하는 데 영향을 미친 가장 중요한 요인이었다. 예를 들어, 아널드 요시자와는 만자나르 수용소에서 나온 이후 시카고에 정착했

* 인종 형성 이론Racial Formation Theory은 인종을 고정된 의미로 해석하는 것이 아니라 역사를 통해 구성되고 변형되는 유동적인 정치적 프로젝트로 본다. 이 개념을 처음 제시한 마이클 오미와 하워드 와이넌트에 따르면, "인종은 고정된 의미를 가지는 것이 아니라 미국 내에서 구조적 차원들과 문화적 차원들 사이의 필수적이고 피할 수 없는 연결 고리를 통해 경쟁하는 정치적 프로젝트들을 통해 사회역사적으로 구성되고 변형되는 것이다." 이에 대해서는, 이성은, 「"인종형성" 이론을 통해 본 『보이지 않는 인간』」, 『영어영문학연구』 34권 4호, 2008년 겨울, 18쪽 참조.

다. 요시자와는 대학 진학 여부를 고민하며 두 가지 일 — 배송 업체와 크리스마스트리 전구 회사 두 곳에서 — 을 하고 있었다. 그와 함께 만자나르 수용소에 있었던 톰 혼다라는 또 다른 니세이가 이 일자리를 구하는 데 도움을 주었다. 요시자와는 여동생이 자신에게 군 입대를 권했다고 회상했다.

> 다음 날 아침, 그곳[모병소]에 갔더니, 3년 동안 군 복무를 하기로 하면 그 동안 미군이 있는 세계 어느 곳이든 보내 준다고 했다. 독일도 갈 수 있고, 프랑스도 갈 수 있고, 푸에르토리코도 갈 수 있고, 페르시아만, 일본도 갈 수 있었다. 오, 일본에 가서 할아버지를 찾아볼까? 나는 "아, 일본이요."라고 말했다.53

짐 야나기하라에게 입대는 전략적인 선택이었다. "징집 통지서를 받았지만, 2년 복무 후 5년간 예비군으로 지내고 싶지 않았다."54 야나기하라는 그냥 입대를 선택했다. 트루먼의 1948년 포고령이 발표되기 1년 전에 미군에 입대했던 로이 시라가조차 냉전이 점점 심화되는 상황을 염두에 두고 미군에 입대한 것은 아니었다. 1947년에 로이 시라가는 워싱턴주에서 고등학교를 졸업했다. 그는 "부모님이 대학 진학을 권하셨지만 돈이 없었다."라고 회상했다. 그는 자신의 아버지처럼 북태평양 철도회사에서 일할 계획이었다(그의 아버지는 진주만공격 이후 철도회사에서 해고되었다). 그러나 시라가는 곧 가족의 친구이자, 니세이로 제2차 세계대전에 참전했던 스파디 고야마와 대화를 나누게 된다. 고야마는 시라가에게 입대를 권유했다. "자네가 원하는 학교에 갈 수도 있어. 정부에서 보내 줄 테니까." 8월 4일, 시라가는 입대했다.

"[미군에서 운영하는] 사진 교육 프로그램에 신청했던 걸로 기억합니다. 사진작가가 되고 싶었거든요."라고 시라가는 말했다. 그러나 기초 훈련 10주 동안 시라가와 또 다른 니세이 입대자들은 캘리포니아주 몬테레이의 프레시디오•로 보내져 시험을 보게 되었다. "중위가 들어와서 시험을 볼 것이라고 짧게 말했다. 영어로 된 시험지를 나눠 주더니 일본어로 답을 적으라고 했다."
방에 있던 다른 니세이는

> 자신의 이름, 계급, 군번을 적더군요. 그러더니 시험지를 한쪽으로 치웠어요. 내 기억에는 그가 바로 잡지를 집어 들었어요. 그래서 "너 그 시험 안 볼 거야?"라고 물었지요. 그러자 그가 "응, 난 거기 가고 싶지 않아."라고 말하더군요. 나는, "아, 나도 그래. 사진 교육 프로그램에 참여하고 싶어." 그래서 나도 똑같이 했어요.55

중위는 두 번이나 돌아왔지만, 그때마다 시라가와 다른 니세이의 앞에 놓인 시험지는 공란이었다. 그 후, 두 사람은 기초 훈련을 받아야 했고, 13주 훈련이 끝나자 시라가와 다른 젊은이는 임무를 받게 되었다. 두 사람 모두 어학 훈련을 위해 몬테레이의 프레시디오로 갔다.56

아널드 요시자와도 몬테레이의 프레시디오로 보내져 어학 훈련을 받았다. 가능한 한 미군은 일본계 미국인 입대자와 징집병을 어학 프로그램에 투입하려고 했다. 일본과 한국의 미 점령지에는 번역가, 통역가, 심문관 들이 대규모로 필요했다. 실제로 대부분의 일본계 미국인 남성들은 몬테레이의 프레시디오에 있는 어학원에 입학했고, 집중적인 언어 훈련을 통과한 사람들은 대개 일본의 '자마 기지'**로 보내졌다. 그들은 그곳에서 추가 훈련을 받은 뒤 연합군번역통역부ATIS와 함께 일했다. 요시자와는 프레시디오 어학원에서 "낙제"를 하고 육군 공병대로 배치되었다.57 반면 로이 시라가는 프레시디오 어학원으로 보내졌고, 결국 누나 아야코가 살고 있는 일본 홋카이도로 발령받았다.

- 군사기지로 국방부 어학원이 위치해 있다.
- ** 일본 가나가와현 자마시와 사가미하라시 미나미구에 걸쳐 있는 주일 미국 육군USARJ 군사기지.

누님은 통역관이었습니다. 일본으로 돌아갔을 때 누님은 열세 살이었지만 오빠 조지와 함께 영어 실력을 유지하고 있었어요. (…) 주말마다 나는 시내에 가서 누나와 이야기하곤 했습니다. 누님은 영어와 일본어를 모두 할 수 있었기 때문에, 제7사단 제31보병연대 장교들의 통역관으로 일했습니다.58

한국전쟁 발발 전인 1950년, 태평양 양쪽의 일본계 미국인 사회는 제2차 세계대전의 경험으로 인해 크게 달라져 있었다. 언어, 미군, 시민권은 젊은 일본계 미국인 남성들이 미국과 일본 내에서 자신의 미래를 주장할 방법을 찾게 해준 세 가지 기반이 되었다. 그러나 그들의 노동은 그들에게 이미 익숙한 [미국 사회의 인종적 위계에 의해 형성된] 방식으로 사용될 것이었다. 진실은 그 자체로 인종적 위계를 가지고 있었다.59

심문실에서 "동양인"의 선택

1950년 6월 26일, 해리 트루먼 대통령이 미국은 조선민주주의인민공화국의 '침략 행위'를 절대 용납하지 않을 것이라고 발표했다. 전쟁의 본질은 이때 이미 1942년 루스벨트의 '치욕의 날' 연설 이후와 상당히 달라져 있었다. 1948년, 미야모토가 일본을 떠나 캘리포니아 대학교 로스앤젤레스 캠퍼스로 향하던 해, 미국은 자신이 점령하고 있던 38선 이남과 관련된 중대한 결정을 내렸다. 다수의 한국인들이 미국이 통치하는 정부를 지지하지 않는 상황에서, 미국은 한반도 이남 지역에서 선거를 실시하기로 결정했다. 이북에서도 선거를 치렀기 때문에, 얼마 지나지 않아 두 개의 정부가 서로 한반도 전체에 대한 통치권을 주장하게 되었다. 미국과 유엔은 남한만을 합법적인 주권국가로 인정했다.

스팀슨의 불인정 원칙이 다시 작용하게 되었다. 이전에 미국은, 일본을 [서구 제국주의 열강과 동등한] 제국이 아닌, 그 아래에 있는 국가로만 간주해 왔다

(물론 누군가는 '국가'nation가 되는 것이 '제국'empire이 되는 것과 상호 배제적인 것이 아니라고 주장할 수도 있다). 그러나 이제 지도 위에는 38선을 경계로 분할된 일본의 옛 식민지가 있었다. 어떻게 자신이 인정하지 않는 존재와 전쟁을 할 수 있을까? 얼마 전까지만 해도 이 문제는 송환과 [일본계 미국인들의] 잠정적 "시민권"을 중심으로 제기된 것들이었다. 이제 이 문제는 송환과 '전쟁 포로'를 중심으로 전개될 것이었다. 그리고 일본계 미국인 심문관은 탈식민지 시대에 주권적 권력의 이 특별한 연금술을 촉진하고 중재하는 핵심 인물이 될 것이었다.

실제로, 한반도에서 전쟁이 확대되고, 미군이 통역사와 심문관을 찾기 위해 안간힘을 쓰면서, 징집된 일본계 미국인들을 위한 새로운 지형도가 만들어졌다. 몬테레이 프레시디오의 어학원에서부터 일본의 자마 기지와 부산의 G-2 본부에 이르기까지, 미 제국의 또 다른 지도가 일본계 미국인들의 이동을 위한 틀이 되었다. 1950년, 샘 미야모토는 다시 동아시아 — 처음에는 일본, 나중에는 한국 — 로 돌아오는데, 미국 및 동아시아가 관련된 또 다른 전쟁이 그의 삶의 궤적을 결정했다. 그러나 1944년 요코하마에 도착했을 때와 1950년 부산에 도착했을 때 사이에는 결정적인 차이가 있었다. 1950년에 미군의 일원이 된 이 특별한 세대의 일본계 미국인들은 거의 모두가 징집되었고, 또 억류를 경험한 사람들이었다. 캘리포니아 프레즈노에서 태어난 이후 가족과 함께 아칸소주 제롬에 있는 수용소로 보내진 하워드 오카다는 1950년 11월에 징집되었다.[60] 짐 야나기하라는 캘리포니아주 샌디에이고에서 태어나 애리조나주 포스턴에 있는 수용소로 보내졌는데, 1950년 11월 30일 그의 열아홉 번째 생일날 징집 통지를 받은 것으로 기억했다.[61] 미국은 1950년 11월 가쓰야 나카타니를 메릴랜드로 데려왔다. 그는 그곳에서 제일 먼저 FBI의 조사를 받았는데, 자신의 생애사를 낱낱이 밝혀야 했다. 나카타니는 "그들은 내가 평생 어떻게 살았는지 알고 싶어 했습니다."라고 회상했다. "그리고 내 아버지에 대해서도 알고 싶어 했습니다. 할아버지에 대해서도요." 수업 시간에 상사 한 명이 그를 교실 밖으로 데리고 나가, 그가 제공한 정보에 대해 날카롭게 물었다. 나카타니는 미국이 자신을 수감했던 '강제수용소'를 명백하게 언급하면서, 제2차 세계대전 도중에 일어난 일에 대해 자신의 상관이 이해하고 있는 바에 도전했다.

> 한 장교가 "1942년부터 1945년까지 어디에 있었나?"라고 물었고, 전 "감옥에 있었습니다."라고 말했습니다. "무슨 죄로 기소되었나?"라고 묻기에 "모르겠습니다."라고 답했습니다. "사병이 장교에게 모른다고 대답하면 안 돼. 어떤 죄로 기소되었나?"라고 재차 물었고, 저는 다시 "모릅니다. 모르겠습니다. 저는 어떤 죄도 저지른 적이 없습니다."라고 말했습니다. 그러자 그들이 제게 물었습니다. "그게 어디였나?" "아칸소입니다." "아칸소?" "네, 아칸소입니다." "아칸소주 교도소를 말하나?" 저는 아니라고, 그곳은 강제수용소였다고 말했습니다. 그러자 그는 화를 내더군요. "이 보게 병사, 우리나라에 그런 건 없어." 그래서 저는 말했습니다. "뭐, 당신이 원하는 대로 부르시죠. 어쨌든, 바로 거기에 있었습니다."⁶²

나카타니는 불복종으로 바로 영창에 가게 되었지만, 그의 "불복종"은 이 세대의 일본계 미국인들이 태평양전쟁의 기억과 경험을 한국전쟁으로 가져오고 있다는 것을 분명히 보여 주었다. 이 세대는 미군이 일본의 옛 식민지 영토에서 벌이고 있던 전쟁의 행정실, 전장, 심문실 내에서, 자신들이 겪었던 억류와 인질 교환의 경험을 어떻게 떠올렸을까?

"동양인"을 심문하는 방법

일본계 미국인 심문관들과 통역관들은 외교 업무에서부터 행정 업무까지, 전쟁터에서부터 야전 사무실에 이르기까지 미군의 모든 분야에서 일했다. 일본계 미국인 심문관들은 주로 연합군번역통역부, 군사정보국MIS, 전쟁포로심문팀IPW에서 일했다. "군사적 필요" — 강제수용소 억류와 인질 교환의 형태로 처음 마주했던 — 라는 언어가 '정보'라는 형태로 바뀌어, 이 일본계 미국인 청년들의 삶으로 되돌아왔다. 심문의 목적은 바로 '정보'를 입수하는 것이었다. 그러나 헨리 대령이 하원 소위원회 앞에서 정보를 입수하고 검증하는 관료 행정적 절차를 간단한 것처럼 묘사했음에도 불구하고, 한국인 포로로부터 '정보'를 입수하고 검증하는 것은 단순한 관료 행정적 절차가 아니었다. "동양인"들을 심문하는 것에 관한, 널리 배포된 미군 팸플릿에 따르면, 여기에는 일정한 '문화적 기교'가 필요했다. 즉, 심문은 하나의 연기 행위performance였다(물론 [누가] "누구를 대상으로 하는 것인가?"라는 문제•는 여전히 남아 있지만 말이다).

한국전쟁에 활용될 심문을 훈련하는 방식은 미군정기가 아니라 주로 미국의 아시아 태평양전쟁에서 축적된 경험에서 가져온 것이었다. 특히 일본이 이오지마에서 항복할 당시 현장에 있었던 미 해군 예비역 통역관 새뮤얼 C. 바틀릿 2세 중령의 강의가 군사정보국 내에서 상당한 주목을 받았고 널리 회람되었다. 이 강의는 바틀릿이 미군이 점령한 일본에서 근무하던 심문관들을 대상으로 이루어졌을 가능성이 크다. 그러나 한국전쟁 당시 연합군번역통역부 및 군사정보국 기록물 파일에 강연 복사본이 여러 개 — 바틀릿의 강의 내용을 좀 더 쉽게 이해할 수 있도록 삽화가 그려진 팸플릿과, 여백에 바틀릿의 메모가 있는 강의 초안 원본 — 있는 것으로 보아, 이 강의가 한국에 배치된 심문관들을 훈련하는 데도 관련이 있을 것으로 추정할 수 있다.63

바틀릿 강의의 제목은 "동양 포로 심문의 몇 가지 측면"이었는데, 핵심은 "동양인" 전쟁 포로로부터 "정보"를 입수하는 과정에 대한 예시였다. 독일군

• 이는 뒤에 나오지만, 이 팸플릿이 백인인 미국인이 동양인인 일본인을 심문할 때 사용되는 기술에 관한 것이었음을 가리킨다. 한국전쟁에서는 일본계 미국인이 동양인인 한국인과 중국인을 대상으로 이 기술을 사용해야 했다.

포로들을, 특히 잠수함전과 관련해 심문했던 심문관인 잭 알베르티가 이후 4월 수업에 참여하기로 예정되어 있었다. 바틀릿은, 알베르티의 전문성을 존중하면서 자신의 논평이 알베르티의 의견을 보완하는 것일 뿐이라며 강의를 시작했다.

바틀릿 강의의 첫 부분은 심문관이 심문 과정을 어떻게 생각해야 하는가에 대한 교훈을 담고 있었는데, 그 과정[의 성패]은 포로를, 정보를 담고 있는 용기receptacle로 객관화하는 데 달려 있었다. 그러고 나서 그는 알베르티의 경험과 "우리의 경험" 사이에 존재하는 몇 가지 중요한 차이점에 대해 설명했는데, 이는 알베르티가 "동양인"이 아니라 유럽인을 심문했다는 점을 의미했다. 바틀릿은 "전쟁 포로를 심문하는 목적"은 "두말할 나위 없이" "전쟁 포로가 가지고 있고, 우리가 필요로 하는 정보를 얻기 위한 것"이라고 말했다. 그는 "이 과정이 항상 그렇게 간단한 것은 아니지만, 아마도 코코넛 윗부분을 마체티Machetti[정글도Machete의 오기로 보인다-인용자]로 자른 후 그것을 부어 마시는 것과 비슷할 것"이라고 말했다. "이 간단한 과정에도 6단계가 있다. ① 코코넛을 가져온다, ② 코코넛 밀크가 들어 있는지 확인한다, ③ 윗부분을 자른다, ④ 코코넛 밀크를 꺼낸다, ⑤ 마실 수 있는지 코코넛 밀크의 맛을 본다, ⑥ 목마른 사람에게 준다."

제2차 세계대전 당시 태평양에 주둔했던 미군의 역사는 심문실을 만드는 데 가장 근본적인 수준, 즉 심문 과정과 그 '목표물' 자체를 개념화하는 데 영향을 미쳤다. 코코넛(사람이 살지 않고, 정복될 준비가 되어 있는 열대 풍경의 상징)과 "동양인"의 정신(일본 포로)을 무너뜨리는 데 있어, 실제로 바틀릿은 미군 점령기의 일본과 이후 한국전쟁 시기에 활동할 심문관들에게, 일종의 인종적 폭력의 비유를 제시한 것이다. "낙원"과 "정복"이라는 언어를 통해, 바틀릿은 심문을 두 주체성들 사이의 표준화된 관계로 규정했다. 다시 말해, 곧 심문관이 될 사람들을 위한 심문 훈련과 매뉴얼이 심문관에게 필요한 일정한 주체성을 제시했지만, 심문 대상자의 마음에 대한 이론화는 별로 이루어지지 않

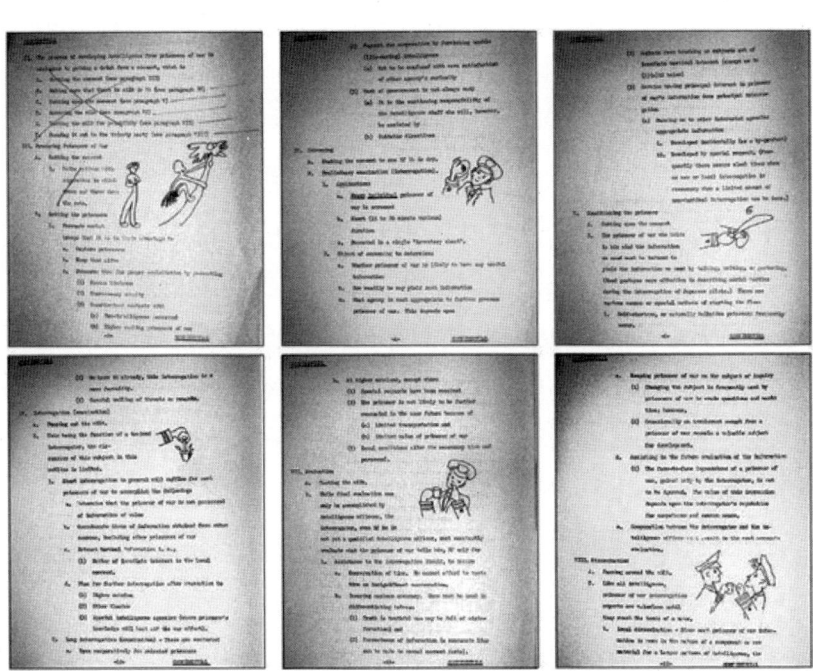

그림 3.3~그림 3.8 바틀릿의 강의를 기반으로 제작된 팸플릿의 일부 내용.

왔다. 결국 심문 훈련은 심문의 대상인 '동양인'에 대한 관심보다는, 미군 심문관의 행위성agency과 주체성subjectivity을 형성하고 통제하는 데 더 많은 관심을 기울였다. 심문 훈련은 곧 주체-만들기, 즉 심문관을 만들어 내는 것이었다.

바틀릿에 따르면, 심문관은 무엇을 하는가? 바틀릿은 "선별이나 검사", 또는 "코코넛 속이 비었는지를 알아보기 위해 흔들어 보는 것"처럼, "모든" 포로들을 예비적으로 검사해, 어떤 포로가 정보를 가지고 있는지, 어떤 포로가 "자신의 정보를 제공"할 것인지를 판단해야 한다. 후자를 판단할 때, 바틀릿은 심문관이 "포로의 특성"을 평가해야 한다고 말하는데, 이는 포로의 "성격(입이 무거운지, 고분고분한지 여부), 지능(언어)"을 의미했다.

심문실에서는 힘에 대한 평가[힘겨루기]가 이루어지는데, 성공적인 심문관은 말을 통해서가 아니라, 무언의 힘을 통해 [심문관과 포로 사이의] 적절한 역학 관계를 만들어 낸다. 바틀릿의 강의는 — 다양한 지리-인종적 이데올로기와 상상들을 삭제함으로써 상황을 매우 단순화해 설명했지만 — 기본적으로 어떻게 [피심문자의] 의도를 읽고 [심문관의] 의도를 숨길 것인가에 대한 것이었다. 심문관은 전쟁 포로[의 의도]를 성공적으로 "읽을" 수 있어야 하고, 전쟁 포로의 "신뢰도"를 평가할 수 있어야 하며, 전쟁 포로의 "의도"를 확인할 수 있어야 한다. 판단의 문제는 심문 실무의 핵심이었다.

다음 단계인 "포로 길들이기" 또는 "코코넛 꼭지 따기"에서 바틀릿은 전쟁 포로가 이야기를 하게 만드는 여덟 가지 방법을 소개했다.[64]

1. 자기가 먼저 말을 시작하거나, 원래 말이 많은 포로들이 종종 있다.
2. "사무적인" 접근법
3. 거친 접근법
4. 친절한 접근법
5. 다양한 접근법의 조합이나 [심문관이] 번갈아 나오는 접근법
6. 전쟁 포로의 자부심pride에 호소

7. 잘못을 바로잡으려는 인간 대부분의 의지를 때로는 유리하게 사용할 수 있다.
8. 포로 체면 살려 주기

"자기가 먼저 말을 시작하는" 포로들과 관련해, 바틀릿은 훈련 중인 심문관들에게, 미군을 오도하기 위해 의도적으로 잘못된 정보를 제공하는 포로, 즉 "첩자"가 있다는 점을 경고했다.

다른 "접근법들"은 주로 포로로 하여금 심문관의 의도나 목적을 간파하지 못하도록 하기 위해 심문관들이 따라야 하는 견본이나 각본이다. 예를 들어, "사무적인 접근법"에서 바틀릿은, 어떤 문서 양식을 작성하거나 포로로부터 아주 기본적인 정보를 얻는 것과 같은, 겉보기에는 순수하게 관료 행정적인 절차에서부터 시작할 것을 제안한다. 관료 행정적 접근법 — 즉 "사무적인 접근법" — 은 심문관이 주관적인 사람이 아니라 단순히 명령을 수행하는 사람으로서, 감정이 배제된 만남을 위한 무대를 마련하는 것처럼 보인다. "친절한 접근법"에서는 의료 서비스, 음식, 물, 담배 등을 대가로 제공할 수 있지만, 바틀릿은 "포로가 자신이 받는 모든 호의가 심문관의 손에서 나온다는 것을 (간접적인 암시를 통해) 깨닫도록 해야 한다(강아지는 먹이를 주는 손에 꼬리를 흔든다)."고 주의를 주었다. 바틀릿이 제안한 몇 가지 접근법의 핵심은 심문에 대한 포로들의 예상을 뒤집는 것 — 심문관이 무엇을 기대하는지에 대한 예상을 전략적으로 혼란스럽게 만드는 것 — 이었다. "다양한 접근법의 조합이나 번갈아 나오는 접근법"에서 바틀릿은 심문관이 서로 다른 두 가지 이상의 심문 방법을 사용하거나, 다른 심문관과 번갈아 가며 심문할 것을 추천했다. 마지막 두 가지 — "전쟁 포로의 자부심에 호소하는 것"과 "잘못을 바로잡으려는 인간 대부분의 의지" — 는 특정한 전략적 순간에 포로들에게 권위를 부여하는 방법, 곧 어떤 의미에서는 [정보를 제공하는 것이 어떤 대의에 의거한] 자신이 선택한 일이라는 환상을 심어 주는 것이다.

"코코넛" — 즉, 동양인 전쟁 포로 — 에 대한 좀 더 추가적인 이론화는 훈련 및 교육 아카이브에 있는, 심문에 대한 다른 추가 자료를 통해 볼 수 있다. 「동양인을 심문하는 기술」이라는 문서에서 저자는 이 문서에서 논의되는 기술은 "제2차 세계대전 당시 우리가 경험한 많은 부분이 이 특정 '동양인' 집단과 관련이 있기 때문에, 주로 일본인과 관련이 있을 것"이라고 말하고 있다.[65] 실제로 "심문관은 먼저 자신이 상대하고 있는 특정 사람들의 배경을 이해해야 하며, 가장 중요하게는 심문 대상의 행동 패턴을 이해해 성공적으로 심문할 수 있도록 그 사람이 속한 인종의 심리학을 이해해야만 한다."는 것이다.

이 문서는 "많은 동양인들이 스스로를 미국인보다 열등하다고 믿으며, 포로로서 적절한 위치에 쉽게 머물러 있다."고 말한다. 제2차 세계대전 중에는 세 종류의 심문팀이 있었다.

  a. 일본어를 구사하는 미국인이 포로를 심문했다.
  b. 니세이(미국 태생의 일본인) 병사가 포로를 심문했다.
  c. 니세이가 장교 심문관을 위해 통역을 했다.

이처럼 다른 구성의 상대적 효과에 대해 생각하며, 저자는 다음과 같은 결론을 내렸다. 즉, "(a)가 최선으로 간주되었다. (…) 니세이가 일본 포로를 심사할 때는, 평균적 동양인들이 스스로 미국 사람(백인)보다 열등하다고 느낄 때 나타나는 심리적 이점이 어느 정도 사라졌다. 니세이가 포로들과 마주했을 때, 이런 이점은 사라지고 서로 동등한 위치에 놓이게 되었다."[66] 이 문서에서 눈에 띄는 것은 일본 "동양인"의 주체성을 틀 짓는 인종 이데올로기 — 저자는 동양인인 일본인은 지능이 낮아서 본질적으로 주체성이 없다고 주장한다 — 이다. "동양인의 평균적인 지능은 백인보다 낮고, 문맹률을 생각하면 당분간 그들이 높은 수준의 지능에 도달할 가능성은 없다. 따라서 평균적인 동양인이 가지고 있는 지식은 그가 보거나 들은 것에 지나지 않을 것이다." 이 문서에 따르면, "평균적 동양인"은 순진하고 단순한 대답만 할 것이며, 따라서 그들이 제공할 "진실"의 정확성을 보장하기 위해서는, 심문 업무를 인종적으로 위계화할 필요가 있다는 것이었다.

심문의 바벨탑

한국전쟁이 2년째로 접어들며 장기화되던 1952년 10월, AP통신 기자 존 후지이는 군사정보국 심문팀을 따라 전장으로 나갔다. 그는 "수많은 전투가 벌어진 이 능선에는 언어의 바벨탑[언어의 혼란] — 중국어 방언, 한국어, 일본어, 그리고 부드러운 루이지애나 말투 — 이 있다."라고 기사를 쓰기 시작했다. 루이지애나 말투는 헨리 J. 피카드 중위의 것이었다. 피카드 중위는 "연합군이 포로를 심문하기 위해 구성한 최전방의 심문팀을 지휘했다." 이 팀은 다음과 같이 운영되었다.

> 심문팀은 각 작전마다 4개 국어를 사용하고 있다.
> 포로는 중국 국적의 민간인 샤오 슈런과 한국 경찰 출신의 윤봉천에게 모국어로 심문을 받는다.
> 심문 결과는 영어로 작성된다.
> 미 육군 어학교에서 한국어를 배워 이를 유창하게 구사하는 피카르 중위와, 일본어와 영어에 능숙한 그의 부관, 캘리포니아주 살리나스 출신의 니세이 토머스 시라쓰키 소위가 [미군] 장교들을 위해 영어를 한국어로 통역한다.
> 이런 방식은 매우 번거로워 보이지만, 그 팀은 호놀룰루 출신의 또 다른 니세이인 겐지로 프레드 와쿠가와 일병이 온갖 궂은일을 도맡아 척척 해내는 덕에 원활하게 운영되고 있다.67

사실 이 심문 과정의 "바벨탑"에는 훨씬 더 많은 사람들이 관여했다. 즉, 중국군 포로들이 말을 빨리하기 시작하자, "중국에서 태어나 일본에서 교육을 받은 한국인 박찬배 중위는 시라쓰키 소위에게는 일본어로, 피카르 중위에게는 한국어나 영어로 진행 과정을 설명했다."

미군 정보국 관계자들은 이 기사에 심문관의 이름이 언급되어 있다는 이유로 보도되는 것을 원치 않았고, 후지이의 기사는 실제로 지면에 실리지 못했다.68 그러나 후지이의 글은 미군 정보기관의 수행적 권위가 얼마나 엄청난 노동과 우발적 변수를 통해 만들어지는지를 드러냈다는 점에서 미군[이 획득한 정보]의 신뢰성을 위협했을 것이다. 존 후지이의 AP 기사 속 심문 장면은 검열로 말미암아 결국 보도되지 못했지만, 이 글에 따르면 전투 후 포로로 잡힌 중국군을 심문하는 데 여섯 명이 관여했고, 심문 보고서는 영어로 작성되었다. 그리고 (의사소통의 매개로 여겨지는) 언어 자체도, 그 자리에 있던 여섯 명 모두의 조율과 상상에 의해 매개된 것이었다. 미국 점령의 역사, 일본계 미국인의 디아스포라, 제2차 세계대전 당시 심문에 활용된 인종주의적 견본들templates이 모두 이 한 팀 안에 존재했는데, 이들이 모여 하나의 "군사 정보" 문서, 즉 첩보 문서를 만들어 냈다. 그러나 정보의 신뢰성에 가장 중요한 변수는 아마도 미 육군 어학원에서 한국어를 배운 루이지애나 출신의 헨리 J. 피카드 중위였을 것이다. 이 장면에서, 미군 정보 관료 구조에서 "진실"truth을 생산하는 인종화된 노동의 위계 구조가 명백해졌다. 심문의 최종 감독인 피카드는 "온갖 궂은일을 도맡아 척척 처리하는" 와쿠가와와 같은 "중개인"들로 구성된 이 팀을 이끌고 있었다. 니세이는, 지금은 "충성스럽고" 한국인보다 "신뢰할 수 있"다고 여겨졌지만, 여전히 백인 상관의 견제 안에서 움직였다. 실제로 제2차 세계대전과 한국전쟁 기간 동안 심문 보고서를 "확인"하고 "평가"하는 심문팀과 부대의 장교는 백인이었던 반면, 심문을 하고 보고서를 작성하는 사람들은 한국 민간인이나 일본계 미국인 심문관이었다.

프레시디오와 자마 기지에서 어학 교육을 마친 샘 미야모토의 이야기로 돌아가 보자. 기본적인 한국어 교육을 받은 미야모토는, 인질 교환의 경험 덕분에 일본어도 유창하게 구사할 수 있었다. 3개 국어를 구사할 수 있게 된 — 그리고 이들 각국과 불편한 관계에 있는 — 샘 미야모토가 이제 한반도에서 한국인 포로 심문관으로 일을 시작했다.

미야모토는 인터뷰에서 미국, 일본, 한국을 오가며 살아온 자신의 경험을 되새기며 "살아남기 위해서는 역사를 알아야 했다."라고 말했다. 미야모토에게 역사는 여러 국가들 사이의 관계에 대한 인식이었다. 이런 역사의식을 견지했기에, 심문실에서 샘 미야모토가 가장 먼저 관심을 가진 것은 언어였다. 그에 따르면, 한국인 포로들을 심문할 때 처음부터 다짜고짜 일본어를 사용하는 것은 심문관들이 흔히 저지르는 치명적인 실수였다. 미야모토는 "교육 수준이 높은 [한국인-인용자] 포로들은 대부분 일본에서 대학을 다녔기 때문에 일본어를 잘 알고 있다."고 말했다. "일본 말을 할 수 있더라도, 처음부터 '일본어를 할 수 있느냐'고 물으면 그들은 '아니요'라고 대답할 것이다." 미야모토는 입장을 바꿔, 자신이 만약 심문받는 한국인이라면 이렇게 말할 것이라고 했다. 즉, [해방 이후] "지금까지 우리는 5년 동안 우리말을 사용해 왔고, 이제는 일본의 속국도 아닌데, 왜 일본 말을 해야 하는가? 일본 말은 쓰지 않을 것이다." 한국인에게 1945년은 일제 식민지로부터 해방된 해였고, 1950년의 미야모토는 심문실에서 자신이 사용할 언어를 선택하면서, 식민지 시대와 해방된 시대 사이를 오가고 있었다.[69]

미야모토는 미 육군이 운영하는 어학원에서 한국어를 배웠기 때문에 한국어로 대화할 수 있었지만, 한국어로 심문하는 것이 완전히 편하지는 않았다. 그는 자기소개를 시작하기 위해 평소에 사용하던 방법을 알려줬는데, 포로를 앞에 두고 미야모토는 일부러 어깨 너머로 일본계 미국인 동료를 불렀다.

나는 일본어로, "커피와 도넛이 있을 텐데, 이리로 좀 가져다줄래? 설탕과 크림을 많이 넣어 주고. 그 커피는 이 사람 것이고, 내 것은 블랙이야."

라고 말했습니다. 내가 일본어를 할 줄 안다는 것을 포로가 알 수 있도록 일본어로 말한 것이죠.

그 후, 그는 전략적으로 한국어로 말하기 시작한다.

그리고 [포로에게-인용자] "도넛 하나 더 먹을래요?"라고 물어요. 그러고는 다시 [친구에게-인용자] "이봐, 도넛 몇 개 더 가져와. 이 사람이 동료들에게 가져다줄 수 있게."라고 말하면서 담배를 권하는 거예요. 그리고 이렇게 물어요. "중국어를 모르겠습니까? 독일어? 프랑스어?" 그러고는 혼잣말로 일본어로 [소리 내어-인용자] 이렇게 말합니다. "교육받은 한국 사람들은 모두 2, 3개 국어를 한다던데, 이 사람은 또 무슨 언어를 구사할까?" 이어서 이렇게 묻습니다. "혹시 일본어 좀 할 줄 아십니까?" 그러면 그는 대체로 "네, 일본어 할 줄 압니다."라고 하죠. 이렇게 시작하면 그들의 감정을 건드리지 않습니다.

미야모토는 한국전쟁 당시 심문관으로 일했던 또 다른 일본계 미국인들을 떠올리며, 자신의 경험은 예외적이라고 주장했다. 그는 — 그리고 그의 동생 아키에도 — 미국 정부뿐만 아니라 일본 정부로부터도 차별을 경험했다. "그래서 우리는 다른 사람들이 어떤 일을 겪어 왔는지를 이해하고, 또 그래서 그들의 예민한 점을 알고 있다." 미야모토는 다른 일본계 미국인들이 심문 과정에서 한국인 포로들의 반발을 사는 경우는 그들의 역사 — 혹은 그들의 예민한 지점 — 에 대해 무지했기 때문이라고 말했다.

미야모토의 심문실은 본질적으로 미야모토의 전략적 연기performance — 그의 언어 구사 능력에 대한 연기로, 이는 또 다른 일본계 미국인의 존재를 전제로 한다 — 를 통해 만들어졌다. 그는 포로가 심문관보다 자신이 더 많이 "알고 있다"고 느낄 수 있는 상황을 만들어 놓았다. 그것은 바틀릿이 묘사한 "코코넛 꼭지를 따는" 심문실과는 한 가지 결정적인 부분에서 달랐다. 미야모토는 포로에게 심문에서 사용할 언어를 선택할 수 있게 했다.

미야모토는 자신의 심문 방식과 과정이 전시에 전장의 최전선에서 사용된 것과는 다르다는 점을 인정했다. 그는 최전선에 있는 사람들은 "다른 질문"을 한다고 말했다. 그의 심문 방식은 후지이의 AP 기사에 기술된 것처럼 전투부대를 따라다니는 포로 심문팀의 그것과 달랐다. "나 같은 사람은, 저 고지에 얼마나 많은 군인이 있는지 관심이 없기 때문이다. 내 말은, 누군가 최전방에서 총을 쏘고 있다면, 목숨이 위태롭기 때문에 얼마나 많은 사람이 저 위에 있는지 알고 싶은 것이다." 이어서 그는 중국과 북한 지역에 대한 정보와 지도를 얻기 위해 포로들을 심문했던 연합군번역통역부 심문팀의 경우를 설명했다. "중국과 전쟁이 벌어지면, 맥아더가 중국으로 진출하고 싶어 했기 때문에, 우리는 모든 목표물이 어디에 있는지 알아야 했다. 그래서 그 심문팀은 우리와는 다른 질문을 했다."

이 장에서는 이 일본계 미국인 심문관들이 남긴 경험과 관료 행정적 기록을 통해, 한국전쟁 당시 존재했던 포로심문팀, 연합군번역통역부, 군사정부국, 송환 심문실 등과 같은 다양한 심문실에 대해 살펴본다. 미야모토의 진술이 보여 주었듯이, 우리는 종종 필요한 정보의 종류가 심문의 목적을 조형한다고, 혹은 그것이 곧 심문의 목적이라고 생각하지만, 이 절에서는 다른 개념적 접근을 시도할 것이다. 심문과 그것에 내재된 목적에 대해 우리가 품고 있는 가정을 흔들기 위해, 나는 미국 정부가 전면에 내세운 심문의 핵심이 실제로는 '설득'이었음을 보여 줄 것이다. 즉, 일본계 미국인 심문관들은 종종 "동양인" 포로들에게 미국에 대한 특정 입장을 받아들이고 견지하도록 "설득"해야 하는 임무를 맡았다. 한국전쟁 당시 가장 주목받은 심문실은 송환 심문실이었는데, 이 절에서는 이 심문실을 단순히 '군사적 필요'가 아닌 국민[주체]-만들기의 계보 안에서 살펴볼 것이다.

미야모토는 심문실에 들어가기 전에 포로의 계급을 확인하곤 했다. 예를 들어, 포로가 소위라면 자신은 중위 계급의 표식을 달곤 했다. 그의 말에 따르면 "만약 당신이 중위인데 어떤 사병이나 상병에게 심문을 받게 된다면, 그것은 모욕적인 일이다. 나는 지금도 도조의 사진을 가지고 있는데, '일본이 전쟁에서 패했다는 사실을 언제 깨달았는가?'라고 물었더니, '[원수 계급인] 내가 스가모 형무소에 있을 당시,• 일본계 미군 병사가 와서 나오라고 했을 때'였다고 대답했다." 일본계 미국인 심문관들이 설치한 심문실에는, 바틀릿의 강의에서 다루지 않은, 여러 [심문 기술의] 계보가 있었다.

마모루 "스티브" 요코야마는 스가모 형무소에서 도조 히데키에게 배정된 일본계 미국인 심문관 가운데 한 명이었다. [하와이 제도에 있는] 마우이섬에서 나고 자란 요코야마는 1943년에 18세였다. 당시 미국 정부는 일본계 미국인을 군대에 모집하기로 결정했기 때문에 그는 고등학교를 졸업하는 대신 미군에 입대하기로 결심했다. 비록 처음에는 제442연대 대체병으로 입대했지만, 요코하마는 입대한 동기가 달랐다고 회상했다. "내가 입대하길 원했던 이유는, 내 모든 꿈을 이룰 수 있기 때문이었다. 신발이 없던 내게 신발이 생겼다. 나는 바지도 없었다. 형의 바지를 입거나 신발을 신고 다녔다. 좋은 것이라곤 하나도 없었는데, [입대하자] 갑자기 군대에서 음식도 먹을 수 있게 됐다!" 요코야마는 일본계 미국인들의 일본어 실력을 테스트하기 시작한 것은 기초훈련을 할 때였다고 기억했다. 미군은 요코야마를 미네소타에 있는 새비지 기지로 보내 언어 훈련을 시켰고, 얼마 뒤 그는 오스트레일리아로 파견되었다.[70]

전쟁이 끝나자, 요코야마는 일본에 있는 스가모 교도소의 심문관으로 파견되었다. 그가 맡은 사람은 일본 제국군의 장군이자 제2차 세계대전 내내 일본 총리를 지낸 도조 히데키였다. 요코야마는 "그는 괜찮은 사람이었다. 우리

• 도조 히데키는 1945년 9월 11일 미군 헌병들에 의해 압송될 예정이었는데, 헌병대가 오기 전 권총 자살을 시도했으나 미수에 그쳤다. 응급처치를 받고 오모리 수용소에 이송되었고 그 뒤 12월 8일에 스가모 수용소로 이송되었다.

가 심문을 할 때 점잖게 행동했다는 말이다."라고 회상했다.

> 우리는 그를 다섯 번쯤 만나야 했습니다. 왜냐하면 우리는 그를, 자신의 휘하에 있는 모든 장교가 저지른 일을 사주한 나쁜 사람으로 만들어야 했기 때문입니다. 그는 미소를 지으며 이러저런 말을 하곤 했지만, 그 어떤 비난도 받으려 하지 않았고 (…) 우리가 그에게서 듣고 싶어 하는 그런 말, '이봐, 내가 책임질 테니, 다른 고위 장교들은 그냥 두게. 그들은 그런 모든 규칙과 그런 일들을 결정하는 사람들이 아니었네.' 이런 말을 하지 않았습니다. (…) 그에게서 얻어 내야 했던 정보는 군사 전략 같은 것이 아니었습니다. "하급 장교들이 모두 교수형을 당하지 않도록 당신이 책임질 수 있느냐."와 같은 질문이었습니다. 그는 "아니요."라고 말했습니다.[71]

요코야마의 심문은 군사 정보를 획득하기 위한 것이 아니라 설득을 위한 것이었다. 그의 심문은 미야모토의 심문을 연상시키는 방식으로 시작되었다. "'대화나 좀 [합시다], 앉으시겠어요?' 그에게 담배를 한 대 주고, 한 갑을 더 건넨다. 당신이 담배를 피우면, 그 역시 담배를 피운다. 그게 끝이다. 왜냐하면 '이봐, 내게 예의를 갖춰 주어 고맙네, 나는 장교네'라는 말 외에는 그가 할 수 있는 일이 없었기 때문이다." 도조의 심문관으로서 요코야마의 경험은 한국전쟁 시기 심문에 대한 우리의 분석에 매우 중요한데, 이는 심문이 단순히 '정보'가 아닌 다른 종착점[주체 형성]을 겨냥했기 때문이다. 오히려 요코야마는 도조를 설득해 특별한 주체성을 갖도록 하고자 했는데, 이는 일본 군부의 제국주의적 야망에 대한 미국의 법적 "훈육"이, '제국' 일본을 미국에 의해 규정되는 하나의 '국민국가'로 훈육하려는 좀 더 원대한 계획을 반영하고 있었다. 만약 도조가 전쟁 범죄에 대한 책임과 비난을 받아들였다면, 미국은 '정의'를 실현했다고 좀 더 효과적으로 말할 수 있었을 것이다. 이런 형태의 심문에서 '군사적 필요성'의 기반은 정보가 아니라 설득이었다.

심문관이 평가해야 할 범주인 [정보의] "신뢰도"를 판단하는 기준과 관련해, 그것의 형성과 변화의 역사를 미국의 일본 점령 시기에서 찾아볼 수 있다. 미 육군 내의 많은 일본계 미국인 심문관은 주로 아시아 태평양전쟁에서 송환되어 온 일본인들을 선별하는 일을 했으며, 이들은 대부분 러시아에서 온 전쟁 포로였다. 조지 다니구치는 이 심문관들 가운데 한 명이었다. 그는 "신뢰도는 우리가 얻은 정보를 분석할 때 고려하는 한 가지 요소"라고 말했는데, 그에게 "신뢰도"는 냉전의 이념적 노선을 따라 정의되었다. 다니구치는 일부 일본인 송환자들이 "세뇌를 당했다"고 묘사하면서 "우리는 정보를 얻기 위해 그들과 대화한 것이지 공산주의 사상으로부터 그들을 전향시키려는 것이 아니었다. [하지만] 보고서에는 그 남자가 좌익 성향이라고 표시했다."라고 말했다.72 포로가 좌익 성향이라는 표현은 "정보의 신뢰도"를 나타내는 지표였다. 그리고 실제로, 냉전 이데올로기가 반영된 다니구치의 '신뢰도' 기준은 한국전쟁에도 그 유산을 남겼는데, 이는 [제2차 세계대전 당시] '동양인'이 진실을 말할 수 있느냐 없느냐 하는 문제가 [한국전쟁에서는] '공산주의'와 개인의 '행위 주체성'agency에 대한 우려로 수렴되기 때문이다.73

조지 쓰다 역시 송환된 일본인 포로들을 심문하는 연합군번역통역부의 심문관이었다. 이후 쓰다와 다니구치는 모두 한국에 배치되어 최전선의 포로 심문팀과 함께 일했다. 쓰다가 회고하듯, "인천 상륙작전 직후에는 통역사가 꽤 필요했다. 그래서 나를 투입했고, 부산에 도착하니 한 하사가 나를 기다리고 있었다. 그들은 나를 레일을 따라 달리는 버스에 태워 동래 외곽으로 데려갔다." 이후 그는 [함경남도에 있는] 장진호● 근처로 이동했다. 그곳에는 정말 많은 한국전쟁 포로들이 있었다. 다니구치는 인천 상륙작전 직후 인천 애스

● 장진호 전투는 1950년 11월 말에서 12월 중순까지 함경남도 장진호 인근에서 벌어진 유엔군과 중국군 사이의 전투를 가리킨다.

컴 시티[미군수지원사령부]에 위치한 포로수용소에서의 경험을 떠올렸다, "해병대가 수천 명의 전쟁 포로를 데려오고 있었다. 물론 인천 상륙 직후였기 때문에 항복한 사람들이 수천 명씩 몰려들었던 것이다."74 이때 쓰다, 다니구치 등 심문관들은 주로 포로 등록, 명단 작성, 일련번호 부여 등을 담당했다.

그러나 이 전쟁 포로들은 '정보'의 원천으로 간주되기도 했다. 쓰다에 따르면, 동래 근처의 제10군단 사령부에서 근무할 때, 그는 한국인 통역관과 함께 포로들과 대화를 나누었다고 한다. 포로들은 가끔 20~30명씩 무리를 지어 그에게 왔다. 당면 임무는 "정보"를 보유한 자와 "정보"를 보유하지 않은 자를 나누는 것이었다.75

> 어느 정도 인원이 모이면 그들을 즉시 분류해야 했습니다. 그저 살펴보는 방식밖에 없었죠. 저 사람은 똑똑해 보인다. 저 사람은 멍청해 보인다. 저 사람은 깔끔하게 면도한 것처럼 보인다. 또는 이야기해 보니 똑똑해 보였다. 한 300명 정도를 그런 식으로 봐야 했습니다.

그러나 쓰다가 회고했듯이 문제는 "그 사람은 무언가를 알고 있고, 알고 있는 것이 분명해 보이지만, 말하지 않을 것"이라는 점이었다.

> 긴장을 풀게 해야 합니다. 담배나 사탕을 주었지요. [빙그레 웃으며-인용자] 일종의 뇌물 같은 거죠. 30분이 걸리든 한 시간이 걸리든 상관없습니다. 가족은 있는지, 고향은 어딘지에 대해 이야기하죠. 뭐, 그런 식입니다. 그러고 나서 조금씩 중요한 부분으로 들어갈 수 있는지를 파악합니다. 하지만 너무 오래 걸리면 안 돼요. (…) 포로가 너무 많거든요.

"중요한 부분"이 무엇을 의미하는지에 대해, 쓰다는 상부에서 그들에게 질문이나 의제를 제시했다고 설명했다. "백인" 장교가 쓰다를 비롯한 심문관들에게, 어떤 질문을 해야 할지 말해 주곤 했다. 흥미롭게도, 쓰다가 우선순위가 높았던 것으로 기억하는 질문 중 하나는 전쟁 포로들에게 "유색인종 군인들에 대해 어떻게 생각하는지"를 묻는 것이었다. "나는 백인 장교들이 듣고 싶었던 답은 '유색인종들은 전투를 잘 못한다'라는 답이었을 것이라고 생각한다. 그러나 많은 포로들의 대답은 '흑인들이었는데, 흑인을 처음 봐서 겁이 났다'라는 것이었다. 그러자 중위가 내게 '정말 그렇게 말했다고?'라고 했으며, 그 대답을 마음에 들어하지 않았다."

이 "중요한 부분"에 대한 쓰다의 기억은, 심문의 두 가지 중요한 측면, 즉 인종에 따른 위계 구조와 미군의 작전 성과에 대한 "피드백"으로서 심문의 역할을 드러냈다. 군사 "정보"에는 병력 수, 무기의 종류, 상급 지휘관의 신원 등도 포함되지만, 미군이 사용한 다양한 군사 전술의 효과에 대해 포로들이 제공하는 피드백도 포함되었던 것이다. 미국은 한국군과 중국군 앞에서 자신들이 어떤 '이미지'와 '작전 성과'를 가진 것으로 비치기를 원했을까?

그러나 미군 심문실에서 [포로로부터 획득한] 미국의 작전 성과와 이미지는 때때로 미덥지 않아 보였는데, 다니구치는 함께 일할 자격을 갖춘 통역사가 턱없이 부족하다는 점이 특히 불만이었다. 미군이 중국군 포로들을 수용하기 시작했을 때, 다니구치 부대에서 포로들을 심문할 준비가 되어 있는 사람은 아무도 없었다. 그들은 곧 주변 마을에서 중국어를 할 수 있는 사람을 수소문했다. 다니구치에 따르면, 남자 두 명을 찾을 수 있었는데, 하나는 "왕 씨"라는 "깡마른 노인"이었다. 그는 65세였고, 중국어와 한국어, 약간의 일본어를 구사했다. "또 다른 남자는 60세"로, "한국어와 중국어만 할 줄 알았다." 한국어와 일본어를 할 줄 아는 또 다른 심문관을 통해, 다니구치는 두 노인에게 소련제 무기 사진을 보여 주며, 포로들에게 그런 무기를 사용했거나 본 적이 있는지를 어떻게 물어봐야 하는지를 설명했다.[76] 그리고 후지이의 기사에 나오는 여섯 명의 팀과 마찬가지로, 네 명이 한 팀이 되어 중국인 포로들을 심문하기 시작했다.

심문실에서의 인종과 전쟁

"나는 그에게 진실을 말했다." 샘 미야모토는 한국전쟁 당시 포로 심문관으로 일했던 당시를 회고하며 이렇게 말했다. 미야모토는 한국인 포로에게, 자신이 징집되었고 명령에 따라 행동했을 뿐이며, 자신이 원해서 심문관이 된 것이 아니라고 말했다. 본질적으로 미야모토는 심문실 — 그 심문실에서 진행된 국민-만들기 프로젝트•에는 그 자신 역시 포함되어 있었다 — 에서 자신의 자율성을 위한 공간을 만들어 내려고 했던 것이다. 그가 말한 "진실"은 (심문실에서 구조적으로 중요하지 않을 수 있지만) 미군 심문실에서 자신의 역사와 경험이 지워지지 않았다는 미야모토의 주장으로 인해 중요한 의미를 갖는다.

심문실은 심문관과 심문을 받는 포로, 즉 미 제국의 서로 다른 두 가지 굴절된 신민을 만들어 내는 곳이었다. 그러나 샘 미야모토의 심문실에서 이루어진 [두 신민 사이의] 조우에서처럼, 항상 동의가 전제되거나 주어진 것은 아니었다. 그 대신 심문실과 일본계 미국인 심문관들의 이 밀접한 역사를 통해 전쟁, 비상사태, 군사적 필요성에 대한 '다른 이야기'가 등장했는데, 이 이야기 속에서 미국은 [일본과의 포로] "송환" 프로그램을 통해 전략적으로 "무국적자"를 만들어 낸 바 있었다. 떠오르는 제국 미국과 무너지는 제국 일본 사이에 권력이 재편되면서, 이 일본계 청년 미국인 집단에 미국 국민이 되어 노동할 수 있는 인종으로서의 자격 여부가 재할당되었다.

미야모토가 말한 "진실"에 대해 생각한다는 것은, 심문관과 통역사의 이름만이 문서 작성 과정에서 어떤 인간적 상호작용이 있었음을 보여 주는, 영

• 여기서 말하는 국민-만들기 프로젝트는 한편으로는 심문관으로 참여한 일본계 미국인들이 미국의 이익을 위해 봉사함으로써 진정한 미국 국민이 되는 과정이자, 다른 한편으로 북한 포로가 자신이 알고 있는 정보를 순순히 털어놓거나, 북한으로의 송환을 거부함으로써, 진정한 남한의 국민으로 만들어지는 과정을 가리킨다. 이 국민-만들기 프로젝트는 사실 미 제국의 신민-만들기 프로젝트이기도 하다.

어로 깔끔하게 타이핑된 심문 보고서라는 최종 결과물에서 배제된[드러나지 않은] 행위 — 침 뱉기, 주저하기, 협상 — 의 역사를 고려하는 것이다. 조르조 아감벤이 말하듯, 만약 "언어는 영원한 예외 상태에서, 언어 외부에는 아무것도 없으며 언어는 언제나 자신의 너머에 존재한다고 선언하는 주권자"77라면, 미국의 심문실은 바로 언어가 전제하는 권력의 이 가장자리에 정확히 위치해 있었다. 다시 말해, 주권적 힘은 심문 보고서를 읽는 이들이 그것을 액면 그대로 받아들이는 데서 나온다는 것을 알 수 있다. 깔끔하게 정리된 서사를 있는 그대로 받아들이는 것은 국가가 새겨놓은 경계, 즉 이것만 읽고 저것은 읽지 말라는 경계를 순순히 받아들이는 것이었다. 하지만 일본계 미국인 심문관의 경험을 고려하는 것, 그리고 그가 심문실에서 무엇을 가능하거나, 필요하거나, 불필요하다고 여겼는지를 고려하는 것은, 심문 보고서를 매우 근본적으로 다르게 읽는 것이다. 왜냐하면 그들의 노동이, 단순하고 요식적인 서사를 만들어 내는 데 필수적이었기 때문이다. 미야모토의 이야기를 통해 전쟁을 바라보면, 전쟁을 단순히 공식 기록이나 보고서의 내용으로 이해하는 것을 넘어, 개인의 경험과 그 속에 담긴 복잡한 맥락을 파악해야 할 긴급하고 폭넓은 과제로 인식하게 된다.

2부
인간성을 심문하다

4장
거제도
반란 또는 혁명

1952년 5월 7일 한국전쟁 당시 미군이 관리하던 가장 큰 규모의 포로수용소였던 거제도 포로수용소에서 친공 포로들이 수용소 소장 프랜시스 도드 준장을 납치하는 사건 — 이 일련의 사건에 대해 『뉴욕 타임스』의 기자 머리 슈마흐는 훗날 "한국전쟁 당시 있었던 가장 이상한 사건"[1]이라고 묘사했다 — 이 발생했다. 제76 수용동의 포로 대변인 주택운은 앞서 여러 차례 도드 준장에게 면담을 요청했고, 그날 오후 마침내 도드는 주택운과 만나기로 약속했다. 그들은 철조망을 사이에 두고 수용동의 정문에서 만났다. 포로 한 명이 통역을 맡았다. 이날 면담의 주제는 수용소 병참에 대한 통상적인 불만에서부터 좀 더 큰 문제인 자원 송환 심사에 이르기까지 다양했다. 회의 도중에 문이 열리면서 몇 톤에 달하는 천막을 실은 대형 트럭이 지나갔다. 이때 포로 가운데 힘이 세고 덩치가 큰 송모진이 천천히 문을 통과해 들어와 하품하는 시늉을 하더니 팔을 뻗어 도드 소장을 붙잡았다. 포로들은 말 그대로 도드를 수용동으로 끌고 들어간 후 철조망 문을 닫아 버렸다. 곧이어 제76 수용동 위에 길이

약 25피트[약 7.6미터], 너비 3피트[약 0.91미터]의 대형 현수막을 내걸었다. 현수막에는 다음과 같은 메시지가 영어로 적혀 있었다. "우리가 도드를 포로로 잡았다. 우리의 요구가 받아들여지는 한 그의 안전은 보장된다. 총격이나 그 밖의 폭행이 가해지면 그의 생명이 위험한 줄 알아라."[2]

5월 10일 토요일 아침, 탱크들이 배에 실려 거제도에 도착하기 시작했다. 폭우가 쏟아지고 있었고, 적어도 20대의 패튼과 셔먼 탱크가 흙탕길을 따라 제76 수용동을 향해 줄지어 내려왔다. 미 육군은 거제도에 언론의 출입을 금지했지만, 샌퍼드 L. 잘버그라는 기자가 한국인 어부가 모는 작은 배를 타고 진해에서 거제도까지 장장 네 시간 동안 "비가 쏟아지는 바다"를 뚫고 간신히 거제도에 도착했다. 토요일 새벽 2시 30분 거제도에 도착한 그는 이 섬을 다음과 같이 묘사했다.

> 먼발치에서도 거제도 포로수용소를 볼 수 있었다. 섬은 크지만 수용소는 한 지역에 집중되어 있었다.
> 우리는 한 마을에 도착했다. (…) 마을에서 1마일[약 1.6킬로미터] 정도 떨어져 있는 수용소 울타리와 경비병들의 숙소, 수용동 위로 불빛이 연이어 빛나고 있었다. 산중턱에 위치한 서치라이트로부터 청회색 빛이 철조망 울타리 안쪽으로 쏟아져 내리고 있었다. (…) 거제도 수용소는 철조망으로 촘촘히 둘러싸여 있었는데, 두 겹의 높은 철조망이 각 구역을 둘러싸고 있었다. 밤이 되면 불빛이 환하게 켜진다. 수용동 구석에는 기관총이 장착된 3층 높이의 경비 초소가 있었다.[3]

무장한 군인들이 탄 군용 지프들이 수용소를 둘러싼 해안을 순찰하고 있었고, 무장한 보병이 경비를 서는 모습도 눈에 띄었다. 잘버그의 눈에 거제도는 군사 요새였다. 제156 헌병대에 근무했던 아이클 데이비스의 표현에 따르면, 한국전쟁의 '앨커트래즈'●였다.[4]

미군의 제지를 받으며 섬 밖으로 쫓겨나기 전, 잘버그는 거제도에 있는 미군 장교 몇 명과 이야기를 나눌 수 있었다. 도드가 포로로 잡혀 있는 동안 제76 수용동에서 근무했던 한 장교는 잘버그에게 "도드를 쉽게 볼 수 있었다. 장군의 옷은 갓 세탁된 상태였다. 도드는 100야드[약 91미터]쯤 떨어진 곳에 있었고, 공산주의자들 무리에 둘러싸여 있었다. 빨갱이들 가운데 누구도 도드에게 손찌검을 하지 않았다."5

질서 잡히고 평온해 보이는 제76 수용동의 모습과, 무장한 미군 탱크 20여 대가 그곳으로 꾸준히 이동하면서 보여 주는 무력시위의 대조적인 장면이 토요일 아침 잘버그를 맞이하고 있었다.

포로들이 도드를 인질로 잡았다는 소문과 미 육군이 배포한 간략한 보도 자료는 미국 언론을 열광시켰다. 1952년 5월 9일 자 『로스앤젤레스 타임스』의 1면 기사는 [주한 미군인] "제8군단은 공산주의 포로들이 잡고 있는 장군을 즉각 석방하라고 명령했다."라고 요란하게 보도했다. 대체로 언론의 반응은 도무지 믿기 힘들다는 것이었다. 언론사의 편집 데스크는 믿어지지 않는, 이해하기 어려운 등과 같은 단어들 — "놀라운", "기괴한", "믿을 수 없는", "환상적인" — 을 동원해 이 사건을 미국 대중에게 보도했다.6 각 신문들과 미군이 발행한 성명들은 유사한 정서 — 포로들은 왜 수용소 소장을 납치했을까? — 를 담고 있었다. 모든 신문은 포로들이 다소 이례적인 요청을 했다고 강조했다. "공산주의자들은 [아마도 글을 쓰기 위한-인용자] 1000장의 종이를 요구했고, 이는 이미 거제도로 보내졌다. (…) 목적은 분명하지 않지만 콜슨 장군이 필요한 명령을 내렸다."7 다음 날인 5월 10일 『애틀랜타 데일리 월드』는 이 납치 사건을 "기괴한 사건"이라고 불렀다.8

제임스 밴 플리트 장군이 언론과 가진 기자회견에서, 그의 홍보 담당 장교

• 캘리포니아주 샌프란시스코만 한가운데 위치한 바위섬으로, 남북전쟁 당시에는 북군의 군사기지가 있었으나, 이후 교도소로 사용되었다가 1963년 폐쇄되었다.

인 제임스 맥너마라 중령은 상황을 다음과 같이 설명했다. "공산주의자들이 도드 장군과 이야기를 나누고 있다. 그들은 최대한 많은 것을 얻어 내려는 것 같다. 도드 장군은 분명히 버티면서 그들과 대화를 이어 가고 있다. 이것은 1일간의 판문점 회담 같은 것이다."9 거제도에 있는 미군 병사들조차 포로들의 요구가 무엇인지 잘 모르고 있었다. 잘버그에 따르면, "한 장교는 공산주의자들이 판문점에서[벌어지고 있는 정전회담에서]처럼 계속 요구만 하고 있다고 말했다."10 정전 협상이 벌어지고 있는 천막촌인 판문점은 특정 유형의 협상을 가리키는 약칭이 되어 있었다. 그리고 실제로, 거제도 포로수용소 제76 수용동에서 벌어진 일들[도드 납치]과, 판문점 회담장에서 이루어지고 있던 협상[전쟁 포로 교환 문제를 두고 교착 상태에 빠진 협상] 간의 유사성은 미국 주류 언론이 상상할 수 있는 범위를 넘어선 일련의 갈등이 있음을 시사했다.

이 역사적 순간에 "전쟁 포로"라는 용어는 단순히 전시에 존재하는 지위만을 말하는 것이 아니었다. 한국전쟁 당시 전쟁 포로라는 형상figure은 그것이 반제국주의 투쟁이든, 냉전 반공주의 갈등이든 또는 내전이든 아니든, 갈등 그 자체의 의미를 설명하는 데 핵심적인 것이 되었다. 이 이야기는 판문점의 협상 텐트와 거제도에 있는 유엔군사령부 제1 포로수용소(특히, 제76 수용동)를 오가며 전개된다. 포로 문제를 둘러싼 판문점에서의 협상과 [거제도에서 발생한] 도드 사건 자체에 대한 면밀한 독해와 미시사적 연구는, 이 과정에서 벌어진 대화와 갈등이 1945년 38선을 기준으로 이루어진 분단과, 미군 및 소련군의 한반도 점령이라는 구조적 유산을 중심으로 전개된 것임을 드러낸다. 1948년에 한반도 이남과 이북에서 각각 실시된 선거의 정당성을 거제도의 포로들과 판문점의 협상가들이 협상 테이블에 올려놓으면서, 대화와 협상에서의 관건은, 일제 식민지로부터의 진정한 해방은 무엇을 의미하며, 진정으로 합법적이며 정당한 주권은 어디에 있는지가 되었다.

그러나 미국의 외교관들과 정책 입안자들은 전쟁 포로를, 냉전을 뒷받침하는 도덕 담론의 중심으로 만들었다. 1952년 5월 7일, 거제도에서 납치 사건이 발생한 지 채 열두 시간도 지나지 않은 시점에, 트루먼 대통령은 백악관 기자실에서 현재 한국에서 진행 중인 정전회담에 관한 성명을 발표했다. 그는 "공산주의자들이 주장해 온, 포로의 강제 송환은 없을 것"이라고 발표했다. "강제 송환에 동의하는 것은 생각할 수도 없다. 그것은 한국에서 우리 행동의 근간이 되는 도덕적이고 인도주의적인 기본 원칙에 위배될 것이다. 우리는 학살당하거나 노예로 전락하도록 사람들을 넘겨주는 대가로 정전협정을 사지 않을 것이다."11 전쟁 포로는 본질적으로 판문점 천막 안쪽 협상 테이블에 놓인 선전물이었다. 그러나 자원 송환 문제를 둘러싼 논란은, 전후 세계 질서에서 단순히 도덕성을 주장하는 것보다 훨씬 더 근본적인 문제를 가리키고 있었다.

정전 협상은 1951년 7월 10일에 시작되었고, 연말까지 모든 당사국들이 38선 인근에 설정한 휴전선의 위치에 대해 합의했다. 단 한 가지 토론 의제, 즉 전쟁 포로 문제에 관한 의제 제4항이 여전히 협상 테이블 위에 있었다. 그러나 1952년 1월, 미국 대표단은 새로운 요구 조건으로 자원 송환 원칙을 제시했다. 중국과 북한 대표단은 1949년 제네바협약이 강제 송환을 규정하고 있다고 지적했다.

도드 납치 사건은 한국전쟁이 제네바협약이 미처 예상하지 못한 분쟁이었음을 드러냈다. 일제강점기에서 해방된 직후 점령군 미국에 의해 국토가 38선을 따라 분단된 나라에서 발생한 내전이었던 한국전쟁은 1949년 제네바협약이 새로운 "전쟁법"을 제정한 지 채 1년도 안 되어 발발했다. 유엔과 미국은 조선민주주의인민공화국을 주권국가로 인정하지 않고 있었고, 유엔은 이 분쟁에 교전 당사자로 참전했다. 이런 상황은 여전히 전쟁을 본질적으로 두 국가 간 분쟁으로 간주하고 있는, 1949년 제네바협약의 핵심적인 가정 — "군사"적인 것과 "정치"적인 것이 분리될 수 있다는 가정* — 을 시험했다. 1949년 제네바협약의 처방은 탈식민화되고 있는 세계의 실제 지정학적 변화를 포괄하지 못했고, 한국은 "국제사회"에 대한 첫 번째, 직접적인 도전이 되었다. 미국과 유엔이 조선민주주의인민공화국 대표들과 판문점에서 마주앉았을 때, 미국과 유엔이 인정하지 않는 단체와 고위급 협상이 진행되려는 매우 낯선 상황은 전쟁법의 가정에 의문을 제기했다. 국가 간 전쟁법의 적용 가능성이 의문시되는 상황에서 한국전쟁 포로는 문제의 해결 혹은 갈등이 전개되는 현장을 대표하게 되었다.12 도드 납치 사건과 그에 대한 미국의 군사적 대응은 포로 당사자, 미군, 판문점 협상단 각각이 포로를 어떻게 정의하려고 했는지를 드러냈다.

도드가 석방된 후 며칠 동안 미군은 한국전쟁 중 발생한 포로 관련 사건 가운데 가장 긴 조사를 시작했으며, 그 결과 거의 500쪽에 달하는 심문 기록과 진술이 담긴 사건 파일이 작성되었다.13 도드를 조사하는 동안, 미군은 처음에 포로들이 무력을 사용해 도드를 납치했는지에 초점을 맞추었다. 그러나 도드는 전쟁 포로들의 폭력성에 대해 만족스러운 대답을 제공하지 못했다. "내 만년필이 망가졌을 뿐이다."14라고 그는 주장했다. 포로가 된 지 사흘 만인 5월 10일 오후 9시 30분경, 제76 수용동 포로들은 도드를 정문까지 바래다주고, 석방 증명서를 받은 다음, 도드가 수용동을 걸어 나갈 수 있게 했다. 포로들은 도드가 소장으로 있던 시절 인민군 및 중국군이 포로수용소 내에서 결성한 조직 — 조선인민군과 중국인민지원군** 포로 대표단 — 을 미국과 유엔

• 제네바협약은 전쟁을 주권국가들 사이의 군사적 충돌로 간주했으며, 군사적 행동은 정치적 고려 사항과 분리되어 있었다. 다시 말해, 제네바협약의 전쟁법은 정치적 협상이나 결정은 별개의 문제로 가정하면서 군사적 행동(예컨대, 포로 처우 문제)을 규제하기 위해 고안되었다. 그러나 한국전쟁은 이런 가정에 정면으로 배치되는 전쟁이었다. 한국전쟁은 단순히 두 주권국가 간의 전쟁이 아니라 남북한 정부의 정통성, 광범위한 냉전 투쟁, 식민지 이후의 긴장과 같은 정치적 문제와 깊이 얽혀 있었기 때문이다. 판문점에서의 협상과 도드 준장의 납치와 같은 포로들의 행동은 이런 맥락에서 정치적 목적이 군사적 행동과 분리될 수 없음을 강조했다. 이로 인해 군사적 목적과 정치적 목적을 분리한다는 개념에 기초한 제네바협약을 한국전쟁에 적용하는 것은 더욱 복잡한 문제가 되었다.

•• 중국인민지원군은 중화인민지원군으로도 불렸다. 앞서 1장에 나오는 귀항증에는 중국인민지원군으로 명시되어 있으나, 도드 소장 납치 후 거제도 포로수용소 제76 수용동에 내걸린 현수막에는 중화인민지원군으로 표기되어 있기도 하다. 이 글에서는 일괄 중국인민지원군으로 표기했다.

군이 인정하는 조건으로 그를 석방했다. 필기 용지 수천 장을 요청했다는 관점에서 이 같은 세부 내용들에 주목해 보면, 이는 사실 일반적인 납치 상황은 아니었음을 분명히 알 수 있다.

1952년 5월 13일 자 메모에서, 미 육군 포로 사령부는 거제도 포로수용소 신임 사령관인 헤이든 보트너 준장에게 다음과 같이 지시했다. "지휘권을 받게 되면, 귀관의 임무는 유엔 산하 전쟁 포로들과 민간인 억류자들에 대한, 도전받지 않는 통제권을 확보하고 유지하는 것이다."[15] 하지만 제76 수용동 포로들은 도드를 석방한 이후 미군과 국군 병력의 영내 진입을 계속 거부하고 있었다. 그러자 1952년 6월 10일, 보트너는 미군과 낙하산부대원들에게 탱크·최루탄·화염방사기를 이용해 제76 수용동을 진압하라고 명령했다. 이날 포로 34명과 미군 한 명이 사망했으며, '도전받지 않는 통제'가 포로수용소 행정의 공식 정책이 됐다.[16]

도드 납치 사건을 둘러싼 이야기는 전쟁 및 외교 전략이 다양하게 발명되[고 서로 경합을 벌이]는 것에 관한 이야기이지만, 이런 전략이 발명되는 장소는 전장도, 직업 외교관들과 정치인들이 모인 협상 테이블도 아니었다. 대신 주권, 탈식민지화, 자기 결정권의 문제가 거제도 포로수용소, 판문점 천막 등에서 펼쳐졌다. 이때 각 당사자들이 사용한 전략은 폭탄을 비롯해 상대보다 앞선 기술을 활용하는 방식이 아니라, 심문실, 협상 테이블, 전시 관료 행정[예컨대, 자원 송환 심사나 설득실 운영 등과 같은 절차] 등과 관련된 것이었다. 포로들이 [유엔이나 미국 대통령 등에게 보내는 탄원서나 혈서 같은] 글을 쓰기 위해 종이 1000장을 요구한 것과 트루먼이 자원 송환을 요구한 것도 이런 맥락에서였다.

전쟁 포로들은 자신들이 휘말려 있는 더 큰 국제 체계에 대한 감각을 갖고 있었다. 1952년 초 언제인가, 국제적십자위원회는 거제도에 있는 유엔군 사령부 제1 포로수용소에서 한 전쟁 포로가 보낸 편지를 받았다. 리학구 총좌가 1951년 12월 29일 자로 작성한 이 서한은 영어로 작성되어 "국제적십자위원회 대표들"에게 다음과 같은 내용을 전달했다.[17] "경애하는 적십자 분들께"

라고 서한을 시작한 그는 "미군에 의해 거제도에 억류되어 있는 장교와 사병 등 모든 포로를 대표하여, 여러분들께서 건강하고 행복하길 바란다."라고 말했다. 그는 판문점 회담에서 아직 문제가 해결되지 않았음에도 불구하고, 미군이 포로수용소에서 실시하고 있는 자원 송환 심사에 항의하기 위해 편지를 썼다. 리학구는 자신이 전쟁 포로 대표임을 밝힌 후, 포로들에 대한 국제적십자위원회의 책임을 상기시키며 말을 이어 갔다. 그는 1949년 제네바협약을 언급하며, 국제적십자위원회의 인도주의적 임무에 호소했다. "나는 또한 모든 인류가 위임한 여러 인도주의적 문제들과 함께 정당하고 신성한 임무를 수행하고 있는 여러분들이 우리의 요청을 충족해 주기를 바란다." 간단히 말해, 한국전쟁 포로들은 정치적 실체로서 "인류"[와 그들이 미국에 위임한 인도주의적 문제]라는 개념을 전면적으로 거부하는 것이 아니었다. 이를 [인류의 이름으로] 그들에게 베푸는 듯한 미국의 태도를 거부하고 있었던 것이다. 리학구는 판문점에서 이루어지고 있는 협상의 경과에 대해 — 또한 판문점과 거제도의 양쪽 천막에서 이루어지는 논의의 핵심에 전쟁 포로라는 형상이 얼마나 정치적으로 연관되어 있는지 — 잘 알고 있었다. 리학구의 서한에는 판문점 북측 협상가인 남일 장군에게 보내는 메시지도 포함되어 있었다. 미군은 이 메시지를 삭제했지만, 리학구는 판문점에서 진행 중인 협상에 개입하기 위해 국제적십자위원회를 중재자로 염두에 두고 있었던 것이 분명하다. 리학구는 1952년 5월 7일 도드 사건의 중심인물이 된다.

도드 납치 사건

거제도 포로수용소 제76 수용동은 최고 보안 구역 안에 있었다. 1952년 5월 7일, 도드 준장은 자원 송환 예비 심사를 위해 미군 심문팀이 수용동에 들어가는 문제를 협상하고자 영내로 들어갔다. 그 안에는 6418명의 전쟁 포로가 있었다. 제76 수용동은 심문팀이 수용동에 들어오는 것을 집요하게 거부해 왔기 때문에 수용소 관리들에게 골칫거리였다. 도드는 적어도 포로들이 지문 등록에 동의하기를 바랐다. 왜냐하면 포로들은 수용소 당국의 감시를 방해하기 위해 가짜 이름, 일련 번호 바꿔치기를 비롯한 다양한 행위를 관행처럼 해 왔기 때문이다.18

5월 7일 오후 2시 도드는 철조망 울타리 너머에서 주택운이 정리한 요구 사항과 불만 사항을 듣고 있었다. 약 여섯 명의 포로들이 회의를 위해 모였다.19 주택운은 영어를 구사할 수 있었지만, 다른 포로가 공식 통역관 역할을 하고 있었다. 회의 주제는 매주 수용동 대표자 회의를 준비하는 것에서부터, 양말·우비·칫솔과 같은 물자 요청에 이르기까지 다양했다. 납치되기 직전까지 도드 소장 옆에 서 있던 레이븐 중령의 진술에 따르면 주택운은 "수용동 안으로 들어오면 모든 문제를 책상에서 해결할 수 있다", "안으로 들어와라. 신사답게 앉아서 문제를 해결하자."라며 도드를 계속 초대했다. 오후 3시경에 포로들이 도드 소장을 붙잡아 수용동으로 데리고 들어갔다. 제76 수용동 감시관 김창모는 수석 서기 오승권에게 "우리가 도드를 포로로 잡았다."라는 영어 메시지가 적힌 현수막을 그리라고 지시했다. "우리의 요구가 받아들여지는 한 그의 안전은 보장된다. 총격이나 그 밖의 폭행이 가해지면 그의 생명이 위험한 줄 알아라." 도드가 건물 안으로 들어가자 현수막이 수용동 본관에 내걸렸다.

일단 수용동에 들어서자 주택운은 도드를 향해 특이한 제스처를 취했다. 도드의 납치를 명령한 제76 수용동 대표인 주택운은 심문 기록에서, 도드를 수용동 안으로 데리고 들어간 후, "그때 나는 (…) 장군에게 (…) 그의 의사에 반해 그를 납치한 것에 대해 사과하고, 그의 안전을 보장할 것이며 해치지 않겠다고 말했다." 그들 사이에 철조망 울타리가 없었더라면, 포로수용소 사령관과 포로라는 역할의 입장과 의미는 크게 달라졌을 것이다. 철조망 너머에 [새로 임명된] 수용소 사령관*이 있었음에도, 주택운의 사과는 도드 소장이 제76 수용동 안에 머무는 동안 다소 예기치 못한 분위기를 만들었다. 주택운의 이런 언급은, 도드가 여전히 수용소 소장이고, 포로들은 여전히 포로라는 사실을 분명히 하는 것이 중요하다는 점을 드러냈다고 나는 생각한다.

이 사건에서 중요한 것은 전쟁 포로를 정치적 주체로 정의하는 것이었다. 도드가 붙잡힌 후 주택운은 즉시 철조망을 사이에 두고 수용소 당국과 협상을 시작했다. 주택운은 도드와 만나기 위해서는, 친공 포로들이 주도하는 다른 수용동 대표들을 제76 수용동으로 데려와야 한다고 요구했다. 이 문제를 협상하기 위해 미 육군은 북한군 총좌 리학구 — 윌리엄 H. 크레이그 대령의 말에 따르면 그는 "장교로서 가장 영향력 있는 포로"였다 — 를 정문으로 데려왔다. 그러나 수용동 앞에 도착하자마자 리학구가 말했다. "철조망이 우리를 가로막고 있는 상황에서는 회의가 불가능하다. 따라서 수용동 안으로 들어가야 한다."[20]

도드 납치를 알리는 현수막의 적절한 표현을 번역한 제76 수용동의 22세 포로 서기 오승권은 하빌랜드 대위, 캐럴 대위와 함께 최고 보안 구역에 있는 각 수용동으로 갔다. 그는 각 구역의 대표들과 지휘관들에게 "도드가 납치된 것"에 대해, 그리고 "제76 수용동에서 도드 장군과의 회의가 열릴 것이니, 모두 반드시 참석하기 바란다."고 말했다. 오승권과 두 명의 미군 대위는 제96, 95, 607, 605, 66, 62 수용동으로 가서 각 수용동에서 두 명씩 대표를 데려왔다.[21]

나중에 미군에 의해 "폭동죄"로 기소된 친공 포로들은 34명으로, 그중 세 명은 젊은 여성이고 나머지는 남자들이었다. 아마도 이 악명 높은 포로 집단에 대한 세부 사항 가운데 가장 중요한 것은 34명 가운데 열 명이 남한 출신이라는 점이었다. 그들은 나중에 미국 언론과 군부에서 묘사한 "북한의 광신적 공산주의자들"에 들어맞지 않는 인물들이었다. 포로들의 나이는 19세에서 37세까지 다양했으며, 모두 일제강점기에 태어났다. 이들은 나머지 포로들 가운

- 도드 소장의 납치 소식은 곧바로 제8군 사령부로 전달되었고, 이에 대한 대응으로 미 제1군단 참모장 찰스 콜슨 준장을 신임 소장으로 임명했다.

데서도 독특한 집단이었다. 도드 납치 사건에 관여했던 이 포로들 — 상당수가 다른 포로 수용동의 대표들이었고 여성들도 있었다 — 은 일제하에서 독립운동에 참여했을 가능성이 컸다.

도드 사건의 핵심 포로이자 조선인민군 총좌인 리학구의 개인사는, 그가 미군으로부터 여러 차례 받았던 심문 기록에 따르면, 이 같은 역사적 변화를 따르고 있었다. 리학구는 한반도 최북단에 위치한 함경북도에서 태어났다. 보통학교를 졸업한 후, 그는 1년 남짓 농사를 짓다가, 인근 초등학교에서 일본어를 가르쳤다. 그러나 해방 직후부터 그의 삶은 엄청난 변화를 겪게 된다. 1945년 8월부터 1946년 8월까지 그는 "북조선인민공화국 내무국에 의해 명천군 공안(경찰) 과장으로 임명되었다. 1946년 8월에는 [함경북도] 나남에서 조선학도대에• 가입"했으며, 북조선노동당은 물론 북조선민주청년동맹 소속이기도 했다.22

만주 역시 일본의 식민지 지배하에 있던 지역으로, 이 포로들의 지정학적 경험에서 중요한 역할을 했다. 도드 사건에 대한 광범위한 조사 보고서에는 중국군 포로 대표 두 사람의 통역관으로 활동했던 류이라는 전쟁 포로가 심문 기록에 등장한다. 심문 보고서에는 그가 "남한" 출신인지 "북한" 출신인지를 확인하는 부분에 다음과 같은 설명이 있다. "남한에서 태어난 중국 국민, 중국계 조선인." 한국인 포로들이 대부분인 집단에 중국 공산당 대표 두 명이 있었다는 것은 중국 내에서 전개된 한국인들의 항일 독립운동의 역사 — 그리고 국제적인 반제국주의 투쟁이라는 더 큰 비전 — 를 인정하는 유의미한 행동이었다.23

결국 다른 공산주의자 수용 구역에서 온 대표들이 모두 제76 수용동에

• 조선학도대는 "해방 직후인 1945년 8월 17일 여운형 등이 중심이 되어 발족한 조선건국준비위원회의 중앙 조직 가운데 하나"다. 한국학중앙연구원 누리집, 〈한국향토문화전자대전〉 참조.

그림 4.1 조선인민군과 중국인민지원군 포로 대표들(미국 국가기록관리청).

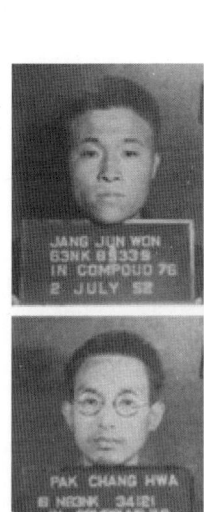

그림 4.2 프랜시스 T. 도드 준장. 1952년 3월 12일(미국 국가기록관리청).

도착했다. 그들은 제76 수용동 주요 막사 안에서 도드와 여러 차례 만남을 가진 후, 민간정보교육국CIE 건물로 이동했다. 이 건물은 본래 포로들에게 미국 민주주의와 영어를 가르치기 위해 각 수용동에서 가장 큰 건물로 설계되었으나, 이제는 미군이 예상치 못한 포로 조직 활동의 장소로 변모해 있었다. 도드에 따르면 "나는 연단에 올라 있었다. 무대 위에 10여 명이 있었고, 무대 아래쪽에 있는 의자에는 서너 줄의 사람들이 있었던 것 같다."[24] 포로들은 "조선인민군 및 중국인민지원군 포로 대표단"을 결성하고 있었다. 무대 위 책상에 앉아 도드는 이 대표 조직을 인정하는 메모에 서명했다. 도드의 이 서명 행위는 포로들의 계획에서 핵심적인 역할을 했으며, 포로들이 자신들을 정치적 주체로 재정의하려면 포로수용소 사령관의 권위를 부정하거나 제거하는 것이 아니라 그 권위를 새로운 방식으로 재구성하고 활용할 필요가 있다는 점을 보여주었다. 동시에 그들은 자신들의 목적을 이루기 위해 여전히 도드의 권위가 필요했다.

민간정보교육국 건물의 공간이 외교 회담이 벌어지는 장소처럼 바뀌었듯 도드가 지내던 다른 공간들 역시 비슷하게 바뀌었다. 회의가 끝난 후 포로들은 도드를 위해 마련한 방, 즉 바닥에 볏짚을 깔고 위에 담요가 놓여 있으며, 나무 침상, 탁자, 의자 세 개와 옷걸이가 있는 방으로 그를 안내했다. 리학구 총좌가 심문 보고서에서 말했듯이, 방 밖에는 경비원 두 명이 항상 있었지만, 그들은 도드의 "위신을 유지하기 위해" 있는 것이었다. 포로들은 도드가 위궤양을 앓고 있었기 때문에 포로들이 먹는 배급을 주지 않고, 철조망 울타리를 통해 식사를 제공했다고 심문에서 증언했다. 그러나 동시에, 그가 포로들의 배급 식량을 먹는다면 수용소 사령관으로서 도드의 권위는 상처를 입었을지도 모른다. 이날 저녁 민간정보교육국 건물에서 북한 노래와 연극 공연이 계획되어 있었는데, 도드 준장은 이 공연에 손님으로 참석했다.[25]

다음 날 아침, 포로들은 도드 준장을 위해 일정한 아침 일과 — 혹은 의식ritual — 를 준비했다. 500쪽에 달하는 사건 수사 보고서에는 납치나 포로 대

그림 4.3 포로 안종운. 수용동 의사로 도드 소장을 진찰했다 (미국 국가기록관리청).

표 조직 창설에 직접 관여하지 않은 포로에 대한 특별 심문도 있었다. 예컨대, 도드의 주치의 역할을 했던 포로 안종운은 심문에서 다음과 같은 증언을 했다.

Q: 도드 장군을 납치한 일과 관련해 무엇을 알고 있는가?

A: 신원을 알 수 없는 포로 한 명이 의무실에 와서, 도드 장군을 치료하기 위해 3번 구역 강당 근처의 막사까지 동행해 달라고 요청했다. 막사로 가는 길에 리학구를 만났는데 그는 내가 무엇을 하러 가는지 물었다. 도드 장군을 치료하러 간다고 설명하자 리학구는 알았다고, 가도 좋다고 말했다. 막사에 도착했을 때 도드 장군은 석유 드럼으로 만든 통에서 목욕을 하고 있었다. 포로 감시원 세 명 정도가 도드 장군의 몸을 씻고 있었다. (…) 장군이 목욕을 마쳤을 때 나는 손가락과 무릎을 살펴보았고 상태가 나아지고 있는 것을 관찰했다. 통역관이 그날 아침 장군이 일어났을 때 기침이 났다고 해서 그의 심장 맥박을 듣고 가슴을 살펴보았다. 그는 건강해 보였다. (…) 수용동을 떠나며 도드 장군은 내게 담배 한 갑을 주었다.26

포로 세 명이 도드를 목욕시키는 광경과 이후 도드가 세심한 의학적 진찰을 받은 것은, 그의 몸에 대한 철저한 감시와 엘리트 손님에 대한 특별 서비스 사이의 경계를 넘나드는 것이다. 도드는 자신이 억류하고 있던 전쟁 포로들의 돌봄을 받고 있는 포로였다. 그러나 포로수용소 사령관과 포로라는 이분법적 권력 서열이 바뀐 것은 아니었다. 포로들은 수용소 사령관인 도드의 자리를 차지하지 않았다. 대신, 포로들은 도드의 신체와 수용동 내 그가 머무는 공간 자체를, 도드의 권위를 유지하고 내세울 수 있는 공간으로 만듦으로써, 수용소를 대표하는 집단으로서 자신들의 권위를 명백히 드러낸 것이었다.

5월 8일, 포로들은 도드에게 이 사건의 가장 중요한 문서인 포로 대표 조직의 열한 가지 기능과 요구 사항 목록을 제시했다. 이 가운데 7번 항목이 가장 주목할 만한데, 이는 "이 조직의 사업을 보장하기 위해 막사 4개, 책상 10개, 의자 20개, K.T 종이 100장, 연필 200자루, 잉크 300병과 스텐실 종이 200장, 그리고 등사기 한 대를 요구한다."는 내용이다. 이 조직은, 포로들에 대한 자체적인 감독 기능을 수행할 수 있는, 자신들만의 기록 보관소를 만들고 싶어 했다. 이런 요구의 의미를 곰곰이 생각해 보고, 그들의 조직이 수행할 기능의 첫 번째 항목을 살펴보면, 우리는 포로에 대한 자체적인 기록 보관소를 설립하려는 움직임이 [수용소 내에서] 합법적 주권을 주장하기 위한 움직임이었음을 알 수 있다. 즉, "① 우리는 거제도 포로수용소에 갇혀 있는 전체 조선인민군 포로와 중국인민지원군 포로의 대표들로 구성된 위원단이다." 리학구가 포로 대표들로 구성된 위원단의 위원장으로 선출된 뒤, "사실상 유엔군사령부 제1 포로수용소의 모든 포로 수용동의 사령관이 됐다."27고 주택운은 진술했다.

그들이 만들어 낼 관료 체계는 전쟁 포로들을 단순히 전시에 존재하는 어떤 범주가 아니라 [정당한 주권을 소유한] 국가의 국민[주체]으로 접근한 것이었다. 포로 대표단이 가장 중요하게 요구했던 것은 미군의 자원 송환 예비 심사를 중단하는 것으로, 이들은 미국이 조선민주주의인민공화국의 국민들로 하여금 조국이 자신들에게 행사하는 주권[예컨대, 강제 송환]을 거부하도록 강요하고 있다고 주장했다. 이들은 전쟁 포로라는 지위를 이용해, 국제사회에 북조선이 어떤 형태의 정치 집단인지를 묻게 했고, 북조선이 합법적인 국가라고 주장했다.

도드 납치로 인한 악영향을 줄이기 위해 미군은 찰스 콜슨 장군을 거제도 포로수용소 사령관으로 신속히 임명했다. 콜슨의 임무는 도드에게 더는 지휘권이 없으며, 그와 맺은 협상은 모두 무효임을 포로들에게 알리는 것이었다.

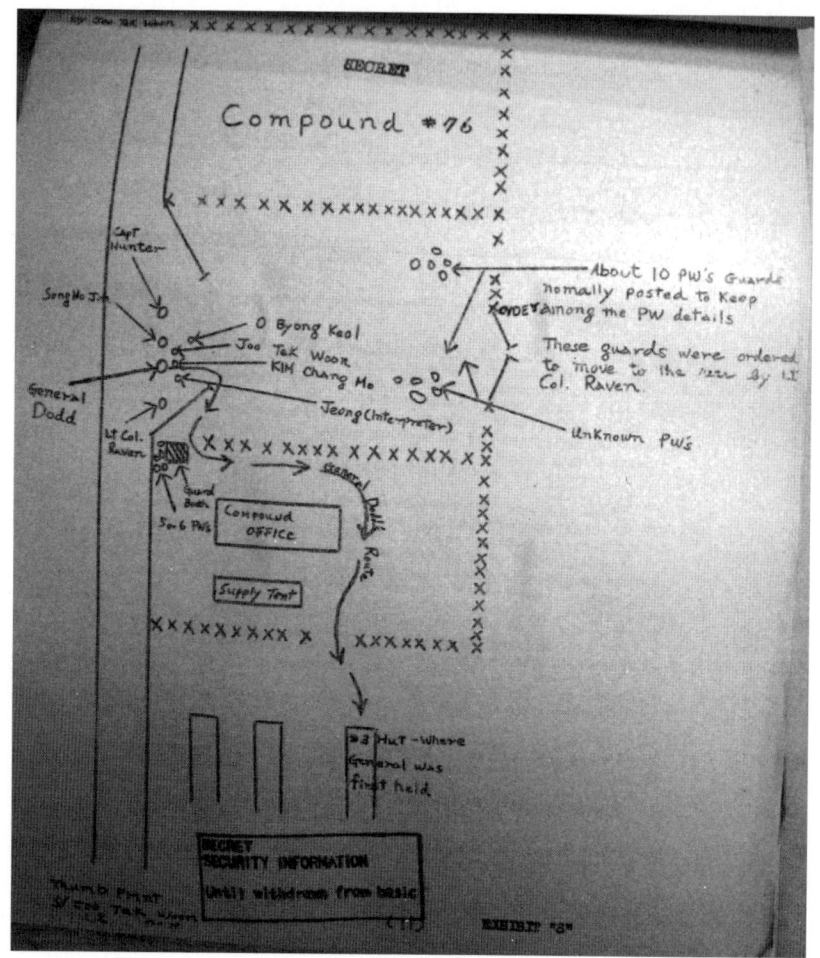

그림 4.4 도드 사령관 납치 사건 과정을 묘사한 그림(미국 국가기록관리청).

콜슨은 도드가 납치된 날 밤 0시 5분에 제76 수용동 포로들에게 확성기와 문서를 통해 다음과 같은 메시지를 전달했다.

> 5월 7일 15:00경, 제76 수용동의 특정 포로들이 당시 수용소 사령관이던 프랜시스 T. 도드 준장과, 7번 구역 지휘관 W. R. 레이븐 중령을 악의적으로 공격했다. 격렬히 저항했지만 도드 장군은 제76 수용동에 인질로 잡혔다. 이런 행동은 제네바협약의 모든 원칙에 위배된다. 이 수용소의 신임 사령관으로서 나는 제네바협약의 규정에 따라 즉각 도드 장군을 석방하고 그가 무사히 돌아올 수 있도록 명령할 권한이 있다. 이제 나는 그를 무사히 석방할 것을 명령한다.[28]

도드는 풀려나지 못했다. 대신 철조망 울타리를 통해 모두 열두 개의 메시지가 신임 수용소 사령관에게 전달됐다. 포로 대표단을 대표해서 리학구가 서명해 미국 사령부로 보낸 5월 10일 자 메시지는 그들이 만든 조직의 기능을 이해할 수 있는 중요한 틀을 제공한다. "본 대표단은 다시 한번 밝힌다. 대표단이 귀하의 전임자인 미 육군 준장 도드 장군을 억류한 것은, 수용소 당국이 포로에 대한 부당한 관리와 폭력 행사로 제네바협약을 무효화하고, 제네바협약의 권위를 떨어뜨림에 따라 위협받고 있는 우리 포로들의 생명과 인권을 보호하기 위한 합법적인 선제 조치이다."[29] 이 메시지에서 제네바협약을 언급한 것은 담론상으로 매우 결정적인 이동[움직임]을 보여 준다. 즉, 미국이 국제 질서와 동의어가 아님을 명토 박음으로써, 국제인도법*의 도덕적 권위와 미국의 권위를 분리하고 있었던 것이다.

리학구는 "도드 준장은, 그가 밝힌 것처럼, 모든 위험으로부터 보호받고 있으며 그의 위생 상태나 정신 상태에는 그 어떤 작은 변화도 없다."고 전했다. "그는 평상시와 다름없이 우리와 논의하고 있다. 당신의 건강과, 제네바협약 실천의 새로운 결과를 기대하며. 당시 포로수용소 사령관의 승인을 받은, 조

그림 4.5 도드 사령관 납치 사건이 발생한 수용동(미국 국가기록관리청).

선인민군과 중국인민지원군 포로 대표단을 대표하여, 리학구 서명."[30] 이처럼 포로들은 사령관 교체에 당황하거나 동요하지 않았다. 그들은 관료 행정적 형식에 맞춰 협상 전략을 바꿨다. 도드가 사령관일 때 일어난 과거 폭력 사건 등에 관한 [포로 대표와 수용소 당국의] 모든 성명[각서]은 도드의 서명으로 확인될 것이고, 포로 대표 조직의 향후 자격과 기능에 관한 성명들에 대해서는 [신임 사령관인] 콜슨이 서명할 것이다.

1952년 5월 10일, 도드와 콜슨 모두 해당 성명서에 서명했다. 도드가 풀려나자마자 미군은 이 두 사람을 모두 즉각 해임했다. 무엇보다 포로들이, 포로에 대한 수용소 내 폭력을 증언한 문서에 이들이 서명했기 때문이다.** 그들의 서명은 법을 위반한 행위였다.

제76 수용동 내부에서는 외교적·관료 행정적 [관례들과] 행위들이 다른 종류의 행위보다 우선시되었다. 조선인민군 및 중국인민지원군 [포로] 대표단은 정치적 인정 문제를 전면에 내세웠다. 성명서는 영어로 작성되었고, 포로들은 도드가 신체적 위해를 당하지 않도록 주의를 기울였다. 신체적 강압이

• 국제적 또는 비국제적 무력 충돌 시 전투 능력을 상실했거나 적대 행위에 가담하지 아니하는 사람(부상자, 병자, 포로, 민간인, 의무 또는 종교 요원, 적십자 구호 요원 등)들에 대해 국적, 인종, 종교, 계급, 정치적 견해 등에 따른 어떠한 차별 없이 그들의 생명을 보호하고, 전쟁의 수단과 방법을 금지하거나 제한함으로써 무력 충돌의 영향력을 최소화하기 위한 국제법의 한 분야이다. 제네바협약도 여기에 포함된다. 대한적십자사 누리집에서 '국제인도법의 개념' 항목 참조.

•• 포로 대표단은 크게 네 가지를 요구했는데, 주요 골자는 다음과 같다. ① 포로수용소 측의 야만적인 행동 중지, ② 불법적이고 부당한 자원 송환 중지, ③ 강제 심사 중단, ④ 포로 대표단에 대한 인정. 이에 대해 콜슨 신임 사령관은 다음과 같은 내용으로 회신했다. ① 유엔군이 다수의 포로를 살상한 유혈 사건이 있음을 시인하고, 재발 방지에 나서겠다, ② 자유 송환 문제는 판문점에서 논의되고 있는 사항으로 본인에게는 이를 결정할 권한이 없다, ③ 강제 심사는 중단하겠다, ④ 포로 대표단 조직을 승인한다. 이에 대해서는, 김행복, 「거제도포로수용소장 돗드 장군 피랍사건관련 미 하원 청문회 논의 내용과 그 분석」, 『군사』 제40호, 2000/06, 국방부 군사편찬연구소, 144, 145쪽 참조.

있었다는 증거가 있으면 도드의 서명이 무효가 될 수 있기 때문이었다. 의학적 치료, 저녁 접대, 포로 대표들과의 만남 등 모든 활동과 몸짓은 섬세하게 설계된 것이었는데, 이는 포로들이 자신들의 물질적 요구 사항을 정당화하기 위해 필요한 상징적 요소들에 얼마나 잘 맞췄는지를 보여 주었다.

포로들은 본질적으로 제네바협약을 프레임으로 활용하고, 도드 장군을 매개체로 사용해 그들 국가 — 즉, 조선민주주의인민공화국 — 가 주장하는 주권을 재연하고 있었다. 그들은 자신들을 주권국가의 전쟁 포로로 인정해 달라고 요구했다. 실제로 도드 납치 사건은 1949년 제네바협약에서 "전쟁 포로"의 범주를 둘러싸고 제기되었던, 완전히 해결되지 않은 문제를 건드리고 있었다. 당시 회담에 참석한 대표들은 제네바협약의 보호 범위를 '장기적인 저항[레지스탕스] 운동'까지 확장해야 한다고 주장했는데, 특히 영국 대표단이 이런 확대에 반대했다. 영국은 제국주의적 이해관계에 이끌려,• "반식민주의적 민족주의자들에게 보호권이 부여되는 것을 피하고 싶었다."31 이런 보호 범주의 확장은 결국 협약에 포함되었지만, 민족해방운동의 시대에 '전쟁 포로'와 같은 전시 범주를 부여하는 것은 1945년 이후 국민국가 시스템에서 주권을 인정하는 문제와 맞물려 진행될 것임을 분명히 보여 주었다. 판문점 협상장에서 이뤄진 전쟁 포로를 둘러싼 논쟁은, 주로 1949년 제네바협약에 대한 어느 쪽의 해석이 우세했는지에 초점이 맞춰질 것이라고 예상할 수 있다. 그러

• 당시 영국은 팔레스타인 지역에서 시오니스트 "레지스탕스"(저항운동) 전사들(영국은 이들을 테러리스트라 불렀다)과의 싸움에서 막 패배했고, 말라야에서도 강력한 반식민주의 봉기가 발발한 상황이었다. 나아가 영국은 제네바에서 레지스탕스 운동을 보호해야 한다는 주장을 펼치던 소련이 1946, 47년 서유럽 전역의 식민지 민족주의자들을 이용해 파업과 정치적 불안정, 경제적 혼란을 조장하고 있다는 사실을 알고 있었다. 이에 대해서는 William Hitchcock, "Human Rights and the Laws of War: The Geneva Conventions of 1949", in *The Human Rights Revolution: An International History*, ed. Akira Iriye, Petra Goedde, and William Hitchcock (Oxford: Oxford University Press, 2012), p. 99 참조.

나 그 대신, 해결되지 않은 또 다른 문제가 고개를 들었다. 협상단은 포로 송환뿐만 아니라 38선의 의미에 대해서도 논의해야 했다.

주권국가로 인정하지 않은 상태에서 이루어진 협상

판문점 회담은 1951년 10월 25일에 시작되었는데, 불과 하루 전날 2톤 트럭 아홉 대가 자재와 막사를 현장으로 옮겼고, 40명의 인력이 조명, 바닥재, 난방 시설을 갖춘 회의 막사를 설치하기 위해 애썼다.32 『공산주의자들과 협상하는 법』이라는 회고록에서 유엔군사령부 수석 협상가 찰스 터너 조이 제독은 판문점에서 이루어진 협상을 일관된 용어 — "무대 설정"stage setting — 를 사용해 자세히 묘사했다.33 판문점 협상은 주권의 의례적 제스처를 중심으로 이루어졌으며, 회담의 연극적performative 측면을 드러냈다. "인정의 정치"는 협상 자체에 깊숙이 내재되어 있었다. 미국과 유엔은 조선민주주의인민공화국의 주권을 인정하지 않았고, 그럼에도 불구하고 협상이 진행되는 의례는 평등한 조건을 내포하고 있었다 — 주권적 국민국가 질서의 토대는 평등이라는 통념에 기초하고 있었고, 각 국민국가는 국가들로 이루어진 더 큰 공동체 내에서 개별적인 행위자였다. 인류학자 존 켈리와 마사 캐플런은 더 나아가 "현대 민족주의에서 새로운 것은 정치적 자의식이 아니라, 전 세계적인 국민국가 시스템으로", 이 시스템은 "유엔의 창설과 함께 '현실'이 되었다."34라고 했다. 미국과 유엔은 북한과 중국을 주권국가로 인정하지 않은 채 어떻게 협상할 수 있을까? 미국은 이 같은 난국을 피하기 위해 직업 외교관이나 정치인이 아닌 "현장의 군 지휘관"에게 협상 임무를 위임하기로 결정했다.35 따라서 회담장의 막사는 표면적으로 "군사적인" 것과 "정치적인" 것을 효과적으로 분리할 수 있는 장소였다.

그러나 판문점에는 "군사적인" 것과 "정치적인" 것의 분리라는 담론적 구성물을 효과적으로 유지할 수 없게 하는 협상 막사가 하나 있었다.36 협상

의제 가운데 제4 의제* — 전쟁 포로 송환 문제 — 에 대한 분과위원회 회의가 1951년 12월 11일 시작되었다. 조선민주주의인민공화국과 중국을 대표하는 협상자는 각각 이상조 소장과 차이청원 소장으로, 판문점 회담의 공식 미군사에 이들은 "적들 중에서 가장 능력 있는 두 협상가"로 묘사되었다. 협상 테이블 맞은편에는 루스벤 리비 해군 제독 — 같은 미군사에 "신랄한 입담을 가진 사나운 뱃사람"으로 묘사된 —과, "유엔군사령부 팀에서 균형을 잡아 주었던" 조지 W. 히크먼 2세 대령이 자리했다.37 각 협상단은 참모들과 통역, 속기사를 데리고 왔다.38 13시에 이상조 소장이 "회담을 시작합시다."라고 말했다.39

첫 번째 논쟁의 주제는 '민간인 억류자' 문제였다.40 이상조 소장은 전쟁이 발발하기 전에 38선을 기준으로 어느 쪽에 거주했는지를 파악하기 위해 포로들을 샅샅이 조사하는 것은, 누가 어느 국가에 속해 있는지를 결정하는 타당한 방법이 아니라는 주장을 되풀이했다. 그는 "전쟁 포로가 아닌 사람이 이 회의로 인해 전쟁 포로가 될 수 있습니까?"라고 물었다. "그건 불가능합니다. 나도 남한 출신이지만, 귀하도 알고, 세계의 다른 사람들도 알다시피 나는 당신네 군대 사람이 아니라 조선민주주의인민공화국의 충성스러운 장군입니다."41

이에 대해 리비 제독은 "정치와 법, 정치적 문제와 법적 문제를 명확히 구분하자."고 주장했다. 리비는 "국제법"을 내세워 "민간인 억류자" 지위와 관련해 문제가 된 사람들은 "사실" "대한민국 국민들"이므로 "해당 국가의 법에 의해 보장된 일정한 권리를 가지고 있으며, 국가에 대한 일정한 책임을 가지고

• 당시 합의된 협상 의제는 다음과 같다. 제1 의제로 협상 의제의 채택, 제2 의제로 군사분계선의 설정, 제3 의제로 휴전 감시 방법 및 그 기구의 설치, 제4 의제로 포로 교환에 관한 협정, 제5 의제로 쌍방의 당사국 정부에 대한 건의 등이었다. 참고로, 군사분계선 설정을 둘러싼 협상은, 현재의 접촉선을 군사분계선으로 하자는 유엔군 측의 주장과 38선을 군사분계선으로 설정해야 한다는 북한 측의 주장이 맞서다가, 결국 유엔군 측의 주장이 관철되어 1951년 11월 27일 군사분계선의 설정 협정에 조인했다. 국사편찬위원회 누리집, 〈한국사데이터베이스〉에서 정병준, 「미국의 대한정책사 자료 해제」 항목을 참조.

있다."라고 주장했다. 이 협상 막사에서 논의가 주로 1949년 제네바협약을 중심으로 이루어졌을 것이라고 예상할 수 있지만, 대화와 논쟁은 [다른 주제로] 빠르게 전환되었고 곧 논의의 핵심 이해관계가 드러났다. 전쟁 포로에 대해 이야기한다는 것은 국가가 그 국민subjects에게 어떤 주장을 할 수 있는지, 더 중요하게는 1945년 이후의 세계 질서 안에서 어떤 국가가 합법적으로 간주될 수 있는지에 대해 논의하는 것이었다.[42]

본질적으로, 제4 협상 의제를 둘러싼 회담은 한반도가 분단된 지 5년이 지난 시점에서도 여전히 38선이 어떤 경계선이어야 하는지가 명확하지 않다는 사실을 드러냈다. 1945년 8월 10일 워싱턴 DC의 펜타곤(국방부)에서 "밤늦게까지 일하느라 녹초가 된 두 대령"의 손에서 태어난 38선은, 그 어떤 지리적 또는 문화적 경계와도 무관한 것으로, 위도 38도에 해당하는 선이 한반도를 미국과 소련이 각기 나누어 점령하는 구분선이 되었다.[43] 한국인들에게, 38선은 전적으로 인위적인 분단선이었다. 일제강점기 동안 제국의 신민이 되어 겪었던 일들은 영토 국가의 경계를 넘어서는 것이었다. 한국인들은 만주에서 공장 노동자로, 하와이에서 사탕수수 노동자로 일하기도 했고, 상하이에 망명 임시정부를 설립했으며, 만주 및 연해주 일대와, 하와이 등지에 다양한 항일 군사훈련 단체를 조직했다.[44] 거제도 포로수용소에 억류된 전쟁 포로들의 경험 속에는 일본의 식민지 정책에 의해 강제된, 혹은 1930년대 후반 식민 지배하의 조선인들이 일제 첩자가 될 수 있다는 의심으로 진행된 스탈린의 강제 이주 정책 등 이주의 역사가 반영되어 있었다.

해방된 지 5년이 지난 1950년에도 38선 문제는 해결되지 않았다. 그리고 한국전쟁은 모든 당사국에 진퇴양난의 문제를 안겨 주었다. 한편으로는, 만일 이 전쟁이 내전이라면 38선은 한반도의 정치와 공동체들에 오랜 역사적 의미를 갖지 않는, 단순히 외세가 점령한 흔적에 불과할 것이다. 만약 이 전쟁이 [공산주의 지배를 밀어내거나 뒤집는] 롤백 전쟁이었다면, 마찬가지로 38선은 [제거해야 하는 경계이지] 영토적 주권을 [나타내는 경계선을] 의미하지는 않을 것이다. 다른 한편, 만약 한국전쟁이 반공산주의 봉쇄 전쟁이었다면, 미국과 유엔이 북한의 주권을 정치적으로 인정하고 싶지 않았다 하더라도, 선택적으로라도 38선이 주권적 국경으로 굳어졌을 것이다. 그리고 또 다른 차원에서, 만약 한국전쟁이 민족해방전쟁이었다면, 38선은 주로 제국주의적 행위로서만 의미를 가졌을 것이다. 판문점 협상장에서 포로 문제를 놓고, 38선 문제와 전쟁의 성격 문제가 해결되어야 했다.

이상조 소장은 1948년 선거로 되돌아가 북조선이 한반도에 대한 정당한 주권이 있다고 주장했다.

> 만약 귀하가 우리가 말하고 있는 이른바 시민권이나 국적에 대해 이야기한다면, 내가 말했듯이 그것은 복잡한 질문이다. 귀하는 우리 공화국의 이름이 조선민주주의인민공화국이라는 것을 기억해야 하며, 조선민주주의인민공화국이 탄생했을 때, 그것이 남조선인을 비롯한 조선 인민 전체의 의지를 보여 준 선거의 결과[45]로 탄생했다는 사실 역시 기억해야 한다.

협상장에서 1945년 이후 시대의 핵심인 '주권' 문제를 논의하기 시작하자 "군사적인" 것과 "정치적인" 것 사이의 잠재적 구분이 무너졌다. 탈식민화된 세계에서는 어떤 유형의 군사행동이 한 국가를 정당성을 가진 것으로 만드는가? 즉, 미군정이 탈식민화된 국가를 정당한 국가로 만들었는가? 아니면 항일 무장투쟁의 역사가 국민과 국가의 관계에 정당성을 부여했는가?

주권 및 인정을 둘러싼 문제의 또 다른 측면은 이들 각 국가의 명칭이라는 점이 분명해졌다. 리비는 12월 27일 이상조와의 회의에서 "귀하는 '이승만 정부'를 언급했다."라고 말했다. "이는 대한민국 정부를 의미한다고 생각한다. (…) 왜냐하면 한반도에는 인정된 정부가 하나뿐이기 때문이다. 이 회담의 목적을 위해, 우리는 귀하가 선호하는 명칭 — 조선민주주의인민공화국 — 으로 귀하 측 정부를 지칭하는 예의를 갖추는 것만으로 충분하다고 생각한다. 우리가 이렇게 하는 것은 통상적인 예의를 지키고, 귀하 측의 소망을 존중하기 위해서이지, 실제로 그 정부를 인정하기 때문이 아니다."[46]

1952년 1월 2일, 리비 제독은 전쟁 포로들의 자원 송환이라는 또 다른 문제를 테이블에 올렸다. 자원 송환 문제는 이 협상을 1945년 이후의 세계에서 국민국가의 성격을 둘러싼 또 다른 차원의 논쟁으로 몰고 갔다. 1952년 1월 26일, 리비가 그날의 회담을 시작했다. 그는 이상조에게 "어제 회의를 마칠 때 귀하는 정치적 논란을 피하기 위해, 남한인, 북한인, 군사분계선 이남, 이북 지역이라고 말하는 것이 적절하다고 말했다. (…) 이 협상은 일정한 정치적 틀 안에서 진행되고 있다. 우리는 귀하가 제안하는 바와 같이, 다음과 같은 사실에 눈을 감을 수 없으며, 그렇게 하지도 않을 것이다."라고 단언했다.

> 대한민국은 주권국가다. 그것은 존재한다. 대한민국은 한국인 수백만 명의 자유의지의 결과로 존재한다. 국가를 만들어 내는 행위를 통해, 38선 이남 지역의 주민들은 그 국가의 국민이 되었다. 이것은 정치가 아니다. 이것은 법이다. 이것은 사실이다. 이 사실이 아무리 귀하를 불쾌하게 할지라도 그것은 여전히 '사실'이다.[47]

이에 대해 이상조 소장은 국가에 대한 개인의 의지에 대해 언급했다. 그는 "조선의 인민들을 북쪽 또는 남쪽의 국가 명칭에 따라 임의로 분류하는 것은 불가능하다. 왜냐하면 조선에는 본질적으로 서로 다른 두 세력이 있기 때문이다. 한쪽에는 민족의 이익을 대변하는 혁명 인민군이 있고, 다른 쪽에는 반동적인 군대가 있다." 그는 계속 말을 이어 갔다.

> 우리는 귀하의 군대에서 포로로 잡은 모든 전쟁 포로를 백인과 흑인으로 분류하지 않으며, 백인에 반대하라고 흑인을 선동하지도 않고, 그들의 군적軍籍을 취소하지도 않았다. (…) 우리는 그 미국인들에게 전쟁이 끝나면

영국으로 갈 것인지 아프리카로 갈 것인지 묻지 않는다. 그것은 자신의 정치적 입장을 선택하는 문제다. 우리는 그들에게 그렇게 하라고 요구하지 않으며, 그렇게 할 필요도 없다고 생각한다."[48]

협상의 이 시점에서, 포로 송환 문제는 리비와 이상조 모두로 하여금, 1945년 이후 세계에서 국민국가를 건설하는 문제와 관련된 특수한 긴장 — 즉 국가 형성에서 "군사적인" 것과 "정치적인" 것의 모순 — 을 무시하도록 했다. 북한과 미국 모두에서 군 복무의 정당성은, 한국인 혁명가이든 아프리카계 미국인이든 참여 당사자의 동의와 선택을 전제로 한 것이었다. 그러나 이상조는 군 복무를 선택한다고 해서 반드시 개인의 주체성과 국가의 정치적 의제가 일치한다고 추정할 필요는 없다는 점을 지적함으로써 이런 관점을 약화하고자 했다.

리비는 이 기회에 담론의 논리를 더욱 밀어붙였다. "귀하 측이 취하는 입장에는 논리나 이성의 어떤 근거로도 동시에 옹호될 수 없는, 서로 정반대되는 두 가지 기본 주제가 포함되어 있다." 그 두 가지는 '선택의 자유'와 그에 반대되는 '강제 송환'이다.[49] 그리고 그는 계속해서, "개인에 관한 한, 유엔군사령부가 제안한 것은 [포로의 의지에 반해 본국으로 강제 송환하는 것이 아니라 포로 개인의 선택의 자유와 기본권을 보호한다는 점에서] 권리장전과 같다."[50]라고 말했다. 전쟁 포로를 둘러싼 논쟁은, 그 협상이 국제법에 대한 누구의 해석이 더 타당한지를 두고 벌이는 갈등 이상의 것임을 드러냈다. 이것은 1945년 이후 공식적인 탈식민화의 시대에 주권, 인권, 시민권 개념을 두고 경쟁적인 논의들이 전개되는 와중에 누가 주체성, 곧 '전쟁 포로'들의 욕망을 알고 있다고 주장할 수 있는가라는 문제를 둘러싼 갈등이었다. 이 논쟁은 유엔군사령부 제1 포로수용소의 심문실에서도 계속되었다. 그곳에서 도드 소장 납치 사건에 관련된 포로들은 다시 한번 1949년 제네바협약을 일깨웠고, 미군은 포로 대표단에게 "반란" 혐의를 적용하려 했다.

주권국가로 인정하지 않은 상태에서 이루어진 심사

1952년 5월 7일 프랜시스 도드 준장의 납치에 대한 미군 조사 파일의 요약본에는 "도드가 풀려났을 때 그의 건강 상태는 양호했다. 납치범들이 그를 잘 대해 줬다는, 사실은 후하게 대접했다는 점은 의심의 여지가 없다."[51]라는 특이한 문구가 들어 있었다. 사건 파일에서 납치 사건에 대한 일반적인 연대기적 서술을 잠시 멈추고, "사실은"이라는 단어를 끼워 넣어 어떤 논평을 해야 할 만큼의 파열 — 그리고 일순간, 이 사건 파일에는 미군의 관료적 언어로는 담을 수 없는 무언가가 있다는 것이 분명해졌다 — 이 있었던 것이다. 제33번 사건인 도드 납치 사건은 미 육군이 전쟁 포로들을 '반란'으로 기소한 유일한 사건으로, 사건 파일 자체가 거의 500쪽에 달하는 방대한 심문 기록과 진술서를 포괄하고 있었다. 수사와 기소 준비 과정에 많은 노력이 들어갔지만, 결국 이 기록보관소에 보관될 파일로 준비된 행정 요약본은 포로들이 [도드 소장을] '후하게 대접했다'고 강조했다. [자신들이 잡은] 포로들을 '후하게 대접'했던 이 '반란'을 해결하기 위해 미군이 수많은 노력을 들였다는 사실은 한 가지 단순한 질문을 제기한다. 이 친공 포로들은 도드 사령관을 납치하는 과정에서 어떤 정치적/심리적 경계선을 넘었는가? 여기서 반란이란 어떤 의미였는가?

미 육군 제29 헌병대MP 범죄수사대CID는 1952년 5월 29일 도드 사건에 대한 조사에 착수했다. 수사는 8월 7일까지도 끝나지 않았고, 1952년 8월 25일에 공식적으로 수사 "종결"이 선언되었다. 유엔군사령부는 두 개의 개별 사건을, 각각 사건 #32와 #33으로 구분해 납치 사건에 연루된 전쟁 포로들을 재판에 회부했다. 사건 #32에는 주택운, 김창모, 오승권, 오병걸, 송모진 등 도드 준장과 철조망 울타리를 사이에 두고 열린 회의에 참석했던 여섯 명의 포로가 포함되었다. 사건 #33에도 주택운과 김창모가 포함되었지만, 피고인 명단은 포로 대표 위원단에 들어 있던 포로들로 확대되었다. 사건 파일 요약에 따르면, 공식 죄목은 다음과 같다.

#32 사건의 피고인들은 1952년 5월 7일 유엔군사령부 거제도 제1 포로수용소에서 유엔군사령부 프랜시스 T. 도드 준장을 불법적으로 공격한 혐의로 기소되었다. #33 사건의 피고인 25명은 도드 장군의 후임인 찰스 콜슨 준장의 적법한 명령에 따라 도드 장군을 석방하지 않고 반란을 일으킨 혐의로 기소됐다. #33 피고인 가운데는 중국인민지원군 출신 피고인 두 명이 포함되어 있다. 그 외 피고인들은 모두 한국인이다.[52]

"불법적으로 공격"했다는 표현과 "적법한 명령에 따라 도드 장군을 석방하지 않고 반란을 일으킨"이라는 용어는 분명히 이 포로들의 행동이 법의 테두리를 벗어난 것임을 강조하기 위한 것이었다. 그러나 도드에 대한 심문을 통해 물리적 납치의 결과가 약간 긁히고 만년필이 부러진 정도임이 밝혀졌음에도, 당국은 왜 "불법적으로 공격"했다는 점을 강조했는지 의문을 가질 수 있다. 그리고 "반란" 행위는 제76 수용동으로 도드를 납치해 오는 순간이 아니라 도드를 석방하라는 콜슨의 명령을 인정하지 않았던 순간에 일어났다. 미군 범죄 수사팀은 포로 대표단을 인정하는 문서에 도드와 콜슨이 서명함으로써 발생한 [문서의] 권위를 훼손하기 위해, 포로들을 범죄화함으로써 그들의 요구에 담긴 정치적 내용을 무력화해야 했다. 조사 보고서는 도드와 콜슨의 행동을 무효화하기 위해 전쟁 포로들을 형사처벌하는 특별한 과정이었던 셈이다.

이 사건 파일에서 드러난 이 조사의 중요한 부분은 따로 있다. 즉, 이 사건에 어떤 식으로든 연루된 포로들과의 심문 조서가 28건이나 있고, 관련된 모든 미군 관계자들이 진술문을 작성해 제출했다. 또 다른 유일한 심문 조서는 사건 발생 후 부산에 머무르고 있던 도드 장군에 대한 것이었다. 이 심문 조서는 범죄수사대가 어떤 질문을 했는지, 또 질문의 우선순위가 무엇이었는지를 보여 주는데, 특히 범죄수사대가 포로 대표단에 주로 관심이 있었음을 알 수 있다.

범죄수사대 요원들은 납치가 사전에 철저히 계획된 것임을 입증하는 동시에, 포로들의 활동이 갖는 정치적·조직적 측면은 은폐해야 했다. 납치는 정치적 행위가 아닌, 범죄 행위여야 했다. 범죄수사대 요원들은 포로 대표단에 직접 관여한 포로들을 상대로 특별한 질문을 했다. 그 질문은 본질적으로 두 가지였다. "질문: 제네바협약에 규정된 포로 관리 규정을 읽은 적이 있는가?" "질문: 당신은 그 단체의 일원으로서 도드 장군을 그의 의사에 반해 억류함으로써 제네바협약을 위반했다는 사실을 알고 있는가?"(강조는 인용자).

첫 번째 질문에 대한 포로들의 답변은 거의 명백하게 "그렇다" — 포로들은 자신이 잘 알고 있는 협약의 내용을 구체적으로 언급하기도 했다 — 였다. 두 번째 질문과 관련해, 예외 없이 모든 포로들은 자신들이 궁극적으로 제네바협약을 위반하지 않았고, 도드 소장을 납치한 것은 다른 방법으로는 그와 만날 수 없었기 때문에 불가피한 일이었다는 주장을 고수했다. 예를 들어, 조선인민군과 중국인민지원군 포로 대표단 위원이었던 네 명의 여성 포로는 모두 제8구역의 제80 여성 수용동 출신이었다. 간호사로 북한군에 입대했던 남한 출신의 여성인 박수복(20세)은 1952년 6월 10일 심문에서 "나는 대표단의 일원으로서 우리가 도드 장군을 억류하는 것이 옳다고 생각했기 때문에 전쟁포로에 관한 제네바협약을 무시했다."라고 진술했다. 제80 수용동 대변인 김종숙(20세)은 "나는 포로 대표단의 일원으로서 도드 장군 억류를 돕는 것이 옳다고 생각했다."라고 진술했다. 그리고 제80 수용동 대표인 남한 출신 김종자(21세)는 "우리가 도드 장군을 억류한 것이 옳다고 생각했고, 우리는 제네바협약을 위반하지 않았다."라고 말했다. 이 포로들은 이 사건에 연루되어 기소된 다른 포로들과 동일한 근거를 제시했는데, 도드 사건은 매우 이례적인 것으로, 당시 수용소에서 벌어지고 있던 상황●으로 말미암아 납치가 불가피했다는 것이다. 포로들의 주장에 따르면, 미군과 국군이 수용소에서 먼저 협정을 위반했

● 이는 앞서 설명했듯이, 수용소 당국이 포로들에게 폭력을 행사해 유혈 사태를 일으키고, 자원 송환에 대한 강제적인 심사를 진행했던 일 등을 가리킨다.

기 때문에, 이런 상황에서 제네바협약은 더는 유효하지 않았다. 포로 대표인 선진관은 다음과 같이 말했다. "나는 우리의 요구가 합법적이라고 생각했다."53

1952년 6월 25일, 범죄수사대 요원들이 리학구를 심문했다. 통상적인 질문이 이어졌다. "당신은 대표단의 일원으로서 제네바협약을 위반해 도드 장군을 억류하고 있다는 사실을 알고 있었는가?" 리학구의 대답은 간단했다. "질문에 답하고 싶지 않다." 노골적인 답변 거부, 또는 미국의 권위를 전혀 인정하지 않으려는 '깔보는 듯한' 태도로 말미암아 보고서 작성자들은 그를 "광신적인" 지도자로 낙인찍었다.

심문 과정에서 보인 그의 반응은, 리학구가 이미 여러 차례 조사를 통해 미군 관료 조직을 충분히 경험한 바 있다는 맥락에서 이해되어야 한다. 조선인민군 총좌인 리학구는 미국이 구금하고 있는 최고위급 포로였다. 그러나 그의 입소 심문 보고서에 따르면, 1950년 9월 중순 맥아더가 인천에 상륙한 직후, 그는 뜻밖에도 자진해서 항복 의사를 밝혔다.

> 포로는 자진해서 미군에 항복했다. (…)
> 포로는 (다부동 남쪽에 있던) 그의 부대를 떠나 밤에 미군 쪽으로 접근했다. 그는 길가에서 자고 있던 미군 병사 두 명에게 다가가 가만히 흔들어 깨웠다. 그리고 그들이 그를 포로로 데려왔다.
> 포로는 공산주의 교리와 체제에 혐오감을 느껴 항복했다.54

1950년 9월 25일 후속 심문에서 연합군번역통역부의 하야시 병장은 리학구를 "지적이고 매우 협조적인 사람"이라고 평가했다. 그는 심문 과정에서 리학구에 대해 다음과 같은 메모를 남겼다.

> 답변을 피하려 하지 않았고, 주저함도 없었다. 이 포로는 한때 조선인민군에서 큰 책임이 있는 위치에 있었지만 공산주의자처럼 보이지 않았다.

이 포로는 평균적인 사람들보다 도량이 크고, 모든 지표에서 매우 야심 찬 모습을 보인다. (…) 신뢰도 좋음.55

리학구라는 인물에 대한 이 두 가지 평가의 핵심 요소는 공산주의에 대한 그의 태도, 다시 말해 공산주의에 대한 혐오였다. 이런 혐오로 말미암아 첫 번째 심문관은 리학구가 두 명의 미군 병사를 "가만히 흔들어 깨웠다."고 묘사할 수 있었고, 잠재적으로 전혀 위협적이지 않은 것으로 간주했다. 두 번째 심문관은 그를 매우 야심 찬 인물이자 '평균보다 도량이 큰' 사람으로 그렸다. 리학구는 약 1년 후에 1951년 5월 3일 프랭크 E. 로 소장*이 보낸 편지로 인해 트루먼 대통령에게 알려지게 된다.

리학구는 자신의 이력을 다음과 같이 서술했다. 1921년 1월 18일 [함경북도 명천군 아간면] 허의동에서 태어났다. 1936년 아간초등학교를 졸업하고 "고향에서" 농사일을 했다. 1937년 허의동 자택에서 일본어를 가르치기도 했으며, 이후 국가 교원 시험에 합격했다. 양화초등학교에서 일본어 선생님이 되었고, 심문 당일에도 양화초등학교 교사 자격증을 소지하고 있었다. 1945년 해방과 더불어 리학구는 명천에서 북조선인민위원회 내무국에 의해 공안(경찰) 과장에 임명되었다. 그 후 [함경북도] 나남에서 조선학도대와 북조선 민주청년동맹, 북조선노동당 등 주요 조직의 일원이 되었다.

리학구의 개인사에 비추어 볼 때, 리학구가 "공산주의자처럼 보이지 않았다."는 발언은 '공산주의자'는 정확히 무엇을 보여 주거나 증명해야 하는가라는 단순한 의문을 제기한다. 사실 우리가 리학구 심문 보고서의 흔적을 계속 따라가면 프랭크 E. 로 소장이 트루먼 대통령에게 보낸 보고서를 접하게 된다.

- 트루먼 대통령의 개인 특사 자격으로 한국전쟁에 참전해, 미군의 군사작전, 사기, 행정, 문제점 등에 대해 매일 편지 형식의 보고서를 백악관에 제출했다.

친애하는 대통령님께,

제가 아는 한 최고위 북한군 장교인 리학구 총좌는, 1950년 10월 6일부로 자진 항복한 자들과 함께 붙잡혔습니다. 여기 그의 심문 사본을 첨부했는데, 이 내용들은 흥미롭기도 하고 중요하기도 합니다. 이 자료는 1950년 10월 6일 당시와 마찬가지로 지금도 중요하다고 믿습니다.
- 프랭크 E. 로

로는 에드워드 L. 볼스라는 심문관이 작성한 「9월 22일 금요일, 부산 구치소에서」라는 심문 내용을 첨부했다. 그날은 리학구의 최초 수감 심문 보고서가 나온 지 하루 뒤였고, 이후 전술 심문 보고서가 나오기 이틀 전이었다. "내가 보기에, 그는 내 질문에 솔직하고 순순히 대답했다."라고 볼스는 썼다. "나는 그가 유능한 사람이라는 인상을 받았다." 볼스는 실제 심문 과정에 대해 "그 통역사는 유난히 통역을 잘하는 것 같았다."며, 이를 리학구의 성격 덕분이었다고 간략히 언급했다. "그는 말투뿐만 아니라 사고방식도 정확하다는 느낌을 줬다."

흥미롭게도 볼스는 (그가 남긴 기록에 따르면) 북한 사람들에 대한 질문으로 대화를 시작했다. "심문 중에 나는, 북한 주민들이 무엇 때문에 그렇게 열정적으로 싸우는지 그에게 여러 번 물었다. 그는 일관되게, 북한 인민군들은 러시아의 도움 없이 조선을 통일하기 위해 열심히 싸우고 있다고 말했다." 볼스에게 러시아인들과 관련된 문제는 매우 중요해 보였고, 대화는 곧 러시아인들에 대한 질문으로 이어졌다.

나는 그에게 왜 러시아인들이 북한에 더 많은 항공기를 제공하지 않았는지 물어봤다. 그는 북한에는 항공기를 조종할 조종사가 없기 때문이라고 바로 답했다. 나는 러시아인들이 총, 탱크, 군수품 그리고 레이더와 통신

장비도 보냈는데, 왜 조종사는 안 보냈는지 물었다. 그는 그건 다른 문제라고 설명했다. 그는 마치 그 질문이 강렬한 감정을 불러일으킨 것처럼 말했다. 나는 그 문제에 대한 논의를 좀 더 해 보려 했다. 그는 장비는 "사물"에 불과하지만, 조종사는 "사람"이라고 말했다. 그러면서 러시아인들은 유엔의 행동(그는 실제로 유엔을 언급했다)을 우려했다고 설명했다. 그는 러시아가 전 세계 여론을 걱정하고 있다고 말했다.

이 말을 하는 순간 리학구는 열정적으로 보였을 것이다. 그 순간 리학구는 볼스가 머릿속으로 상상했던 수동적 '동양인'이 아니었을 것이다. 그는 미군 심문실 안에서, 러시아인들이 왜 조종사를 파견하지 않았는지, 자신의 해석을 역설하고 있었다.

프랭크 E. 로는 트루먼 대통령에게 보낸 서한(리학구에 대한 볼스의 심문 내용 사본이 첨부된 서한)에서, 당시의 그 심문이 "흥미롭기도 하고 중요하기도" 했으며, "1950년 10월 6일 당시와 마찬가지로 지금도 중요하다."라고 말했다. 헨리 대령이 심문실의 특징을 묘사했던 것과 마찬가지로, 볼스의 심문실(그리고 심문의 성공 여부)은 두 가지 주요 측면 — 즉 리학구의 언어 및 의도 — 의 투명성에 달려 있었다. 로의 보고에 따르면 언어는 문제가 아니었다. 통역관(아마도 한국인 민간 통역사나 일본계 미국인 심문관/통역관 중 한 명이었을 것이다)은 볼스의 보고서에는 그 존재가 전혀 드러나지 않았다. 사실, 리학구의 항복과 관련된 복잡한 관료 행정적 절차들과 [기존에 작성된] 다양한 심문 보고서도 — 앞서 있었던 군사정보국의 수감 심문, 연합군번역통역부가 작성한 보고서, 연합군번역통역부 전선부대 ADVATIS의 전술 심문 — 나타나 있지 않았다. 이런 다양한 유형의 심문 — 각 유형의 심문은 특정 유형의 정보를 추출하기 위한 목적으로 이루어졌다 — 이 볼스의 보고서에 언급되지 않고 생략된 것은 그 자체로 중요하다. 그렇다면 볼스의 심문에서는 어떤 유형의 '정보'가 생산되었을까?

로는 트루먼 대통령에게 볼스가 작성한 심문 보고서를 보내 미국인 심문관들이 어떻게 '북한인들의 마음'을 파악하고 통찰할 수 있었는지를 보여 주었다. 볼스가 작성한 세 쪽 분량의 문서에는 리학구의 성격을 지적하고 판단하는 그의 능력이 잘 드러나 있었다. 보고서에는 인상적인 모습들도 묘사되고 있는데, 심문 도중에 리학구가 보인 특정 신체적 몸짓과 언어적 강조를 볼스를 통해 간접적으로 지켜볼 수 있다. 볼스는 리학구가 실제로 유엔이라는 이름을 언급했다고 괄호 안에 추가로 서술해 두는데, 이는 리학구의 감정적 반응에 대한 관찰과 나란히 제시되어, 심문관의 위치성을 너무나 잘 전달하고 있다. 심문관은 리학구가 유엔에 대해 잘 알고 있다는 사실에 다소 놀라워했다. 또한 리학구의 몸동작에도 관심을 기울였는데, 종종 이를 순진한 것으로 묘사하기도 했다. [볼스에게] 리학구는 어느 정도 지적일 수는 있겠지만, 궁극적으로는 세련되지 못하고 순진한 "동양인"이었던 것이다.

리학구는 심문 내내 매우 의식적으로 북한과 인민군의 주체성과 자율성을 주장하고 있었다. 리학구는 심문 과정에서 인민군이 러시아 때문이 아니라 조국의 통일을 위해 싸우고 있다는 신념을 거듭 강조했다. 그가 부산 포로수용소에 수감된 이후, 미군은 리학구를 "전쟁 포로"로 만들었다. 훗날 리학구는, 포로들이 자원 송환 예비 심문을 거부하게 만든 원흉으로 지목되었다. 이후 미군은 리학구를 인간의 생명 따위는 안중에도 없는 "동양 공산주의 광신자"로 규정했고, 그사이 로가 트루먼에게 보냈던 편지는 조용히 무시되었다. 심문실에서 제국의 욕망은 너무도 취약했는데, 볼스의 심문 서사에는 리학구가 어떤 사람인지를 재단하고자 하는 [이 같은 제국의] 욕망이 노골적으로 드러나 있었다. 그러나 미군의 문서, 관료 행정적 기록에 남아 있는 리학구의 주장을 통해, 우리는 심문실에서 친공 포로들이 어느 정도 행위 주체성을 가지고 있었을 가능성을 확인할 수 있다. [심문을 통해] 미군에 의해 판독되고 있던 "동양인들" 또한 자신들을 대상으로 다양한 프로젝트가 진행되고 있다는 사실을 알고 있었다.

볼스의 심문은 미국이 어떤 종류의 사람들 — 어떤 종류의 지능을 가진 사람들 — 과 전쟁을 벌이고, 또 어떤 종류의 사람들을 점령하고 있는지를 트루먼 대통령에게 전달하기 위한 것으로, 그가 작성한 보고서는 한국인 반공주의자의 초상화였다. 그리고 아마도 로는 볼스의 심문 보고를 트루먼에게 보내면서, 어느 정도 안도했을 것이다. 그것은 미국이 실제로 한국인들의 의지와 욕구를 투명하게 드러낼 수 있고, 더 중요하게는 한국인들이 기꺼이 미국 앞에서 투명하게 자신을 표현해 줄 것이라는 안도감이었을 것이다. 도드 납치 사건 조사 파일과 그 이후 미국 내에서 쏟아져 나온 언론 보도에서 리학구는, 미군 측이 포로 대표단의 주장을 부정하는 데 필요한 각본에서 중요한 역할을 수행하게 된다. 그는 미군 문서들(이 문서들은 리학구가 표현한 정치적 차원의 내용을 불투명하게 만들고 있다)의 서사 속에서 탁월한 "광신적 동양 공산주의 포로"가 될 것이었다.

일레인 스캐리의 『고통받는 몸』에 따르면, "어떤 현상을 언어적으로 재현하는 일의 상대적 용이함이나 어려움은 그 현상을 정치적으로 대변하는 일의 용이함이나 어려움에도 영향을 미친다."[56] 이 같은 지적을 염두에 두고 도드 사건에 대한 조사 파일을 살펴보면, 처음에는 [『뉴욕 타임스』의 머리 슈마흐에게] '이상한 사건'으로만 보였던 것이, 실제로는 정치적인 제스처 — 그것은 한국전쟁 당시 포로수용소에서 [정치적] 발화, 가시성, 권력이 얼마나 중요했는지를 보여 준다 — 였음을 알 수 있다. 그리고 헤이든 보트너 준장이 도착함에 따라 그 중요성은 탱크와 낙하산부대, 화염방사기와 연결된다.

"새로운 체제"

내부 회람용으로 만들어진 「한국전쟁 동안 전쟁 포로의 처리」라는 미군 역사 기록은, 보트너가 거제도에 도착한 것을 "새로운 체제"의 도래로 명명하며, 이를 전임 도드 소장이 망쳐 놓은 것을 바로잡을 수 있는 환영할 만한 변화라고 표현했다.57 자신의 미출간 회고록에서 보트너는 다음과 같은 대담한 발언을 했다. "글쎄, 한국에서의 포로 관리 방식 가운데 가장 취약한 요소가 있다면, 무엇일까? 내가 보기에 가장 큰 약점은 우리가 '동양인'에 대한 대처 능력이 없다는 것이다."58 보트너는 아시아 태평양전쟁 동안 버마에서 군사령관을 맡았던 것에 자부심을 갖고 있었다. 중국어를 유창하게 구사했던* 그는, 자신의 언어적 지식으로 거제도 포로들을 놀라게 했던 많은 순간들을 회상했다. 1952년 6월 10일, 탱크, 화염방사기, 낙하산부대 등을 동원해 제76 수용동을 진압한 일은 성공적인 작전으로 평가받았다.

회고록에서 보트너는 6월 10일 아침의 일을 회상했다. 보트너는 미 육군의 지시에 따라 친공 포로들의 수용동을 "관리하기 쉬운" 소규모 집단으로 나누어 분리 수용하기 위해 작은 수용동을 건설했다.

나는 리학구 총좌가 직접 볼 수 있도록 새로운 수용동 부지로 그를 데려갔다. 그리고 그에게 한국어·중국어·영어로 쓰인 명령문을 주며 모든 포로를 제76 수용동 중앙에 있는 공터에 집결시킨 후, 100명씩 조를 지어 새로운 건물로 무장 호위를 받으며 행군하라고 지시했다. 나는 그의 부하들이 질서정연하게 움직인다면 아무도 다치지 않을 것이지만, 만약 저항한다면 무력을 사용할 것이며 그에 따라 발생하는 모든 인명 피해는 그의 책임이며 내 법적 명령에 대한 불복종 때문이라고 말했다.

보트너는 리학구를 제76 수용동으로 돌려보낸 후, 30분간 기다렸다. 보트너에 따르면, "진입하기로 예고한 시간에서 15분이 더 지난 후, 미군은 철조망 울타리에 구멍을 냈고 탱크가 진입했다. 그 뒤로 화염방사기와 낙하산부

• 헤이든 보트너는 뉴올리언스 출신으로 육군사관학교를 졸업하고 1930~34년 사이 베이징 주재 미 대사관 무관으로 근무하며 중국어를 익혔다.

대원들이 따랐다."

당시 보트너는 인근 언덕에 위치한 지휘소에서 작전을 지켜보았다. 그는 탱크를 향해 "화염병"이 날아오는 것을 지켜보았다. 나중에 포로들을 심문하는 과정에서 포로들이 충돌에 대비해 어떤 준비 — 미군은 포로들이 가스탄에 대비해 방독면까지 자체적으로 만들어 두었다는 사실에 경악했다 — 를 했는지 밝혀졌다. 작전은 네 시간 동안 계속되었다. 보트너는 회고록에서 "정말 소름끼치는 광경이었다!"라고 썼다. "어디로 보나 전쟁터였다. 참호, 부상자, 사망자, 불타는 건물, 막사 주변 여기저기에 널려 있는 손, 다리, 발."[59]

기존의 "압도적 힘" 정책은 보트너의 지휘 아래 새롭게 표현되었다. 그러나 1952년 6월 10일 사건 이후에도 미군의 최고 지휘부는 미군의 통제하에 있는 포로수용소의 "도전받지 않는 통제" 상황에 여전히 만족하지 못했다. 자세히 들여다보면, '도전받지 않는 통제' 정책은 "압도적 무력"의 과시가 아니었다. 그것은 물리적 저항뿐만 아니라 상징적 저항의 완전한 근절을 의미했다.

도드 납치 사건은 친공 포로들이 이데올로기적 — 좀 더 구체적으로는, 미군 요원들이 작성한 사건 파일 진술서와, 고위 지휘부에서 수용소로 전달된 행정 비망록 등에서 광범위하게 사용된 용어인 "광신적인" — 인물로 만들어지는 과정을 잘 보여 준다. "도전받지 않는 통제"는 수용소의 주요 공식 정책이 될 것이었는데, 보트너가 6월 10일 제76 수용동을 진압하기로 결정한 것과, 그로 인한 사망자의 발생은 [자원 송환 예비 심사에 대한] 포로들의 동의 문제를 선점하려는 새로운 목표에 분명히 부합하는 것이었다. 이 글에서는 '도전받지 않는 통제' 정책을 자원 송환 정책이라는 동전의 다른 면으로 볼 수 있다고 주장한다. 왜냐하면 둘 다 전쟁 포로를 비정치화하고, 1945년 이후의 질서를 위해 전쟁 포로의 규범적 주체성[말하자면, 송환 여부를 자유롭게 선택할 수 있는 주체]을 규정하는 미국의 특권적 지위를, 나아가 국제 질서, 국가 그리고 개인 사이의 관계를 규정하는 미국의 권력을 보여 주었기 때문이다.

1952년 8월 4일, 보트너는 모든 포로를 대상으로 한 성명을 수용동에 게시했는데, 여기서 도드 납치 사건에 대해 다음과 같이 요약했다. "지난 두 달은 이 포로수용소에서 엄중한 시기였다. 도드 장군의 납치 사건과 포로들의 반란 및 반항 행위로 인해 많은 어려움이 발생했다. 이는 수용동 대표를 자임하는, 어리석고 이기적이며 정치적 동기를 가진 자칭 지도자들에 의해 야기된 범죄행위였다." 이와 대조적으로, 그는 규범적 포로의 모습을 다음과 같이 제시했다. "각 전쟁 포로는 자신이 항복했으며, 억류국을 대표하는 수용소 사령관의 보호와 지휘를 받고 있다는 사실을 명심해야 한다. 각 포로는 군인으로서의 의무를 다해야 하며, 불법적인 행동을 해서는 안 된다. 포로들은 명령에 복종하고 수용소 사령관의 정책을 따라야 한다. 이상을 신속하게 기쁜 마음으로 따른다면 더욱 만족스러운 생활을 하게 될 것이다."[60] 올바른 포로들은 만족하는 포로여야 하며, 더 중요하게는, [수용소] 밖에 있는 국가의 국민이 아닌 수용소 자체의 국민이 되어야 했다.

보트너가 포로들에게 보낸 성명에서 가장 긴 구절이자, 제네바협약을 환기하고 있는 다음 부분은 포로들이 수용소의 범위 밖에서 국민[주체] 자격을 주장할 수 없다는 이런 정서를 반복하고 있다.

제네바협약은 다음과 같이 말하고 있다. "포로들은, 장교들이 있는 장소를 제외하고 포로가 있는 모든 장소에 있어서, 군 당국, 이익 보호국, 국제적십자위원회 및 포로를 원조하는 기타의 단체에 대하여 그들의 대표 행위를 위임할 포로 대표를 6개월마다 또는 결원이 생긴 때마다 자유롭게 비밀투표로 선거하여야 한다. (…) 선출된 포로 대표는 모두 그 임무에 취임하기 전에 억류국의 승인을 얻어야 한다."* 따라서 여러분들은 수용소 사령관이 여러분의 대표를 해임할 수 있다는 사실을 알게 될 것이다.

- 이 내용은 포로의 대우에 관한 1949년 8월 12일 자 제네바협약(제3협약) 제6부, 2장 79조에 나온다. 제네바협약 내용은 법제처, 〈국가법령정보센터〉의 번역을 따랐다.

나는 대표들이 내 명령과 정책에 따라 포로들의 안녕을 위해 복무하기를 원한다. 그렇게 하지 않는다면, 나는 그를 책임 있는 자리에서 해임하고 다른 대표를 선출하도록 요구할 것이다.[61]

대표단에 대한 인정과 강제적인 송환 심사의 중단은 포로 대표단이 가장 중요하게 요구한 두 가지 사항이었다. 미국 정부와 친공 포로들이 모두 이해한 바와 같이, 심문 과정에서 쟁점은 1945년 이후 국민국가들 사이의 국가 간 체계 내에서 어떤 유형의 정치적 주체성이 합법적인가 하는 문제였다. 미군이, 압도적으로 많은 공산군 병사와 민간인이 [강제] 송환을 원하지 않는다는 사실을 증명할 수 있다면, 제네바협약은 인도주의적 의도에서 비롯된 것이라는 미국의 해석이 협상 테이블에서 우위를 가질 것이다. 그러나 더 중요한 것은, 포로들은 송환 심문이 오직 한 가지 특정 유형의 주체성만을 제시하고 있다는 사실을 이해하고 있었다는 점이다. 즉, 피억류자들은 시민권, 민족주의, 공산주의 혁명과 같은 집단적 주체성을 주장하지 않는, [개별적] "인간"으로서 자신을 서술해야 했다. "전쟁은 적에 대한 실존적 부정"[62]이라는 카를 슈미트의 말을 참고한다면, 자원 송환 정책이 실제로는 어떻게 또 다른 담론적 폭력 — 즉 미국은 '개인'에 초점을 맞춤으로써, 북한이 주장하는 [자국민에 대한] 주권을 본질적으로 '부정'하고 있었던 것이다 — 을 만들어 내고 있는지를 알 수 있다. 그러나 이 담론적 폭력은 미국에 의해서가 아니라 오히려 포로들 개인에 의해 이루어졌다.

1952년 8월 16일, 마크 클라크 유엔군 사령관은 전쟁 포로 관리 업무를 맡고 있던 한국 후방관구사령부KCOMZ*의 사령관에게 메모를 보냈다. 미 육군 수뇌부는 거제도 포로수용소의 상황에 대해 다음과 같이 우려하고 있었다.

* 한국전쟁기인 1952년 7월 10일에 창설되어 정전 이후인 1955년까지 한반도에 존재했던 부대로, 병참 지원 업무뿐만 아니라 전쟁 포로 관리 등을 담당했다.

사령부에서 보낸 이전 보고서뿐만 아니라 참조 메시지를 검토한 결과, 사소한 사건으로 보이는 것에서부터 대규모 시위와 수용소 당국에 대한 공공연한 저항에 이르기까지 지속적인 사건들이 있었으며, 그중 다수는 사망, 중상, 수용소 당국에 대한 참을 수 없는 모욕으로 귀결되었다. 모든 포로 시설에 대한 도전받지 않는 통제권을 장악하고 유지하라는 내 이전 지시에 대해 잘 알고 있을 것이다. (…)

2. 적절한 통제가 이뤄지고 있다면, 어떻게 포로들이 시위용 붉은 깃발을 소지할 수 있었는지, 또 어떻게 그들이 경비병을 붙잡아 포로에게 배급된 식량을 강제로 먹일 수 있었는지 이해할 수 없다. 시위 진압을 위해 수용동 철조망 주변에서 최루탄을 사용하는 것에 전적으로 의존하는 것 역시 통제력이 약하다는 것을 보여 준다. 이는, 필요에 따라 강력한 수단을 사용할 권한이 있는 경비 인력들이 수용동 내에 즉각 진입하는 것을 결코 대신할 수 없다.

3. 나는 유엔군 포로수용소의 무질서를 초래하고, 자유세계의 눈으로 볼 때 우리의 입장을 당혹스럽고 해롭게 하는 상황을 용납할 생각이 전혀 없다. 판문점 정전 협상에 미칠 악영향은 명백하다.[63]

"자유세계의 눈"이 악명 높은 거제도 수용소를 주시하고 있었다. 그렇다면 거제도 포로수용소는 자유세계의 눈앞에서 정확히 무엇을 보여 줄 필요가 있었을까? 클라크의 메모는 "도전받지 않는 통제"를 달성하기 위한 방법보다 포로들의 변화하고 있는 전술에 대해 더 많이 드러냈다. 포로들은 계속해서 주권국가의 상징을 흔들고 있었다. 그들은 포로에게 배급된 식량을, 미군 경비병에게 강제로 먹임으로써 굴욕감을 주는 책략을 벌이고 있었다. 보트너가 "압도적인 힘"을 사용하는 방향으로 전략을 전환하자, 포로들 역시 거제도에서 미군과 갈등 상황을 유지하는 데 어떤 중요한 것이 걸려 있다는 사실을 이해했던 것으로 보인다.

도드 사건의 여파

1952년 5월 13일 『뉴욕 타임스』 기자 머리 슈마흐는 제76 수용동 철조망 뒤에서 어떤 일 — 도드 장군은 한국에서 열린 기자회견에서 마침내 사건에 대한 입장을 밝혔다 — 이 벌어졌는지에 대해 묘사했다. "도드 장군은 6000명의 공산주의자들이 있던 수용동 안에서 겪은 일에 대해 긴장된 목소리로 기자들 앞에서 읽어 내려갔다. 건장한 백발의 장군은 몇 번 떨리는 듯하면서도 깊은 목소리로 자신을 수용동 문으로 불러들인 공산주의자들의 계략에서부터 이야기를 시작했다." 슈마흐는 이 긴 글에서 도드가 자신에 대한 처우에 대해 말한 부분을 직접 인용했다. "수용동에 머무르는 내내 나는 최고 수준의 존경과 예우를 받았고, 개인적으로 필요한 부분 역시 살펴 주었다. 포로들의 요구는 중요하지 않은 것들이었고, 수용소 당국이 양보한 것은 사소한 것들이었다."[64]

도드는 납치 사건의 심각성을, 그리고 가장 중요하게는 포로들이 제시한 여러 문건에 자신이 서명한 내용이 별것 아니라는 식으로 최대한 축소하려고 했다. 미군은 조사를 통해, 또한 군사력을 동원해, 납치 사건 문제를 해결하기 위해 노력하기 시작했다. 그러나 이미 세간의 관심은 집중된 상태였다. 게오르크 호프만 국제적십자위원회 대표는 1952년 5월 27일 자 「남한에서 전쟁포로와 억류국 사이의 관계에서 나타난 실질적 위기에 관한 기밀 보고서」에서, "거제도에서 포로들이 미국 장성을 생포한 일은 전 세계를 놀라게 했고, 거제도의 불안정한 상황에 대한 대중의 많은 관심을 불러일으켰다."[65]라고 말했다. 그 후 호프만은 거제도에서 나타난 혼란과 갈등의 이면에 있는 원인에 대해 다음과 같이 분석했다.

한국전쟁은, 국제정치의 대상이기도 하지만, 동시에 내전이기도 하다. 그럼에도 불구하고 대립하는 적대적 이념들이 — '존더분트의 전쟁'*이나 '미국에서의 계승 전쟁'**과 같이 특정 지역 내에 엄격하게 국한된 내전과는 달리 — 특정 지역에 국한되지 않은 내전이다. 과거 공산주의의 중심지는, 북쪽보다 인구가 훨씬 많은 남한에 있었다.66

도드 납치 사건은 국제 무대에서 한국전쟁의 의미와 성격에 대한 논의를 촉발했다.

그러나 한반도로 다시 돌아와 보면, 한국 신문들은 이 사건을 다음과 같이 보도하고 있었다. 1952년 5월 16일 자 『동아일보』는 「도드 사건의 의미」라는 사설을 실었다. 해당 사설은 "이 사건에 내포된 가지가지의 중대한 의미란 그 포로들이 그들의 수용소장을 납치한 목적이 무엇인지를 검토해 보면 어렵지 않게 간취될 것이다."라고 말했다.67 『동아일보』 사설은 "기괴하다"거나 "광신적"이라는 표현을 쓰기보다는 연극이라는 단어를 사용했다. 사설에 따르면 이번 납치는 판문점에서 북측 협상단이 보여 준 행동과 매우 유사한 행동이었다. 사설은 "민주주의"와 "공산주의"를 대비하면서, '연극'이라는 단어를 사용해 공산주의 포로들의 정치적 주장을 [진실이 아닌] 부당한 것으로 만들고,••• 민주주의의 구체적인 보루가 반공주의임을 확실하게 말하고자 했다. 해리 트루먼이 물러나고 드와이트 아이젠하워가 미국 대통령이 되자,

---

• 1847년 11월 3일부터 29일 사이에 벌어진 스위스의 내전이다. 스위스 통일 전쟁으로 부르기도 한다. 존더분트Sonderbund(분리파)는 스위스에서 가톨릭을 믿는 일곱 개 주가 조직한 동맹으로, 이들이 분리주의 운동을 벌인 결과 이들과 프로테스탄트 성향의 주들 사이에 통일 전쟁이 일어났다.

•• 1689년에서 1697년 사이에, 북아메리카 대륙에서 영국 식민지인들과 프랑스 식민지인들 사이에서 벌어진 전쟁을 가리킨다. '윌리엄 왕 전쟁'으로 부르기도 한다.

••• 이 기사는 동아일보, 〈동아디지털아카이브〉에서 「돗드 사건의 의미」(검색일 2024/06/10) 항목으로 확인할 수 있다. 연극이라는 표현이 나오는 부분은 다음과 같다. "포로들이 그들에 대한 학대를 중지할 것을 요구한 것(제1항)이 모략적 허구라는 점에 다툴 여지는 없지만, 판문점에서 남일이 강인하게 '공산 포로를 학대하지 말라'고 고성낭독하던 그 연극 각본이 과연 진실인 양 그 포로들로 하여금 위증시키자는 또 하나의 연극이리라."

한국의 반공 포로들은 미국 정부에 정치적 목소리를 내기 위해 직접 호소하게 되었다.

5장
38선 남쪽에서
철조망과 혈서 사이

1953년 6월 18일 0시 15분 무렵 성용창 중령과 국군 헌병대 대원들은 부산시 인근에 위치한 유엔군 제9 포로수용소의 "철조망 울타리를 절단"하기 시작했다. 그들은 각 구역의 모퉁이에 있는 철조망을 "사방 2미터"씩 끊으라는 지시를 받았다. 그 외 여섯 명의 다른 국군 헌병들은 재빠르게 영창 앞에 있던 미군 병력 두 명을 에워싸고 무장해제시켰고, 물탱크 옆에 있던 미군 경비병 한 명은 [국군 헌병들이 "총 버리고 손 들어!" 하고 위협하며 조용히 시켰지만] "소리를 지르므로 그대로 물탱크 속에 밀어 넣"었다. 이어, 수용소 막사로 들어간 성 중령은 이미 그날 일찍 집단 탈옥을 지시받은 포로들에게 다음과 같이 선언했다.

> 헌병 총사령관의 명에 의해 포로수용소를 일시적으로 접수하고, 반공 포로의 석방을 선포한다.[1]

논산 인근에 위치한 유엔군사령부 제6 수용소에서는, 두 시간 뒤인 새벽 2시경

"드디어 플래시의 신호가 번쩍번쩍 세 번 비쳤다." 보슬비가 옅게 내리고 있었다. 세 개 수용동 가운데 두 개 수용동에서 전쟁 포로들이 철조망을 뚫고 탈출했다. 아침이 되자 수용소 지휘관인 미군 에이크 대령이 철저한 수색을 지시했지만, "도망자들의 흔적을 찾을 수 없었다." 국군 송효순 준장은 회고록에서 "미군 경비병들도 수용소에서 논산읍까지 20리[약 7.9킬로미터]나 되는데 어깨에 날개가 돋친 모양이라고 놀라기까지 했다."라고 기록했다.2

18일 새벽까지 2만 5000명이 넘는 전쟁 포로들이 한반도 이남에 위치한 유엔군사령부 산하 포로수용소에서 탈출했다. 이승만 대통령은 이날 오전 대국민 담화에서 "제네바협약과 인권 정신에 따라 반공 한인 포로는 벌써 다 석방시켰어야 할 터"라고 말하며, 판문점에서 진행 중인 정전 협상은 "심각한 결과를 초래할 것"이라는 점을 지적했다. 그리고 "이 같은 결과를 피하기 위해 내가 책임지고 반공 한인 포로를 오늘 6월 18일 석방하라고 명령했다."라고 밝혔다. 이승만은 "유엔 사령관과 또 다른 관계 당국들과 충분한 협의가 없이 이렇게 행한 이유는 설명치 않아도 다 알 것"이라며 추가 설명을 거부했다.3 •

마침 그날 미국에서는 국가안전보장회의가 소집되어 있었는데, 아이젠

- • "제네바협약과 인권 정신에 의하여 반공 한인 포로는 벌서 다 석방식혔어야 할 터인데, UN당국들과 또 이 포로를 석방하는 것이 옳은 것으로 우리의 설명을 들은 분들은 동정상으로나 원칙상으로나 동감을 가진 것으로 내가 믿는 바이다. 그러나 국제상 관련으로 해서 불공평하게도 이 사람들을 너무 오래 구속했든 것이다. 지금 와서는 UN이 공산 측과 협의한 조건이 국제적 관련을 더욱 복잡케 해서 필경은 우리 원수에게 만족을 주고, 우리 민족에게 오해를 주는 흠상을 이르킬 염려가 있게 되였다. 그러므로 이 흠상한 결과를 피하기 위해서 내가 책임을 지고 반공 한인 포로를 오늘 6월 18일로 석방하라고 명령했다. UN사령관과 또 다른 관계 당국들과 충분한 협의가 없이 이렇게 행한 이유는 설명치 안어도 다 알 것이다. 각 도지사와 경찰 관리들에게 지시해서 이 석방된 포로들을 아못조록 잘 지도 보호케 한 것이니, 다 그 직책을 행할 것을 믿는 바이다. 우리 모든 민중이나 친구들이 다 협조해서 어듸서던지 불필요한 오해가 생기지 않도록 해 줄 것을 믿는 바이다." 이승만, 「반공 한인포로 석방에 대하여」(1950년 6월 18일. 『대통령이승만박사담화집』, 공보처, 1953. 행정안전부 대통령기록관 누리집, 〈기록컬렉션〉).

하워 대통령이 이승만에게 보내는 메시지의 초안을 작성하느라 회의가 45분 동안이나 연기되었다. 그날 논의하기로 예정되었던 다른 의제들이 모두 연기되었기 때문에, 당면한 포로 석방 문제에 초점을 맞출 수 있었다. 회의가 시작되자, 아이젠하워는 "이 끔찍한 상황을 어떻게 하면 좋을지에 대해" 국가안전보장회의 위원들의 의견을 들었다.⁴ 정전 협상이 타결될 가능성은 위태로워 보였다. 전쟁 포로 석방 사건은 실존적인 문제를 제기했다. 즉, 소련과 미국이 두고 있는 냉전 지정학이라는 장기판 위에서, 한국은 두 강대국 사이에 놓인 졸이었다. 그리고 한국전쟁이라는 전장에서 벌어지고 있던 심리전에서 졸은 바로 전쟁 포로였다. 따라서 이승만이 약 2만 5000명의 반공 포로들을 장기판에서 일거에 제거해 버리자, 미국 정부에서는 엄청난 논란이 일어났다. 이승만이 게임의 규칙이나 중요성을 전혀 이해하지 못하고 있다는 것이었다. 그렇다면 그 게임은 무엇이었을까?

국가안전보장회의 위원들은 공산주의자들이 이 사건을, 미국이 "한국을 통제하지 못하고 있다"는 증거로 받아들일 것을 우려했다. 즉, "이승만은 약속을 어겼고, [아이젠하워] 대통령은 이번 일에 미국의 자존심이 걸려 있다고 지적했다." 국가안전보장회의 회의록을 보면, 한국전쟁에 관여하고 있는 미국의 우방들에게 [이 문제에 대해 어떻게 설명할지를 두고], 해럴드 스타센은 "우리 이승만은 당신들의 모사데크*와 같은 사람이라고 영국에 말하자고 제안했다 — 그러면 그들은 그가 어떤 사람인지 확실히 이해할 것이다."라고 기록돼

• 모하마드 모사데크Mohammad Mossadegh(1882~1967년). 이란의 정치가. 1951년 4월 의회에서 총리로 선출되었다. 반외세 민족주의적 성향의 모사데크는 토지개혁을 비롯한 일련의 사회 개혁을 추진함과 동시에 팔레비 왕조의 전제적인 권한을 제한했으며, 중동 지역 자원 민족주의의 시초라 할 수 있는 석유 산업 국유화를 전격 단행함으로써 서방국가들과 갈등을 빚었다. 아이젠하워 행정부의 미국은 친미 성향의 팔레비 국왕과 협력해 쿠데타를 배후에서 조종함으로써 1953년 8월 모사데크를 축출했다. 이에 대해서는 송상현, 「미국과 이란 간 불신과 갈등의 역사」, 『한국이슬람학회논총』 제30-3집, 2020/10 참조.

있다. 회의 참석자들은 아이젠하워가 이승만에게 "노골적으로 (…) 앞으로 신중히 처신하겠다는 데 동의하지 않으면, 우리는 한국에서 다른 조치를 취할 수밖에 없다."라고 말해야 한다는 데 동의했다.5

스타센이 "우리 이승만"이라는 표현을 사용한 데에서 알 수 있듯이, 이승만이 이끄는 대한민국은 미국의 프로젝트로 간주되고 있었다. 미국과 한국의 관계에서 '주권'은, 유럽 제국들과 "그들"의 보호령territories이라는 선례를 따라 묘사되었다. 미국과 한국 사이에서, 주권[문제, 특히 한국의 주권]은 실종되었다. 바로 군에 대한 지휘 구조 자체가 이를 보장했다. 대한민국 군대는 미군이 이끄는 유엔의 지휘를 받고 있었다. 그 결과 판문점 정전회담에서 유엔군 사령부가 대한민국을 대표했다. 이승만은 장기판에서 인정받는 선수도 아니었다.

국가안전보장회의는 미국의 지시를 무시하는 듯한 이승만의 의도적인 행동으로 말미암아 미국의 이미지에 발생한 위기를 관리하느라 분주했다. 실제로, 한반도 이남에서 권력을 잡은 지도자가 그곳에서 전쟁을 수행하고 있는 미국의 정당성에 도전하고 있다면, 미국이 한국 국민의 이익을 위해 행동하고 있다는 주장[의 정당성]은 확실히 훼손될 수밖에 없었다. 합법적인 최고 통치권자로서 한반도에서 영향력을 행사하겠다는 이승만과, 세계 패권을 향한 미국의 야망을 이처럼 공개적으로 모욕한 것에 대한 국가안전보장회의의 우려 사이에서, 국제정치 무대를 배경으로 주요 정치인들이 벌이고 있는 드라마는 분명 판문점 협상에 영향을 미칠 수 있었다.

국제사회의 관심이 이 정치인들의 책략에 쏠려 있는 가운데, 포로들이 유엔군사령부가 관할하고 있는 수용소의 철조망 울타리를 벗어나자, 한반도에서는 이들을 대상으로 한 또 다른 계획이 순조롭게 전개되고 있었다. 경찰들은 석방된 포로들을 위해 옷과 신분증을 준비했다. 철조망 밖으로 나온 포로들은 본래 난민이었지만, 곧바로 국군으로 징집되었다. 포로에서 피난민으로, 피난민에서 군인으로의 변화는 매우 빠르고 순조롭게 이루어졌다.

포로들이 어느 날 갑자기 날개가 솟아나 하늘로 사라진 것은 아니었다. 철조망은 수용소 밖의 사회와 수용소 안을 완전히 분리한 것이 아니었다. 실제로 한반도에 있던 여러 포로수용소에서 반공 포로를 동시다발적으로 대거 석방하기 위해서는 한국군과 수용소 내 반공 포로 단체 사이의 긴밀한 협력이 필요했다. 2만 5000여 명에 이르는 반공 포로를 집단적으로 석방하는 과정에서 중요한 역할을 한 것은, 이들 수용소 각 구역 내에서 반공 포로들이 조직한 대한반공청년단이라는 청년 단체였다. 미군 당국이 마산에 위치한 유엔군사령부 제7 수용소에서 김학준이라는 포로를 대상으로 집단 탈옥에 대해 조사했을 때, 김학준은 "정말로, 이전에 조직적으로 탈출 계획을 세운 적은 없었다. 6월 17일 저녁 9시 30분에 제2구역 'A' 수용동에 있는 대한반공청년단 본부로부터 모든 수용동 포로들은 6월 18일 새벽 2시에 탈출하라는 지시를 받았다."고 말했다. 분명해진 것은 국군과 대한반공청년단이 긴밀히 협력했으며, 국군이 조직적인 탈출을 위해 대한반공청년단 지도자들에게 지시를 내렸다는 점이다.6

[한반도 이남 지역에서 결성된 우익] 청년 단체들의 관점에서 보았을 때, 포로수용소 내에는 미군정 시기 동안 한반도 이남 지역에 설치된 폭력과 감시의 인프라가 새롭게 복제되어 있었다. 반공 포로들의 이야기 — 그리고 포로수용소 내에서 그들이 만든 심문 장소 — 는 [한반도 이남에서의] 국가 건설에 대한 이야기였고, 이는 근본적으로 미군의 한반도 개입이라는 더 큰 메커니즘과 얽혀 있었다. 우익 청년 단체들은 1945년부터 1950년까지 미군정 방첩대의 방첩 활동과 대한민국 육군의 창설에서 중요하고 필수적인 역할을 했다. 한반도 이남에서 청년 단체들의 등장과 활약은 해방 후 정치 지형의 핵심적인 특징이었다. 청년 단체의 구성원들은 대략 18세에서 35세 사이의 젊은이들이었다.

미국 관료 그레고리 헨더슨은 훗날 한국 정치에 대한 분석,『소용돌이의 한국 정치』7에서 "청년 단체의 시대가 한국에 도래했다."라고 썼다. 1945년 8

월 이후 설립된 최초의 청년 단체들은 주로 좌익 계열이었고, 이후 이들은 치안대의 기반을 형성했다. 서울에서는 2000여 명의 청년들이 청년 단체에 가입했고, 한반도 이남 전역에 걸쳐 140개 이상의 단체가 활약하고 있었다.[8] 사실상 모든 정당이 "청년 단체"를 조직했으며, 도시와 농촌에서 조직된 젊은이들은 경찰에 긴밀히 협조하고, 농민들의 농사일을 돕기도 했다. 미군정은 얼마 후 좌익 (청년) 단체들을 불법화하는 조례를 제정한 반면, 1946년 10월 우익 단체인 조선민족청년단의 설립을 전면적으로 후원함에 따라 이런 정치 지형 내부의 행위자가 되었다. 핸더슨은 미군정이 "비밀리에 500만 달러와 미국 장비, 그리고 미군 중령 한 사람을 훈련 고문으로 지원"해 조선민족청년단을 조직했다는 점에 주목했다.[9] 조선민족청년단 단장은 장제스의 열렬한 추종자였던 이범석이었다. 그는 항일 무장투쟁의 경험과 독일에서 배운 군사학, 그리고 항저우에 있던 국민당 육군군관학교 교관 시절 배웠던 것들을 제도화하고, 그가 긴밀히 협력했던 준군사 청년 단체인 남의사藍衣社*와, 자신이 높게 평가하던 독일의 파시스트 청년 단체[유겐트]를 모델로 삼았다. '민족 지상, 국가 지상'이라는 구호를 내건 이범석은, 얼마 후 남한에서 가장 강력한 조직 가운데 하나의 수장이 되었다. 한국의 우파 청년단 현상은 확실히 국가 기강, 민족 미학, 일상생활의 군사화라는 교육학의 전 세계적인 흐름 가운데 하나로 나타난 것이었다.[10] 남조선국방경비대** 및 이후 창설된 대한민국 국군과 더불어, 1945년 이후의 남한에서 폭력의 독점을 주장하는 가장 중요한 세력 가운데 하나로 떠오른 것이 바로 이런 반공주의 파시스트 단체였다.

* 남의사는 중국 국민당의 비밀 조직으로, 1931년 중국 공산당과의 협력에 반대하는 황포 군관학교 출신의 국민당 우파가 모여 결성한 일종의 정보기관이자, 준군사 조직이다.

** 1946년 1월 15일 미군정하에서 준군사 조직으로 창설된 남조선국방경비대는 같은 해 6월 15일 조선경비대로 개칭되었으며, 대한민국 정부가 수립되면서 1948년 9월 1일 대한민국 국군에 편입되어 대한민국 육군으로 개칭되었다.

한국전쟁 당시 포로수용소 내에서도 수많은 청년 단체가 결성되었다. 그 중에서도 특히 우익이었던 대한반공청년단이 두드러졌다. 캠프 내의 포로들이 이런 청년 단체를 진공상태에서 만든 것은 아니었다. 국군은 말 그대로 철조망 안에도 있었다. 실제로, 국군이었다가 중국군이나 북한군에 포로로 잡힌 뒤, 다시 미국이 주도하는 유엔군의 포로가 된 사람들도 수용소 안에 있었기 때문이다. 1950년 이전의 또 다른 사회정치적 동학 역시 반공 청년 단체의 형성과 참여의 배경이 되었다. 요컨대, 이북 출신인 반공 성향의 난민들은 자신들이 국군이나 미군과 함께 싸우기를 원했지만, 억울하게도 [인민군에 징집되었거나, 오해 등의 이유로] 전쟁 포로로 잡혀 있다고 주장하고 있었다.

학자들은 한국전쟁 이전 반공 청년 단체들의 결성, 남조선국방경비대의 설립, 그리고 국군 창설 사이의 관계를 추적해 왔다. 그러나 그 배경에는 중요한 관계가 내재되어 있는데, 이는 바로 미군정기에 [어느 우익] 청년 단체가 행사한 대대적인 폭력 및 감시 활동으로 거슬러 올라가서, 포로수용소에서 반공 청년 단체들이 수행한 임무와 정치 활동을 이 시기로부터 읽어 낼 때 드러난다. 그레고리 헨더슨의 회고적 설명에 따르면 특히 한 청년 단체가 눈에 띄었다. "평안도 월남민들로 조직된 서울의 서북청년단은 제주도에서 일어난 반란을 진압하는 데 활용되었는데, 그곳에서 죽창을 휘두르며 잔혹한 행동을 한 것으로 악명이 높았다."[11] 미군 방첩대가 조직한 미군 정보망 운영의 핵심이 이 청년 단체였다. 청년 단체들은 초기의 이승만 정권과 (한반도에서 미군이 벌이는 군사작전 및 정치 공작에 필수적이었던) 비밀 첩보망을 연결하는 중요한 역할을 했다. 한국전쟁 당시 유엔군사령부 산하 포로수용소 내에 설치된 미군 정보기관은 바로 미군정기 동안 막강한 영향력을 행사했던 방첩대였다. 1952년 반공 포로를 수용하는 시설이 한반도 이남에 건설되는 것과 동시에, 미군은 수용소 내에서 "반역, 선동, 파괴 활동, 불만, 적의 간첩 활동, 사보타주 등을 탐지 및 방지"하기 위해 방첩대를 포로수용소에 배치하기로 결정했다. [친공 포로와 반공 포로를] "처음부터 분리"하기 위해, 수용소에 도착한 포로를 심문한 사람들 역시 방첩대 요원들이었다. 이들이 포로들로부터 파악해야 하는 정보에는 포로들의 '정치적 성향 및 송환을 희망하는지 여부'가 포함됐다.[12]

한반도 이남 지역에 들어올 때부터 미군 방첩대는 언어 장벽, 동양인과 백인 사이의 신체적 차이로 말미암아, "정보"를 획득하기 위해서는 한국인 정보원들에게 의존해야 했다.[13] 방첩대의 전문화는 한국인들의 첩보 활동과 네트워크에 대한 미군 방첩대의 의존도가 증가하는 것과 직결되어 있었다. 주로 백인 남성 요원들로 구성된 방첩대가 실행 가능한 감시망을 구축하려면 한국인들이 필요했는데, 서북청년단 단원들이 이런 일을 수행하는 구심적 역할을 했다.

이런 [첩보] 활동, 감시, 군사주의 등과 같은 [폭력의] 하부구조 차원에서 엄연하게 나타나는 연속성은 역사적 기억에서 체계적으로 은폐되어 왔다. 이는 미국이 동아시아 지역에서 성공적으로 추진했던 "반공" 프로젝트의 이미지를 유지하기 위해 자신이 이 같은 폭력을 지원해 왔음을 부인하기 위한 것이었다. 이 장에서 분명히 드러나겠지만, 미국 정부와 군대는 이런 청년 단체를 활용했으며, 폭력은 단순히 부수적인 요소가 아니라 미국의 점령과 그 이후 수행된 전쟁에 필수적인 것이었다. 이 반공 프로젝트를 추진하며 미군과 미 정부는 그간 자신들이 활용해 왔던 방식을 사용했다. 즉, 폭력을 활용하는 동시에, 한반도 전역에 그런 하부구조를 구축하는 데 있어 미국의 [주도적] 역할을 부인하기 위해, "동양" 인종에 관한 특정 관념들을 활용하는 것이었다. 미국은 어떤 종류의 폭력은 필요할 뿐만 아니라, 그런 폭력이야말로 한국인들이 알아들을 수 있는 유일한 형태의 국가 규율이라고 주장했다. 한국인들이 과연 진실[이 무엇인지]을 이해할 수 있을지를 둘러싼 방첩대 심문관들의 논의에서부터, 어떻게 하면 이승만을 고분고분하게 길들일 수 있을지에 대한 국가안전보장회의의 논의까지, 합리적 사고와 진실에 대한 이 같은 인종주의적 사고 및 정식화는 한반도 전역에 항구적인 예외 상태를 창출하려는 미국의 프로젝트를 뒷받침했다.

미국의 군사 논리의 또 다른 인종적 측면은 남한 반공 파시즘의 인종적 요소였다. 반공주의 정치는 어떤 모습이었고, 어떤 종류의 주체를 요구했을까? 남한 청년 단체와 미국 정보기관 사이의 관계에 대한 문서들은 미군정과 한국전쟁 기간에 걸쳐 생산된 것이다. 심문 관행에는 문신, 명단 작성, 자서전 쓰기, 그리고 혈서 등이 포함되었다. 그러나 더 중요한 것은 이런 심문 관행의 발전을 추적하는 것이 바로 남한 청년 단체와 미군 방첩대 사이에 형성되고 있던 친밀한intimate 구조적 관계의 발전을 추적하는 것이라는 점이다. 그리고 놀랍게도, 미군 방첩대의 이해관계와 식민지 이후 한국 청년들이 수행한 활동 사이의 우려스럽지만 생산적인 관계를 가능하게 한 것은 바로 인종에 대한 빈약한, 그러면서도 매우 유연한 담론이었다. 여기에 더해, 방첩대는 한국 청년들이 상징적으로나 물질적으로 생계를 유지할 수 있도록 엄청난 투자를 했다.

제국의 구조 개편

1948년 7월 중순, 스물여섯 살의 그레고리 헨더슨은 미국 부영사로 근무하기 위해 서울에 도착했다. 한반도 이남 지역에서 유엔 후원하에 대통령 선거가 실시되는 7월 20일 직전이었다. 그는 훗날 당시를 회고하면서 "내게 전쟁이 발발하기 전 서울은, 해 질 녘에 막 시작된 연애처럼, 오직 매혹적인 손길로만 상대방의 모습을 짐작할 수 있는, 그런 설명할 수 없는 친숙함과 설렘이 공존하는 곳이었다."라고 썼다. 그의 회고에 따르면 당시에는 민간인과 군인의 구분이 오늘날처럼 분명하지 않았다. 그는 조선경비대 대원이나 정부 부처 관료들을 자신이 쉽게 '어울릴 수 있는 상대'로 여겼다. 그는 "우리는 동갑내기였고, 같은 전쟁을 겪었다. 우리가 우연히 다른 쪽에 있었다는 사실은 별 문제가 아니었다. 당시 한국 장교들은 자신들이 훌륭한 일본 장교였다는 것을 내심 자랑스러워했고, 일본을 위해 일했던 사람들 가운데 일본에 충실하지 않은 사람은 거의 없었다."라고 썼다.[14] 헨더슨은 제2차 세계대전에서 일본어 통역관으로 해병대에서 복무한 적이 있었고, 필리핀 칼라판시에 위치한 해군기지에서 일본군에 '강제징용'되었던 '한국인'을 처음 만났다.15 헨더슨이 전쟁 전 서울에서 느꼈던 친숙함은 단순히 규모의 문제 — 그는 서울을 "거의 모든 사람을 곧 알게 되는 100만이 조금 안 되는 마을"이라고 묘사했다 — 만은 아니었다. 미국인이든 일본인이든 제2차 세계대전의 총력전을 겪은 경험이 모두의 공통 기반이었다.

헨더슨이 회고록에서 묘사한 전쟁 전의 서울에서는 중요한 프로젝트 두 개가 동시에 진행되고 있었다. 첫째는 제2차 세계대전 때 만들어지고 동원된 미국의 총력전 체계를 군사기지와 점령, 그리고 자유 시장 체계로 재편하는 것이었다. 한반도에서 미국의 이 같은 재구조화 작업은 일본 제국주의 군대와, 그것을 지원하기 위해 만들어진 거대한 초국적 장치들을 재구성하는 것과 병행해 진행되었다. 여기에는 일본 제국 전체에 걸쳐 있던 공장 노동자, 자원하거나 징집된 군인, 경찰, 한국인 "위안부"가 포함되어 있었다. 1945년 이후 [한반도에서 미군에 의한] 일본 제국주의 군대의 해체는 징집된 [한국] 젊은 남성들을 다시 군사화된 업무에 전략적으로 재동원하는 것이었다.

일본 유학생이었다가 나중에 만주 관동군 군인이 된 박기병은 해방 후를 "식량 부족"의 시기로 기억했다. "북쪽에서 피난 내려온 민간인들과 군인들이 너무 많았"기 때문이라고 했다. 1945년 스물여덟 살의 박기병은 일본군에서 동원 해제된 사람들과, 일본으로 강제징용되거나 끌려간 광부들을 비롯한 민간인들이 송환되던 것을 생생하게 기억하고 있었다. 그리고 아마도 매우 중요하게는, 11월 5일 무렵 미군이 "출신 — 일본군, 만주군, 중국군 — 배경을 불문하고 모든 전직 장교들이 지원해 한국군을 구성하도록" 명령했다는 점이다.16 그 무렵 소련군에 참여했던 한인 병사들이 귀국했다. 장제스의 국민당 밑에서 활동하던 조선광복군 대원 3000명도 귀국했다. 특히 조선광복군 대원들은 "국민당 군에 파견된 미군 부대에서 훈련을 받았"거나, 제2차 세계대전 동안 미국 전략사무국OSS이 계획한 임무에 참여했었다.17

1945년 9월 러셀 D. 배로스 중령이 한반도에 도착하면서, 미 군사 제국의 또 다른 "초국가적 회로"가 한반도 [이남을] 가로지르게 된다. 1944년 필리핀 루손섬에서 게릴라들과 함께 일했던 배로스는 곧 '토착 안보 부대'를 창설하는 임무를 맡게 되었다. [역사학자] 시메온 맨은 1946년 1월 하지 중장이 설립한 남조선국방경비대가, "미국의 필리핀 식민 통치 초기에 내부 안보를 보장하기 위해 설립된 것과 유사한 조직"[18]이라고 지적했다. 하지는 곧 배로스를 국방경비대 사령관[1946년 2월 5일~8월 15일까지]으로 임명하고, 스물일곱 살의 제임스 H. 하우스만 대위를 자문으로 임명했다. "현대 한국군의 아버지"로 불리는 이 젊은 하우스만은 한국군 발전의 토대가 된 남조선국방경비대를 창설하는 프로젝트를 맡았다. 주목할 것은, 1차 장교 모집에 지원한 사람들 거의 대부분이 일본군 출신이었다는 것이다. 이들 가운데 상당수가 도쿄의 제국 육군사관학교나 만주국 육군군관학교를 졸업했다. 그리고 군사 사학자 앨런 밀레트에 따르면, 1947년 이런 충원 방식은 한반도 이북의 "소련 점령지에서 내려온 피난민 대열의 또 다른 장교들"로도 확대되었는데, 그들 역시 "일본군 출신이자, 북조선 공산주의자들이 '계급의 적'으로 간주한 사람들, 즉 교육받은, 기독교 중산층이었다."[19] 이 점에서 국방경비대는 확고한 반공주의인 엘리트 장교들의 집단이었다고 할 수 있다.

그러나 하우스만 자신에 따르면, 국방경비대가 "내부 치안"에 대한 권한을 독점한 것은 아니었다. 국방경비대는 분명히 경찰과 다소 긴장 상태에 있긴 했지만 한반도 이남에 설치된 더 큰 반공 네트워크의 한 부분이었다. 청년 단체들은 부인할 수 없을 정도로 중요했다. "미군정 초기에 통상적인 정부 부처와 더불어 조선민족청년단을 구성했다. 심지어 그것은 국방부보다 먼저 설립되었는데, (…) 예산이 책정되었고, 이 단체가 모든 청년 집단을 통제했다."라고 하우스만은 말했다. 이범석은 조선민족청년단 단장으로서 "적어도 잠재적으로는 매우 강력한 인물"이었다.[20] 일본 제국의 '총력전'을 위해 훈련된 팽창주의적 성향의 군을 미국의 패권적 반공 안보 국가로 재정비하려면 한국

청년들의 도움이 절실히 필요했다. 한국 청년들 — 성인이 되었거나, 일본 제국주의 전쟁 기구에서 이제 막 돌아온 — 은 미군정과 한반도 이남에서 상호 경쟁하던 주요 정당들의 야망을 위한 표적이 되었다.

사회학자 김동춘에 따르면, 1945년 8월 해방을 전후로 조선인민공화국 치안대가 수많은 지역 청년 단체들을 설립하고 있었다. "관료, 경찰, 군 장교, 사업가와 지식인 들"처럼 일본에 "부역했던 한국인들"은 "투옥되거나 처벌받을 수 있는 상황에서 자신을 구해 줄 수 있는 정치 집단을 찾고 있었다." 미 점령군이 한반도에 도착할 무렵 결성된 한국민주당[약칭, 한민당]은 건국준비위원회와 조선인민공화국을 몰아내겠다는 노골적인 선언과 함께 보수정당으로 등장했다. 한민당 당원들은 대부분 전문가 계급 및 대졸자(일본 유학 47퍼센트, 미국 유학 27퍼센트) 출신으로, 친일 기업인들과 지주들이 자신의 사업체와 재산을 지키기 위해 선택한 정당이 되었다.[21] 김동춘은 남한의 반공주의를 분석하면서, 일제강점기인 1920년대에 시작되어 오랜 역사와 궤적을 갖고 있는 한국 반공주의의 맥락 속에서 전후 반공주의 엘리트들을 바라본다. 1917년 러시아혁명 이후 한반도에서 공산주의의 성장과 더불어 노동계급이 부상하자, 기독교 중산층과 지주 엘리트들은 "사유재산 원칙의 수호"를 내세운 일본 제국주의 권력의 반공주의와 노선을 같이했다.[22] 해방 직후 이들 엘리트는, 조선인민공화국의 조직망과, [이를 기반으로] 조선인민공화국이 지방에서 행사하던 권위에 도전하기 위한 한 가지 방편으로 우익 청년 단체들을 설립했다. 또한 이들 청년 단체를 통해, 토지개혁은 물론이고, 일제에 부역했던 인물들(지방 경찰에서부터 국가 관료에 이르기까지)에 대한 대대적인 척결 요구에 대응하려고 했다. 한민당은 이 과정에서 미군정의 지원을 받았다. 1947년 6월 국무부에 제출한 보고서에서 미군정 사령부는 "한국의 청년들"을 "진정한 민주주의의 이상을 발전시킬 수 있는 가장 크고 유망한 집단"이라고 지적했다. 보고서 작성자들은 "18~30세 남성들이 가입할 수 있는 조선민족청년단이라는 새로운 조직이 저명한 한국인 장군의 주도로 구성"되었으며, "미군정이 이 기구에

재정과 물자, 자문 등을 제공했다."라고 언급했다.²³

1948년 그레고리 헨더슨이 바라본 서울에서는 "미국인"의 노선과 "한국인"의 노선 외의 다른 정치적 "노선"들은 아직 굳어지지 않았다. 그는 "당시에는 누군가 갑자기 공산주의자나 반공주의자로 경도되지는 않았다."라고 말했다. "중간 지대가 있었다. 모든 장교는 [자신과] 다른 쪽을 택했거나, 어떤 식으로든 그쪽으로 기울어진 사람들을 개인적으로 알고 있었다. 항상 그들을 싫어했던 것도 아니다." 그는 미국 독자들에게 당시 상황을 묘사하기 위해, "남쪽의 생활 방식"은 "좀 더 협력적인 편인 반면, 북쪽의 생활 방식은 더 강인하고, 스파르타적이며, 이념적이고 덜 양보적이고 덜 기회주의적"이었다고 표현했다.²⁴ 1948년 서울에서 헨더슨이 한국인 동료들과 지내며 그려 낸 남과 북의 모습은 이분법적이라기보다는 다차원적이었다. 한국인들 내 정치적 지형을 이처럼 유연하게 그려 냄으로써 그는 [이들 간의] 친밀함, 역사, 또는 행위 주체성을 부정하지 않았다. 그러나 이런 친밀한 정치 지도는 대중 폭력을 통해 조직되고 있는 [좀 더 거시적인] 환경에 뿌리를 두고 있으면서도, 그런 환경과 긴장 상태에 있었다. 그리고 1948년까지 국가의 준군사적 조직으로 활동했던 한국의 우익 청년 단체들은 이 지형에 등고선과 단층선을 만드는 데 필수적인 역할을 했다.

미군 방첩대, 서북청년단, 반공주의의 긴 궤적

미군 방첩대는 미군정기부터 한국전쟁 시기까지 미군을 위해 누가 '공산주의자'이고 누가 '반공주의자'인지 그 경계를 결정했던 기구였다. 방첩대는 점령 기간 동안 "공산주의자" 명단을 작성하고, 미군이 점령한 한반도 이남 지역에서 벌어지고 있는 이른바 "첩보전"에 대한 서사를 제공함으로써 큰 권력을 쌓았다. 하지 장군은 어떤 한국인이 신뢰할 수 없는 공산주의자인지 파악하고 있다는 방첩대의 주장을 신뢰했다. 브루스 커밍스는 "미군정기 3년 동안 1946년

[10월] 추수 봉기만큼 모든 수준에서 미국인들에게 충격을 안긴 사건은 없었다."고 논평했다. 실제로 하지 중장과 앨버트 브라운 소장은 조미공동회담*을 소집해 "최근 남한에서 발생한 소요 사건의 발생 원인을 조사해, 모든 정보와 대책을 숙의한 후에 현 상태의 개선안을 제출"하도록 했는데, 주요 의제는 "10월 봉기의 발생 원인과 배경, 그리고 경찰에 대한 원한"이었다. G-2 부장인 존 로빈슨 대령이 조미공동회담에서 이에 대한 보고서를 발표하기로 했는데, 보고서 작성에는 G-2 산하의 방첩대가 도움을 주었다. 핵심적으로, 미군 방첩대는 [추수 봉기에 부여할] 서사적 의미를 취합하고, 봉기에 대해 설명할 책임과 의무를 맡았다. 방첩대가 준비한 보고서는 「남한의 평화를 방해하는 공산당에 맞서」Case Against the Communist Party, Disrupting the Peace of South Korea로, 봉기에 대한 방첩대의 결론을 간결하게 전달하고 있었다. "폭동과 소요 사건이 발생한 경위를 조사한 결과, 폭동은 국민들의 자발적인 반응이 아니라 정치 지도자들과 그 추종자들이 주도하고 선동한, 사전에 계획된 정치적 움직임이 분명했다. (…) 공산주의자들이 날조한 사건들과 거짓 선전 선동이, 남한의 경찰과 시민에 대한 물리적 폭력을 조장하고 유도했다는 것을 보여 줄 필요가 있다."25

조선공산당 당원들이 실제로 봉기의 특정 부분을 조직하고 지도했지만, 지도부의 대부분은 지방인민위원회와 노동조합 및 농민조합 출신이었다. 방첩대가 묘사한 "친공 성향의 적"들은 평양이나 모스크바로부터 지시를 받은 소련의 꼭두각시, 즉 소규모 공산당 세포였다.26 추수 봉기에 대한 커밍스의 분석에 따르면, 봉기 자체는 동시다발적으로 일어난 것이 아니라 "한 곳에서 일어난 반란이 영향을 미쳐 인접한 지역에서 또 다른 반란이 일어났다." 커밍

---

* 조미공동회담은 10월 항쟁이 서울까지 파급된 직후인 1946년 10월 23일 남조선의 혼란 상태를 조사하기 위해 구성된 것이다. 조미공동회담은 좌우합작위원회 인사들과 미군정 요인들을 구성원으로 10월 항쟁의 원인과 대책을 논의하고 하지 중장에게 건의서를 제출하는 등의 활동을 했다. 이에 대해서는, 이동원, 「1946년 '조미공동회담'의 성립과 활동」, 『한국사론』 제52집, 2006 참조.

스는 "증거에 따르면 전라남도 농민들은 공산당의 선동 때문이 아니라 토지의 조건 및 관계, 공출의 불균형, 지주, 관리 및 경찰의 유착에서 발생한 깊은 원한 때문"임을 보여 준다고 말했다.27 이 점에서, "친공 성향의 적"을 만드는 프로젝트는 토착적 요구나 불만이 있을 수 있다는 사실을 부정하고, 공산주의에 대한 지지가 해당 지역에서 자생적으로 나타났을 가능성을 부정하는 것이었다. 그것은 단순히 '친공 성향의 적'을 찾아내고 만드는 프로젝트가 아니라, 어떤 지식에 대한 주장과 관련된 프로젝트이기도 했다. 이 1946년 보고서에서, 방첩대는 자신이 미국이 점령한 한반도 이남 지역의 정치 지형을 파악하고 이해하며 서술할 능력이 있다고 주장했다. 달리 말해, 방첩대는 한국인보다 한국인을 더 잘 "알고 있다"는 것이었다.

이런 "지식"은 복잡한 매개 과정을 거쳐 만들어졌다. 방첩대는 사람과 문서들을 모으고 읽었다. 사람들을 심문하고, 전단지·포스터·전단을 끊임없이 번역하는 것이 방첩대 활동의 핵심이었다. 여기서 한 가지 질문을 던져 볼 필요가 있다. 즉, 방첩대는 심문할 사람과 번역할 글을 어떻게 확보했을까? [미리 간단히 밝혀 두자면] 방첩대의 업무 수행에서 핵심적인 역할을 한 것은 38선을 넘어 남쪽으로 내려온 청년들로 구성된 서북청년단이었다. 이들 가운데 다수는 지주계급 출신이었는데, 한국에서 가장 극단적인 우익 청년 단체가 바로 이들을 중심으로 결성된 것이다.

한반도 이남 지역에는 21개 지역 사무소가 있었고 요원 89명이 활동했다. 이들이 원활히 활동하며 작전을 수행하기 위해서는 통역과 종이가 필수적이었는데, 이 두 가지 모두 턱없이 부족했다. 한국인 통역사는 [용병처럼] "돈만 밝히기에 믿을 수 없었"고, 한국계 및 일본계 미국인 2세도 기껏해야 열두 명뿐이었다. 종이도 마찬가지였다. "정보기관에 필수적인 종이가 특히 부족했다. 미군정청 보급 담당자들은 방첩대 지역 사무소에 왜 보병 중대 지휘실보다 더 많은 종이가 필요한지 이해하지 못하는 것 같았다."28

게다가 한국인들은 미군 방첩대를 경계하며, 그들과 자유롭게 대화하기를 꺼렸다.

> 상당수 한국인들은 미군 방첩대가 일본의 헌병에 진배없다고 믿고 있으며, 이런 오해로 말미암아 방첩대 요원들은 자신을 G-2 요원, 공보실 인사, 정치고문단의 일원, 또는 한국 정치에 대한 호기심과 관심을 가진 초보자로 소개하는 게 더 유리하다고 생각하고 있다.[29]

방첩대는 작전 수행과 관련해 좀 더 직접적인 어려움에 봉착해 있었다. 그것은 바로 자신의 활동에 대해 정당성을 확보하는 일이었다. 일반적으로, 방첩대 요원들이 사복을 입고 비밀리에 활동했다고 생각할 수 있지만 기록을 보면 그렇지 않았다. "방첩대는 다른 조직들은 입지 않는 제복을 착용했기 때문에, 요원들은 언제나 위험에 노출될 수 있었다."[30] 그러나 "한국에서 방첩대 요원의 독특한 제복은 방첩대 활동이 원치 않는 주목을 끌게 된 여러 가지 요인 가운데 하나였을 뿐이다."[31] 앞서 언급했듯이, 방첩대의 활동은 흔히 생각하는 것과는 달리, 사실 매우 공개적으로 이루어졌다. 우선, 한국인들은 방첩대의 목표와 임무에는 공감했지만, 이는 방첩대가 기대했던 방식은 아니었다.[32]

결국, 방첩대는 한국 정보원의 '정보'에 의존할 수밖에 없었다. 방첩대의 "운영 내규상 정원"은 126명이었지만, 1946년 9월 현재 요원 수는 89명에 불과했다.[33] 그러나 89명의 미국인 방첩대 요원과 최소 180명 이상의 한국인 정보원이 협력한다고 해도 방첩대가 원하는 정도의 정보를 확보할 수 있는 것은 아니었다. [이에 따라] 방첩대는 또한 다양한 종류의 유급 정보원, 청년 단체, 그리고 이북에서 월남한 사람들 가운데 선별적으로 이루어지는 심문 등에 의존하는 네트워크를 발전시켰다.[34] 1946년과 1947년 사이에 방첩대는 주로 "청년 단체를 첩보에 활용"했다. 1947년 6월 19일 자 방첩대 주간 보고에 따르면, 우파 단체들이 공산주의에 맞서 "자신들만의 정보기관과 정보원 네트워크를 수립했는데", "이런 조직 가운데 가장 가치 있는 조직은 공산주의 경찰

국가 북조선에서 탈출한 개인들로 이루어진 단체", 즉 서북청년단이었다.35 당시 주한 미군 방첩대 요원으로 활동했던 도널드 니컬스의 회고록에 따르면, 그는 주로 "북한의 군인과 민간인 출신 탈영병과 월남인"을 모집했다.36

방첩대에 따르면, 서북청년단은 서울의 "각 지역을 완전히 파악"했으며, 모든 구역에 사람을 배치해 두고 있었다. "그들은 해당 지역에 살고 있는 사람들을 속속들이 알고 있다. 언제 새로운 사람들이 이사를 오고 나가는지, 왜 이사하는지도 알고 있다. 그들은 자신이 담당하는 지역에 있는 거의 모든 사람의 움직임을 훤히 꿰뚫고 있고, 조금이라도 의심스러운 일이 있으면 무엇이든 보고할 수 있다."37 서북청년단이 만든 감시 체계로 말미암아, 방첩대는 지역에서 어떤 일이 벌어지고 있는지 알고 있다고 주장할 수 있었다. 서북청년단 ― 그뿐만 아니라 여러 우익 청년 단체를 활용한 ― 덕분에 방첩대는 탁월한 활동 범위를 유지하고 발전시킬 수 있었다. 이런 식으로, 방첩대는 한국의 현실 정치 활동에 대해 뛰어난 지식을 갖고 있다는 주장을 통해, 미군정 기구 내에서 자신만의 역할을 개척했다.

그러나 얼마 지나지 않아 비상사태, 또는 이론가들이 예외적 주권이라고 부르는 영역에서의 폭력 사용을 둘러싸고 방첩대와 서북청년단 사이에 긴장이 생겨났다. 긴장은, 남쪽 전역에서 서북청년단이 야기한 폭력의 증가에 관한 것이 아니라, 현장에서의 치안 활동에 대한 관할권 문제에 관한 것이었다. 1946년까지 방첩대는 "수색과 체포를 비롯해 치안[경찰] 기관이 가질 수 있는 거의 모든 특권을 갖고 있었다."38 방첩대의 역사에서 알 수 있듯이, 이 "치안 유지 활동과 관련된 이런 특권과 기능은 (…) 비밀 수사 기구에 전혀 걸맞지 않은 것 같은 권력을 [방첩대에-인용자] 부여했다." 실제로, 전직 방첩대 요원들의 회고에 따르면, "제971 방첩대 파견대•는 매우 유능한 부대였다. 그들

- 1946년 1월부터 1948년 말까지 한반도 이남 지역의 모든 방첩 활동을 총괄 지휘했던 부대이다.

은 통상적이지 않은 그 권력을 너무나도 자의적으로 해석한 것으로 보이며, 특히 점령 초기에 여러 작전을 너무 '훌륭하게'"³⁹ 수행했다. 또 다른 방첩대 요원 윌리엄 J. 타이그에 따르면 "점령 초기 몇 달 동안 경찰이나 일반 대중에게, 방첩대는 한국에서 신이었다."⁴⁰

그러나 1947년 말까지 1년도 채 되지 않아 방첩대에 문제가 발생했다. 서북청년단이 단순히 "정보"를 조달·수집·송출하는 도구에 머무르기를 거부하고 있었던 것이다. 사실, 서북청년단은 점점 더 많은 폭력을 행사하고 있던 것으로 밝혀졌다. 「테러에 대한 통계 분석, 1947」Statistical Analysis of Terrorism, 1947이라는 방첩대 보고서에 보고된 다양한 테러 행위의 집계는 다음과 같다.

우익이 선동한: 223
좌익: 74
중립: 5
알 수 없는: 203
합계: 505
사망자: 90
부상자: 110⁴¹

이 보고서에 따르면, 서북청년단은 한반도 이남에서 "테러"로 해석되는 폭력 사건에 가장 많이 연루된 우익 단체였다. 1947년 4월 23일 자 방첩대 보고서에 따르면, "지난 몇 주 동안 서북청년단의 테러 활동에 대한 수많은 보고가 사무소로 몰려들었다."⁴² "거의 모든 사무실로 테러에 관한 수많은 보고가 접수되었다. 대구, 대전, 옹진에서는 특히 서북청년단이 광란을 벌이고 있는 것 같았다."⁴³ 1947년 8월 28일 자 방첩대 보고서에 따르면, 서북청년단이 "좌파의 통제권 장악과 완전한 절멸을 위해 싸우는" 과정에서 "무수히 많은 테러 행위"를 저지름에 따라, 강릉 지역의 상황이 악화되고 있었다. "좌파보다 우파가 이 지역에서 훨씬 더 많은 문제를 일으킬 것으로 보이며, 경우에 따라서는 심지어 미국 요원들에게도 저항할 수 있었다."[44]

서북청년단에 대한 이런 상세한 기록을 통해 분명해지는 것은, 방첩대가 이런 폭력을 별반 문제 삼지 않았다는 것이다. 오히려, 방첩대가 우려했던 것은 서북청년단이 방첩대의 치안 활동을 자신의 업무인 듯 가로채고, 단순히 정보의 전달자 역할만 하기를 거부한 것이었다. 대구, 대전, 옹진 등 전국 각지에서 "그들이 벌인 행동에 책임"을 져야 한다는 잔소리를 들은 한 서북청년단 대표는 "자신의 단체는 대부분 청년들로 이루어져 있으며, 이들이 그렇게 행실이 나쁜 녀석들은 아니라고 항변했다."[45] 서북청년단의 활동과 폭력에 대한 방첩대의 잔소리나 질책, 경고는 서북청년단의 폭력이 [방첩대나 미군이 가지고 있던] 어떤 주권적 감시 권력을 행사하려는 듯 비칠 경우에만 이루어졌다. 예를 들어, 방첩대는 "북한에서 온 방문자 세 명을 체포하기 위해 급습을 준비하고 있었지만, 서북청년단이 방첩대를 제치고 이들을 납치했다는 사실을 알게 되었다." 방첩대는 서북청년단에게 "그런 권한이 없다는 것을 이해시키기" 위해 지도부와 회의를 준비했다.[46]

결국, 방첩대가 위법[선을 넘은 것]으로 간주한 것은 폭력 행위 그 자체가 아니라, 과도한 권한 — 납치, 협박, 살인 — 을 주장하는 경우였다. 방첩대 보고서 작성자들은 이런 위법행위에 "테러"라는 꼬리표를 붙였지만, 마을 사람들은 — 심지어, 경찰들도 — 스스로 문제를 해결하기 위해 나서기 시작했다. 1947년 5월 방첩대 보고서에 따르면, 우파의 폭력/테러를 조장·방조했다는 좌파의 거센 비판을 지속적으로 받게 되자, 경찰들은 우익 청년 단체에 대한 기존의 정책을 바꿔 달리 대응하기 시작했다. 체포가 이루어졌고, 문제가 있는 회원들을 다른 지역으로 이주시켰다. 한 마을에서는, "서북청년단이 경찰에 의해 마을에서 쫓겨났고, 또 어떤 마을에서는 많은 회원들이 열차에 실려 지방으로 이송되었다. 부담을 다른 지역 사람들에게 떠넘긴 것이다."[47] 8월 말, 포항으로부터의 보고에 따르면, 좌익 인사들이 "하지 장군에게 서북청년단을 비롯한 청년 테러 단체들에 대한 척결을 요구하는" 탄원서를 보냈다.⁴⁸ 이들이 요청한 바는 결코 이뤄지지 않았다. 1947년에, 미군정의 명령에 따라 해산된 우익 청년 단체가 하나 있기는 했지만, 서북청년단은 아니었다. 방첩대와 미군정이 폭력을 묵인함에 따라 마을 사람들은 자구책을 마련하기 시작했다. 대전에서는 "일부가 무장한 29명가량의 서북청년단원들이 마을을 공격했는데, 마을 사람들이 힘을 합쳐 그들을 몰아냈다." 청년 단원들은 마을에 있는 파출소로 피신했고, 마을 사람들이 파출소를 에워쌌다. 서북청년단 단원들이 돌을 던지기 시작하자, 마을 사람들도 맞서 돌을 던졌다. 곧 "경찰이 군중을 향해 발포해, 마을 사람 세 명이 사망했다."⁴⁹

방첩대의 보고에 따르면, 서북청년단은 1947년 초가 되면 "그 어느 우파 청년 단체보다 빠르게 성장했고 더욱더 중요한 존재가 되었다."⁵⁰ 방첩대는 1947년 9월 11일 자 보고서에서, 서북청년단과 관련된 또 다른 추세에 주목했다. "우파들에 의한 테러가 줄기차게 자행되고 있다. 좌파 세력을 척결하려는 시도가 전면적으로 진행되고 있었다." 보고에 따르면, 이런 상황에서 경찰은 "이 단체에 맞서는 것을 두려워하거나, 그들의 행동에 대체로 동조하고 있다."면서, 서북청년단의 활동이 종종 묵인되거나 지원을 받는다는 점을 확인했다.⁵¹

신체적 폭력은 심문에 필수적인 수단으로 간주되었다. 제607 방첩대 한국 파견대 산하 "K" 분견대 책임자가 된 도널드 니컬스[특무상사]•는 1948년

• 제607 방첩대 파견대는 김포 등 한국에 산재한 미 공군기지들에 대한 방첩 업무를 담당했다. 도널드 니컬스는 19세인 1946년 미군 방첩대 훈련 학교를 졸업하고, 그해 6월 도쿄 주재 극동공군사령부 제607부대 요원으로 한국에 파견되었다. 한국전쟁 당시에도 그는 미 공군 소속으로 대북 첩보를 주도했는데, 피난민·포로·망명자를 심문하고 이들을 요원으로 훈련해 적 진영으로 파견하는 업무를 수행했다. 한국전쟁을 전후로 한 도널드 니컬스의 주요 활동상과 고문, 민간인 학살, 무모한 작전 등 그의 업무 수행 방식에서 나타난 문제점에 대해서는 양정심, 「한국전쟁기 미 공군의 대북첩보활동: 도널드 니콜스Donald Nichols를 중심으로」, 『수선사학회』 제46권, 2013 참조.

즈음 자신이 "적절한 시기에 정확한 질문을 던질 수 있는 진정한 감각을 갖춘 전문 심문관이 되었다."라고 느꼈다. 그러나 그는 회고록에 "여러 차례, 나는 우리 연합군이 심문 과정에서 사용하는 방법을 용인해야 했다. (…) 나는 못 본 체해야 했다. 심지어 찬성도 해야 했다."52라고 썼다. 그는 "예를 들어, 탁자나 의자에 등을 대고 결박된 자세에서 팔과 다리가 묶인 채 턱이 위로 들릴 정도로 머리를 뒤로 젖히고, 물에 젖은 천이 얼굴을 덮은 상태의 피해자를 여러 번 봤다."라고 썼다. 숨을 쉴 때마다 그 사람은 폐로 물이 들어갔다. "결과는, 엄청난 고통 속에서 천천히 익사하는 것이다. 피심문자는 심문관이 듣고 싶은 것을, 그것이 거짓이건 아니건, 말해야 했다."53 니컬스가 "절대 지울 수 없을" 기억이라고 쓴 특별한 상황도 있었다. 한국군 요원 하나가 한 남자의 두 팔을 "나무 십자가에 매달았다." 그들은 "얇은 구리선"으로 양손의 손가락 가운데 하나씩 감고, 그 선을 "손으로 돌리는 야전 전화기"에 연결했다. 니컬스는 "병장이 전화기를 돌리기 시작하자", "그 남자는 우리가 원하는 대답을 외치기 시작했다."54라고 회고했다.

서북청년단의 "테러"는 일탈도 아니었고, 심지어 제한적으로 활용한 전략도 아니었다. 서북청년단은 방첩대의 기능에 필수적인 부분이었고, 방첩대의 정당성을 뒷받침하는 근본적인 토대였다. 방첩대의 활동과 존재는 가시적이고 공개적이었으며, 일반 대중에게 잘 알려져 있었기 때문에, 서북청년단과 방첩대의 협력 관계 역시 공공연한 것이었다. 실제로, 서북청년단 단원들은 방첩대에 협력하면서 얻은 권한을 자신들의 활동에 부당하게 활용했다. 방첩대와 서북청년단 사이에 형성된 이런 관계는 미군정이 승인하고, 구상하고, 집행한 정치를 상징적으로 보여 준다. 제임스 하우스만에게 이런 종류의 무력 통치는 부수적인 것이 아니라 핵심적인 것이었다.

우리는 진정한 민주주의를 이룩하는 것에 대해 환상을 갖지 않았다. 처음 시작하는 사람들에게는 자비로운 독재가 적합하다. 우리는 이것이 궁극적으로 어떤 형태든 민주주의로 발전하기를 바랐다. 공산주의는 불법이었다. 경찰은 밤낮없이 공산주의자들을 색출했다.55

그리고 1948년, "한국과 미국의 모든 정보기관이 공산주의자들과 싸우는 일에 집중함에 따라" 다음과 같은 조직들이 긴밀히 협력하게 되면서, 이 '자비로운 독재'의 무기가 벼려졌다.56 하우스만의 조선경비대,• 주한 미군의 G-2, 제971 방첩대 파견대, 한국 경찰, 서북청년단이 제주도에 파견된 "질서유지" 세력에 속하는데, 역사학자인 황수경이 "20세기 한국 역사상 가장 폭력적인 사건 가운데 하나"57라고 부른 사건을 촉발한 것이 바로 이들이었다.

1948년 4월 3일, 제주도에서 350명의 사회주의자들이 봉기를 일으켰다. 이들의 행동은 미군정과 경찰의 억압적인 정책들과 조치들에 맞서는 전면적인 반란을 촉발했다. 미군정과 이승만은 이 봉기에 연루된 사람들을 "공산주의자"[빨갱이]로 낙인찍고, 제주도에 대규모 병력을 투입했다. 1946년 [추수 봉기] 시기에 방첩대가 사용했던 서사가 다시 동원되었고, 반군들은 [북한에서 남파된] 간첩들의 선동에 동조한 "공산주의자"로 규정되었다. 그러나 미군 보고서조차 사태의 원인과 성격을 복잡하게 보고 있었다. 한 보고서에 따르면, 남조선노동당(약칭, 남로당)에 관여한 대다수 사람들이 "공산주의 운동에 대한 진정한 이해나 참여 의사가 전혀 없었다."58 대부분의 사람들은 "전쟁과 전후의 어려움으로 말미암아 생계가 크게 나빠진 무지하고 교육받지 못한 농민들과 어민들이었다." 이 보고서는 남로당이 그들에게 "경제적 안정을 약속했을 것"이라고 결론지었다. 그러나 폭력은 놀라울 정도로 격화되었다. 찰머스 존

• 남조선국방경비대는 1946년 6월에 조선경비대로 개칭되었다. 당시 육군 대위였던 제임스 하우스만이 고문관으로 조선경비대 창설을 지원했다. 조선경비대를 미군 조직법에 따라 만들고, 실전 경험을 우대하는 인사를 중시함에 따라, 일본군과 만주군 출신 군인을 등용했다. 하우스만은 1960년대 중반까지 한국 정치의 배후 실력자로 군림하며 막강한 영향을 미쳤다.

슨은 서북청년단이 "이승만의 하수인들 가운데 가장 잔인한 집단"이었다며 "미군은 그들의 잔혹성을 잘 알고 있었음에도 묵인했다."라고 지적했다.[59] 경찰과 조선경비대, 여러 우익 청년 단체가 함께 제주도에서 [빨갱이] "숙청" 작전을 벌이는 가운데, 반군 300여 명의 반란으로 시작된 이 사건은 "8만에서 30만 명의 섬 주민"[60]들을 대상으로 국가가 저지른 학살로 변질되었다.

제주 항쟁에 대한 설명과 역사는 대부분 서북청년단의 폭력적 전술의 잔인함에 주목한다. 그러나 이런 우익 청년 단체들이 "광신적인 반공주의자"들의 결사체였을 뿐만 아니라, 회원들이 권력을 획득할 수 있는 정치조직이었다는 점에도 주목할 필요가 있다. 예를 들어, 대한민주청년동맹(약칭, 대한민청)이라는 우익 단체는 김두한이 이끌었는데, 그는 훗날 자신이 좌익 두 명을 살해하고 남로당 출신 좌익들을 고문한 전력이 있음을 "순순히" 시인한 바 있다. 김두한은 [1940년대 후반] 경무대에서 잠시 이승만을 경호했고, 이후 1960년대에는 국회의원이 되었다.[61] 나는 서북청년단이 사용한 폭력을 비이성적인 무력 사용으로 보기보다는, 이런 매우 잔인하고 공공연한 폭력 행위가 1945년 이후 한반도 이남에서 진행된 반공주의 정치에 필수 요소였다고 생각한다. 즉, 서북청년단의 행위와 폭력 동원은 미군정이 지원하는 정권하에서 만들어진 일상적인 정치적 풍경의 일부였다.

방첩대의 활동은 미군정 시기와 한국전쟁 당시 미군에 관한 중요한 문서들을 만들어 냈다. 예를 들어, 전쟁 중에 도널드 니컬스가 이끄는 방첩대는 "정보원, 전쟁 포로, 피난민, 망명자 등을 비롯한 다양한 정보원들과 연락책들로부터 수집된 정보를 토대로 매달 600건에서 1000건에 육박하는 정보 보고서를 제출했다."[62] 서북청년단을 비롯한 우익 청년 단체 회원들은, 보고서 작성을 위해 정보를 선별하고 수집하는 데 필수적이었다. 더 중요한 것은, 방첩대가 서북청년단을 비롯한 한국인 연락책들을 활용해 미군정, 이승만 정권, 그리고 미군이 사용할 '블랙', '회색', '화이트' 리스트를 작성했다는 것이다. 블랙리스트에 오른 사람은 안보를 위협하는 적으로 간주되었다. 회색 리스트에는 정보원 역할을 할 수도 있지만, 충성심이나 "보안"이 명확히 확인되지 않은 사람들의 이름이 있었다. 화이트 리스트에는 미국에 우호적이라고 생각되는 사람들의 이름이 올라 있었다. 방첩대 내부 문서에 따르면, "방첩대 파견대는 표적 명단과 화이트, 블랙, 회색 리스트를 수집하고 유지했다." 방첩대가 1950년 한반도에 돌아왔을 때, 그들은 이 명단을 다시 작성했고, "① 생포한 첩보원, 피난민, 전쟁 포로, 민간인에 대한 심문을 통해, ② 남한 경찰, 국군 방첩대, 그리고 남북한 반공 청년 단체들의 보고를 선별해 명단을 업데이트했다."63 이 명단은 결코 정치적으로 중립적인 정보가 아니었으며, 기존의 편향된 자료 수집 및 선별 관행 내에서 유통되었다.

하우스만은 한국에서 [경찰이] 누군가의 정치적 배경과 신원을 조사[하고, 보관하며, 필요시 이를 조회]하는 과정에 대해 자신이 알고 있는 바를 다음과 같이 이야기했다.

> 전과 기록이 남는데, 그 기록은 미국에서와 달리 무덤까지 따라간다. 기록은 경찰에 남을 것이고, 그가 고향에 돌아가면 그 기록 역시 그가 사는 지역으로 옮겨 갈 것이며, 그가 살아 있는 동안 경찰은 그것이 무엇이든 그에 대한 서류 일체를 보관하고 있을 것이다. 기록이 얼마나 사소한 것인지, 중요한 것인지는 상관이 없다.64

하우스만은 경찰 채용 과정에서 지원자의 신원을 조사하는 방법으로 한국에서는 "경찰에 보관되어 있는 기록과 그의 본적지에서 가져온 서류"를 검토하며, 경우에 따라 채용 담당자가 "몇 대에 걸쳐 그 가문을 보증해 줄 수 있는 마을 원로들과 대화하기도 한다."65고 언급했다. 사람들은 [공식적인 수사에 들어가면 관련 기록이] 문서로 남는 것을 가급적 피하려 했는데, 하우스만에 따르면 국방경비대는 이런 심리를 활용해 폭력적인 방법을 정당화했다.

어떤 사람이 끌려오면, (…) 그를 처벌하는 사람은 그에게 '이 방식이 좋을지, 아니면 다른 방식이 좋을지'를 묻는다. 끌려온 사람은 엄청 아플 것을 알고 있지만, 그래도 며칠 후면 맞은 자국을 비롯해 [처벌을 받았다는] 모든 흔적이 사라지리라 생각해, 대부분 등과 배를 선택한다. (…) 지휘관은 그 남자를 불러 처벌을 기록으로 남길 것인지, 아니면 야구방망이로 배를 몇 대 맞을지를 묻는다.66

전과 기록이 누군가의 삶 내내 따라다니고, 과거에 경찰과 마주했던 흔적(그것이 단 한 번뿐이라도) 때문에 남은 생애 동안 불편한 일을 겪어야 했던 것처럼, 블랙리스트, 회색 리스트, 화이트 리스트는 미군정이 종식되고 한국전쟁이 끝난 뒤에도 사람들을 평생 따라다니며 중요한 영향을 미쳤다. 관료들은 이런 명단을 반복적으로 사용하면서 국민들을 상대로 살릴 사람과 죽일 사람을 결정했으며, 폭력과 협력 가운데 어떤 것을 사회적 관계에 적용할지 엄격하게 지도를 그려 나갔다.

그러나 엄청난 양의 방첩대 보고서와 공산주의자들의 명단, 그리고 대규모 폭력은 확실성에 대한 환상을 불러일으켰다. 그러나 정작 이런 명단의 힘은 그것의 불안정함을 통해 발휘되었다. 누군가의 이름이 언제든 이 명단(특히 블랙리스트)에 추가될 수 있었으며, 다른 명단으로 이동할 수도 있었다. '한국인' 요원들, 특히 서북청년단 소속의 단원들이 스스로 밝힌 정치적 성향 역시 잠재적으로 불안정하다는 인식이 있었다. 서북청년단 단원들은 방첩대를 위해 누가 '공산주의자'이고 '반공주의자'인지 목록을 작성했지만, 그들의 지위 역시 안정적이지 않았다. 왜냐하면 [서북청년단과 같은] 피난민들의 경우 친척 관계라든가 고향에서의 인간관계 등을 확인하기 어려웠기 때문이다. 도널드 니컬스는 "위험하거나 신뢰할 수 없는 첩보원, 예를 들어 이중 (…) 첩자를 제거하는" 문제가 있었다고 회고했다. "이 일을 하는 방법"은 말 그대로 요원을 없애는 것이었다. "종이 낙하산에 태워 비행기에서 낙하시키거나, 고속으로

가는 배 뒤쪽에서 알몸으로 내던지거나, 가짜 정보를 주거나, ─ 적에게 넘기거나 하는 것이다."[67]

한반도에서 반공주의 정치는 내재적 불안정성을 필요로 했다. 자신을 반공주의자로 명명하기 위해서는 다른 사람을 공산주의자로 지목할 필요가 있었다. 의심은 반공주의의 본질적인 정치적 실천이었기 때문에, 자신의 반공주의자적 입장을 다른 사람들에게 확신시키고 안심시키려면 이런 몸짓을 반복해야 했다. 이런 의심의 정치는 백낙청이 "분단 체제"라고 부르는 것이 한반도에서 작동하고 있음을 보여 주는데, 여기서 분단은 일상생활을 사회적으로 생산하고 창조한다. 이는 단순히 '공산주의 체제인 북한'이 '반공주의 체제인 남한'을 적으로서 필요로 하고, 그 반대도 마찬가지인 상황을 말하는 것이 아니다. 오히려 이 "분단 체제"는 남한과 북한 어느 쪽에서든 한쪽의 모든 행동과 상상이 다른 한쪽을 전제로 해서 만들어지는 마법을 부린다. 백낙청은 "체제라고 하면 좋든 싫든 그 안에 사는 사람들의 일상생활에 만만찮게 뿌리를 내린 사회 현실을 뜻하게 마련이다."[68]라고 말한다. 공산주의자와의 불가능한 분리를 주장하는 모든 행위는, 사실상 반공주의자들이 자신의 반공 정체성을 형성하는 데 있어 공산주의자의 존재에 깊이 의존하고 있음을 드러내고 있었다.

이런 일상성의 정치에 걸려 있는 커다란 이해관계는 한국전쟁으로, 그리고 포로수용소로 이어졌다. 유엔군사령부의 포로가 된다는 것은 사람들에게 의심의 대상이 된다는 것을 의미했다. 포로라는 지위는 사회적 낙인이 되었는데, 공산주의자라는 의혹이 포로에게 씌워졌기 때문이다. 게다가 전쟁이 끝난다 해도, 한국 사회에서 사는 내내 전쟁 포로였다는 오명이 끈질기게 붙어 다닐 것임을 모두가 알고 있었다. 북조선 인민군에 포로로 잡혀 있다가, 인민군이 미군에 패하거나 항복해 유엔군사령부 포로가 된 국군 병사들에게, "전쟁 포로"라는 낙인은 일시적인 문제가 아니었다. 그것은 육체적으로나 사회적으로 생사가 걸려 있는 문제였다.

방첩대는 또다시, 누가 포로가 될 것인지를 체계적으로 결정하는 조직이 되었으며, 포로수용소 내에도 요원을 잠입시켜 두었다. 방첩대는 한반도에서 피난민들을 포로수용소로 이동시키는 포로 이송 경로pipeline*를 만들었는데, 이 포로 이송 경로를 통해 이들의 지위는 피난민에서 포로로 유동적으로 바뀌었다. 예컨대, 1952년 방첩대의 표준 운영 절차 매뉴얼을 보면, "겉모습만 보고는 그들이 어느 쪽을 위해 일하고 있는지 알 수 없다."라고 말하고 있다. 매뉴얼을 작성한 사람들은 방첩대 파견대가 수행하는 "전형적인 작전 일과"에 대해 설명하면서, "매일 아침 우리는 적어도 한 대 이상의 트럭에 실려 온 한국인들을 수용했다. 이들은 몇 가지 범주로 나뉘었는데, 농부, 매춘부, 가정주부, 구두닦이, 사업가, 암시장 상인 등을 비롯해 피난민들로 간주되는 한국인들이었다." 이 피난민들은 "헌병, 유엔 보안 경찰, 경찰, 그리고 제1 해병사단 소속 병사나 부대들"에 의해 이송되어, 심사를 받기 위해 방첩대로 왔다. "한 명을 심사하는 데 10분에서 10일, 혹은 그 이상 걸리는 경우도 있었다. 이 심사는 심문과 신분 조회 등을 통해 이루어졌다. 심문은 방첩대 요원들이 수행했고, 통역사가 활용되었다."⁶⁹ 매뉴얼에서 언급한 바와 같이, "방첩대 요원들이 어떤 사람을 공작원, 첩자 또는 빨치산이라고 합리적으로 의심할 경우, 그 남자는 일단 전쟁 포로로 분류되어 후방으로 보내졌다." 이 매뉴얼은 이런 일반적인 관행을 설명하면서 [그 외] "대안은 용의자를 석방하는 것이었다. 누군가 잠입해 어떤 활동을 벌이게 되면, 유엔군의 목숨이 위험하고, 방첩대에 대한 군대의 신뢰가 떨어질 것이다."⁷⁰

* 이는 단순히 물리적인 이동 경로를 의미하는 것이 아니라, 미군 방첩대가 난민과 포로를 전쟁 포로수용소로 이송하고, 심사를 통해 그들의 신분을 재분류하는 체계적이고 조직적인 과정과 네트워크를 뜻한다. 이 포로 이송 경로, 즉 '파이프라인'은 난민 및 포로들의 신분을 유동적으로 변경하며, 미국과 남한의 권력 기구가 이를 통제하고 관리하는 구조적 시스템으로 작동했다. 예를 들어, 농민, 상인, 난민으로 간주된 이들은 심사를 거쳐 전쟁 포로나 협력자로 재분류되었으며, 방첩대는 이를 통해 정보 수집과 분류를 수행했다. 요컨대 '포로 이송 경로'는 단순히 물리적 이동의 통로를 넘어선, 권력과 통제가 결합된 복합적인 운영 체계를 가리킨다.

한반도에 살고 있는 주민의 대다수를 의심하는 것은 결코 방첩대에 유용한 전술은 아니었다. 정당성을 확보하기 위해 방첩대는 요원들이 한국인들 가운데 누가 반공주의자이고 공산주의자인지를 구별할 수 있는 능력과 기술을 갖고 있음을 증명해야 했다. 심문 과정을 설명하는 표준 운영 절차에는 1945년 이후 한반도에 방첩대와 반공 청년 단체가 이미 만들어 놓은 정보 인프라가 누락되어 있었다. 미군 방첩대가 전시 동원으로 다시 한반도에 도착했을 때, 그들은 사실 미군정 시기에 이미 구축해 놓은 방대한 네트워크를 다시 동원했다.

방첩대는 다음과 같은 부류의 사람들 중에서 정보원을 모집했다.

1. 한국 경찰
2. 적의 첩자로 의심받는 사람
3. 이미 붙잡혀 첩자임을 자백한 사람들
4. 피난민
5. 선교사
6. 제2차 세계대전 이후 미군정 시기에 방첩대를 비롯해 미군 부대에 고용되었던 사람
7. 반공 청년 단체. 이들은 북한과 남한 양쪽에서 유용하게 활용되었다.
8. 반공 "자경단". 이들은 무급 정보원이었다.
9. 특정 부대나 부서에 고용된 한국인. 노동 감독관은 노동 집단을 감시하기 위해 모집되었다. 이런 정보원들은 사단본부, 연대, 대대의 현지 노동자들 가운데서 활용되었다.
10. 한국 언론인[71]

제181 방첩대 파견대 작전관인 새뮤얼 E. 월턴 2세 대위에 따르면, "어느 지역에 들어가든 우선 우익 단체의 지도자들과 접촉하려고 시도했다."[72] 또

는 아널드 J. 라피너 대위가 지적했듯이 "남한의 우익 청년 단체들은 지역 공산주의자와 부역자의 이름을 제공했으며, 게릴라 집단을 색출하는 위험한 임무에 인력도 제공했다."73 이런 의미에서, 방첩대가 포로수용소 내에 존재한 것은 [현대 군사정보 전략의 일부였다는 점에서] 새롭기도 하고 [미군의 남한 점령 초기부터 이어져 온 방첩대와 지역 반공 단체 간의 기존 협력 관행에 기반했다는 점에서] 익숙한 것이기도 했다. 수용소 안에서 방첩대의 활동은 자율적[독자적]이었지만, 이미 존재하고 있던 사회적 협력의 산물이기도 했다.

청년, 인종, 그리고 폭력의 교육학

서북청년단이 미군정 시기에 방첩대가 수행한 작전에서 중요한 역할을 했듯이, 대한반공청년단도 한국전쟁 당시 비슷한 역할을 했다. 미군 민간정보교육국은 미군의 심리전 부서가 운영하는 프로그램이었다. 민간정보교육국은 포로수용소 내 일상적인 공간에 침투하려는 노력의 일환으로, [반공 포로들에게] "학생국방동맹"이나 "한국청년회"와 같은 다양한 형태의 청년 단체를 결성하도록 장려했다. 군 내부 출판물에 따르면, 이들 단체는 "'일반 포로들'이 걱정할 필요가 없도록 안전을 유지할 수 있는 체계를 제공하기 위한 것"이었다.74 이들은 모두 나중에 한국군이 장려해 조직된 대한반공청년단의 하위 조직으로 편입되었다. 즉, 대한반공청년단은 국군이나 민간정보교육국 같은 미군 조직을 통해, 다양한 방식으로 한국의 반공 국가를 대리하는 역할을 했다.

거제도에 수용되었던 한 전쟁 포로(그의 이름은 '이 씨'로만 보고서에 나온다)는 심리전감실心理戰監室과 수행한 인터뷰에서, 포로수용소에 수감되기 전 경험했던 반공 청년 단체의 정치적 지형에 대해 이야기했다. 그는 이북 지역 출신이지만, 해방 직후 서울에서 대학을 다녔다. 1948년 5월 10일을 회상하며, 이 씨는 "남한 최초의 큰 선거"*였다고 말했다. "정부는 선거 현장에 청년 단체를 동원했다. 사람들이 올바른[정부가 원하는] 사람들에게 투표하지 않으면 몽둥이로 두들겨 맞았다. (…) 선거 때 몽둥이를 든 괴한들이 여기저기서 공포 분위기를 조성했다. 남한의 젊은이들은 대부분 이승만의 정당에 소속되어 있었다. 모든 정당이 청년 단체를 이용했다. 그 단체들은 학교에서 조직되었다."75

학생 시절을 회고하며, 그는 "이승만 정부가 테러리스트들을 학교에 보냈다. 그들은 공부하기 위해서가 아니라, 모든 학생을 감시하기 위해 학교에 왔다. (…) 정치에 대해 이야기하는 사람은 누구든 공산주의자로 간주될 수 있었다."라고 말했다. 이 씨는 이런 단체의 청년들을 "무식하고 폭력적인 녀석들"로 묘사하면서 그들이, 교수 살해 혐의로 체포된 학생들의 무죄를 증언하는 성명서에 연명하기를 거부했다는 이유로 자신을 구타했다고 말했다.

자신을 '민족 통일과 건설적 행동을 갈망하는 사람'이라고 생각해 온 이 씨는, 1950년 '기쁜 마음으로' 조선인민군에 합류했다. 그 후 이 씨는 남한에서 포로로 부산과 거제도에 머물면서 다시 "반공 테러"를 경험했다. 그는 곧 포로수용소 내 공산주의 단체에 가입했다.76

이 씨가 묘사했던 것처럼, 한국전쟁 이전 시기에 반공 청년 단체들이 어디에나 있었던 것은, 미군이 지지하고 이승만이 공고화한 국가 프로젝트의 결과였다. 1947년 말까지 미군정 시기에 설립된 한국 청년 단체 가운데 하나인 조선민족청년단의 경우 회원이 약 150만 명에 달했다. 조지프 제이컵스 서울 주재 미국 정치 고문이 국무장관에게 보낸 보고서에 따르면, "150만 명의 회원을 가진 이 조직이 남한에서 가장 큰 준군사 조직이 될 것이라는 점에는 의문의 여지가 없다. 조선민족청년단을 해체하자고 제안하기에는 이미 너무 늦었다."77 남쪽에서 유엔의 후원하에 총선이 치러진 직후인 1948년 10월 29일, 이승만은 전국에 산재해 있는 모든 청년 단체를 하나로 통합[그렇게 해서 결성된 단체가 바로 '대한청년단'(총재에 이승만, 단장은 신성모)이다]하겠다고

- 1948년 5월 10일에 남한 최초의 국회의원 선거가 실시되었다.

발표했다. 1948년 12월 국회에서는 "국내에 있는 모든 청년 단체를 해체하고 '조국 수호를 위한 군대'를 구성해야 한다."는 추가 발표가 있었다.78 1950년 6월, 한국전쟁이 공식 발발했을 때, 남한의 청년 단체는 대한민국 국가를 조직하는 기본적인 단위가 되었다.

청년 단체는 — 정치 집단, 미군 또는 한국 정부의 준군사적 도구로서의 뚜렷한 유용성 외에도 — 민족의 미래를 대표하는 것으로 간주되었다. 1948년 12월, 주한 미군 1등 서기관인 베르텔 쿠니홈은 신성모 단장과 한국 젊은이들에 대해 이야기를 나눴다. 신성모는 이제 막 대통령으로 선출된 이승만에 의해 내무부 장관에 임명되었다.

> 신성모는 한국의 청년들에게 모든 정치적 노력을 집중해야 한다고 생각했다. 그는 망명 생활을 한 사람들을 제외한 상당수 기성세대가, 횡포한 일본인에게 학대를 받아 유순하게 길들여졌기 때문에, 정부의 책임을 맡기에 적합하지 않게 되었다고 보았다. 그는 해외에 살았던 사람들만이 자존심과 위엄을 유지했고, 올바른 태도를 가질 수 있었다고 생각했다. 그는 정부의 미래를 위해 인격의 계발과 법에 대한 깊은 존중이 필수적이라고 믿었다.79

한국 젊은이들은 국가 건설에 필요한 원석일 뿐만 아니라, 해방 후 한국의 정치적 잠재력을 보여 주는 증거이기도 했다. 신성모가 보기에, 청년들은 식민주의에 길들여지지 않은 세대를 표상했다. 따라서 사회 수준에서 우익 청년 단체는 한반도 이남에서 진행될 국가 건설 프로젝트의 주요 요소가 될 것이었다. 그리고 그들은 훗날 한국전쟁 시기에 미군이 관리했던 포로수용소의 중요한 하부 기반이 되었다.

1951년 한국 국회에서 포로수용소 내 청년 단체 문제가 도마 위에 올랐다. 현지 보고에 따르면, 이북 출신의 포로 5511명 이상이 반공주의자를 자처하고 있었다. 유엔군사령부 거제도 제1 포로수용소 내에는 반공 청년 단체들이 이미 결성되어 있었으며, 자신들을 포로 지위에서 해방해 줄 것을 이승만에게 요구하고 있었다. 이광순이라는 전쟁 포로가 이끄는 한 특정 단체는 탄원서와 함께 혈서로 태극기를 그려 이승만에게 보냈다.

1951년 5월, 제65 수용동에 있던 이남 출신 반공 포로들이 "이남 출신 청년들의 조직인 대한청년단 지부"를 결성했다. 대한청년단(약칭, 한청)의 사명은 전쟁 이전보다 더 확장되었다. [대한청년단 강령에 따르면] "대한청년단 단원들은 심신을 연마하여 국가의 간성이 되고, 이북 동포와 합심하여 통일을 완성하며, 파괴 분자를 숙청하고 세계 평화를 보장한다." 대한청년단 "지도부는 수용동 차원에서 기능별 부서 — 훈련, 동원, 정보, 문화, 선전, 사찰, 조직 — 를 운영했다."80 이북 출신 반공 포로들은 대한반공청년단을 결성했다. 대한청년단처럼, 그들의 임무 가운데 하나는 한반도의 통일이었으며, 국군에서 복무할 포로들을 훈련시키는 일도 했다. 젊은 우익 포로들이 이 단체에 가입하기 위해서는 "공산주의자들에 맞서 싸울 것을 피로" 맹세하고, "신원 조사를 통과"해야 했으며, "충성을 보증해 줄 두 사람을 확보"해야 했다.81

1952년 여름, 심리전감실은 포로수용소에 설치된 민간정보교육국에서 운영하는 프로그램의 효과를 연구하기 위해 스물네 명의 반공 포로 지도자들을 선발해 면담을 했다. 민간정보교육국의 프로그램 개발자들은 1951년 말 포로수용소를 방문했는데, 이들은 포로수용소를 실험실이나 교실과 같은 독립적인 실험 공간으로 생각했다. 그들은 이런 통제된 환경에서 포로들을 연구하고 조사해, [자신들이 원하는] 모습으로 주조할 계획이었다. 민간정보교육국의 프로그램은 미국 심리전략위원회의 특권을 반영하고 있었다. 수용소에서는 민간정보교육국 주관하에 영화가 상영되었고, 선거가 실시되었으며, 단체 토론이 이뤄지고, 수용소 신문이 발행되었다. 그러나 면담을 하는 동안 스물네 명의 포로 지도자들은, 미군이 알지 못하는 훨씬 더 중요하고 본질적인 사항이 있다고 주장했다. 즉, 스물네 명의 포로들은 모두 자신을 '전쟁 포로'

로 분류해서는 안 된다고 주장했다.[82]

서른두 살의 신종균은 자신이 전쟁 포로가 되어서는 안 된다고 인터뷰에서 주장했다. 인터뷰 진행자들로부터 "매우 품위 있고 자신감이 넘친다"는 평가를 받은 신종균은 반공 청년 단체의 지도자였다.[83] 신종균의 증언에 따르면, 전쟁 발발 당시 신종균은 서울에 있는 미군 제704, 705 범죄수사대에서 근무하고 있었다. 그런데 "어떤 미군 사병이 (…) [자신의] 3개월 치 급여를 속여서 갈취했다." 급여를 받기 위해 본부로 내려간 신종균은 그 미군이 자신의 "범죄를 숨기기 위해" 그를 전쟁 포로로 분류되도록 했다는 사실을 알게 되다. 신종균은 수용소에서 풀려난 뒤의 삶에 대해서도, "포로로 분류되었기 때문에, 포로 이력이 항상 나를 따라다닐 것이고, 내 과거에 대해 잘 모르는 사람들은 나를 나쁘게 생각할 것"[84]이라고 걱정했다.

신종균에게 포로라는 것은 일시적인 지위가 아니었다. 그것은 [신종균을 평생 따라다닐] 일종의 낙인, 정치적 표식이었다. 그는 인터뷰에서 자신이 꼭 정치적인 것만은 아니라고 항변하며, 자신의 지적인 면모를 강조했다. 면담을 진행한 사람은 "그가 연간 450권의 책을 읽는다."라고 기록했다. "그는 정치 서적이 아니라 주로 철학 서적을 읽는다." 그런데 예외적인 듯 보이는 신종균의 개인적 배경은 다른 스물세 명의 반공 포로 지도자들과 공통된 특징을 공유하고 있었다. 이들은 대체로 기독교인, 지식인, 또는 중산층 출신이었다. 그들 가운데 대다수는 해방 전 일본의 대학에서 고등교육을 받은 사람들이었다. 신종균은 '함경남도'에서 태어났으며, 일제강점기였던 1940년에 와세다 대학에서 철학을 공부했다. 그는 2년도 안 되어 일본 문부성으로부터 석사 학위와 교수 자격증을 받았으며, 국립함흥의과대학에서 심리학과 강사로 일했으나, 1945년 해방 이후 남쪽으로 내려와 "젊은이들을 계몽하기 위한 잡지"였던 『학생』의 주필로 일했다. 그는 곧 조선교육연합회 후보로 청주 지역 대표로 출마할 만큼 입지를 다졌다. 신종균이 미군 정보망 및 해방 후 우익 청년 운동에 관여한 것은, 한국전쟁 포로수용소의 철조망 울타리를 넘어 복잡하게 뒤얽힌 정치 지형을 보여 준다.

민간정보교육국과 미군 심리전감실은 모두 대한반공청년단과 매우 밀접하게 협력했다. 실제로, 미군은 반공 청년 집단들이 동료 전쟁 포로들에게 행사한 신체적 구타와 심문을 대부분 묵인했다. 폭력은 늘 그렇듯 크게 문제가 되지 않았다. 그럼에도 불구하고, 반공 지도자 포로 스물네 명과의 인터뷰 결과에 대한 심리전감실 보고서는 다음과 같은 한 가지 특별한 결과에 대해 불만을 표시했다.

> 반공 포로 지도자들은 반공 단체를 만드는 데 있어 자신들의 역할을 내세우고자 혈안이 된 나머지, 수용소 내 정치투쟁에서 성공하는 데 민간정보교육국이 기여한 바를 최소화하거나 심지어 부정하는 경향이 있다. 이들이 유감스러워하는 것은, 민간정보교육국(그리고 일반적으로는 포로수용소 사령부)이 공산주의 단체를 파괴하는 데 물리적으로 적극 관여하지 않았다는 점, 다시 말해 수용소 당국의 입장이 "너무 중립적"이라는 것이었다.[85]

이 보고서에 따르면, 대한반공청년단 지도자들은 민간정보교육국이 공산주의자에 대해 제대로 된 조치를 취하지 않는다고 비판했다. 그들은 수용소 내에서 공산주의자들을 완전히 근절하기를 원했다. 결국 한 가지 난점은, 이 보고서에서 분명히 알 수 있듯이, 대한반공청년단 지도자들이 반공주의자임에도 불구하고 미군의 "은혜"에는 좀처럼 감사해하지 않았다는 점이다. 즉, 우파 지도자들은 정치적 주체성, 곧 미국이 추진하는 정책과 의제에 완전히 구속되지 않는 그런 정치적 활동을 하고 싶어 했다. 이는 미국의 패권에 대한 도전이었다.

보이스카우트와 존 듀이의 교육 철학에 기초한 민간정보교육국 프로그램은 일제로부터 해방된 순종적이고 의욕적이며 순진한 한국의 주체들을 미국의 시민적 자유주의 덕목을 함양한 시민으로 만드는 데 초점이 맞춰져 있었다. 이 같은 제국의 교육학은 전쟁 포로들을 보편화된 주체, 다시 말해 식민 지배에서 벗어나 미국의 자유주의적 제도와 이념을 필요로 하고 또 원하는 보통 사람으로 추상화했다. 그것은 교육과 훈련을 통해 특정한 가치 코드를 주입함으로써 어떤 청사진에 따라 주체를 재생산하는 것이었다. 그리고 이 프로젝트의 핵심은 냉전 시기 아시아에서 진행된 수많은 미국의 교육 프로젝트들처럼, 아시아인들을 특정한 방식으로 — 즉 이상화된 "미국식" 방식으로 행동하도록 — 훈련시킬 수 있다면, 그의 정치의식도 발전해 (미국식) 방식을 따르게 될 것이라는 가정이었다. 아시아인은 자유 시장 자본주의의 바람직함과, 자유주의에서 말하는 자유에 대한, 더 큰 미국의 전 세계적이고 지역적인 이야기 속에 자신의 삶의 궤적을 포함하는 법을 배우게 될 것이었다.[86]

문해력은 민간정보교육국 프로젝트의 핵심이 되었다. 포로들은 주어진 주제에 대해 글을 썼고, 이 글은 민간정보교육국 프로그램의 효과를 측정하기 위해 민간정보교육국에 의해 취합, 번역되었다. 예를 들어, 1952년 1월 17일 민간정보교육국의 "평가 부서"가 발행한 메모에 따르면, "1952년 1월 첫 주에, 교육 단원 제13번, 북한의 공산주의에 대해 제94 수용동 포로들이 작성한 약 4000편의 글이 제1중대 중위 로스 셸던에게 제출"되었다. 미군에 고용된 한국 민간인일 가능성이 높은 민간정보교육국 통역관은 답변을 일정한 패턴과 범주에 따라 요약하고 평가했다. 통역관들에 따르면, 포로들의 글 가운데 절반은 강의 내용에 동의했고, 3분의 1은 북한과 비교하려면 알아야 할 "남한에 대한 상세한 정보가 부족"하다고 불평했으며, 5분의 1은 북한으로 송환될 것이 두려워 자신의 생각을 표현하지 않았고, 포로들 가운데 몇 명만이 "전형적으로 친공산주의적인 글"을 작성했다.[87]

실제로 포로들이 쓴 글을 살펴보면, 이들이 [민간정보교육국이 교육을 통해 강조하는] 미국 예외주의의 의미를 잘 파악하고 있으며, 미국식 자아관의 — 우월성보다는 — 유용성을 강조하고 있음을 알 수 있다. 거제도 유엔군사령부 제1 포로수용소, 제82 수용동의 포로 이재복은 「새로운 삶의 의미는 무엇인가」라는 글에서 이렇게 말했다(이 글은 한글로 쓴 원본이 아닌 영어 번역본만 남아 있지만, 핵심 내용이 잘 담겨 있었다). "새로운 삶은 오직 시민 개개인과만 관련이 있는가? 아니면 사회적·정치적 삶과도 관련이 있는가?" 이어 이재복은 "이 문제가 전쟁으로 피해를 입은 한국 국민에게 국한된다면, 우리는 정처 없이 어둠 속에서 방황하고 있는 한국 청년들에 대해 논의해야 한다."라고 말했다. 그는 현대사회에서 개인이 처한 위기에 대해, "모든 개인이 행복과 자유를 추구하지만, 그가 얻은 삶은 그저 공허할 뿐이다. 참으로 오늘날 모든 시민은 개인의 자유와 행복의 측면에서 위기를 맞고 있다."라고 썼다. 이어서 그는 냉전에 대해 묘사하며 "빨갱이들은 자유세계가 보유한 과학 문명의 힘 앞에서 오래 버틸 수 없다. 태평양 건너 저 먼 곳에서 밝은 빛을 비추고 있지 않은가?"라고 말했다. 그는 "밝은 대지의 찬란한 빛 속에서 정의와 도덕을 향해 앞으로 나아가자."라고 한국인들을 격려하며, "내면의 눈으로 현명하게 자신의 생각을 들여다보고 모든 사실을 차분하게 비판하라."고 충고했다. 그는 이렇게 결론짓는다. "우리가 갈망하는 새로운 삶은 오직 피비린내 나는 전쟁을 통해서만 얻을 수 있을 것이다."[88]

'새로운 삶'에 대한 포로 이재복의 해석은 식민지 시대와의 역사적 단절을 의미했다. 이 점에서 그의 글에는 두 가지 측면이 있다. 첫째, 그는 미국이 태평양을 가로질러 한국까지 빛을 비추는 "등불"로 서 있는 가운데, 어둠에서 빛으로 나아간다는 익숙한 계몽/문명의 비유를 제시한다. 둘째, 그는 "새로운 삶"을 개인만이 아니라, 적절히 이해된 "사회적이고 정치적인 삶"에서 비롯된 것으로 파악한다. 집단 — 곧 '민족'의 구현체 — 은 '한국 청년'으로 대표되었다. 개인이 집단의 일부가 되지 않은 채 [개인만의] 의미를 찾기 위해 노력한다면, 그 결과는 '공허'한 삶이 될 것이다. 그리고 그는 한국인들에게 미국 문명이라는 "빛"을 향해 나아가라고 말하면서도, 궁극적으로는 "자신의 생각을 들여다보라"고 충고하며 "새로운 삶의 궁극적인 지평은 (…) 피비린내 나는 전쟁을 통해서만 얻어질 것"이라고 주장했다. 이런 의미에서 반공 포로들은 미국을 민주주의의 궁극적인 은인으로 받아들이지 않았음을 알 수 있다. 오히려 이런 인종적 민족 관념에 따라, 진정한 민주주의는 한국인들의 내면에 잠재되어 있는 것이었다. 이런 개념은 이승만이 제창한 일민주의의 토대를 반영하고 있었다. 남한의 초대 교육부 장관인 안호상이 이미 설명했듯이, 민주주의에는 자본주의, 공산주의, 일민주의라는 세 가지 유형이 있었다. 채오병의 연구에 따르면, "안호상은 자본주의와 공산주의는 파당적이고 유물론적이기 때문에, 대안적인 민족주의 이념은 만장일치여야 하고, 한국적인 가치와 전통에 토대를 두어야 하는데, 이는 가족국가 및 도덕 정치 개념 속에 제시되어 있다고 주장했다."[89] • 또한 이범석이 만든 준군사 청년 단체가 '남의사'를 모방한 것이라는 사실을 염두에 둔다면, '새로운 삶'에 대한 이재복의 호소는 남의사가 선전한 '새로운 삶'을 어느 정도 반영했을 수도 있다. 매기 클린턴은 상하이에서 "숙청과 백색테러를 조직한 남자들"이 스스로를 "미래의 전위대"로 생각했다고 주장한다. 중요한 것은, 반혁명주의자가 된다는 것이 이들[남의사 단원들]에게 "세계를 변혁하려는 충동"이 없다는 사실을 의미하지는 않았다는 점이다. 이 민족주의자들은 "(자신을 반자본주의자로 이해하면서도) 중국의 광대한 영토 전체에 자본주의적 생산 방식을 고르게 도입하려는" 야망을 품고 있었고, "또 그렇게 하기 위해서는 중국인들의 사회생활을 철저히 변혁할 필요가 있다고 가정"했기 때문이다.[90] 한국의 반공 포로들은 이미,

---

• 안호상은 "자본주의와 공산주의 모두 동일한 서구의 배금주의와 계급주의에 기초"해 있으며, 따라서 한민족의 지도 원리가 될 수 없다고 주장했다. 그는 이런 "물질적 이해의 자본주의에 기초한 정당정치는 금권정치와 파벌주의로 귀결될 수밖에 없으므로 가능한 배제되어야 한다."고 생각했다. 안호상은 "유물론적이고 파당적인 '서구식' 민주주의 대신 한국 고대에서 융성했던, 말 그대로 일민의 원리를 따르는 만장일치의 화백 제도에서 민주주의의 전통을 발견했다." 이에 대해서는 채오병, 「식민구조의 탈구, 다사건, 그리고 재접합: 남한의 탈식민 국가형성, 1945-1950」, 『담론 201』 제13권 1호(통권 37호), 2010, 한국사회역사학회, 88, 89쪽 참조.

자아 형성과 민족 형성이라는 파시즘적이고 민족주의적 언어를 통해, 자신들이 민족의 미래를 짊어진, 역사의 행위 주체라고 주장하고 있었다.

인터뷰 과정에서 민간정보교육국은 반공 포로 지도자들에게서 좌절감을 맛봐야만 했다. 왜냐하면 포로 지도자들이 민간정보교육국을, 포로를 교육하는 '자신들의 도구'라고 생각할 뿐, 그 반대라고 전혀 생각하지 않았기 때문이다. 보고서 작성자들은, 인터뷰에서 대한반공청년단 지도자들이 "민간정보교육국 자체만으로는 완고한 공산주의자들로 하여금 신념을 버리도록 할 수는 없었으며, 자신들이 직접 진정으로 적절한 반공 교육을 실시해야 한다."고 강조했다고 기록했다. 대한반공청년단 지도자들에 따르면, 그들은 수용동에서 공산주의자로 분류된 사람들을 전향시키기 위해 이른바 "특별 수업을 진행했다." 민간정보교육국 면접관들은 자신들이 가르친 "서구의 자유주의적 민주주의"가, 친공 포로들의 열정적이고 직접적인 교리를 완전히 대체하지 못했다는 사실에 좌절과 아쉬움을 표현했지만, 미군과 대한민국 정부 사이에서 훨씬 더 오랫동안 진행되어 온 프로젝트[의 실상]를 잘못 이해하고 있었던 것은 정작 그들이었다.[91]

스물네 명의 반공 포로 지도자들은 [자신들이 반공주의자라는 사실에 대한] 정치적 인정의 중요하고 본질적인 중심축이 민간정보교육국에 있지 않다는 것을 알고 있었다. 미군이 자신을 포로로 잘못 분류했다는 신종균의 집요한 주장은, 포로라는 낙인이 수용소 철조망 밖에서도 자신을 계속해서 따라다닐 것에 대해 그가 얼마나 걱정하는지를 잘 보여 준다. 전쟁 포로들이 느끼는 불안정함[위태로움]은 그 어떤 범주 — 난민, 포로, 반공주의자, 공산주의자 등 그것이 무엇이든 — 도 안정적이지 않다는 좀 더 근본적인 사실에서 비롯되었다. 미국이 점령하고 있는 동안, 정치적 비상사태의 시기에 누가 적절한 시민인지를 둘러싼 기본적인 질문이 반복해서 제기되었다. 즉, 1948년까지는 미국이 인정한 국가가 한반도에 없었기 때문에, 미군과 미국 정부에 따르면, 한국인은 아직 시민이 아니었다. 만약 이것이 사실이라면, 한국인은 무엇이었을까? 한국인임을 어떻게 알 수 있었을까? 점령 기간 동안에는 시민이라는 범주가 아직 법적으로 구체화되지 않았기 때문에, 난민의 형상이 미군정 시기뿐만 아니라 전쟁 기간 내내 더 크게 부각되었다. 대규모 이주가 이루어지고 국가 자체가 의심받는 그런 시대에, 누가 누군지 어떻게 알 수 있었을까?

거짓말탐지기와 혈서

1952년 6월 11일, 한국인 청년 네 명이 제7 방첩대 파견대 데이비드 A. 레빈의 심문을 받기 위해 끌려왔다. 이후 제208 방첩대 파견대 요원들이 그들을 계속 심문했다. 스물두세 살가량의 이 네 사람, 즉 신현욱, 관태용, 박송원, 임상영 등은 방첩대가 특별히 큰 관심을 갖고 심문하던 특정 포로 집단에 속해 있었다. 이들은 1950년 10월부터 1951년 1월 사이에 서로 다른 지점에서 인민군이나 중국인민지원군에 잡혀 포로가 된 국군이었다. 1952년 3월 15일, 네 사람은 평양의 2층짜리 학교 건물로 이송되던 포로들 무리에 속해 있었는데, 이 건물 지붕에는 "전쟁 포로"PW라는 글자가 쓰여 있었다. 그로부터 약 두 달 후인 1952년 5월 7일, 한 간수가 스무 명의 자원자를 모집해 벽돌 나르는 일을 맡겼고, 그들은 이때를 노려 탈출했다. 네 사람은 간신히 대동강을 건너 사동리를 지나 다시 남강을 건넜고, '인천 외곽'을 벗어나자 산속으로 들어갔다. 그들은 "다시 붙잡히지 않도록 산길로만 걸었는데, 매일 아침 해돋이로 방향을 판단하고, 산속의 외딴 집에서 식량을 훔쳐 먹으며 견뎠다." 그리고 6월 초, 이 네 사람은 미 육군 제7 보병사단 소속 제13 공병대 병사들에게 항복했다.[92]

방첩대와, 아마 국군에게서도 일련의 심문을 받은 후에, 이 포로들은 곧 거제도에 있는 유엔군사령부 제1 포로수용소로 이송되었다. 방첩대는 이들 모두를 "전쟁 포로"로 분류했지만, 이들의 제각각인 배경에는 일제강점기에서 미군정기로 이행하는 과정을 보여 주는 1945년 전후의 경험들이 담겨 있었다. 먼저, 경상북도에서 태어난 신현욱은 1942년이나 1943년경에 가족과 함께 일본으로 건너가, 아버지가 광부로 일하던 후쿠오카에서 살면서 일본에서 초등학교 6년 교육을 받은 뒤, 해방 후인 1946년 가족과 함께 한국으로 돌아왔다. 방첩대 기록에 따르면, 신현욱은 1948년 6월 1일을 "국군에 입대했던 날짜"로 기억했고, 이후 1951년 11월 26일 용원*에서 포로로 잡혔다.

스물네 살의 임상영도 같은 경상북도 출신으로, 열다섯 살에 서울로 올라와 2년 동안 세탁소에서 일했다. 이후 집으로 돌아와 1년 동안 농사를 지었다. 그 뒤로 3년 동안 금천**에 있는 놋쇠 공장에서 일했으며 1950년 7월 12일 국군으로 징집되었다. 그는 20일간 훈련을 받고 바로 전장에 투입되었으며, 1951년 1월 6일 중국인민지원군에게 붙잡혔다. 임상영은 포로 신분으로 같은 지방 출신의 신현욱과 관태용, 그리고 서울 출신의 박송원을 만나게 되었다. "그들은 모두 같은 [포로-인용자] 소대에 있었기 때문에 친한 친구가 되었다."93

임상영은 포로로 [평양 인근에 있는] 미림 비행장에서 '폭격 자국'을 보수하는 일을 하며 박송원을 만났다. 임상영은 방첩대 요원들에게 자신이 "극우"라고 주장했으며, 박송원이 보기에, 임상영은 [강한 반공주의자를 자임하는 그를 수상하게 여긴] 북한군 심문관들로부터 "다른 사람들보다 더 많은 조사를 받았다." "박송원은 장교로서, 포로들 사이에서 선전물을 유포했고, 남조선에서 우익 정치단체에 가입했으며 부잣집 아들이라는 혐의를 받았다."94 방첩대의 심문 보고서에 기록된 다른 세부 내용으로 미루어 볼 때, 박송원의 출신 계급은 동료들과 달라 보였다. 예를 들어, 어느 시점에서 북조선 내무성 치안국은 박송원에게 "간지[일본어 한자]와 한국어로 된 포로 송환 서류"에 서명하게 했다. 다른 포로들은 모두 경상북도 농촌 출신이었지만, 박송원은 서울이 거주지였다.95

방첩대가 심문한 젊은이들은 일본에 있는 한국인 디아스포라의 삶, 농촌

- * 정확한 지명은 알 수 없으나 경상남도 창원시 용원동으로 추정된다.
- ** Kunchon으로 명기되어 있으며, 경주시 건천읍 혹은 금천으로 추정된다.

과 도시 간 이동, 그리고 다양한 계층에 걸친 이야기를 들려주었다(북한군 심문관들 역시 국군 포로의 정치적 신념이나 소속감을 확인하기 위해 그들의 배경을 조사했다). 그 후 비록 임상영과 박송원은 자신들이 정치적으로 우파라고 주장했지만, 방첩대 심문관들은 — 거듭된 신문을 통해 — 이들 네 명 모두에게 [포로수용소에서] "공산당에 가입했는지 여부를 알 수 없다"는 의미의 "U"로 표시했다. 방첩대는 이들을 미군이나 국군의 추가 심문을 받도록 포로 이송 경로를 통해 난민 및 다른 일반 한국인 포로들과 함께 거제도의 유엔군사령부 제1포로수용소로 보냈다.

[추가 심문을 위해 포로수용소로 보내기는 했지만] 방첩대 심문관들은 한국인을 심문하는 것에 대해 불만을 표시했다. 심문 대상이 된 거의 모든 한국인이 "U"를 받은 것은 방첩대 심문관들의 눈에 한국인들이 진실을 말할 능력이 없는 것으로 보였기 때문이지, 심문관들이 한국인 포로의 이야기를 이해하고 평가할 능력이 부족했기 때문이 아니었다. 제210 방첩대 파견대의 베른 O. 잭슨 중령이 퇴역 인터뷰에서 밝힌 것처럼 "한국인을 심문하는 것은 매우 어려웠다. 그들은 계속 거짓말을 했다." 협박도 뇌물도 통하지 않는 것 같았다. "이 사람들에게 실토를 받아 내기는 매우 어려웠다."*96* 제116 방첩대 파견대 조지프 파렐 소위는 함께 근무하던 한국군 병사들에 대해 이렇게 말하기도 했다. "한국군의 평균적인 정신 상태[지능]를 설명하기 위해서는, 그들이 수십 년 동안 억압받아 왔다는 사실을 고려해야 한다. 그들은 스스로 결정하고 행동하지 않는다. (…) 나는 평균적인 한국인들의 지능을 일곱 살짜리 어린이 정도라고 판단한다."*97* 한국인은 이해할 수 없고, 거짓말을 하고, 길들이기 어렵고, 미성숙하며, 낙후된, 아직도 정신적으로 식민화된 사람들이었다. 요컨대 이들은 앞뒤가 맞지 않는 사람들이었다. 미군이 보기에 "진실"의 문제는 궁극적으로 언어보다는 인종적 신체에 관한 것이었다. 전 방첩대 심문관들이 주장한 바에 따르면, 한국인은 아마도 여전히 정신적으로 식민화되어 있었기 때문에 협박, 구타, 살인 등 폭력의 신호만 이해할 수 있었다. 인종적으로 한국인들은 '진실'

을 말할 수 있었을까, 아니면 적어도 '진실'과 '거짓'을 구별할 줄은 알았을까?

한국전쟁 동안, 미군은 미군 정보부에서 일했던 한국인 통역관과 번역관들을 대상으로 거짓말탐지기를 실험했다. 궁극적으로 미군은 거짓말탐지기를 사용해, 기하급수적으로 증가하고 있던 포로들 가운데 누가 공산주의자이고 누가 반공주의자인지를 확실히 구분하고자 했다. 1951년 초 조지 W. 헤이니가 작성한 보고서, 「거짓말탐지기 기술의 군사적 응용」Military Application of Polygraph Technique에 따르면, 거짓말탐지기 사용자들은 미군에서 통역이나 번역 일을 해온 한국인 스물다섯 명에게 일련의 질문을 던졌다. 이 실험은 거짓말탐지기의 효용성과 정확성을 테스트하기 위한 것이었다. 예를 들어, 다섯 번째 질문은 "오늘 식사했나요?"였고, 이어서 "현재 당신은 친공 조직의 조직원인가요?"라는 질문을 했다. 이 연구 결과를 요약하며, 헤이니는 거짓말탐지기 사용과 관련해 "한국인은 특별한 혹은 별다른 해석의 문제를 일으키지 않았다."고 말했다. 다시 말해, 헤이니는 "한국인은 백인들처럼 명확하고 긍정적으로 반응하는 것으로 보인다."라고 결론지었다. 거짓말을 할 때 감정 동요의 징후인 혈압의 변화 및 호흡기 활동의 변화 또한 백인의 신체와 비슷하게 한국인들의 신체에서도 예측 가능한 방식으로 나타나거나 나타나지 않았다.[98]

진실을 말할 수 있는 능력 — 따라서 합리적이고 도덕적으로 사고할 수 있는 능력 — 뿐만 아니라 그것의 측정은 [어떤 개개인의 특성이 아닌] 인종적 특성[체현]의 문제로서 제기되었다. 이 점에서 거짓말탐지기 실험과, 방첩대가 주도하는 "첩보전"의 제도화[일상화, 영속화]는, 한국전쟁기 동안 좌파에 대한 지속적인 범죄화와, 극우 청년 단체에 대한 의존을 뒷받침했던 근본적인 관념이 무엇인지를 폭로했다. 방첩대의 '첩보전'에 따르면, 한국인들은 (계엄령이 규범적 일상의 구조로 자리 잡은) 비상사태 상황에서만 이해하고 대응하고 행동할 수 있었다. 불과 5년 전인 1945년, 외국 군대의 점령하에 만들어진 두 개의 국민국가가 내전을 벌이고 있다는 것은 [미국이 보기에] 역사적 모순이나 문제가 아니었다. [미국이 중요하게 생각하는] 문제는 냉전의 목표를 지속하기 위해 한국 내에서 유지되고 있는 예외 상태의 한도를 결정하는 미국의 헤게모니가 한국인들 사이에서 확립되고 인정되었는지의 여부였다.

1953년 초 조지워싱턴 대학교 인적자원연구기관HumRRO• 산하 심리전부 소속의 사회학자들이 유엔군사령부 제1 포로수용소에 도착했고, 곤혹스러운 행동을 보이는 동양인 전쟁 포로들과 마주했다. 이 사회학자들이 수행하는 연구는 미 육군이 의뢰한 것인데, 그 이유는 "처음에는 전투병이었고, 그다음에는 전쟁 포로였던 이 병사들의 행동이 '전례 없는', '이상한'이라는 딱지가 붙을 정도로 예상과 상당히 달랐기 때문이다."99 사회학자들을 놀라게 한 것은, 한국인 포로들이 수용동 안에서 물리적 폭력을 사용했다는 점이다.

> 두 파벌은 모두 잔혹한 수단을 썼다. 그러나 친공 단체들은 대부분 분명한 목적과 전면적인 통제를 위한 계획의 일환으로 폭력을 사용했다. 반면에 반공 포로들은 종종 두려움이나 복수욕에서 감정적으로 폭력을 택했고, 선전 전략이 수반되지 않았기 때문에, 상당수 포로들에게 [자신들이] 더욱 잔인하고, 심지어 가학적이기까지 하다는 인상을 주었다.*100*

실제로 이들이 인터뷰한 포로 가운데 한 명은 제64 수용동과 제84 수용동에서 반공 청년단 활동을 했지만, 그때의 경험 때문에 북한으로의 송환을 마음먹었다. 사회학자들은 "한국의 공대생"인 민 씨를 "기존의 애국심을 단호히 내던

• 이 연구소는 미 육군과 협정을 맺고 조지워싱턴 대학교의 부설 연구소로 설립되었다. 대체로, 심리전, 지도력, 사기, 훈련 등과 관련된 조사를 수행했다. 1951년 '인적자원 연구소'는 중국과 한국의 인류학적·사회학적·심리학적 배경과 공산주의의 이념 세뇌 과정을 분석하기 위해 연구팀을 파견했다. 특히 이 팀은 사회학과 교도소 관리학 전공자를 단장으로 삼아 1953년 8월까지 남한 포로수용소를 현지답사하며 자료 수집을 마친 뒤 귀국했다. 이에 대해서는, 국사편찬위원회 누리집, 〈한국사데이터베이스〉에서 「미국소재 한국사 자료 조사보고 IV」 제2부의 "RG 407 '6·25전쟁'과 미군 심리전부대 자료" 중 'IV. 심리전 활동과 그 내용' 참조.

진" 인물로 묘사했다. 이들의 기록에 따르면, "1951년 8월, 나는 [기회가 주어진다면] 북한으로의 송환을 결심했다. 반공 포로 지도자들은 모든 포로의 처지가 같으며 [배급품을] 똑같이 나눠야 한다는 사실을 무시했다. 미국 당국은 무슨 일이 일어나고 있는지 묵과하는 것 같았다. 만약 그들이 알고도 그런 것이라면, 나는 그들이 매우 부도덕했다고 생각한다. (…) [1952년 봄] 친공 포로 지도자들이 반란[을 일으켜 수용동]을 장악했고, 공정한 제도를 마련해 포로들을 끌어들였다."101 그레고리 헨더슨이 미군 점령기 동안 서북청년단을 폭력배들로 묘사했던 것과 마찬가지로, 미국 사회학자들은 반공 포로들이 사용한 폭력적인 전술을 정치적 표현이 아닌, 분노나 복수의 순수한 표현, 철없는 열정의 한 형태로 보았다. 그러나 제1 포로수용소 내의 반공 포로들이 일으킨 폭력 사건을 면밀히 조사해 추적해 보면, 각각의 사례에서 유사한 유형과 논리를 발견할 수 있다.

1951년 10월 15일 오후 중순경, 거제도에 있는 제1 포로수용소, 제91 수용동 4번 막사의 포로 [신분의] 감독관인 석창주는 포로인 전용고를 자신의 막사로 데려와 심문했다. 전용고는 최근 제90 수용동에서 전입했는데, 그곳은 수용소 내에서도 경비가 가장 엄중한 수용동이었다. 석창주의 천막에는 전용고를 기다리는 또 다른 두 사람이 있었는데, 이들은 국군 헌병대 소속 양정옥과 수석 포로 감독관이었던 김교황이었다. 그들은 전용고가 왜 경비가 가장 엄중한 구역에 배치되었는지를 알고 싶었다. 나중에 기록된 조사 진술서에 따르면, 석창주는 "그가 [제90 수용동으로 전입하기 전인] 예전에 머물던 수용동에 대해 물었고, 그가 왜 구금되어 있었는지, 그리고 그의 정체에 대해 물었다." 전용고에 따르면, 그가 수용되었던 수용동에서, 한 무리의 포로들이 공산주의자들의 사주를 받아 폭동을 일으키려 했다. 전영고는 "그때 수용동 감시병들이 내 얼굴을 몇 대 때렸다."고 진술했다. 하지만 국군 헌병 양정옥은 전용고가 "심문에 분개"해 "모든 이야기를 거부했다."며 다르게 이야기했다. 양정옥은 "그때, 내가 전용고의 뺨을 세 번 정도 때렸다. 포로 감독관도 그의 얼굴을 때렸다."라고 말했다. 전용고는 그제야 입을 열기 시작한 것 같다.

심문이 끝난 후, 전용고는 인원 점검과 저녁 식사를 위해 자신의 막사로 돌아갔다. 그러나 다시 막사 안에 동료 포로들이 모여들었는데, 그중 한 사람이 말한 것처럼 이들은 "이 포로의 정체를 알아내려 했다." 알고 보니 전용고는 겉옷을 뒤집어 입고 있었는데, 겉옷에는 "살인자, 이 사람은 죽어 마땅하다"라는 글씨가 한글로 적혀 있었다. 포로들은 결국 전용고의 예전 수용동에서 폭동이 일어났다는 사실이 밝혀졌고 포로들은 그를 때리기 시작했다. 포로 가운데 한 명이 말했듯이, "막사에 있던 모든 죄수가 그에게 분개했다. 왜냐하면 우리 72명은 모두 국군 병사들이었기 때문이다." 전용고는 어느 순간 탈출해 수용동 주변의 철조망으로 달려갔다. 그는 첫 번째 안쪽 울타리를 넘어갔고, 두 번째와 마지막 울타리를 오르기 시작했을 때 국군 경비대가 그를 붙잡았다.102

전용고의 이야기에서 알 수 있듯이, 포로가 된다는 것은 모호한 존재가 되는 것이었고, 모호한 존재는 정치적으로 위험했다. 한국인 반공 포로들은 수용소 내에 있는 민간정보교육국 건물이 갖는 상징적이면서 공적인 의미를 이해하고 있었다. 그곳은 교육의 공간이자 공동의 공개적인 공간이었다. 다른 사람을 공개적으로 비난함으로써 자신의 정치적 입장을 드러내는 방법은, 국군에 협력한 반공 포로들이 수용소 내에 직접 만든 심문실에서 두드러지게 나타났다. 1951년 12월 23일, 거제도 제6구역 제62 수용동에서 대규모 폭동이 일어났다. 미군 소령 올리버 L. 케이스의 진술에 따르면, 그는 반공주의자로 알려진 제63 수용동의 포로 70명을, 공산주의자들이 장악하고 있던 제62 수용동으로 옮겼는데, 이는 "그곳[제62 수용동]의 환경을 개선하기 위해서"였다고 한다. 케이스가 예상했을 법한 상황은 포로 이병진과 관련이 있었는데, 그는 수용소 내 소년단 지도자로, 대학 교육을 받은 열렬한 반공주의자였다. 이병진은 공산군 포로 124명을 감시용 막사에 모아 심문한 다음, 또 다른 포로 100명을 수용소 내 감옥에 가두었다. 스물세 살의 농부 김한종은 자신도 다른 포

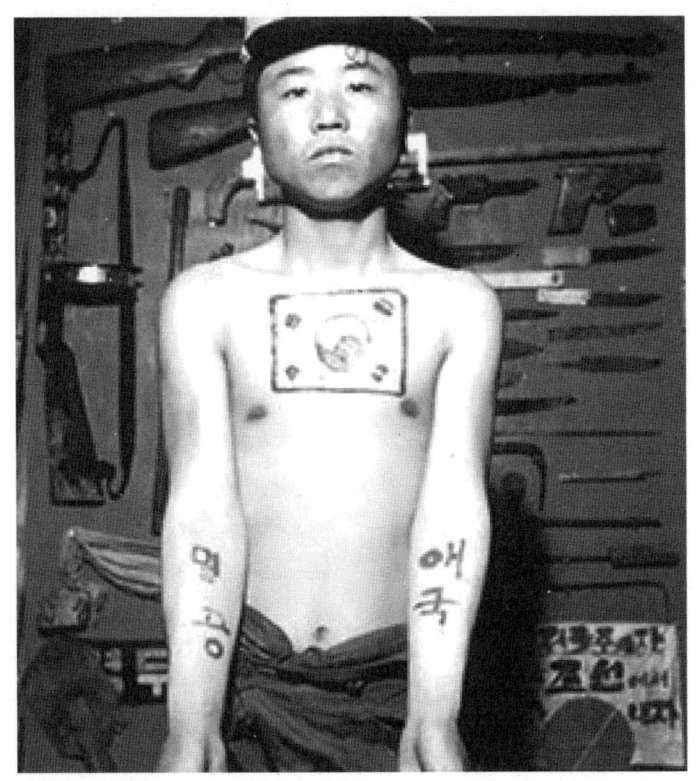

그림 5.1 한국인 전쟁 포로의 몸에 새겨진 태극기, 멸공, 애국 문신(미국 국가기록관리청).

로들과 함께, 새로 들어온 반공 포로들에 의해 민간정보교육국에서 운영하는 학교로 끌려갔다고 증언했다. "그곳에서 우리는 몸수색을 당했고, 엎드려 있어야 했다. 그런 다음 각각 무대 위로 불려 올라가 다시 구타를 당했다."[103]

몇 달 만에 반공 포로들은 자신의 성향을 정치적으로 표시하는 더욱 간단한 방법을 개발했다. 바로 문신이었다. 문신을 하는 행위는 [자신의 정체성을 밝히는] 심문 기법과 유사했는데, 문신은 그 자체로 매우 공개적이고 몸 위에 언제나 드러나 있는 것이었다. 문신은 또한 혈서와 같은 정치적 장르에 속했다. 그것은 단순히 소속을 표시하듯이 누군가의 몸에 낙인을 찍는 것이 아니었다. 그보다는 반공 국가가 [자신이 살아갈 한반도의] 궁극적인 미래가 될 것이라는 믿음을 나타내는 신호였다. 포로 신종균이 포로수용소를 나간 후에도 포로라는 낙인이 따라다닐 것을 걱정했듯이, 포로들은 모두 철조망 밖에서 전개될 미래를 둘러싸고 벌어지는 정치투쟁에 휘말렸다. 영구적으로 남을 수 있는 문신을 받거나 새기는 것은 개인의 정치적 신념을 선언하는 것이었다.

우익 반공 포로들이 자신을 정치적 주체로 드러내려고 할 때마다 직면했던 도전은, 방첩대와 미군의 눈에는 모든 한국인이 의심스러워 보였다는 사실이다. 과거에 사람들을 구분하기 위해 사용되었던 신원, 개인사, 자기 서사의 표식들은 이제 충분하지 않거나 신뢰할 수 없는 것으로 여겨졌다. 언어는 안정적이지 않았다. 남한 사회에서 살아남을 가능성과 관련해, 반공주의자를 자임한 포로들은 생존이, 공산주의자인지 아닌지를 판단할 수 있는 능력을 보여 주는 데 달려 있다는 사실을 알고 있었다. 난민인지 전쟁 포로인지에 대한 모호함은, 사실 어떤 의미에서는 이승만 정권하에서 모든 사람에게 적용되는 것이었다. 모든 사람이 의심받을 수 있었고, 반공주의자가 된다는 것은 공산주의자를 색출해 냄으로써 자신의 정치적 입장을 — 반복해서 — 증명하는 것이었다.

문신 및 공개적 폭력 행사와 더불어, 한국의 반공 포로 청년 단체들은 한국 정부나 미군의 주요 인물들에게 대량의 탄원서를 조직적으로 써서 보냈다.

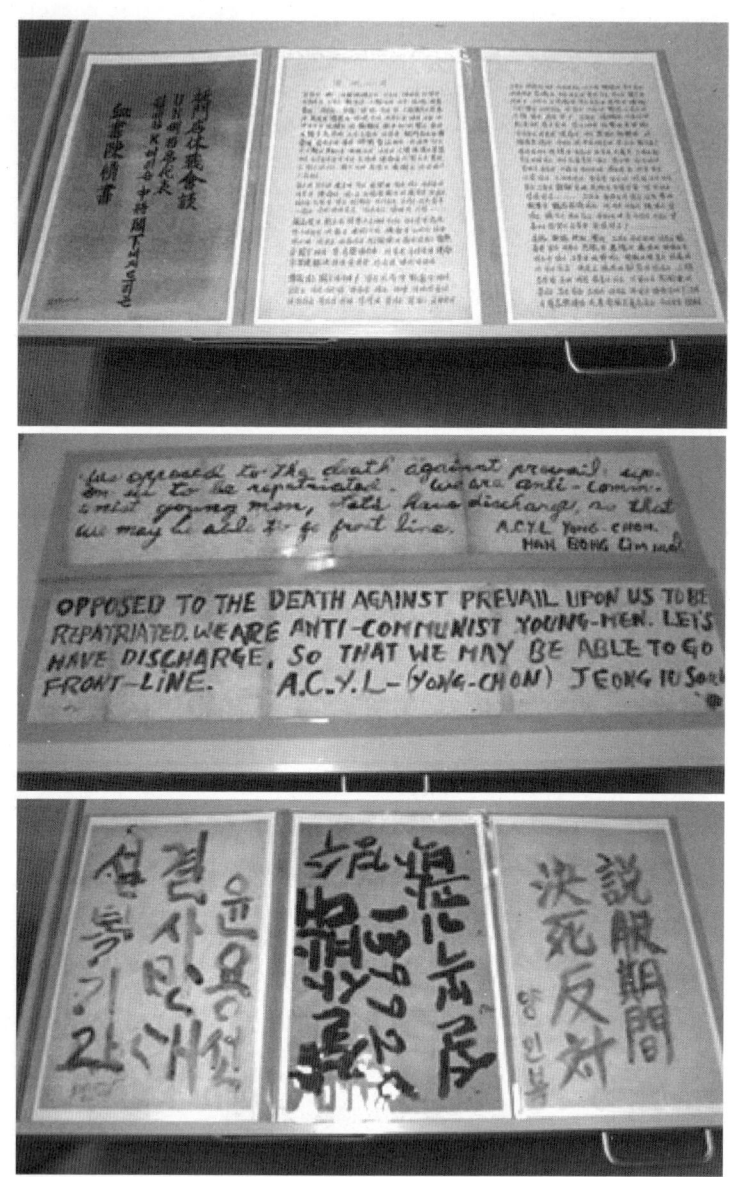

그림 5.2 대한반공청년단 단원이 영천 포로수용소에서 작성한 혈서(미국 국가기록관리청).

이 가운데 피로 쓴 특별한 탄원서 하나가, 미군이 생산한 엄청난 양의 관료 문서와는 별도로, 메릴랜드에 있는 국가기록관리청에 보존되어 있다. 이 문서는 — 재키 오의 [전남편인 존 F. 케네디가 피격당했던 날 그녀가 입고 있던 것으로 유명한] 피로 얼룩진 핑크빛 샤넬 옷과 마찬가지로 — 국가기록관리청 내에 있는 "분류 불가능한" 문서들과 함께 보관되어 있다. 포로들이 직접 한국어로 꼼꼼하게 작성하고 영어로 번역한 세 부의 탄원서는 모두 1953년 5월 10일 자로 각각 아이젠하워 대통령, 마크 클라크 장군, 해리슨 중장 앞으로 보낸 것이었다. 이 혈서는 인종, 민족주의, 주권, 제국 등 당시 복잡하게 얽힌 담론의 중심에 있던 한국인 청년들의 정치적 주장과 주체성을 전면에 드러낸다. 그리고 혈서는 '피가 텍스트에 어떤 영향을 주고, 텍스트는 또 피에 어떤 영향을 미치는가'라는 단순한 질문을 제기함으로써, 청년 단체와 정치의 문제가 단순히 추상적인 담론의 차원이나 원초적인 폭력의 수준에 머물 수 없음을 시사한다. 혈서는 신체를 부인할 수 없는 존재로 만듦으로써, 우파 정치단체와 미군의 공통된 관심사인 심문 문제를 다룰 수 있게 한다. 심문은 한국인들의 신체와 명백하게 연관되었으며, 신체는 "진실"을 판단하고 추출하는 매개체가 되었다.

    탄원서의 본문에, 포로들은 날카롭고 진한 연필을 사용해 한글과 영문 글자를 꼼꼼히 적어 넣었다. 서명을 위해 포로들은 자신의 손가락을 찔러 피를 냈다. 피는 탄원서에 [자신을 반공주의자로] 자기 연출self-presentation을 하기 위한 핵심적인 매개체였다.

    이 탄원서는 대한반공청년단 회원들을 포로수용소 — 다시 말해 '전쟁 포로'의 지위 — 에서 석방해, 전쟁터에서 공산주의자들과 싸울 수 있게 해 달라고 요청했다. 탄원서 작성자들은 스탈린을 "싸구려 구두 수선공의 아들"이라고 비난하는 것으로 시작하면서, 이어 자신들이 "전쟁 포로"로 오해받고 있다는 사실에 한탄했다.

우리의 슬픈 운명은 오늘도 여전히 이중 울타리의 무게로 우리를 억누른다. 억류된 상태로 잠이 들고, 일어난 뒤에는 우리를 둘러싸고 있는 상황에 다시 실망하게 된다. 나아가 왜 그리고 어떻게 우리가 무고하고 성가신 포로로서 처벌받게 되었는가 하는 것이다.[104]

판문점에서는 미군이 남한 내 반공 포로를 적절하게 석방하는 방안에 대해 논의하고 있었다.

우리들의 뜨거운 피로 탄원한다. 존경하는 각하! 비록 이 피가 보기에는 가치가 없고 양도 적지만, 이는 우리의 진정한 결단의 표현이다. 각하께서 말씀하신 대로, 우리에게 석방의 기회를 달라는 것이 우리의 절규다. 그것이 우리의 진정한 진의이다.[105]

'진정한 결단'과 '진정한 진의'는, 어떤 언어나 텍스트보다 더 투명하고 직접적으로 진실한 의도와 정서를 전달하는, 피라는 매개체를 통해 전해졌다. 결국 가장 중요한 것은 피였다.

이런 탄원서에서 대한반공청년단 단원들은 국가를 위해 기꺼이 목숨을 바칠 각오를 보여 줌으로써 자신의 정치적 의지를 강조했다. 물론 이는 잠재적으로 장차 또 다른 피를 흘릴 수 있다는 의미이기도 했다. 즉,

빨갱이들에 맞서 우리 반공청년단 단원들이 지난 5년의 긴 세월 동안 싸워 오며 얼마나 많은 죽음의 고비를 넘겨 왔는지, 그 떨리는 기억을 짐작해 보라.[106]

피는 의도, 욕망, 몸이 "진정한 주체" 속으로 통합되는 것을 강화했으며, 현재나 미래에 피를 흘릴 의지와 능력이 "진정한 결심"이라는 점을 드러낸다. 비

록 영어 번역이 불완전하더라도 피라는 이 매체는 전쟁 포로들의 의도를 부정하거나 오해할 수 없게 만들었다.

포로들의 요구는, 각각 반공 포로의 죽음과 친공 포로의 죽음이라는 두 유형의 '죽음' 사이에 위치했다. 여기서 두 죽음은, 교착 상태에 빠진 판문점 협상과 "빨갱이" 퇴치의 절박함 간에 존재했던 윤리적 위계 속에 자리 잡고 있었다.

1. 판문점 정전회담에서 협상 중인 송환에 대해 우리는 죽음으로써 반대한다. 왜냐하면 우리는 5년 동안 북한에서 빨갱이 괴뢰정권하에 있었으므로 그들의 속임수를 잘 알고 있기 때문이다. (…)
4. 전선에 가서 빨갱이들과 싸우고 복수해, 두만강 물로 승리의 칼을 씻을 수 있도록 우리에게 석방의 기회를 달라.[107]

그러나 수치심이, '죽음을 각오한' 이런 선언 뒤에 작동하는 동기로 굳어지기 전에, 이를 하나의 '글쓰기 행위'로서 다시 생각해 보는 것이 중요하다. 이 혈서를 쓴 사람들은 누가 읽을 것으로 상정했을까?

1953년의 이 전쟁 포로들은, 미군과 국가가 자신들을 어떻게 읽을 수 있을지에 대한 어떤 모호함도 미리 차단하고 있다. 478명의 포로가 큰 종이에 한 장씩 각각 자신의 이름을 피로 적어 서명하는 행위는 집단적으로 목격되었을 것이다. 게다가 피는 텍스트를 그의 주체성이 수행한 것으로 바꾸어, 그 요구에 완벽하게 부합하도록 했다.

혈서가 '분류 불가능한' 문서들과 함께 보관되어 있는 것과 마찬가지로, 미군과 정부의 눈에는 이승만 역시 분류가 불가능한 사람이었다. 1947년 존 하지 주한미군사령관이 이승만에 대해 불만을 토로한 것처럼, "이승만은 다시 한번 그 어떤 통제로부터도 벗어난 듯 보이며, 온갖 노력을 다해 미소공동위원회의 업무를 방해할 것이다. 그는 어린애 같은 담화에서, 힐드링 장군이 남한 정부를 세우겠다고 약속했다는 주장과, 다가오는 공동위원회 회의가 미국의 정책에 반하는 것이며, 내가 그 회의를 강행하면 미국 정부의 명령을 위반하는 셈이 된다고 반복적으로 언급했다."108 그러나 1953년, 이승만이 반공 포로들의 대규모 석방을 명령했을 때, 그가 꼭 미국을 위해 행동한 것은 아니었다. 그것은 한국 국민들 앞에서, 한국 국민들에 대한 합법적 주권을 주장하기 위한 제스처였다.

비록 혈서가, 국가기록관리청에 있는 한국전쟁 관련 방대한 문서들과 별도의 공간에 따로 보관되어 있지만, 대한반공청년단의 혈서와, 방첩대 및 보관함 속에 들어 있는 미군 정보 문서 사이에는 여전히 밀접한 관계가 있었다. 실제로 이런 혈서의 명백한 수행성은 미군 정보기관이 생산한 관료 행정적 문서들(이 문서들은 한반도에서 미군의 점령 및 전쟁과 관련된 수수께끼를 재구성하는 데 중요한 토대가 된다)을 어떻게 조사해야 하는지와 관련해 우리에게 매우 유익한 정보를 제공한다. 글과 서명에 사용된 피라는 매개체는, 피 자체에 대한 우리의 관심을 요구한다. 다소 진부해 보이는 정보 보고서, 요약문, 명령문 앞에서, 작성자들이 서사를 쓰고 구성한 매개체는 무엇이었을까? 두 가지 글쓰기 행위의 소재material는 — 혈서에서처럼 주체로서 자아를 선제적으로 규정하고 주장하든, 심문 보고서에서처럼 한국인이 파편화되고 일관성 없는 주체임을 끊임없이 강조하고 [그런 한국인을] 발명해 내든 — 모두 한국인이었다.

주영복이라는 이름의 국군 포로는 경상북도 영천 포로수용소에 있었다. 집단 탈출 명령이 내려졌을 때 전등이 꺼지고 잘린 철조망 울타리를 향해 모두가 달려갔지만 주영복은 그대로 남아 있기로 했다.109 일제강점기에 만주국에서 태어난 주영복은, 하얼빈에서 러시아어를 공부했고, 1945년에 처음으로 한국 땅에 발을 디딘 후 북쪽의 소련 점령 지역에서 통역사로 일하기 시작했다. 전쟁이 터졌을 때 주영복은 인민군 장교였다. 전쟁 초기에 포로가 된 주영복은 유엔군 포로수용소 철조망 안에서 많은 시간을 보냈다. 그는 북쪽의 공산국가를 완전히 지지하거나 믿지는 않았지만, 남쪽의 반공주의자들을 신뢰하지도 않았다. 그는 폭력, 그리고 자신의 생존에 대한 깊은 불확실성에 지쳤다. 그래서 그는 수용소를 떠나지 않고 기다리기로 했다.

 1953년 7월, 주영복은 38선으로 보내졌고, 그곳에서 또 다른 포로수용소로 들어갔다. 그러나 이번에는, 인도군이 만든 포로수용소였다. 그는 곧 선택을 해야 할 것이다. 북으로 송환되거나, 남쪽으로 가거나, 아니면 제3의 행선지로 '중립국'을 선택하거나.

6장
38선에서
제3의 선택

1953년 7월 27일 판문점에서 유엔군사령부 대표 윌리엄 K. 해리슨 중장과 북한군 사령부 대표 남일 대장은 정전협정 체결을 위해 특별히 지어진 건물로 들어섰다. '얇은 나무 벽'을 통해 '포화' 소리가 들려오는 가운데 해리슨 중장과 남일 대장은 각자의 탁자에 앉아 열두 시간 후에 공식 효력을 발휘하게 될 아홉 부의 정전협정서에 조용히 서명했다. "연합군 옵서버"와 16개 유엔 국가들뿐만 아니라 다른 공산주의 국가들로부터 참석한 35명의 기자들 앞에서 해리슨 장군은 오전 10시 10분에 서명을 마쳤으며, 남일 장군은 그로부터 1분 후에 서명을 마쳤다. 『뉴욕 타임스』 보도문은 "북한 측 장군은 유엔군 테이블을 거들떠보지도 않고 홀에서 시계를 힐끗 보고 일어나 성큼성큼 걸어 나왔다."라고 보도했다. 해리슨은 더 "여유롭게" 나와서 잠시 웃으며 사진을 찍기 위해 포즈를 취했으며, "오전 10시 27분 의장대에 인사를 하고 몇몇 유엔 대표들과 인사를 나눈 뒤 문산으로 돌아가기 위해 헬리콥터에 올랐다."7

정전협정이 체결되었지만, 모두가 그것을 분쟁의 "끝"으로 간주하는 데 대해 조심스러워하는 것처럼 보였다. 아이젠하워 대통령은 전국으로 방송된 연설에서 다음과 같이 밝혔다.

> 우리가 쟁취한 것은 전장 한 곳의 휴전일 뿐, 세계 평화가 아닙니다. 우리는 경계를 늦추거나 수색을 중단하지 않을 것입니다. 앞으로 몇 달 동안, 포로 심사와 교환 기간 동안, 그리고 어쩌면 더 길어질 한국의 통일을 향한 정치 회담 기간 동안, 우리와 우리의 유엔 동맹국들은 예기치 못한 일들이 생겨날 가능성을 경계해야 합니다.2

한국전쟁은 공식적으로 종식된 것이 아니라 임시로 중단되었다. "정전협정에 서명한 지 72시간 후, 모든 참전국의 군대는 전선에서 1.25마일[약 2킬로미터] 뒤로 철수했고, 군대 사이에는 중립지대가 설정되었다." 휴전을 상징하는 비무장지대는 전쟁 다음 단계인 포로 교환이 이루어지는 장소가 되었다.3

1953년 10월 초, 인도의 코덴데라 수베이야 티메이야 장군이 미군 헬리콥터를 타고 38선에 도착했다.• 그는 "헬리콥터 안에서 바라본 한국의 경치는 아름다웠고, 나는 그 아름다움에 매료되었다. 비무장지대를 보기 전까지는 그랬다. 비무장지대에 다다랐을 때, 그곳은 황량하고 메마른, 마치 폭격을 맞은 지옥의 한 조각처럼 보였다."4라고 말했다. 바로 이 "지옥의 한 조각"에서, 티메이야가 "중립의 실험"이라고 불렀던 한국전쟁의 마지막 포로수용소에 마련된 심문실(여기서는 "설득실"이라고 불렸다)이 재연되었다. 인도는 정전 협상에서 포로 송환 문제를 둘러싸고 발생했던 교착 상태를 해결하기 위해 이

• 당시 한반도에 파병된 인도관리군의 총규모는 6개 보병대대를 비롯해 6000여 명이었다. 이들은 모두 인천항에 도착했지만, 이승만 대통령이 인도가 친공적이고 중립적이지 않다는 이유로 인도군의 한반도 상륙을 금지했기 때문에, 이들은 모두 인천에서 판문점까지 미군 헬기를 타고 이동했다. 이를 위해 헬기 작전이 총 1300회 이상 이루어졌다.

실험을 주도했다. 각 전쟁 포로는 "설득실"에 개별적으로 들어가, 자신이 전쟁 전에 속했던 국가의 대표로부터, 왜 고향으로 되돌아가야 하는지에 대한 "설득(설명)"을 들은 후 고향으로 돌아갈지, 송환을 거부할지, 아니면 아직 결정되지 않은 "중립국"으로 갈지를 선택할 수 있었다. 38선 주변의 경관은 양측이 건물과 수용동을 세우면서 다시 바뀌었다.

이런 만남은 [설득을 위해] 정교하게 계획되었지만, 실제로는 자주 실패로 돌아갔다. 티메이야 장군이 회고록에서 언급한 것처럼 "설득하는 과정에서 놀라운 사건들이 일어났다." 그는, 원래 남한 출신이지만 이제는 북한에서 전쟁 포로가 되어 남한으로 송환되기를 거부했던 한 젊은 한국인 남성을 떠올렸다.

일례로, 포로가 설득실에 들어섰을 때, 설득관이 자신과 같은 연대에서 복무했던 옛 전우라는 사실을 알게 되었다. 그들은 인사하고 부둥켜안으며 옛 전우로서 정을 나눴다. 그 후 포로는 설득관과 나란히 앉아도 될지를 물었고, 위원회 파견관은 이를 허락했다. 두 사람은 옛 시절을 회상하며 이야기를 나누기 시작했으며, 포로는 자신의 어머니에 대해 물었다.5

그러자 설득관은 그렇지 않아도 이곳에 오기 전 포로의 어머니를 만났다며 사진과 편지를 건네주었다. "어머니께서는 당신이 속히 돌아오기를 기다리고 있소."라고 설득관이 말했다. 포로는 어머니의 사진을 들여다보더니 흐느끼면서 "어머님께 내가 잘 지내고 있다고 전해 주시오. 나는 머지않아 조국이 해방되는 날 돌아갈 것이요."6라고 말하며 흐느꼈다.

최근 역사책들을 보면, 38선이나 비무장지대는 일시적이기보다는 영구적인 것처럼 보인다. 한반도를 가로지르는 이 선은 평범한 미국인들에게 한국을 대표하는 특징으로 잘 알려져 있다. 1953년에 정전협정이 체결되었지만, 당시에 38선을 영구 분단선으로 생각한 사람은 아무도 없었다. 티메이야도,

아이젠하워도, 전쟁 포로들도 그렇게 생각하지 않았다. 정전 직후의 단계, 즉 38선에서 이루어진 포로 교환 과정에 대해 친공/반공만이 존재하는 냉전 정치의 상투적이고 과잉 결정된 프리즘이 아니라, 한반도에 존재했던 또 다른 역사인 중립의 프리즘을 통해서 볼 경우, 우리는 한국전쟁의 의미를 재조명할 수 있다.

　인도 및 한국과 관련해, 한국에서 정치적 인정[승인]을 둘러싼 국제법의 적용 문제에서 인도가 일정한 역할을 한 것은 포로 송환 문제가 처음은 아니었다. 1950년 6월 25일 조선인민군이 38선을 넘은 사건의 의미를 두고 국제적으로 다양한 해석이 제시되었다. 미 국무부 역시 한반도에서 고조되고 있는 갈등에 대한 다양한 반응과 서사를 살펴보고 있었다. 특히 인도는 미국 관료들의 우려를 샀다. 뉴델리에서 미 국무장관에게 보낸 전보에 따르면, "6월 27일 델리에 있는 영자 신문 네 개 가운데 세 곳에 한국의 정세에 관한 특별 기사가 실렸다." 『인디언 뉴스 클로니클』Indian News Chronicle은 "북쪽에 있는 사람들은 — 민족의 통일과 공산주의 정권의 수립이라는 — 싸울 명분을 가지고 있다. 한반도 이남에 있는 사람들은 미국의 자본 — 그리고 인간의 자유 — 을 지키기 위해 싸울 것을 요구받고 있다. 이런 움직임들에서는 모스크바가 워싱턴에 비해 우위를 점하고 있다." 『힌두스탄 타임스』Hindustan Times는 "남한의 붕괴는 유엔의 위신에 타격을 주겠지만, 한국의 통일을 이끌어 내는 구원의 은총이 될 것"7이라는 의견을 표명했다고 이 전보는 덧붙였다. 영국에서 독립한 인도의 관점에서 볼 때, 한반도의 운명은 아시아 신생 독립국들의 미래라는 측면에서 중요한 의미가 있었다. 인도는 1948년 한반도 이남에서 치러진 선거를 감독하기 위해 유엔 한국임시위원회의 일원으로 참여한 바 있었다(인도는 [단독 선거로 말미암아] 한반도를 분할하는 38선을 제거하지 못한 것에 우려를 표명하기도 했다). 인민군이 38선을 넘은 뒤 유엔이 긴급하게 소집한 회의에서, 인도 상임 대표 베네갈 라우 경은 북한에 "모든 책임"을 돌릴 만큼 충분한 정보가 있는지 물으며, 결의안 초안에 '침략 행위'라는 용어를 사용하는 것에 대해 의문을 제기하기도 했다.8 네루는 나중에 유엔군사령부에 인도군을 파병하는 것을 거부했는데, 이는 그가 맥아더를 "전쟁광"으로 여겼기 때문이다. 인도는 결국 의무 부대를 파견했다.9

인도 정부의 관심사는 38선 그 자체가 아니라, 미국이 주도하는 냉전에 대한 비전이 일제의 식민 지배로부터 이제 막 벗어난 한반도에서 벌어진 내전에 어떤 영향을 미칠 것인지였다. 역사학자 마누 바가반은 네루가 "근대 주권국가들을" "더 큰 목적을 향해 나아가기 위한 디딤돌"로 보았다고 주장한다. 즉, 네루는 유엔과 같은 "진보적인 국제기구"가 "제한받지 않는 국가의 전체주의 권력"에 맞서 싸우고, "모든 인류의 기본적인 권리와 공통의 이익을 지키고 옹호할 것"10이라 기대했다. 인도가, 한국전쟁 당시 포로 송환 문제를 둘러싸고 벌어진 논쟁에 헌신적으로 참여한 것은 국제적인 국민국가 체계의 본질과 이를 이끄는 중요한 비전에 대한 오랜 관심의 산물이었다.

1953년 9월 한반도에서 유엔군사령부는 1953년 6월 이승만이 반공 포로를 석방할 때 탈출하지 못한 한국인 반공 포로 7900명과, 중국군 포로 1만 5000명을 인도관리군이 38선에 건설한 포로수용소로 이송할 준비를 하고 있었다. 미군은 송환 심사를 위해 38선에 도착한 포로들에게 새 옷과 담요를 나누어 주었다. 포로 주영복은, 받은 물건들 중에는 포로들을 배려해 매일 한 장씩 떼어내며 석방 일을 손꼽아 기다릴 수 있는 "160일 달력"이 있었다고 회고했다. '평범한 포로'라면 "수용소에서 풀려날 날짜를 꼽으면서 매일 달력을 한 장씩 뜯어내며 행복해했을 것"이라고 말했다. 그러나 "석방일이 다가올수록" 주용복은 "가슴이 찢어졌다." 그는 "자신이 살아남을 수 있을까에 대해 비관적이었다."11

주영복은 세 번째 선택지인 중립국행을 선택한 76명의 포로 가운데 한 명이었다. 이 장에서는 전쟁 포로들이 세계 지정학을 헤쳐 나갔던 좀 더 내밀한 지도를 그려 보고, 포로들에게 "중립"이 어떤 의미를 가졌는지를 살펴볼 것이다. 일제가 만주사변을 일으켜 '만주국'을 세우기 몇 년 전 만주에서 태어난 주영복은, 하얼빈으로 건너가 러시아 문학을 공부하라는 부모의 권유를 따라 집을 나섰다. 그의 부모가 한국을 떠난 것은 일제강점기 이후 생계를 이어 가기가 어려워졌기 때문이었다. 주영복은 하얼빈에서 공부를 한 후 2년 동안 베이징에서 살았다. 일제가 무조건항복을 선언했을 무렵, 그는 스물두 살이었다. 그는 경제적으로 살아남을 방법을 찾기 위해 1945년 난생처음으로 한반도에 발을 디뎠다. 주영복은 곧 다른 젊은이들과 마찬가지로 군대가 생존을 위한 가장 즉각적인 수단을 제공한다는 것을 깨달았다. 그는 한국어, 일본어, 러시아어, 중국어를 유창하게 말할 수 있었기 때문에, 1945년 이후 소련군 점령 관리들의 통역관으로 일했고, 이후 인민군 소좌가 되었다. 그러나 정치적으로 환멸을 느꼈으며 결국 유엔군에 항복해 포로가 되었다.

판문점에서 정전협정이 조인되었을 무렵 주영복은 지쳐 있었다. 그는 친공 포로와 반공 포로 모두로부터 계속해서 의심을 받아 왔다. 포로수용소에서든, 국군 또는 미군 정보기관에서든 심문은 반복적으로 이루어졌다. 도드 납치 사건의 결과로 미군은 반공 포로와 친공 포로를 분리하는 계획을 세웠다. 이에 따라 주영복은 1953년 9월 약 5만 명의 반공 포로들 가운데 한 명으로, 이들은 거제도에서 나와 내륙에 있는 여섯 개의 수용소로 보내졌다. 그러나 이송된 첫 번째 수용소에서 그는 "'광적인' 반공 포로 경비대가 그를 공산주의자로 의심해 체포했다."고 진술했다. 그는 "포로수용소는 정말 끔찍한 곳이었다."라고 말했다. 다행히도, 그는 영천에 있는 포로수용소로 보내졌고, 그곳에서 그와 동료들은 반공주의자로 인정받았다. "나는 우리가 이 수용소에서는 아주 조용하게 지낼 수 있을 것이라고 생각했는데, 일주일 만에 그만 혼자 소환되었다." 중앙정보국CIA 요원들이 그를 심문하고 싶어 했다. 미국 당국은 그를 부산 근처에 있는 수용소로 옮겼고, 유감스럽게도, 그들은 그를 "새로 투항한 세 명의 장교(두 명은 중령이고 한 명은 조종사 소령이었다)와 같은 유치장에 수감시켰는데, 이들은 완전히 빨갱이들이었다. (…) 주영복은 빨갱이들과 함께 갇혀 있다는 것에 너무 화가 나고 짜증이 일었다."[12]

중앙정보국은 주영복을 두 달이나 심문했고, 결국 "러시아어를 구사하는 어느 민간인"을 불러들였다. 주영복은 그 심문관에게 자신이 알고 있는 소련 군사 교관에 대해 이야기했다. 주영복의 회고에 따르면 "그 민간인은 매우 온화하고 친절한 사람이었다." 그리고 러시아어를 구사하는 그 심문관은 잠시 도쿄를 여행할 계획인데, 일본에서 뭔가 필요한 것이 있느냐고 주영복에게 물었다. 주영복은 "일본어로 된 독학용 영어 교재"를 구해 달라고 요청했다. 그는 소련에 대한 정보를 제공하는 대가로, 반공주의자로서 현재 자신에게 매우 중요한 언어인 영어를 배울 수 있는 책을 요청한 것이다.[13]

38선 위에서는 다른 반공 포로들에 의한 심문과 구타가 이어졌다. 중립 입장을 밝힌 주영복과 그의 동료들은 다른 포로들로부터 분노와 의심을 샀다. "우리는 이승만 대통령과 그의 정부가 공산당보다 더 나쁜 범죄자라고 믿었기에 중립적인 입장이었다. 그리고 김일성과 그 정부에 대해서는 자본주의나 반혁명주의자들보다 더 혐오스러운 기회주의자들이라고 보았다." 이 장에서는 송환 심사 과정에 참여한 역사적 행위자 세 집단의 전략을 다루며, 그들의 선택에 어떤 이해관계가 달려 있었는지를 살펴볼 것이다. 그들은 바로 유엔 대표단, 반공 포로, 그리고 뉴델리 등 중립국을 선택한 76명의 한국인 포로들이다. 주영복은 "내 정치적 생명은 끝났다."라고 결론 내렸다. 우리는 주영복의 다음 계획이 무엇이었는지, 급격하게 변하고 있는 냉전 정치의 지형과 비동맹의 가능성 속에서 그가 무엇을 상상했는지를 살펴볼 것이다.[14]

탈식민화를 위한 인도의 국민국가 체계 재조정

한국에서 중립국송환위원회 수석대표로서의 임무를 수행하기 위해 인도를 출발하기 직전, 티메이야 장군은 두 명의 '정치 고문'인 외무부 고위 관료 B. N. 차크라바르티와 P. N. 학사르, 그리고 크리슈나 메논, 네루 총리와 만났다. 차를 마시며 환담을 나누던 이들은, 곧 한국 문제에 대해 이야기하기 시작했다.

티메이야는 네루 총리가 테이블 위에 있는 '위임 협약'Terms of Reference 사본 위에 자신의 손을 올려놓았다고 회상했다. 네루는 이렇게 말했다.

> 이것이 여러분의 바이블, 즉 여러분이 따라야 할 유일한 안내자입니다. 어느 누구도 여러분에게 무엇을 할 것인지 어떻게 할 것인지를 말할 수 없을 것입니다. 여러분은 자신의 길을 찾아서 가야 할 것입니다. 여러분의 일은 전 세계를 괴롭히고 있는 문제들을 풀 몇 가지 해결책을 한국에서 찾는 것입니다. 그 문제를 풀 수 있으면 아시아의 다른 나라에서 나타나고 있는 유사한 문제들 또한 해결될 수 있을 것입니다. 그러므로 여러분의 임무는 당연히 아시아 그리고 세계 평화에 기여할 수 있는 것입니다.[15]

티메이야의 기억으로 재구성된 네루 총리의 지시에는 인도가 '중립' 문제에 어떻게 접근하기로 결정했는지와 관련된 중요한 두 가지 요소가 들어 있었다. 첫째, "국제법" 혹은 "국제사회"라는 통념이 확인되어야만 했다. 여기서 거의 [바이블처럼] 성스러운 것으로 묘사된 위임 협약이, 티메이야가 "중립"을 발명해야 하는 조건들이 되었다. 둘째로, "한국 문제"는 다른 아시아 국가들을 위한 중요한 사례연구로서 전면에 대두되었다. 또는 티메이야 자신이 회고록에서 밝힌 것처럼 "한국전쟁의 기본 유형적인 양상이 다른 아시아 국가들의 분쟁들 속에서 반복되고 있었다. 그러므로 한국전쟁의 유형 연구는 버마, 인도차이나, 말레이시아, 인도네시아의 문제를 해결하는 데 도움을 줄 것이었다."[16]

유엔에서 "한국 문제" — 특히 포로 송환 논란 — 는 인도가 국제사회의 운영에 개입할 수 있는 기회를 제공했다. 점점 더 양극화되는 냉전과 민족자결을 위한 투쟁에서, 한국은 아시아 대륙 전역에서 벌어지고 있는 역학 관계의 대표 사례로 주목받고 있었다. 티메이야에게 있어 한국전쟁의 의의는 새로운 종류의 전쟁을 예고했다는 점에 있었다. "아시아에서 나타난 갈등의 중요성은 군대가 대규모로 사상 전향을 시도하고 있다는 것"이었다.[17] 이제 서로에 대한 투쟁은 '더 우월한 생활 방식'을 증명*하는 것이었다. 티메이야는 "생활 방식의 강요가 기본 목적인 전쟁에 대해 역사는 우리에게 무엇을 가르쳐 주는가?"라고 물었다. "십자군 전쟁이 가장 먼저 떠오른다."[18]

새로운 유형의 전쟁, 명백하게 이데올로기적인 전쟁에서 누군가 발명해야 하는 "중립"이란 무엇이었을까? 이 이데올로기적 갈등은 유엔 총회 제7차 회의에서 본격화되었는데, 한국 문제를 논의하는 과정에서, 당시 교착 상태에 있던 정전 협상의 난국을 타개하기 위한 좀 더 구체적인 제안들이 제시되고 있었다. '한국 유엔군사령부의 군사 및 정전 활동의 현황에 관한 특별 보고에 대한 논의'가 1952년 10월 18일 시작되었다.

1952년 4월 말까지 정전 협상의 체결을 가로막고 있던 유엔군사령부와 공산주의 측 진영의 의견 차이는, 한 가지 문제 때문이었다. 즉, 모든 포로를, 필요하다면 강제로라도 송환해야 하는가? 현재 정전협정 초안에 제시된 조건에 따라 정전 협상이 최종 타결될 것인지 여부는 공산 진영이 인도주의 원칙에 부합하는 전쟁 포로 문제 해결책을 수용할 것인지에 달려 있다.[19]

협상 교착 상태를 어떻게 해결할 것인가라는 문제를 제기하면서 미국 대표는

---

* 이와 관련해 티메이야는 다음과 같이 말한다. "한국이 대답을 제공할지 모른다는 생각이 들었다. 결과를 놓고 보건대 양쪽은 상대편의 포로에 대해 설득을 펴 왔다. 설득이 적에 의해 이루어질 때 그 노력은 이른바 '세뇌'라고 불린다. 한국에서는 어느 쪽도 실질적인 군사작전에 의해서는 더 많은 것을 얻기가 어렵게 되었다. 두 사령부는 전쟁이 일진일퇴의 시소게임을 하다가 마침내는 의미 없는 패싸움으로 끝나는 것을 허용했다. 쌍방은 분명히 송환 거부 포로 문제를 전투 그 자체보다도 훨씬 결정적으로 중요한 것으로 생각하고 있었다. 따라서 휴전에서 엄격히 군사적인 문제는 7개월 만에 합의에 이른 반면, 포로 송환 문제의 합의에 이르는 데는 격렬한 설전과 함께 15개월이 더 걸렸던 것이다." 국역본, 34쪽.

21개 국가가 지지하는 결의안의 초안을 제출했다. 이 초안은 "유엔 총회가 비강제 송환 원칙을 이 기구의 의지로 승인"한다는 학자 시브 다얄의 말을 인용하고 있었다. 결의안 초안에는, "포로 송환 문제에 관한 유엔군사령부의 원칙과 인도주의 원칙에 따라 문제를 해결하기 위해 유엔군사령부가 내놓은 수많은 제안을 승인한다."라고 쓰여 있었다. 다얄이 지적했듯이 결의안 초안은, 본질적으로 자원 송환 원칙이 1949년 제네바협약에 규정된 강제 송환에 역행한다는 북한과 중국 측의 비난에 대응하기 위한 방법으로, 미국의 자원 송환 정책을 "인도주의적 원칙"으로 규정하려 했다.[20]

그러나 한국 문제를 다루는 총회 기간 도중 멕시코, 페루, 인도 대표들은 각각 포로 송환 문제와 관련된 매우 구체적인 결의안 초안을 상정했다. 멕시코의 결의안은 전쟁 포로에 적용되는 특정 범주를 주로 다루었는데, 이는 송환 과정에서 전쟁 포로들이 결과적으로 "무국적자"가 되지 않도록 하기 위한 것이었다. 송환을 원하는 포로는 즉각 송환되지만, "다른 나라에 임시로 거주하기를 희망하는 사람들은 한국 문제의 평화적 해결을 위한 결정이 발효될 때까지 본국으로 송환되지 않을 것"임을 명시했다. 이미 자국 국경 내에 임시로 포로를 수용하는 데 동의한 국가와 관련해서는 "해당 국가의 당국은 [포로들에게-인용자] 그들의 필요를 충족하기 위해 일할 수 있는 이주자 신분을 부여해야" 하며, 그 외에도 "그들[전쟁 포로-인용자]의 자유와 삶을 보장하기 위해 후속적인 조치를" 우선적으로 취해야 했다.[21] 멕시코 대표인 루이스 파디야 네르보는 사무총장에게 보낸 후속 서한에서, 이렇게 이민자 지위를 부여하면 "자유로운 노동만이 가져다줄 수 있는 존엄성을 회복함으로써 포로들의 사회적 지위를 높일 수 있을 것이다. 동시에, 전쟁 포로들은 단순히 당국이 마음대로 운명을 결정할 수 있는 인간 집단으로 취급되어서는 안 되며, 이와는 반대로, 자신의 운명을 자유롭게 개척할 수 있는 인간의 양도 불가능한 권리를 우선시한다는 원칙을 재확인함으로써, 국제법의 발전에 기여할 수 있다."[22]라고 말했다.

페루가 제시한 결의안은 포로 송환 문제에 대한 결정을 내리는 '위원회'의 구성에 초점을 맞췄다.23 결의안은 각 '분쟁 당사국'의 대표단과, 총회에서 선출된 두 명의 대표, 그리고 유엔 가입국이 아닌 '중립국' 대표 1인으로 구성된 위원회를 제안했다. 그리고 특히, 비유엔 회원국인 중립국이 이 위원회의 의장 역할을 맡게 했다. 결의안 작성자들은 "즉각적이고 정의로우며 명예로운 평화를 바라는 인류의 염원"을 강조하는 것으로 시작해, "그 기능을 수행함에 있어, 위원회는 유엔 헌장과 인권선언의 원칙에 따라 지도되어야 한다."라는 내용으로 끝을 맺었다. 페루의 결의안은 유엔이 구현하고 있는 "국제사회"에 사실상 국제사회의 모든 국가나 집단이 포함되어 있지 않다는 것을 인정하면서도, 유엔의 주장을 확장해 일정한 보편성을 규정하도록 한 것이었다. 그것은 한반도와 세계를 바라보는 유엔의 시각을 신중히 재조정하는 것이었다.

인도의 결의안 초안은 1949년 제네바협정을 출발점으로 명시했다. "포로의 석방과 송환에는 1949년 8월 12일 자 전쟁 포로 대우에 관한 제네바협약, 잘 확립되어 있는 국제법의 기존 원칙과 관행 그리고 정전협정 초안의 관련 조항들에 따라 이루어질 것임을 확인한다."24 정교하게 작성된 제안서에는 포로 송환 문제 해결에 필요한 17개 단계의 과정이 포함되어 있었다. 정전협정 초안에는 "전쟁 포로 송환 위원회"가 이미 들어 있었고, 이 위원회의 책임은 주로 보급[병참]과 관련된 것이었다. 그러나 인도 결의안은 위원회의 구성과 업무에 대해 몇 가지 중요한 수정과 변화를 가했다. 첫째, 인도 결의안은 위원회에 체코슬로바키아, 폴란드, 스웨덴, 스위스 등 네 명의 대표를 두도록 규정했다. 둘째, 위원회는 모든 전쟁 포로에게 다음을 제공할 책임이 있었다.

> 7. 송환위원회가 정한 절차에 따라 각 분쟁 당사자는, 전쟁 포로들에게 그들의 권리를 설명하고, 고국으로 돌아가는 문제와, 특히 완전한 송환의 자유에 대해 알릴 수 있는 자유와 [이에 필요한] 시설을 제공해야 한다.

반드시 국제법을 준수해야 한다는 전제로 시작되는 인도의 제안은, 위 인용문에 제시된 것처럼 포로들의 "완전한 송환의 자유"를 주장하고 있는데, 이는 1949년 제네바협약이 규정한 강제 송환 원칙을 반영하는 것이었다. 어떤 의미에서, 제안서에 명시된 모든 세부 사항에는 훗날 등장할 비동맹주의의 본질적 특성들이 담겨 있다. 즉, 다른 강대국들의 과잉을 억제한다는 목표하에 인도가, 미국이나 중국 또는 다른 어떤 국가의 대표가 "적절한 경계를 넘어섰는지"를 판단하는 역할을 맡게 되며, "과잉", "이데올로기", "민족주의"를 판단할 수 있는 도덕적 권위를 주장하는 것이다.

인도의 제안은 유엔을 통해 뒷받침되던 보편주의에 대한 미국의 주장에 이의를 제기했다. 하지만 그 제안은 38선이나 남북한 가운데 어느 한쪽, 또는 양쪽 모두의 정당성에 이의를 제기하지는 않았다. 총회는 압도적 찬성으로 인도가 제안한 결의안을 신속히 통과시켰다. 이후 크리슈나 메논은 아직 타결이 안 된 난제를 극복하는 데 도움이 되는 새로운 용어 — 그것은 설득실에 있는 전쟁 포로에게 제시될 "중립국"이라는 선택지였다 — 를 추가했다. 학자 로즈메리 풋이 지적했듯이, "1953년 7월 정전협정이 체결된 것은 아이젠하워 행정부의 위협, 곧 종종 협상 막바지 단계에서 합의가 계속 실패할 경우 중국과의 핵전쟁도 감수하겠다는 위협" 때문으로 이해되어 왔다. 이런 생각은 휴전 이후 몇 년 동안 아이젠하워 행정부가 직접 옹호하고 유포했던 것이다.[25] 그러나 풋은 정전협정이 체결되는 데 다른 다양한 요인들이 일조했던 것으로 보았다. 예컨대, 중국은 1953년에 5개년 발전 계획을 시작하려 했고, 북한으로서는 전쟁 마지막 해에 미국이 가한 폭격이 매우 파괴적인 것이었다. 실제로 미국의 공습은 댐과 공장 같은 군사시설은 물론이고 광범위한 토지와 민간인 마을을 목표물로 삼았다.

특히 인도가 중립국송환위원회라는 형태로 제안한 '중립'이라는 표현과 '중립국'이라는 제3의 선택지는 정치적 인정[승인]을 둘러싼 문제를 다루면서도, 그 문제에 대한 해결을 후일로 연기하며, 현 상태로 유지될 수 있는 공간을 제공했다는 점에서 정전협정 서명을 용이하게 했다. 메논과 네루는 정전 협상 테이블의 핵심 쟁점이, 미국이 상당히 완강하게 중국과 북한에게 유엔 회원국 자격을 허용하지 않으려 하는 상황에서, 유엔이 중국과 북한을 인정하는 문제였음을 알고 있었다. '중립국'이라는 선택지는 자원 송환 문제에 내재된 정치적 인정 문제를 국가의 정당성에 대한 것이 아니라, 포로 개인의 선호 문제로 보이게 했다. 그것은 포로가, 자신이 남과 북 가운데 어느 쪽에 속하는지에 관한 특정 국가의 주장을 거절하는 것이 아니라, 포로 스스로가 자신을 망명자 또는 난민으로 만드는 문제로 보이게 했다.

"송환" 설득, 번역, 연기

38선 위에 세워진 포로수용소에서 중립국송환위원회의 모든 활동 과정은 송환이라는 하나의 개념을 둘러싸고 이루어졌다. 이 "설득실"에서 이루어진 "선택"의 가장 결정적인 측면은, 전쟁 포로가 어느 문을 통해 — 송환의 문, 또는 비송환의 문 — 나갈 것인지를 결정하는 순간이었다.

> 각각의 설득이 끝난 후, 포로들은 설득이 진행되는 막사 안에서 인도 중립국송환위원회 의장으로부터 송환을 희망하는지 질문을 받았다. 통역을 통해 의장이 직접 질문했다. 정전협정에서 오해를 피하기 위해 한쪽의 포로를 다른 쪽으로 인도하는 행위를 영어로 "repatriation"이라고 부르기로 했다. 같은 의미의 중국어와 한국어 단어도 명기되어 있었다.[26]

그러나 38선 양쪽 출신의 민간인과 군인으로 이루어진 다양한 포로들과 한반도에서 벌어진 전쟁은 처음부터 '송환' 개념을 매우 복잡하게 만들었다. 1953년 10월 마침내 포로들을 대상으로 '설득' 작업이 시작되었을 때, 다음과 같은 난점이 나타났다. 즉, '송환'이라는 단어는 포로들의 배경에 따라 다른 의미로 해석될 수 있었다. 다시 말해, 이남 출신으로 북한 인민군이 된 공산군 측 병사에게 송환은 북한이 아니라, 남쪽의 고향으로 돌아가는 것을 의미할 수 있었다. 티메이야가 회상했듯이, "이 문제는 우리가 포로에게 송환을 원하느냐고 물을 때, 어떤 단어를 선택해야 하는지와 관련이 있었다. 송환을 의미하는 한국어와 중국어 단어의 문자 그대로의 뜻은, 막연하게 고향으로 돌아간다는 것을 의미했다. (…) 의심의 여지 없이, 일부 포로들의 마음속에 약간의 혼란이 생겼다."27

위임 협약의 다양한 규정에 대한 해석을 둘러싼 논쟁이 38선을 따라 분출해 나왔다. 수용소 건물 부지, 수용동 건설 속도, 전쟁 포로들을 설득실로 보내는 순서, 전쟁 포로들에게 집단적으로 설득할 것인지 아니면 개별적으로 설득할 것인지 등은 치열한 논쟁이 벌어진, 수많은 사항 가운데 일부에 지나지 않았다. 위임 협약, 즉 네루가 티메이야 앞에서 손을 얹으며 말한 "바이블"에 따르면 "설득 기간"은 90일이었다. 그 90일간의 설득 기간이 끝나 갈 무렵, 티메이야는 결과에 대해 다음과 같이 말했다. "설득회는 끝났다. 90일 동안의 기간 중 10일 동안만 설득회가 열렸고 2만 2000여 명의 포로 가운데 3500명이 설득을 받았다. 이들 3500명 가운데 송환에 응한 숫자는 4퍼센트를 조금 넘는 150명에 불과했다. 이 숫자는 수용소를 탈출해 송환을 요구하던 숫자보다도 훨씬 적은 것이었다."28 18개월 이상 판문점에서 정전협정이 체결되는 것을 가로막고 있던 이 문제가, 송환이냐 송환 거부냐와 같은 "선택"조차 의심스러운, 겨우 열흘간의 "설득"으로 압축되었다.

38선 위에서 벌어진 토론과 실랑이, 논쟁의 초점은 수용소와 설득실의 치밀한 설계가 "선택", "자유 의지", "중립" 또는 "객관성"을 적절히 지원하고 촉진했는지 여부에 있었다. 그러나 실제로 모든 관련 당사국의 실제적이고 근본적인 관심사는 설명실 안에서 '자유 의지'가 얼마나 실현되는지가 아니었다. 오히려 국가와 국민 사이의 관계를 어떻게 올바르게 연출할 것인지, 그리고 그러한 특별한 관계를 국제사회가 어떻게 중재할 것인지에 더 큰 관심을 두고 있었다. 90일 동안 한반도 위에 그어진 38선에서 대한민국, 조선민주주의인민공화국, 중화인민공화국, 미국은 전쟁 수행에서 전례 없는 상황에 처했다. 각 국가들은 송환을 거부하는 포로들에게 왜 그들이 돌아와야 하는지를 설득해야 했다. 국가와 국민 사이의 관계가 적나라하게 발가벗겨지고 그 관계가 애매모호해짐에 따라, 관련 당사국들이 개인을 설득하는 과정에서 그들의 — 취약하고 허약한 — 정당성이 하나씩 시험대에 올랐다. 전쟁 포로는 모든 관련 당사국에 의해 인도주의적 초점으로 떠올랐지만, 국가와 국제사회의 큰 그림에서는 오히려 부차적인 존재였다. 중요한 것은 송환 또는 비송환 사이의 선택이 아니라 설득실에서 이루어지는 상징적 과정 그 자체였다.

설득실은 국민국가 체계를 응축적으로 보여 주는 현장 — 각 요소는 신체로 표현되었는데, 일부는 듣고, 일부는 관찰하고, 누군가는 말하지만 모두가 판단을 내렸다 — 이었다. 그리고 "무대" 또는 "설득실"의 설정은 이런 역학을 보여 주는데, 이는 중립국송환위원회가 시행한 위임 협정에 근거해, 유엔군사령부가 반공 한국인과 중국인 비송환자들을 위해 만든 설득실 시스템의 그림에서 확인할 수 있다(〈그림 6.1〉과 〈그림 6.2〉 참조).

이 지도에서 중립은, 신중하게 계산되고 통제된 포로들의 움직임 속에서 찾을 수 있는데, 이런 움직임 사이사이에 '설득'이 반복적으로 이루어졌다. 지도에 따르면, 먼저 250명의 포로들이 지도의 중앙 하단에 위치한 대기 구역에 모였고, 이곳에서는 "확성기를 통한 집단 설득"이 이루어졌다. 그런 다음 인도 군인들이 포로들을 스물다섯 명씩 그룹을 만들어 중간 대기 구역으로 데려갔고, 그곳에서 포로들은 한 명씩 지도 중앙 상단에 그려진 개별 "설득 부스"[설득실]로 안내되었다. 설득 부스에는 각 행위자들을 위한 탁자가 배치되어 있었는데, 전쟁 포로는 벤치에 앉아 두 명에서 다섯 명의 인도 경비병들과 함께 있었고, 테이블 뒤에 앉은 "설득관"들과 마주하고 있었다. 다른 테이블 뒤쪽 구석에는 스위스, 스웨덴, 체코슬로바키아, 폴란드 대표들로 구성된 다섯 명의 중립국송환위원회 조사단이 인도의 수석대표와 함께 앉았다. 다른

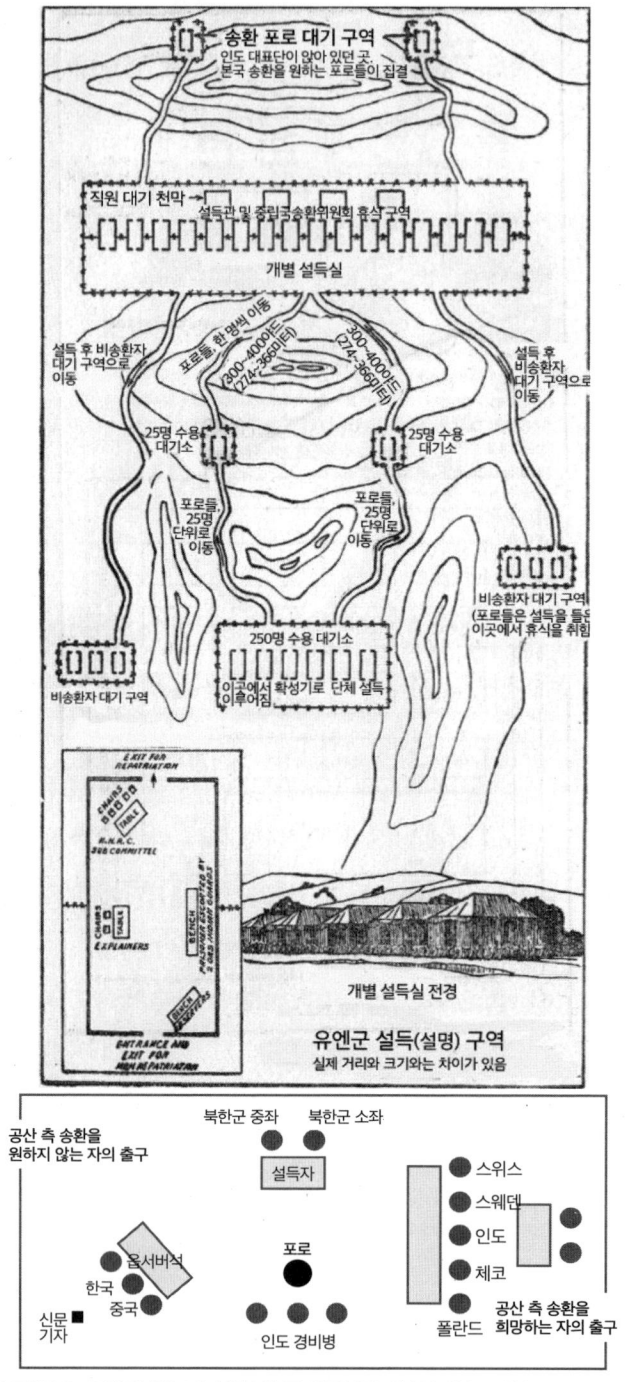

그림 6.1 / 그림 6.2 유엔군사령부 측 설득 지역과 설득실에 대한 상세한 스케치, *History of the Custodian Force (India) in Korea, 1953-54* (1976) [설득실 내부는 이선우, 「한국전쟁기 중립국 선택 포로 연구」, 이화여자대학교 석사 학위논문, 2012, 27쪽 그림을 참고해 다시 그림].

한쪽 구석에는 유엔군사령부의 '참관인'이 의자에 앉아 있었다. 설득실에서 중립은 신중하게 조율된, 말하기·듣기·관찰의 부딪힘 속에 놓여 있었는데, 이는 각본에 따른 만남으로, 설득실 안에서 나타날 수 있는 모든 "과잉"excesses을 완화할 수 있을 만큼 강력한 것으로 여겨졌다.

냉전으로 분단되어 있는 각 진영은 북측과 남측의 설득관이 자신의 국민을 얼마나 유능하고 성숙하게 설득할 수 있는지에 대한 판단을 유보하고 있었다. [남북한 가운데] 어느 나라가 국민국가 인정 시스템에 가입할 — 가입하는 게 적절할 — 수 있을까? 포로들이 이해한 것처럼 그곳은 단순한 방이 아니었다. 설득실은 냉전 시대에 [남북한 가운데 어느 쪽이 국민국가로서 좀 더 정당성을 갖췄는지를 둘러싼] 인정의 정치를 두고 경쟁이 벌어지는 최전선이었다. 그리고 그것은 매우 열띤 경쟁이었다. 1953년 10월 22일, 유엔군사령부 송환설득단UNCREG 단장인 A. K. 햄블런 장군은 중립국송환위원회 본부로부터 서한을 하나 받았다. 1953년 10월 17일, 유엔군사령부 대표 가운데 한 명(각주에 따르면, 윌리엄 R. 로비네트 중령으로 보인다)이 "설득실 안에서 몇 차례 언쟁을 벌인 끝에 중립국송환위원회에 파견된 폴란드 대표를 개자식"이라고 불렀다. 설득의 연극적[수행적] 측면이 유엔군사령부 송환단의 미공개 역사 기록 속에서 잘 나타나 있다.

사건은 설득실 인근에서 발생했다. 설득실 안에서 포로에 대한 설득이 두 시간 이상 계속되고 있었다. 다른 설득실에서 이루어진 설득은 모두 끝났기 때문에, 일단의 사람들이 설득의 결과를 보기 위해 15번 설득실 막사 근처로 모여 있었다. 포로가 비송환 문을 통해 막사를 빠져나가자 사람들이 몰려들어 그를 에워쌌다. 현장에 있던 공산주의자들은 포로가 천막으로 다시 돌아가 송환 문을 통해 나오라고 요구했다. 그러자 유엔군사령부 대표는 공산주의자들에게 설득실 밖에서 설득을 계속할 권리는 없다고 항의했다. 아수라장이 된 상황에서 유엔 대표가 폴란드 대표에게 공

그림 6.3 설득실 부지와 대기 장소(미국 국가기록관리청). 좌에서 우로, 설득실 'A', 대기실, 설득 후 대기실.

격적 발언을 한 것은 그때였다.²⁹

[중립성의 외양을 지키기 위해] 설득실 내에서 관련 당사국들은 자신이 맡은 역할을 꿋꿋이 연기[수행]하려 했지만, 결국 포로들의 선택이 가져올 매우 물질적이고 중요한 결과가 사라지거나 축소되는 것은 아니었다. 사실 좀 더 자세히 살펴보면, 송환 거부나 송환, 중립국을 선택하는 것은 포로들에게는 복합적인 문제였다. 그것은 단순히 "특정 국가"를 선택하는 것만이 아니라, 끊임없이 흔들리는 힘의 지형을 저울질하고 헤쳐 나가는 것이었다. 그것은 한반도의 탈식민화 기획에서 여전히 가능한 것, 혹은 지금은 불가능한 것이 무엇인지를 분별하는 문제였다.

설득이 이루어질 무대를 마련하기 위해서는, 티메이야가 헬리콥터의 창문을 통해 보았던 "황량하고 메마른 지옥의 한 조각"을 다른 모습으로 바꾸어야 했다. 비무장지대는 '한반도를 가로지르는 폭 4킬로미터의 선'이었다. 군사분계선을 기준으로 [남쪽과 북쪽으로 각각 2킬로미터씩 떨어진] 비무장지대에 설득과 송환 절차를 위한 수용동들이 설치되었다. 북쪽은 북측 사령부, 남쪽은 유엔군사령부가 관할했다.³⁰ 비무장지대를 따라 중간에 설득실이 있었다. 설득실 양편에는 인도관리군의 보호하에 있는 비송환 포로들의 수용소가 있었다. "남쪽에는 임진강이 있고 (…) 1500에서 1800피트[약 457~549미터]에 이르는 언덕으로 둘러싸여 있던" 비무장지대 지역은 전쟁이 진행되는 동안 여러 번 점령국이 바뀌었기 때문에 "지뢰가 곳곳에 매설되어 있었다." 비무장지대 남쪽 "동중리 근처"³¹에는 2만 2600명의 중국인 및 한국인 전쟁 포로들이, 티메이야 장군이 "놀라운 건설 작업"이라고 표현했던 곳에 수용되었다. "임시 막사들은 모두 조립식으로 지어졌는데, 여기 쓰인 널빤지는 모두 미국에서 배로 실려 왔다."³² 북쪽 비무장지대인, 송곡리와 팔산리 마을에는 송환을 거부한 미국인·영국인·한국인 포로 359명의 숙소가 있었다. 비록 이들은 "남쪽 포로수용소의 포로들보다 덜 호화롭게" 살았지만, "편안하게 지내고 있

그림 6.4 길버트 오스트랜더 대위(유엔군사령부 대표)와 인도관리군의 우잘 싱 중령, 판문점 1954년 1월 1일(미국 국가기록관리청).

었다." 북측[공산군] 사령부는 마을의 작은 집들을 하얗게 칠했다. "집들 주변에 깔끔한 채소밭이 있고 지붕 위에는 호박이 익어 가고 있어서, 포로들의 숙소는 호젓하고 평화로운 분위기가 느껴졌다."33

1953년 9월 10일 오전 8시에 "1차로" 포로들이 도착했을 때, 거제도 수용소에서 온 489명의 송환 거부 포로들은 함성을 지르고, 소리치고, 몸짓을 하며 깃발을 흔들며 환호했다.34 깃발은 태극기와 유엔기였다.35 티메이야 장군은 그런 시위가 송환 심사 과정을 방해하지 않는 한 허용할 수 있다고 판단했다. 포로들이 도착한 자리에는 중립국송환위원회 대표들과 언론사 특파원들, 그리고 중국인민지원군과 조선인민군 참관인들이 참석했다. 일부 반공 포로들이 조선인민군-중국인민지원군 참관인 제복을 입은 사람들을 발견했고, 곧이어 이들 사이에 갑자기 난투극이 벌어졌다. 인도관리군이 이를 제지하려 하자 포로들은 돌을 던지고 참관인들에게 침을 뱉었다. 인도관리군의 공식 역사에 따르면, 반공 포로들은 자신이 "공산군 측 참관인들에게 반발한 것은 신원 확인 과정에서 가족들이 중국이나 북한 정부로부터 처벌을 받거나 해코지를 당하지 않을까 하는 두려움 때문이었다고 나중에 [인도관리군에게-인용자] 설명했다."36

반공 포로들은 이 사건 이후 중립국송환위원회의 업무와 인도관리군의 권위에 지속적으로 도전했고, 따라서 티메이야는 회고록에서 이들에 대해 많은 서술을 남겼다. 그는 이들의 일상생활과 관행에 대해 상세히 설명했는데, 이들은 매일 아침 "오전 3시에서 4시 사이"에 일어났고, 브라스밴드가 연주하는 행진곡 몇 곡으로 활기차게 하루를 시작했다. 체조와 같은 체력 훈련이 이어졌으며, 그 후 자리에 앉아 아침 식사를 했다. 수용소는 "티끌 하나 없이 단정"했고, 오후에는 보통 운동을 하거나 학습을 했다. 티메이야가 "정치적 세뇌"라고 불렀던 학습은 저녁에 이루어졌고, "마지막 일과로 다시 엄청난 음악, 깃발, 구호 제창과 함께 분열식이 있곤 했다."37 이 같은 규율 잡힌 생활 방식은 포로들이 거제도에서 지내며 발전시킨 견고한 [자체적인] 감시 구조의 산물이기도 했다. 모든 수용동에는 그들만의 "경비 막사"와 관리 조직 — 즉 대한반공청년단 — 이 있었는데, 이들은 명령 위반에 대한 재판을 열었고, 사형에 처할 권리를 갖고 있었다.[38]

집단 시위, 설득실에 들어가는 조건에 대한 협상 요구, 심지어 납치가 38선 위 포로수용소의 일상이 됐다. 티메이야는 중국인 포로들과 한국인 포로들의 집단행동에 차이가 있다는 것을 발견했다. "중국 포로들은 기강이 잘 잡혀 있었고, 덜 소란스러웠으며, 좀 더 이성적이었다. 그들은 마치 길을 잃고 버림받은 아이들처럼 보였고, 한국인 포로들은 당황하고 화난 아이들 같았다."[39] 티메이야에 따르면, 집단 폭동은 관심을 끌기 위한 시도이자 "인정받으려는" 시도였다. "때로 그들은 무시당하거나 거부당한 아이들처럼 행동했고, 그들이 일으킨 소란은 야만적인 정치 게임의 졸이 아닌 인간으로 인정받으려는 애처로운 시도였다."[40] 티메이야가 보기에, 포로들이 이렇게 필사적으로 구는 것은 "그들이 모두 통계 숫자로만 살아왔기 때문이다. (…) 그래서 자신들의 개별적인 문제들에 더 많은 배려를 유도하고자 하는 희망에서 분쟁을 더 증폭하려는 경향이 있었다."[41]

따라서 그는 인도가 주도하는 중립국위원회에 포로들이 지속적으로 문제를 제기하는 것이 인도의 '중립 실험'에 대한 궁극적인 도전이 아니라, 중립을 달성하기 위해 극복해야 할 필수 요소로 보았다. 그는 다음과 같이 말했다.

> 중국과 북한 병사는 우리처럼 대부분이 소박한 시골 출신이었고, 거의 문맹에다 배움도 많지 않았다. (…) 우리 중립 정책의 중요한 기능은, 이 송환 거부 포로들의 진정한 바람과 관련된, 우리가 할 수 있는 모든 일을 찾아내는 것이라고 우리는 진정 믿었다. 포로 보호의 전적인 책임이 우리에게 있는 한, 그 포로들을 인간이라고 생각하기 시작한 누군가가 있다면 그것은 바로 우리여야 한다고 믿었던 것이다.[42]

따라서 "이 송환 거부 포로들의 진정한 바람"은 인도가 주도하는 중립국위원회와 인도관리군이 책임지고 실현시켜 주어야 할 것들이었다.

미 육군 심리전단 대령인 케네스 한센은 반공 포로들을 '반공주의의 영웅들'이라고 부르며 이들을 좀 다르게 묘사했다. 『철조망 뒤의 영웅들』Heroes behind Barbed Wire이라는 회고록에서, 그는 한국전쟁 당시 포로수용소에서 벌어진 심리 작전에 대한 자신의 관찰과 경험을 이야기했다. 한센은 38선에서 송환을 거부한 포로들이 벌인 행동을, "한국의 반공 영웅들이 용맹하게 싸워 승리한 투쟁의 절정"이라고 묘사했다.43 한센은 "전쟁 포로들에게" 그것은 "생사를 건 투쟁이었고, 드라마와 비애로 가득 차 있었지만, 그런 순간들 속에서도 번뜩이는 유머를 억누를 수는 없었다. 그들의 시련에 동참하다 보면 예외 없이 그들과 감정적으로 하나가 될 수밖에 없다."44라고 썼다. 한센의 이야기는 교육과 관련된 것이었지만, 근본적인 지점에서 티메이야의 교육과는 전혀 다른 것이었다. 한센이 전한 반공 포로들의 이야기는 미국의 심리전 교육 프로그램에 의해 변화된 것이었다. 그것은 자유주의적 계몽과 열망, 진리 — 다시 말해 한센의 회고록에 등장하는 '반공 영웅'은 냉전이 휘몰아친 세계 질서에 걸맞은 행동과 정서를 배우고 습득한 주체 — 에 관한 이야기였다.

한센에 따르면, 반공 포로들은 거제도 수용소에 있는 동안 정전협정을 꼼꼼하게 연구했다. 이들 각자는 전쟁 포로에 관한 조항이 포함된 정전협정 부속 문서 전문을 받았다. "그것은 포로들에게 매우 중요한 문서였기 때문에, 글을 읽을 수 있는 사람들은 그것을 외웠다. 읽을 수 없는 사람들도, 수많은 집단 토론에 참석하면서 그 의미를 완전히 이해하고 있었고, 논의 중인 내용이 몇 번째 문단인지를 언제라도 말할 수 있었다."45 한센은 위임 협약을 공부하는 포로들에 대해 거의 시적으로 표현했다. "미군 속어로 '영창 안 변호사' guardhouse lawyer라고 불릴 만한 사람들이 있다면, 그건 바로 전쟁 포로들이었다." 그는 포로들이 자신의 운명이 달린 협정에 대해, (그 협정의 운영에 대한 최종 권한을 가진) 인도 장교들보다 더 잘 알고 있었다고 주장했다.46 이런 주장은 본질적으로 포로수용소 내에서 이루어진 심리전의 성과 — 즉, 대체로 민간정보교육국이 수행한 "교육" 프로그램의 성과 — 에 대한 논의였다. 예를 들어, 반공주의 포로들은 수용동 안에서 자체적으로 신문을 만들고 배포했다. 『플래시』Falsh라는 신문은 특히 송환 문제에 관한 정보를 구체적으로 다루었으며, 정전협정에 관한 토론회를 수용동 내에서 개최하기도 했다. 한센은 포로들이 이제 민간정보교육국 프로그램이 가르친 "민주주의"를 실행하고 있다고 기뻐했다.

한센과 그의 심리전 팀만 전쟁 기간 동안 전쟁 포로를 관찰했던 것은 아니었다. 국제적십자위원회 대표단은 정기적으로 수용소를 방문해 그곳의 환경과 포로들의 불만 사항을 기록하며, 수용소 당국이 1949년 제네바협약에 따라 수용소를 운영하고 있는지를 확인했다. 대표단은 포로들이 서로를 위해 수용소에서 직접 공연을 하는 데 특히 주목했다. 포로들이 직접 만든 무대는 대체로 각 포로 수용동의 중심 공간에 마련되었다. 조선인민군과 중국인민지원군 포로 대표단이 첫 공식 회의를 열고 프랜시스 도드 준장을 앉혔던 곳도 바로 그 장소였다. 친공 포로 수용동에서는 그 무대 위에서 인민재판이 이루어졌다. 재판에 회부된 포로는 무대 위에서 공개적으로 자아비판을 해야 했고, 뒤이어 징계가 내려졌다. 반공 포로 수용동에서는 민간정보교육국 건물 내에 설치된 무대에서 폭력적인 집단 처벌이 이루어지곤 했다. 그리고 반공 포로 수용동과 친공 포로 수용동 모두에서, 무대는 또한 포로들이 준비한 수많은 볼거리가 공연되는 현장이기도 했다.

이 무대는 포로들에 의해 만들어지고 유지되며 유포되었던 교육의 현장이었다. 오락적 가치를 위해 이루어졌던 공연 — 국제적십자위원회 대표단이나 심리전단 요원과 같은 외부 방문자들에게는 포로의 일상 가운데 아마도 가장 눈에 띄는 부분이었을 것이다 — 은 포로수용소 통제권에 대한 주장이라는 더 큰 맥락에서 살펴봐야 한다. 모든 한국전쟁 포로가 대한반공청년단의 일원은 아니었지만, 대한반공청년단은 자신들이 건설한 수용동을 사실상 책임지고 있었다. 티메이야가 회고록에서 언급했듯이, 대한반공청년단은 38선에 있는 수용소에 국가와 유사한 구조를 만들었다. 이들은 감시, 심문, 체벌은 물론이고 신문 발행, 교육 프로그램, 심지어 배식까지 관할했다. 현재 남아 있는 기록 자료만으로는 대한반공청년단이 수용동의 공연 부서까지 통제했다고 단언하기는 어렵지만, 연극들을 면밀히 분석해 보면 포로들이 자신들의 위치성positionality을 어떻게 투사하고, 타인에게도 그런 위치를 취하도록 지시했는지를 엿볼 수 있는데, 이는 티메이야와 한센의 설명이 포괄하지 못한 측면이다.

전쟁 포로 오세희가 수용되어 있던 수용동은 연극 공연이 유명했다. 한센에 따르면, 제65 수용동에서 무대에 오른 작품들은 1인극부터 "4막 6장"의 연극까지 다양했다. 한센은 포로들이 "골판지, 크라프트 상자, 삼베지, 포스터 종이, 종이봉투, 깡통, 목재 배급 상자 등으로 무대를 만들고, 치약 가루, 진흙, 풀, 석회, 그리고 디디티DDT 등으로 무대를 칠했다!"며 반공 포로들의 독창성을 지적했다. 한센이 회고록에 남긴 연극의 제목들은 — 아쉽게도 영어로 번역된 제목만 남아 있다 — 흥미와 오락으로 가득 차 있었다. 〈피로 얼룩진 칼〉, 〈서울에서의 하루〉, 〈박 씨의 서울 방문〉, 그리고 〈친애하는 자유의 땅〉과 같은 연극들은 분명히 한국전쟁의 경험을 준거로 한 것들이었다. 로맨스 극도 제작되었다. 〈항구의 사랑〉, 〈사위 구함〉, 〈초롱꽃 공주〉, 〈하얀 진주〉 등이 있었다. 그러나 한센이 나열한 연극 목록을 보면, 이 연극들이 대부분 한민족의 이야기를 창작하는 데 중점을 두고 있음을 알 수 있다. 〈정의〉, 〈분노의 칼〉, 〈꽃 피는 나의 조국〉, 〈조국을 위하여〉, 〈대한의 아들들〉, 〈귀향〉, 〈한국의 버팀목〉, 〈열정의 나라〉 등이 그랬다. 수용소 내부와 군 생활을 묘사하는 것으로 보이는 연극들도 있었다. 〈돌팔이 의사의 병원〉, 〈지도자〉, 〈담배꽁초〉 등이었다. 한센에 따르면, 〈상하이 태풍〉과 〈안개 낀 상하이〉는 "일제강점기 동안 정치적 망명자들이 벌인 투쟁에 헌정되었다."47

38선에서 벌어질 "설득"을 앞두고 포로들이 당면한 문제가 있었다. 이는

"설득을 개별적으로 받을 것인가, 집단적으로 받을 것인가"였는데, 한센에 따르면 이것이 당시 가장 중요한 문제였다. 한센의 회고록에 따르면, 놀랍게도 "그들의 해법은 모든 한국인 포로 수용동과 중국인 포로 수용동마다 조금씩 변주해 올린 연극이었다." [곧, 포로들은 연극 상연을 통해 집단적 설득이 이뤄지도록 했는데,] "특히 흥미진진한 연극 — 이나 빼어난 배우들 — 은 다른 포로 수용동들을 순회하며 상연되었고, 열광적인 환호와 박수를 받았다."⁴⁸ 무대 배경은 거의 언제나 같았다. "터번을 두른 배우가 탁자에서 회의를 주재했는데, 그가 누구인지 알 수 있도록 한쪽 가슴에 '인도인 의장'이라는 팻말을 달고 있었다." 그의 왼쪽에는 체코와 폴란드 대표가, 오른쪽에는 스웨덴과 스위스 대표가 있었으며, 유엔 대표, 유엔 참관인, 유엔 통역관도 있었다. 한국인 포로들 — 그리고 중국인 반공 포로들 — 은 위임 협약에 따라 그들이 들어간 설득실 장면을 연출했다.

    무대 뒤에서 공산군 진영 대표, 참관인, 통역관이 올라왔고, 마침내 공산군 진영 "설득관"이 들어와 자리를 잡았다. 곧 이어 귀청이 찢어질 듯한 환호를 받으며 '주인공'[영웅] — 한국인 반공 포로 — 이 당당하게 무대에 올랐다. "설득관"은 각본(포로들은 각본을 쓸 때, 포로들이 북한이나 중국으로의 송환을 희망하도록 설득하기 위해 설득관이 동원할 수 있는 모든 내용을 고려했다)에 따라 설득을 시작했다. 그러나 "그 영웅은 이 모든 설득에 대한 답변을 가지고 있었다." 그의 답변은 종종 설득관을 "당황하게" 했는데, 어떤 경우엔 포로들의 대응에 감동한 설득관이 그들과 팔짱을 끼고 송환 거부를 나타내는 문을 통해 함께 막사 밖으로 나가기도 했다. "어떤 연극에서는 심지어 체코와 폴란드 위원들도 망명을 요청하기도 했다."[49] 그리고 이런 연극은 친공 대 반공의 대결 구도를 그리는 특정 범주에 너무 쉽게 속하는 것처럼 보였지만 놀라운 점은 연극이, 세계 정치 변화의 무대에서 역사의 온전한 주체를 유엔이나 중국이 구성한 위원회가 아니라 반공 포로로 그리고 있다는 점이다. 그리고 이전의 공연과 연극의 맥락에서, 한국전쟁 포로의 행동은 반식민주의와 민족주의라는 더 긴 목적론적 역사의 일부로 묘사되었다. 다른 사람들을 계몽하는 것도 포로였고, 남한 국가를 구현하는 것도 포로였다. 이처럼 설득실을 극화한 공연에 대해 한센이 느꼈던 감탄은 연극에서 표현된 정치적 발화의 역학을 잘못 인식한 데서 비롯된 것이다. 그러나 심리전 부서의 목표와 포로들이 묘사한 설득실은 중요한 측면에서 일치했다. 즉, 송환이냐 비송환이냐라는 "선택"은 [설득실에서 실제로] 행사된 것이 아니라, [이미 내려진 선택이] 설득실에서 '연기'된performed 것이었다.

한국인 반공 포로들이 38선에 도착하자, 포로들의 전술은 중립국송환위원회가 제도화한 설득을 아예 거부하는 쪽으로 바뀌었다. 처음에는 비송환 포로들이 예정된 설득 과정에 참석하기를 거부했고, 티메야 장군은 그들과 일주일 동안 토론을 벌였다. 설득 과정의 구조 및 절차에 대한 논의와 관련해, 티메야에게는 난국을 타개할 수 있는 아주 효과적인 방법이 있었다. "의심할 나위 없이, 포로들과의 대화에서 최상의 방법은 그들이 중립국송환위원회와 인도관리군에 협력하지 않으면 그들의 장래가 보장되지 않으리라는 두려움을 은근히 심어 주는 것이었다." 비록 포로수용소의 [반공 포로] 지도자들이 전쟁 포로의 지위를 이용해 특정 국가[남한]의 정당성을 주장하려 했지만, 티메야의 발언은 좀 더 냉혹한 현실을 직시하게 만들었다. 즉, 송환되지 않은 포로는 그 지위로 말미암아 본질적으로 무국적자가 될 것이었다. "포로들은 막연하게 송환 거부 입장만 고수할 수는 없었다. 그들의 미래가 결정될 때까지 그들은 안전도 보장받을 수 없으며 그들의 존재 자체가 평화에 위협이 되는 것이었다."50 1953년 10월 31일, 포로들이 마침내 그 설득회에 개별적으로 참석하기로 동의했을 때, 몇몇은 "돌멩이나 칼 같은 것을 옷 속에 교묘히 숨겨 들여가곤 했다. (…) 포로들은 간혹 건너편에 앉은 설득관들에게 치명적인 공격을 가하기도 했다."51 티메야의 말대로, 북한군 포로들은 설득관이 있던 막사에서 중국인들보다 훨씬 더 거칠게 나왔다.52 또는 설득관 앞에 조용히 앉아 있던 포로들 중 많은 이들이 "솜으로 귀를 틀어막아" "설득관의 설명을 듣지 않겠다는 거부 의사"를 표현했다.53 몇몇 포로들은 설득관들과 실제로 실랑이를 벌이기도 했다. "예를 들어, 설득관이 북측 사령부가 전하는 서한을 건네주면 그는 그 서한을 받아 읽어 보지도 않고 바로 구겨서 코를 풀어 버리는 것이었다. 또 설득관이 담배를 권하면 그것을 받는 척 팔을 뻗다가 설득관의 뺨을 후려치는 일도 많았다."54 한국인 포로들을 대상으로 설득이 이루어진 첫날, 설득에 응한 포로 459명 가운데 스물한 명만이 송환을 선택했다. 다음날에는 483명의 포로들이 개별적으로 설득실에 들어갔고, 열아홉 명만이 송환을 선택했다.

티메이야가 지켜본 바와 같이, 북한으로의 송환을 거부한 포로들은 중국군 포로들보다 훨씬 더 폭력적인 전술을 사용했는데, 이런 북한 포로들의 전술은 설득실에서 이루어지는 선택에, 그리고 송환 문제에 중요한 이해관계가 걸려 있음을 시사한다. 한센은 이런 위협과 모욕의 제스처를 포로들이 송환을 원하지 않는다는 투명한 증거, 즉 미국이 구상한 반공 국가를 지지하는 것으로 해석했지만, 그것은 또한 전쟁 포로들이 처한 독특하고 불안정한 위치를 드러냈다. 포로들은 설득실에 들어가기 전에 이미 송환 여부에 대한 "선택"을 명확히 내리고 있었다. 따라서 설득실은 북한 포로들이 자신의 정당성을 연기해야 하는 장소가 됐다. 한센이 생각한 것[투명함]과는 다른 의미에서, 그것은 정말 '투명한 연기'였다. 휴전 후 [포로 교환을 위해] 38선에 있던, 송환을 거부한 북한군 포로의 대다수는 유엔군 제1 포로수용소 출신으로, 송환 희망[친공] 포로와 송환 거부[반공] 포로를 구분하기 위한 최초의 자발적 선별이 이루어진 후 그 섬에 남아 있던 사람들의 일부였다. 송환을 거부한 포로들은 남한 내 여러 수용소로 보내졌고, 송환을 희망하는 포로들은 거제도 포로수용소에 남아 있었다. 38선에 있던 북한군 포로들은 전쟁 후반에 송환 거부를 '선택'했기 때문에, 대한민국에서 상당한 의심을 받을 수 있는 사람들이었다. 포로들이 교육을 통해 이상화된 주체로 변모했다는 한센의 묘사와는 달리, 포로들은 자신들이 이북 출신이고 전쟁이 끝나 갈 무렵에야 [다시 말해, 처음의 입장을 바꿔] 송환을 거부했기 때문에 이중으로 의심받고 있다는 사실을 매우 잘 알고 있었다. 이런 모호함은 훗날 사회적 — 심지어 육체적 — 죽음을 의미할 수도 있었다.

이 포로들에 대한 북한 당국의 주장 역시 명백히 도전받고 있었다. 첫 이틀 동안의 설득이 끝나고, 북측 사령부는 설득 전술을 바꿨다. 이전에는 설득관들이 한 수용동 출신인 약 500명의 포로를 설득하기 위해, 포로 한 명당 20~25분을 소비했다. 설득관들은 "북측 최고사령관의 성명서를 읽어 주기만 했다. 포로가 관심을 보이거나 좀 더 자세한 설명을 요구하는 한에서 집중적으로 설득에 임했다." 그러나 새로운 전술은 "준비해 온 성명서를 지속적으로 되풀이해서 읽어 주었다." 그들의 견해에 따르면, "포로들은 지난 2, 3년 동안 유엔군사령부의 영향하에 있었기 때문에, 그 영향을 씻어 내기 위해서는 몇 시간씩의 설득 시간이 필요하다는 것이었다."[55] 이는 유엔군사령부가 포로들의 "정신"을 조작했다고 암묵적으로 비난함으로써, 공산군 측의 설득에 대한 포로들의 저항을 무색케 하려는 움직임이었다.

38선 북쪽에서는 유엔군사령부의 설득이 훨씬 늦은 1953년 12월 2일에야 시작되었다. 38선 남쪽에서의 활동과 비교했을 때, 유엔군사령부의 설득실 분위기는 질서정연하고 절제된 것처럼 보였다. 남한 측 설득실의 가장 두드러지고 차별적인 특징은 테이프녹음기였다(설득을 위한 배경음악이 들어 있었다). 녹음은 세 부분으로 나뉘는데, 이는 티메이야가 회고록에서 "유엔군 측의 설득 기법은 포로들의 감정에 호소하는 것이었다."라고 말한 내용을 뒷받침한다.[56]

첫 번째 부분: 소년과 소녀의 대화로, 포로들을 그들의 모국과 가족 곁으로 데려가고 싶은 바람을 보여 준다. 그들은 "작은 송아지들이 엄마 소를 찾아 뛰노는 개울과 논밭"이 있는 평화로운 고향땅에 대해 이야기하며, 포로에게 부디 "고향으로 돌아와 소중한 자유를 누리기를" 바란다고 말했다.

두 번째 부분: 대체로 "집에 가고 싶다"는 노래로 시작하는 한국 음악.

세 번째 부분: 포로의 어머니를 대변하는 것으로 들리는 여자 목소리. 그녀는 "애꿎은 운명 때문에 아들에게 연락도 할 수 없지만, 자유를 잃고 철조망 안에 갇혀 있는 내 아들에게 따뜻한 안부 인사를 보낸다."라고 하소연을 한다. 그녀는 이미 송환된 포로들 사이에서 그를 찾지 못한 가족들의 고뇌에 대해 계속 이야기하는데, "네 방을 들여다보니 네 누나가 거기서 온종일 슬퍼하며 울고 있더라." 그녀는 "돌아오기만 하면 그 어떤 해코지도 없을 것"이라고 확신을 준 뒤 "북한 정권을 계속 믿는다면 너는 반쯤만 성숙한 사람일 것"이라고 경고했다. 그 호소는 "마음속으로 조국을 그리며 자유의 운명을 향해 걸어가라"는 말로 끝을 맺었다.57

남한의 전략은 이렇듯 국가와 국민 사이의 관계를 가족 서사를 통해 제시하는 것이었다. 국가의 알레고리는 다른 가족 구성원들의 형태로 나타났다. 어린 소년과 소녀 혹은 나이 든 여성의 목소리는 형제자매와 어머니에 대한 기억이나 정서적 유대를 불러일으키기 위한 것이었다. 가족, 조국, 국가는 하나가 되었고, 남한 측 설득관들은 한국을 자연적으로 이루어진 국가, 즉 혈족 관계의 계보를 통해 이미 정당성이 확립된 국가로 제시하고 있었다.

녹음된 소리에 둘러싸인 남한 출신 설득관들은 제복과 복장에도 많은 신경을 썼다. "좋은 옷감에 잘 재단된 미군 군복을 입은" 설득관들은 고가의 시계와 담배 케이스를, "남한 사람이라면 누구나 갖고 있는 양" 무심한 표정으로 과시했다.58 그러나 남한으로의 송환을 거부한 포로들은 바로 이 문제에 대해 설득관들과 논쟁하고 싶어 했다. 실제로 북한 측 수용소에 있던 [미군이나 국군] 포로들은 남한 측 수용소에 있던 포로들과는 달리 "명백한 설명을 듣기를 무척이나 열망했다."59 티메이야의 의견에 따르면, "포로들이 설득관보다 정치적으로 좀 더 철저하게 무장되어 있었는데" 그들은 감상적인 음악을 어설픈 술책이라며 거부반응을 보였다.60 그들은 자신이 입고 있던 포로복을 가리키며 "북조선에서 만든 것"이라 자랑했고, [미국에서 만든 옷과 시계를 착용하고 있는] 남한 측 설득관들을 미국의 하수인이라고 비난했다. 포로들은 남한의 상황에 대해 설득관들과 논쟁을 벌이고자 했으며, 종종 "설득관들을 혼란스럽게 하거나 당혹스럽게" 만들기도 했다.

곧 남한 측 설득관들은 북한 측이 했던 것과는 정반대되는 전략을 채택했다. 설득 과정이 처음 시작되었을 때, 설득관들은 포로 한 명당 35분을 할당했다. 1953년 12월 8일까지, 포로들 가운데 송환을 선택한 사람은 아무도 없었다. 이후 설득관들은 6분에서 10분만 설득한 후 포로들을 내보냈다. 포로들은 이에 항의하며 "자신들이 홀대받고 있다"고 주장했다. 한 특정 포로는 "예를 들어, 남한의 5개년 계획, 경제 상황, 미군 주둔의 이유 등"에 대해 더 많은 것을 알고 싶어 했다. 격론이 자주 벌어졌고, 포로들은 설득실을 나가지 않겠다고 고집하기도 했으며, 경우에 따라서는 인도관리군 병사가 강제로 내보내기까지 두세 시간이나 버티며 앉아 있기도 했다.61

결국 남한으로의 송환을 거부했던 친공 포로 359명 가운데 일곱 명만이 송환을 선택했다. 다섯 명은 한국인이었고 두 명은 미국인이었다. 티메이야에 따르면, "이들 일곱 명은 모두 자신은 진정한 공산주의자이며, 자기들이 떠나는 것은 단지 수용소가 운영되는 방식이 마음에 들지 않기 때문이라고 말했다. 그들은 그 조직이 민주적 노선에 따라 움직이지 않았다고 말했고, 일부는 수용소 지도자들에게 괴롭힘을 당했다고 주장했다. 한국인 가운데는 단지 향수병 때문임을 인정하는 사람도 있었다.62 그러나 티메이야가 주목한 한국인 비송환 포로 가운데 "비범한 지성을 지닌 젊은 남한 사람"이라고 묘사한 포로가 한 명 있었다. 티메이야는 "처음부터, 나는 그가 필시 중립국행을 선택할 것이라고 느꼈다."고 했다. 시간이 지날수록 티메이야는 이 포로가 결국 북한에 남을 것이라고 생각하게 되었다. 포로는 결국 중립국을 선택했으며, 티메이야는 왜 그런 결정을 내렸는지에 대한 자신의 질문에 포로가 어떻게 답했는지를 기록했다.

그는 대답했다. 나는 남한 정부를 좋아하지 않는 것과 마찬가지로 북한 공산주의 체제도 찬성하지 않는다고, 그는 자신이 어떤 체제하에서 살더라도 행복할 수 없다고 느꼈다. 그가 중립국행을 선택했을 때, 공산주의에 대한 그의 믿음은 많이 누그러져 있었으나 아주 사라져 버린 것은 아니었다. 그는 여러 번 내게 이야기했다. 나는 전쟁과 함께 자라 왔다. 평화가 있는 곳으로 가고 싶을 뿐이다. (…) 한국인들은 자신들의 선택 동기를 더 잘 이해했으며 자신의 정치적 신념의 강도가 어떻든지 간에 평화로운 세계에 대한 갈망이 훨씬 더 컸다.63

티메이야에게는 이 포로가 중립국을 선택한 것은 평화를 위한 선택이었고, 인도의 중립 정책에 대한 인정이기도 했다.

중립국을 선택한 76명의 전쟁 포로

인도로 향하기 위해 인천항에서 배에 오르고 있던 88명의 포로(76명의 한국인과 12명의 중국인)들은 여전히 "나지막한 산들에 설치해 놓은 대형 스피커"에서 한국인 포로들에게 "조국을 떠나지 말고 조국에서 함께 살자는 남한 정부의 감동적인 호소" 메시지를 들었다. 티메이야 장군은 "포로들은 처음에는 다소 방송에 영향을 받는 듯했다", "하지만 우리가 그들에게 기회는 아직도 있다고 말했을 때, 응답하는 사람은 아무도 없었다. 그리고 항해는 시작되었다."라고 적고 있다.64 88명의 전쟁 포로들은 모두 북한이나 남한, 중국이나 대만으로 송환되지 않고 "중립국"으로 가게 된 것이다. 당시 그들은 인도로 먼저 향했고, 그곳에서 어떤 나라가 "중립국"이 될 수 있는지에 대한 추가 정보와 뉴스를 기다릴 것이었다. 즉, '중립국'은 아직 구체적으로 정해지지 않은 상태였고, 88명의 포로들이 모두 특정 국가가 아닌 관념과 추상을 선택한 것이었다.

38선에서 포로들이 들어야 했던 것은 '설득'만이 아니었다. 수용소의 확성기를 통해 각종 프로그램과 안내 방송이 울려 퍼졌고, 포로들이 자체 상연을 위해 만든 연극이 무대에 올랐다. 미국 심리전국과 민간정보교육국이 개발한 교육 프로그램들이 반공 포로 수용소에서 지속적으로 운영되었고, 포로들에 대한 포로들의 지속적인 심문 역시 더욱 극성을 부렸다. 88명의 포로 및 인도관리군 대원들과 함께 배가 인천항을 출발할 당시, 인민군 소좌였던 주영복은 수용소 내에서 확성기를 통해 엄청나게 큰 소리로 들려오던 각종 교육 및 안내 방송들과는 확연히 다른, 정적의 순간과 마주했다. 그는 회고록에 "인천을 떠날 때 갑판을 메우듯이 모여들던 인도군도 모두 선실로 내려가고 미련이 남은 몇몇 포로들만이 (…) 사라져 가는 조국을 향해 허망한 시선을 던졌다. 그러나 바다는 적막하기만 하다. 더 이상 보여 줄 것이 없다는 듯이 빈 얼굴을 하고 그 자리에 있다. 그럼에도 나는 좀처럼 수평선의 한 점에서 시선을 뗄 수가 없었다."라고 썼다. 지평선을 바라보던 주영복의 주의를 끈 것은 갑판 아래 병사들의 오두막에서 들려오는 인도 음악이었다. "이제는 귀에 익은 소리여서 그런지 전처럼 생소하게 느껴지지 않았다. 구슬픈 음색 그대로 마음에 와닿는 것이 아닌가. 어느새 나의 몸은 인도 문화권에 담겨 가고 있었던 것이다."65 주영복은 한반도가 시야에서 흐릿하게 사라지는 순간, 인도 음악에 귀가 이미 "익숙해"져 있었고, 그의 몸과 영혼이 그 음악과 공감대를 형성하고 있다는 사실을 깨달았다.

상실감과 고립감 속에서도 두려움을 표현하지는 않았다. 오히려 주영복은 자신이 장차 '중립국'에서 살 수 있으리라는 일말의 가능성을 중시했다. '중립국'이라는 개념이 주영복에게는 결코 공허한 범주가 아니었다. 그렇다면 1953년에 38선 인근에 세워진 수용소에서 통제된 생활을 하던 포로 76명이 '중립국'을 택한 것은 어떤 의미를 가질까?

'중립국'을 선택한 전쟁 포로들은 정치적 인정을 둘러싼 투쟁의 무대[송환 심사 과정]에서는 가장 "두드러지게 눈에 띄는" 존재였지만, 한국과 인도차이나 문제에 관한 1954년 제네바 회담에서 또 다른 버전의 38선 — 즉, 이번에는 17도선* — 이 설정됨에 따라, 이후 한국전쟁이 과거의 일로 치부되었고, 이들은 곧 가장 "비非가시적인" 존재가 되었다. 인도에서 대기하던 88명의 포로들은 곧 자신들이 사실상 무국적자가 되었음을 깨닫게 되었다. 이제 그들 스스로 지정학적 상황을 파악하고 '중립국'으로 분류될 수 있을 만한 국가들을 관계 당국에 제안한 후, [그 나라들로의 이주를] 탄원해야 하는 처지가 되었다. 그들의 생존은 다시 한번 국가권력의 승인 — 포로수용소에서 대한반공청년단과 같은 국가 대리 조직들이 뒷받침하고 집행하는 폭력이 아닌 — 에 달려 있게 되었으며, 그들이 정착할 미래의 "중립국"을 모색하기 위한 협상 테이블에 놓인 것은 그들이 얼마나 생산적인 노동력인가 하는 것이었다.

주영복이 인도를 매개로 자신의 미래를 상상할 수 있었던 것은, 인도가 한국에 "낯선" 존재가 아니었기 때문이었다. 인도관리군과 포로의 만남은 포로수용소에서 이루어졌지만, 그 만남 속에는 각자의 식민지 역사에 내재된 훨씬 더 긴 역사가 담겨 있었다. 실제로, 어느 날 두 명의 한국인 포로가 인도관리군 구르바크쉬 싱 딜런 준장을 소리쳐 불렀다. 이들은 예전에 그를 만난 적이 있다는 사실을 기억해 냈다. 딜런은 "제2차 세계대전 때 싱가포르에서 일본군 포로가 된 적이 있었"는데, 당시 일본군에 징집되어 있던 이 한국인 포로 두 사람이 자신의 경비를 맡았었다.66 유엔군이나 북측 사령부의 지원이나 통역 없이 한국군 포로들과 인도관리군이 서로 교신할 수 있었던 것은 바로 이런 역사 때문이었다. "우리 요원들 중에는 일본어를 할 수 있는 사람이 많았다. 대부분의 포로들 역시, 제2차 세계대전 당시 일본군과 함께한 경험 때문에 일본어를 부분적으로 이해할 수 있었다."고 티메이야는 회고록에서 썼다. 아무리 초보적일지라도 어느 정도 의사소통을 할 수 있는 능력은, [중립국송환위

---

* 제1차 인도차이나전쟁의 결과 1954년에 체결된 제네바협정에 의해 확립된 남베트남과 북베트남의 분계선이다. 흔히 17도선으로 알려져 있으나, 북위 17도선보다 약간 남쪽에 위치한 벤하이강을 따라 설정되었다.

원회가 거제도와 제주도에 있던 포로들을 인수인계받는 첫날] 포로 아홉 명이 동료들로부터 갑자기 뛰쳐나와 인도관리군 병사들 쪽으로 몸을 던져 송환을 요청했을 때 매우 결정적인 역할을 했다. 티메이야는 "이 사람들은 유엔군과 자기 동료 포로들을 무서워했다."고 했다. 이들은 유엔군사령부나 대한반공청년단, 그리고 남한 정부가 자신들의 생명을 지켜 줄 것이라 믿지 않았다.67

송환을 거부한 포로들이 "중립"을 선택한 것도 비슷한 방식으로 이뤄졌다. 중립국을 선택하는 일은 대체로 설득실이라는 공간에서 벌어지지 않았는데, 간혹 설득이 끝나 갈 무렵 "중립국"을 선택하는 포로가 있기도 했다. "중립국" 선택은 대체로 다소 절박한 탈출의 순간에서 일어났다. 주영복이 중립국을 선택한 순간은 심문과 고문을 피해 포로수용소의 철조망 울타리에 몸을 던졌을 때였다. 그의 회고록에 따르면, 포로수용소 지도자들은 누가 송환과 중립국을 선택할 것인지를 면밀히 감시해 왔다고 한다. 어느 날 밤, 일단의 사람들이 주영복의 머리채를 잡아당기며 깨웠다. 그들은 주영복 말고 또 누가 중립국을 선택하려는지 알아내려고 했다. 답변을 거부하자, 그는 포로 경비들의 감시를 받게 되었고, 이후 반복적인 심문을 받았다.68 사실 주영복은 영천 포로수용소로 이송된 1차 송환 거부 포로 가운데 한 명이었지만, 이승만 정부의 1953년 6월 18일 반공 포로 석방• 당시에 수용소를 탈출하지 않았기 때문에 반공 포로 수용동의 지도자들에게 의심을 받고 있었다. 그는 회고록에서 "자신은 이미 한반도를 떠나 중립국으로 가기로 결정했었기 때문에 의도적으로 탈출하지 않았다."고 말했다. "난 석방되는 것도 싫었다. 아니, 더 정

• 앞에서도 언급했듯이 표현상으로는 석방이지만, 실은 유엔군의 감시하에 있던 포로수용소의 문을 국군이 몰래 개방하고, 그 기회를 노려 포로가 도망치는 대탈출과 같은 상황이었다. 실제로, 반공 포로 석방에 대한 유엔군사령부는 이 일을 '탈출'로 규정했는데, 반공 포로 석방에 대한 유엔군사령부의 성명은 "금일 심야부터 새벽 사이에 약 2만 5000명의 북한군 반공 포로가 부산, 마산, 논산, 상무대에 있는 유엔군 포로 수용소에서 탈출하였다."라는 말로 시작하고 있다. 「반공포로석방에 관한 유엔군사령부 성명서」(1953/06/18), 『한국전쟁의 포로』(서울: 국방군사연구소, 1996), 293쪽 참조.

확히 표현하자면 이 땅에 몸을 붙이고 살아간다는 사실이 불안하고 싫었다. 어디든 멀리멀리 떠나고 싶었다. 적색도 없고 백색도 없는 그런 땅에서 내 손으로 땅을 일구고 살고 싶었다."[69] 포로 수용동의 지도자들에게, '중립국'을 선택한다는 것은 용납될 수 없는 모호한 입장으로 간주되었다.

1954년 1월 14일, 주영복은 여전히 포로들의 감시와 감독을 받고 있었다. 그날은 그의 생일이었고, 땅에는 눈이 소복이 쌓이고 있었다. 추위와 눈 때문인지 수용소 내 경비원들의 경계심이 그렇게 강하지 않아 보였다. 그는 철책을 향해 미친 듯이 달렸다. 경비원들은 깜짝 놀랐다. 그는 울타리 저편에서 인도관리군 병사가 자신을 향해 달려오는 것을 보았다. "돈 슈트! 돈 슈트!" 주 씨는 영어로 소리쳤다. 그는 인도 병사가 자신을 수용동 밖으로 끌어냈을 때의 심정을 다음과 같이 기록했다. "가슴 저 밑바닥으로부터 원인 모를 편안함을 느꼈다."[70] 그리고 실제로 이 순간은 그의 회고록에서 아주 짧은 첫 장의 끝을 장식했고, 주영복이 회고록의 중요한 드라마로 생각했던 다음 장 — 인도에서 전쟁 포로로 지낸 시간 — 을 열었다.

주영복은 주장이자 질문이기도 한 다음과 같은 문구로 회고록을 시작했다. "나는 왜 중립국을 택했는가." 주영복은 "그동안 살아오면서 수천 번도 더 내 자신에게 던졌던 질문"이라고 말했다. 하지만 주영복의 회고록은 이 질문에 대한 명확한 답을 제공하는 간단한 설명서가 아니었다. 회고록 제목은 『76인의 포로들』이었다. 그는 자신이 왜 중립국을 선택했는가라는 질문을, 중립국을 선택한 76명 포로 집단의 일종의 자서전 같은 이야기를 통해 살짝 변형했다. 이런 특별한 서술 방식은 "중립국을 택한" 포로로서 그가 자신의 경험을 어떻게 이해했는지와 관련해 두 가지 중요한 측면을 보여 준다.

첫째, 그가 중립국을 선택한 이유를 이해하는 데 있어, [중립국을 선택한] 동료 포로 집단과 함께했던 주영복의 경험은 문자 그대로, 그리고 비유적으로도 [그가 정착하고 싶은] 중립국이 언제, 어떻게, 어느 곳으로 정의되는지에 중요한 영향을 미쳤다. 스스로 선택한 무국적자라는 독특한 지위 속에서, 전쟁 포로들은 몇몇 국가에 자신들이 [훌륭한 노동력을 가진] 받아들일 만한 후보로 보이게 하는 전략을 세웠다. 이들은 그런 기준에 따라, 자신들을 몇몇 그룹[뒤에 나오지만 인도파, 중남미파 등]으로 나누었다. "중립국"에 대한 비전은 개별적인 것이 아니었다. 포로들은 한 사람도 낙오되지 않도록 똘똘 뭉쳤다. 독자들은, 주영복이 다른 포로들이 중립국을 선택한 이유를 설명하는 대목을 통해, 그의 [브라질을 선택한] 동기는 무엇이었는지 파악할 수 있다. 둘째, 주영복을 비롯한 이들은 중립국을 선택한 포로라는 자신들의 특수한 지위를 명확히 알고 있었다. '76인의 전쟁 포로'로서 그들은 인도에게 상징적으로 중요한 존재였지만, 시간이 지남에 따라 지정학적 지형이 점점 더 양극화되는 과정에서 다양한 어려움에 직면했다. 주영복의 회고록은 정전 이후 몇 년 동안 포로들이 내렸던 믿을 수 없을 정도로 다양하고 이질적인 선택들에 대해서도 이야기해 준다. 실제로, "중립국"을 찾는 일은 어쩌면 "중립국"을 선택하는 것보다 더 어려웠을 것이다.

마드라스에서 하차한 후, 한때 전쟁 포로였던 이들과 인도관리군 요원들은 델리로 가는 열차에 올랐다. 델리에 도착하자 수많은 인도 시민들과 정부 관계자들이 그들을 맞이했다. 아버지인 네루 총리를 대신해 참석한 인디라 간디가 88명의 옛 포로들을 환영하며 모두와 한 명씩 악수를 했다. 그들을 숙소로 데려다줄 버스에 타기 전에, 포로들은 "중립국"인 인도에 남기로 선택한 사람들[이른바 인도파]과 중남미로 가기로 선택한 그룹[이른바 남미파]으로 나뉘었다.[71] 포로들은 처음에는 스위스나 스웨덴에도 문의했지만, 두 국가는 모두 수용을 거절했다. 주영복은 중남미에 가기를 바랐던 그룹에 속해 있었다.

그 후, 포로들은 뉴델리 근교에 마련된 숙소에 도착했다. 그곳은 영국의 식민지 개척자들이 세웠던 크고 오래된 병원 건물이었다. 인도 당국은 이들과 협의해, 하루 일과를 어떻게 구성할지에 대해 구체적인 제안을 했다. 규율, 풍속, 공중도덕, 영어 학습, 식사 예절 등의 수업과 일찍 자고 일찍 일어나는 등 일상생활을 짜임새 있게 유지하는 것이 권장되었다.[72] 인도 당국은 포로들을 "교육 중인 시민"으로 보고, 그들이 장차 어느 나라로 갈지는 모르지만 그곳에 걸맞은 국민이 되도록 준비시킬 책임이 자신들에게 있다고 주장했다. 언어, 직업, 품행, 평정심 등에 관한 교육이 포로들을 근대 국민국가에 걸맞은 국민으로 변화시키는 데 중요하다고 여겨졌다.[73]

그러나 이들을 수용할 중립국을 찾는 일은 예상보다 훨씬 복잡해져 있었다. 티메이야 장군은 좋지 않은 소식을 전하기 위해 포로들의 거처를 방문했다. 그들을 받아 줄 "중립국"를 기다리는 일이 예상보다 훨씬 더 길어질 것 같다고 티메이야는 전했다. 또한 만약 포로들 가운데 자신을 받아 줄 중립국이 나타나길 기다리고 싶지 않은 사람이 있다면, 인도 정부가 그들을 중국이든 북한이든 원래 나라로 돌아갈 수 있도록 도울 것이라고 말했다. 그렇지 않다면 한때 포로였던 이들이 할 수 있는 일은 그저 기다리는 것뿐이었다.[74]

오랫동안 기다려야 할 수도 있다는 티메이야의 우려는 곧 현실이 되었다. 대다수의 포로가 중립국으로 가게 될 때까지 적어도 2년(1956년 8월까지)이 걸렸다. 티메이야가 포로들과 대화를 나눈 지 5개월 후, 38선에 인도관리군 지휘관으로 파병되었던 S. P. P. 토라트 장군이 상황을 논의하기 위해, 중립국행을 선택한 옛 포로들을 방문했다. 5개월 전 티메이야가 방문한 뒤로도 상황은 변하지 않았다. 토라트는 현 상황을 타개하는 데 가장 효과적인 방법은, 포로들 자신이 정착하고 싶은 나라에 탄원서를 제출하는 것이라고 조언했다. 포로들은 회의를 거쳐 스물네 명은 멕시코, 스물두 명은 브라질, 여섯 명은 아르헨티나, 두 명은 도미니카공화국을 선택했다. 주영복은 브라질을 선택했다. 반공 성향의 포로들은 멕시코와 아르헨티나를, 좌파 성향의 포로들은 브라질과 도미니카공화국을 선택했다. 예를 들어, 주영복은 박기찬이라는 한국인 포로를 열렬한 반공주의자로 묘사했는데, 토라트와의 만남에서 박기찬은 일어나서 모든 포로가 멕시코로 가야 한다고 말한 바 있다. 박기찬은 멕시코가 그 당시 미국과 "동맹"을 맺고 있었기 때문에 안전한 반공 국가라고 생각했을 가능성이 크다. 포로들은 중남미 국가들의 지정학적 풍경이 어떤지를 파악하려 했다.

그 후 2년 동안, 포로들은 점점 더 불안정한 상황에 처하게 되었다. 1차 탄원 후, 포로들을 기꺼이 받아들이겠다는 국가는 멕시코밖에 없었다. 그러나 멕시코 또한 청원한 포로 스물네 명 모두를 받아들이려 하지는 않았다. 마침내 브라질과 아르헨티나도 포로들을 받아들였지만, 두 국가 모두 특정 포로의 청원을 거부할 권리가 있었기 때문에 포로들 사이에서 지속적인 재구성과 재조정이 있었다. 1956년 초까지, 포로들은 자신이 어디로 갈 수 있는지에 대한 소식을 접할 수 있었지만, 아르헨티나를 선택한 다수의 사람들이 유엔에 보낸 집단 서한을 보면, 그들이 얼마나 불안해하고 있는지가 드러난다.

> 가장 명예로운 유엔 사무총장 다그 함마르셸드 박사께,
> 아르헨티나를 선택한 한국인 포로들로부터
>
> 2년을 기다린 끝에 마침내 아름다운 나라 아르헨티나에서 새로운 보금자리를 마련하게 되어 너무나 행복합니다. 우리는 그것이 오직 각하의 호의와 유엔 기구를 통한 노력 그리고 관련 정부와의 직간접적인 접촉이 있었기에 가능했다고 확신합니다.
>
> 각하, 각하의 선한 도움과 아르헨티나 정부의 후한 제의에 보답하기 위해, 우리는 아르헨티나 국민들과 함께 아르헨티나의 번영을 위해 노력할 것입니다.
>
> 브라질을 선택한 57명의 사람들이 2월 4일에 브라질로 떠날 것이라고 합니다.
>
> 우리 역시 "그 후 최대한 빠른 시일 내에" 아르헨티나로 떠날 수 있으면 좋겠습니다.[75]

이 서한에는 "아르헨티나 입국 희망자 일동"이라는 서명이 적혀 있었는데, 구

체적으로는 박상신, 임익감, 홍일섭, 이철균이 서명했다. 이 서한은 포로들이 인도를 출발해 아르헨티나에 도착할 수 있도록 유엔에 어느 정도 압력을 가하기 위한 노력의 일환이었다. 기회가 주어진다면, 아르헨티나에 걸맞은 국민이 되고 싶다는 열망과 생산적인 시민이 되겠다는 의지를 표현하기 위해, 그들은 "아르헨티나 국민들과 함께 아르헨티나의 번영을 위해 노력할 것"이라고 썼다. 이런 상황은 이들이 설득실에서 겪었던 것과는 다소 다른 상황이었다. 이번에는 어떤 국가의 구성원[즉, 설득관]으로부터 그들이 해당 국가의 국민임을 설득받는 것이 아니라, 자신이 해당 국가에 어울릴 만한 훌륭한 국민임을 그들 자신이 설득해야 했다.

몇몇 포로들이 부딪힌 가장 큰 문제 가운데 하나는 인민군 장교로서의 경력이었다. 현동화와 지기철*은 각각 아르헨티나와 멕시코에 지원했지만 번번이 거절당했다. 그 후 지기철은 브라질에 지원하려고 했지만, 그의 지원서가 애초 브라질에 지원한 55명이 브라질로 출발한 이후에 들어갔기 때문에, 브라질에서도 거절당했다. 현동화는 대부분의 포로들이 인도를 떠난 1957년 4월 25일, 5월 7일, 10월 22일, 그리고 마지막으로는 11월 23일까지 유엔에 편지를 보냈다. 이 편지들에서 그는 자신과 지기철 모두를 변호했다. 첫 번째 편지에서 현동화는 공산주의와 연관될 가능성에 즉각 거리를 두며 자신을 소개했다.

나는 1956년 2월 인도관리군과 함께 이곳에 도착한 한국인 전前 전쟁 포로입니다. 나는 공산주의자이거나 "네루의 중립 정책"을 존경해서가 아니라, 전쟁 중 입었던 부상과 자괴감 때문에 인도를 선택했습니다.[76]

• 예를 들어, 현동화는 중위로, 지기철은 소좌로 한국전쟁에 참전했다. 이 두 사람의 배경에 대한 좀 더 자세한 설명으로는, 김경학, 「인도 정착 한국전쟁 중립국 선택 포로의 이야기」, 『인도연구』 제9권 1호, 2004/06, 한국인도학회, 99쪽 참조.

현동화는 지기철과 관련해, "아르헨티나 정부가 우리 가운데 가장 열렬한 반공주의자의 입국을 거부하는 것은 전혀 생각하지도 못했던 일"이라고 썼다. 그는 자신과 지기철이 모두 인민군에 몸담았던 사실을 인정하면서도, "공산주의와 싸울 의지"가 있다는 증거를 제시했다. 그는 "1957년 2월 11일 자 『힌두스탄 타임스』의 독자 칼럼난에 「한국에서의 선거」라는 글을 쓴 바 있다."고 편지에서 소개하며, 이 글에서 자신의 반공주의 신념을 분명히 드러냈다고 밝혔다.

이후 유엔 사무총장 보좌관인 렌나르트 핀마르크가 뉴델리 주재 아르헨티나 및 멕시코 대사관에 연락해 볼 것을 제의하자, 현동화는 아르헨티나 대사관은 이미 방문했다며, 그 자리에서 "팔코 공사가 (…) 당신들은 인민군 장교였으며 공산주의자로 간주되기 때문에 아르헨티나 정부는 당신들을 수용할 수 없다고 솔직히 밝혔"음을 알렸다.77 현동화는 "그 후 우리는 온 힘을 다해 반공주의자임을 증명할 수 있는 자료를 구해 그에게 제출했다."고 말했다. 이 서한을 끝으로 현동화과 지기철의 문서는 유엔기록보관소에서 더는 찾을 수 없었다. 그러나 현동화가 쓴 일련의 편지들은, 한때 전쟁 포로였던 이들이 지금은 비록 한반도에서 멀리 떨어져 있지만, 그들이 가고 싶어 하는 각 국가들 앞에서 여전히 자신을 정치적으로 투명하게 드러내기 위해 노력해야만 했던 상황을 명확하게 보여 준다. 어떤 지정학적인 입장에 서서 바라보느냐에 따라, "76명의 포로들"은 정치적으로 각기 다른 의미를 가졌다.

포로들은 정착하고 싶은 국가에, 개인으로서뿐만 아니라 집단으로서도 [훌륭한 노동력을 가진 사람으로] 드러날 수 있도록 하는 전략을 세웠다. 1956년 3월 27일 자 서한에서 인도의 유엔 주재 대표 아서 S. 랄은 멕시코와 아르헨티나에서 "재정착을 바라는" 사람들의 명단을 다그 함마르셸드 유엔 사무총장에게 보내며, 이를 각국 정부 대표에게 전달해 줄 것을 요청했다. 두 명단 모두 정착을 청원하는 포로들의 이름, 때로는 나이와 배경, 희망 직업도 포함되어 있었다. 이를 잘 살펴보면, 포로들이 멕시코나 아르헨티나에 정착하기 위해 어떤 준비와 노력을 기울였는지 알 수 있다. 아르헨티나를 선택했던 한국인 포로들은 모두 기계 엔지니어나 전기 엔지니어, 화학 등 공학 부문에서 일하기를 원했다.[78]

멕시코를 선택한 포로들은 대부분 양계업자와 카메라 정비업자를 직업으로 희망했다. 이렇게 구체적인 직업을 선택하고 훈련을 받으면서, 포로들은 [유사한 직업을 선택한] 특정 집단과 함께 이동할 수 있기를 바랐다. 여기서 알 수 있듯이, "중립국"에서 어떻게 삶을 꾸려 나갈 것인지는, 포로들 각자의 개별적 비전이 아니었다. 이들은 각 국가에 자신들을 집단적인 전문 노동력이자 자원으로 제시하고 있었다.

이들이 "중립국"행을 즉흥적으로 선택한 것은 아니었다. 오히려 토론, 대화, 논쟁을 통해 이루어졌다. 38선에 세워진 "인도 마을", "힌드 나가르"•에서 주영복은 친구 "김 소령"과 대화를 나누었다. 김 소령은 중립국으로 갈 생각이었는데, 주영복에게 함께 가자고 설득했다. 김 소령은 한국에 머물면 "변변한 일자리"도 구할 수 없을 것이라고 말했고, 주영복은 "기껏해야 감자나 토마토 농부가 될 것"이라고 맞장구를 쳤다. 김 소령은 그래도 주영복이 한국어는 물론 러시아어, 일본어, 영어를 어느 정도 하기 때문에 [한국에 있어도] 신문사에 자리를 알아볼 수 있을 것이라고 말했다. 주영복은 이렇게 반박했다고 한다. "글쎄, 한 민족에 두 나라, 한 영토에 두 주권자 (…) 언론의 자유가 없는 곳에 신문이 존재할 수 있을까?" 주영복의 기억에 따르면, 그들의 대화는 다음과 같이 계속되었다.

"그럼, 자유롭고 넓은 세계로 가자!" 김 소령이 다시 말했다.

- 힌드 나가르Hind Nagar는 힌두어로 "힌두인의 이상향"을 뜻한다. 천막으로 지어진 이 마을은 장단역과 판문점 사이의 통정리, 송곡리, 팔산리에 걸쳐 있었으며 전체 면적은 7.9제곱킬로미터였다. 포로 막사, 인도군 막사, 설득실 등 세 부분으로 구성되었다.

"그런데 한 달 전 스웨덴과 스위스가 포로 수용을 거부했다고?" 나는 김 소령에게 상기시켰다.

"다른 곳도 있을 텐데. (…) 남미의 멕시코, 아르헨티나, 브라질. (…) 그러니 희망을 가지고 가자!" 김 소령이 말했다.

"우리는 큰 농장을 짓고 열심히 일할 수 있어!" 하고 나는 말했다.

김 소령은 "우리 모두가 서로를 도와 커다란 농장을 세울 거야!"라고 열렬히 동의했다.79 주영복의 기억에서, "김 소령"이 멕시코, 아르헨티나, 브라질이 정말로 자신들을 받아들일 것이라고 정확히 예측한 것은 아니지만, 포로들은 냉전과 비동맹의 흐름 사이에서 어떤 나라들이 중립국으로 자처할지 판단하기 위해 세계 정치를 논의하고 있는 것이 분명했다. 이 대화가 드러낸 또 다른 중요한 측면은, 어떻게 포로들이 포로수용소에서 맺어진 우정을 바탕으로 미래를 설계하면서, 작은 공동체를 함께 만들 계획을 명확하게 세웠는가 하는 점이다.

주영복은 회고록에서 1952년 중후반 경에 유엔군사령부 영천 포로수용소에서 만나 알고 지내던 또 다른 포로인 지신영과 나눈 대화를 그렸다. 그들은 점점 더 친해졌고, 지신영은 주영복을 의지하며 따라다녔다. 어느 틈엔가 주영복은 지신영을 설득해 중립국행을 선택하게 했다. 그렇게 그들은 인도에 함께 도착했으나, 1954년 티메이야가 [인도에 머물고 있는 전쟁 포로들의 숙소를] 방문하고 며칠이 지난 어느 날 밤, 지신영은 중남미가 아니라 인도에 머물기로 결심했다고 주영복에게 말했다. 주영복은 지신영의 말을 다음과 같이 재구성했다.

많이 생각한 끝에 그렇게 결정을 내렸소. 그렇다고 주 형이 중립국에 가자고 한 것에 원망하는 건 아닙니다. 나도 바보는 아니기에 남과 북 모두를 버렸을 뿐이지요. 우리 모두 정치와 사상을 떠나 해외에서 농사를 지어 성

표 6.1 인도로 보내진 한국인 포로들의 소재

브라질	55명	1956년 3월 27일 자 인도 대표의 서한에 따르면 브라질에 도착
아르헨티나	11명	1956년 3월 27일 자 인도 대표의 서한에 따르면 아르헨티나를 선택. 1956년 7월 17일 아르헨티나 대표의 서한에 따르면 아르헨티나 입국 비자를 획득
멕시코	9명	1956년 3월 27일 자 인도 대표의 서한에 따르면 멕시코를 선택
인도	7명*	인도를 선택
북한	4명	북한으로 귀환
중국	2명	중국으로 귀환
계	88명	

주: * 이 중 한 사람은 1956년 8월 17일 자 인도 공관의 공식 서한에 따라 북한으로 돌아갔다.

공하자는 생각이 있었던 거지 누구를 믿고 떠난 것은 아니지 않습니까?

지신영은 중남미보다는 인도에서 "농사를 지어 성공할 수 있을 것"이라고 믿었다. 그는 인도 사람들만큼 "순진"하고 정부가 "민주적"인 곳은 없다고 본다고 말했다.[80] 처음에는 크게 놀랐지만, 주영복은 그가 잘 살기를 기원했다. 지신영은 곧 포로들이 머물던 병원 건물에서 떠났고, 2년 뒤인 1956년 2월 4일 포로 주영복은 54명의 다른 사람들과 함께 인도를 떠났다.

"중립국"을 선택했다고 해서 망명이나 이민이 확실히 보장된 것은 아니었다. 포로들은 무국적자였으며, 유엔과 다른 국가에 전략적으로 압력을 가하기 위해 인도주의적 담론에 의존했다. 이들이 사용한 전략은 다양했고, 그들의 선택은 가능한 미래에 대해 그들이 오랫동안 어떤 상상을 해 왔는지를 보여 준다. 그들은 자신들의 미래를 결정지은, 겉으로는 우연적인 것처럼 보이는 구조적 변화를 최대한 통제하려 했다. 그들은 자신들을 상상된 국민국가에 걸맞은 국민으로서 표현해야 했다. 한국전쟁이 끝나지 않은 것처럼, 그들에게는 탈식민지화의 요구도 끝난 게 아니었다.

"중립국"과 탈식민지화

주영복은 그의 회고록 『76인의 포로들』에서 중립이 한반도 정치를 위해 열어 놓은 다양한 가능성을 성찰했다. 그는 "8.15 해방. 일제의 압제가 걷히고 마침내 자유와 독립의 기쁨이 찾아왔다. 그러나 기쁨은 잠시였다."라고 쓰고 있다. "북에는 소련, 남에는 미국이라는 또 다른 압제의 사슬이 우리들의 목을 죄었다."[81] 주영복에게 한국은 중립국이었어야 했다. 그는 회고록을 쓸 당시에도 한국이 영구 중립국이 되어야 한다고 믿었다. 여기서 중립성은, 냉전의 정치가 한반도를 휘감아 한국의 미래를 선취하기 전에 잠시 있었던, 한국 역사의 한 순간이었다. 시어도어 휴스는 식민지 시대와, 미·소가 남북으로 분단된 한반도를 점령한 시기 동안 대규모의 민족 이동이 한국인들에게 "전위감"[탈구감]sense of dislocation을 초래했고, 이로 인해 사람들이 자신이 "어디에도 속하지 않는다고 쉽게 말할 수 있도록 해 주었다."는 사실에 주목했다. 휴스는 [어느 한쪽에 속하지 않으려는] "비소속을 향한 이 같은 움직임은, 1945~48년 미군정기에 제기된 중립에 대한 요구의 연장선상에 있는 셈이었다."라고 말한다.[82] 주영복은 1993년에 회고록을 완성했다. 하지만 그가 중립과 한국의 역사에 대해 어떻게 생각했는지를 염두에 두고 보면, 한국전쟁 도중에 [어느 국가가 정말 그런지 명확히] 정의도 되지 않았던 "중립국"으로 가기로 한 선택은, 냉전 시대의 정치와는 거리를 둔, 그가 그렇게 되어야만 한다고 믿었던 한국으로 가려는 선택이었다. 그러나 주영복과 다른 75명의 포로들이 뉴델리에 도착하자마자 곧 깨달은 바와 같이, "중립"은 이미 냉전이라는 렌즈에 의해 달구어지고 있었고, "중립국"에 대한 비전 역시 그들 사이에서도 점점 이해하기 어려운 개념이 되었다. 결국 이들 중 몇몇은 북한 송환을 선택하기에 이르렀다.

주영복은 북한으로 돌아가지 않았다. 게다가 비록 주영복이 한국에 살고 있는 것도 아니었지만, 38선의 존재와 한국의 분단은 여전히 그를 괴롭혔다.

그는 자신의 책에 다음과 같이 썼다. "이 책을 나의 어머님과, 전선에 아들을 보내고 아직도 기다리시는 모든 어머님께 바친다." 주영복은, 자신을 중립국으로 가도록 만든, 자신이 겪은 전쟁 경험에 대해 계속 반복해서 썼다. 전쟁에서 살아남기 위해 전략적으로 사용했던 그의 언어 능력은 전후 낯선 망명과 디아스포라의 삶을 살아가기 위해 활용되었다. 브라질에 도착한 후, 주영복은 최초의 한글-포르투갈어 사전을 썼다. 부모님이 일제강점기 당시 만주로 이주했을 때 그의 아버지는 인쇄소에서 일자리를 구했었다. 이런 배경이, 또한 언어와 문학을 공부하라던 부모의 격려와 함께, 주영복의 끊임없는 자기 형성 과정에서 글쓰기가 중요한 도구가 되는 데 영향을 미쳤을 수도 있다. 그는 두 권의 책을 썼는데, 하나는 한국전쟁 전의 경험을, 다른 하나는 전쟁 당시의 경험에 대한 회고록이었다. 그는 1980년 6월 『코리아 타임스』에 1인칭 시점으로 한국전쟁에 대한 칼럼을 쓰기도 했다. 1991년 출간된 『죽음의 전투: 한국, 1950~53』●을 쓰기 위해 존 톨런드가 인터뷰와 기록을 수집할 때, 그를 위해 자신의 기억을 — 때로는 일본어로, 때로는 영어로 — 기록하기도 했다. 번역과 글쓰기는 주영복이 자신의 과거와 지속적으로 씨름해 온 방식이었다. 주영복은 이제는 심문관이 아닌 미지의 독자들에게 자신의 이야기를 말하기 위해, 그리고 언젠가 자신의 어머니가 그 글을 읽길 바라며, 엄격하면서도 참을성 있는 필경사가 되었다. 주영복의 생애와 그 자신이 만들어 놓은 아카이브, 그리고 38선은 모두, 끝나지 않은 한국전쟁의 성격을 날카롭게 보여 주었다.

● 한글로는 『존 톨랜드의 6.25 전쟁』, 김익희 옮김(서울: 바움, 2010)으로 번역되어 있다.

7장
38선 북쪽에서
미국 시민-전쟁 포로

그의 계산에 따르면, 애리조나의 낙농장과 알팔파밭에서 온 스물세 살의 모르몬교 소년 아덴 롤리는 한국에서 전쟁 포로로 "32개월 18일"을 보냈다. 1953년 8월 22일, 롤리는 인천항에서 샌프란시스코까지 떠나는 2주간의 여정을 위해 미 해군의 마린 애더호에 탑승했다. 38선 위에 위치한 판문점*으로부터 미군의 관할지로 건너온 지 나흘밖에 되지 않았을 때였다. 석방되고 나서 몇 시간 후 미 육군 대령이 그를 맞이했고, 먹고 싶은 게 있는지 물었다. 롤리는 "아이스크림"을 요청했다.1 인천에 정박해 있던 해군 함정에는 "PX가 온전히 설치, 운영되고 있었다." 거기서 롤리는 "3년여 만에 처음으로 미국 상품을 구입할 수 있었다."2 그러나 아이스크림을 맛보고 진열된 상품을 둘러보며 만끽할 수 있었던 1950년대 미국의 즐거움은 짧았다. 마린 애더호에 탑승한 후 롤리는 "심문 (…) 을 위해 어떤 방으로 가라는 지시를 받았다. 그는 방 앞에서 문을

* 판문점은 정확히 북위 37도 57분상에 위치해 있다.

두드렸다."³

또 다른 포로였던 조니 무어의 회상에 따르면, "석방된 지 사흘쯤 지난 후" "배에 올랐다. 미군은 우리를 비행기로 바로 귀환시켰어야 했는데도 그러지 않고 바다에서 시간을 끌었다. 바다를 건너는 내내 우리를 심문할 계획이었기 때문이다."⁴ 역사학자 레이먼드 레흐의 표현을 빌리면, 미군은 이런 광범위한 심문을 위해 사전에 이 배들에 전략적 "목공 작업"을 해 두었다. 그에 따르면, "가로와 세로가 1.2미터(1.44제곱미터) 정도인 부스가 여러 개 설치되었"고, 각 부스에는 "작은 야전 책상과 의자 두 개"가 놓여 있었다. 그런 식으로 롤리가 탄 마린 애더호와 같은 배들은 "미군 방첩대의 심문 센터가 되었다."⁵ 송환 포로 가운데 한 명인 마이클 콘월은 "그것을 보고라 부르든, 심문이라 부르든 간에, 귀국하는 배에서 그 일이 온종일 여덟 시간 이상 지속되었다."고 말했다.⁶ 미국의 전쟁 무기로 여겨졌던 이 군인들이 이제 미군 정보부대의 표적이 되었다.

한국전쟁 동안 전쟁 포로는, 전쟁에 대한 미국인들의 대중적 상상에서 지배적인 형상이었던 시민-군인citizen-soldier의 모습을 대체하며 등장했다. 아덴 롤리는 한국전쟁 도중 중국군과 북한군이 운영했던 수용소에 억류되어 있다가 송환된 4428명의 미군 포로 가운데 한 명이었다. 이들 가운데 88퍼센트가 전쟁 첫해인 1950년 7월부터 1951년 6월 사이에 생포되었는데, 이는 대부분의 미군 포로들이 거의 3년 동안 포로수용소에서 생활했으며, 그들 중 일부는 여러 차례에 걸쳐 심문을 받았다는 사실을 의미한다. 미군 포로들이 송환되어 도쿄에 있는 미군 병원에 입원하거나, 샌프란시스코로 향하는 미 해군 함정에 승선했을 때 그들은, 송환이 단순히 하나의 전환점을 의미할 뿐, 자신의 삶과 경험을 반복해서 설명해야 하는 일이 끝난 것이 아니었음을 곧 깨달았다. 그 후 1년, 심지어 최대 4년 동안, 미군은 이들에게 "부역자" 또는 "반동분자"였던 사람들의 세부 사항, 연대기, 이름을 말하라고 요구했다. 방첩대와 연방수사국 요원들은 샌프란시스코항을 넘어 더 멀리까지 이들을 추적했다. 미국 국가 안보 체제 전체가 태평양 양쪽에서 총동원되어, 미국이 벌이고 있는 전쟁의 한 영역인 미국 내 정신 무장 상태를 진단하고 조사하며, [이에 위협이 되는 요소를] 처벌하는 데 동원되었다. 여기서 "세뇌"는 ([진짜] 전쟁이 아닌) 전쟁의 의미를 통제할 수 없는 것에 대해 미국인들이 느끼고 있던 불안의 도화선에 불을 댕긴 불씨가 되었다.7

한국전쟁은 — 소련과의 핵전쟁 같은 — 진짜 전쟁을 일시적으로 중단시킨 '비상사태'였다. 지미 톰슨은 전원 흑인으로 구성된 제155 곡사포 대대 소속으로, 1950년 11월 말 중국인민지원군(이하 '중국군')에 의해 생포되었다. 그는 회고록에서도 혹독했던 추위를 생생히 기억하고 있었다. 기온이 영하 20도로 떨어졌지만, 미군은 그에게 얇은 군복만 지급했었다. 톰슨은 맥아더 장군이 38선을 지나 북상하는 과정에 참여했고, 그와 함께 참전했던 이들은 자신들이 "크리스마스 칠면조 요리를 먹을 때에 맞춰 귀국하게 될 것"이라고 생각했다.8 어쨌든 "프랑스와 독일에서 독일군과의 실전을 경험했던 미군에게 한국은 큰 문제가 되지 않으리라 여겨졌다."9 한반도에 대한 미국의 개입은 데우스 엑스 마키나deus ex macina* 같은 역할을 할 것으로, 다시 말해 미국의 우월한 기술과 지식이 역사의 흐름을 움직이고, 교란하며 재창조할 수 있을 것으로 생각되었다. 그러나 [전쟁에 영향을 미친 게 아니라 거꾸로] 전쟁의 영향을 받은 증거로 보이는 미군 포로들이 생겨나면서, 이런 시각에 도전했다.

아덴 롤리를 비롯한 미군 포로들이 38선에 위치한 "자유의 마을"**로 건너왔을 무렵, 특히 미군 포로들과 관련해 "세뇌"라는 문구가 미국에서 발행된

 • 고대 그리스비극에서 주로 사용되던 기법으로, 복잡하게 꼬여 도무지 해결 기미가 보이지 않던 극적 사건들이, 파국 직전에 무대의 꼭대기에서 기계장치를 타고 내려온 신에 의해 해결되는 것을 말한다. 말 그대로, 신의 기계적 출현, 기계장치를 타고 내려온 신 등을 뜻한다.

•• 남북한 양측이 비무장지대에 마을 하나씩만 남긴다는 정전협정에 따라, 군사분계선 남쪽 비무장지대에 조성된 마을이다. 흔히 대성동 마을로도 불린다.

신문의 1면을 장식했다. 1953년 4월, 『크리스천 사이언스 모니터』Christian Science Monitor의 닐 스탠퍼드 특파원이 「포로들의 붉은 '가르침'이 미국을 뒤흔들다」라는 기사를 발표했다. 그는 "따라서 한국에서 자원 송환이 실제로 이루어질 경우, 일부 미국인과 수천 명의 공산주의자들이 송환을 거부할 가능성이 전혀 없는 것은 아니다. 그리고 이것은 미국에 가장 심각한 문제 — 어떻게 하면, 송환을 거부할 수 있는 미국인들이 '세뇌에서 벗어나', 자유롭고 솔직한 결정을 내릴 수 있도록 할 것인가? — 를 야기할 것이다."라고 썼다.10 같은 달, 미중앙정보국의 앨런 W. 덜레스 국장은, 프린스턴 대학교 동문들 앞에서 한 연설에서 "세뇌" 문제에 대해 언급했다. "공산주의자들은 현재 억류되어 있는 미군 포로들에게 세뇌 기술을 적용하고 있으며, 그곳에서 우리의 아들들 가운데 상당수가 세뇌되어 적어도 일시적으로 국가와 가족을 포기하도록 유도될 가능성을 배제할 수 없다."11 1953년 7월 정전협정이 조인되었다. 그 무렵 미군 포로 스물한 명이 미국으로의 송환을 거부하며, 전쟁이 끝나도 중국에 남겠다고 발표했다.

"동양적" 세뇌라는 망령 아래에서 미군 포로들은, 자본주의·냉전, 그리고 탈식민화 중인 세계의 급변하는 환경이, 미국인 개인의 자아의 확고한 일관성에 도전하고 있다는 불안의 상징이 되었다. 자유주의적·개인주의적 의미에서 "선택"은 [개인의 자유를 비추는] 한줄기 빛이기도 했고, 자아의 완전한 표현을 가능할 수 있는 리트머스시험지이기도 했다. 이런 구원의 지평을 유지하기 위해 미국 군인은 시장, 전쟁, 일상에서 제국적 통제를 발휘하며 확고한 개인적 자아를 구현하는 이상적 존재가 되어야 했다. 미국은 한국과 중국의 포로들에게 "선택"의 기회를 제공했고 — 이를 통해 전쟁 포로의 자원 송환 계획을 미국이 승인한, 구원[속죄]의 상징으로 포장되었다 — 한국인 포로들과 중국인 포로들은 자유로운 주체[자유세계의 국민]로 거듭날 수 있는 기회를 부여받았다. 미국의 시민-군인은 역사의 무대에서 자명하게 일관된, 완전한 존재로 여겨졌다. 하지만 만약 미군 포로들이 이 전제를 거부하는 선택을 한다면 어떻게 될 것인가.

스물한 명의 포로가 중국에 남기로 선택했다는 사실 — 수백 명의 미군 포로가 수용소에서 중국 및 북한 측 수용소 당국과 어떤 형태로든 협력했다는 보고와 더불어 — 을 마주했을 때, 미국의 군대와 정부, 공중은 그들을 매우 '허약해 빠진' 존재들로 만듦으로써, 이들 미군 포로와 그들의 정치적 행위가 대중에게 주목받을 가능성을 무력화해야 했다. "세뇌"라는 용어가 언론의 주목을 받았고, [수용소에서] 어떤 일이 일어났는지를 이해하는 데 필요한 대중의 상상력을 채워 주었다. 즉, 이 미군 포로들은 본질적으로 스스로 선택한 것이 아니라, 동양 공산주의 정권의 세뇌 공작에 희생된 것이다. 할리우드 영화 〈맨츄리안 켄디데이트〉*에서든 버지니아 패슬리의 퓰리처상 수상작인 『남은 21명』21 Stayed에서든, 한국전쟁에서 등장한 미군 포로들은 사회적 병폐, 국가적 병리 현상, 또는 더욱 깊숙한 곳에 위치해 있어 아직 제대로 밝혀지지 않은 위기의 징후로서 — 놀랄 만큼 빠른 속도로 — 각인되기 시작했다.

학자들은 정신의학에서부터, 저널리즘과 영화에 이르기까지 미군 포로에 대한 사회문화적 서사가 왜 이렇게 폭발적으로 증가했는지 분석해 왔다. "세뇌"에 대한 미국의 문화적 집착과 강박은 미 제국주의의 불안감, 즉 미국의 해외 권력 프로젝트로 말미암아 국내 사회질서가 변화할 수 있다는 불안감을 드러냈다. 실제로, 전쟁의 격렬한 상황에서 변형된 주체가 미국이 의도했던 "동양인"이 아니라, 미국 시민-군인이었다면 어떻게 해야 할까? 미군

---

* 주인공인 레이먼드 쇼는 미국의 유명 정치 가문의 후손으로 한국전쟁에 참전했으나 포로로 잡혀 공산주의자들에게 세뇌당한다. 이후 그는 미국에 돌아와 전역하지만, 자신도 모르게 공산주의의 음모에 연루되어 암살자가 된다. 영화는 쿠바 미사일 위기가 한창이던 1962년 10월에 미국에서 개봉되었다. 2005년 국내에 개봉된 〈맨츄리안 켄디데이트〉는 한국전쟁의 무대를 걸프 전쟁으로 옮겨 리메이크한 작품이다. 영화 제목이기도 한 Manchurian Candidate는 사전적으로 적대 세력에 이용되는 사람, 세뇌된 사람, 꼭두각시 등을 의미한다. 만주 후보, 만주 출신 후보 등으로 번역되기도 한다.

포로가 "세뇌"될 수 있다는 불안은 미국 제국주의 전쟁의 기본 원칙이 도전받았음을 명백히 드러냈다. 즉, 미국은 전시 상황에서 적을 변화시키는 힘이 되어야 했지, 그 반대는 아니었던 것이다.

'세뇌' 당한 미군 포로의 모습은, 식민지에서 이제 막 벗어난 세계에 '자유'를 가져다주기 위해 미국이 수행하는 '개입 전쟁'과, 탈식민화된 아시아에서 한국의 공산주의자들이 약속한 '해방'이라는 두 개의 기획이 충돌하면서 나타난 긴장의 산물이었다. 1945년 이후의 세계 질서를 위해 탈식민화된 주체[국민]를 만들어 내려는 이 이야기에서, 우리는 38선 이북 지역에 세워진 포로수용소를 통해 미군 포로들을 살펴볼 것이다. 이제 우리는 한국전쟁 이야기에서 흔히 나타나지 않는 또 다른 등장인물들과 마주하게 된다. 북한과 중국에 세워진 포로수용소에는 공장이나 철로, 또는 유전에서 일하는 가족의 아들들이 있었다. 이 청년들은 푸에르토리코, 필리핀, 루이지애나, 오하이오, 텍사스주 출신이었다. 그들은 일본인, 이탈리아인, 독일인과 같은 이민자 가정의 자녀들이었고, 대공황을 겪은 사람들이었다. 심문실에서 북한의 심문관들은 영어를 유창하고 편하게 구사했는데, 그들 중 상당수가 미국에서 대학을 다닌 경험이 있었다. 그들은 노동계급 및 소수 인종 출신인 미군 포로들과 대화하고 싶어 했다. 심문관과 포로 사이에서, 제3세계 국제주의에 대한 북조선의 비전이 구체화되기 시작함에 따라, W. E. B. 두보이스와 폴 로브슨에 대한 대화가 심문실에서 오가기도 했다.

이 연구는 '세뇌'에 대한 탐구를, 세뇌가 이루어졌던 것으로 간주된, 또는 그 흔적을 추적한 다양한 만남들 속에서, 나아가 그런 만남 도중 포로들이 답변해야 했던 이야기들 속에서 다시 살펴보는 것에서 출발한다. 주요 문서 자료는, 중국과 북한이 38선 이북 지역에서 운영한 포로수용소에 있을 때 심문받은 경험이 있는 미군 포로 송환자 1000명 이상을 대상으로 미군 당국이 심문한 (최근에 기밀이 해제된) 기록이다. 미군 포로에 대한 방첩대의 기록물을 읽는다는 것은 "동양인" 심문관과 미국인 전쟁 포로 사이에서 이루어진 협상,

미군 포로가 이 만남을 방첩대 요원에게 어떻게 전략적으로 묘사했는지, 그리고 방첩대 요원이 자신에게 진술한 이야기뿐만 아니라 앞에 앉아 있는 미군 포로의 일관성을 평가하기 위해 어떻게 노력했는지를 읽는 것이다. 그리고 이런 방첩대 보고서로부터 우리는, 비록 많은 한계가 있지만, 중국과 북한이 운영하는 포로수용소에서 이루어진 포로 심문 관행의 패턴과 윤곽을 추적할 수 있다.

포로, 정신의학자, 그리고 심문관

송환된 어느 미군 포로는 "포로들이 그 일에 대해 어떻게 느끼는지"를 치료사에게 보여 주기 위해, 미 해군의 병력 수송함인 제너럴 존 포프호에서 열린 집단 치료 세션에 시 한 편을 가져왔다. 치료사는 인천에서 태평양을 건너 샌프란시스코로 향하고 있는 442명의 송환 미군 포로들에게 배정된 정신과 의사 네 명 가운데 한 명인 27세의 로버트 리프턴이었다.[12] 그러나 이 시는 제너럴 존 포프호가 1953년 8월 26일 인천항을 떠나기 전에 쓴 것이었다. 세 명의 포로들이 미국으로 돌아갈 날을 손꼽으며 수용소에서 함께 이 시를 썼다.

제너럴 존 포프호에 승선했던 경험을 바탕으로 발표한 학술 논문에서, 리프턴은 그 시의 전문을 그대로 인용하며 본문의 일부분에 이탤릭체[드러냄표]를 표시했다.

이 낯선 땅에서 내가 어떻게 살았는지 당신이 궁금해할 거라는 걸 알아.
한국에서 전쟁 포로로서, 그런데 당신이 어떻게 이해할 수 있을까?

처우에 대해 물어봤지, 좋았어? 나빴어?
나는 대답했어, 이제 모든 것이 끝나 매우 기쁘다고.

당신은 내가 잡혔는지, 다쳤는지도 물었지.
그래, 나는 심하게 다쳤어. 그런데, 그게 당신에게 도대체 무슨 의미가 있을까?

너의 쓸데없는 관심, 호기심, 궁금함도 알겠지만,
내가 아무리 노력해도 이 모든 것을 당신에게 설명할 수는 없어.

이것으로 당신의 질문에 대한 답이 되었으면 좋겠어, 제발 당신이 알게 된 것을 잊어 줘
내가 포로였다는 걸, 나 역시 잊고 싶어.[13]

이 시는 포로들이 수용소에서 겪었던 일을 묘사한 것도 아니고, 고향 사람들에게 보내는 단순한 편지도 아니었다. 이 시는 원래 "포로들이 그 일에 대해 어떻게 느끼는지"를 표현한 것이어야 했다. 하지만 거꾸로 이 시는 자신이 경험한 바를 전달하는 게 불가능하다는 포로들의 심정을 그대로 드러낸다. 리프턴 자신도 그들의 경험이 말로 형용할 수 있는 영역을 넘어섰다는 포로의 주장에 충격을 받았다. 그들의 경험은, 말하는 사람과 듣는 사람 모두가 믿을 수 있는 이야기로 만들어질 수 없었다. 그들도 설명할 수 없는 것을, 어떻게 이해할 수 있겠는가? 포로들은 리프턴에게 "수용소에서 사용했던 독특한 의사소통 방식"에 대해 이야기했다. "우리는 그곳에서 우리만의 언어 — 미국식 비밥, 한국어·중국어·일본어를 뒤섞은 언어, 그리고 수많은 육두문자 — 를 썼습니다." 그들은 수용소에서 어떻게 "개나 기차를 흉내 내는 등 미친 행동을 했"는지를 묘사하면서 이렇게 설명했다. "마음을 단단히 먹으려면 그래야 했습니다. 하지만 집으로 돌아갔을 때, 사람들은 우리가 이상하다고 생각할지 몰라요."[14]

미국으로 송환된 포로들은 미국의 개입주의와 제국주의 전쟁의 근본적

인 원칙, 즉 군사 행동은 특정 시간과 장소에 한정된 사건이며, 미국 군대는 [자신들이 개입한 해외의] 지형을 변화시키고 영향을 미쳐야 하는 것이지 그 반대여서는 안 된다는 원칙에 도전했다. 송환자들이 — "동양인"이 운영한 포로수용소에서 겪은 경험으로 말미암아 — 더는 온전한 "미국인"이 아니게 됨에 따라, [미국 본토로부터 멀리 떨어져 있는] 아시아 "저편"over there●이라는 관념은 더는 지속될 수 없었다. 전쟁터에서 적과 맞서 싸운 경험은 그가 자유민주주의자라는 강한 확신을 만들어 줄 것 같았지만, 송환자들은 오히려 다른 미국인들이 자신을 '이상하게' 볼 것이라고 생각했다.

위의 시 세 번째 연에서 리프턴이 강조한 부분은 포로들이 그들의 이야기를 듣고 싶어 하는 이들에게 느끼는 또 다른 무언가를[감정을] 드러낸다. "그래, 나는 심하게 다쳤어. 그런데, 그게 당신에게 도대체 무슨 의미가 있을까?" 이 시를 쓴 포로들은 자신들의 경험을 듣고 싶어 하는 사람들이 던지는 질문 뒤에 숨겨져 있는 의도에 대해 경계심을 표현했다. 어쨌든 포로 경험에 대한 표준적인 이야기는 자신들이 실제로 경험한 바를 충분히 담지 못할 것이며, 그 불충분함이 어떤 반향을 일으킬 것이라고 느꼈다. 송환 포로들이 말하듯, "어쨌든 우리가 하는 말을 사람들은 믿지 않을 거야. 그건 너무 비현실적이니까." 그러나 자신들이 전쟁터에서 겪었던 일을 다른 사람들은 이해할

● over there는 통상 '저편', '저곳'을 뜻하지만, 군대 용어로서 전쟁터나 적이 있는 곳을 뜻하기도 한다. 실제로, 〈오버 데어〉Over There는 제1차 세계대전 당시 유행했던 대표적인 미군의 군가 제목이기도 하다. 이 군가의 후렴구에서 Over There라는 표현이 반복되는데, 1절 후렴구 가사는 다음과 같다.
"저편에, 저편에, 알려라, 알려라, 저편에. 지금 양키가 간다고, 양키가 간다고. 도처에 북소리 울려 퍼지네. 준비하라, 그리고 기도하라. 저편에 알려라, 각오하라고. 우리가 저편에 간다, 우리가 거기로 간다. 우리가 저편에 간다, 그리고 끝날 때까지 돌아오지 않으리라"Over there, Over there, Send the word, send the word over there. That the Yanks are coming, the Yanks are coming. The drum's rum-tumming everywhere. So prepare, say a prayer. Send the word, send the word to beware. We'll be over, we're coming over. And we won't come back till it's over, over there.

수 없을 것이라는 문제보다 그들이 더 절박하게 생각했던 일은, 다른 미국인들이 포로들의 경험을 이해하지 못할 경우 자신들을 어떻게 대할 것인가 하는 문제였다. 즉, "고향 사람들은 나를 '진보주의자' 혹은 '공산주의자'라고 생각할지도 몰라. 만약 그들이 그렇게 비난하면, 코를 한 대 갈겨 줄 거야."[15]

송환을 선택한 미군 포로들은 미국으로 돌아오고 있었지만, 그들은 인정받지 못하고, 설명될 수 없으며, 이해받을 수 없다고 느꼈다. 미군 정신과 의사인 윌리엄 메이어는, 샌프란시스코로 이송되기 전 도쿄의 한 병원 복도와 병실에서 요양 중이던 송환자들의 행동을 관찰했다. 그들은 "병원에서, 심지어 자기 병실에서도 돌아다니지 않았다." 대신에 그들은 "수동적으로 다음 일을 기다리고 있었다." 메이어는 "미국 적십자위원회 요원들이 이들에게 무료로 미국에 있는 집에 전화를 걸어 원하는 사람과 대화할 수 있는 기회를 제공했"을 때, "놀랍게도, 대부분의 송환자들이 이 제안을 거절했다."고 언급했다.[16] 앞에 나온 시를 썼던 세 명의 포로들이 말하기를 꺼렸던 것은 듣는 사람들이 이해하지 못할 것으로 예상했기 때문이다. 그러나 메이어가 보기에, 이는 어떤 문제, 즉 "동양인"으로부터 받은 세뇌에 따른 증상이었다.

메이어는 미군이 미군 포로의 송환을 평가하고 분석하고 설명하기 위해 [도쿄 병원에] 구성한 "전문가" 위원회의 일원이었다. 이 단체는 일본합동정보처리위원회JJPB라고 불렸다. 메이어 외에도 심리전부의 로버트 K. 스틸, 방첩대의 매리언 R. 패널, 군사정보국의 스티브 야마모토, 법률 대리인 조지프 카루시, 미 공군 특수수사국의 고든 R. 해트 등이 참여했다. 가장 기본적인 전쟁 무기인 병사들에게 도대체 어떤 일이 있었는지 파악해야 하는 임무를 부여받은 일본합동정보처리위원회는 훗날 미 해군 함정의 "이동 심문 센터"의 전신이 되는 것을 [도쿄 병원에] 설치했다. 도쿄 병원에서 방첩대는 "약 850건의 심문"을 실시했는데, 이 심문에는 미국으로 송환된 527명의 미군 포로들 외에도 [유엔군으로 참전한] "튀르키예, 필리핀 제도, 콜롬비아, 프랑스, 그리스, 벨기에, 네덜란드 출신" 포로들이 포함되어 있었다.[17] 일본합동정보처리위원회는 도쿄 병원을 거쳐 가는 송환자에 대한 방첩대의 통상적인 심문 과정에서 "세 명 가운데 한 명꼴로 훨씬 더 광범위한 심문을 하기로 결정"했고, 이에 따라 송환자에 대한 "1000건 이상의 표본조사서"가 만들어졌다. "그들은 그들 자신이나 그들 집단의 다른 누구도 모르게 다른 사람들보다 며칠 더 병원에 머물며 훨씬 더 상세한 인터뷰를 했다."[18] 이 인터뷰가 진행되는 동안 "모든 질문과 답변은 녹음되었고 당일에 필사되어 메이어의 연구팀에 전달되었다."[19] 이런 작업에는 애국심에 고취된 사명감이 깃들어 있었다. 메이어의 표현대로, "우리는 우리 군 조직 전체를 뒤흔든 문제에 대한 답을 찾아내야 했다."[20]

일본합동정보처리위원회의 최종 보고서는 그 당시에 미군 포로들이 이미 어떤 식으로든 의심스러운 존재로 분류되고 있었다는 느낌을 확인시켜 준다. 즉, "송환된 미군 포로들은 모두 북한이나 중국 공산주의자들의 포로로서 그들의 행적이 만족스럽게 해명될 때까지는, 미군과 미국 정부의 안보에 잠재적인 위협으로 간주되어야 한다."[21] 방첩대가 미군정 시기와 한국전쟁 기간 중에 공산주의자와 반공산주의자를 구별하는 임무를 수행했던 것과 마찬가지로, 미군 방첩대의 목적은 귀환한 포로들 사이에 공산주의 부역자가 있는지 여부를 확인하는 것이었다. 이 같은 판단과 평가를 내릴 수 있는 자료는 설문지나 요약본 등에 서술된 내용들이었다.

문제는 (그리고 의심은) 송환된 포로들의 신체에서, 북한군과 중국군이 운영한 포로수용소에서 겪었던 일들에 대한 증거나 이야기를 찾을 수 없었다는 사실 때문에 발생했다. 미군 정신과 의사 윌리엄 메이어가 말했듯이,

> 신체적으로 보았을 때 대다수가 놀라울 정도로 좋은 상태였다. 비록 살이 찐 사람은 없었지만, 그들이 형편없는 대우를 받았다거나 음식을 제대로 먹지 못했다는 신체적 증거는 없었다. (…) 가장 눈에 띄는 것은 그들이 아무 말도 하지 않았고, 서로 어울리지도 않았다는 점이다. 그들은 수동적으로 다음에 일어날 일을 기다리기만 했다.[22]

만약 신체에 나타난 증거를 믿을 수 없고, 포로들이 진술한 내용도 믿을 만한 것이 아니라면 어떤 평가를 통해, "세뇌"되었다는 결론을 내릴 수 있었을까?

미군 포로는 일본합동정보처리위원회의 연구 대상이었지만, 중국과 북한이 운영한 포로수용소에 있던 또 다른 인물이 전문가 위원회에 상상력의 위기를 초래했다. 포로들의 진술서와 설문지가 수천 장이 쌓여 갈수록, 이 문서 자료들은 사실 미군 포로들을 이해하려는 목적보다 "동양인" 심문관의 모습을 그리는 데 주안점을 두고 있는 것처럼 보였다. 만약 미군 포로가 실패한 전쟁 무기를 상징했다면, "동양인" 심문관은 [적이 가지고 있는] 새로운 종류의 전쟁 무기를 상징했다. 또는 적어도 방첩대와 일본 합동정보처리위원회는 38선 이북 지역에 설치된 포로수용소에서 미군 포로들이 경험한 심문에 대해 평가하면서 이런 결론을 지속적으로 주장했다.

> 포로 상태에서 허용할 수 있는 행동에 대한 현재 우리의 개념은, 적이 짐승이긴 하지만, (비록 물리적 잔혹 행위가 있다 하더라도) 포로를 인간으로 대하고 감정을 존중하는, 어느 정도는 인정할 만한 짐승이라는 가정에 기반하고 있다. 하지만 이제 이 새로운 유형의 짐승은 물리적 잔혹 행위를 삼가하고, 감정을 이용해 더 효과적인 결과를 얻고 있는 것 같다.[23]

보고서에 나타난 "동양인" 심문관은 일본합동정보처리위원회가 기존에 생각해 왔던 "동양인"들의 행동 방식과 다르게 행동했다. 좀 더 예측 가능한 동양인 "짐승"이라면 "물리적 고문"을 사용했을 것이었다. 그러나 포로들의 설명에 따르면 중국군과 인민군이 심문할 때 활용한 "물리적 조치"는 "주로 좁은 공간에 격리하거나, 불편한 자세로 있게 하거나, 몇 번 때리거나, 비교적 가볍게 구타하거나, 따귀를 때리거나, 화장실 사용을 금지하거나, 배급량을 줄이는 것 등이었다. 이는 손톱 뽑기나 거세 같은, 동양의 잔인한 고문 방식에는 한참 못 미치는 것이었다."

동양인에게 포로로 잡혔을 때의 상황에 대해 위원회가 상정하고 있는 전제는 서구가 동양에 투사하는 환상이 얼마나 끈질기고 지속적인지를 분명하게 드러냈다. 그러나 "동양인" 심문관이 미군 포로들을 "모욕"했다는 위원회의 주장, 따라서 미군 포로들을 "남자답게" "대우"하지 않았다는 것은, 위원회 위원들이 품고 있던 더 깊은 불안을 드러냈다. "물리적 잔혹 행위"를 사용하는 것만이 적들이 미군을 남자로 인정하는 것으로 간주되었다. 이런 추론의 배경에는 [전통적인 유형의 전쟁에 대한] 이상한 향수가 작동하고 있는데, 이 같은 향수 속에서 "동양인"은 마치 품위·명예·문명이 분명했던 전통적인 방식의 전쟁에 적합하지 못하거나 이를 이해하지 못하는 것처럼 그려진다. [모욕을 줌으로써] "감정"에 영향을 미치려는 것은 어떤 점에서 미군의 남성성을 침해하고 파열시키는 것일까?

제2차 세계대전 이후, 전통적인 전쟁[수행 방식]에 대한 향수를 표현하는 것은 이상하고 편협해 보일 수 있다. 그러나 제2차 세계대전 당시 미군이, 일본군의 심문에 저항할 수 있는 방법에 대해 미군 병사들에게 조언한 내용은, 두 인종 사이의 관계에서 특정 인종[여기서는 백인]의 남성성을 유지하는 데 초점을 맞추고 있었는데, 이는 미군 포로들이 일본군의 남성성을 무언가 불완전하고 기만적이며, 결국 우스꽝스러운 것으로 적극적으로 만듦으로써만 재확인될 수 있었다. 제2차 세계대전 기간 동안 미군은, 낙하산을 펴고 작동하는 요령 등 필수 생존 기술을 만화와 유머를 활용해 기억하기 쉽게 설명한 일련의 팸플릿을 발간했다. 「포로 행동 요령」Prisoner Sense이라는 훈련 팸플릿은, 미국 병사들에게 독일군이나 일본군에게 포로로 붙잡혔을 때 일본인의 "원숭이 같은 표정"이나 독일인의 "두꺼운 눈썹, 막힌 하수구처럼 답답하고 둔해 보이는 모습"을 무시하라고 조언하면서, 적이 "높은 수준의 비열한 교활함"을 지니고 있다는 점을 명심하라고 했다.

특히 일본 장교들과 관련해, "폭력의 위협"에 대해 걱정하지 말라고 충고했다. "일본 놈들은 포로들에게 사형선고가 내려졌다고 말한 뒤, 사기를 꺾기 위해 온갖 정교한 제스처를 취하는 것으로 알려져 있다." 이를 더 잘 설명하기 위해, 팸플릿 작성자들은 일본인들이 [칼을 날카롭게 벼리는 걸 보여 주거나] "때로는 주먹으로 위협적인 제스처를 취하며, 마치 모기와 싸우는 사람처럼 허공에 주먹을 휘날리기도 했다."라고 언급했다. 팸플릿은, 이런 광경이 벌어지고 있을 때 미군들은 머릿속으로 "전쟁과 무관한 주제를 아무것이나 떠올"리라고 제안했다. 예를 들어, "등심 스테이크, 영화, 축구, 여자, 그리고 야구방망이로 일본인들의 머리통을 내려치는 것" 등이 그런 것이었다.24

스테이크를 먹고, 영화와 스포츠를 관람하는 것과 같은 미국 남성의 육체적 쾌락과 더불어, 미국을 상징하는 아이콘인 야구방망이로 다른 인종들에게 폭력을 행사하는 백일몽적 판타지를 다시 경험함으로써, 미군 포로들은 자신이 그들과 구별되며 우월한 미국인이라는 주체성 안에서 안락하게 남아 있을 수 있을 것이다. 미군에게 있어 중요한 요소는, 미군 포로가 미국으로부터 멀어졌다는 느낌, 보호·처벌·구조를 수행할 수 있는 국가권력으로부터 분리되거나 버림받았다는 느낌을 받지 않도록 하는 것이었다. 미군이 보장하고자 한 것은 국가와 시민-군인 사이의 친밀감[정서적 일체감]을 유지하는 것이었다.

한국전쟁에서 송환된 미군 포로는 어려운 문제를 제기했다. 포로들의 행동은 모두 의심스러웠다. 메이어에 따르면, 미군 포로들 사이에서는 비정상적인 행동이 많이 나타났다. "포로로 잡혔다고 알려진 많은 사람들이 왜 돌아오지 않았을까? 작고 좁은 반도 국가에 세워진, 거의 무방비 상태의 마을 수용소에서 탈출해 돌아온 포로가 왜 아무도 없을까? 왜 그렇게 많은 포로가 전장에서 우리 병사들을 대상으로 이루어진 적군의 선전 방송에 협력했을까? 왜 포로들을 탈출시키기 위해 파견된, 공중에서 낙하해 잠입했던 도피 및 '탈출' 전문가들 가운데 단 한 명도 살아남지 못했을까?"25 미군 포로들의 이런 수동적인 행동은 미국이 전쟁에서 기대하던 통상적인 모습에 반하는 것이었다. 사실, 이런 모든 행동들은 더 깊고 근본적인 음모의 증거로 여겨졌다. [전쟁 포로로 잡힌] 이런 남자들의 행동은 비정상적이고, 통상적이지 않으며, 심지어 예외적인 것으로 간주되어야만 했다. 미국의 전통에서, 전쟁은 미국의 남성다움과 명백한 운명*을 단련하는 도가니였다. 수많은 '타자' — 그 타자가 앤드루 잭슨의 정복 전통에서 "인디언"[아메리카 원주민]이든, 존 헤이 국무장관이 말하듯, 필리핀에서 벌어진 "눈부신 작은 전쟁"[미국-스페인 전쟁]**이나, 제2차 세계대전 시기 아시아 태평양 전구戰區에서 만난 이들이든 — 를 만나는 것은 모두 미국의 남성성과 민족성을 벼리는 역동적인 자극제였다.

미군 조사위원회 위원들은 수용소에서 미군 포로들이 보여 준 모범적이고 "합리적인" 행동을 강조하기 위해, "공산주의자들의 세뇌에 저항하기 위해 결성된 조직"이 있었다고 설명했다. 모범적인 조직은 다음과 같았다.

> 큐클럭스클랜이 대부분의 수용소에서 결성되었고, 회원 가운데는 선의를 가진 사람들이 있었다. 이들은 "KKK"라는 서명이 적힌 익명의 메모를 "진보적"이라고 알려진 사람들에게 보내, 적과 협력하지 말라고 경고했다. "진보주의자들"과 정보원들에 대한 구타도 이루어졌다.26

---

* 미국의 힘과 영토 확대가 인류에 이익이며, 이것이 미국의 운명이라는 생각을 가리킨다. 미국은 새로운 땅을 개척해 문명화하는 사명을 신으로부터 부여받았다는 믿음 속에서 정당화되었다.

** 앤드루 잭슨(1767~1845년)은 미국의 제7대 대통령(1829~37년)으로, "인디언은 없어져야 할 열등한 민족"이라고 생각했다. 민병대 사령관 시절 인디언 학살을 자행한 것으로 경력을 쌓았다. 대통령 재임 당시 보통선거제를 확립함으로써 잭슨 민주주의라 불리는 업적을 쌓았지만, 인종차별주의자로서 아메리카 원주민과 흑인을 혐오했다. 1830년 원주민 이주법을 제정해, 그들을 머나먼 보호구역으로 강제이주시켰다. "눈부신 작은 전쟁"은 1898년 4월부터 8월까지 미국과 스페인 사이에서 벌어진 전쟁으로, 이 짧은 전쟁을 통해 미국은 쿠바·필리핀·푸에르토리코 등의 지배권을 획득하는 눈부신 성과를 올렸다. 이런 맥락에서 헤이 국무장관은 스페인과의 전쟁을 '눈부신 작은 전쟁'이라 불렀다. 이에 대해서는, 앨런 브링클리, 『(있는 그대로의)미국사 2: 하나의 미국 — 남북전쟁에서 20세기 초까지』, 황혜성 외 옮김(서울: 휴머니스트, 2005), 20장 참조.

미군 조사위원회가 보기에, 수용소에서 비공식적인 KKK를 조직한 남성들은 그들의 주체성을 온전히 유지하고 있었다. 위원회의 시선에서 볼 때, "부역자"(오리엔탈리즘으로 동화된)와 "KKK" 사이에서 주체로 인정할 수 있는 존재는 KKK에 가입한 사람들뿐이었다. 이 보고서에서 조사위원회는 포로들로 구성된 KKK 조직의 두 가지 특성을 강조했는데, 이는 구성원들이 "선의"를 갖고 있었고, 그들이 협박, 특히 물리적 폭력을 사용했다는 것이었다. KKK 조직에 속해 있는 이 포로들은 「포로 행동 요령」이라는 팸플릿에서 논의한 것과 유사한 내적 신념을 유지했는데, "동양인"에 대한 분명하고 인종적인 경멸이 백인 포로들의 남성성을 강화했다. 「포로 행동 요령」의 작성자들은 제2차 세계대전 당시 미군 포로들에게 일본인 포로 감시자들의 머리를 야구방망이로 날려 버리는 걸 상상해 보라고 했지만, 한국전쟁 당시 북한군과 중국군이 운영한 포로수용소에서 이 미군 포로들은 동료 포로들을 상대로 육체적 폭력을 통해 인종적 질서를 구별 짓기 시작했다. 이 보고서에 따르면, 전시에 미군 포로가 수용소 생활을 얼마나 성공적으로 견뎌 냈는지의 여부는, 미국으로부터 수천 마일 떨어져 있는 곳에서도 그가 미국의 일상적인 생활 방식을 얼마나 지속적으로 유지하고 재현했는가에 달려 있었다. 이런 프로젝트는 미군 포로들에게 큰 의미가 있었다. 포로가 수용소에서 재현한 미국 생활의 '일상성'은, 그가 전쟁에서 지키기 위해 싸우고 있던 미국 사회와 가치의 축약판이었기 때문이다. 그러나 미군이 이상적으로 여긴 미국 생활의 '일상성'은 유연하지도 다양하지도 않았다.

사회학자 앨버트 비더만은, 방첩대가 송환 미군 포로를 심문해 작성한 보고서를 검토한 후, 한국전쟁 당시 미군 포로들이 어떤 사람들이었는지에 대한 좀 더 정교한 인구통계학적 설명을 제시했다. 그는 "이들 대다수가 [태어나] 처음 경험한 세상은 대공황 시기의 세계였다."라고 썼다. "대부분의 미국인과 비교해서, 이들은" 제2차 세계대전 이후 "깔끔한 교외"로 상징되는 "번영의 시대"를 거의 살아보지 못했다. 그들이 알고 있는 것은 "대공황, 전쟁, 군 복무"였으며, "상당수는 자신의 가난과 기회 부족에서 벗어나기 위해 군에 입대했다." 이 포로들은 미국의 "도시 속 빈민가와 '비백인' 게토, 소작농, 판자촌, 공장 지대 출신"이었다.27 전쟁이 끝난 뒤에도 중국에 남기로 선택한 미군 포로 스물한 명의 배경은 비더만이 묘사한 것과 일치했다. 스물한 명 가운데 세 명은 아버지가 철도 노동자였고, 나머지는 유전·공장·제재소에서 일하는 노동자 계층의 가난한 가정 출신이었으며, 대공황 시기에 일자리를 찾아 농촌에서 도시로 이주한 가정 출신도 있었다.28 스물한 명 가운데 세 명은 아프리카계 미국인이었다. 정전협정이 끝난 뒤, 테네시주 멤피스 출신인 24세 클래런스 애덤스는 자신이 송환을 거부한 이유와 관련해 언론 앞에서 다음과 같은 성명을 발표했다. "나는 테네시주 멤피스 출신의 클래런스 세실 애덤스입니다. 제 가족을 비롯한 수백만 명의 흑인과 저 자신은 백인 우월주의의 잔인한 공격과 남부 주의 가혹한 노예법 아래에서 고통받아 왔습니다."29 이 포로들이 압록강을 따라 수용소로 가져온 미국의 '일상'은, 백인 우월주의 폭력이 이미, 그리고 항상 존재하는 그런 일상이었다. 역사학자 테자스비 나가라자는 1946년을 "가장 폭력적인 해"라고 불렀는데, "경찰, 군대, 경비대, 백인 시민들에 의해 48개 주 전역에서 흑인 참전 용사들에 대한 린치와 폭동의 물결이 일어났다."라고 설명했다. 이는 흑인들의 동등한 시민권 요구에 맞서 벌어진 의도적인 인종 전쟁의 일환이었다.30 이 포로들 대부분이 인종에 관계없이 제2차 세계대전 이후의 경제 호황을 경험하지 못했던 반면, 모든 인종을 포함한 이들 모두는 경찰 활동, 자경단, 법적 정책 등을 통해 인종을 구조화하는 전후 '재전환' 프로젝트를 경험했다.

어떤 사회가 그 구성원들에게 평등과 민주주의를 제공하는가를 둘러싼 냉전 경쟁에서, 미국 사회에 각인된 인종차별의 깊은 오명을 은폐해야 한다는 압력을 받은 트루먼 대통령은 미군 내 인종차별 폐지를 요구하는 행정명령 9981에 서명했다. 크리스틴 홍은 한국전쟁 동안 미국 관리들이 인종차별 철폐와 관련해 군대의 민주화 효과를 얼마나 찬양했는지를 보여 주며, "사실상 이

넘적으로 미국 군대를 민권 개혁의 선봉으로 프레이밍"31하려 했다고 말했다. 그러나 포로수용소에서 그런 [선전용] 서사들은 맥없이 무너졌다. 그곳에 존재했던 '미국'은 1920년대에 다시 부흥한 KKK가 지대한 영향을 미치고 있었으며, KKK가 "결코 비밀 조직이 아니"었던 그런 미국이었다. 역사학자 린다 고든은 "KKK가 신문에 모집 광고를 냈고, 회원들은 소속감을 자랑했으며, 수백 명의 회원을 공직에 선출시켰다."라고 설명했다.32 400만에서 600만 명의 회원을 보유하고 있다는 KKK의 주장에는 과장이 섞여 있었지만, 고든은 1920년대에 "KKK가 내세운 주장들은 회원도 아닌 수백만 명의 사람들, 심지어 대다수의 미국인들 사이에서도 받아들여졌다."라고 지적한다. 1920년대의 KKK는 "동시대 사람들에게 평범하고 존경할 만한 단체로 보였다."33 따라서 한국전쟁 포로수용소에서 KKK가 다시 만들어진 것은 전혀 상상할 수 없는 일은 아니었다. 푸에르토리코와 필리핀에서 온 포로들도 있었다는 점에서, 이 포로수용소 내의 일상생활은 인종과 전쟁이, 미 제국이 — 국내외에서 — 작동하는 데 있어 어떻게 핵심적인 역할을 해 왔는지에 대한 훨씬 더 길고 광범위한 역사를 보여 주었다. "세뇌"는 — 매카시 시대의 유물로 〈맨츄리안 켄디데이트〉를 통해 미국 대중의 기억 속에 스며들었지만 — 미국 제국주의 역사에서 좀 더 오래된 불안, 공포, 권력의 계보를 가지고 있다. 그것은 탈식민지라는 렌즈가 그들 자신에게 돌아온다면, 그들이 무엇을 보게 될지에 대한 미국인들의 깊은 불안에서 비롯되었다.

전장에서 수용소로

"춥고 습하고 지친" 1950년 11월 30일 저녁, "아칸소 출신의 흑인 농장 소년"이라고 자신을 설명한 지미 톰슨은 자신을 비롯해 모두 흑인으로 이루어진 제155 곡사포 대대 요원들이, 급하게 퇴각하는 제38 보병 부대 병사들 — "팔과 다리가 날아간 채 간신히 살아 있는 남자들" — 을 지켜보며 자신들에게

"심각한 문제"가 발생했다는 것을 깨달았다고 했다. "대부분 흑인과 튀르키예인으로 구성된 그의 부대원들은 '후퇴하고 있는 군대를 엄호하라'는 지시를 받았다." 그러나 톰슨과 동료들은, 포로로 "잡혔을 때 계급과 신분이 노출되지 않도록 계급장과 휘장을 떼어 내고 후퇴하는 백인 장교들을 목격"했고, 살아 있는 사람들은 무엇을 해야 할지를 결정했다. 즉, 톰슨이 묘사한 것처럼, 그 시간은 "스스로 자신을 보호해야" 하는 순간이었다.34

톰슨은 평양에서 북쪽으로 150마일[약 241킬로미터] 떨어진 지역에서 중국군을 피해 스물네 시간을 보냈다. '총소리'가 주변을 둘러싼 산에서 메아리치는 가운데, 톰슨은 중국군과 '쫓고 쫓기는 게임'을 했다. 톰슨이 더는 버티지 못할 때까지. 톰슨의 다리에는 피가 흘렀고 무기도 없었다. 톰슨은 회고록에서 "포로로 잡혔다는 매우 섬뜩한 느낌이 들었다."라고 썼다.35

전쟁 포로가 되었다 해도 안심할 수 없었다. 톰슨과 같은 군인의 업무, 목적, 정체성은 전적으로 적군을 소멸시키는 것이었다. 그런데 바로 이 적군으로부터 또 한 번의 생명을 부여받는다는 것은 모든 게 뒤집힌 상황 같았다. 톰슨은 [군인의 일상은] "매일매일 엎드려서 1마일[약 1.6킬로미터] 앞에 떨어져 있는 저 불쌍한 녀석의 머리를 날려 버리려고 애쓰는 것"이라고 설명했다. 그리고 "상상할 수 있는 전쟁의 모든 공포를 그에게 선사하는 것이다. 그들의 농작물을 불태우고, 물자를 파괴하며, 집을 불태우고, 그의 친구들을 고문"하는 것이다. 짐 크로 인종 분리 정책하에서 자란 "아칸소 농장 출신의 흑인 소년"으로서, 그는 전쟁터에서 [다른 부대가 후퇴하는 도중에도 이들을 호위하라는 명령을 자신들에게 내리는 것에서 볼 수 있듯] 생명의 가치가 인종에 따라 다르게 취급된다는 것, 그리고 미군의 공식적인 입장을 더는 믿을 수 없다는 것을 깨달았다.36 중국군 앞에서 그는 자신이 어떻게 보일지, 그들이 자신을 어떻게 이해할지를 미리 파악하고, 자신이 취약한 점이 무엇인지를 판단해야 했다. 그리고 어떻게 해야 중국군이 자신에게 또 다른 삶을 허락하게 만들 수 있을지 생각해 내야 했다.

톰슨이 묘사한 "포로로 잡혔다는 매우 섬뜩한 느낌"은 또 다른 삶의 순간을 허락하는 것이 권력의 행사임을 드러냈다. 그것은 폭력, 죽음, 전쟁의 현장으로부터 벗어나는 것이 아니라 그것의 연장일 뿐이었다. "그들은 나를 데려가기로, 그리하여 나를 살려 두기로 결정했다."37

전쟁이 지나간 한반도의 풍경은 끔찍했고, 새로 모집되거나 징집된 미군들에게는 여전히 낯설었다. 로이드 페이트는 "낮 동안 수많은 동양인들Gooks•이 죽어 나갔다."고 썼다. "태양이 그들의 몸을 비추었고, 그들의 사체에서 가스가 새어 나오고 있었다. 서늘한 밤공기로 말미암아 가스가 몸 밖으로 나오며, 바스락거리는 소리를 내고 있었다. 그날 밤 내내 이 소리가 들렸다. 난 '꼼짝 마! 거기 누구냐?'라고 외치기도 했다. 말문이 막힐 정도로 무서웠다."38 페이트와 톰슨은 1950년 9월 인천 상륙과, 미국 더글러스 맥아더 장군이 38선을 넘어 북진한 이후 1950년 11월 중국군이 개입하며 전선이 두 번이나 바뀌었던 전쟁의 첫 1년 동안 전장에 교대로 참전했다. 대다수의 북한군 포로들이 인천 상륙작전 직후 붙잡혔듯이, 미군 포로의 대부분은 1950년 11월 중국군의 개입 이후에 붙잡혔다.

한반도를 가로지르는 이 무자비한 폭력의 물결 속에서 생포와 투항은 예상치 못한 교류의 순간이 되었다. '수류탄 폭발'로 프랜시스 모스니카 일병이 의식을 잃자, 중국군 병사 두 명이 그를 언덕에서 멀리 데려가, 몸수색한 뒤 상처를 붕대로 감쌌다. 모스니카는 두 군인이 "친절해 보였고, 나와 대화를 나누려 했다. (…) '괜찮은지' 묻기에, '그렇다'고 하며 웃었다."라고 회상했다.39 조지 바넷에 따르면, "중국인들은 내게, 해를 입히지 않을 테니 전투를 멈추고 항복하라고 다른 유엔군들을 향해 외치게 했다."40

11월 말, 한반도에 겨울이 시작되었다. 겨울은 미군 포로들에게 잔인했다. [북한군의 남하를] 봉쇄하기 위한 전쟁이 롤백을 위한 전쟁으로 바뀌면서 또 다

• gooks는 서양인들이 중국인을 비롯한 동아시아인을 멸시해 부르는 호칭.

른 종류의 전쟁이 시작되었다. 융단폭격이었다. 3년간의 전투 기간 동안, 미국 전투기는 주로 한반도 이북 지역에 63만 5000톤의 폭탄을 투하했다. 이는 제2차 세계대전 태평양 전구에서 미국이 투하한 50만 3000톤보다 훨씬 많은 엄청난 양이었다. 이는 정말 다른 종류의 전쟁이었다. 1950년 여름과 가을 동안, 북한은 사실상 공중 지원을 하지 못했고, 공습에 무방비 상태였다. 일제강점기 산업 중심지였던 한반도 이북 지역의 풍경은 2년 만에 먼지와 돌무더기로 바뀌었다. 북한의 통계에 따르면 공장 8700여 곳, 학교 5000여 곳, 병원 1000여 곳, 주택 60만여 채가 파괴됐다. 미군 포로들은 비행기 소리만 나면 북한 군인과 민간인이 숨기에 급급해하는 모습을 보았다. 전쟁 초기 몇 달 동안 북한 병사들은 미군 포로들을 철도를 통해 이동시키며 각 도시나 마을의 소방서와 학교 건물에 수용했다. 그러나 미군의 폭격은 미군 포로들이 북으로 끌려가는 방식을 완전히 바꾸어 놓았다. 도로와 철도가 파괴되었거나 미군 폭격의 표적이 될 가능성이 크기 때문에, 미군 포로들은 어둠을 틈타 눈과 추위 속을 걸어야 했다. 역사학자 찰스 암스트롱은 이 순간에 대해 다음과 같이 썼다. "농업은 황폐화되었고, 기근이 나타났다. 농민들은 낮에는 땅속에 숨어 있다가 밤이 되면 농사일을 하러 나왔다."[41] 추운 겨울에, 식량도 부족한 상태에서 피로에 지친 미군 포로들은 살아남기 위해 안간힘을 쓰며 북쪽으로 이동해야 했다.

전쟁 포로들이 "콩밥 수용소"라고 부르는 곳(포로들은 주로 다양한 콩으로 만든 음식을 먹었기 때문에 수용소를 그렇게 불렀다)에 도착했을 때, 과거 전쟁의 풍경으로 되돌아온 것 같았다. 미군 포로 앨프리드 바나는 방첩대 심문관에게 그들이 "제2차 세계대전 당시 포로들이 수감되어 있던 옛 일본군 막사"에 머물렀다고 진술했다. 실제로, 영국군 포로들 가운데 한 명은 "일본군의 포로가 되었다가 러시아군에 의해 풀려날 때까지 이곳에 억류되어 있었다."[42] 그러나 중국군과 북한군은 38선으로부터 점점 더 멀리 떨어진 북쪽으로 모든 포로를 이동시키려 했다.

전쟁 기간 동안 중국군과 북한군이 설치한 가장 큰 제5 포로수용소는 압록강 최북단 기슭*에 있었다. 강만 건너면 바로 중국이었다. 조니 무어의 회상에 따르면, 그는 1951년 1월에 수용소에 도착했다. 그 수용소에는 "마을 아래쪽에서 대피해 온 사람들"이 살고 있었다. "아래를 내려다보니 반도가 보였다. 강은 꽁꽁 얼어붙어 있었고, 얼음이 강바닥과 양쪽 주변의 땅을 감싸고 있었다. (…) 강 건너편으로 만주가 보였다."43 포로들의 추정에 따르면, 이 포로수용소에는 총 3400여 명이 수감되어 있었으며, 수감자들은 국적·인종·계급별로 분리되어 있었다. 제1중대는 "미국 유색인종 병사", 제2중대는 튀르키예군, 제3중대는 "미국의 백인 병사", 제4중대는 "스페인과 푸에르토리코 병사", 제5중대는 영국군이었다.44 필리핀인, 콜롬비아인, 일본인, 네덜란드인, 그리스인, 오스트레일리아인, 캐나다인 등 다른 나라 군인들도 있었다. 포로들은 서너 채의 가옥으로 이루어진 수용동에 분산되어 있었지만, 수용소와 마을을 나누는 울타리는 없었고, 그 지역을 순찰하는 경비병도 몇 명뿐이었다. 마을 사람들 및 인근 지역에 사는 농부들과 가끔씩 물물교환이 이뤄지기도 했는데, 민간인들이 주워 온 유엔 전단이나 식료품 같은 물건들을 담배와 교환했다.

1951년 1월부터 중국군은 포로를 위한 교육 프로그램을 시작했다. 일정은 매우 촘촘했다. 오전에는 (대체로 중국인) 강사들이 보통 아침 식사 전 한 시간 동안, 아침 식사 후 두 시간 30분 동안 강의를 했다. 포로였던 조지 세이어에 따르면, 그다음 몇 개월 동안 "미국 정치 시스템 전체에 대한 논의가 이루어졌다." 오후와 저녁에는 수용소 강사들이 좀 더 자유롭고 비공식적인 스터

---

* 현 지명으로는 평안북도 벽동군 동주리였다. 포로수용소는 포로들이 도망가기 어렵도록 3면이 압록강으로 둘러싸인 곳에 위치해 있었다. 공산군 측이 운영한 수용소 가운데 규모가 가장 컸다. 이 수용소는 처음에는 북한군이 관리하다가, 1951년 3월 이후부터는 중국군이 전적으로 통제했다. 조성훈, 「6.25 전쟁 중 북한 포로수용소 실태와 국군포로 사망자 유해 발굴 가능성」, 『군사』 제75호, 2010/06, 참조.

디 그룹을 구성했는데,[45] 강의 주제는 다음과 같이 광범위했다.

> 세계 지배를 위한 미국의 계획, 자본주의의 기원과 붕괴 이유, 미국이 무역을 통해 외국을 통제하는 방법, 마셜플랜을 통해 대미 의존을 강요함으로써 외국 정부를 통제하는 방법, 미국의 대기업들이 정치 후보자를 고르고, 공직에 오르게 하며, 통제하는 방법. (…) 새로운 정부가 등장한 이후 중국에서는 어떻게 교육 수준, 생산방식, 그리고 여성의 지위 등이 향상되었는가. (…) 미국의 납세자들이 전쟁과 침략을 뒷받침하기 위해 짊어지고 있는 부담, 재무장을 위해 더 나은 미국의 생활 방식, 학교, 공공사업이 간과되는 현실. 백인을 제외한 모든 인종이 미국에서 어떻게 억압을 받고 있으며, 진보를 방해받고 있는지 (…) 미국과 일본 간의 평화조약은 전쟁 조약이었다는 사실, 미국에 점령된 국민들은 미국의 점령에 분개하고 있다는 점.[46]

포로들에 따르면, 이런 강의들은 대체로 상급 기관에서 하달된 것이었다. 그러나 미군 포로들이 방첩대 심문관에게 제시한 중국인 교관들의 모습은, 상급 기관이나 프로그램이 완전히 통제할 수 없는 사회적 역학을 보여 주기도 했다. 한 포로는 제5 포로수용소에서 유명했던 — 포로들이 '괴성을 내는 해골' Screaming Skull이라는 별명을 붙인 — 중국인 강사에 대해 묘사했다. 조지 세이어는 "괴성을 내는 해골"은 "난봉꾼"이었고, "미국인들을 좋아하는 것 같았다. 그는 담배를 피우고 술을 마시며, 트랩 드럼을 연주하는 것을 좋아했"으며, 종종 포로들과 "잼 세션"을 하기도 했다. 세이어에 따르면, 괴성을 내는 해골은 "영어를 잘"했으며, "일과 시간이 끝난 후" 포로들을 자기 숙소로 불러 술을 마시고 이야기를 나누었다. 실제로 세이어는 포로들이 괴성을 내는 해골에 대해 어떻게 생각해야 할지를 몰랐고, 일부는 그가 '미국 요원'일지 모른다는 의심까지 했다고 말했지만, 세이어는 괴성을 내는 해골이 "합리적인 사람"이라는 결론을 내렸다. 몇몇 포로들이 말썽을 부렸을 때, 그는 그 일에 대해 보고하지 않았고, 그냥 개별적으로 타일렀다.47

"교수"라는 별명이 붙은 또 다른 강사는 "뛰어난 영어를 구사하고 예일대학교에 다녔다고 주장했다." 실제로 제5 포로수용소에서 포로들이 뜻밖에 마주한 또 다른 부류의 사람들은 남다른 면모를 가지고 있었다. 포로 레이 다우는 미국에 연고가 있는 강사들에 주목했다. 슈는 28세였고 "중국으로 돌아오지 않아 가족과 단절된 여동생 하나가 샌프란시스코에 살고 있다고 고백했다." 슈의 아버지는 상하이의 전직 상인으로 정부와 관계를 맺고 있는 것으로 추정된다. 20대 후반으로 보이는 레온은 "유창한 영어를 구사하며, 속어에 대해서도 잘 알고 있었"는데, "캘리포니아 대학교 로스앤젤레스 캠퍼스에 다녔을 것"으로 추정된다.48 제1 수용소 포로들은 1951년 10월부터 1952년 봄까지, "대공황 시기에 미국에 있었다."는 '영Young 동지'가 "미국의 불황기"에 대해 강연하는 것을 들었다.49

송환 포로들을 대상으로 이루어진 방첩대의 심문, 특히 태평양을 천천히 항해하던 해군 함정에서 이루어진 심문에서, 몇몇 미군 포로들은 진술의 신빙성을 높이기 위해 특정 전략을 채택했다. 그들은 「포로 행동 요령」이라는 팸플릿에 제시된 것과 같은 방식으로, 자신들이 수용소와 심문실에서 마주했던 "동양인"을 묘사했다. 수많은 심문 조사에서 [심문관에 대한] 객관적인 설명보다는 풍자적 묘사가 중요한 역할을 했다. 여기서 "동양인" 심문관의 성격은 송환 포로인 미국인 자신의 남성성을 돋보이게 하기 위한 포장지였다. 예를 들어, 제5 포로수용소의 중국인 교관 겸 소대장인 "선"Sun은 "특히 흥분했을 때 소녀 같은 목소리로 말하고, 여성처럼 걸었다."50 포로들이 "흔들이"Shaky라는 별명을 붙인 웡Wong은 러시아어와 영어를 할 수 있었지만, "어린 소년처럼 대우받아야 했다."51

의미심장하게도, 포로들과 정기적으로 가장 많은 시간을 보냈을 것 같은 사람일수록 더욱 "동양적"으로 묘사되었다. "괴성을 내는 해골"은 "다른 포로들과 관계를 갖는" "동성애자"이며, "다른 중국인과 손을 잡고 다녔다."고 묘사되었다.52 그는 "영어를 유창하게" 했으나 "고음의 괴성을 지르는 듯한 목소리"를 가지고 있었다. 괴성을 내는 해골은 "미국 역사에 대해 많은 것을 알고" 있었지만, "광신적인 공산주의자"였다.53 광신적인 모습은 연설을 할 때마다 드러나는데, 그는 "손을 마구 흔들고 발을 동동 굴렀다."54 괴성을 내는 해골을 비정상적인 섹슈얼리티를 가진 동양인으로 묘사함으로써, 미군 포로는 자신이 일관된 남성성을 지닌 것으로 주장했다. 만약 누군가가 다른 사람의 남성성을 병리적이라고 진단하고 비난할 수 있다면, 그 사람은 자신의 남성성이 행동과 정신 모두에서 규범적이라고 안전한 위치에서 주장할 수 있는 법이다.

상충하는 세부 묘사들을 통해, 미국 송환 포로들이 얼마나 이 "동양인들"을 전형적인 모습으로 묘사하고 싶어 했는지, 또는 그들의 고정관념이 얼마나 그들의 기억과 관점에 깊게 뿌리박혀 있었는지 알 수 있다. '청부업자' Hatchet Man*라는 별명을 가진 한 남자에 대해 포로들은 그의 성이 웡Wong, 리Lee, 친Chin이라고 서로 다르게 기억했다.55 포로들은 "청부업자"를 묘사하며 공통적으로 검은 머리에 머릿기름을 발랐다고 말했지만, 한 포로는 그의 "마른" 체격과 한쪽으로 처진 "구부정한 왼쪽 어깨"에 주목했고,56 다른 포로는 "다부진 체격"과 "각진 턱"을,57 또 어떤 이들은 계란형 얼굴을 기억했다.58 하지만 조지프 해리슨은 좀 더 구체적으로 "청부업자"가 네다섯 개의 언어를 구사할 줄 안다고 주장했다. 영어를 잘했고 한국어를 이해했다. 그는 또한 "미국 속어를 사용했다."라고 말했다. 해리슨은 "청부업자"가 항상 피트먼식 속기**로 메모를 했고, "공산주의의 본질에 대한 공부보다는, 자신의 발전을 위해 독학으로 공부했다." 그리고 심지어 "1952, 53년에는 피트먼식 속기법 교재를 포로들에게 빌려줘 공부하게 했다."고 기록했다. '청부업자'에 대한 묘사의 신뢰

- 대체로 살인을 비롯해 조직 내에서 궂은일을 도맡는 사람을 가리키는 표현이다.
- 영국의 교육자 아이작 피트먼Issac Pitman이 1937년에 발표한 속기법을 말한다.

성이 떨어지기는 하지만, 해리슨의 진술은 '동양인' 심문관, 경비대, 노동자, 그리고 미군 포로 사이에 일상적으로 친밀한 관계가 형성되었음을 드러냈다.

이런 강의와 공부 모임을 통해 형성되는 일상생활의 한가운데에 도서관이 있었다. 제5 포로수용소에 있는 도서관은 "길이 30피트(약 9미터), 너비 12피트(약 3.6미터)" 정도의 방이었다. 미 육군 중사였던 포로 리처드 아르테사니 2세는 "통상 16시에서 21시" 사이에 도서관을 운영하고 청소하는 사서 업무를 했다. 그는 도서관의 구조와 관련해, "한 개의 전등, 한 개의 난로"가 있었고, 책꽂이가 "방을 따라 길게 늘어서 있었는데, 그 위에 150여 권의 책을 놓을 수" 있었다고 설명했다. 책 아래에는 잡지와 신문을 놓는 선반이 있었다.59

방첩대 심문에서, 아르테사니는 자신이 동료 포로를 위해 만든 공간에 대한 자부심을 드러냈다. 그는 중국군 수용소 관계자들에게 "반죽에 필요한" 밀가루를 요청한 다음 "그걸로 반죽을 만들어 자신의 난로 위에서 빵을 만들"었다. 다른 포로들은 음식을 몰래 훔쳐다 주곤 했는데, 아르테사니는 그것을 요리하거나 데웠다. 아르테사니의 말에 따르면, "도서관에는 휴식을 위해 오는 사람들이 먹을 수 있는 간식이 늘 있었다." 하지만 더 중요한 것은 아르테사니가 도서관을 일종의 거점으로 삼았다는 사실이다. 그는 약 1년 동안 포로 사서로 일하면서, 도서관으로 대략 "150명을 불러들여 만남을 가졌다." 아르테사니는 누가 무엇을 읽고 있는지 감시할 수 있는 위치에 있었고, 특정 포로가 "공산주의에 대해 너무 많이 읽고 있다"고 느끼면, 그를 불러 "문제가 발생할 수 있음을 지적함으로써 더는 읽지 못하게 했다." 아르테사니는, 친구들의 도움을 받아 가며 도서관에 있는 모든 책에서 "반종교적인" 내용이 들어 있는 페이지를 없앴다. 포로들은 다음 독자를 위해 "혐오스러운 구절"을 없애거나, 이러저러한 "표현들"을 대신 집어넣었다. 결국, "대부분의 책에서 페이지들이 누락되었"는데, 이는 아르테사니가 찢어 버리거나, 포로들이 책장을 담배 종이로 사용했기 때문이었다. 정말로 "정치적 성격의 책"을 읽고 싶어 했던 포로들은 소수에 불과했지만, 이런 포로들은 정치적인 책을 모두 섭렵했다.60

실제로 방첩대의 심문에서 포로들은 도서관이 강의나 공부 모임보다 정치적 견해에 영향을 미치는 데 훨씬 효과적이었다고 증언했다. 미군 포로 마누엘 캐슬위츠는 "강제하지 않고도 포로들을 세뇌할 수 있기에 도서관이 가장 효과적인 수단이 될 수 있다."고 믿었다.61 켄터키주 베르다 출신의 스물한 살 청년 에버렛 카펜터는 "책 몇 권을 군데군데 읽었지만, 대체로 '헛소리'라고 느꼈다." 하지만 친공 포로로 간주된 사람들은 대부분 책을 많이 읽었다.62 켄터키주 리버티 출신의 포로 에드워드 캠벨은 "자신은 책을 많이 읽었다."며, 『[시민] 톰 페인』 Tom Pain과 『자유의 길』 Freedom Road 같은 책들은 "좋았"지만, 『아이언 시티』 Iron City와 『미 제국주의』 American Imperialism는 "별로"였다고 말했다.63

이 책들에 대해 아르테사니는 대부분이 대공황 때 쓰였으며, "미국 소작농의 삶을 매우 이상적으로 묘사하고 있었다."고 말했다.64 이 책들은 여러 수용소들로 회람되었고, 이 컬렉션을 추정해 보면 매우 광범위하고 놀라운 책들이 선택되었음을 보여 준다.

『픽윅 클럽의 유언』(찰스 디킨스)

『분노의 포도』[존 스타인벡]

『시민 톰 페인』[하워드 패스트]

『톰 소여』[마크 트웨인]

『미국 흑인 문학 선집』[실베스트 C. 와트킨스]

『크리스마스 캐럴』[찰스 디킨스]

『레미제라블』[빅토르 위고]

『자유의 길』[하워드 패스트]

『천둥의 길』[하워드 패스트]

『미국의 흑인』[W. E. B. 두보이스]

『주류의 대중』(허버트 앱시커)

『퍼블릭 어페어』

『공산당의 역사』(소련과 미국)[윌리엄 Z. 포스터, 로버트 C. 터커]

『아메리카 대륙 정치 역사 개요』(윌리엄 Z. 포스터)[65]

또한 "폴 로브슨의 논문들, W. E. B. 두보이스의 책들",[66] "『로빈 후드』, 『블랙 뷰티』, 『삼총사』 같은 이야기책",[67] 그리고 "에드거 앨런 포와 오 헨리 같은 작가들의 비정치적인 책들"도 있었다.[68] 중국군과 북한군이 운영한 포로수용소의 관료들은 분명히 미국 문화와 문학에 대한 조예가 깊었다. 도서관에 모아 놓은 도서들은 대체로 일상생활에서 나타나는 계급과 인종 문제를 다루고 있었다.

제5 포로수용소에 있던, 난로에서 빵과 과자를 구울 수 있었던 방 하나짜리 도서관은 중국군이 운영하는 심문실 바로 옆에 있었다. 아르테사니는 포로들과 "중국인 심문관들이 나누는 대화를 엿듣곤 했다." 그리고 만일 중국인 심문관이 포로에게 특정 주제에 관한 글을 쓰도록 지시하는 것(글을 쓰지 않으면 일정한 처벌을 받게 된다)을 엿들었다면, 아르테사니는 그를 도서관에 데려와 "너무 미국인스럽게 보이지 않도록 글을 쓸 수 있도록 도와주었다." 아르테사니는 [포로들이 수용소에도 재현하려 했던, 미국적인] 사회적 일상성이 매우 빠르게 흐릿해져 가는 상황 — "동양인"이 미국인에 대해 훨씬 더 많이 (그 반대가 아니라) 알고 있고, 포로들과 수용소 당국 사이에 일상적인 교류가 이루어질 수 있는 상황 — 에서 자신이 어떻게 다른 포로들을 안내하는 중재자 역할을 효과적으로 수행했는지 방첩대 심문관에게 전달하고 싶어 했다. '고향' 사람들이 자신들을 어떻게 생각할 것인지에 대해 놀라울 정도로 우려하고 불안해했던 포로들 역시 훗날 [미국으로 송환되는 제너럴 존 포프호에서] 로버트 리프턴에게 이렇게 말했다. "우리는 그곳에서 우리만의 언어 — 미국식 비밥, 한국어·중국어·일본어를 뒤섞은 언어, 그리고 수많은 육두문자 — 를 썼습니다." 실제로, 포로수용소에서 이루어지는 일상생활[요컨대, 어떤 일상생활을 영위할 것인지]은 포로들의 자아의식과 집단의식에 영향을 미치고 있었다. 이 점에서 아르테사니는 자신이, 가장 근본적인 수준에서 [포로로서의 정체성과 미국인으로서의 정체성이] 포로들 사이에서 "뒤섞"이지 않도록 도와줄 수 있는 사람이라고 생각했다. 아르테사니의 감시와 교육은 심문, 책, 그리고 펜 사이에서 형성된 생태계의 핵심부에서 이루어지고 있었다.

심문에서의 "희망이나 바람"

"계곡"*을 통과해 [벽동 제5 포로수용소에] 들어온 모든 포로들을 개별적으로 심문한 소좌는 '영어를 구사하는 25세'의 북한군이었던 것으로 리처드 아르테사니는 기억했다. 1950년 12월 10일 아르테사니가 예비 심문 과정을 거칠 차례였다. 이 북한군 소좌가 질문한 것은, 항복하거나 생포된 직후 포로가 작성해야 하는 "개인 이력 진술서"의 내용들로, "이름, 계급, 군번, 복무 기간, 입대 사유, 부모 성명 및 그들의 소득"에 대한 것이었다. 한 시간 동안의 심문이 끝난 후, 북한군 소좌는 아르테사니가 겪었던 다른 모든 심문에서와 마찬가지로 "마지막 질문"을 했다. "희망이나 바람이 있으면 말하시오."

아르테사니의 묘사에 따르면 "그는 매우 성실했고 미국인들에 대한 증오

---

* 북한군 및 중국군이 운용했던 포로수용소들은 대체로 새로 지어진 곳이 아니라, 지역 주민을 소개한 집과 헛간·학교·절·동굴 등지에 만들어졌다. 이 가운데서도 특히 현재까지 확인된 임시 포로수용소는 다수의 자연 계곡과 일명 "죽음의 계곡", "평화의 계곡", "광산 수용소", "콩밥 수용소", "수프 수용소" 등으로 불리는 곳들이다. 임시 수용소들은 대체로 탄광의 광부들이 묵었던 숙소를 사용했기에 계곡에 붙어 있었다. 이런 수용소들을 미군 포로들은 "~ 계곡" 수용소라 불렀다. 반면, 음식 이름이 붙은 수용소는 주로 지급되는 식사의 종류가 옥수수, 콩 등이었기에 그렇게 붙여졌다. 공산군 측이 운영했던 포로수용소 가운데 가장 규모가 큰 곳이 제5 수용소로 불리는 벽동 포로수용소로 평안북도 최북단 벽동군에 위치해 있었다. 이곳은 3면이 압록강에 둘러싸인 지역으로 이곳에 들어오려면 역시 깊은 계곡을 통과해야 했다. 이에 대해서는, 나상철, 「한국전쟁기 공산군의 유엔군 포로 관리와 성격: 미군 포로를 중심으로」, 『군사연구』 148집, 2019, 육군군사연구소, 153, 154쪽 참조.

심도 없어 보였다." 그리고 그 소좌는 아르테사니에게 마지막 질문을 던진 뒤, 자신의 희망과 바람을 이야기하겠다고 제안했고, "소좌의 개인적인 희망과 바람은 미국인과 중국인들이 모두 조선 반도를 떠나 조선인들이 평화롭게 사는 것"이라고 말했다. 아르테사니에 대한 심문은 북한군 소령이 "심문지에 피심문자의 성격을 적는 것으로 끝났다. 그는 '이 사람은 성실하다(혹은 그렇지 않다)'라고 썼다."69

중국군과 북한군의 경우, 심문 목표는 다음과 같은 세 가지, 즉 전술 정보를 알아내고, 미국의 첩보 체계를 밝히며, 공산주의와 관련해 미군 포로들을 계몽하는 것 등이었다. 중국과 북한의 심문관은 모두 미군 포로들에게 기본적인 개인 이력에 대한 진술서를 작성하도록 했다. 모든 포로가 그런 것은 아니지만, 상당수의 포로가 수감 중에 여러 차례, 자신이 살아온 이야기를 글로 쓰거나 말해야 했다.

그러나 중국인 심문관과 북한인 심문관들의 작업 가정과 작업 틀 사이에는 매우 흥미로운 차이가 있었다. 중국인 심문관들은 자신들이 이미 모든 것을 알고 있다고 주장하는 전지전능한 위치에서 심문을 했다. 예를 들어, 미군 포로 알러리치 자켈레는 "포로가 된 후 한 시간 이내"에 심문을 받았는데, 질문은 주로 전술적인 내용들이었다. 자켈레는 자신의 관등성명 이외의 그 어떤 정보도 말하지 않았지만 "협박을 받거나 고문을 당하지 않았다." 그러나 중국인들은 "이미 다 알고 있다며 으쓱댔다. 자켈레의 어깨에 달려 있는 패치를 가리키며 제2 보병사단 휘장이 아니냐고 말했다." 그들은 자켈레에게 "대답하지 않는 것은 어리석은 일이다. 왜냐면 중국인민지원군을 속일 수는 없기 때문이다. 우리는 모든 것을 알고 있다."라고 말했다. 이후로도 포로들은 수개월 동안 비슷한 말을 여러 번 듣게 되었다.70

전쟁의 마지막 2년 동안 중국군이 지상에서 우세를 점하고 있었기 때문에, 중국군 심문관들이 미군 포로들로부터 기술적·전술적 정보를 추출하는 데 더 많은 투자를 하고 관심을 가졌다는 것은 이해할 수 있는 일이다. 또한 포로수용소에서 운영되는 정치 교육과정 강사들 대다수가 중국인이었기 때문에 군사적인 것과 정치적인 것 사이의 이런 관심사의 구분은 아마도 전략적이었을 것이다. 반면, 북한군 심문관들은 친밀감을 느낄 수 있는, 그래서 훨씬 더 수평적 관계가 형성될 수 있는 장소에서 일했다. 그들은 변화와 반성 그리고 휴식의 공간을 제공했다. 북한 사람들은 포로수용소 운영이나 심문에서, 중국인들과 약간 다른 이해관계를 갖고 있었던 것이 분명했다.

1951년 12월에 미군 포로 셸턴 포스는 제2 포로수용소에서 북한군 장교들의 추가 심문을 받았다. 김 중좌라는 사람이 포스를 "수용소 밖에 있는 민가로 데려갔다." 그곳에서 김 중좌는 영어를 하지 못하는 '전'Zun이라는 이름의 또 다른 북한군 중좌에게 포스를 소개했다. 김 중좌가 포스에게 "대화를 하고 싶다."고 말하자 포스는 "군사적 문제에 대해서는 이야기하지 않겠다."고 답했다. 이에 대해 김 중좌와 전 중좌는 "미국과 한국에서의 생활과 관련된 일반적인 문제에 대해 대화하고 싶을 뿐"이라고 설명했다.

포스에게 담배와 차가 제공되었고, "대화의 시작은 미국 생활"에 관한 것이었다. 포스는 메인주에서 자랐는데, 김 중좌는 그곳의 "기후, 산업, 농업, 관습, 노래, 스포츠 등"에 대해 듣고 싶어 했다. 이어 김 중좌는 북한의 "새로운 질서와 개선된 사항 등"을 이야기했다. 그러나 결국 그날 대화는 대부분 노래에 대한 이야기로 채워졌다. 이어 "김 중좌와 전 중좌는 미국 노래를 많이 알고 있었다. 김 중좌는 〈즐거운 나의 집〉Home Sweet Home, 〈언덕 위의 집〉Home on the Range, 〈켄터키 옛집〉My Old Kentucky Home, 〈유 아 마이 선샤인〉 등을 알고 있었다." 김 중좌는 포스에게 〈컴백, 리틀 써 에코Sir Echo〉라는 노래의 가사를 적어 달라고 부탁했다. 포스는 방첩대 심문에서 김 중좌가 "미국 선교사들에게 교육을 받았"기 때문에, 이런 노래들을 알고 있었던 것으로 보인다고 말했다.[71]

김 중좌와 전 중좌는 이후에도 포스를 정기적으로 수용소 밖에 있는 민가로 데려왔다. "오후쯤 김 중좌가 노란색 라벨에 한자가 쓰여 있는, 반 정도 채워진 브랜디 한 병을 꺼내며 한잔 마시자고 했다." 포스는 거절하지 않았다.

"미국산인지 영국산인지 아무튼 좋은 브랜디였다." 그는 "술병이 비워질 때까지 술을 받아 마셨다." 김 중좌는 포스에게 전 중좌와 자신이 배급받은 술을 그와 나눠 먹는 것이라고 말했다. 곧 대화는 "유엔 내 노동자들의 처우, 한반도에서 공산주의의 성공, 왜 미국에서는 그렇지 못한지" 등 논쟁적인 정치 주제로 흐르기 시작했다. 김 중좌와 전 중좌가 더 많은 정보를 드러내도록 유도하기 위해 포스는 "마르크스와 엥겔스의 글을 인용"했는데, 이는 "김과 전에게 매우 기분 좋은 일"이었다. 포스는 방첩대 심문관에게 [그러다가 순간 술에 취해] "자신이 무슨 말을 하거나 어떤 행동을 할지 몰라 두려워" 잠시 화장실을 다녀오겠다는 핑계를 대고 나가서, 브랜디를 모두 토해 냈다고 말했다.72

그가 돌아오자 그들은 21시에 맞춰 그를 수용소로 돌려보내기 전에 몇 마디를 더 했다. "그들이 나눈 대화에 대해 중국인들에게 일절 말하지 말고 (…) 그저 일반적인 질문을 받았다고만 말하라."는 조언이었다. 김 중좌의 말에 따르면, 중국인들은 "문제를 이해하지 못하고 있었다." 포스는 방첩대 심문관에게, 중국군이 김 중좌와 전 중좌에게 자신을 심문할 수 있도록 허락했지만, "중국군은 면담의 진정한 목적을 모르는 것 같았다."라고 말했다. 이로 인해 북한군과 중국군 사이에 갈등이 생겼다. 김 중좌는 포스에게 "중국군은 자신들이 생각하는 것만큼 영리하지 않으며, 북한 공산주의자들은 목표로 했던 발전 수준에 더 가까워졌다."라고 했다.

이내 세 사람은 정기적으로 만나게 되었다. 음식, 담배, 브랜디가 있었고, 그들은 "체스를 두고, 미국 노래를 부르며, (…) 미국과 한국에 대해 전반적으로 이야기를 나눴다." 결국 김 중좌와 전 중좌는 포스에게 "미국으로 돌아가게 되면 '지도자'가 되고 싶지 않은지"를 물었다. 포스는 다른 전략을 고안했다. 그는 이 질문에 그렇다고 맞장구를 치면 "그들이 자신을 유엔군으로 돌려보낼 것"이라고 생각했다. 그러면 자신은 그 즉시 "가장 가까운 '신뢰할 수 있는' 방첩대 장교"에게 찾아가 이런 사실을 털어놓으면 된다고 생각했다. 다음 날 김 중좌와 전 중좌를 다시 만난 포스는 "미국의 지도자가 될 의향이 있다."

고 말했다. 그러자 그들은 그에게 자서전을 작성해 제출하도록 했다. 자서전을 쓰는 데 이틀이나 걸렸다. 그러고 나서 선서식으로까지 이어졌는데, 이 자리에서 그는 "조·미 양국 인민의 우의를 지지한다."라고 다짐했다. 그들이 마지막으로 헤어지기 전, 김 중좌는 미국으로 돌아가면 대학에 가서 정치학을 공부하라고 포스에게 조언했다. 뉴멕시코 대학교가 유력하게 거론되었다.

포스가 김 중좌의 개인적 배경을 알지 못했거나 밝히지 않았지만, 김 중좌의 유창한 영어 실력과, 미국의 문화나 제도에 대한 해박한 지식은 그가 사회주의적 국제주의 틀 안에서 활동하고 있었음을 시사한다. 북한군 심문관에게, 자서전은 새로운 시대에 걸맞은 자아상을 구성하는 도구로서, (일제 경찰의 관행과 혁명적인 항일 집단주의의 도가니에서 형성되어 최근에 변형된) 탈식민지 국가의 도구였다. 한반도는 물론이고, 만주 지역과 그 너머에 이르기까지, 항일 혁명가들을 감시 추적했던 일본 제국주의 경찰들은 식민지 신민들이 말하는 자아[곧 자신이 어떻게 살아왔는지]에 대한 진술의 진위를 확인하기 위해 지칠 정도로 여러 번 반복해 개인사를 진술하도록 요구했다. 이런 진술은 기록으로 보관되었고, 일제강점기의 한국인들은 상황과 필요에 따라 자신의 이야기를 일관되게 유지하거나, 전략적으로 일관성 없이 서술하도록 훈련을 받았다.[73] 1945년 해방과 더불어, 자서전을 작성하는 관행은 개인이 과거 식민지 시절의 삶과 주체적·내적으로 완전히 단절했음을 보여 주는 증거이자, 해방된 국가의 집단적인 미래라는 지평에 부합하게 자신의 삶을 서사화하는 방법이 되었다. 역사학자 김수지는 1945년 이후 북한에서 광범위하게 나타난 자서전 쓰기 관행을 연구하면서 "자본주의적 식민지 근대성에 대한 경험을 공유하고 있는 자서전들에는 민족 차별로 인한 경제적 고난과 관련해 서로 비슷비슷한 이야기들이 포함되어 있다. 이는 탈식민 시대에 누군가가 자신의 인생 이야기를 구성할 때 들어가는 주요한 주제 가운데 하나였다."[74] 자서전을 쓰는 행위는 "앞으로 나아가기 위해 식민지 시절의 과거에 대해 반성하고 숙고하는 데 필요한 순간"을 제공했다. 또는 시어도어 휴스가 프롤레타리아 작가들이 쓴 해방 후 문학작품들에서 살펴본 것처럼, 작가들은 작품을 통해 다음과 같이 요구했다. 즉, "이제 일으켜야 하는 것은 ― 내적 성찰, 자기비판, 고백을 통해 ― 올바로 해방된 주체가 되기 위한 운동으로, 이런 주체들은 역사 건설에 참여할 준비가 되어 있어야만 한다."75 이런 맥락에서 미군 포로에게도 과거 식민주의 시절과의 주체적·내적 단절을 실천하는 방식이 적용될 때, 제국의 시민은 자신의 과거, 현재, 그리고 미래에 대해 어떻게 접근해야 하는가라는 질문이 제기된다.

북한군 심문관들이 미군 포로들에게 자신이 그간 어떻게 살아왔는지를 서술하도록 한 것은 역사적 행위 주체성에 대해 생각해 볼 수 있는 다른 종류의 틀을 제공한 것이었다. 북한군은 '의지'와 '변화'라는 관념에 초점을 맞췄다. 안드레 슈미드는 한국전쟁 이후 북한에 만연했던 비판 문화에 관한 연구에서, "정전협정이 체결된 바로 그 달에 출판된" 리홍종의 글을 분석한다. 리홍종은 "비판이" 어떻게 "변화의 매개체 역할을 하는지"를 역설했는데, 리홍종에 따르면 비판은 "식민 사상과 봉건사상의 잔재는 물론, 일본 부르주아 사상의 잔재까지 제거할 수 있다."76 포스 같은 미군 포로들이 [자서전 쓰기를 통해] 사회주의 내에 오랫동안 존재해 왔던 "비판의 전통" 속으로 끌려들어 오게 되었지만, 이런 설득 과정에서 활용된 것은 북한 심문관들이 미국 사회와 문화에 대해 잘 알고 있었다는 사실이었다. 북한 심문관들은 역사적·사회주의적인 변화에 대한 자신들의 인식을 하나의 사고 틀로 제시했고, 미군 포로가 그 틀 안에 들어와 자신이 전 지구적 사회주의 및 국제주의의 맥락 안에서 정치적으로 행동하는 미래를 상상할 수 있도록 했다. 이런 접근 방식은 훗날 북한이 주체사상을 국제적으로 확산하려 했던 프로젝트의 초기 형태로 볼 수 있다. '주체'는 자립을 통해 혁명적 주체성을 형성하는 북한식 개념으로, 이후 제3세계 국가들을 위한 이론 및 실천적 모델로 발전했다. 많은 역사학자들과 정치학자들은 1960년대 이후 북한의 주체사상이 탈식민 국가의 체제를 공고히 하기 위한 이데올로기로 기능했다고 해석해 왔다. 그러나 1950년대 초반

심문실에서 나타난 국제주의적 주체사상의 모습은 예상과는 달리 좀 더 개방적인 형태를 띠고 있었다. 이 시기의 주체사상은 아직 이데올로기라기보다는 실천적 성격이 강했으며, 심문실에서는 집단적 의식을 형성하는 과정이 이루어지고 있었다. 이를 통해 좀 더 확정적인 시간적·지리적 틀에서 지속적인 혁명을 상상하는 사고방식이 작동하고 있었다.[77]

방첩대의 심문 자료에서, 미국 분석가들은 대체로 중국군과 북한군 심문관들을 모두 "동양인"으로 분류했지만, 미군과 미국 정부는 북한을 중국과 소련의 꼭두각시 국가라고 믿었기 때문에 분석가들은 주로 중국의 방식에만 집중하는 경우가 많았다. 일본합동정보처리위원회는 북한 심문관들을 단순히 사디스트로 묘사함으로써 미군 포로와 북한군 심문관 사이의 관계를 제대로 파악하지 못했다. 즉, "북한인들은 치밀함과 정교함이 없었고 정치적으로 생각하지 않는다. 그들의 방법은 매우 은밀하고 다분히 정치적인 중국인들과 달리, 원시적이고 직접적인 것이었다."[78] 분명히 일본합동정보처리위원회는 미 군부와 미 정부가 적을 만드는 데 많은 노력을 기울이고 있다는 사실을 이해하고 있었으며, 여기서 적 — 사악하고 "동양적"이며 예측할 수 없는 — 은 중국이었다. 그러나 포스가 경험한 것과 같은 북한군의 심문 기법을 생략한 것은, 아마도 북한군 심문관들이 활용한 친밀한 방식에 더 깊은 불편함을 느꼈기 때문일 수도 — 아니면 이를 단순히 무시하려는 것일 수도 — 있다. 북한군과 중국군 심문관들 모두 포로들을 위협하고 그들에게 폭력을 행사했지만, 정치적인 문제와 관련된 교육은 서로 다른 용어와 관계의 동학 속에서 이루어졌다. 제5 포로수용소의 아프리카계 미군 포로인 지미 톰슨은, 중국군 심문관들이 강연에서 보여 준 태도에 대해 다음과 같이 회고하고 있다.

[중국인들은-인용자] 내게 내 사람들을 돕는 데 쓸 수 있는 지식이 있음에도, 그 일을 하지 않고 낭비만 하고 있다고 말했다. 그들은 이런 태도가 내 사람들, 특히 흑인 인종 그리고 일반적으로 제3세계 민족들에게 수치

스러운 일이라고 말했다. 이 "강의"는 정말 짜증났다. 내 생각엔 그들이 말한 내용이 아니라 그들이 말한 방식 때문인 것 같다. (…) 그들은 아랫사람 다루듯 말했다. (…) 아칸소주에 있는 선의에 찬 수많은 백인들이 떠올랐다.79

미군 포로들이 이북 지역에 설치된 심문실에서 겪었던 이런 종류의 경험은 대부분 전쟁 기간 초반, 포로 생활 처음 2년 동안 발생했던 것으로 보인다. 자원 송환 제안이 판문점 테이블 위에 올라간 뒤, 중국인들은 수용소에서 열리는 정치 강연에 더 많은 공을 들였을 가능성이 크다. 정전협정이 체결된 후 중국군은 미군 포로들에게 북한군들이 했던 것과 비슷한 "임무"를 부여한 것으로 보인다. 일본합동정보처리위원회는 최종 보고서에서, 미국에 대한 "잠재적 위협"으로 세 명의 전쟁 포로를 지목했다. 한 명은 아프리카계 미국인, 다른 한 명은 필리핀계 미국인, 그리고 세 번째는 일본계 미국인이었다.

"잠재적 위협"으로 지목된 텍사스 출신의 아프리카계 미국인 청년, 프레스턴 E. 리치 상사는 32세로 여섯 아이의 아버지였다. 그는 켈리 야전 장교 클럽에서 요리사로 일하다가, 이후 [미공군사관학교] 샌안토니오 항공 교육 센터에서 일했다. 1950년 8월 제503 야전포병대대 소속으로 한국에 도착했고 취사병으로 복무하고 있었다. 리치는 1950년 12월 1일 중국공산군에 포로로 잡혀, 1953년 9월까지 억류되어 있었다. 1953년 8월 초, 중국인 심문관인 '추' Chu 씨는 리치와 개별적으로 "미국의 인종 문제"에 대해 5일 동안 이야기를 나누었다. 추 씨는 "리치가 인종 분리와 차별에 맞서 싸우고 싶어 하는지" 물었고, 리치는 그렇다고 답했다." 추 심문관은 리치에게 "나는 당신을 공산당원으로 만들어 줄 수는 없다."고 말하며, 미국에서 공산당에 가입하는 방법을 알려 줄 수도 없다고 말했다. 그러면서도 추 심문관은 리치가 "공산주의를 방편으로 삼아" 미국에서 "인종 문제"와 싸울 의향이 있는지 알고 싶어 했다.80

추 심문관은 리치에게 "인종 문제"에 맞서 싸울 계획을 제시했다. 리치에게, 군에 전역을 요청하고, 제대한 후에는 "미국 정세를 연구하며, '진보주의자들'과 동맹을 맺어 흑인들 사이에서 더 나은 주거, 높은 임금, 평등한 교육, 그리고 미국 정부 내에서의 대표성을 요구하는 운동을 시작하라."고 했다. 추 심문관은 공화당과 민주당 모두를 "부자들의 정당"으로 일축하며, "진보당Progressive Party만이 국민과 대중을 대변하는 유일한 미국 정당"이라고 말했다. 리치는 "리버럴 성향을 가진 백인 미국인들을 찾아 그들의 신뢰와 우정을 얻으라."는 지시를 받았다.

이후 추 심문관은 리치에게 샌프란시스코만 지역으로 이주한 뒤, "국제부두노동조합협회의 요리사 및 스튜어드 부서에 입사 지원서를 제출"하라고 지시했다. 리치는 "노조 지도자들인 해리 브리지스●와 알 트라바두"와 접촉하고, 각종 모임에 참석하며 노동자들과 친분을 쌓아야 할 것이었다. 일본합동정보처리위원회의 표현에 따르면, 바로 이런 계획이 리치를 "잠재적 위협"으로 만들었다. 하지만 일본합동정보처리위원회가 보기에, 리치는 정확히 어떤 법을 위반한 것일까?

일본합동정보처리위원회 요원은, 심문실에서 북한군 심문관과 중국군 심문관이 목표로 삼은 것이 "우리가 일반적으로 생각하는 공산주의는 아니었다."라고 설명했다. 물론 [그가 읽은] "자료가 공산당의 '노선'을 따랐던 것은 사실이지만, 적들이 미군 포로를 대상으로 스파이 활동이나 전복 활동을 위한 훈련소를 운영한 것도 아니었고, 그들의 주요 목표가 미국인들을 '훌륭한 공산주의자'로 만들려는 것도 아니었음이 분명하다." 리치가 미국에 가하는 잠재적인 위협이나 '위험'이 실제로 공산주의자나 스파이가 되는 것이 아니었다면, 그를 비롯한 수백 명의 미군 포로 송환자들이 제기한 위협은 무엇이었을까? 일

● 해리 브리지스(1901~90년)는 오스트레일리아 출신의 미국 노동운동가이다. 초기에는 국제항만노동자협회ILA에서 활동했으나, 1937년 새로운 노조인 국제항만창고연합노조ILWU를 결성했다. 1950년대 미국 정부로부터 체제 전복자로 지목되어 탄압받으며 추방 위기를 겪었다.

본합동정보처리위원회에 따르면, 그 위협은 두 가지였다. 첫째는 "미국의 동기, 행동, 제도에 대한 불신"이었다. 그러나 좀 더 파괴적인 것은 국제주의라는 두 번째 요소였다. 일본합동정보처리위원회는 다음과 같이 언급했다.

> 공산주의자들은 다음과 같은 생각을 전달하기 위해 끈질기게 시도했다. 즉, 자신들은 미국에 대해서는 그 어떤 의도도 가지고 있지 않으며, 오직 중국·인도·동남아시아와 같이 억압받고 후진적인 국가들에서, 억압받고 착취당하는 수많은 대중의 삶을 개선하려는 목표만을 가지고 있다는 것이다. 이런 시도가 효과를 거두었다는 증거는, 비록 우리가 살고 있는 미국은 너무나 풍요로워 공산주의가 작동하지는 않을 것이지만, 중국과 같은 후진적이고 원시적인 국가에서는 많은 성과를 이뤄 냈기에 공산주의는 여전히 훌륭한 것이라는 취지의 문서가 연이어 나오고 있다는 것을 통해 입증되었다.

미군은 북한과 중국이 옹호하는 이 같은 국제주의 — 그리고 그것이 특정 미군 포로들 사이에서 갖게 된 잠재적 호소력 — 를 비합리적인 욕망으로 묘사하려고 했다. "세뇌"는 미군 포로들 사이에서도 나타난 이런 "욕망" — 또는 좀 더 정확히 말하면, 책략[음모] — 을 좀 더 친숙한 인종주의적 서사로 만들어 줄 완벽한 비유가 되었다. 즉, 순진한 미국인들이 자신도 모르는 사이에 신비로운 "동양인"의 유혹에 걸려들었다는 것이다.

"동양인" 심문관

방첩대 심문관이나 미군 정신과 의사와, 송환된 미군 포로 사이에는 북한에서의 포로 경험이라는 미지의 영역이 있었다. 미군 심문관/정신과 의사와, 송환된 미군 포로 사이에는 두 가지 수준에서 평가와 협상이 이루어졌다. 첫째,

포로들이 '동양인' 심문관들에게 어떤 정보를 제공했는가. 둘째, 더 중요한 것은 어떻게 포로들은 심문관들과 상호작용을 했는가. 미국인 심문관이 송환된 미군 포로들을 심문하는 목적은 포로수용소에서 이루어진 협력[부역]의 정도를 계산하고 측정하기 위한 것이었는데, 그것은 과거 포로수용소에서 있었던 그의 행적과 현재 심문 중에 그가 보이는 행동으로 증명되는 것이었다. 반면 이 같은 심문에서 송환된 포로가 목표로 삼는 것은 포로수용소에서 겪은 경험을 최대한 자신의 입장에서, 심문관의 해석을 배제한 채, 말하는 것이었다. 예를 들어, 송환 미군 포로 셸턴 포스는 질문 과정에서, 자신이 생각하기에 "상당수의 미군 포로들이 탈출을 시도한 것은 귀환했을 때 (…) 자신들이 미군으로서의 임무를 다했다는 말을 하기 위해서라고 말했다. 그가 이렇게 주장할 수 있는 근거는 미군 포로들의 탈출이 거의 또는 아무런 준비나 협력, 계획 없이 이루어졌기 때문이다."[81]

미군 포로들은 자신들이 중국군과 북한군에게 심문을 받는 동안 인종적 우월성을 유지하기 위해 노력했다는 사실을 증명해야 한다고 느꼈다. 미군 포로 드와이트 콕스와 레이먼드 멘델은 심문 경험 내내 인종 차이를 유지하기 위해 자신들이 활용한 전략에 대해 설명했다. 예를 들어, "추"인지 "츄(들리기로는)"인지 하는 성을 가진 중국군 심문관이 콕스를 심문했을 때, 심문 시간은 "마치 머릿속에 울타리를 치고 있는 시간 같았다. 콕스는 당시 자신이 심문을 받고 있는지도 몰랐다."라고 했다. 심문의 막바지에 콕스는 [자신에 대한] 이야기를 작성해 제출해야 했다. "마지막으로 츄는 그에게 '린컨'LINCONC(링컨 LINCOLN)처럼 자서전을 쓰라고 요청했다."

콕스는 그의 요청을 문자 그대로 받아들여, 그가 태어난 집, 나무들, 그가 걷던 도로, 존·메리·헬렌·조지프·기타, 그리고 칭이라는 이름의 어린 중국 소년 등 그의 어린 시절 친구들 이름까지 아주 상세하게 썼다. 그 후 1학년 때의 경험을 말하고, 친구들의 명단(항상 '칭'이라는 이름의 어린 중국

소년으로 끝나는)을 반복해서 썼다. 30쪽이 넘어가자 츄는 글이 너무 자세하다고 불평했다. 그러자 콕스는 다음 30년의 이야기를 두서너 쪽으로 썼다. 나중에 그는 이 부분에 대해 더 써야 했다.[82]

멘델 역시 심문 과정에서 "강의에서 제시된 개요에 따라, (백지에) 서술형으로 자서전 두 편을 써야 했다."고 말했다. 그는 자서전에서 메릴랜드주 포트 홀라버드에 입대했다고 언급했는데, 심문관들은 이를 문제 삼아 그를 "범죄수사대 요원"이라고 고발했다. 심문관이 범죄수사대(정보 부서로 운영되기도 했다)에서 근무했다고 자신을 비난하자, 멘델은 "심문관을 뚫어져라 쳐다보았다. 이는 심문관이 몹시 싫어하는 것이었다. 심문관은 그에게 벽을 바라보며 구석에 서 있으라고 했다. 멘델은 이것이 심문을 쉽게 하기 위한 조치로, 아마도 [자신에 대한] 동양인들의 [인종적] 열등감 때문일 것이라 생각했다."[83]

그러나 송환 미군 포로들은 곧 이 같은 전략에 한계가 있음을 깨달았다. 송환 포로인 해리슨은 "심문을 피하는 길은 가능한 한 언제나 무식하게 보이는 것밖에 없다."고 말했다. '구어체'를 사용해 심문관의 영어 능력을 시험함으로써 심문관이 '쩔쩔매면서' 무안하게 하는 방법을 시도해 보기도 했다. 그러나 해리슨은 "대부분의 심문관들은 이런 시도를 쉽게 알아볼 수 있을 정도로 뛰어났다."고 인정했다. 해리슨이 보기엔 자신이 만난 심문관들은 "잘 훈련된" 것이 분명했지만, 그는 "그들이 교육기관에서 교육을 받았는지"는 확신하지 못했다. 그러나 "그는 '청부업자'로 알려진 웡 심문관이 제2차 세계대전 동안 중국의 OSS에서 일했다는 소문을 들었다."[84] 전략사무국Office of Strategic Services의 약자인 OSS는 제2차 세계대전 시기에 존재한 정보 당국으로, CIA의 전신이었다. 머리에 머릿기름을 바르고 피트먼식 속기책을 가진 '청부업자'는 이미 미군과 문화를 잘 알고 있었을 뿐만 아니라, 이미 10년 전에 미군으로부터 정보 수집 기술과 방식을 배웠을 가능성이 컸다.

실제로 "동양인" 심문관들의 모습에서 뜻밖의 공통된 양상이 드러났다.

중국군과 북한군 심문관들은 영어를 유창하게 구사했고, 그들 중 일부는 미국의 대학이나 고등교육기관에서 공부한 경험이 있었다. 얼핏 보기에는 일본합동정보처리위원회와 방첩대, 그리고 미군 정보 당국 전체가 "동양인" 심문관에 대한 기존의 이론이 잘못되었다는 사실을 깨닫고 당황한 것처럼 보였다. 그러나 이 조사의 핵심에 자리한 더 깊은 불안감은, "동양인" 심문관들이 미군 포로/군인/시민을 더 정확히 파악하고 있었다는 사실에 대한 것이었다. 결국 이 대대적인 조사 작업의 기저에 깔린 두려움은 단순했다. 만일 "동양인" 심문관들이 미국인을, 미국인 자신보다 더 깊이 이해하고 있다면 어떻게 되는가?

미군 정신과 의사 윌리엄 메이어가 1956년 어느 모임에서 했던 발언에 따르면, [일본합동정보처리]위원회는 "공산주의자들이 작성한, 곧 그들이 다루어야 했던 이 원재료raw material — 평균적인 미국인들, 어쨌든 만일 그런 게 있다면 — 에 대한 공산주의자들의 관점이 드러나 있는" 어떤 문서를 중간에서 가로챘다. 공산주의자들은 이 "원재료"에 대해 다음과 같이 묘사했다. 즉, 보통의 미국 사람들은 "물질주의적이고 기회주의적"이며, 본래 충성스러운 존재들이 아니다. 그러나 가장 곤혹스러운 판단은 미국인들의 자의식에 대한 것이었다. "평균적인 미국인들은 자국의 체제나, 적에 대해 아무것도 모를 뿐만 아니라, 그 체제가 어떻게 작동하는지, 그 안에서 자신의 위치가 어딘지, 그 체제가 자신에게 무엇을 보장하는지 아무것도 모른다."[85]

1953년 10월에 완성된 일본합동정보처리위원회의 최종 보고서는 그들이 "세뇌"의 첫 단계라고 간주한 것을 설명하며 "원재료"라는 동일한 문구를 사용했다. 여기서 일본합동정보처리위원회의 구성원들은, 아시아 군인들이 예상하지 못했던 행동을 했을 때 미군들이 이 "원재료"로 변화되는 것으로 묘사했다.

자신을 포로로 잡은 공산주의자가 처음부터 손을 내밀어 반기며 "자본주의 전쟁광의 도구로 착취받았던" 가련한 병사를, 비슷한 처지에 있는 '인

민'으로 환영하는 모습을 보일 때, 말할 수 없는 혼란을 겪는 "원재료"가 바로 여기에 있었다.[86]

이 묘사에 따르면, 아시아 군인은 그를 즉시 적으로 대하지 않았기 때문에 그를 무장해제시키는 효과가 있었다. 가장 중요한 것은, 한 가지 제스처를 통해 그 아시아 군인은 미국 병사에게 (미국 시민이 아니라) "인민"[민중]이라는 수평적 존재로서의 정체성을 부여했다는 것이다.

만약 — 미군이 자신들이 관리했던 심문실에서는 고문이 일절 없었다고 주장했던 것처럼 — 중국군과 북한군이 관리했던 심문실에서도 고문이 없었다면, 미국의 자유롭고 관료적인 심문실과 북한·중국인들의 심문실 사이에 불안정한 유사성이 생겨난다. 일본합동정보처리위원회는 최종 보고서에서 "감정"에 호소하고 그것을 이용한 중국군과 북한군의 심문 기법이 "매혹과 전복의 해부학으로부터 얻은 교훈"이라고 결론지었다. 미군은 동양의 심문 기법들이 비록 노골적으로 고문을 자행하는 것은 아니지만, 여전히 이성적이지는 못한, 단지 기본적 본능과 욕망에만 호소하는 방식이라고 주장했다. 사실 중국군과 북한군은 미군이 한반도 이남에서 자신들이 보호하고 있는 '동양인' 포로들에게 접근하던 방식과 유사한 방식으로 포로에게 접근하고 있었다. 당시 [남과 북의] 모든 관련 당사자들은 "포로"라는 범주를 해체할 방법을 제시하고 있었는데, 이는 포로들을 정치적 잠재력을 가진 모호한 범주로 만들었다.

방첩대가 송환 미군 포로를 심문하면서 북한군과 중국군에게 어떤 심문을 받았는지 조사한 결과 분명해진 것은, 미국이 운영한 심문실과 "동양인"이 운영한 심문실이 완전히 다르지 않았다는 점이다. 미군은 "동양인" 심문관들이 전쟁에 대한 전통적이고 문명화된 관념과는 전혀 '이질적인' 의도와 기술을 가지고 있었다고 주장하려 했지만, 미국은 이미 한반도 이남에 있는 유엔군 사령부 휘하 포로수용소에서 이와 유사한 의도의 프로그램과 연구를 진행하고 있었다. 중국/북한군, 그리고 미군 모두 인간 행위자 human agency에 대한 보편적인 틀을 추출하고 재현하려고 했다. 그러나 미국은 [시간적으로나 지정학적으로] 좀 더 확장된 맥락 안에서 전쟁 포로를 [위치시켜 포로 자신을] 다시 서술하고, 재맥락화[해 포로와 국가 사이의 관계를 교란]했던 북한의 접근 방식과는 근본적으로 다른 논리로 접근했다. 미군과 함께 작업한 사회과학자들은 인간의 충동, 본능, 반응을 [순수한 상태로] 정제distillation하는 데 집중했다. 1951년 3월과 9월, 한국의 최남단에 있는 거제도에서 총 5101명의 포로를 대상으로 인터뷰가 진행됐는데, 이 가운데 1919명이 중국인, 3182명이 북한인이었다. 존스홉킨스 대학교가 주관한 이 인터뷰는 "공산주의, 민주주의, 유엔에 대한 북한과 중국 군인들의 태도를 연구"하기 위한 것이었다. 중국과 북한의 포로들은 다음과 같은 진술에 대해 "매우 동의하지 않는다"부터 "매우 동의한다"에 이르기까지 5점 척도를 사용해 대답해야 했다.

- 유엔은 인류의 희망이자 구원이다.
- 미국식 민주주의는 지금까지 고안된 정부 가운데 최고의 정부 형태다.
- 미국식 민주주의는 다수의 의지를 존중하기 때문에 국민들에게 큰 행복을 준다.
- 미국 민주주의는 침략의 이념이 아니다.
- 공산주의 국가의 노동자 계급은 비참한 노예 생활을 하고 있다.

인터뷰 진행자들은 포로들에게 "당신 자신의 개인적 경험이나 느낌에 따라 답하시오."라고 강조했다.[87]

당시 존스홉킨스 대학교의 수석 연구원인 줄리어스 시걸은 거제도 수용소에서 진행된 이 대규모 연구 프로젝트의 책임자였다. 시걸이 연구 목적과 관련해 보고서에 기록한 바와 같이,

심리전을 계획할 때, 선전 효과를 높이기 위해 전술-군사적 상황을 비롯

해 다양한 환경적 요인을 활용하는 것이 중요하다는 인식이 확산되고 있다. (…) 그러나 심리전을 최대한 효과적으로 지휘하고 조정하기 위해, 적이 가지고 있는 순전히 심리적인 취약성을 평가할 수 있는, 신뢰할 수 있고 유효한 방법을 확립해야 한다는 요구는 아직 충족되지 못하고 있다.[88]

이 연구에서 그토록 강조하고 바라던 "순전히 심리적인 취약성"은 미국이 수행하고 있는 심리전의 효과와 효율성을 주장하기 위해 필요한 대상이었다. 최종 목표는 단순히 "취약성"을 확인하는 것만이 아닌, 포로를 변화시키는 것이었다. "적군 병사의 태도를 평가하는 근거에는 두 가지 측면이 있다. 첫째는 심리전의 목적이고, 둘째는 정보를 획득하고 포로들을 재교육[재정향]re-orientation하는 것이다." 확실히 미국이 "재교육"이라고 부르는 것은, 일본합동정보처리위원회가, 38선 이북 지역에 설치된 수용소에서 중국군과 북한군이 실시한 것으로 묘사한 "세뇌"와 유사한 것이었다.

줄리어스 시걸은 미군으로부터 동양인 전쟁 포로를 연구해 달라는 의뢰를 받았었는데, 정전협정이 체결된 후 미군 포로들의 "세뇌"를 둘러싼 논란이 이어지자, 미군은 그에게 또 다른 연구를 의뢰했다. 이번 연구는 미군 포로에 초점을 맞췄다. 동양인 친공 포로들의 "심리적인 취약성"에 대한 이론화는 미군 포로뿐만 아니라, 동양인 공산군 심문관에게도 — 그것도 어쩌면 더욱 중요하게 — 적용되었다. "동양인" 포로들에 대해 표현된 좌절감은 "동양인" 심문관을 둘러싼 유사한 좌절감을 반영했다(또는 반향했다). 미군이 의뢰한 「동양인 친공 포로: 지능의 관점에서 본 연구」[89]라는 연구를 수행한 저자들은 "미군은 이런 유형의 포로를 다뤄 본 적이 없다."고 선언했다.

시걸은 전후에 수행한, 「한국에서 미군 포로들 간 협력과 저항 행동의 상관관계」라는 연구에서 [작전참모부G-3 산하] "군 정보반Intelligence Branch of the Army이 실시한 송환 미군 포로 심문 기록" 579건의 표본조사를 했다.[90] "대부분의 남자들은 주로 감정과 자기 이익에 따라 행동했다."라고 시걸은 말했다.

또한 심문에 참여했던 미군 포로 가운데 45퍼센트가 공산주의에 대해 삶의 방식으로서 약간의 '공감'을 보인 것은 사실이지만, 그런 '공감'으로 말미암아 미군 포로들이 포로수용소 생활에 기꺼이 참여했다고 보지는 않는다고 말했다. 그가 지적했듯이, "이번 연구는 매우 독특한 종류의 전쟁에서 붙잡힌 포로들에 관한 것이었다. 한반도에서 전투를 치렀던 군대 — 이들은 궁극적인 승리를 추구하지 않는, 유엔의 '경찰 행동'에 대한 이해가 부족했다 — 의 [전쟁 수행] 동기부여 정도는 대규모 전쟁을 치르는 군인들의 그것에 비해 상대적으로 낮았을 수 있다."

미군 포로들에 대한 동양인의 심문에 관해 조사한 사회과학자들은 모두 방첩대가 축적한 방대한 양의 심문 보고서를 읽으면서 한 가지 중요한 요소를 놓쳤는데, 그것은 바로 "동양인" 심문관들이었다. 심리전을 효과적으로 수행하기 위한 미군의 전략이, 동양인 포로들을 그들의 사회적·역사적 맥락과 분리해 "심리적인 취약성" 상태로 정제하는 것이었다면, 중국과 북한의 전략은 미군 포로를 시간적·지정학적으로 확장된 사회적·역사적 맥락에 위치시켜 포로와 국가 사이의 관계를 교란하는 것이었다. 일본합동정보처리위원회는 앞서 중국 군인이 미군 포로에게 악수를 하고 담배를 권하는 것이 '세뇌' 과정의 첫 단계라고 간주했지만, 정작 미군 포로의 마음을 무장해제시킨 것은 아마도 '동양인' 심문관이 자신들이 살았던 사회적·역사적 맥락의 일부였다는 사실을 깨달은 때였을 것이다.

레너드 윌메스는 1952년 제3 포로수용소에서 통역관을 만났는데, 그는 "텍사스주 웨이코에서 공부를 하다가 1951년에 추방되었다. 영어를 유창하게 구사했으며, 옷도 깔끔하게 입었다."고 말했다. 셸턴 포스는 제3 포로수용소에 있던 "전"Zun에 대해 언급했다. "낮은 목소리로 느리게 말했고, 조용하고 신중했으며, 도쿄 대학을 다녔고, 일본어와 러시아어를 구사했으며 (…) 도쿄 유학 도중 공산당에 가입했다." 그리고 그가, "고음의 목소리"를 가졌으며 "흥분을 잘"한다고 묘사했던 제5 포로수용소의 정치 강사는 미군 포로들에게, "미국에

서 여행도 하고 공부도 했지만 슬럼가만 보았다."고 말했다.91

1951년 5월 중순 미군 포로 자켈레는 포로들이 '박 씨의 궁전'*이라 불렀던 북한군 심문 장소에 도착했다. 이후 그는 "교수"라고 불리는 북한군 장교로부터 매일 심문을 받았다. 자켈레는 '박 씨의 궁전'에 약 한 달간 머물렀고, 그곳에서는 "중국군 심문실에서 볼 수 있던 세뇌 방식은 별로 없었지만, 심문하는 동안 더 '친절'하고 '협조적인' 태도가 지배적이었다." 심문이 한 시간 정도 진행되기도 했지만, 경우에 따라 이른 아침부터 저녁 6시까지 연장되기도 했다. 자켈레가 회상하듯 "교수는 대개 미소를 지으며 인터뷰를 시작했고, 편안한 말투로 '자, 시작해 볼까요?'라고 말했다."92

'교수'는 체격이 약간 크고 안경을 썼으며, 40세 정도로 보였다. 자켈레는 그가 "상당 수준의 영어를 구사"했다며, 아마도 전직 대학교수였을 것으로 추측했다. 사실 그는 "1945년 이후 서울에서 자문 그룹으로 미국인들을 위해 일했지만, 미군의 공격적이고 부도덕한 행동으로 말미암아 이북으로 넘어"왔다고 했다. 그는 자켈레에게, "매우 포괄적인 한영사전"을 집필하고 싶다는 바람을 피력하기도 했다. 자켈레의 심문 보고서를 작성한 사람은, 교수가 "일반적으로 온화한 사람"이었으며, 포로들이 "교수"를 좋아했다고 기록했다.93 비록 "온화"하다고 묘사되었지만, "교수"의 모습은 "미국인의 모습"과 유사하다는 주장 때문에 방첩대와 일본합동정보처리위원회의 회원들을 불안하게 했을 것이다. 겁을 먹거나 모자란 듯한 모습이 아닌 "교수"는 일정한 권위와 경험을 갖고 미군과 문화에 대해 말할 수 있었다.

- '박 씨의 궁전'은 평양 인근에 있던 임시 포로수용소로, 악명 높은 심문실이 운영되었다. 박 씨의 궁전이라는 표현은 포로들이 붙인 것으로, 미군 포로들을 심문했던 "박 소좌"Major Pak의 이름에서 가져온 것이다.

세뇌당한 사람들의 삶

테네시주 멤피스 출신의 젊은 흑인 군인 클래런스 애덤스는 아르테사니의 뒤를 이어 제5 포로수용소 도서관 사서가 되었다. 당시 그는 도서관에 "1000권 이상의 책"이 있었던 것으로 추정했다. 애덤스는 회고록에서 "자라면서 책이라곤 들여다본 적도 없었지만, 어찌나 지루한지 도서관에 있는 거의 모든 책을 읽었다."고 회고했다. 그는 또한 제5 포로수용소에는 읽고 쓸 줄 모르는 미군 포로들이 있었는데, 포로들이 조직한 공부 모임들이 이런 포로들의 문해력을 높이는 데 도움을 주었다고도 말했다. 그의 공부 모임에는 윌리엄 C. 화이트와 러런스 V. 설리번이라는 흑인 포로 두 명이 있었다. 이들은 나중에 미국으로 돌아가지 않고 중국에서 살기로 선택했다. 애덤스는 이 공부 모임들에 참여한 중국인 강사들이 "육군 장교가 아니라 교수, 책 편집자였고, 심지어 미국 대학 학위를 가진 사람들도 있었다."는 데 놀랐다.[94]

애덤스, 화이트, 설리번의 이런 태도 변화는 제5 포로수용소의 백인 포로들 눈에 띄게 되었다. 애덤스는 "그들은 여전히 우리를 '검둥이'라고 불렀다. 그러나 이제 그들은 공공연하게 우리가 살아서 미국으로 돌아갈 수 없을 것이며, 만약 살아 돌아간다 해도, 우리를 찾아와 죽여 버리겠다고 말했다."라고 썼다. 애덤스는, 진보주의자로 낙인찍혔던 어떤 백인 포로가 자다가 살해된 적이 있다고 회상했다. 그는 "항상 밤에는 깨어 있고, 낮에 자려고 노력했다."고 말했다. 나중에 애덤스는 도서관에서 잠을 자기로 했고, 그가 자는 동안 다른 두 명의 흑인 포로(두 사람 모두 멤피스 출신이지만, 스스로 진보적이라고 밝히지는 않은)가 문 옆을 지키고 서 있었다.[95]

클래런스 애덤스는 나중에, 38선에서 미국으로 돌아가지 않고 중국으로 가겠다고 선언하면서, 짐 크로와 매카시즘이 있는 한 미국으로 돌아갈 수 없다고 말했다. 반역자로 낙인찍힌 애덤스 — 화이트, 설리번과 함께 — 는 미국 대중으로부터, 미국 사회에 대한 선전 선동을 퍼뜨리도록 중국인들에게 "세뇌

되었다"는 비난을 받았다. 그러나 톰슨이 한국전쟁 초기 전쟁터에서 겪었던 경험은, 흑인의 생명이 백인에 비해 쉽게 쓰고 버릴 수 있는 것으로 취급받고 있다는 사실을 그가 어떻게 이해하게 되었는지를 보여 준다. 애덤스가 제5 포로수용소에서 겪었던 일들은, 어떻게 짐 크로가 압록강 인근에 자리 잡은 포로수용소에서도 재현되고 있었는지를 보여 준다. 멤피스, 테네시, 제5 포로수용소는 서로 다르면서도 비슷했다.

거의 모든 수용소에서, 백인 포로들은 자신들이 "진보적"이라고 판단한 포로들을 감시하기 위해 무수히 많은 조직을 만들었다. KKK 이름이 가장 많이 인용되었지만, 방첩대 심문 내용에 따르면, 본국으로 송환된 미군 포로들은 다양한 이름의 조직을 언급했다. 예컨대 '진정한 미국인'True Americans, '연방 미국인의 심장부'Federated American Hearts, '소리치는 독수리'Screaming Eagles, '검은 다이아몬드'Black Diamond, '공산주의자 죽이기'Kill the Communists 등이었다. 중국인들이, 제1 포로수용소에서 KKK에 합류한 것으로 비난한 미군 포로 레이먼드 굿버렛은 "반동파들"의 의무와 [가입] 절차에 대해 설명했다. 수용소에 새로 온 사람들에게 "접근하여 관찰하고 대화를 나누는 것만이 그들의 신뢰를 얻는 유일한 방법이었다."96 포로수용소 내에서는 포로들을 구별하기 위해 수많은 어휘들이 만들어졌다. "쥐"rats는 정보 제공자를, "소품"props은 공산주의 선전을 믿는 것처럼 보이는 포로를, "분홍이"pinkies는 선전을 이제 막 믿기 시작한 포로를, "빛을 본 사람"seeing the lights은 미국에 의구심을 가진 것처럼 보이는 사람을, "반동분자"는 굿버렛처럼 공산주의자들의 세뇌에 저항하는 포로를 가리켰다. 주목할 만한 점은, 공산주의자들의 세뇌를 완강히 거부하는 사람들을 가리키는 용어는 한 가지뿐이었지만, 공산주의에 공감하고 동조할 가능성이 있는 사람들을 가리키는 명칭은 다양했다는 것이다. 진보주의자들을 묘사하는 데 사용된 또 다른 용어는 "중국인 애호가"Chink-lovers와 "벌레 사랑Love-Bugs"이었다.97 굿버렛에 따르면, 진보주의자들은 구타를 당하곤 했다. 포로 월터 마요가 말했듯이, "격리, 감시, 심문"은 포로 가운데 반동분자들이 포로들을 통제하기 위한 주요 행동 방식이었다. 이들 "조직"의 목표는 "진보파와 중국인을 괴롭히고 포로들이 중국의 선전을 듣고 믿지 못하게 하는 것" 두 가지였다.98 반동들은 "의심스러운 사람"을 발견하면 무리를 지어 그와 대화를 나누며 경고를 하고 쪽지도 보냈다."99

제5 포로수용소에서 중국 수용소 관리들은 아르테사니가 반동분자들을 위한 장소로 도서관을 이용했다고 비난하며 그를 면직시켰다. 그러나 반동적인 포로들은 수용소 내 다른 수용동 사람들과 소통하는 다른 방법을 가지고 있었다. 굿버렛은 효과적인 의사소통 수단으로 "소문이나 유언비어", "그들이 쉽게 가져갈 수 있는 곳에 쪽지를 두고 오는 것"100을 언급했다. 반동분자들은 수용소 내에서 그들만의 관행과 인프라를 만들었지만, 그것은 전적으로 다른 전쟁 포로들을 통제하고 처벌하는 데 초점을 맞춘 것이었다. 이런 노력은 포로들을 감시하기 위한 것이었으나, 중국·북한 관리들과 포로들의 교류가 상당 부분 공부 모임과 심문 과정에서 이뤄졌기 때문에, 감시가 실제로 이뤄지기는 어려웠다. 수용소 자체에는 명확한 울타리가 없었고, 일상생활에서 경비원과 감시자들이 얽혀 있었기 때문에 모든 전쟁 포로는 이런 "동양인" 공산주의자들과 끊임없이 접촉하고 있었다.

앞서 언급했듯이, 'KKK' 같은 단체들은 "동양인" 공산주의자들의 세뇌 시도에 저항하며, 미국인으로서의 자아 정체성을 유지했다고 말했다. 그렇다면 방첩대 심문관들은 왜 이 미군 포로들이 미국의 "안보를 위협"한다고 판단했을까? 미국 라스베이거스에서 온 24세의 백인 군인 조지프 램지에 대한 보고서에서, 방첩대 심문관은 램지가 "공산주의 교리와 이론에 대해 잘 알고 있다."고 지적했고, 따라서 그를 "확실한 안보 위험"으로 간주했다.101 또 다른 전쟁 포로인 조지아주 애틀랜타 출신의 윌리엄 프리먼은 자신을 "확실한 반공주의자"라고 선언했으며, 주저 없이 그들과 다시 싸울 것이라고 말했다. 그러나 방첩대 심문관은 프리먼이 "공산주의 이론, 특히 그것의 원리 및 생활에서 공산주의의 다양한 측면을 철저히 이해해 공산주의 이론에 큰 친밀감을 갖고 있다."라고 묘사했다. 그러나 방첩대 심문관에 따르면 더 중요한 것은 프리먼이 자신을 "노조원이며, 언제나 그랬다."라고 선언하며, 파업에 관한 노동조합의 권리를 제한하고, 노조 지도자들에게 공산당을 지지하지 않는다는 내용의 선언서를 제출하도록 요구했던 1947년 "태프트-하틀리 법"을 비난했다는 점이었다. 프리먼에 대한 평가에서, 방첩대 심문관은 프리먼이 "이데올로기적 정신분열증"을 가지고 있는 것으로 분류하며, 그가 "실제로 미친 사람인지 (…) 미친 척하는 것"인지 알 수 없다고 했다.102

KKK 같은 포로 조직과 방첩대 같은 미군 부서는 미군 포로들에 대한 지속적인 공식·비공식 감시 구조의 일부였다. 펜실베이니아주 이리호 출신의 24세 포로 데이비드 셰이는 방첩대 심문관에게 "우리 모두 '세뇌당한 사람'으로 분류되는 것인가?"를 물었다.103 미군 포로들이 모두 미국 정부와 군대의 눈에 의심스러운 존재가 되지 않을까라는 셰이의 우려는 옳았다. 미국 내에서는, 연방수사국과 심지어 하원 반미활동위원회HUAC까지 송환 포로에 대한 심문 및 감시에 관여하게 되었다. 1966년 클래런스 애덤스가 중국인 아내 류렌펑과 두 자녀와 함께 샌프란시스코에 도착했을 때, 연방수사국은 즉시 그를 체포해 심문했고, 하원 반미활동위원회는 그를 비공개 면담을 위해 소환했다.

1955년 8월 13일, 드와이트 아이젠하워 대통령은 미군을 위한 "행동 규범"Code of Conduct인 행정명령 10631에 서명하며, "미국 군대의 [모든-인용자] 구성원은 전투 중이거나 포로로 잡혀 있는 동안 이 행동 강령에 명시된 기준을 준수해야 한다."고 말했다. 포로들의 "세뇌" 스캔들이 벌어진 이후, 미 의회는 '전쟁 포로에 관한 미국 국방 자문 위원회'를 구성했고, 이 위원회는 1955년 8월 보고서에서 이 같은 "행동 강령"을 제안했다. "군인이 생각하는 대로 포로도 생각해야 한다"라고 위원회 위원들은 결론지었다. 이들은 카를 폰 클라우제비츠의 전쟁 이론을 인용하면서 다음과 같이 말했다. "전쟁은 '의지의 대결'로 규정되어 왔다. 훈련된 손으로 무기를 잡는다. 하지만 의지, 인격, 정신이 손을 지배하고 있다. 결국 인간의 마음을 차지하기 위한 전쟁에서는 그 어느 때

그림 7.1 "프레스턴 데이비스 병장이 (…) 포로수용소에서 만든 베이스 바이올린을 레이먼드 매티스 일등병과 제임스 스파뇰리오 일등병에게 보여 주고 있다." 한국, 자유의 마을. 조 애덤스 일등병(미국 국가기록관리청) 제공.

그림 7.2 "자유의 마을" 입구에 세워진 표지판에 "환영: 자유의 문으로"라고 한글과 영어로 쓰여 있다. AP통신 사진작가 프랭크 노엘이 중국과 북한군이 운영하는 포로수용소에 잡혀 있다가 송환되어 자유의 문에 도착하는 모습(미국 국가기록관리청).

보다 도덕적 품성, 의지, 정신이 중요하다." 간략하게, 다섯 부분으로 되어 있는 이 행동 강령은 교리문답을 본떠 만든 것으로, 미군들이 배우고 외워서 내면화하여 전투 중에는 물론이고 감금 상태에서도 자신을 강화할 일련의 선언문이었다. 이는 다음과 같이 시작된다. "나는 미국의 전투원이다. 나는 조국과 우리의 생활 방식을 지키는 군에서 복무한다. 나는 이를 위해 목숨을 바칠 각오가 돼 있다."로 시작된다. 그리고 마지막 다섯 번째 부분에는 "나는, 내 행동에 책임을 지고, 내 조국을 자유롭게 한 원칙들에 헌신하는, 미국의 투사임을 결코 잊지 않을 것이며, 나의 하나님과 미국이라는 나라를 믿을 것이다."라고 되어 있다.

한국전쟁 당시 포로와 관련된 위기는 전쟁의 성격에 대한 공식적인 재개념화를 촉발했다. 자문 위원회는 "현대전의 전장은 모든 것을 포괄한다."라고 밝혔다. "오늘날에는 멀리 떨어진 전방도 없고, 아무도 살지 않는 땅[중간 지대]도 없으며, 먼 후방 지역도 없다." 실제로 미국 시민은 미군과 함께 이 새롭고 긴급한 전쟁의 논리를 이해할 필요가 있었다. "현대전은 모든 시민의 문 앞으로 도전을 가져왔다. 따라서 우리가 제안하는 강령은, 생존의 문제가 바로 우리가 사는 곳의 주요 거리에서 발생한다면 모든 미국인을 위한 강령이 될 수 있다." 제2차 세계대전의 총력전 국가에서는 시민-군인이 이상적인 시민이었다. 그는 동원될 준비가 되어 있었고, 이런 열의는 자유 시장의 자본처럼 무한한 것처럼 보였다. 그러나 개입 전쟁에 기반한 국가에는 시민-포로가 중요한 이념형이 되었다.[104]

결론
전쟁의 디아스포라

다음 쪽에 실린 사진에서 벽에 기대어 있는 널빤지는 [통영] 용초도[현 용호도]에 위치한 어촌의 작은 집에서 수년간 마룻바닥으로 사용되었던 것이다. 집주인이 거실 바닥을 새로 설치하기 위해 이 판들을 뜯어내자, 널빤지 밑면에 굵고 검은 글씨로 쓰인 커다란 한글 글씨가 드러났다. 이 글자를 쓴 건 한국전쟁 포로들이었는데, 인근 어촌의 거의 모든 집에서 이런 널빤지를 집의 벽재나 바닥재로 쓰고 있었다. 용초도와 인근 추봉도에는 한국전쟁 당시 극비리에 포로수용소가 설치·운영되었다. 공식적인 미군 문서 대신, 마을 주민들의 기억과 포로수용소의 물리적·물질적 잔해들이, 아직 끝나지 않은 전쟁의 독특한 아카이브로 기능하고 있다.

    1953년 7월 정전협정이 체결된 후 송환이나 설득을 위해 포로들이 판문점으로 이송되자, 포로수용소 가까이에 살던 현지 주민들은 포로수용소의 자재들을 살뜰히 해체했다. 모든 것이 폐허가 된 시기였으므로 철사, 나무 널빤지, 금속 등은 모두 귀중한 물자였다. 주민들은 이런 재료들을 수거해 재사용했다. 포로수용소 자체가 집을 짓는 재료를 비롯해 주민들에게 요긴한 필수품으

그림 8.1 현지 주민들이 벽재나 바닥재로 사용했던 포로수용소 목재(저자 촬영).

로 바뀌면서, 주민들의 손에 의해 다시 살아났다. 포로수용소의 흔적은 널빤지에 쓰인 글, 미 육군이 만든 대형 저수지, 폐허가 된 채 남아 있는 석조 칸막이 등에서 찾을 수 있었다.

그런데 왜 이 두 포로수용소는 비밀리에 운영되었을까? 마을 사람들이 회상하고 들려준 역사에 따르면, 이 수용소에는 가장 열성적인 친공 포로들이 수용되어 있었다. 앞서 살펴본 내용에 비추어 볼 때, 이 수용소들은 도드 납치 사건 이후 미군, 특히 수용소 지휘관인 헤이든 보트너가 포로들을 좀 더 작고 다루기 쉬운 수용소로 옮기려 했을 때, 세워졌을 가능성이 가장 크다. 그 당시 반공 포로들은 모두 육지에 설치된 수용소로 보내졌다. 반면 자신의 처지를 망각하고 신임 지휘관의 명령을 따르지 않은 포로들을 훈육하고 처벌하기 위해, 친공 포로가 장악한 수용동에는 낙하산부대가 투입되었다. 조선인민군 및 중국인민지원군 포로 대표단에 관련된 사람들이 조선인민군의 다른 고위급 장교들과 함께 이 두 섬에 세워진 수용소에 보내졌을 가능성이 크다.● 그러나 마을 사람들은 기억을 떠올리면서, 포로들에 대한 두려움이나 혐오감을 표현하지 않았다. 실제로 포로들 가운데 한 명이 수용소를 탈출했지만, 멀리 가지 않고 마을에서 살다가 젊은 여자와 결혼해 농부가 되었다고 한다. 마을 사람들의 증언에 따르면, 미군은 한국인들 사이에서 누가 누군지 구분하지 못했다.

나무 널빤지에 적힌 글과 포로수용소 주변에서 자란 마을 사람들이 증명하고 있듯이, 한국전쟁은 결코 이 마을을 떠난 적이 없었다. 널빤지에 적힌 글씨와, 포로였다가 그 지역에 살면서 농부가 된 사람의 모습은 전쟁 당시의 삶과 전쟁이 끝난 뒤의 삶에 주목할 수 있는 특별한 방법을 보여 준다. 전쟁이 남

● 1952년 5월 도드 소장의 납치 사건 이후 새로 취임한 보트너는 6월부터 거제도에 남아 있던 친공 포로들을 분산해 다른 지역들로 이주시키는 조치를 취했다. 이를 위해 용초도, 봉암도 등 작은 섬에 더 규모가 작고 격리된 새로운 수용 시설이 건설되었다. 용초도에는 북한으로 송환을 희망하는 약 8000명의 포로들이 억류되어 있었다. 김학재, 『판문점 체제의 기원』, 421, 422쪽.

긴 다양한 유산들은 (비록 한국전쟁은 이 마을을 떠난 적이 없긴 하지만) 아시아와 태평양 제도에서 계속 진행되고 있는 탈식민지화의 문제와 더불어 전쟁이 부단히 이어지는 세계를 상기시키고 있었기 때문이다. 널빤지에 쓰인 글과 포로 출신의 농부는 한반도에서 미국이 수행한 패권주의적 프로젝트의 실질적 한계를 보여 주었다. 그들의 욕망과 두려움은 궁극적으로 미국에 의해 형성된 것이 아니었다. 포로들의 글쓰기는 자신들의 정치적 주체성과 상상력을 표현하려는, 다시 말해 감금을 통해 그들을 침묵시키려고 했던 공간을, 그 누구도 부인할 수 없을 그들의 목소리와 현존이라는 가시적인 형태로 덮어 버리겠다는 강력한 의지의 표현과도 같았다. 한때는 포로였던 이가 자신을 가두었던 포로수용소의 그늘 아래에서 마을 주민들과 함께 살기로 한 선택은 미국과 신생국가 대한민국이 내세운 항구적인 '예외 상태'에도 불구하고 일상을 일구어 나가려는 한국인 주체들의 모습을 보여 준다. 그것은 자결, [농부가 일구는] 토지, 해방된 삶이란 어떠해야 하는지에 대한 기본적인 질문을 끊임없이 기억하고 그리로 돌아가려는 고집스러운 모습이었다.

한국전쟁은 전 세계적으로도 계속되었다. 스위스의 제네바도 한국전쟁의 현장 가운데 하나였다. 1953년 7월 정전협정의 최종 항목에는 전쟁에 참여한 각국을 대표하는 관료들이 "한반도에서 모든 외국 군대의 철수, 한국 문제의 평화적 해결 등을 협상을 통해 해결할 수 있도록 하는" "정치 회담"을 소집하도록 규정되어 있었다.[1] 1954년 4월, 약속된 회담이 제네바에서 열렸다. 이 회담의 목적은 탈식민지와 냉전 사이의 접점에 놓인 두 가지 정치적 문제, 즉 한국과 인도차이나 문제에 대해 논의하는 것이었다. 호치민은 1945년 9월 프랑스 식민지 지배로부터 베트남의 독립을 선언했고, 프랑스는 결국 미국의 지원을 받아 군사력으로 식민 지배를 재천명했다. 제네바 회의가 진행되던 5월 첫째 주에 프랑스군은 디엔비엔푸 전투에서 결정적으로 패배했으며, 그 결과 1954년 7월 지도 위에 두 개의 줄이 그어졌다. 한반도 위에는 38선이 남아 있었고, '한국 문제'는 해결되지 않았다. 그리고 인도차이나에서는 17도선이 비무장지대가 되어 북쪽과 남쪽으로 베트남을 갈라놓았다. 제5 포로수용소의 사서였고, 중국을 택한 스물한 명의 포로 가운데 한 명인 클래런스 애덤스•는 린든 존슨 대통령이 베트남에 미군을 파병한다는 이야기를 들었을 때를 다음과 같이 회상했다. "베트남에서 일어나고 있는 일은 내게 너무 익숙한 일이었다."² 1965년 8월, 라디오 하노이에서는 확성기를 통해 베트남 전선에 애덤스의 메시지를 방송하고 있었다. "나는 미군 전체가 아니라 흑인 병사들에게만 방송을 하고 있다."라고 애덤스는 말했다. 그는 한국전쟁 당시 자신이 속했던, 흑인들로 구성된 연대가, [후퇴하고 있는] "백인 부대를 구하기 위해 희생된 경위"를 설명하며, 미국 내에서의 짐 크로와, 미국이 해외 군사개입을 통해 주장하는 민주주의 사이의 명백한 모순을 지적했다.³

테네시주의 멤피스 역시 끝나지 않은 한국전쟁의 장소였다. 휴전 후 베이징 인민대학에 다녔던 애덤스는 문화혁명으로 이어지는 세월 동안 정치적 흐름이 바뀌는 것을 보고, 결국 아내인 류린펑과 두 자녀들을 데리고 중국을 떠나 미국으로 돌아가기로 결심했다. 미국 정부는 애덤스와 그의 가족에 대해 세 달 동안이나 이어진 국무부의 심문에서부터, 미국으로 향하는 배에서 이루어진 중앙정보부의 심문, 그리고 호놀룰루에 도착한 직후 연방수사국의 심문까지 촘촘한 일련의 심문 네트워크를 만들었다. 적어도 고향인 멤피스에서는 살아갈 수 있겠다고 생각해, 애덤스는 가족을 고향으로 데려갔다.⁴ 하지만 그곳에서도 하원 반미활동조사위원회에 불려 다니며 홍역을 치렀고, 지속적으로 연방수사국의 감시를 받았으며, 큐클럭스클랜의 협박 전화에 시달렸다. 또

• 클래런스 애덤스(1929~99년)는 한국전쟁 당시 중국군에 잡혀 포로가 되었다. 그는 미국 송환을 거부하고 중국에 남았고 중국 여성과 결혼했다. 베트남전 당시 흑인 병사들을 상대로 한 방송에서 그는 다음과 같이 말했다. "여러분은 베트남 사람들의 자유를 위해 싸우고 있다고 생각할 것입니다. 하지만 여러분의 조국에서 여러분은 어떤 종류의 자유를 누리고 있습니까. 버스에서는 뒷좌석에 앉아야 하고, 어떤 식당이나 상점에는 들어가지도 못합니다. (…) 집으로 돌아가, 미국의 민주주의를 위해 싸우십시오." 1966년 미국으로 돌아와 정착했으며 1999년 사망했다. 위키피디아 참조.

한 지역사회에서 '빨갱이'로 낙인찍히는 바람에 애덤스는 안정적인 직업을 찾을 수 없었다. 결국 그는 1972년 아내와 함께 멤피스에 최초의 중국 음식점을 열었다. 훗날 그는 여덟 곳의 중국 음식점 체인을 운영하게 되었는데, 그 식당에는 가끔 멤피스 출신의 흑인 군인들이 찾아와 "그 방송을 한 사람이 바로 당신이었군요."라고 말하곤 했다. 한국, 중국, 베트남 그리고 멤피스는 한국전쟁과 베트남전쟁의 흑인 퇴역자들에게는 서로 그리 먼 것이 아니었다.5

미국이 수행한 전쟁은 태평양을 가로질러 캘리포니아주 로스앤젤레스에도 있었다. 1970년대 말 '중립국을 선택한 76명의 포로' 가운데 한 명이었던 주영복은 브라질 상파울루에서 미국으로 이주했다. 주영복과 그의 가족은 로스앤젤레스에 정착했다. 그 당시 의류와 세탁업에 종사하던 다른 많은 한국인 이민자들과 마찬가지로 주영복 역시 세탁소를 열었다.6 주 씨는 50대 중반에, 만주에서 하얼빈, 한국, 인도, 브라질을 거쳐 로스앤젤레스로 또다시 이주를 한 것이다. 그 무렵 40대 초반이었던 샘 미야모토 역시 미국-일본 간 무역업에 종사하며 로스앤젤레스에 살고 있었다. 한국전쟁 당시 심문관으로 징집되었던 샘 미야모토는 주영복과 같은 시기에 거제도에 있었다. 이 두 사람은 유엔군사령부 제1 포로수용소의 철조망을 두고 서로 다른 쪽에 있었다. 제2차 세계대전 당시 포스턴 억류 수용소에서 적국 출신 거류 외국인으로 분류되어 있다가, 미·일 간에 이루어진 '포로 교환'으로 도쿄로 이주해 무국적 청소년으로 살아야 했던 미야모토에 따르면, 전시에 경험한 폭력은 축적되어 그의 가족에게 물리적인 흔적을 남겼다고 한다. 미야모토는 히로시마로 함께 여행을 갔던 동생이 나중에 뇌종양에 걸렸다고 했다. 이는 원자폭탄을 투하한 직후 히로시마를 거닐면서 자신도 모르게 엄청난 수준의 방사능에 노출되었기 때문일 가능성이 크다.7 주영복과 미야모토가 전쟁에서 살아남기 위해 끊임없이 내려야 했던 선택들은, 미국 내 인종적 상상 속에서 일본계 미국인 사업가와 한인 이민자 세탁소 주인이라는 인물이, 한국전쟁, 아시아 태평양전쟁, 태평양에서 미국의 확장주의적 야망(과거, 현재, 미래의)을 망각하는 형태를 분명히 보여 준다. 일본계 미국인 사업가와 한국인 이민자 세탁소 주인은 '아메리칸드림'을 증명하는 이야기가 되어야만 미국 사회의 풍경 속에서 비로소 가시화될 수 있다. 이 아메리칸드림 속에서 아시아계 미국인 또는 아시아계 이민자들은 — '미국인'이 되기 위해 — 동화되기 위해 노력한다. 그러나 미야모토와 주영복은 이미 [무엇인가가] '된다는 것'의 폭력적 한계를 경험했다.

심문실을 통해 한국전쟁의 이야기를 들려줄 때, 전쟁의 파괴적 측면뿐만 아니라 전쟁의 생산적 능력이 생생하게 드러난다. 전쟁 포로들과 심문관들은 국가가 전쟁을 정치 전략으로서뿐만 아니라 통치governance의 한 형태로 사용한다는 것을 잘 알고 있었다. 군인들이 전쟁터에서, 대규모 공중폭격을 통해, 그리고 심문실에서 고문을 통해 저지른 폭력을 단순히 "부도덕"하거나, "사악"하거나, "비이성적"인 것으로 보기보다는, 좀 더 크고 함축적인 렌즈를 통해 들여다봐야 한다. 고문과 관료주의, 인명 살상과 국가 건설, 전쟁터와 국제법, 다시 말해 폭력과 자유주의 언어 사이에 존재하는 심대한 친밀성intimacy이 이 연구의 핵심이다. 전쟁 앞에서 "공포"라는, 추상화되고 보편화된 의식의 수준에 머무르는 것은, 본질적으로 전쟁이 만들고 촉진하는 더 깊은 폭력 — 즉 "전쟁"이 집단 폭력의 도가니를 통해 "새로운 주체"를 만들어 낸다는 사실 — 을 부정하는 것이다. 클래런스 애덤스, 주영복, 그리고 샘 미야모토는 전쟁의 결절점인 심문실에서 이런 국가와 제국을 건설하는 과정에서 자행된 폭력을 경험했다.

메리 덧지액에 따르면, 한국전쟁은 처음에 폴 니츠와 딘 애치슨이 구상하고 바랐던 대로 NSC-68을 출범시키는 데 필요한 딱 들어맞으면서도 도덕적인 서사를 제공했고, 따라서 국내 정치와 국제 문제 모두에 큰 영향을 미쳤다. "한국[전쟁]은 또한 원자폭탄 시대에 벌어진 최초의 중요한 군사적 충돌이었고, 미국이 20세기 내내 개입할 전쟁의 본보기가 되었다."[8] 워싱턴 DC에서 심리전략위원회 위원들은 트루먼의 안보 국가 내에서 자신의 유용성과 권위를 보여 주기로 결심했고, 이 새로운 전쟁의 형세와 동학을 정의하는 데 직접 나서기로 했다. 1952년 10월 30일 자 경과 보고서에서, 심리전략위원회는 그들이 1951년에 제안한 프로젝트, 즉 포로 자원 송환 제안에 대한 지난 몇 달 동안의 전략을 재검토했다. 전쟁이 한창 전개되던 이 시점에 도드 납치 사건이 전 세계 언론을 통해 대대적으로 알려졌고, 이와 더불어 수용소 철조망 울타리 뒤에서 일어난 소요 및 살인 사건에 대한 보도가 뒤를 이었다. 당시 친공 포로들은 자원 송환 예비 심문에 저항하고 있었다. 이에 대해 심리전국의 메모에 따르면, "미국이 반론을 제시하긴 했지만, 포로수용소에서 벌어진 소요 사태에 대한 언론의 관심은 공산주의자들에게 더욱 효과적인 선전 거리를 제공했다." 이에 대한 대응책으로 미군은 또 다른 프로그램을 내놓았다. "한반도 이북 지역의 78개 도시에 거주하는 민간인들에게 유엔군사령부의 폭격이 임박했음을 경고하는 프로그램의 시행은, 비전투원들의 생명을 구하려는 의도를 표현하는 동시에, 판문점에서 협상 중인 공산주의자들을 압박하기 위한 것"이었다.9 심리전략위원회는 민간인에 대한 사전 경고와 자원 송환 정책을 동등한 것으로 보았다. 전단지 살포를 통해 이루어진 사전 경고는 자원 송환 정책과 마찬가지로 미국의 자비와 인도주의를 나타내는 제스처였다. 여기서 생사 여부는 자원 송환 문제와 마찬가지로 개인들이 책임져야 할 문제가 되었다. 폭격이 이루어지기 전까지 그 지역을 떠나지 않았다면, 폭격으로 인한 죽음은 전적으로 민간인 본인의 결정에 따른 것이었다. 이런 논리에 따르면, 한반도에서 수많은 민간인들이 죽은 것은, 미국이 이북의 주요 도시에 있는 민간인들을 목표로 한 대규모 폭격 프로그램을 계획하고 시행했기 때문이 아니라, 그 지역에 있던 개인들이 선택한 결과가 되었다.

이런 상황에서, 개별 주체[의 선택]에 과도하게 주목하고 과잉 평가를 하는 것은 미국이 수행하는 자유주의 전쟁의 핵심 요소였던 대규모 폭력을 은폐할 수 있게 했다. 78개 도시의 민간인들을 겨냥한 융단 폭격은, 1950년 '만주의 숨통을 따라' 30개의 원자폭탄을 투하해 '방사능 코발트 벨트'를 만들어 북쪽에서 한반도를 침입하지 못하게 하자는 맥아더의 제안과 잘 들어맞는다. 맥아더의 후임으로 그나마 덜 독단적 인물로 여겨졌던 리지웨이 장군이 왔지만,

그 역시 38개의 원자폭탄에 대한 처분권을 요청했다.10 사전 경고 방법은 폭탄 투하 이전에 하늘에서 전단지를 뿌리는 것이었다. 안전한 항복을 보장하는 전단지 — 오세희가 윗도리 안주머니에 숨겨 두었던 것처럼 — 는 그 병사를 어떤 죽음으로부터 구하기 위한 것으로 간주되었다. 방첩대가 수행한 "첩보전"의 영향 아래, 거의 대부분의 한국인들이 의심을 받았다. 만일 한국인들이 [폭격이 예정된 곳에] 남기로 선택한다면, 그런 선택은 그들이 '적'이었음을 확인해 줄 것이고, 따라서 처분할 수 있는 존재가 되는 것이었다.

구조의 대상들은 언제라도 폭력의 표적이 될 수 있었다. [죽음을 의미하는] 폭탄과 [안전을 보장하는] 전단지 사이에서, 심문실은 이런 역동적인 전시 작전을 수행하는 중요한 톱니바퀴였다. '개입 전쟁'에서 미국은 군사 관료 체제와 폭력을 모두 동원하기 위해 포일foil*이나 적 이상의 것이 필요했다. 한국전쟁에서 심문실은, 한반도의 독립에 관한 카이로선언의 표현을 사용하자면, '동양인의 정신'이 '적절한 시기에'라는 문구가 [의미하는 미성숙함이] 영원히 지속되는 상태에 있다는 전제 위에서 작동했다. 이 같은 미해결 상태, 즉 "거의, 완전하지 않은"almost, not-quite 상태를 만들고 유지하는 것이, 미국이 필요할 경우 전시 폭력의 대상이 될 수도 있는 주체를 만들어 내는 심문의 목표였다. '동양인'들은 의심스럽고 믿을 수 없었지만, 이와 동시에 무언가 열망을 가지고 분투하고 있었다. 여기서 우리는 반공주의 대 공산주의라는 기존의 냉전 이분법으로 한국전쟁을 바라보는 것은 너무나 불충분하며, 오히려 식민주의, 주권, 인정[승인]의 문제가 한국전쟁의 전장에서 훨씬 더 핵심적이었음을 알 수 있다. 이는 사람의 내면이 어떻게 한반도에서 벌어진 전쟁의 지형이자 전쟁 개시의 논리[정당성]가 되었는지를 보여 준다.

휴전 이후 포로 송환에 관한 숫자를 집계하는 것은 매우 협소한 내용만을 말할 뿐인데, 이 속에 담긴 '선전'propaganda의 논리가 우리의 시야를 협소하게

* 연극이나 이야기에서 주인공을 돋보이게 하는 인물을 가리킨다.

만든다. 전쟁 발발 전 북한 지역에 살았던 포로 가운데 7만 5823명이 북한으로의 송환을 선택했고, 7826명은 송환을 거부했으며, 74명은 중립국을 선택했다. 중국군 포로 가운데 6670명은 송환을, 1만 4692명은 송환 거부를, 12명은 '중립국'을 택했다.11 중국군과 북한군의 보호 아래 있던 미군 포로 가운데 3746명이 송환을 선택했고, 21명은 송환을 거부했다. 국군 포로 8321명은 송환을, 335명은 비송환을, 2명은 중립국을 선택했다. 북한군 포로들은 [체제의] 선전과 관련해 미국에 승리를 안겨 주지 않았지만, 미국 관리들은 대신 중국군 포로들을[즉, 이 중 송환을 거부한 포로의 숫자를 체제 경쟁에서 자신들이 거둔 승리의 증거로] 지목했다. 중국군 포로들의 선택 이면에 놓여 있는 역사는, 2만여 명의 중국군 포로들이 냉전 정치를 저울질해 [친공이냐 반공이냐에 따라] 개별적으로 내린 결정들의 총계[곧 6670명의 포로는 친공을, 1만 4629명의 포로는 반공을 선택했다는 식으]로 설명될 수 없다는 사실을 보여 준다. 데이비드 청 창은 중국군 포로들의 한국전 경험에 관한 연구에서, 포로들의 결정은 "한국전쟁이 발발하기 이전 국민당과 공산당 치하의 중국에서 그들이 겪었던 다양한 경험과 직접적인 관련이 있다."라고 설명한다.12

이 책은 미국, 중국, 일본 사이에서 한국의 주권 문제가 제국주의적·팽창주의적 야망이 경합하는 전략적 장소가 되었던 20세기 초반으로 거슬러 올라간다. 그리고 20세기 중반, 한국은 다시 한번 이 지역, 나아가 아시아 태평양 지역에서 패권을 차지하기 위한 중요한 화약고가 되었다. [한국전쟁 당시 건설된] 포로수용소는 미군이 태평양 지역에 구축하고 있던 대규모 네트워크의 결절점이었다. 미국 해군은 일본인들을 해외 노동력으로 고용했다. 일본 공장들은 한국전쟁 기간 동안 미군의 무기고 역할을 했다. 또한 미군 사령부를 비롯한 미군의 주요 거점이 된 일본은 급속한 경제 발전을 이룰 수 있었다. 일본 총리 요시다 시게루는 한국전쟁을 "신이 내린 선물"이라 부르기도 했다.13 그러나 [그러는 사이에도] 미군 방첩대는 한국과 일본 양국에서 작전을 펼치고 있었다. 방첩대가 일본에 거주하던 한국인 좌익 인사들을 파악했을 때, 미군 관계자들은 이들을 한반도에 있는 포로수용소에 수감하는 방안을 진지하게 논의했다. 이는 일본 본토에서 식민 질서를 유지하려는 미국의 정책을, 한반도에서 수행하고 있는 개입 전쟁에 효과적으로 연결하는 정치적 비판과 이견을 억압하기 위한 것이었다.

이렇게 대규모로 [전 세계에] 뿌리내린 네트워크와 군사화 정책, 그리고 감시 체계는, 20세기에 미국이 제국을 건설해 왔던 방식과 그 특징에 익숙한 사람들에게는 놀라운 일이 아닐 것이다. 앨프리드 매코이는 필리핀을 감시 국가 미국의 "실험실"이라고 불렀다. 그레그 그랜딘은 라틴아메리카를 미 제국의 "작업장"이라고 묘사했다. 랄레 칼리리는 미국이 전 세계 곳곳에서 수행했던 비대칭 전쟁과 대반란전의 오랜 식민주의 역사를 추적해 왔다.[14] 그리고 한반도의 비무장지대가 보여 주는 것처럼 한국전쟁이 여전히 끝나지 않고 지속되고 있는 모습은, 크리스틴 홍이 지적했듯이 미 제국의 핵심부에 어떻게 "전쟁"이 현존하고 있는지를 보여 주는 사례이다. "전쟁은 (…) 민주주의를 가능하게 해 주는 조건으로서 [민주주의를] 구원하기 위해 나타나는데, 여기서 민주주의는 불확실한 미래로 끊임없이 연기된다."[15] 미국이 자유주의 전쟁을 구원의 도가니로 수용했다는 사실은, 우리가 이런 개입 전쟁에 어떻게 관심을 기울여야 하는지와 관련해 매우 중요하다.

이 책은 냉전 시대의 첫 번째 "열전" — 한국전쟁이라고 불리는 "경찰 행동" — 이 어떻게 이 같은 ('개입 전쟁'으로도 널리 알려진) 합리적 전쟁의 도가니가 되었는지를 보여 주었다. 전쟁의 심문실 내부로부터, 이 책은 국경과 영토를 둘러싸고 벌어지는 통상적인 냉전의 전쟁터와는 다른 자유주의 전쟁의 풍경을 그렸다. 심문실 안에서 전쟁의 지형은 사람들의 내면 세계였다. 인간의 정신, 영혼, 욕망을 대상으로 정치적 정당성을 획득하기 위한 이 투쟁은 관료주의, 사회과학, 정치적 이론화와 같은 이성적인 도구를 사용해 수행되었는데, 이는 자유주의의 "개입 전쟁"이라는 논리가 탈식민화 직후 전쟁법이 위기에 닥친 순간에 어떻게 생겨났는지를 보여 준다.

심문실이라는 프리즘을 통해 이 책은 심문관과 포로 사이의 압축적이고 친밀한 대화에 수반되었던 중요한 문제들을 가지고 한국전쟁의 이야기를 시작할 수 있었다. 일상적이지 않은 폭력의 위협을 안고 있던, 전쟁의 가장 일상적인 사건인 심문은 또한 한국전쟁에 대한 이야기를 말할 수 있는 새로운 길을 열어 주었는데, 이는 우리로 하여금 한국전쟁에 대한 평범한 사람들의 경험을 정치사로서 진지하게 받아들일 수밖에 없도록 한다. 대체로 한국전쟁의 정치사는 전쟁 도중 벌어진 사건, 유명한 인물의 행위, 그리고 그 결과에 대한 하향식 서술 분석 안에 머무른다. 이 책에도 우리에게 잘 알려져 있는 관료, 외교관, 군인 등의 역사가 포함되어 있다. 그러나 이 책에서 생과 사의 갈림길에서 전 지구적으로 펼쳐진 지정학을 헤쳐 나갔던 사람들은 보통 사람들이다.

우리는 1945년 이후 한반도의 농민들(이들은 훗날 전쟁 포로가 되기도 했다)이 품었던 해방과 탈식민지화에 대한 생각을 진지하게 살펴봐야만 했고, 얼마 전까지만 해도 미국 내에 설치된 억류 수용소에 갇혀 있었던 일본계 미국인 심문관들이 전쟁과 민족주의에 대해 품었던 개념에 대해서도 진지하게 살펴봐야만 했으며, 태평양을 가로지르는 폭력의 생생한 경험들 — 즉, 일본 식민 지배로부터 해방된 이후 한국인들이 겪었던 경험, 총력전 국가가 만들어지던 시기 미국인들이 겪었던 경험 — 에 대해서도 진지하게 살펴봐야만 했다. 이런 종류의 정치사에 관심을 기울이는 것은 2000년대에 들어서 세계 정치를 형성하고 있는 오늘날의 전쟁 패러다임에 도전하기 위해서도 매우 중요하다.●
만약 미국이라는 제국이 스스로를 목적론적 종착지로 간주한다면, 미 제국의

● 2001년의 9.11 테러 이후 미국의 조지 W. 부시 정부는 '테러와의 전쟁'을 추진하면서 '이란, 이라크, 북한'을 악의 축으로 설정했다. 2001년에 아프가니스탄 폭격에 이어 2002년 국가안보전략보고서는 미국이 자기 방어를 위해 선제적인 행동을 할 것임을 명시했으며, 2003년에는 사담 후세인을 제거하기 위해 이라크를 침공했다. 부시 정부는 전 세계의 독재 정부를 무너뜨리고 자유와 민주주의를 전 세계에 확산시킨다는 강경한 보수적 외교 노선을 지향한 것으로 평가된다. Joyce P. Kaufman, *A Concise History of U.S. Foreign policy* (Rowman & Littlefield, 2017), pp. 142-152.

전쟁은 불가피하게 폭력적인 형태를 띨 수밖에 없을 것이다. 끝없는 전쟁, 끊임없는 위협, 만연한 의혹에 대한 서사는 개입 전쟁을 유일하게 가능한 논리적 행동으로 계속해서 밀어붙일 것이다.

한국전쟁은 아직까지도 공식적으로 끝나지 않았다. 1953년 7월에 체결된 정전협정은(포로 송환을 둘러싼 논란으로 인해 18개월 동안 미뤄지다 1953년 7월에야 체결되었다) 전쟁을 긴장되고 굴절된 상태로 지속시키고 있다. 냉전의 와중에 벌어진 열전으로 아직도 남아 있는 한국전쟁은 역사적 서술의 일반적 요소들을 혼란스럽게 하는 것 같다. 이 전쟁에 구체적인 형상을 부여하려 할 때마다 마주치는 어려운 모순은, 그런 시도를 할 때마다 더욱 배가되는 것처럼 보인다. 한국전쟁은 미국 역사에서 잊힌 전쟁이 되었지만, 20세기 후반부터 2000년대에 이르기까지 한반도 위에 존재하는 초무장된 비무장지대라는 형태로 여전히 남아 있으며, 전 세계인들은 이를 계속해서 지켜보고 있다. 한국전쟁에 지속적으로 에너지를 공급해 온 근본적인 논리와 추진력 — 국가 안보 — 은 한국, 동아시아, 그리고 미국에서 일상적인 언어와 정치의 일부가 되었다. 한국전쟁은 어디에나 있고 또 어디에도 없는 전쟁이다. 그것은 물리적 영토뿐만 아니라 사람들의 의식에도 깊은 흔적을 남기고 있다.

감사의 말

내가 아무리 감사를 표현해도 결국 턱없이 부족할 것이다. 하지만 적어도 우리가 말한 이 이야기들에 관심을 기울이는 방법에 대해 많은 것을 가르쳐 주신 내 논문 심사위원들부터 시작해야겠다. 페니 폰 에센 교수는, 아마 학문을 하는 데 있어 가장 중요한 교훈 가운데 하나일 가르침을 주었는데, 그것은 역사에 대해 명확히 기술하되 권력과 역사에 대한 일상적인 인간의 투쟁을 드러내는 데 전념하라는 것이다. 학자로서 나의 성장은, 우리 자신과 사회 변화 간의 관계를 재해석하기 위해 끊임없이 다시 사고하고 다시 배우는 데 전념해 온 헨리 임에게 빚지고 있다. 정치와 역사를 붙들고 씨름하며 역사적인 기록물들에 어떻게 관심을 기울여야 할지, 그리고 또 전쟁사를 어떻게 써야 할지에 대해 고민하는 내게 사리타 시의 대담함과 명석함은 커다란 영감을 주었다. 스콧 구라시게는 진실성이라는 핵심 질문을 항상 가장 중요한 과제로 제시해 주었고, 그 점에 대해 감사드린다.

　미시간 대학교에서, 나는 권력, 서사, 경험에 대한 질문을 던지는 것이 공동의 노력이 될 수 있음을 배웠다. 영감을 불어넣는 데 천부적인 능력을 가진 메러디스 우는 내가 도착하자마자 나를 한국학 센터로 이끌어 주었고, 데이비드 청, 곽노진, 류영주, 이지영과 함께한 이 센터는 내가 미시간에 있는 내내 나의 지적인 안식처가 되어 주었다. 미시간 대학교에서 가장 먼저 나를 반겨 준 사람은 레베카 스콧이었는데 정말 행운 같은 만남이었다. 감사하게도 장 에브라르는 문서고 속에 들어 있는 주변적인 것들, 부수적인 것들, 또 그 안에 담긴 표현들[몸짓들]을 모두 소중히 여기도록 가르쳐 주었고, 나를 파리사회과학고등연구원의 학술 공동체에 소개시켜 주기도 했다. 인문학 연구소에서 대니 허위츠 소장과 함께, 나는 진정한 유대감을 나눌 수 있었던 대학원생들을 만났다. 에바 뒤뷔송, 에이미 로저스, 다나 애그몬, 렘빗 비처 등이 바로 그들이었다. 론 수니가 이끄는 아이젠버그 역사 연구소 또한 고무적인 대화의 공간이었다. 이 프로젝트를 위한 추가적 대학원 연구비는 역사학과, 랙햄 대학원, 한국국제교류재단, 조세핀 드카르망 펠로십, 풀브라이트 IIE, 코리아 소사이어티에서 지원받았다. 그러나 이런 연구비를 조율하는 과정은 역사학과 사무실의 로나 알트스테터, 실라 콜리, 캐슬린 킹, 다이애나 데니의 지원이 없었다면 불가능했을 것이다. 대학원에서 공부를 하는 동안 내가 조금이라도 정신적 평온을 유지할 수 있었던 것은 모두 그들 덕분이다. 그리고 진정한 스승은 나와 수많은 대화와 식사를 나눈 친구들이었다. 이사벨라 퀸타나, 라키샤 시먼스, 타이미야 자만, 지 리, 클레이 하워드, 제이슨 가빌란, 릴리 가이스머, 강진연, 딘 사라닐리오, 샘 어만, 이혜진, 조엘 모우디, 시모나 바이코시마.

조앤 스콧과 크리스틴 홍은 이 책의 일부 내용을 초기부터 편집하고 논의해 준 분들로, 내가 이 글의 윤곽과 핵심을 좀 더 명확하게 하는 데 도움을 주었다. 3장의 특정 부분은 "Empire's Babel: U.S. Military Interrogation rooms of the Korean War", *History of the present: A Journal of Critical History* 3:1 (Spring 2013), pp. 1-28을 확장 및 보완한 것으로, 이 책에 활용할 수 있도록 허락해 준 일리노이 대학교에 감사드린다. 또한 *position* Vol. 23:4, pp. 695-728에 게재된 "The intelligence of Fools: Reading the US Military Archive of the Korean War"를 수정해 책에 수록할 수 있도록 허락해 준 듀크 대학교 출

판부에도 감사를 전한다.

　이 연구를 진행하는 동안, 나는 그들의 지식과 시간을 나와 공유해 준 사서들의 관대함과 의지에 의존했다. 메릴랜드주 칼리지 파크의 국가기록관리청에서 여러 달을 보내는 동안, 나는 사서인 리처드 보일런과 헌신적인 직원들의 친절과 유머 덕분에 많은 도움을 받았다. 트루먼 대통령 도서관의 랜디 소웰, 군사역사연구소의 데이비드 키오, 제네바 국제적십자위원회 기록보관소의 파브리치오 벤시, 서던캘리포니아 대학교 한국계 미국인 기록보관소의 켄 클라인, 아이젠하워 대통령 도서관의 크리스토퍼 에이브러햄, 스탠퍼드 대학교 후버 연구소의 사서들에게도, 연구 과정에서 나누어 준 대화와 지원에 감사한다. 대학원생 시절 나를 '일본계 미국인의 리빙 레거시'Japanese American Living Legacy 프로젝트와 가족에게로 이끌어 준 수전 우에무라에게 감사한다. 수전은 훌륭한 구술 역사학자로서, 종종 들리지 않는 목소리를 기록하는 데 헌신하고 있다. 또한 기꺼이 자신의 이야기와 경험을 나누어 주었으며, 때로는 나를 집으로 여러 번 초대해 주거나, 학회장의 작은 공간을 개인 역사에 대한 성찰의 장으로 바꾸어 준 일본계 미국인 참전 용사들께 감사드린다.

　한국에서 고려대학교 아세아연구소의 펠로로 지내며 최장집 교수의 지도 아래 연구할 수 있었던 것은 내게 특권이었다. 한국의 정치와 민주주의에 관한 비판적인 지적 대화를 발전시키려는 그의 노력은 지난 몇 년 동안 내 연구에 영감을 주었다. 서울대학교의 정용욱 교수는 최고의 역사학자로, 아카이브에 대한 깊은 이해뿐만 아니라 한국 역사 기록의 정치적 중요성에 대한 통찰력으로, 내 연구가 앞으로 나아가는 데 도움을 주었다. 나는 김동춘 교수를 그가 진실·화해를위한과거사정리위원회 상임위원으로 활동할 때 만났다. 이후 오랫동안 한국전쟁에 대한 그의 연구와 정치적 활동은 오늘날까지 이어지고 있는 중요한 대화를 촉발했다. 또한 부산대학교의 차철욱 선생과 지역 사학자이자 교사인 주영택 선생에게도 감사드린다. 그들은 한반도 남해안을 따라 연구 및 인터뷰 여행을 나와 함께해 주었다. 거제시청의 이용철은 내게 거제를 안내해 주었으며, 도서관 이용을 도와주었다. 류석현은 연구 초기에, 거제 포로수용소에 관한 이야기와 석사 논문 사본을 공유해 주었다. 전갑생은 저널리스트적이고 학술적인 지식을 바탕으로, 거제도 지역사에 대해 많은 것을 가르쳐 주었다. 그는 서울대학교 평화통일연구원IPUS의 연구원으로서, 한국전쟁 포로수용소 연구팀으로 국가기록원을 조사하던 중 발견한 수많은 사진을 내게 제공해 주었다. 이 책에도 그 사진들 중 다수가 실려 있다. 박상훈은 연구의 결정적인 순간마다 통찰력과 관점, 지식을 나누어 주었다. 어떤 문제든 본질을 꿰뚫는 그의 탁월하고 폭넓고 특별한 능력에 감사를 전한다. 한국에서 보낸 시간은 박수현, 권옥희, 김해주, 후쿠다 아이, 박 제이미, 송면규, 알렉스 리, 정재원과 함께하면서 더욱 풍요로워졌다.

    브루스 커밍스와 최경희는 내가 한국국제교류재단 박사후 연구원으로 시카고 대학교에 머무르는 동안 따뜻하게 맞아 주었다. 특히 브루스 커밍스는 이 연구의 모든 단계에서 변함없는 격려와 통찰력 있는 조언을 해 주었다. 펜실베이니아 대학교에서 열린 펜 인문학 포럼에서 나는, 비슷한 열정을 공유하며, 나와 내 연구에 끊임없이 활력을 불어넣어 준 젊은 학자들, 로랑 디사르드, 로센 자갈로프, 엘리도르 메힐리, 노아 타마킨과 함께 일하게 되었다. 몇 년간, 공식 초청이나 비공식적인 대화를 통해, 전쟁 만들기의 문화와 인프라에 대한 내 생각을 확장하는 데 도움을 준 많은 분들에게 감사드린다. 카비타 다얄, 에이치로 아즈마, 데버라 솔로몬, 미치 러너, 더크 하르토그, 테드 휴스, 킴 브랜트, 루이스 영, 마크 셀든, 나딘 애트웰, 데버라 보임, 황정현, 찰리 핸리, 서재정, 준 유, 이남희, 올가 페데렌코, 난 김, 다그마르 헤르조그, 크리스 디트리히, 리치 니사, 웨스 애트웰, 램지 리엠, 크리스토프 프로샤송, 소피 드 샤프드리버, 엘레나 벨리나, 춘메이 두, 제니퍼 지혜 천, 한주희, 다카시 후지타니, 리사 요네야마, 최혜월, 테사 모리스 스즈키, 루스 배러클러프, 데이비드 창, 정근식, 정병준, 이선우, 케빈 게인스, 잉 첸.

    나는 [영국 런던에 있는] 버크벡 칼리지에서 대니얼 픽이 이끌었던 "숨겨진 설득자들"Hidden Persuaders 프로젝트에 참여한 뛰어난 학자들과 대학원 및 박사후 연구원들에게도 감사한다. 이 프로젝트는 식민지 역사와 다학제적 접근 방식을 통해 "세뇌"에 대한 연구를 진행한 다년간의 협업이었다. 뉴욕 주립 대학교 올버니 캠퍼스에서 보낸 시간은 내게 공동체의 의미를 확장해 주었다. 리처드 햄과 나디아 키젠스코는 학과장으로서 든든한 지원을 해 주었다. 나의 동료들은 교사이자 작가로서 내게 깊은 영향을 주었으며, 나는 그들에게서 배운 것을 실천하기 위해 최선을 다하고 있다. 그중에서도 배리 트라흐텐버그, 제니퍼 그레이먼, 라이언 어윈, 코리 그레이브스, 칼 본 템포, 실라 커런 버나드에게 감사한다.

이 책은 내가 뉴욕 대학교 역사학과에서 친구, 동료, 학생 들과 나눈 수많은 토론의 시작점이자 결과물이다. 모든 프로젝트의 핵심을 꿰뚫고 있는 나의 동료들은 인종, 제국, 그리고 정치적 대안이라는 더 큰 질문들에 대해 이야기 나눌 수 있는 중요한 대화 상대였다. 나는 그들의 제도적 지지, 교실에서의 협력 수업, 그리고 이런 협력이 만들어 내는 역동적 분위기를 통해 많은 도움을 얻었다. 바버라 와인스틴, 데이비드 러든, 니킬 싱, 미셸 미첼, 린다 고든, 마사 호즈, 프레드 쿠퍼, 스테프 게루라노스, 로빈 다비뇽, 스티븐 한, 앤드루 니덤, 베키 괴츠 등 많은 이들에게 감사한다. 카린 버렐, 대니얼 하투니안, 모라 푸셰크의 보살핌과 노력도 이 프로젝트의 중추적인 역할을 했다. 바버라에게는 특히, 이 책을 집필할 시간을 확보해 주고, 워크숍을 조직해 준 것에 대해 감사한다.

워크숍에 초대된 독자로서 혹은 토론자로서 귀중한 피드백을 제공해 준 마크 브래들리, 안드레 슈미드, 빈스 라파엘, 랄레 칼릴리에게 감사한다. 중요한 시점에 원고를 읽고 조언해 준 레베카 칼도 특별히 언급하고 싶다. 프린스턴 고등연구소 사회과학부 소속으로 지내는 동안 전체 원고 초안을 작성할 시간과 공간을 가질 수 있었다. 그곳에서 나는 새롭고 오래된 친구들과 동료들을 만날 수 있었다. 나는 조앤 스콧, 데이비드 엥, 디디에 파생, 브라이언 코널리,

미리엄 틱틴, 일라나 펠드만에게 프로젝트에 대한 관심과 참여에 감사를 전한다. 캐롤린 아이크너, 베스 루윌리엄스, 토드 해밀턴, 지나 카무사는 집필 과정 전반에 걸쳐 많은 필요한 지원과 관점을 제공해 주었다. 라셀 파레냐스, 언저 한, 앨리스 고프먼과 함께 음식을 나누고 글을 쓰는 일은 지금까지도 이어지고 있다. 세라 퍼슬리와 콜린 우즈는 그들의 탁월함과 우정의 순수한 힘을 통해 이 책을 지속적으로 집필할 수 있도록 도왔다. 실뱅 페르디곤에게는, 최종 원고 작업에서 영감을 준 기록들의 명쾌함과 깊이에 대해 감사한다.

프린스턴 대학교 출판부 브리기타 반 라인버그는 우리가 처음 대화를 나눌 때부터 이 책의 프로젝트를 믿어 주었고, 그녀의 놀라운 지원과 응원에 감사한다. 어맨다 페리는 뛰어난 편집자로서 능숙한 감각과 세심함으로 원고를 읽고 편집해 주었다. 또한 이 책이 독자들에게 다가갈 수 있도록 기민하고 관대한 지원을 해 준 에릭 크라한에게 깊이 감사드린다. 중요한 단계마다 통찰을 제공해 준 프린스턴 대학교 출판부의 익명의 독자들께도 감사드린다. 한반도 지도를 훌륭하게 만들어 준 셰인 켈리에게도 감사한다. 이 프로젝트의 교정 편집자인 돈 홀은 각 원고를 엄청난 노력을 기울여 작업해 주었으며, 특별한 관심과 노련함으로 이 책의 출간을 이끌어 준 마크 벨리스에게도 감사한다. 또한 뛰어난 실력으로, 한국전쟁과 국제법에 대한 에른스트 프랭켈의 강연을 번역해 준 퍼트리샤 스조바르에게도 감사드린다. 그리고 이 책의 색인을 정리해 준 데이브 룰작에게도 감사한다.

매릴린 영은 그녀가 가르치고 많은 영향을 주었던 한 연구자가 미국 제국에 대한 책을 전해 드리기 전에 세상을 떠나셨다. 미국외교사학회 회장으로서, 매릴린은 이렇게 말했다. "우리가 지속적으로 해야 할 과제는 전쟁을 가시적이고 생생한 것으로, 우리의 자의식 가운데 외면할 수 없는 부분으로 만드는 것이다. 그것은 엄연한 현실이며, 우리가 외면할 수 없는 연구 주제이다." 몰리 놀런, 앤드루 로스, 소냐 포스멘티어, 조슈아 파탈, 세라 스클로, 레이첼 쿠오, 앤절라 아리아스, 다른 캠퍼스와 뉴욕 대학교 공동체, 노듯돌, '한반도를 걱정하는 학자들의 연대'를 통해 만난 학자들에게, 그들의 연대와 조직적인 활동이 나의 도전과 발전에 얼마나 도움을 주었는지는 말로 표현할 수 없을 정도이다. 최덕효는 늘 우리의 과거 이야기를 단순화하고 순화하려는 순간들에 맞서 끊임없이 싸우는 데 헌신해 온 나의 진정한 동지이다. 용감하기 짝이 없는 폴라 차크라바티는 내가 언제나 이 '지속적인 과업'을 기꺼이 함께하고 싶은 사람이다.

크리스틴 홍은 오랫동안 가족처럼 지내 왔고, 나보다 현명하고 용기 있는 언니이며, 인종과 제국에 대한 그녀의 놀랍고 강력한 통찰력과 표현력에 대한 감사함은 말로 표현할 수 없을 정도이다. 사미타 신하, 제시 해럴드, 아이작 창은 오랜 세월 내 영혼과 역사의 안식처였으며, 셀 수 없을 만큼 많은 식사, 대화, 축하를 통해 나와 이 특별한 프로젝트가 성장할 수 있도록 자양분을 제공해 주었다. 어린 시절부터 이 프로젝트의 수많은 시작을 함께 지켜봤고, 지난 10년간 이 프로젝트가 내게 얼마나 시급한 것인지를 이해해 준 베티 김에게 고마움을 전한다.

그리고 나보다 먼저 이 프로젝트의 취지를 이해하고, 내가 원하는 것만큼 프로젝트가 명확하게 보이지 않을 때에도 나를 지지해 준 사람들이 있다. 공무와 공익에 대한 확고한 신념과 헌신으로 끊임없이 내게 영감을 주는 동생 앤디에게 존경과 감사를 보낸다. 이 책을 집필하는 과정에서, 동생의 활력소인 내 조카 어거스트와 오스틴이 태어났다. 나의 올케 캠미 라이가 이 프로젝트의 모든 과정을 지켜봐 주었고, 중요한 순간마다 함께해 준 그녀에게 고마움을 전한다.

한국에서는 내 이모, 사촌, 사촌의 가족 들이 웃음과 사랑으로 내게 그들의 집, 마음, 부엌을 열어 주었다. 내가 어른이 되어 한국에 왔을 때, 배우고 이해하고 싶은 열망이 가득한 나와 내 프로젝트에 대해 그들은 언제나 아름다운 인내심과 엄청난 열정을 보여 주었다. 그들은 나와 함께 연구를 하고 한국어 숙제를 도와주었으며, 내가 큰 그림을 놓치지 않도록 해 주었다. 나는 그들을 너무나 사랑하며, 그들에 대한 나의 감사를 좀 더 잘 표현할 수 있기를 바랄 뿐이다.

나는 이 책을 부모님께 바친다. 부모님에게 전쟁의 유산은 단순히 연구·조사·서술의 대상이 아니라, 직접 살아왔고 체화했으며 통과해 온 어떤 것이다. 그것은 내가 어릴 때부터 어디에나 있고 어디에도 없는 것 같았던 역사에 대해 묻기 시작하면서 내게 예상치 못하게 험난한 여정이 되었으며, 부모님은 나와 함께 워싱턴 DC, 제네바, 거제도까지 그 여정을 함께해 주셨다. 연구와 집필 과정에서 다른 누구보다 부모님이 나를 단단히 지탱해 주었다. 결국, 이야기를 하고 싶은 욕구, 세상의 작동 원리에 대한 호기심, 정의에 대한 질문은 부모님으로부터 시작된 것이다. 나는 이 이야기를 부모님께, 그리고 부모님과 함께 말할 수 있어야 했다. 그래서 이 책을 나의 부모님께 바친다.

……

번역은 그 자체로 하나의 창의적이고 지적인 작업이다. 이 책의 다양한 층위에 걸쳐 자신의 재능을 아낌없이 발휘해 주신 여러 분들께 더없이 큰 감사의 마음을 전한다. 판문점의 정치적 함의에 대한 깊이 있는 연구의 결과물로서 중요한 저작을 남겼고, 이 책의 번역 작업에 참여해 주신 김학재 선생님께 먼저 깊은 감사를 드린다. 원문의 문제의식을 충실히 살려 내는 어려운 번역 작업을 함께 맡아 주신 안중철 선생님께도 감사드린다. 또한 윤상훈 편집자와, 특히 원고의 정치적·미학적 뉘앙스를 정교하게 포착해 이 책을 끝까지 이끌어 준 정민용 편집자에게 깊은 감사를 드린다. 교정 작업에 귀중한 기여를 해 준 김서연 Samantha Kim 님, 그리고 서사적 논증의 모든 층위에 걸쳐 지적·창의적 노고를 아끼지 않은, 나의 지도 학생이자 연구자 유지언 님께 특히 감사를 전한다. 이 책의 번역 작업을 통해 탁월한 연구자들, 필자들과 협업할 수 있었던 것은 내게 큰 영광이었다. 끝으로, 이 번역 작업 한가운데에서 내 삶을 깊이 뒤

흔들어 놓은 나의 아들 김라온에게 특별한 감사를 전한다. 더 나은 세상을 향한 기쁨과 절실함을 매 순간 일깨워 준 라온아, 정말 고마워.

옮긴이 후기
전쟁 포로들의 목소리로 다시 경험하는 한국전쟁

1. 영토와 38선에서, 수용소와 포로로 바라보는 한국전쟁

이 책은 위스콘신 대학교 매디슨 캠퍼스에서 미국 국제사, 외교사를 가르치고 있는 모니카 김 교수의 *The Interrogation Rooms of the Korean War: The Untold History*(Princeton University Press, 2019)를 번역한 것이다. 이 책은 출간 이후 미국외교사학회(2020년), 군사사학회(2020년), 아시아학회(2021년), 아시아계미국인연구학회(2021년) 등 네 개 학회로부터 상을 수상했고, 2022년에는 맥아더 펠로십도 수상하는 등 학계의 큰 주목을 받았다.

이 책은 원래 저자의 2011년 미시간 대학교 역사학 박사 학위논문 "Humanity Interrogated: Empire, Nation, and the Political Subject in U.S. and UN-controlled POW Camps of the Korean War, 1942-1960"을 수정 보완한

것으로 박사 논문 주제는 한국전쟁 시기 미국과 유엔군이 관리하던 포로수용소 연구였다.

2000년대 미국의 한국학, 아시아학 분야에서 한국전쟁 포로들에 대한 관심이 컸는데, 2019년에는 데이비드 청 창이 한국전쟁에 참전한 중국군 포로에 대해 연구한 『납치된 전쟁』[•]이 출간되어 이 책과 함께 주목받기도 했다. 또한 저자가 박사 학위를 받기 1년 전에는 그레이스 채가 한국전쟁 포로수용소 내부에서 수행된 교육에 대해 연구해 「포로의 마음: 한국전쟁에서의 인종, 전쟁 그리고 교육」[••]이라는 박사 학위논문을 쓰기도 했다.

박사 논문에서 시작된 이 책의 핵심 문제의식은 한국전쟁을 초국가적·국제적인 정치 지형 속에서, '인종', '주체성', '제국주의'의 관계를 통해 분석하는 것이다. 그리고 이런 문제의식은 1990년대 후반부터 2000년대까지 미국 학계에서 이뤄진 일련의 아시아 태평양계 미국인 연구APIA,[•••] 아프리카계 미국인 디아스포라 연구 등 인종에 대한 연구들[••••]에서 영향을 받은 것이었다.[•••••]

인종과 민주주의에 관한 비판적 관점은 20세기 여러 나라들의 탈식민화

[•] David Cheng Chang, *The Hijacked War: The Story of Chinese POWs in the Korean War* (Stanford CA. Stanford University Press, 2019).

[••] Grace Chae, "Captive Minds: Race, War, and the Education of Korean War POWs in U.S. Custody, 1950-1953", Ph.D. Dissertation, The University of Chicago, 2010.

[•••] 정식 명칭은 Asian Pacific Islander American Studies이다.

[••••] 특히 저자의 미시간 대학교 지도 교수인 페니 폰 에셴Penny M. Von Eschen은 마니샤 신하Manisha Sinha와 함께 *Contested Democracy: Freedom, Race, and Power in American History* (Columbia University Press, 2007)라는 저서를 출간했는데, 이 책은 비슷한 시기 출간된 Mary L. Dudziak, *Cold War Civil Rights* (Princeton University Press, 2000) 및 Mae M. Ngai, *Impossible Subjects* (Princeton University Press, 2004)와 함께 미국 역사에서 인종과 민주주의의 관계에 대한 중요한 연구들 중 하나이다.

[•••••] 저자는 최근 한국, 미국, 아프리카-아시아 연구를 통해 개발과 식량 부족 문제를 연구하고 있는데, 이는 이러한 문제의식이 최근 연구에도 이어지고 있음을 보여준다.

과정에서 '제국'으로서 미국의 역할이 무엇이었는지에 대한 관심들과 연계된다. 저자가 박사 논문에서 "20세기 미국 제국과 탈식민화에 대한 가장 중요한 학자"로 꼽은 윌리엄 애플먼 윌리엄스는 이런 문제의식을 대표하는 저서들•을 저술했으며 이와 비슷한 맥락에서 베트남, 알제리, 그리고 제2차 세계대전 이후 세계의 독립운동에 대한 연구들이 이어졌다.••

저자의 연구는 기존의 한국전쟁 연구 흐름에서 보면 제4세대 연구라고 할 수 있다. 즉, '전통주의'라고 불리는 1950년대의 1세대 연구는 냉전과 전쟁의 원인을 주로 소련에 두고 미국이 방어적인 봉쇄 전략을 취했다고 보는 입장이고, '수정주의'라고 불리는 1960년대 중반 이후의 2세대 연구는 미국 대중의 베트남전쟁 경험, 국내 민권운동의 부상과 함께 주로 미국의 책임을 비판적으로 바라본다. 그리고 '후기 수정주의'로 불리는 3세대 연구는 1990년대에 소련의 붕괴와 탈냉전, 동유럽권 국가들의 문서 공개에 기반해 미국이 승리한 냉전 경쟁의 관점에서 바라보고자 했다.

2000년대 이후의 한국전쟁 연구를 4세대 연구라고 한다면 이전 시기와 같은 일관된 흐름이 있는 것은 아니지만, 대체로 세 가지 정도의 새로운 흐름으로 분류할 수 있다. 한편에는 전통주의적 관점을 이어 가는 냉전사 연구가, 다른 한편에는 미국의 자유와 소련의 정의라는 서로 다른 근대성이 세계의 여타 지역들에서 어떻게 실현되고 서로 경쟁했는지를 다소 중립적 시선으로 바

• *The Tragedy of American Diplomacy* (Norton, 1988); *America Confronts a Revolutionary World, 1776-1976* (Morrow Company, 1976).

•• Mark Bradley, *Imagining Vietnam and America: The Making of Postcolonial Vietnam, 1919-1950, The New Cold War History* (Chapel Hill: University of North Carolina, 2000); Matthew James Connelly, *A Diplomatic Revolution: Algeria's Fight for Independence and the Origins of the Post-Cold War Era* (Oxford: New York: Oxford University Press, 2002); Erez Manela, *The Wilsonian Moment: Self-determination and the International Origins of Anticolonial Nationalism* (Oxford: New York: Oxford University Press, 2007).

라보는 글로벌 히스토리 접근이 있다. 그리고 저자의 연구처럼 민주주의와 인종, 제국과 탈식민화와 같은 비판적 관점을 이어 가는 흐름이 있는 셈이다.

전통주의, 수정주의, 후기 수정주의 연구들이 오랫동안 전쟁의 기원, 전후 분단된 체제의 형성, 냉전 시기 국가 간 경쟁과 같은 거시적·구조적 쟁점과 사안들에 대해 어느 정도 정리한 상황에서, 2000년대 연구들은 인문 사회과학 분야의 정체성 정치나 구성주의적 접근, 국제법과 규범에 대한 관심, 민주주의와 인종의 문제, 정체성 정치 등 인권, 민주주의, 인도주의적 사안들을 국제적인 관점에서 다루는 경향을 보이고 있다. 이 연구는 이런 4세대 연구의 지향점을 뚜렷하게 보여 준다.

이런 문제의식은, 거시적·구조적 관점에서 전쟁과 근대적 '국가 형성'State-Building에 주목하던 1970년대 찰스 틸리의 연구로부터, 사회 구성주의적 관점에서 좀 더 미시적인 '국민/민족 형성'Nation-Building 과정에 주목하는 연구로 변화했던 2000년대의 연구 흐름과 맞닿아 있다.• 마찬가지로 거시적인 정치·외교적 주요 인물을 다룬 정치사가 아니라 일반 사람들의 경험에 주목한 일상사 연구나, 위로부터의 구조보다 행위자를 중심으로 보는 접근이 등장한 흐름과도 연결되어 있다. 또한 국제법 분야의 경우, 19세기에는 전쟁 이후 평화 회담에서 주로 영토 문제를 중요시했지만, 20세기 들어 특히 양차 세계대전을 치르며 점차 전후 처리 과정에서 사람들의 이주와 권리 보호를 중심으로 초점이 변화했는데, 국제법 연구에서는 이를 전쟁과 평화의 문제가 '홉스적인 국가의 권리'로부터 '칸트적인 개인의 권리'로 초점이 이동한 것으로 설명하고 있다.••

• Charles Tilly, "War Making and State Making as Organized Crime", Peter Evans, Dietrich Rueschemeyer, and Theda Skocpol eds., *Bringing the State Back in* (Cambridge: Cambridge University Press, 1985). 찰스 틸리의 연구가 주로 전쟁과 국가 형성에 대한 것이었다면, 민족주의와 국민 형성 과정에 대한 구성주의적 연구로는 Anthony D. Smith, *Nationalism and Modernism* (Routledge, 1998)이 대표적이다.

저자는 기존의 수정주의 관점의 비판적 시선을 따르고 있지만, 미국과 소련의 전쟁 책임이나 외교관, 정치인, 고위급 군인 수준에서 이뤄지는 거시적 결정의 문제나 구조적인 정치·경제적 원인을 다루기보다는 보통 사람들이 실제로 전쟁터에서 경험한 극단적 상황들에 초점을 두고 있다. 이를 위해 저자는 "한국전쟁 서사에서 학자들이 38선에 부여했던 역사적 우위에 도전"(47쪽)하며, "한국전쟁 도중에 정치의 도덕적 나침반으로 여겨지던 바늘이 38선에서 전쟁 포로로 방향을 바꾸"(21쪽)었기 때문에 포로 문제에 더 집중해야 한다고 역설한다.●●●

영토 문제 못지않게 사람의 문제, 특히 전쟁 포로 문제가 중요해진 계기는 제2차 세계대전 이후 본격적으로 부상한 인도주의적 국제법의 발전 때문이다. 제2차 세계대전 이후 전쟁의 예방과 전후 복구, 인권과 민주주의를 원칙으로 수립된 자유주의 국제 질서 체제에서 새로운 국제법과 규범이 등장했는데,●●●● 저자는 이러한 변화를 두고 국제 규범들이 국가의 행위를 유도하고 규제한다는 의미에서 '국가 행위에 대한 각본', 특히 전쟁과 관련된 행위를 다룬다는 점에서 '전쟁의 각본'이 변화했다고 표현한다.

●● 포로들에 대한 처우에 있어 국가의 전쟁 권리로부터 개인의 인도적 권리가 중시되는 변화에 대해서는 Christian Shield Delessert, *Release and Repatriation of Prisoners of War at the End of Active Hostilities* (Zurich: Schulthess Polygraphischer Verlag, 1977) 참조.

●●● 한국전쟁 연구에서 포로 문제가 중요하게 다뤄진 정전 협상에 주목한 외교사적 연구는 냉전이 종식되는 시기에 등장한 로즈메리 풋의 연구에서 본격적으로 시작되었다고 할 수 있다. Rosemary Foot, *A Substitute for Victory: The Politics of Peacemaking at the Korean Armistice Talks* (New York: Cornell University Press, 1990).

●●●● 제2차 세계대전 이후 현실주의와 국제법의 관점이 대립했던 국제법적 흐름의 변화에 대해서는 Martti Koskenniemi, *The Gentle Civilizer of Nations: The Rise and Fall of International Law, 1870~1960* (New York: Cambridge University Press, 2002)을, 제2차 세계대전 이후 자유주의 국제법 질서의 등장으로 전쟁이 금지되고 인권 규범이 중요해진 변화에 대해서는 Stephen Neff, *War and the Law of Nations: A General History* (New York: Cambridge University Press, 2005)를 참조할 수 있다.

저자가 강조하는 지점은 당시 한국과 같은 탈식민-독립국들에 중요한 국제법적 쟁점은 '자유주의'냐 '사회주의냐'보다, 독립한 국가의 합법적 국가성을 인정받는 '정치적 인정'의 문제였다는 것이다. 저자는 냉전적 상황에서 양 진영 중 어느 편에 속하는지의 문제보다 탈식민적 맥락이 더 중요했다는 점을 강조하고 있는 것이다.

그리고 저자는 이러한 국제 규범과 관련된 변화는 군사적 전투가 벌어지는 전장보다는 포로들을 심문한 심문실에서 잘 이해할 수 있다고 강조한다. "전쟁 포로라는 인물은 본질적으로 국가와 그 국민 간의 관계를 압축해 놓은 존재"(22쪽)였기 때문에 전쟁 포로를 연구할 경우, 서로 다른 국가들이 포로들을 어떻게 대했는지를 세세하게 바라볼 수 있다. 당시는 남북한이 분단되고 미국과 소련의 냉전이 시작되던 시기로서 동아시아에 새로운 '국가 형성'이 이뤄지고 있었으며, 동시에 각 국가들이 새로운 국가와 체제에 맞는 새로운 국민, 시민을 경쟁적으로 만들어 내려 했던 '국민 형성'이 동시에 진행되었기 때문이다.

저자의 표현에 따르면 이는 곧 이 국가들에서 "탈식민지화된 새로운 미래 시대를 열어 나갈 역사의 행위자는 누구인가?"(23쪽)의 문제였고, 제2차 세계대전 이후 초강대국으로 부상한 미국이 주도하던 '제국 만들기와 이를 실행하는 주체 만들기'(200쪽)가 진행된 과정●이었다. 특히 미국의 정치적 이념을 반영한 "인종적 자유주의 프로젝트"(166쪽)에 주목하는 저자는 결국 한국전쟁 포로들의 경험을 통해 "통상적인 냉전의 전쟁터와는 다른 자유주의 전쟁

● 패트릭 정은 저서에 대한 서평에서 이와 문제의식이 비슷한 대표적 연구로 Takashi Fujitani, *Race for Empire: Koreans as Japanese and Japanese as Americans during World War II* (Berkeley: University of California Press, 2011) 및 Simeon Man, *Soldiering through Empire: Race and the Making of the Decolonizing Pacific* (Oakland: University of California Press, 2018)을 들고 있다. Patrick Chung, "Review", *American Historical Review*, Dec. 2020, p. 1801.

의 풍경"(415쪽)을 그려내고자 했던 것이다.

　미국의 민주주의와 인종의 문제, 그리고 제2차 세계대전 이후 아시아에서 미국과 탈식민화된 국가들과의 관계 문제에 주목하는 저자에게 한국전쟁 포로는 매우 중요한 연구 대상이 된 것이다. 이 책에서 다루고 있는 거제도 포로수용소의 인민군 포로들, 남한의 반공 포로들, 중립국을 선택한 포로들, 일본계 미국인 통역사, 북한군에 억류되었던 미군 등 보통 사람들이 한국전쟁 시기 포로수용소와 심문실에서 경험한 초국적 '정체성의 정치'가 이 책의 핵심 주제라고 할 수 있다.

2. 한국전쟁에서 나타난 새로운 전쟁 패러다임

이러한 새로운 접근은 본문에서 더 상세하게 제시되고 있다. 책의 본문은 크게 1부와 2부로 나뉘어 있고 1부 '전쟁의 요소들'은 세 개의 장, 2부 '인간성을 심문하다'는 네 개의 장으로 구성되어 있다. 먼저 1부에서는 한국전쟁에서 어떻게 새로운 전쟁 패러다임이 형성되었는지를 보여 주는데, 새로운 전쟁은 각 장에서 다루는 세 가지 요소로 구성되어 있다.

　첫 번째 장에서는 제1차 세계대전 이후 세계 각지에서 새로운 독립국가가 형성되는 과정에서 식민지하에 있던 한국이 독립을 추구하고 국제사회의 인정을 받으려 했던 상황으로부터 시작된다. 제2차 세계대전 이후 유엔이 수립되었지만 냉전이 본격화되면서 한국에서는 군사점령과 방첩대의 활동이 진행되었다. 국제법적으로 '전쟁 아닌 전쟁'이었던 한국전쟁이 발발하자 이는 새로운 국제법 질서의 상징이었던 '유엔'의 존립 자체의 시험대가 되었다. 즉, 새로운 전쟁 패러다임의 첫 번째 요소는 '독립'과 '전쟁'에 관한 새로운 국제법과 국제 질서라고 할 수 있다.

　두 번째 장에서는 한국전쟁 당시 미국의 군부에서 중요한 역할을 하게 된 심리전 부서가 어떤 계획과 정책을 수립하고 실현했는지, 그 과정에서 포로의 '자원 송환' 원칙이 강조되면서 전쟁 포로가 국제적으로 중요한 관심을 받게 되는 과정을 보여 준다. 미국과 소련의 냉전이 본격화되면서, 각국이 수용하고 있는 포로들이 전후에 모국으로 송환될 것인지, 아니면 자유로운 선택권을 부여받아 가고 싶은 국가를 선택할 것인지의 문제는 각 체제의 정당성을 증명하는 문제가 되었다. 따라서 새로운 전쟁 패러다임의 두 번째 요소는 '포로'와 그들의 내면이다.

세 번째 장에서는 한국전쟁 당시 포로 심문관으로 복무한 일본계 미국인의 이야기를 살펴보면서, 태평양전쟁부터 한국전쟁에 이르기까지 미국과 일본, 한국 사이에서 상대 국민에 대한 처우와 인식이 바뀌어 가는 과정을 분석했다. 한국전쟁에서 전쟁 포로들을 심문한 일본계 미국인 역시, 미국으로 이주해 살아가다가 일본의 진주만 공습 이후 미국의 수용소에 억류되었고, 한국전쟁에 군인으로 참전함으로써 미국에서 시민권을 얻게 되는 존재였다. 전쟁이 발발하면, 전쟁 이전, 과정, 이후에 적국 국민에 대한 처우가 변화하는데, 한국전쟁 당시에는 한국전쟁 포로, 일본계 미국인 심문관, 미국 시민 사이에 포로의 처우를 둘러싸고 일련의 협상이 벌어지는 것이다. 이렇게 새로운 전쟁 패러다임의 세 번째 요소는 한국전쟁 이전에 비슷한 경험을 했고 자유주의 체제의 시민이 되어 포로들과 소통하고 협상했던 사람들로서의 심문관이다.

요컨대 저자는 새로운 자유주의 국제 질서와 국제법 규범, 국제적 주목을 받았던 전쟁 포로, 그리고 이들의 처우와 지위를 소통하고 협상했던 심문관을 새로운 전쟁 패러다임의 세 요소로 정리한다. 기존의 한국전쟁 연구가 오랫동안 자유주의와 사회주의 이념 및 체제 간 냉전, 전쟁의 기원, 전후 분단 체제의 형성과 같은 구조적·거시적 문제를 다루었다면, 저자는 변화된 전쟁 패러다임의 요소들을 새롭게 정리함으로써 전쟁을 실제로 겪은 보통 사람들의 내면이라는 가장 미시적 차원으로 관점을 전환했다. 그동안 한국전쟁에 대한 역사 연구들이 주로 정치·군사·외교·경제와 같은 사회과학적 관점에서 이루어졌다면, 이 책은 지금까지의 한국전쟁에 대한 연구 가운데 가장 섬세한 인문학적 연구로서 그 장점이 돋보인다고 할 수 있다.

3. 한국전쟁의 네 장소와, 네 그룹의 사람들

1부에서 새로운 자유주의 전쟁 패러다임의 세 가지 요소를 살펴봤다면, 2부에서 저자는 독자들을 전쟁이 벌어진 네 개의 장소, 그리고 그곳에 수용되어 있던 네 그룹의 사람들에게로 데려간다.

첫 번째는 거제도인데, 이곳에는 한국전쟁 당시 규모가 가장 큰 유엔군 포로수용소가 건설되었다. 이와 관련해, 저자는 한국전쟁 당시 큰 이슈가 되었던 도드 포로수용소장 납치 사건을 상세하게 다루면서 인민군 포로의 내면을 보여 주려 했다. 즉, 도드 납치 사건을 시간대별로 사람들의 움직임과 대화를 재구성하는 방식을 통해, 세상을 놀라게 했던 인민군 포로들의 극단적 행위들이 모두 국제사회로부터 체제 정당성을 인정받으려 했던 것임을 보여 준다.

두 번째 장소는 남한 각지에 설치되어 있던 포로수용소들인데 주로 남한 출신 포로들, 이른바 '반공 포로'들이 수용되어 있던 곳이다. 한국전쟁이 종식되기 직전 이승만 대통령에 의해 석방되었던 '반공 포로 석방' 사건을 설명하기 위해 저자는 해방 이후 남한에 등장한 청년 단체의 계보를 살펴본다. 해방 이후 서북청년단, 방첩대, 한민당, 대한청년단에 가담했던 청년들은 남한의 반공주의적 정치 운동의 새로운 세대를 형성했는데, 한국전쟁 시기 포로수용소에 갇혀 있던 포로들 역시 냉전적 대립과 전쟁이라는 상황 속에서 수용소 내부에 청년 단체를 수립해 전선에 나가 싸우겠다는 혈서를 쓰면서까지 체제의 인정을 받으려 했음을 보여 준다.

세 번째 장소는 판문점 주변에 설치되어 중립국 심사가 진행된 수용소이다. 인도의 제안으로 한국전쟁 포로들은 전쟁이 끝난 후 자국으로 송환되거나, 송환을 거부하거나, 제3국을 선택할 수 있는 권한이 주어졌다. 저자는 남과 북이 아닌 중립국행을 선택한 뒤, 인도에 머물며 추후 브라질, 아르헨티나, 멕시코 등 라틴아메리카 국가로 이주하게 된 포로들의 이동 과정을 추적해 보여 준다. 당시 중립국을 선택했던 포로들에게도 결코 평온하고 안정적인 삶은 주어지지 않았다. 저자는 이 과정에서 포로들이 "'특정 국가'를 선택하는 것만이 아니라, 끊임없이 흔들리는 힘의 지형을 저울질하고 헤쳐 나가"야(323쪽) 했다고 표현하고 있다.

마지막 장소는 미군들이 억류되어 있던, 북한군·중국군이 운영한 포로수용소이다. 한국전쟁 당시 공산군에 억류되어 있던 미국인 포로들이 수용소에서 어떤 처우를 받았는지, 그리고 이들이 미국에 귀국한 뒤 혹시 공산 진영의 영향을 받아 미국 사회에 어떤 변화를 가져오지 않을까 하는 불안감에 따른 '세뇌' 논란 때문에, 미국 송환 과정에서 어떤 조사를 받았는지를 보여 준다. 미국인이라 하더라도 냉전 시기에는 적군에 의해 감금된 상태에서도 미국적인 가치관과 행동 양식을 "배우고 외워서 내면화하여 (…) 자신을 강화할"(403쪽) 사람이어야 했음을 알 수 있다.

저자는 2부의 네 장을 통해 2020년대에 한국전쟁에 대해 처음 알게 될 새로운 독자를 위해 국제적으로 잘 알려진 사건을 선정하고, 세 대륙에 걸친 아카이브에서 공들여 수집한 새로운 자료와 문서, 생존한 포로들의 인터뷰를 통해 최대한 구체적인 수준까지 재구성해 냄으로써, 더 많은 독자들로 하여금 자신이 마치 포로가 된 것과 같은 간접 체험을 할 수 있을 정도로 흡입력 있는 묘사를 해내고 있다.

4. 미·중 경쟁 시대에 한국전쟁 포로 읽기

한국전쟁에 대한 4세대 연구는 어떤 성취를 이루었고 이제 어디로 나아갈 것인가? 2020년은 한국전쟁이 발발한 지 70주년, 2023년은 한국전쟁 정전협정이 체결된 지 70주년이자 한미 동맹 70주년이었다. 이미 70여 년이 흘렀지만, 분단은 지속되고 있고, 그런 의미에서 저자가 결론에서 지적한 것처럼 한국전쟁은 '비무장지대'에서도, '일상적인 언어와 정치'(417쪽)에서도 지속되고 있다.

큰 틀에서 보면 한국전쟁은, 냉전 초기인 1940~70년대에 미국과 소련을 중심으로 하는 양 체제의 정당성 경쟁이 치열하게 진행된 결과이다. 그런데 그 이후 1970~90년대에는 서로 다른 체제 간의 데탕트와 상호 무역이 시도되었고 1990~2008년 시기엔 본격적인 탈냉전과 민주화, 그리고 지구화가 이뤄졌다. 하지만 2008년 글로벌 금융 위기 이후에는 대부분의 국가들에서 민주주의와 불평등 문제의 중요성이 부각되었고, 대외적으로는 다시 미·중 경쟁이 진행되는 등 기존의 탈냉전-지구화 시기에 비해 어느 정도 국제적 경쟁이 심화되고 있다고 할 수 있다. 즉, 2008년 이후 최근까지는 탈냉전 지구화 시기와 다르게 국제적 경쟁이 다소 발생하고 있고, 이것이 미·중 간의 직접 경쟁이나 충돌보다는 최근의 러시아-우크라이나 전쟁, 중동 분쟁의 배경이 되고 있는 것이다.

이 같은 시기에 한국전쟁에 대한 이 책의 관점은 어떤 학문적·현실적 함의를 갖는가? 크게 두 가지를 들 수 있다. 하나는 미국의 대외 정책에 대한 것이고, 다른 하나는 민주주의에 대한 것이다.

먼저 저자는 결론에서 "2000년대에 들어서 세계 정치를 형성하고 있는 오늘날의 전쟁 패러다임에 도전"(416쪽)한다고 이야기한다. 2000년대의 전쟁 패러다임이 무엇인지 정확히 명시하고 있지는 않지만, 2001~07년(조지 W. 부시 집권기) 시기에 한편으로는 테러와의 전쟁을 진행하면서 다른 한편으로는 다른 체제와의 경제통합이 본격화된 지구화 흐름을 따랐던 정책 방향을 의미하는 것으로 보인다. 따라서 '한국전쟁 포로들에게 보였던 다른 인종에 대한 처우는 정당한가?'라는 이 책의 질문은 '악의 축을 설정한 자유주의적 전쟁은 정당한가?'라는 2000년대 대외 정책에 대한 질문과 맞닿아 있다.

두 번째는 민주주의에 대한 함의이다. 저자는 한국전쟁에서 포로들의 내면을 심문하고 설득하며 진행된 '인종적 자유주의 프로젝트'에서 전쟁은 '민주주의를 가능하게 해 주는 것'으로 제시되었지만, 정작 "민주주의는 불확실한 미래로 끊임없이 연기"(415쪽)되었다고 결론에서 지적했다. 이 연구는, 현재의 시선에서 바라볼 때 전쟁 당시 포로들이 적국으로부터뿐만 아니라 심지어 자국으로부터 안전을 보장받고 시민으로 인정받기까지 얼마나 극단적인 상황에 처했는지를 드러낸다. 다른 인종에 대해 군사적 방법과 수단을 행사해 이뤄진 민주주의는 충분히 민주적인가?

어떻게 보면 민주적이지 않았던 민주주의 기획으로서의 자유주의적 전쟁에 대한 저자의 비판은 위로부터 주어지는 '정당성'의 내용에서뿐만 아니라 아래로부터 경험되는 '정당성'의 방법과 현실에 대한 중요한 비판의 기준을 제공하고 있는 것이다.

이 연구가 담고 있는 이런 학문적·정치적 함의들은 이 연구의 전반적인 도덕적 전제들을 반영한다. 탈냉전 시기인 1990~2000년대에 미국은 국제 질서를 주도하고 지구화를 추구하며 자유주의적 다원주의 외교 노선을 제시했다. 미국이 자유주의적 다원주의를 주창하던 시기에 아시아의 경제통합은 심화되었고, 한국은 좀 더 진보적인 사회 발전을 이루었으며, 남북 관계는 점차 개선되었다. 이렇게 자유주의적 다원주의가 국제 질서의 지배적인 정당성을 제공하던 시기에 저자는 인종, 민주주의, 제국에 대한 비판적 관점을 제시한 것이다. 서로 다른 역사, 종교, 체제를 아우르려는 자유주의적 다원주의 질서에서 인종, 탈식민에 대한 비판적·성찰적 관점은 국제 관계의 갈등을 완화하면서도 민주주의의 포용성을 늘릴 수 있는 중요한 지적 자원이 될 수 있다.•

• 미국과 영국의 진보적 학계는 이런 관점에서 이 저서를 우호적으로 평가한다. 앞서 소개한 패트릭 정의 서평 외에도 다음 리뷰들이 대표적이다. Sandra Park, "Book review", *Journal of Korean Studies* 26(1), 2021, pp. 156-162; G. Huxford, "Review: Monica Kim, The Interrogation Rooms of the Korean War: The Untold History", *Harvard Journal of Asiatic Studies* 81(1&2), 2021, pp. 370-375; Steven Hugh Lee, "Book review", *Korea Journal* vol. 62, no. 1(spring 2022), pp. 245-252. 마이클 애시크래프트는 서평에서 1953년 당시 대부분의 미국인들이, 중국에 남기로 한 스물한

그런데 2008~25년 사이에 전반적으로 자유주의적 다원주의 질서가 다소 퇴조하는 양상이 나타나고 있다. 이 시기 한국은 국제적으로는 중국보다 미국과 더 가까워졌고, 정치적으로는 약간 보수화되기 시작했으며, 이념과 체제 차이에 대한 상호 수용도가 낮아지면서 남북 관계나 동아시아 국제 관계도 다소 멀어졌다.** 최근 더욱 심화된 미·중 경쟁이 앞으로 어떻게 진행되고 실제로 어떤 결과를 가져올지에 대한 다양한 논쟁이 진행되고 있다. 이런 국제적 경쟁이 진행되는 상황에서는 서로 다른 역사, 종교, 체제에 대한 상호 이해의 정도나 국내적 비판의 포용성 수준이 다소 낮아지고 자국 중심적인 현실주의 관점이 형성될 수도 있다. 앞으로도 상당 기간 자유주의적 다원주의가 현실주의적 관점과 서로 갈등하면서 탈냉전-지구화 시기에 비해 국제적 경쟁이 심화되는 흐름이 나타날 수 있다.

실제로 최근의 국제사회에서는 국가들의 다양한 정당성 담론이 경쟁하는 모습이 나타나고 있다. 대체로 자유주의적 다원주의 질서의 긍정적 역할을 강조하는 저명한 국제 정치학자 아이켄베리는 지금은 자유주의적 다원주의가 지배적인 시대가 아니라 미국, 영국, 소련, 중국, 일본, 인도 등 주요 강대국들이 국제적 정당성에 대해 다양한 논쟁을 벌이고 있는 시대라고 말한다. 20세

명의 포로들을 미국의 자유에 대한 위협으로 간주하고 비난했다고 지적하는 동시에, "오늘날 우리가 그것과 얼마나 다른가에 대해 물어볼 가치가 있다."며 성찰적 입장을 보여 준다. W. Michael Ashcraft, "Review", *Nova Religio* Vol. 24, No. 1, August 2020, pp. 119-122.

** 전통주의적 입장에 있는 윌리엄 스툭의 서평은 이런 관점을 잘 보여 준다. 스툭은 모니카 김의 저작이 구체적 자료를 발굴해 독창성을 확보하고, 목소리를 내지 못한 사람들의 목소리를 들려주고 많은 독자들이 읽을 수 있게 쓰인 사려 깊은 책임을 인정한다. 하지만 다른 한편으로는 인종 문제에 대한 해석에 불편함을 드러내면서 전반적으로 이 저작이 공산주의 국가들에 관심을 기울이지 않으면서 미국 행위의 맥락을 충분히 보여 주지 못하고 있다고 지적한다. William Stueck, "The Interrogation Rooms of the Korean War: The Untold Story by Monica Kim (review)", *Journal of Cold War Studies* 21(3), 2019, pp. 258-260.

기 중반부터 영국·미국의 인종주의적 자유주의, 소련의 평등 지향 사회주의, 중국의 20세기 후반 국제 질서에 기여한 문명국가로서의 정당성, 일본의 선진국 따라잡기와 아시아 유일의 성공 모델 정당성, 인도의 지역 국가이자 동시에 글로벌 문명국으로의 정당성 등이 경쟁적으로 제시되고 있다는 것이다.•

아이켄베리는 다른 연구에서 미국과 유럽, 아시아 민주주의 국가들로 대표되는 '글로벌 웨스트'Global West와 중국·러시아 등으로 대표되는 '글로벌 이스트'Global East가 경쟁하고 있는 상황에서 또 다른 세력인 '글로벌 사우스' Global South가 형성되어 '세 개의 세계'Three Worlds 구도가 형성되고 있다고 말한다. 그는 글로벌 웨스트와 글로벌 이스트가 글로벌 사우스와의 연대를 구축하기 위해 서로 공정하게 경쟁하는 것이 바람직하다는 의견을 제시하고 있다.••

이런 변화 속에서 이 저서의 배경이 되고 있는 자유주의적 다원주의의 문제의식은 중요한 기여와 함께 많은 도전 과제를 갖고 있다. 우선 이 책은 '우리'와 '그들'의 차이가 보편적 이념의 수준으로 나뉘었던 냉전 시기 정책들에 대한 비판적 읽기를 통해 지역의 다른 민족, 이념, 인종에 보다 포용적·통합적 관점을 가질 것을 촉구해 다원주의적 문제의식을 이어 가는 데 기여하고 있다. 무엇보다 미국 등 주요 선진국들의 국내 민주주의 차원에서는 서로 다른 인종에 대한 다원주의적 포용은 지속적으로 중요한 민주주의의 쟁점이 될 것이다.

그런데 다른 한편으로는 자유주의적 국제 질서를 유지하려는 국가들의 정부는 지구화와 인도적 지원 등을 유지하는 것에 대한 국내적 반대 여론에 직

• Daniel Deudney, G. John Ikenberry and Karoline Postel-Vinay, *Debating Worlds: Contested Narratives of Global Modernity and World Order* (Oxford University Press, 2023), p. 279.

•• G. John Ikenberry, "Three Worlds: The West, East and South and the Competition to Shape Global Order", *International Affairs* 100(1), 2024, pp. 121-138.

면하면서 '지불 능력 격차'solvency gap가 심화되어 국제적 관여를 더는 지속하기 어려운 상황을 마주하고 있다.* 즉, 지금처럼 글로벌 웨스트와 글로벌 이스트가 다시 경쟁 구도를 보이고 있고 글로벌 사우스가 부상하는 상황에서, 자유주의적 다원주의를 지지하는 국가들의 정부와 정당들은 한편으로는 국내의 좀 더 자국 중심적인 현실주의 관점을 설득하고, 국제적으로는 경쟁 구도를 형성한 글로벌 이스트와의 긴장을 완화해 협력을 유지하는 동시에, 글로벌 사우스와의 협력도 주도해야 하는 과중한 과제를 대면하고 있는 것이다.

따라서 이 책은 한국전쟁에 대한 새로운 관점의 중대한 학문적 성취일 뿐만 아니라, 다른 민족, 이념, 인종에 대한 포용적 관점이 필요하다는 점을 일관되게 강조함으로써 오늘날 국제 질서의 방향에 대한 논쟁에도 분명한 함의를 던지고 있다. 이 책은 결국 모든 전쟁은 누가 더 잘못했는가라는 최소한의 기준에 의해서가 아니라, 전쟁이라는 거대한 힘에 휩쓸린 개인들의 아픈 역사에 공감하는, 더 높은 수준의 민주주의의 기준으로 엄밀한 평가를 받게 될 것임을 독자들에게 일깨워 준다.

---

* Peter Trubowitz, Brian Burgoon, *Geopolitics and Democracy* (New York: Oxford University Press, 2023). 시카고 카운슬의 최근 여론조사에 따르면, 미국의 민주당과 지지층은 동맹국들과 함께 글로벌 문제에 더 관여해야 한다는 태도를 보이고 있고, 공화당과 지지층은 군사력을 통해 미국 중심의 정책을 펼쳐야 한다고 응답했다. Dina Smeltz, "American Support for Active US Global Role not What It Used to Be", *Chicago Council Public Opinion Survey* 2024/08/22.

주

서문

1 오세희, 『65 포로수용소: 한국전쟁 포로의 고발수기』(대구: 만인사, 2000), 61-63쪽.

2 결투로서의 전쟁에 대해서는 다음을 참조. Carl von Clausewitz, *On War*, ed. and trans. Michael Eliot Howard and Peter Paret(Princeton, NJ: Princeton University Press, 1989); "The Presidents News Conference", June 29, 1950. Part of the *Public Papers of the Presidents: Harry Truman, 1945-1953* of the Harry Truman Presidential Library. 이 자료는 다음 누리집에서 이용할 수 있다. www.trumanlibrary.org/publicpapers (접속일: 2011년 5월 21일).

3 Frantz Fanon, *The Wretched of the Earth*, trans. Richard Philcox (New York: Grove Press, 2000), p. 2[『대지의 저주받은 사람들』, 남경태 옮김, 서울: 그린비, 2010(2판), 56쪽].

4 Dean Rusk, *As I Saw It* (New York: W. W. Norton, 1990)[『냉전의 비망록: 딘 러스크의 증언』, 홍영주·정순주 옮김, 서울: 시공사, 1991].

5 "Statement by the President on the Violation of the 38th Parallel", June 26, 1950. Part of the *Public Papers of the Presidents: Harry S. Truman, 1945-1953* of the Harry S. Truman Presidential Library. www.trumanlibrary.org/publicpapers (접속일: 2011년 5월 21일).

6 Report on Soviet official press release, June 27, 1950. US Department of State relating to the internal affairs of Korea: 『미 국무부 한국국내상황관련 문서』(서울: 국방부 군사편찬연구소, 2000-2002), vol. 1.

7 Meeting dated January 2, 1952. Minutes of Meetings of Sub delegates for Agenda Item 4 on Prisoners of War, 12/11/1951-02/06/1952; Korean Armistice Negotiation Records; Secretary, General Staff; Headquarters, United Nations Command (Advance); Record Group 333; National Archives at College Park, College Park, MD.

8 Kodendera Subayya Thimayya, *Experiment in Neutrality* (New Delhi: Vision Books, 1981), p. 39[『판문점 일기』, 라윤도 옮김, 서울: 소나무, 1993, 53쪽].

9 "Address on Foreign Policy at the Navy Day Celebration in New York City", October 27, 1945. Part of the *Public Papers of the Presidents: Harry S. Truman, 1945-1953* of the Harry S. Truman Presidential Library. www.trumanlibrary.org/publicpapers (접속일: 2018년 6월 27일).

10 "Special Message to the Congress on Greece and Turkey: The Truman Doctrine", March 12, 1947. Part of the *Public Papers of the Presidents: Harry S. Truman, 1945-1953* of the Harry S. Truman Presidential Library. www.trumanlibrary.org/publicpapers (접속일: 2018년

6월 27일).

11 Mimi Thi Nguyen, *The Gift of Freedom: War, Debt, and Other Refugee Passages* (Durham, NC: Duke University Press, 2014), p. 4.

12 "청사진"이라는 용어는 Walter LaFeber, *America, Russia, and the Cold War, 1945-2006* (New York: McGraw-Hill, 2008)에서 사용되었고. "미국 국가 안보의 바이블"이라는 용어는 Michael Hogan, *A Cross of Iron: Harry S. Truman and the Origins of the National Security State, 1945-1954* (Cambridge: Cambridge University Press, 1998), p. 12를 참조.

13 Hogan, *Cross of Iron*, p. 12.

14 "A Report to the National Security Council—NSC 68", April 12, 1950. President's Secretary's File, Truman Papers. Harry S. Truman Presidential Library. www.trumanlibrary.org (접속일: 2018년 6월 27일).

15 1953년 7월 9일 프린스턴 세미나 토론문. Princeton Seminars File, Dean Acheson Papers. Harry S. Truman Presidential Library. www.trumanlibrary.org (접속일: 2018년 6월 10일).

16 1953년 10월 11일 프린스턴 세미나 토론문.

17 David Fautua, "The 'Long Puli' Army: NSC 68, the Korean War, and the Creation of the Cold War U.S. Army", *Journal of Military History* 61, no.1(1997), pp. 94, 95.

18 Aaron B. O'Connell, "An Accidental Empire?: President Harry Truman and the Origins of Americas Global Military Presence", in *Origins of the National Security State and the Legacy of Harry S. Truman*, ed. Mary Ann Heiss and Michael J. Hogan (Kirksville: Truman State University Press, 2015), pp. 197, 198.

19 Maria Höhn and Seungsook Moon, "Introduction: The Politics of Gender, Sexuality, Race, and Class in the US Military Empire", in *Over There: Living with the US Military Empire from World War Two to the Present*, ed. Maria Höhn and Seungsook Moon (Durham, NC: Duke University Press, 2010), pp. 8-11[『오버 데어: 2차 세계대전부터 현재까지 미국 제군과 함께 살아온 삶』, 이현숙 옮김, 서울: 그린비, 2017, 28-38쪽, 특히 37쪽].

20 Bruce Cumings, *Dominion from Sea to Sea: Pacific Ascendancy and American Power* (New Haven, CT: Yale University Press, 2009), p. 485[『(바다에서 바다로) 미국 패권의 역사』, 박진빈·김동노·임종명 옮김, 파주: 서해문집, 2011, 785쪽].

21 Ruth Oldenziel, "Islands: The United States as a Networked Empire", in *Entangled Geographies: empire and Technopolitics in the Global Cold War*, ed. Gabrielle Hecht (Cambridge, MA: MIT Press, 2011), p. 19.

22 "National Security Council directive on Office of Special Projects"(NSC 10/2), in *Foreign Relations of the United States, 1945-1950, Emergence of the Intelligence Establishment*, ed. C. Thomas Thorne Jr. and David S. Patterson (Washington, DC: Government Printing Office, 1996), p. 715.

23 중국인 포로에 관해서는 David Cheng Chang, *The Hijacked War: The Story of Chinese POWs in the Korean War* (Stanford, CA: Stanford University Press, 2019). 미군의 공식 역사에

관해서는 Walter G. Hermes, *Truce Tent and Fighting Front* (Washington, DC: Office of the Chief of Military History, United States Army, 1966). 유엔군이 운영한 포로수용소의 교육 프로그램과 정치에 대한 분석으로는 Grace Chae, "Captive Minds: Race, War, and the Education of Korean War POWs in US Custody, 1950-1953" (PhD diss., University of Chicago, 2010). 미군 포로에 관해서는 Charles Young, *Name, Rank, and Serial Number: Exploiting Korean War POWs at Home* (New York: Oxford University Press, 2014).

24 James T. Sparrow, *Warfare State: World War II Americans and the Age of Big Government* (Oxford: Oxford University Press, 2011)를 참조.

25 Takashi Hujitani, *Race for Empire: Koreans as Japanese ana Japanese as Americans during World War II* (Berkeley: University of California Press, 2011)[『총력전 제국의 인종주의: 제2차 세계대전기 식민지 조선인과 일본계 미국인』, 이경훈 옮김, 서울: 푸른역사, 2019]를 참조.

26 Carl Schmitt, *The Nomos of the Earth in the International Law of the Jus Publicum Europaeum*, trans. G. L. Ulmen (New York: Telos Press, 2003), p. 419.

27 Marilyn Young, "Bombing civilians from the Twentieth to the Twenty-First Centuries", in *Bombing civilians: A Twentieth-Century History*, ed. Yuki lanaka and Marilyn Young (New York: New Press, 2009), p. 157.

28 Memoranda; Folder: Psywar Activities—Chief of Staff Papers; Box 7; General Correspondence; Psychological Warfare Section; Records of the General Headquarters, FEC, SCAP, and UNC-; Record Group 544; NARA, College Park, MD.

29 오세희, 『65 수용소』, 44쪽.

30 Case #68, Box 4. POW Incident Investigation Case files, 1950-53; Office of the Provost Marshal; Office of the Assistant Chief of Staff, G-1; Headquarter, US Army Forces, Far East, 1952-57; Record Group 554; NARA, College Park, Maryland.

31 Case #64, Box 3. POW Incident Investigation Case files, 1950-53; Office of the Provost Marshal; Office of the Assistant Chief of Staff, G-1; Headquarter, US Army Forces, Far East, 1952-57; Record Group 554; NARA, College Park, Maryland.

32 Karma Nabuisi, *Traditions of War: Occupation, Resistance, and the Law* (Oxford: Oxford University Press, 1999), pp. 12, 13.

33 181st CIC Detachment—1st Marine Division, SOP for Counterintelligence Operations; Folder: 228-01 181st CIC Detachment—Korea—SOP—1952; Box 12; Counter Intelligence Corps Collection; Assistant Chief of Staff, G-2 (Intelligence); RG 319; NARA, College Park, Maryland.

34 역사 쓰기와 아카이브의 특성 사이의 관계에 대한 웅변적이고 설득력 있는 연구는 다음을 참조. Michel-Rolph Trouillot, *Silencing the Past: Power and the Production of History* (Boston: Beacon Press, 1995). 또한 Marisa Fuentes, *Dispossessed Lives: Enslaved Women, Violence, and the Archive* (Philadelphia: University of Pennsylvania Press, 2016); Natalie Zemon Davis, *Fiction in the Archives: Pardon Tales and Their Tellers in Sixteenth-Century France* (Stanford, CA: Stanford University Press, 1987); Thomas Richards, *The Imperial Archive: Knowledge and the Fantasy of Empire* (New York: Verso, 1993); Kathryn Burns, *Into the*

Archive: Writing and Power in Colonial Peru (Durham, NC: Duke University Press, 2010) 등의 연구도 참조하라.

35   인종과 자유주의에 대해서는 다음을 참조. Nikhil Pal Singh, *Race and Americas Long War* (Oakland: University of California Press, 2017); Denise Ferreira da Silva, *Toward a Global Idea of Race* (Minneapolis: University of Minnesota Press, 2007); Christine Hong, "Legal Fictions: Human Rights Cultural Production and the Pax Americana in the Pacific Rim"(PhD dissertation. University of California, Berkeley, 2007); Teemu Ruskola, David L. Eng, and Shuang Shen, eds. "China and the Human", special double issue of Social Text, no. 109-10 (Winter 2011/Spring 2012).

36   Albert Biderman, *March to Calumny: The Story of American POW's in the Korean War* (New York: Macmillan, 1963), p. 61.

1장. 심문

1   장성섬의 소재지에 대한 자세한 내용과 철자는 미군 보고서에 따른 것이다. 하지만 오늘날의 철자 및 행정단위 분류에 따르면 장 씨의 집은 현재의 38선(대한민국 강원도 남면 상수내리)에 있지 않았다. 1945년 당시 38선은 현재의 38선보다 훨씬 남쪽에 있었다.

2   『미군정기정보자료집: CIC(방첩대) 보고서, 1945.9-1949.1 (춘천: 한림대학교 아시아문화연구소, 1995), Vol. 1. 1946년 4월 19일 자 보고서. 971st Counterintelligence Corps Detachment Annual Progress Report for 1947, p. 331.(이하 *CIC 1945.9-1949.1*).

3   Bruce Cumings, *The Origins of the Korean War*, vol. 1, Studies of the East Asian Institute (Princeton, NJ: Princeton University Press, 1981-90), p. xxii[『한국전쟁의 기원』, 김범 옮김, 파주: 글항아리, 2023, 29쪽].

4   Alexis Dudden, *Japan's colonization of Korea: Discourse and Power* (Honolulu: University of Hawaii Press, 2005)[『일본의 한국 식민지화: 담론과 권력』, 홍지수 옮김, 서울: 늘품플러스, 2013].

5   Daniel Rodgers, *Atlantic Crossings: Social Politics in a Progressive Age* (Cambridge, MA: Belknap Press of Harvard University Press, 1998), p. 63.

6   *Courrier de la Conference de la Paix* (dated Juin 30, 1907), Swarthmore College Peace Collection[국사편찬위원회 누리집, 〈우리역사넷〉에서 '헤이그 만국 평화 회의에 고하는 글'을 참조했다].

7   *Courrier de la Conference de la Paix*, Juillet 1, 1907.

8   Anthony Anghie, *Imperialism, Sovereignty, and the Making of International Law* (Cambridge: Cambridge University Press, 2005), p. 87.

9   Anghie, *Imperialism*, p. 87.

10   Thomas Joseph Lawrence, *War and Neutrality in the Far East* (Cambridge, MA: Harvard University Press, 1904), p. 23.

11   Patrick G. Hogan Jr. and Joseph O. Baylen, "Shaw, W. T. Stead, and the International Peace Crusade/ 1898-1899", *Shaw Review* 6, no. 2 (1963), pp. 60, 61; Kate Campbell, "W.

E. Gladstone, W. T. Stead, Matthew Arnold, and a New Journalism: Cultural Politics in the 1880s", *Victorian Periodicals Review* 36, no.1(2003), pp. 20-40.

12   Henry Em, *The Great Enterprise: Sovereignty and Historiography in Modern Korea* (Durham, NC: Duke University Press, 2013), p. 75.

13   *Courrier de la Conference de la Paix*, Juillet 5, 1907.

14   Gordon Chang, "Whose Barbarism? Whose 'Treachery'? Race and Civilization in the Unknown United States-Korea War of 1871", *Journal of American History* 89, no. 4 (2003), p. 1333. "미군 장교들은 대략 250여 명의 조선군을 죽였다고 주장했지만, 그 수는 두 배에 달할 수도 있다."

15   "다른 조항들은 일본에게 대한제국의 다섯 개 도에서 새로운 항구들을 물색하고, 대한제국의 해안을 조사하며, 방해받지 않고 사업과 무역을 행하고, 대한제국의 항구에 거주하는 자국 상인을 치외법권 아래에서 보호할 수 있는 권리를 부여했다." Bruce Cumings, *Korea's Place in the Sun: A Modern History* (New York: W. W. Norton, 1997), p. 102[『브루스 커밍스의 한국현대사』, 김동노 외 옮김, 파주: 창작과비평사, 2001, 144쪽].

16   Em, *Great Enterprise*, p. 40.

17   Em, *Great Enterprise*, pp. 40, 41.

18   자신이 "주권의 의미론"(여기에는 대한제국의 주권과 관련해 모호한 [해석의] 공간을 일소하고 통제하려는 일본의 다양한 시도를 담고 있다)이라고 부르는 것에 대한 분석에서 헨리 임이 제기하는 핵심 논변은 일본이 어떻게 스스로를 "동아시아에서 새로운 주권의 의미를 가장 잘 해석하는 번역가"로 자리매김했는지를 밝히는 데 있다. Em, *Great Enterprise*.

19   Dudden, *Japans Colonization of Korea*, p. 7[국역본, 19쪽].

20   "Final Text of the Communique", *Foreign Relations of the United States: Diplomatic Papers, the Conferences at Cairo and Tehran*, eds. William M. Franklin and William Gerber (Washington, DC: United States Printing Office, 1961), Document 343. 강조는 인용자[위 내용은 국사편찬위원회 누리집, 〈우리역사넷〉에서 '카이로선언' 항목으로 확인할 수 있다. 번역은 일부 수정했다].

21   "The Cairo Declaration did not end the territorial questions; it intensified them. For the subject or international trusteeship, the significance of the Cairo Declaration is clear and simple: Japan would be stripped of her Empire." William Roger Louis, *Imperialism at Bay: The United States and the Decolonization of the British Empire, 1941-1945* (Oxford: Clarendon Press, 1977), p. 274.

22   the Pacific War Council Minutes, January 12, 1944, Roosevelt Paper(Louis, *Imperialism at Bay*, p. 355에서 인용함).

23   "Bohlen Minutes", in *Foreign Relations of the United States, Diplomatic Papers, Conferences at Malta and Yalta, 1945*, ed. Bryton Barron (Washington, DC: United States Government Printing Office, 1955), Document 393[국사편찬위원회 누리집, 〈우리역사넷〉에서 '얄타 회담과 연합국의 한반도 점령 및 시정 방안 논의' 항목으로 해당 표현을 확인할 수 있다].

24   Dean Rusk, *As I Saw It*, p. 124[『냉전의 비망록』, 64쪽].

25   Official gazette, United States Army Military Government in Korea:

『미군정청관보』(서울: 원주문화사), Proclamation No.1(이하 *Official Gazette*)[「해방 직후 미군정 사령관의 포고문 "민주주의 위해 동란 자제를"」, 『조선일보』(2023/12/19) 기사 가운데, 울산 독자 박명종 씨가 보관 중인 당시 전단지 한글본 이미지를 참조했으며, 가독성을 고려해 일부 표현을 현대식 표기로 수정했다. 이 포고문은 한 장에 영어, 일본어, 한국어로 쓰여 있었다.
https://www.chosun.com/culture-life/culture_general/2023/12/19/YCKYMRE25BHCBJT5GCEIPJLZSU/].

26   *Official Gazette*, Proclamation No. 2[위 표현은 위키문헌 누리집에서 이용할 수 있는, '태평양미국육군총사령부포고 제2호'의 현대어 해석 표기를 따랐다].

27   E. Grant Meade, *American Military Government in Korea* (New York: Kings Crown Press, 1951), p. 67[『주한미군정연구』, 안종철 옮김, 서울: 공동체, 1993, 98쪽].

28   Ernst Fraenkel, "Entry 24 January 1946: Aufzeichnungen vom 15. bis 30. Januar 1946 über Fraenkels Ankunftszeit in Korea [1946]", in *Ernst Fraenkel: Gesammelte Schriften* (Baden Baden: Nomos Verlagsgesellschaft, 1999)[프랭켈은 그 이유로, 무조건항복으로 한국은 일본으로부터 사실상 분리되었고, 미군에 의한 한국 점령은 1907년 헤이그 조약에서 규정하고 있는 군사점령 형태와는 모든 면에서 부합하지 않다는 것이다. 이에 대해서는, 문준영, 「미군정기 및 정부수립시기 에른스트 프랭켈의 지위와 역할」, 『세계헌법연구』, 2018년 4월, 89쪽, 각주 28 참조].

29   Gregory Henderson, *Korea: The Politics of the Vortex* (Cambridge, MA: Harvard University Press, 1968), p. 124[『소용돌이의 한국정치』, 이종삼·박행웅 옮김, 파주: 한울아카데미, 2013, 244쪽].

30   Philip H. Taylor, "Military Government Experience in Korea: Part I; Administration and Operation of Military Government in Korea", in *American Experiences in Military Government in World War II*, ed. Carl Friedrich (New York: Rinehart, 1948), p. 357.

31   *History of the United States Armed Forces in Korea* (United States, Far East Command, published in 1948). Part III: Chapter 1, "Creating Military Government", 11(이하 *HUSAFIK*).

32   Ernst Franekel, "Aufzeichnungen vom 15. bis 30. Januar 1946 über Fraenkels Ankunftszeit in Korea [1946]", in *Ernst Fraenkel: Gesammelte Schriften* (Baden Baden: Nomos Verlags-gesellschaft, 1999), pp. 379, 380.

33   Udi Greenberg, *The Weimar Century: German Emigres and the Ideological Foundations of the Cold War* (Princeton, NJ: Princeton University Press, 2017), p. 98[『바이마르의 세기: 독일 망명자들과 냉전의 이데올로기적 토대』, 이재욱 옮김, 서울: 회화나무, 2018, 163, 164쪽].

34   Greenberg, *Weimar Century*, p. 95[국역본, 160쪽].

35   Associated Press article, "Koreans March in Protest against Keeping Japanese; Officials in Washington Amazed at Army Action—State Department Disclaims Any Part in Move— MacArthur Bars Disorder", *New York Times*, September 11, 1945.

36   G-2 Periodic Report / United States Army Forces in Korea. Headquarters. G-2. 1945-1948 (춘천: 한림대학교 아시아문화연구소); report dated September 12, 1945(이하 G-2 Weekly).

37   Report dated October 23, 1945, G-2 Weekly.

38   Report dated September 12, 1945, G-2 Weekly.

39 "Message to U.S.A. Citizens" included in report dated October 30, 1945, G-2 Weekly.

40 Meade, *American Military Government in Korea*, p. 59[국역본, 88쪽].

41 "A Message to U.S.A. Citizens" signed by "The Central People s Committee of the Peoples Republic of Corea."(October 5, 1945, Seoul). In G-2 Weekly, vol. 1, included in report dated October 30, 1945.

42 "Message to U.S.A. Citizens".

43 "Message to U.S.A. Citizens".

44 Ernst Fraenkel, "Aufzeichnungen vom 15. bis 30. Januar 1940 über Fraenkels Ankunftszeit in Korea [1946]", in *Ernst Fraenkel: Gesammelte Scnriften* (Baden Baden: Nomos Verlagsgesellschaft, 1999), pp. 379, 380.

45 Letter from Commander in Chief, US Army Forces, Pacific to Joint Chiefs of staff, December 16, 1945. Folder: Papers of Harry S. Truman, SMOF: Selected Records on Korean War, Pertinent Papers on Korea Situation; Box 11; SMOF: National Security Files; Papers of Harry S. Truman; Harry Truman Library. 이 서한 자체는 맥아더가 합참으로 보내는 것이었지만, 그는 한국의 최근 상황에 대한 하지의 보고서를 동봉했다. 인용문은 하지의 보고서에서 가져온 것이다.

46 Dipesh Chakrabarty, *Provincializing Europe: Postcolonial Thought and Historical Difference* (Princeton, NJ: Princeton University Press, 2000), p. 8[『유럽을 지방화하기: 포스트식민 사상과 역사적 차이』, 김택현·안준범 옮김, 서울: 그린비, 2014, 55쪽 참조].

47 G-2 Weekly, October 9, 1945, p. 74.

48 G-2 Weekly, October 23, 1945, p. 120.

49 Meade, *American Military Government in Korea*, p. 72[『주한미군정연구』, 102쪽].

50 류우현 Lyuh Woo Hyun은 미군정이 사용한 철자이다. 매큔-라이샤워 McCune-Reischauer 표기법에 따르면 여운형이 된다.

51 G-2 Weekly; vol. 1, report dated September 25, 1945. 이 특별 보고서는 여운형의 역사를 자세하게 서술하며, 여운형이 다음과 같은 조건을 내걸고 이 제안을 받아들이겠다고 했음을 밝혔다. ① 향후 석 달간의 식량을 보장할 것, ② 정치범을 석방할 것, ③ 언론과 표현의 자유를 보장할 것, ④ 평화 유지를 위해 학생들을 동원하지 말 것, ⑤ 일본인의 개입이 없을 것.

52 HUSAFIK, vol. 3, chapter 4, part I, p. 50. Cumings, *Origins of the Korean War*, 1, pp. 201, 202[국역본, 277쪽]에서 재인용.

53 HUSAFIK, chapter 3, part III, "American Arrival", p. 89.

54 Cumings, *Origins of the Korean War*, 1: p. 420. "1914년부터 1938년까지 농민의 수는 11퍼센트 증가했지만 소작농의 수는 66퍼센트 증가했다. 같은 기간 전체 농민 가구에서 소작농의 비율은 35퍼센트에서 53퍼센트로 상승했다."

55 Meade, *American Military Government in Korea*, p. 188[『주한미군정연구』, 245쪽]에서 재인용.

56 Meade, *American Military Government in Korea*, p. 72[국역본, 102, 103쪽].

57 Speech included in report dated October 30, 1945, G-2 Weekly[『신조선보』, 1945년

10월 12일 자「아 장관 경고의 돌격: 신성한 자유를 선용, 조선은 군정부밖에 없다, 아놀드 군정 장관 발표」에 실린 '아놀드 미 군정 장관의 조선인민공화국 부인 성명'. 이 자료는 국사편찬위원회 누리집, 〈우리역사넷〉에서 볼 수 있다].

58 *Official Gazette*, Ordinance 21.
59 Henderson, *Korea: The Politics of the Vortex*, p. 126[국역본, 249쪽].
60 Henderson, *Korea: The Politics of the Vortex*, p. 127[국역본, 250쪽].
61 CIC 1945.9-1949.1, vol. 1, CIQ vol. 1, US Army Intelligence Center, History of the Counter Intelligence Corps Volume XXX, "CIC during the Occupation of Korea (1959.3)", p. 15.
62 Donald Nichols, *How Many Times Can I Die?* (Brooksville, FL: Brooksville Printing, 1981), p. 116.
63 Nichols, *How Many Times Can I Die?*, p. 117.
64 "Interview with Kenneth E. MacDougall, Capt, MPC, on October 5, 1954, Bldg 22, Ft Holabird", Folder: 228-01 MacDougall, Kenneth E.—CIC during Occupation of Korea—(1947-1948) Box 6; Counter Intelligence Corps Collection; Assistant Chief of Staff, G-2 (Intelligence); RG 319; National Archives and Records Administration(이하 NARA), College Park, Maryland.
65 William Tigue, Folder: 228-01 EEI: CIC Operations in Korea (1952); Box 6; Counter Intelligence Corps Collection; Assistant Chief of Staff, G-2 (Intelligence); RG 319; NARA, College Park, Maryland.
66 Ernst Fraenkel, "Aufzeichnungen vom 15. bis 30. Januar 1946 über Fraenkels Ankunftszeit in Korea", in *Ernst Fraenkel: Gesammelte Schriften* (Baden Baden: Nomos Verlags-gesellschaft, 1999), pp. 379, 380.
67 *Official Gazette*, Ordinance 9[군정법령 제9호,〈최고소작료결정건〉. 법제처, 〈국가법령정보센터〉에서 '최고소작료결정건' 항목으로 확인할 수 있다].
68 *Official Gazette*, General Notice No. 1[국사편찬위원회 누리집, 〈한국사데이터베이스〉에서 '미곡의 자유시장(일반고시1호)' 항목으로 확인할 수 있다].
69 G-2 Weekly report, dated October 9, 1945, pp. 74, 75.
70 G-2 Weekly report, dated October 30, 1945, p. 131.
71 G-2 Weekly report, dated October 30, 1945, p. 131.
72 G-2 Weekly report, dated October 30, 1945, p. 131.
73 *Official Gazette*, Ordinance 19[미군정청「관보」, 군정명령 제19호에 대해서는, 국사편찬위원회 누리집, 〈한국사데이터베이스〉에서 '국가적 비상시기의 포고 등(법령19호)' 항목으로 확인할 수 있다].
74 *Official Gazette*, Ordinance 19.
75 *Official Gazette*, Ordinance 19.
76 *Official Gazette*, Proclamation No. 2.
77 *Official Gazette*, Ordinance 72[이 자료는 국사편찬위원회 누리집, 〈한국사데이터베이스〉에서 '군정 위반에 대한 범죄(군정법령 제72호)' 항목으로, 또한

〈위키문헌〉에서 '군정법령 제72호' 항목으로 확인할 수 있다].

78 27개 항목은 다음과 같다. 13, 14, 15, 16, 17, 18, 19, 20, 21, 22, 30, 31, 32, 33, 34, 47, 48, 49, 50, 51 52, 53, 54, 57, 58, 59, 60번 등.

79 *Official Gazette*, Ordinance 72.

80 *Official Gazette*, Ordinance 72.

81 CIC 1943.9-1949.1, vol. 1, CIC, vol. 1, US Army Intelligence Center, History of the Counter Intelligence Corps Volume XXX, "CIC during the Occupation of Korea (1959.3)", p. 21.

82 CIC 1945.9-1949.1, vol. 1, CIC, vol. 1, US Army Intelligence Center, p. 22.

83 CIC 1943.9-1949.1, vol. 1, report dated April 19, 1946, included in 971st counter Intelligence Corps Detachment Annual Progress Report for 1947, p. 386.

84 CIC 1945.9-1949.1, vol. 1, report dated April 19, 1946, p. 90.

85 CIC 1945.9-1949.1, vol. 1, 971st Counter Intelligence Corps Detachment Annual Progress Report for 1948, p. 470.

86 CIC 1945.9-1949.1, vol. 1, 971st Counter Intelligence Corps, p. 17.

87 MacDougall interview, NARA.

88 CIC 1943.9-1949.1, vol. 1, CIC, vol. 1, US Army Intelligence Center, History of the Counter Intelligence Corps Volume XXX, CIC during the Occupation of Korea (1959.3), p. 1.

89 이 인용구는 다음에서 가져온 것이다. "USAFIK letter AG 322 (TFGBI) dated 30 April 1946". 이 문서는 앞서 인용한 "mission of the Counter Intelligence Corps" in Dow's SOP: a) War Department letter AG 322, CIC (October 31, 1944) OB-S-B-M dated November 13, 1944, Subject: Counter Intelligence Corps. b) AFPAC regulations #100-10 dated August 1, 1945. C) AFPAC letter AG 322 (March 22, 1946), CI[정용욱 엮음,『해방직후 정치·사회사자료집』 10, 다락방, 1994, 141쪽].

90 CIC 1945.9-1949.1, vol. 1, CIC, vol. 1, US Army Intelligence Center, History of the Counter Intelligence Corps Volume XXX, CIC during the Occupation of Korea (1959.3), 24.

91 CIC 1943.9-1949.1, Volume 1, 971st Counter Intelligence Corps Detachment Annual Progress Report for 1948, p. 461.

92 1948 Annual Progress Report of the 971st CIC Detachment in Korea; Box 14856; WWII Operations Report, 1941-48; Central Intelligence; RG 407; NARA, College Park, Maryland.

93 1948 Annual Progress Report of the 971st CIC Detachment in Korea, NARA.

94 1948 Annual Progress Report of the 971st CIC Detachment in Korea, NARA.

95 MacDougall interview, NARA.

96 Second Lieutenant Joseph H. Farell of the 116th CIC Detachment; Folder: 228-01EEI: CIC Operations in Korea (1952); Box 6; Counter Intelligence Corps Collection; Assistant Chief of Staff, G-2 (Intelligence); RG 319; NARA.

97 Folder: 228-01 Griemann, Theodore E.—CIC during Occupation of Korea—(1947-49); Box 6; Counter Intelligence Corps Collection; Assistant Chief of Staff)

G-2 (intelligence); RG 319; NARA, College Park, Maryland.

98 Suh Hee-Kyung, "Atrocities before and during the Korean War", *Critical Asian Studies* 42, no. 4 (2010), p. 571.

99 John Dilworth, Box 6; Counter Intelligence Corps Collection; Assistant Chief of Staff, G-2 (Intelligence); RG 319; NARA, College Park, Maryland.

100 Interview with 1st Lt. Jack D. Sells, 111th Counter Intelligence Corps Detachment; Folder: 228-01 EEI: CIC Operations in Korea (1952); Box 6; Counter Intelligence Corps Collection; Assistant Chief of Staff, G-2 (Intelligence); RG 319; NARA, College Park, Maryland.

101 Interview with M/Sgt. Joseph P. Gorman; Folder: 228-01 EEI: CIC Operations in Korea (1952); Box 6; Counter Intelligence Corps Collection; Assistant Chief of Staff, G-2 (intelligence); RG 319; NARA, College Park, Maryland.

102 『미군 CIC 정보 보고서: RG 319 Office of the Chief of Military History』. 서울: 중앙일보 현대사연구소, 1996, Volume 2; "Korean War: CI Activities", Investigative Records Repository (IRR), Box #99/Case #ZF010482. Agent Report: Masan G2 Office, dated 14 March 1951[이하 *CIC RG319*].

103 *CIC RG319*, vol. 2, Agent Report: Masan G-2 Office, March 14, 1951.

104 Thomas Blom Hansen and Finn Stepputat, eds. *Sovereign Bodies: Citizens, Migrants, and States in the Postcolonial World* (Princeton, NJ: Princeton University Press, 2005), p. 11.

105 Historical Report for Period 1 November to 30 Number 1950; Folder: Historical Rpt 704 CIC Nov 1950; Box 4677; Army AG Commercial Reports; Record Group 407; NARA, College Park, Maryland.

106 Historical Report for Period 1 November to 30 Number 1950; Folder: Historical Rpt 704 CIC Nov 1950; Box 4677; Army AG Commercial Reports; Record Group 407; NARA, College Park, Maryland.

107 Joseph Vincent Lisiewski [Sgt, 7th Div., 32nd Inf Rgt.], enlisted in anticipation of the draft on 3-4-51: Korean War Veterans' Survey Questionnaire, Military History Institute Archives, Carlisle, Pennsylvania.

108 Robert H. Moyer [Staff Sgt, 3rd Inf. Div.; 7th Inf. Regt., 3rd Battalion, Med company] enlisted on August 13, 1947: Korean War Veterans' Survey Questionnaire, Military History Institute Archives, Carlisle, Pennsylvania.

109 Charles Ehredt [1st Sgt., 1 Cav. Div, 16th Regiment] enlisted in 1949: Korean War Veterans' Survey Questionnaire, Military History Institute Archives, Carlisle, Pennsylvania.

110 Robert William Burr [2nd Inf div., 38th inf. Reg, 2nd battalion, Company E], Korean War Veterans' Survey Questionnaire, Military History Institute Archives, Carlisle, Pennsylvania.

111 이무호, 『어느 졸병이 겪은 한국전쟁』(서울: 지식산업사, 2003).

112 "일반적인 절차는, 주인에게 보상 없이 토지를 무기한 징발하는 것이었다. 허가는 일반적으로 간단했다. 해당 지역 군수의 서명만 있으면 됐다. 그러나 때로는 현지 지주들이

토지 징발에 항의하기도 했다. 구두 항의가 쇠스랑을 든 시위로 이어지기도 했다. 이 같은 항의로 말미암아, 해당 지역 군수의 승인뿐만 아니라, 국방부 장관의 승인이 필요하기도 했다. 기존에 있던 구조물이 포로수용소 건설에 방해가 되거나 안보상 위협이 되면, 수용소 자산으로 조달되기도 했다." "The Handling of POW during the Korean War, Folder: Unclassified, S11-02, Korea; Box 16; Unclassified Records, 1969-75; POW/civilian Internee Information Center; Records of the Provost Marshal General, 1941- ; Record Group 389; NARA.

113 Ernst Fraenkel, *Korea: A Turning Point in International Law?*, trans. Patricia Szobar (Berlin: Gebrüder Weiss Publishers, 1951).

2장. 전쟁 포로

1 Reports by Bieri May 29 to June 9, 1951; Transmission des rapports de visites de camps aux Nations Unies, aux Etats-Unis et a la Coree-du-Nord, 16/01/1951-12/05/1952, B AG 210 056-021, Archive of the International Committee of the Red Cross.

2 Reports by Bieri May 29 to June 9, 1951; Transmission des rapports de visites de camps aux Nations Unies, aux Etats-Unis et a la Coree-du-Nord, 16/01/1951-12/05/1952, B AG 210 056-021, Archive of the International Committee of the Red Cross.

3 Reports by Bieri on June 8 and 9, 1951; Transmission des rapports de visites de camps aux Nations Unies, aux Etats-Unis et a la Coree-du-Nord, 16/01/1951-12/05/1952, B AG 210 056-021, Archive of the International Committee of the Red Cross.

4 Report on UN POW Camp No.1 Koje-do and Pusan. Bieri: May 29 to June 9, 1951. Dr. Bessero May 29, 31, 1951.; Transmission des rapports de visites de camps aux Nations Unies, aux Etats-Unis et a la Coree-du-Nord, 16/01/1951-12/05/1952, B AG 210 056-021, Archive of the International committee of the Red Cross.

5 Harry S. Truman to Secretaries of State and Defense, and Director ot CIA, April 4, 1951; Psychological Strategy Board; Subject File; CF; Truman Papers, Student Research File: Psychological Warfare." Harry S. Truman Presidential Library and Archives.

6 "Prepared Public Statement by the Director of PSB", Folder: 000.7, Box 1. SMOF: Psychological Strategy Board Files, Papers of Harry S. Truman, Harry S. Truman Presidential Library and Archives.

7 Memorandum for the Senior NSC Staff. U.S. Courses of Action with Respect to Korea", in vol. 10 of *Documentary History of the Truman Presidency*, ed. Dennis Merrill (Bethesda, MD: University Publications of America, 1997), pp. 29-32.

8 Closing Lecture, Psychological Warfare Seminar at University of North Carolina, August 15, 1952. Folder: 350.001 file #1—Dr. Raymond B. Allen Lecture [1 of 2], Box 29, SMOF: Psychological Strategy Board Files, Papers of Harry Truman, Harry S. Truman Presidential Library and Archives.

9 "The Oriental Communist Prisoner of War", POW/CI Center; Office of the Provost Marshal; Office of the Assistant Chief of Staff, G-1; Headquarter, US Army Forces, Far East,

1952-57; Record Group 554; NARA, College Park, Maryland.

10 Case #64; Box 3; POW Incident Investigation Case Files, 1950-53; Office of the Provost Marshal; Office of the Assistant Chief of Staff, G-1; Headquarter, US Army Forces, Far East, 1952-57; Record Group 554; National Archives at College Park, Maryland.

11 Case #64, NARA.

12 Interview with Song Jeung Taik; Box 144; Series VI: "In Mortal Combat"; Toland Papers; Franklin D. Roosevelt Presidential Library and Archives.

13 Dean Acheson, *Present at the Creation: My Years in the State Department* (New York: W. W. Norton, 1969), pp. 468, 469.

14 Calculation of prisoners interned each month and captured rates (1952), Folder: Unclassified, 511-02, Korea; Box 19; Unclassified Records, 1969-75; POW/civilian Internee Information Center; Records of the Provost Marshal General, 1941-; Record Group 389; NARA, College Park, Maryland.

15 Case file #40, Box 2; POW Incident Investigation Case Files, 1950-53; Office of the Provost Marshal; Office of the Assistant Chief of Staff, G-1; Headquarter, US Army Forces, Far East, 1952-57; Record Group 554; NARA, College Park, Maryland.

16 Convention (III) relative to the Treatment of Prisoners of War. Geneva, 12 August 1949. International Committee of the Red Cross, accessed January 21, 2018, https://ihl-databases.icrc.org/ihl.

17 인용의 출처는 다음과 같다. POW Incident Investigation Case Files, 1950-53; Office of the Provost Marshal; Office of the Assistant Chief of Staff, G-1; Headquarter, US Army Forces, Far East, 1952-57; Record Group 554; NARA, College Park, Maryland.

18 Administrative Instructions Reference Handling Enemy Prisoners of War (Addressed to: Commanding General, Eighth Army), February 20, 1951, issued March 5, 1951; EPW/CI/D Gen Info Files—PW processing forms (1951); Unclassified/SS11-02/Korea; Box 14; Unclassified Records, 1969-75; POW/Civilian Internee Information Center; Records of the Provost Marshal General, 1941-; RG 389; NARA, College Park, Maryland.

19 Subject: Prisoners of War(이 메모는 1952년 4월 15일, 전쟁포로부서의 멀린 넬슨 소령으로부터 접수된 문의에 대한 답변이며 기획및훈련과PTD의 벤 E. 존슨 중령에게 전달된 것이다); Folder: Unclassified/Prisoners of War as re: Geneva Conventions; Unclassified/SS11-02/Korea; Box 15; Unclassified Records 1969-75; POW/Civilian Internee Information Center; Records of the Provost Marshal General, 1941; RG 389; NARA, College Park, Maryland.

20 이종규, 2008년 1월 11일, 저자의 인터뷰, 한국, 서울(저자의 번역).

21 Memorandum from 91st MP Bn to 2d Log Com, Vol V-Reference Files-Control of Prisoners of War-HQ KCOMZ; Box 1651; Enemy Prisoners of War Records, 1951-53, Final report: "The Handling of Prisoners of War during the Korean War", June 1960 to Control Prisoners of War, HQ KCOMZ; Eighth US Army, Military History Section; Records of US

Army Operational, Tactical, and Support Organizations (World War II and thereafter); Record Group 338; National Archives at College Park, Maryland.

22   나는 수백 편의 연합군번역통역부 보고서와 포로 및 민간인 억류자 사건 파일에서 이 정보를 수집했다. 포로들이 초기 심사 과정에서 자신의 신분을 밝히지 않는 경우가 많다는 것은 잘 알려진 사실이지만, 여기에 나타난 정보는 충분히 신빙성이 있고 주목할 가치가 있는 것으로 보인다.

23   Meeting dated December 22, 1951, Minutes of Meetings of Sub delegates for Agenda Item 4 on Prisoners of War, 12/n/1951-02/06/1952; Korean Armistice Negotiation Records; Secretary, General Staff; Headquarters, United Nations Command Advance); Record Group 333; NARA, College Park, Maryland. 인용문은 리비 제독이 리 장군에게 한 말이다.

24   오세희, 『65 포로수용소』, 101쪽.

25   고영근, 『죽음의 고비를 넘어서』(서울: 한국목민선교회, 1997).

26   이종규, 저자의 인터뷰(저자의 번역).

27   Fernando Coronil and Julie Skurski, *States of Violence* (Ann Arbor: University of Michigan Press, 2006), p. 84.

28   John Prados, *Safe for Democracy: The Secret Wars of the CIA* (Chicago: Ivan R. Dee, 2006), p. 80.

29   Prados, *Safe for Democracy*, p. 79.

30   Prados, *Safe for Democracy*, p. 81.

31   제2차 세계대전 동안 "CIAA[Coordinator for Inter-American Affairs], OWI[Office of War Information], 그리고 OSS 등이 미국의 심리전을 수행한 주요 기구들이었으나 전쟁부도 별도의 심리전 부처가 있었고 해군도 특수전 분과가 있었다." Scott Lucas, "Campaigns of Truth: The Psychological Strategy Board and American Ideology, 1951-1953", *International History Review* 18, no. 2 (1996), pp. 253-504. 1945년 이후에 마셜플랜을 전후로 심리 전략이 등장하기 시작해 서유럽의 여러 국가들, 특히 이탈리아에서 승인되고 동의를 얻기 시작했다. 심리전에 대한 개괄적 설명은 다음을 참조. Rob Robin, *The Making of the Cold War Enemy: Culture and Politics in the Military-Intellectual Complex* (Princeton, NJ: Princeton University Press, 2001).

32   Folder 014.3 Social Science Research—Loomis Report [2 of 2]; Box 1; SMOF: Psychological Strategy Board files; Papers of Harry Truman; Harry S. Truman Presidential Library and Archives.

33   The PSB: Functional Relation to the President and the NSC(dated July 16, 1951); Folder: 040 Centralizing Paramilitary Activity; Box 2; SMOF: Psychological Strategy Board files; Papers of Harry Truman; Harry S. Truman Presidential Library and Archives.

34   Manuscript of lecture: "Psychological-Political Strategy Re-examined" delivered at the National War College on February 15, 1952; Folder: 350.001 file #1—Dr. Raymond B. Allen Lecture [1 of 2」; Box 29; SMOF: Psychological Strategy Board files; Papers of Harry S. Truman; Harry S. Truman Presidential Library and Archives.

35 Preliminary estimate of the effectiveness of US Psychological Strategy [May 5, 1952]; Folder: File #1—Report by PSB on the Status of the Psychological Program [2 of 2]; Box 22; SMOF: Psychological Strategy Board files; Papers of Harry S. Truman; Harry S. Truman Presidential Library and Archives.

36 Status of POW Policy Review, 386.6 Report on Situation with Respect to Repatriation of Prisoners of War, Box 32, SMOF: Psychological Strategy Board Files, Papers of Harry S. Truman.

37 Status of POW Policy Review, 386.6 Report on Situation with Respect to Repatriation of Prisoners of War, Box 32, SMOF: Psychological Strategy Board Files, Papers of Harry S. Truman.

38 Memorandum for Mr. Barnes, December 18, 1951; Box 32, SMOF: Psychological Strategy Board Files; Papers of Harry Truman; Harry Truman Presidential Library and Archives.

39 미국이 주도한 이런 형태의 "신탁통치"는 1947년 태평양 제도의 영토에 대해 제정되었는데, 이곳은 1944년 미국이 통제권을 넘겨받기 전까지 일본이 관리했던 국제연맹의 위임통치 지역이었다. 1947년 이 지역은 유엔의 승인을 받는 "신탁통치"의 대상이 되었다. 마셜제도공화국, 미크로네시아 연방국, 북마리아나제도연방, 그리고 팔라우공화국 — 모두 1970년대 말(혹은 1980년대 초)에 미국이 관리하던 신탁통치가 공식적으로 종료된 이후 수립되었다 — 은 모두 이런 신탁통치하에 있었다.

40 Document: Over-all Strategic Concept for our Psychological Operations (dated May 7, 1952); Folder: 091.412 File #2, "The Field and Role of Psychological Strategy in Cold War Planning" [2 of 2」; Box 15; SMOF: Psychological Strategy Board files; Papers of Harry S. Truman; Harry S. Truman Presidential Library and Archives.

41 Carl Schmitt, *The Nomos of the Earth in the International Law of the Jus Publicum Europaeum* (New York: Telos Press, 2003), p. 419[국역본, 381, 382쪽]. 슈미트의 이론을 좀 더 긴 계보 속에서 살펴보는 국제인도법에 대한 논의로는 다음을 참조. Martti Koskenniemi, *The Gentle Civilizer of Nations: The Rise and Fall of International Law, 1870-1960* (Cambridge: Cambridge University Press, 2002). 너새니얼 버먼의 연구도 국제인도법에서 보편주의에 대한 역사적 주장을 비판적으로 평가한다. Nathaniel Berman, "Privileging Combat? Contemporary Conflict and the Legal Construction of War", *Columbia Journal of Transnational Law* 43, no.1(2004). 법제도로서 전쟁의 변화하는 성격에 대해서는 다음을 참조. David Kennedy, *Of War and Law* (Princeton, NJ: Princeton University Press, 2006).

42 Sibylle Schiepers eds. *Prisoners in War* (Oxford: Oxford University Press, 2010), p. 2.

43 Schiepers, *Prisoners in War,* p. 7.

44 Final Record of the Diplomatic Conference at Geneva of 1949, Vol. II, Sec. A. (Berne: Federal Political Department, 1963), p. 9.

45 Geoffrey Best, *War and Law since 1945* (Oxford: Oxford University Press, 1996).

46 Final Record of the Diplomatic Conference at Geneva of 1949, Vol. II, Sec. A. (Berne: Federal Political Department, 1963), p. 9.

47　Jean S. Pictet, ed., *Commentary: The Geneva Conventions of 12 August 1949*. 4 vols. Geneva, ICRC, 1952, 1958, 1960. volume 4, p. 86에서 인용됐다.

48　Address in San Francisco at the Opening of the conference on the Japanese Peace Treaty. September 4, 1951. Public Papers of Harry S. Truman, 1945-1953. Harry S. Truman Presidential Library and Archive, https://www.tmmanlibrary.org/publicpapers (접속일: 2018년 5월 21일).

49　Operation Take Off; Box 35; Psychological Strategy Board Files; Harry S. Truman Presidential Library and Archives.

50　전쟁 포로 논쟁에 대한 역사적 분석은 다음을 참고. *A Substitute for Victory: The Politics of Peacemaking at the Korean Armistice Talks* (Ithaca, NY: Cornell University Press, 1990); *Child of Conflict: The Korean-American Relationship, 1943-1953* (1983) edited by Bruce Cumings; 바턴 번스타인Barton J. Bernstein 또한 포로 문제에 대한 협상을 분석했다. 최근 매우 중요한 분석은 김학재, 『판문점 체제의 기원: 한국전쟁과 자유주의 평화기획』(서울: 후마니타스, 2015).

51　Harry S. Truman, "Address in San Francisco at the Opening of the Conference on the Japanese Peace Treaty." Part of the *Public Papers of the Presidents: Harry S. Truman, 1945-1953* of the Harry Truman Presidential Library, www.trumanlibrary.org/publicpapers (접속일: 2018년 6월 20일).

52　Acheson, *Present at the Creation*, p. 655.

53　아감벤의 '벌거벗은 생명' 개념에 대해서는 Giorgio Agamben, *Homo Sacer: Sovereign Power and Bare Life* (Stanford, CA: Stanford University Press, 1998)[『호모 사케르』, 박진우 옮김, 서울: 새물결, 2008] 참조. '살게 만드는' 권력에 대해서는 Michel Foucault, *"Society Must Be Defended": Lectures at the College de France, 1975-76*, ed. Mauro Bertani and Alessandro Fontana; trans. David Macey (New York: Picador, 2003)[『사회를 보호해야 한다』: 콜레주드프랑스 강의 1975~76년』, 김상운 옮김, 서울: 난장, 2015] 참조.

54　Case File #60, Box 3; POW Incident Investigation Case Files, 1950-53; Office of the Provost Marshal; Office of the Assistant Chief of Staff) G-1; Headquarter, US Army Forces; Far East, 1952-57; Record Group 554; NARA, College Park, Maryland.

55　Case File #25; Box 1; POW Incident Investigation Case Files, 1950-53; Office of the Provost Marshal; Office of the Assistant Chief of Staff, G-1; Headquarter, US Army Forces, Far East, 1952-57; Record Group 554; NARA, College Park, Maryland.

56　Case file #104, Box 5, POW Incident Investigation Case Files, 1950-53; Office of the Provost Marshal; Office of the Assistant Chief of Staff) G-1; Headquarter, US Army Forces; Far East, 1952-57; Record Group 554; NARA, College Park, Maryland.

57　Case file #104.

58　Case file #104.

59　Case file #83, Box 4, POW Incident Investigation Case Files, 1950-53; Office of the Provost Marshal; Office of the Assistant Chief of Staff, G-1; Headquarter, US Army Forces, Far East, 1952-57; Record Group 554; NARA, College Park, Maryland.

60 Case file #83.
61 Case file #83.
62 Case file #83.
63 Case file #104, Box 5, POW Incident Investigation Case files, 1950-53; Office of the Provost Marshal; Office of the Assistant Chief of Staff, G-1; Headquarter, US Army Forces, Far East, 1952-57; Record Group 554; NARA, College Park, Maryland.
64 Case file #104.
65 Case file #104.
66 Case file #104.
67 "Truman Endorses UN Truce Stand Rejected by Reds", *New York Times*, May 8, 1952.

3장. 심문관

1 샘 시게루 미야모토, 2007년 3월 1일, 저자의 인터뷰, Monterey Park, California.
2 1948년 미군 내 인종차별을 철폐하는 트루먼 대통령의 행정명령으로 말미암아 군인을 "인종"에 따라 분류하고 식별하는 관행은 사라졌다. 하지만 내가 인터뷰한 사람들의 증언에 따르면, 미군은 개인 파일에 첨부된 사진들을 보고 행정명령을 회피했다고 한다. 문서고에서 명확한 기록을 확인할 수 없기에, 나는 한국전쟁에 참여한 일본계 미국인 퇴역 군인들이 추정한 수치인 4000명을 가져왔다. 이 퇴역 군인들은 지역사회의 기억과 미군 문서를 토대로 제2차 세계대전과 한국전쟁 시기에 복무한 일본계 미국인들을 추적하기 위해 엄청난 시간을 들였다. 또 다른 기준에 따르면, 4000이라는 숫자는 다소 보수적인 추정이라고 볼 수도 있다. 제2차 세계대전 시기 군사정보국에서 근무한 일본계 미국인 통역관에 대한 책에서 제임스 맥노튼은 "1946년 봄까지 학교를 졸업한 군 통역관들은 거의 6000명에 달한다."고 말했다. James McNaughton, *Nisei Linguists: Japanese Americans in the Military Intelligence Service during World War II* (Washington, DC: Department of the Army, 2007), 서문. 6000명의 졸업생이 모두 일본계 미국인인 것은 아니지만 새로 징집된 군인들, 자원병들과 함께 상당수가 다시 한국전쟁에 징집되었다.
3 Subcommittee on Korean War Atrocities, Korean War Atrocities, 83rd Congress, First Session, December 4, 1953, p. 152.
4 McNaughton, *Nisei Linguists*는 미국 육군부의 공식적 관점에서 일본계 미국인 통역관들의 군사 첩보 활동에 대한 세세한 사실들을 제공하고 있다. 또한 다음 연구를 참조. Enchiro Azuma, "Brokering Race, Culture, and Citizenship: Japanese Americans in Occupied Japan and Postwar National Inclusion", *Journal of American-bast Asian Relations* 16, no. 3 (2009), pp. 183-211.
5 U.S. Department of State, *Papers Relating to the Foreign Relations of the United States: Japan, 1931-1941*, vol. 2 (Washington, DC: US Government Printing Office, 1943), pp. 793, 794.
6 토로 이소베, 2007년 2월 27일, 저자의 인터뷰, Los Angeles, California.

7 미야모토, 저자의 인터뷰.

8 The Japanese American War Veterans online digital archive: https://java.wildapricot.org (접속일: 2018년 4월).

9 Greg Robinson, *By Order of the President: FDR and the Internment of Japanese Americans* (Cambridge, MA: Harvard University Press, 2001), p. 4.

10 아널드 요시자와, 2006년 12월 2일, 수전 우에무라의 인터뷰(리빙 레거시 구술사 프로젝트), Carson, California. 로버트 시로이시, 2006년 11월 22일, 수전 우에무라의 인터뷰(리빙 레거시 구술사 프로젝트), California.

11 샘 미야모토의 동생인 아츠시 아키에 미야모토가 내게 준 문서와 자료 가운데 2006년 10월에 쓴 보고서는 "The Gripsholm Exchanges: A Short Concise Report on the Exchange of Hostages during World War II between the United States and Japan as It Relates to Japanese Americans"라는 제목이 붙어 있다. 아츠시 아키에 미야모토, 2007년 2월 26일, 저자의 인터뷰, Harbor City, California.

12 Letter from Frank Knox to Mr. Joe J. Mickle, Secretary, Committee on East Asia. Folder: Japanese Govt Agreement; Box 81;Special War Problems Division; Department of State; Record Group 59; National Archives at College Park, Maryland.

13 Bruce Elleman, *Japanese-American Civilian Prisoner Exchanges and Detention Camps* (New York: Routledge, 2006), p. 14에서 재인용.

14 스페인 정부는 일본을 대신해 중재국이 되었고, 스위스는 미국을 대신한 중재국이 되었다.

15 Re: Expense of keeping Japanese officials in the United States prior to exchange, dated September 28, 1942; Folder: Japanese Int—United States Nov-Dec 1942; Box 86; Subject Files, 1939-1955 Gripsholm-Repatriation to Japanese Internees—United States; Special War Problems Division; Department of State; Record Group 59; National Archives at College Park, Maryland.

16 Letter from Special Division; Box 86; Subject Files, 1939-1955; Gripsholm-Repatriation to Japanese Internees—United States; Special War Problems Division; Department of State; Record Group 59; National Archives at College Park, Maryland.

17 Bruce Cumings, "Archaeology, Descent, Emergence: Japan in British/American Hegemony, 1900~1950", in *Japan in the World*, ed. Masao Miyoshi and Harry Harootunian (Durham, NC: Duke University Press, 1993).

18 Louise Young, *Japan's Total Empire: Manchuria and the Culture of Wartime Imperialism* (Berkeley: University of California Press, 1998). 역사학자 루이스 영은 자신의 책에서 다음과 같이 기술했다. "제1차 세계대전이 끝날 즈음 [일본] 제국은 대만, 조선, 그리고 일본이 난요南洋라고 부르는 태평양 열도, 사할린의 남쪽 절반을 아우르고 있었고, 중국과는 불평등 조약을 맺고 있었다"(Young, *Japan's Total Empire*, p. 2). 1931년 만주사변 이후 일본은 더 공격적으로 중국과 동남아시아로 영토를 확장했고, 영국·미국·러시아에 도전했다.

19 Elleman, *Japanese-American Prisoner Exchanges and Detention Camps*, pp. 12, 13.

20 May 18 Telegram to Bern; Box 86; Subject Files, 1939-55 Gripsholm-Repatriation to Japanese Internees—United States; Special War Problems Division; Department of State; Record Group 59; National Archives at College Park, Maryland.

21 Note dated March 27, 1943; Box 86; Subject Files, 1939-55 Gripsholm-Repatriation to Japanese Internees—United States; Special War Problems Division; Department of State; Record Group 59; National Archives at College Park, Maryland.

22 Takashi Fujitani, *Race for Empire: Koreans as Japanese and Japanese as Americans during World War II* (Berkeley: University ot California Press, 2011), p. 128[『총력전 제국의 인종주의』, 229쪽].

23 Fujitani, *Race for Empire*, p. 127[국역본, 225쪽]에서 재인용.

24 Fujitani, *Race for Empire*, p. 127[국역본, 225쪽].

25 Fujitani, *Race for Empire*, p. 134[국역본, 237쪽].

26 Elleman, *Japanese-American civilian Prisoner Exchanges and Detention Camps*, p, 6.

27 역사가 메이 나이는 이 억류 프로젝트는 단일한 권력의 대상이었다기보다 서로 다른 정치적 기획들의 교차점에 놓여 있었다고 주장한다. Mae Ngai, *Impossible Subjects: Illegal Aliens and the Making of Modern America* (Princeton, NJ: Princeton University Press, 2004). Mae Ngai, "An Ironic Testimony to the Value of American Democracy: Assimilationism and the World War II Internment of Japanese Americans", in *Contested Democracy: Freedom, Race, and Power in American History*, ed. Manisha Sinha and Penny von Eschen (New York: Columbia University Press, 2007).

28 위 인용문은 샘 미야모토가 자신의 경험을 바탕으로 쓴 미발표 원고에서 발췌한 것으로 저자가 사본을 소장하고 있다. 다음의 편지 발췌문과 요약의 출처는 다음과 같다. Box 86; Subject Files, 1939-1955 Gripsholm-Repatriation to Japanese Internees—United States; Special War Problems Division; Department of State; Record Group 59; NARA, College Park, Maryland.

29 이 문단에 나오는 편지의 수신자들은 모두 오클라호마의 포트 실Fort Sill에 수용되어 있었다.

30 Eiichiro Azuma, *Between Two Empires: Race, History, and Transnationalism in Japanese America* (Oxford: Oxford University Press, 2005).

31 Yui Ichioka, *The Issei: The World of the First Generation Japanese Immigrants, 1885-1924* (New York: Free Press, 1988).

32 토머스 다나카, 2006년 11월 9일, 수전 우에무라의 인터뷰(리빙 레거시 구술사 프로젝트), Honolulu, Hawaii.

33 하워드 오카다, 2006년 11월 9일, 수전 우에무라의 인터뷰(리빙 레거시 구술사 프로젝트), Honolulu, Hawaii.

34 로이 시라가, 2007년 2월 14일, 저자의 인터뷰, Japanese American Veterans Association 2007 All Wars Conference, 2007년 3월 2일, 저자의 인터뷰, Hacienda Heights, California, 2006년 8월 10일, 수전 우에무라의 인터뷰(리빙 레거시 구술사 프로젝트), Hacienda

Heights, California. 짐 야나기하라의 아버지에 대한 정보는 짐 야나기하라 목사, 2006년 1월 14일, 수전 우에무라의 인터뷰(리빙 레거시 구술사 프로젝트), San Diego Buddhist Church. 야나기하라는 나중에 한국전쟁 시기 의료진이 되었다.

35 Azuma, *Between Two Empires*, p. 2.
36 Azuma, *Between Two Empires*, p. 64.
37 오카다, 수전 우에무라의 인터뷰. 로이 마쓰자키, 2006년 3월 3일, 수전 우에무라의 인터뷰(리빙 레거시 구술사 프로젝트), San Jose, California. 가쓰야 "가츠" 나카타니, 2005년 11월 29일, 수전 우에무라의 인터뷰(리빙 레거시 구술사 프로젝트), Pico Rivera, California. 나카타니, 2007년 2월 24일, 저자의 인터뷰, the All Wars Conference for the Japanese American Veterans Association, Los Angeles, California.
38 Azuma, *Between Two Empires*, p. 63. 에이치로 아즈마가 지적했듯이 "일본인의 종속은 인종적 종속의 가장 일반적인 양상이었는데, 특히 이세이의 대다수가 농업에 종사했던 서부 농촌 지역에서 두드러졌다. 1941년 이전에는 이세이와 백인 사이에서 나타나는 관계의 성격은 종종 토지 경작과 토지 사용권의 양식이 어떻게 변화하느냐에 달려 있었다."
39 Azuma, *Between Two Empires*, p. 79. 이세이는 — 일본 제국과 미국 제국 내에서 스스로를 재위치시킴으로써 — 그들이 살고 있는 나라와 고국 양쪽 모두에서 수용될 수 있는 — 미국의 개척자이자 일본의 식민지 개척자로서 — 인종화된 집단적 자아를 재발명했다. p. 90.
40 "운이 좋았던 어떤 일본인들은 브라질에서 유사한 식민지 기업을 설립했는데, 신사협약 이후 브라질은 일본 이주민들에게 가장 인기 있는 목적지가 되었다. 이세이였던 나가타 시게시는 릿코카이라고 불리는 시마누키 효다유 이민회를 맡아 이세이들의 남미 재이주에 가장 큰 역할을 했다. 1924년 이민법이 통과된 후, 나가타는 매우 촘촘한 이세이 릿코카이 회원 네트워크를 통해, 일본인들에게 인종차별적인 미국을 떠나 친절한 브라질로 가라고 선전했다. 이곳에는 경험이 풍부한 이세이 농부들이 일본에서 온 동포들과 함께 식민지 유토피아를 만드는 데 앞장설 것이라고 말이다." Azuma, *Between Two Empires*, p. 81.
41 조지 다니구치, 2007년 3월 6일, 저자의 전화 인터뷰.
42 나카타니, 저자의 인터뷰.
43 조지 쓰다, 2007년 2월 28일, 저자의 인터뷰, Fullerton, California. "우리는 담뱃갑의 주석 포일을 모아서 공으로 만들어 정해진 날에 홀로 가져오라는 말을 들었다. 이것은 일본으로 보내 비행기를 만드는 데 쓰였다고 들었다. 1937년 즈음 어떤 사람들은 포장재를 버릴 때 거기에 침을 뱉어 이를 수집하지 못하게 하기도 했다." 미군정기 일본과 한국전쟁에서 연합군번역통역부에서 복무했던 조지 쓰다는 미공개 자서전을 썼다. 내용이 매우 길고 상세해서, 그의 생애 연대기도 포함되어 있다. 여기서 그대로 인용한 것은 아니지만, 이 글에서 많은 정보를 얻었다.
44 Atsushi "Archie" Miyamoto's report on the SS Gripsholm exchange.
45 대다수 이세이 부모들은 고향 마을의 행정 기구에 아이들의 출생을 신고해 이중 시민권을 만들어 주었지만, 샘 미야모토의 부모는 출생신고를 하지 않았기 때문에 미야모토와 그의 형제자매들은 일본 시민권이 없었다.
46 미야모토, 저자의 인터뷰.

47 Rinjiro Sodei, *Were We the Enemy? American Survivors of Hiroshima* (Boulder, CO: Westview Press, 1998). 사망자 중에는 이보다 적지만 중국인, 동남아시아인, 유럽인 등도 있었다.

48 Sodei, *Were We the Enemy?*, p. 50.

49 Sodei, *Were We the bnemy?*, p. 53.

50 린지로 소데이에 따르면, "이 수치는 일본인들이 가장 많이 거주하는 남부 캘리포니아만 계산한 것이므로 미국 본토 전체 수치는 대략 5000명으로 추산할 수 있다. Sodei, *Were We the Enemy?*, p. 57.

51 "Arlington Honor Paid to Two Heroic Nisei", *Los Angeles Times*, June 5, 1948, "Tribute Paid to Nisei Heroes", *Washington Post*, June 5, 1948.

52 Caroline Chung Simpson, *An Absent Presence: Japanese Americans in Postwar American Culture 1943-1960* (Durham, NC: Duke University Press, 2001). 미국 내 인종 관계와 미국의 대외 정책에서 나타나는 [인종 문제에서의] 선의 사이의 모순과 관련해 미국 정부 내에서 발생하는 긴장에 대한 추가적인 연구로는 다음을 참조. Mary L. Dudziak, *Cold War Civil Rights: Race and the Image of American Democracy* (Princeton, NJ: Princeton University Press, 2000); Thomas Borstelmann, *The Cold War and the Color Line: American Race Relations in the global Arena* (Cambridge, MA: Harvard University Press, 2001).

53 요시자와, 수전 우에무라의 인터뷰.

54 야나기하라, 수전 우에무라의 인터뷰.

55 시라가, 저자의 인터뷰.

56 시라가는 잡지를 읽던 니세이가 프레즈노 출신인 것으로 기억했다. 워싱턴주 출신인 시라가는 제2차 세계대전 중 억류 수용소에 갈 필요가 없었지만 그 방에 있던 다른 니세이는 수용소에 갔다가 캘리포니아가 일본계 미국인들에게 다시 개방되었을 때 돌아왔을 가능성이 크다.

57 요시자와, 수전 우에무라의 인터뷰.

58 시라가, 저자의 인터뷰.

59 McNaughton, *Nisei Linguists*는 공식 육군부의 관점에서 군사정보국과 일본계 미국인 통역가들에 대한 상세한 역사를 제공해 준다. 그는 방대한 아카이브 문서와 인터뷰를 참고했다. Eiichiro Azuma, "Brokering Race, Culture, and Citizenship: Japanese Americans in Occupied Japan and Postwar National Inclusion", *Journal of American-East Asian Relations* 16, no. 3 (2009), pp. 183-211.

60 오카다, 수전 우에무라의 인터뷰.

61 야나기하라, 수전 우에무라의 인터뷰.

62 나카타니는 나중에 매우 위험한 임무(폭탄 해체)를 수행하는 팀의 일원으로 한국에 파견되었다.

63 "Some Aspects of Interrogation of Oriental POW", lecture notes and transcript delivered by Bartlett, Folder: Trainee Interrogation—General 0131; Box 18; Office of Naval Intelligence— POW Desk, Operational Section, 1949-54; Records of the Chief of Naval Operations; RG 38; NARA, College Park, Maryland.

64 강의 내용과 그 후 만들어진 팸플릿을 바탕으로 정리했다.

65 Techniques for Interrogating Orientals; Folder: Trainee Interrogation—General 0131; Box 18; Office of Naval Intelligence—POW Desk, Operational Section, 1949-54; Records of the Chief of Naval Operations; RG 38; NARA, College Park, Maryland.

66 Techniques for Interrogating Orientals.

67 AP Dispatch 148 by John Fujii; Folder: ITGP—500; Journals — 500th Military Intelligence Group; Box 6177; Army AG Commercial Reports; RG 407; NARA, College Park, Maryland.

68 Folder: ITGP—500; Journals—500th Military Intelligence Group; Box 6177; Army AG Commercial Reports; RG 407; NARA, College Park, Maryland.

69 미야모토, 저자의 인터뷰.

70 마모루 "스티브" 요코야마, 2006년 10월 14일, 수전 우에무라의 인터뷰(리빙 레거시 구술사 프로젝트), California. 요코야마는 일본이 항복할 때 필리핀에 있었고, 하와이 태생의 일본인 심문관으로서 일본 제국의 패망을 목격했다.

71 요코야마, 수전 우에무라의 인터뷰.

72 다니구치, 저자의 전화 인터뷰.

73 일본인 송환자들의 역사에 대해서는 다음을 참조. Lori Watt, *When Empire Comes Home: Repatriation and Reintegration in Postwar Japan* (Cambridge, MA: Harvard University Asia Center, distributed by Harvard University Press, 2009).

74 쓰다, 저자의 인터뷰 및 미출간 자서전.

75 쓰다는 이 말을 하며 웃었는데, 그만큼 그 과정이 매우 마구잡이로 진행되었다는 사실을 인정한 것이다. 사용된 일본어 용어 "하쿠진"은 "외국인" 또는 "일본인이 아닌 사람"을 의미할 수 있다. 이 경우, 이 말은 백인 미국인 군 장교를 가리킨다.

76 다니구치, 저자의 전화 인터뷰.

77 Giorgio Agamben, *Homo Sacer: Sovereign Power and Bare Life*, ed. Werner Hamacher and David E. Wellbery (1995), p. 21[『호모 사케르』, 66쪽].

4장. 거제도: 반란 또는 혁명

1 Murray Schumach, "Gen. Dodd Is Freed by Koje captives Unhurt and Happy", *New York Times*, May 11, 1952.

2 Case File #33; Box 8; Post Capture Summaries; Historical Reports of the War Crimes Division, 1952-54, War Crimes Division, Records of the Office of the Judge Advocate General; Record Group 153; NARA, College Park, Maryland(이하 Case File #33).

3 Alexander Liosnoff Collection, Box 1, Folder: Korean War Press Releases and Wire Service Teletypes (Brigadier General Francis T. Dodd), Hoover Institution Archives(잘버그의 이야기는 1952년 5월 12일 『시카고 데일리 트리뷴』*Chicago Daily Tribune*에 실린 "20 Tanks Scare Reds into Freeing Dodd: Army Rushes Force to POW island by Ships"라는 기사에 등장한다. 당시 잘버그는 국제 뉴스INS 통신사 특파원으로 일하고 있었다).

4 "A Time to Pause and Reflect", *Madison Press*, Madison County, OH, May 23, 2009.

5 "A Time to Pause and Reflect".

6 "Use Force to Release Hostage if Necessary, Gen. Ridgway Rules", *Los Angeles Times*, May 9, 1952; "UN Rejects Red Terms to Free General", *Atlanta Daily World*, May 10, 1952; "koje Fantastic", *New York Times*, May 11, 1952.

7 Lindesay Parrott, "U.S. General seized by Red Prisoners at Koje as Hostage", *New York Times*, May 9, 1952.

8 "UN Rejects Red Terms to Free General", *Atlanta Daily World*, May 10, 1952.

9 Murray Schumach, "General Believed Unhurt", *New York Times*, May 10, 1952.

10 Alexander Liosnoff Collection, Box 1, Folder: Korean War Press Releases and Wire Service Teletypes (Brigadier General Francis T. Dodd), Hoover Institution Archives.

11 "Truman endorses UN truce stand rejected by reds; He denounces as 'repugnant' to world foe's insistence on repatriation of captives backs Ridgway 'package' Acheson and Foster also see allies offering fair terms for cease-fire accord Truman endorses Korea truce stand", *New York Times*, May 8, 1952.

12 한국전쟁 시기 국제 인도주의 법의 적용에 관한 연구는 많지 않지만, 1945년 이후 국제 인도주의 법의 발전에 관한 연구는 상당히 많다. 좀 더 일반적인 개괄은 다음 연구들을 참조할 것. Geoffrey Best, *War and Law since 1945* (Oxford: Clarendon Press, 1997). Geoffrey Best, *Humanity in Warfare* (New York: Columbia University Press, 1980). 법 및 분쟁의 발전에 관한 또 다른 좋은 개괄적 검토는 Yoram Dinstein, *The Conduct of Hostilities under the Law of International Armed Conflict* (Cambridge: Cambridge University Press, 2004).

13 Case File #33; Box 8; Post Capture Summaries; Historical Reports of the War Crimes Division, 1952-54, War Crimes Division, Records of the Office of the Judge Advocate General; Record Group 153; NARA, College Park, Maryland.

14 Case File #33; Interrogation of Dodd at Pusan, at the US Army Hospital, June 21, 1952.

15 "Subject: Letter of Instructions, TO: Brigadier General Haydon L. Boatner, G-15641", Tab 250. Volume III—Reference Files—Control of Prisoners of War—HQ KCOMZ; Box 1651; Enemy Prisoner of War Records, 1951-53; Eighth U.S. Army, Military History Section; Record Group 338; NARA, College Park, Maryland.

16 Case File #153; Box 8; POW Incident Investigation Case Files, 1950-53; Office of the Provost Marshal; Office of the Assistant Chief of Staff, G-1; Headquarter, US Army Forces, Far East, 1952-57; Record Group 554; NARA, College Park, Maryland.

17 리학구의 편지는 국제적십자위원회의 오토 레너Otto Lehner 박사에게 보낸 헨리 S. 도터리Henry S. Daughtery 중령의 메모에 동봉되어 있었다. Mauvais traitements lors de la capture. Témoignages, notes juridiques, 21/02/1951-14/03/1952. B AG 210 056-011. Archive of the International Committee of the Red Cross.

18 Box 7; Post Capture Summaries; Historical Reports of the War Crimes Division, 1952-54, War Crimes Division, Records of the Office of the Judge Advocate General;

Record Group 153; NARA, College Park, Maryland.
19 Case File #33.
20 Case File #33.
21 Case File #33.
22 ATIS interrogation report no.1468.
23 Charles Armstrong, *The North Korean Revolution* (Ithaca, NY: Cornell University Press, 2003), p. 9[『북조선 탄생』, 김연철·이정우 옮김, 파주: 서해문집, 2006, 28쪽]. 역사학자 찰스 암스트롱은 "만주에서의 유격대 경험은 근본적으로 김일성과 그의 동료들의 세계관을 형성했고, 이 경험은 정권이 설립되자마자 책, 팸플릿, 노래, 영화로 만들어져 선전되었고 그것은 북한 기원의 신화가 되었다. 만주 유격 활동에 대한 역사적 이해는 1950년 또는 심지어 2000년의 북한을 이해하기 위해서도 매우 중요하다. 조선에서의 새로운 국가와 사회는 식민 통치와 혼란의 정국 틈새 속에서 정처 없는 지식인, 정치 망명, 해외로부터의 영향, 그리고 유동적이지만 비교적 독립적이었던 빈농들의 삶 속에서 상상되어진 것이었다."고 말한다. 1932년에 일본 식민 지배자들이 만주국을 건설하기 전까지, 만주에는 많은 조선인 농민들이 살고 있었다. 그들 대부분은 19세기 후반에 발생한 기아와 농민 봉기의 압박을 피해 이주한 사람들이었다. 일본의 식민 지배가 시작되자, 철도와 지속적인 노동력 수요로 인해 조선과 만주가 연결되었고, 1945년에 이르면 거의 200만 명에 달하는 조선인이 만주에 살게 되었다.
24 Case File #33.
25 모든 인용은 Case File #33의 심문 조서에서 가져왔다.
26 Case File #33.
27 이 발언의 녹취 복사본은 Case File #33에 증거로 포함되어 있다.
28 Case File #33.
29 Case File #33.
30 Case File #33.
31 William Hitchcock, "Human Rights and the Laws of War: The Geneva Conventions of 1949", in *The Human Rights Revolution: An International History*, ed. Akira Iriye, Petra Goedde, and William Hitchcock (Oxford: Oxford University Press, 2012), pp. 99, 100.
32 Hermes, *Truce Tent and Fighting Front*, p. 112.
33 Turner Joy, *How Communists Negotiate* (New York: Macmillan, 1955), p. 8.
34 John Dunham Kelly and Martha Kaplan, *Represented Communities: Fiji and World Decolonization* (Chicago: University of Chicago Press, 2001), p. 9.
35 Dean Acheson, *Present at the Creation: My Years in the State Department*, 1st ed. (New York: Norton, 1969), p. 533. 국무부 장관 딘 애치슨은 그의 회고록에서 다음과 같이 썼다. "현장 지휘관들을 통한 군사적 협상의 필요성은 다음과 같은 이유로 강력했다. 첫째, 중국과 북한 당국 모두 미국이 인정하는 공식적인 실체[독립국가]가 아니기 때문이다."
36 다른 의제들은 다음과 같다. ① 회담 자체의 의제 설정, ② 군사분계선과 비무장지대의 설정, ③ 휴전협정 및 사찰 규정, ④ 전쟁 포로 송환, ⑤ 정치적 문제의 회부(정전협정 서명 후에, "한국에서의 모든 외국군의 철수, 한반도 문제의 평화적 해결 등의 문제"를 해결하기 위해 정치적 회담을 개최하기로 합의). *Historical Dictionary of the Korean War* (New

York: Greenwood Press, 1991), pp. 7-12.

37　Hermes, *Truce Tent and Fighting Front*, p. 140.

38　호레이스 언더우드Horace G. Underwood는 유엔군사령부의 공식 통역사였다. 그는 나중에 한미 관계, 특히 교육 분야에서 매우 중요한 인물이 된다.

39　Meeting dated December 11, 1951, Minutes of Meetings of Sub delegates for Agenda Item 4 on Prisoners of War, 12/11/1951—02/06/1952; Korean Armistice Negotiation Records; Secretary, general Staff; Headquarters, United Nations Command (Advance); Record Group 333; National Archives at College Park, Maryland(이하 AIMS).

40　1951년 3월, 약 5만 명의 전쟁 포로들이 전쟁 발발 이전에 38선 이남 지역에 거주했으며, 북한군에 강제징집되었다고 주장했다. 이후 판문점 회담에서 드러났듯이, 미군은 다양한 배경의 사람들(게릴라와 공산주의 동조자들)을 체포했다. "보안 조치로 억류된" 사람들도 있었고, "전쟁의 혼란"으로 인해 포로가 된 사람들도 있었다. 얼마 지나지 않아 "민간인 억류자"라는 범주가 수용소 수용자들에게 적용되었고, 미군과 한국군은 신청자들을 선별하기 위한 심사 과정MMS을 시작했다.

41　December 29, 1952, AIMS.

42　December 29, 1952, AIMS.

43　Dean Rusk, *As I Saw It* (New York: W. W. Norton, 1990).

44　조선과 만주의 국경을 넘나든 한국인들의 활동에 대한 연구들은 다음을 참조. Hyun Ok Park, *Two Dreams in One Bed: Empire, Social Life, and the Origins of the North Korean Revolution in Manchuria* (Durham, NC: Duke University Press, 2005); Charles Armstrong, *The North Korean Revolution, 1945-1950* (Ithaca, NY: Cornell University Press, 2003); Dae-Sook Suh and Edward J. Shultz, eds., *Koreans in China* (Honolulu: Center for Korean Studies, University of Hawaii, 1990). 20세기 하와이에서 일한 한국인 노동자들에 대해서는 다음을 참조. *From the Land of Hibiscus: Koreans in Hawaii, 1903-1950*, ed. Yong-ho Ch'oe, (Honolulu: University of Hawaii Press, 2007).

45　Armstrong, *North Korean Revolution*, p. 210. 대한민국은 1948년 8월 15일 유엔이 후원하는 선거를 통해 남쪽에 수립되었다. 1945년 일본의 식민 지배로부터 해방된 지 정확히 3년 만이었다. 그러나 9월 9일 평양에서 조선민주주의인민공화국이 설립되었고, "북한 당국은 남한의 선거를 불법이라고 공격했고, 남한에서 지하 선거가 치러졌다고 주장했다."

46　December 27, 1951, MMS.

47　January 26, 1952, MMS.

48　January 5, 1952, MMS.

49　January 14, 1952, MMS.

50　Case File #33에서 요약.

51　January 11, 1952, MMS.

52　Case File #33에서 요약.

53　모든 인용은 Case File #33의 심문 보고서에서 가져왔다.

54　ATIS interrogation report no.1293 dated September 24, 1950, contains Field Report (164-MIS-0930) dated September 21, 1950. 2004년 MBC(문화방송)에서 제작한

특집 다큐멘터리 시리즈를 위해 수집된 미공개 자료에서 인용. 〈한국전쟁과 포로〉라는 이 다큐멘터리는 〈이제는 말할 수 있다〉라는 프로그램의 특집 3부작으로 방송되었다(이하 〈이제는 말할 수 있다〉 문서).

55 ATIS Interrogation report no.1468 dated September 29, 1950, contains Field Report (ADVATIS-0900) dated September 25, 1950. 〈이제는 말할 수 있다〉 문서.

56 Elaine Scarry, *The Body in Pain: The Making and Unmaking of the World* (New York: Oxford University Press, 1985), p. 12[『고통받는 몸: 세계를 창조하기와 파괴하기』, 메이 옮김, 파주: 오월의봄, 2018, 20쪽], 강조는 원문.

57 The Handling of POW during the Korean War, Folder: Unclassified, S11-02, Korea; Box 16; Unclassified Records, 1969-75; POW/civilian Internee Information Center; Records of the Provost Marshal General, 1941- ; Record Group 389; National Archives at College Park, Maryland.

58 타자로 작성된 미출간 원고; Box 7; Haydon Boatner Collection. Hoover Institution Archives.

59 타자로 작성된 미출간 원고; Box 7; Haydon Boatner Collection. Hoover Institution Archives.

60 "Statement to all Prisoners of War", Tab 2-19. Volume VI—Reference Files—Control of Prisoners of War—HQ PW; Box 1652; Enemy Prisoner of War Records, 1951-53; Eighth U.S. Army, Military History Section; Record Group 338; NARA, College Park, Maryland.

61 "Statement to all Prisoners of War".

62 Carl Schmitt, *The Concept of the Political,* trans. George Schwab (Chicago: University of Chicago Press, 1996), p. 33.

63 적국 포로 부서의 관련 서신; Box 1-4; Headquarters, U.S. Army Forces, Far East; Record Group 554; NARA, College Park, Maryland.

64 Murray Schumach, "3 Days of Captivity Described by Dodd", *New York Times*, May 13, 1952.

65 "Rapport Confidentiel Au C.I.C.R. Concernant La Crise Actuelle des Relations entre Puissance Detentrice et Prisonnier de Guerre en Coree du Sud [Confidential Report to the ICRC Concerning the Real Crisis between the Detaining Power and the Prisoner of War in South Korea]." B AG 119 056 016(저자 번역).

66 "Rapport Confidentiel".

67 「돗드 사건의 의미」, 『동아일보』 1952/05/16.

5장. 38선 남쪽에서: 철조망과 혈서 사이

1 Hyo-Soon Song, *The Fight for Freedom* (한국: 한국도서관협회, 1980), pp. 206, 207[송효순, 『대석방』, 서울: 신현실사, 1973, 234, 235쪽 참조].

2 Hyo-Soon Song, *The Fight for Freedom*, p. 212[『대석방』, 247-249쪽].

3 "Press Release of the Office of Public Information, Republic of Korea", *Foreign Relations of the United States, 1952-1954, Korea,* Volume XV, Part 2, Document 607.

4 "Memorandum of Discussion at the 150th Meeting of the National Security council, Thursday, June 18, 1953", *Foreign Relations of the United States, 1952-1954, Korea,* Volume XV, Part 2, Document 609.

5 Memorandum of Discussion at the 150th Meeting.

6 Case file #255 (UNC Camp Masan #7, dated June 18, 1953), Box 13, POW Incident Investigation Case files, 1950-53; Office of the Provost Marshal; Office of the Assistant Chief of Staff, G-1; Headquarter, US Army Forces, Far East, 1952-57; Record Group 554; NARA, College Park, Maryland.

7 Gregory Henderson, *Korea: The Politics of the Vortex* (Cambridge, MA: Harvard University Press, 1968), 140[『소용돌이의 한국정치』, 271쪽].

8 Jonson Nathaniel Porteux, "Police, Paramilitaries, Nationalists, and Gangsters: The Processes of State Building in Korea" (PhD diss., University of Michigan, 2013), p. 73.

9 Henderson, *Korea: The Politics of the Vortex*, p. 141[국역본, 273쪽].

10 Bruce Cumings, *The Origins of the Korean War*, vol. 2 (Princeton, NJ: Princeton University Press), 1981; Chong-myong Im, "The Making of the Republic of Korea as a Modern Nation-State, August 1948-May 1950" (PhD diss., University of Chicago, 2004).

11 Henderson, *Korea: The Politics of the Vortex*, p. 140[국역본, 272쪽].

12 Folder: 228-01 181st CIC Detachment—Korea—SOP—1952 (Part 2 of 2); Box 12; Records of the Army Staff; Assistant Chief of Staff, G-2 (Intelligence); Counter Intelligence Collection; Record Group 319; NARA, College Park, Maryland.

13 1948 Annual Progress Report of the 971st CIC Detachment in Korea; Box 14856; WWII Operations Report, 1941-48; Central Intelligence; RG 407; NARA, College Park, Maryland.

14 Gregory Henderson, "Korea, 1950", in *The Korean War in History*, ed. James Cotton and Ian Neary (Atlantic Highlands, NJ: Humanities Press International, 1989), p. 175.

15 그레고리 헨더슨과의 인터뷰, 1987년 6월 13일; Box 141; Series VI: "In Mortal Combat"; Toland Papers; Franklin D. Roosevelt Presidential Library and Archives.

16 박기병과의 인터뷰; Box 143; Series VI: "In Mortal Combat"; Toland Papers; Franklin D. Roosevelt Presidential Library and Archives.

17 Allan R. Millett, "Captain James H. Hausman and the Formation of the Korean Army, 1945-1950", *Armed Forces and Society* 23, no. 4 (1997), p. 506. Jong-Myeong Yim, "Korean National Youth Corps (1946.10-1949.1) and Its Connection with 'Future Korean Leader' Policy by United States Army Military Government in Korea", *The Journal of Korean History* (95), 1996.12, pp. 179-211.

18 Simeon Man, *Soldiering through Empire: Race and the Making of the Decolonizing Pacific* (Oakland: University of California Press, 2018), p. 23.

19 Millett, "Captain James H. Hausman and the Formation of the Korean Army,

1945-1950", p. 515.

   20 제임스 하우스만과의 인터뷰; Box 141; Series VI: "In Mortal Combat"; Toland Papers; Franklin D. Roosevelt Presidential Library and Archives.

   21 Dong-choon Kim, "The Social Grounds of Anticommunism in South Korea: Crisis of the Ruling Class and Anticommunist Reaction", *Asian Journal of German and European Studies* 2, no. 7 (2017), p. 7. 강성현, 「전향에서 감시·동원, 그리고 학살로: 국민보도연맹 조직을 중심으로」, 『역사연구』 제14호, 2004/12, 55-106쪽.

   22 Kim, "Social Grounds of Anticommunism in South Korea", p. 9.

   23 "Subject: Report of Educational and Informational Survey Mission to Korea, June 20, 1947, From Headquarters—United State Army Forces in Korea, To: Department of State", Reel XIV, "Internal Affairs of Korea, 1945-1949" Microfilm. Department of State Decimal File 895. Records of the U.S. Department of State relating to the Internal Affairs of Korea, 1945-1949.

   24 Henderson, "Korea, 1950", p. 175.

   25 CIC 1943.9-1949.1, Volume 2, CIC Monthly Information Report, dated 1947.1.18.

   26 커밍스에 따르면, "경상북도 지사는 도내에 '의지가 강하고 용감하게 죽을 각오가 돼 있는 3000명 정도의 토착 좌익 지도자가 있다.'고 침착하게 서술한 바 있다. 미국은 그들이 소련과 연결돼 있다는 사실을 확신하지 못할 경우 그들을 탄압하는 데 주저했다." Cumings, *Origins of the Korean War*, 1, p. 375[국역본, 479쪽].

   27 Cumings, *Origins of the Korean War*, 1, p. 367[국역본, 470쪽].

   28 CIC 1943.9-1949.1, Volume 1, CIC, vol. 1, US Army Intelligence Center, History of the Counter Intelligence Corps Volume XXX, "CIC During the Occupation of Korea (1959.3)", p. 17.

   29 CIC 1945.9-1949.1, Volume 1, report dated April 19, 1940, included in 971st Counter Intelligence Corps Detachment Annual Progress Report for 1947, p. 386.

   30 CIC 1945.9-1949.1, Volume 1, US Army Intelligence Center, History of the Counter Intelligence Corps Volume XXX, "CIC During the Occupation of Korea (1959.3)", p. 21.

   31 CIC 1945.9-49.1, Volume 1, US Army Intelligence Center, History of the Counter Intelligence Corps Volume XXX, "CIC During the Occupation of Korea (1959.3)", p. 22.

   32 CIC 1945.9-1949.1, Volume 1, US Army Intelligence Center, History of the Counter Intelligence Corps Volume XXX, "CIC During the Occupation of Korea (1959.3)", p. 17.

   33 CIC 1945.9-1949.1, Volume 1, US Army Intelligence Center, History of the Counter Intelligence Corps Volume XXX, "CIC During the Occupation of Korea (1959.3)", p. 15.

   34 피난민 중에서도 말하려고 하는 사람들만이 적극적 첩보 업무에 가치 있는 사람들로 간주되었다. CIC 1945.9-1949.1, Volume 1, 971st Counter Intelligence Corps Detachment Annual Progress Report for 1947, p. 259[여기서, 적극적 첩보positive intelligence는 적으로부터 정보를 수집하는 것을 가리키는 반면, 소극적 첩보는 적이 우리로부터 정보를 수집하지 못하도록 하는 것이다].

   35 CIC 1943.9-1949.1, Volume 2, Weekly Information Bulletin dated 1947.6.19, p.

259.

36 Donald Nichols, *How Many Times Can I Die?* (Brooksville, FL: Brooksville Printing, 1981), p. 119.

37 CIC 1943.9-1949.1, Volume 2, Weekly Information Bulletin dated 1947.11.6, p. 505.

38 CIC 1945.9-1949.1, Volume 1, US Army Intelligence Center, History of the Counter Intelligence Corps Volume XXX, "CIC During the Occupation of Korea (1959.3)", p. 24.

39 CIC 1943.9-1949.1, Volume 1, CIC, vol. 1,US Army Intelligence Center, History of the Counter Intelligence Corps Volume XXX, "CIC During the Occupation of Korea (1959.3)", p. 24.

40 William J. Tigue; Box 6; Records of the Army Staff; Assistant Chief of Staff, G-2 (Intelligence); Counter Intelligence Collection; Record Group 319; NARA, College Park, Maryland.

41 1947 Annual Progress Report of the 971st CIC Detachment in Korea; Box 14856; WWII Operations Report, 1941-48; Central Intelligence; RG 407; NARA, College Park, Maryland.

42 CIC 1945.9-1949.1, Volume 2, Weekly Information Bulletin dated 1947.4.23, p. 174.
43 CIC 1945.9-1949.1, Volume 2, Weekly Information Bulletin dated 1947.5.22, p. 221.
44 CIC 1945.9-1949.1, Volume 2, Weekly Information Bulletin dated 1947.8.28, p. 364.
45 CIC 1945.9-1949.1, Volume 2, Weekly Information Bulletin dated 1947.5.22, p. 221.
46 CIC 1945.9-1949.1, Volume 2, Weekly Information Bulletin dated 1947.4.23, p. 174.
47 CIC 1945.9-1949.1, Volume 2, Weekly Information Bulletin dated 1947.5.22, p. 221.
48 CIC 1945.9-1949.1, Volume 2, Weekly Information Bulletin dated 1947.8.28, p. 367.
49 CIC 1945.9-1949.1, Volume 2, Weekly Information Bulletin dated 1947.8.21, p. 353.
50 CIC 1945.9-1949.1, Volume 2, Weekly Information Bulletin dated 1947.5.1, p. 184.
51 CIC 1945.9-1949.1, Volume 2, Weekly Information Bulletin dated 1947.9.11, p. 397.
52 Nichols, *How Many Times Can I Die?*, pp. 119, 120.
53 Nichols, *How Many Times Can I Die?*, p. 120.
54 Nichols, *How Many Times Can I Die?*, p. 120.
55 하우스만과의 인터뷰.
56 Millett, "Captain James H. Hausman and the Formation of the Korean Army, 1945-1950", p. 522.

57 Su-kyoung Hwang, *Korea's Grievous War* (Philadelphia: University of Pennsylvania Press, 2016), p. 29.

58 Hwang, *Korea's Grievous War*, p. 38.

59 Chalmers Johnson, *Blowback: The Costs and Consequences of American Empire* (New York: Henry Holt, 2004), p. 99[『블로우백』, 이원태·김상우 옮김, 서울: 삼인, 2003, 152쪽].

60 Hwang, *Korea's Grievous War*, p. 29.

61 Porteux, "Police, Paramilitaries; Nationalists and Gangsters: The Processes of State

Building in Korea", p. 76.

    62 Report written by Major George T. Gregory—Nichols, *How Many Times Can I Die?*, p. 149를 참조.

    63 Folder: 206-02.2 CIC Operations in Korea—CIC School (November 15, 1951); Box 6; Counter Intelligence Corps Collection; Assistant Chief of Staff, G-2 (intelligence); Records of the Army Staff; RG 319; NARA, College Park, Maryland.

    64 하우스만과의 인터뷰.
    65 하우스만과의 인터뷰.
    66 하우스만과의 인터뷰.
    67 Nichols, *How Many Times Can I Die?*, p. 135.

    68 Nak-Chung Paik, *The Division System in Crisis: Essays on Contemporary Korea*, trans. Myung-hwan Kim, June-Kyu Sol, Seung-chul Song, and Young-joo Ryu (Berkeley: University of California Press, 2011), p. 5[백낙청, 『흔들리는 분단체제』, 서울: 창작과비평사, 1998, 18쪽].

    69 Folder: 228-01181st CIC Detachment—Korea—SOP—1952 (Part 2 of 2); Box 12; Records of the Army Staff; Assistant Chief of Staff, G-2 (Intelligence); Counter Intelligence Collection; RG 319; NARA, College Park, Maryland.

    70 Folder: 228-01 181st CIC Detachment. On refugees: Janice C. H. Kim, "Living in Flight: Civilian Displacement, Suffering, and Relief during the Korean War, 1945-1953", 『사학연구』 제100호, 2010/12, 285-329쪽.

    71 Folder: 206-02.2 CIC Operations in Korea—CIC School (15 November 1951); Box 6; Records of the Army Staff; Assistant Chief of Staff, G-2 (Intelligence); Counter Intelligence Collection; RG 319; NARA, College Park, Maryland.

    72 "Statement from Captain Samuel E. Walton Jr", EEI: Lt. Colonial Verne O. Jackson; Box 6; Records of the Army Staff; Assistant Chief of Staff, G-2 (Intelligence); Counter Intelligence Collection; RG 319; NARA, College Park, Maryland.

    73 EEI: 1st Lt. Arnold J. Lapiner, 2nd CIC Detachment, 2nd Infantry Division; Box 6; Records of the Army Staff; Assistant Chief of Staff, G-2 (Intelligence); Counter Intelligence Collection; RG 319; NARA College Park, Maryland.

    74 *Interviews with 24 Korean POW Leaders.* Prepared by Research, Analysis, and Evaluation Division, Psychological Warfare Section, United States Army Forces, Far East, Headquarters. Dated May 13, 1954. 미발표 원고.

    75 Mass Behavior in Battle and Captivity: The Communist Soldier in the Korean War. Research studies directed by William C. Bradbury. Eds. Samuel Meyers and Albert D. Biderman (Chicago: University of Chicago Press: 1968), pp. 280, 281.

    76 Mass Behavior, pp. 280, 281.

    77 "Memorandum to Secretary of State, Washington; from Office of U.S. Political Adviser, Seoul, Korea, Hqs., XXI Corps), date May 12, 1948; Reel XIII, "Internal Affairs of Korea, 1945-1949" Microfilm. Department of State Decimal File 895. Records of the U.S.

Department of State relating to the Internal Affairs of Korea, 1945-49.

78 "Memorandum to Secretary of State, Subject: The Establishment of the 'Great Korean Youth Corps' in Connection with the Korean Cabinet", date December 30, 1948; Reel XIII, "Internal Affairs of Korea, 1945-1949" Microfilm. Department of State Decimal File 895. Records of the U.S. Department of State relating to the Internal Affairs of Korea, 1945-49.

79 "Memorandum for the Ambassador, date December 27, 1948, by Bertel Kuniholm" Reel XIII, "Internal Affairs of Korea, 1945-1949" Microfilm. Department of State Decimal File 895. Records of the U.S. Department of State relating to the Internal Affairs of Korea, 1945-49.

80 Mass Behavior, pp. 304, 305.

81 Mass Behavior, p. 305.

82 *Interviews with 24 Korean POW Leaders*. Prepared by Research, Analysis, and Evaluation Division, Psychological Warfare Section, United States Army Forces, Far East, Headquarters. Dated May 13, 1954.

83 *Interviews with 24 Korean POW Leaders*.

84 *Interviews with 24 Korean POW Leaders*.

85 *Interviews with 24 Korean POW Leaders*.

86 Grace Chae, "Captive Minds: Race, War, and the Education of Korean War POWs in U.S. custody, 1950-1953" (PhD diss., University of Chicago, 2010).

87 Evaluation Branch, January 17, 1952; Box 4591;UN Command, Civil Information and Education; Record Group 554; NARA, College Park, Maryland.

88 "A New Life" Essay, Box 4591;UN Command, Civil Information and Education; Record Group 554; NARA, College Park, Maryland.

89 Ou-Byung Chae, "Homology Unleashed: Colonial, Anticolonial, and Postcolonial State Culture in South Korea, 1930-1950", *Positions: East Asia Cultures Critique* 23, no. 2 (2015), p. 335.

90 Maggie Clinton, *Revolutionary Nativism, Fascism, and Culture in China, 1925-1937* (Durham, NC: Duke University Press, 2017), p. 24; Chong-myong Im, "The New Life Movement in Post-Liberation Days of South Korea", *Critical Studies on Modern Korean History* (27), 2012.4, pp. 219-265.

91 *Interviews with 24 POW Leaders*.

92 [Case Number 264] Communist Indoctrination of ROKA PW Returnees. Dated June 13, 1952; Box 104; Office of the Assistant Chief of Staff for Intelligence, G-2; RG 319; NARA, College Park, Maryland.

93 [Case Number 266] Communist Indoctrination of ROKA PW Returnees. Dated June 15, 1952.

94 [Case Number 268] Communist Indoctrination of ROKA PW Returnees. Dated June 16, 1952.

95 [Case Number 268] Communist Indoctrination of ROKA PW Returnees. Dated June 16, 1952.

96 Lieutenant Colonel Verne O. Jackson of the 210th CIC Detachment; Folder: 228-01 EEI: CIC Operations in Korea (1952); Box 6; Counter Intelligence Corps Collections, Assistant Chief of Staff, G-2 (Intelligence); RG 319; NARA, College Park, Maryland.

97 Second Lieutenant Joseph H. Farell of the 116th CIC Detachment; Folder: 228-01 EEI: CIC Operations in Korea (1952); Box 6; Counter Intelligence Corps Collection; Assistant Chief of Staff, G-2 (Intelligence); RG 319; NARA, College Park, Maryland.

98 "Military Application of Polygraph Technique", Folder: Correspondence Korea Classified 1951, Box 1; Records Relating to Korea; Provost Marshal's Section; RG 544; NARA, College Park, Maryland.

99 Mass Behavior, p. xvii.

100 Mass Behavior, p. 285.

101 Mass Behavior, p. 286.

102 Case #125. Box 7; POW Incident Investigation Case Files, 1950-53; Office of the Provost Marshal; Office of the Assistant Chief of Staff, G-1; Headquarter, US Army Forces, Far East, 1952-57; Record Group 554; National Archives at College Park, Maryland.

103 Case #134. Box 7; POW Incident Investigation Case Files, 1950-53; Office of the Provost Marshal; Office of the Assistant Chief of Staff, G-1; Headquarter, US Army Forces, Far East, 1952-57; Record Group 554; National Archives at College Park, Maryland.

104 혈액과 종이는 손상되기 쉽고 "분류할 수 없는" 매체이기 때문에, 이 혈서는 메릴랜드주 칼리지 파크의 국가기록관리청 금고에 보관되어 있다. 나는 이 혈서들의 원래 철자들과 특이한 점을 모두 기록했다.

105 혈서.

106 혈서.

107 혈서.

108 "To: Secretary of State, Rec'd May 17, 1947 2:38 PM [from Hodge]", Reel IX, "Internal Affairs of Korea, 1945-1949" Microfilm. Department of State Decimal File 895. Records of the U.S. Department of State relating to the Internal Affairs of Korea, 1945-49.

109 주영복, 『76인의 포로들』(서울: 대광출판사, 1993).

6장. 38선에서: 제3의 선택

1 Lindesay Parrot, "Ceremony is Brief—Halt in 3-Year Conflict for a Political Parley Due at 9 A.M. Today", *New York Times*, July 27, 1953.

2 "Texts of Eisenhower and Dulles Broadcasts on Truce", *New York Times,* July 27, 1953, 4; Drafts of "Statement of the President upon Korean Armistice" in Folders Korean 1953 (1) & (2), Box 35, International Series; Whitman File; Papers as President 1953-61;

Dwight D. Eisenhower Library and Archives.

3 Parrot, "Ceremony Is Brief".

4 Kodendera Subayya Thimayya, *Experiment in Neutrality* (New Delhi: Vision Books, 1981), p. 47[『판문점 일기』, 64쪽].

5 Thimayya, *Experiment in Neutrality*, p. 192[국역본, 243쪽].

6 Thimayya, *Experiment in Neutrality*, p. 192[국역본, 243쪽].

7 1950년 6월 28일 뉴델리에서 국무장관에서 발송된 전보(전송자: 헨더슨). US Department of State relating to the internal affairs of Korea: 『미 국무부 한국국내상황관련문서』(서울: 국방부군사편찬연구소, 2000-2002), vol. 1.

8 Robert Barnes, "Between the Blocs: India, the United Nations, and Ending the Korean War", *Journal of Korean Studies* 18, no. 2 (2013), p. 266.

9 Barnes, "Between the Blocs", p. 267.

10 Manu Bhagavan, "A New Hope: India, the United Nations, and the Making of the Universal Declaration of Human Rights", *Modern Asian Studies* 44, no. 2 (2010), p. 328.

11 Young-bok Ju, Series VI: In Mortal Combat, B Interviews: Bussey-Ju. Box 146. Toland Papers. Franklin Delano Roosevelt Presidential Archives, Hyde Park, New York.

12 Young-bok Ju, Series VI: In Mortal Combat.

13 Young-bok Ju. Series VI: In Mortal Combat.

14 Young-bok Ju, Series VI: In Mortal Combat.

15 Thimayya, *Experiment in Neutrality*, p. 39[국역본, 53쪽].

16 Thimayya, *Experiment in Neutrality*, p. 24[국역본, 34, 35쪽].

17 Thimayya, *Experiment in Neutrality*, p. 23[국역본, 34쪽].

18 Thimayya, *Experiment in Neutrality*, p. 22[국역본, 31, 32쪽].

19 UN, Document A/2228 (note dated October 18, 1952, from the permanent representative of the United States of America addressed to the Secretary General, transmitting a special report by the United Nations Command in Korea).

20 Shiv Dayal, *India's Role in the Korean Question: A Study in the Settlement of International Disputes under the United Nations* (Delhi: S. Chand, 1959), p. 110.

21 UN, Document A/C.1/730 (Mexico: draft resolution) dated November 1, p. 1952.

22 UN, Document A/C.1/731 (letter dated November 1, 1952, from the permanent representative of Mexico addressed to the Secretary General).

23 UN, Document A/C.1/732 (Peru: draft resolution) dated November 3, 1952.

24 UN, Document A/C.1/734 (India: draft resolution) dated November 17, 1952.

25 Rosemary Foot, "Nuclear Coercion and the Ending of the Korean Conflict", International Security 13, no. 1 (1988-89), p. 92.

26 Draft of a history of the UNCREG operations at the 38 th parallel; Box 1; The Jack Tydal Papers; United States Army Military History Institute, Carlisle, Pennsylvania.

27 Thimayya, *Experiment in Neutrality*, p. 190[국역본, 240, 241쪽].

28 Thimayya, *Experiment in Neutrality*, p. 190[국역본, 240, 241쪽].

29 Draft history of UNCREG, USAMHI.
30 *Custodian Force*, p. 21.
31 *Custodian Force*, p. 22.
32 Thimayya, *Experiment in Neutrality*, p. 83[국역본, 106쪽].
33 Thimayya, *Experiment in Neutrality*, p. 114[국역본, 143쪽].
34 Thimayya, p. 74[국역본, 92쪽]. 그러나 *the Custodian Force (India) of Korea*에 따르면, 도착한 포로의 수는 499명이었다.
35 *Custodian Force*, p. 30.
36 *Custodian Force*, p. 31.
37 Thimayya, *Experiment in Neutrality*, p. 113[국역본, 142쪽].
38 Thimayya, p. 114[국역본, 142, 143쪽]. *Custodian Force (India) in Korea history*에 따르면, "포로들은 건강과 사기를 유지하기 위해 수용소 내에서도 군인처럼 생활했다. 반공 수용동의 조리반은 매일 아침 3시 30분부터 500명의 포로들을 위해 아침 식사를 준비했다. 모든 포로는 한국 겨울의 혹독한 추위 속에서 새벽 4시 30분에 기상했다. 오전 6시에는 체조가 끝났고, 한 시간 후에 아침 식사가 제공되었다. 점심 식사는 11시에서 12시 사이에, 저녁 식사는 17시에서 18시 사이에 이루어졌다(pp. 36, 37).
39 Thimayya, *Experiment in Neutrality*, p. 109[국역본, 137쪽].
40 Thimayya, p. 90[국역본, 115쪽].
41 Thimayya, p. 104[국역본, 132쪽].
42 Thimayya, p. 92[국역본, 115, 116쪽].
43 Kenneth K. Hansen, *Heroes behind Barbed Wire* (Princeton, NJ: Van Nostrand, 1957), p. vi.
44 Hansen, *Heroes behind Barbed Wire*, p. 175.
45 Hansen, p. 121.
46 Hansen, p. 121.
47 Hansen, pp. 75, 76.
48 Hansen, p. 145.
49 Hansen, p. 146.
50 Thimayya, *Experiment in Neutrality*, p. 181[국역본, 230, 231쪽].
51 Thimayya, p. 182[국역본, 232쪽].
52 Thimayya, p. 182[국역본, 232쪽].
53 *Custodian Force*, p. 56.
54 Thimayya, *Experiment in Neutrality*, p. 182[국역본, 232쪽].
55 Thimayya, p. 187[국역본, 237, 238쪽].
56 Thimayya, pp. 190, 191[국역본, 242쪽].
57 *Custodian Force*, p. 60.
58 Thimayya, *Experiment in Neutrality*, p. 191[국역본, 242쪽].
59 Thimayya, p. 61.
60 Thimayya, p. 191[국역본, 242쪽].

61　Thimayya, p. 192[국역본, 243쪽].
62　Thimayya, p. 115[국역본, 144쪽].
63　Thimayya, p. 115[국역본, 144, 145쪽].
64　Thimayya, p. 206[국역본, 261쪽].
65　주영복, 『76인의 포로들』, 47, 48쪽.
66　Thimayya, *Experiment in Neutrality*, p. 110[국역본, 138쪽].
67　Thimayya, p. 79[국역본, 101쪽].
68　주영복, 『76인의 포로들』, 42쪽.
69　주영복, 37-39쪽.
70　주영복, 44쪽.
71　주영복, 111쪽.
72　주영복, 116쪽.
73　"그렇지만 우리는 그들에게 우리 사회에 적응하여 살 수 있도록 언어와 장사하는 법 등을 가르치려고 노력했다. 우리의 기후는 그들에게 몹시 견디기 힘들어 여름에 제일 더울 때는 그들을 산간 지방으로 보내야 한다. 그들의 결혼 문제 또한 어려운 문제이지만 그들이 사회에 적응을 하게 되면 해결될 것이다"(Thimayya, *Experiment in Neutrality*, p. 208[국역본, 263쪽]).
74　주영복, 『76인의 포로들』, 172쪽.
75　[Miscellany—Correspondence and reports concerning the Neutral Nations Repatriation Commission 1954], United Nations Archive, New York.
76　Army Head Quarter Camp, National Stadium, New Delhi, Apr. 25th 1957, to: Director of U.S.I.A.; [Miscellany—Correspondence and reports concerning the Neutral Nations Repatriation Commission 1954], United Nations Archive, New York. 이들 76명의 전쟁 포로와 관련된 중요한 연구로, 정근식과 정병준은 포로였던 사람들의 구술사를 연구하며 인터뷰를 진행해 왔다. 특히 이선우는 지기철의 인생사를 추적해 왔다. 정병준은 한국전쟁 시기 중립국 선택 포로에 대한 유명한 소설인 『광장』(1960)의 저자 최인훈에 관해 비판적 연구를 했다.
77　[Miscellany—Correspondence and reports concerning the Neutral Nations Repatriation Commission 1954], United Nations Archive, New York.
78　1956년 3월 27일 자. 유엔의 인도 대표 아서 S. 랄이 유엔 사무총장 다그 함마르셸드에게 보낸 서한에 첨부된 문서. [Miscellany—Correspondence and reports concerning the Neutral Nations Repatriation Commission 1954], United Nations Archive, New York.
79　Young-bok Ju. Series VI: In Mortal Combat, B Interviews: Bussey-Ju. Box 146. Toland Papers. Franklin Delano Roosevelt Presidential Archives, Hyde Park, New York.
80　주영복, 『76인의 포로들』, 176, 177쪽.
81　주영복, 『76인의 포로들』, 28, 29쪽.
82　Theodore Hughes, *Literature and Film in Cold War South Korea: Freedoms Frontier* (New York: Columbia University Press, 2012), p. 92[『냉전시대 한국의 문학과 영화: 자유의

경계선』, 나병철 옮김, 서울: 소명출판, 2013, 164쪽].

7장. 38선 북쪽에서: 미국 시민-전쟁 포로

1 Arden Allen Rowley, *Korea-POW: A Thousand Days with Life on Hold, 1950-1953* (Mesa, AZ: Tanner Publishing, 1997), p. 1.

2 Rowley, *Korea-POW*, p. 111.

3 Rowley, *Korea-POW*, p. 113.

4 Johnny Moore and Judith Fenner Gentry, *I Cannot Forget: Imprisoned in Korea, Accused at Home* (College Station: Texas A&M University Press, 2013), p. 171.

5 Raymond Lech, *Broken Soldiers* (Urbana: University of Illinois Press, 2000), p. 205.

6 Lewis H. Carlson, *Remembered Prisoners of a Forgotten War: An Oral History of Korean War POWs* (New York: St. Martin's Press, 2002), p. 220.

7 Albert Biderman, *March to Calumny: The Story of American POW's in the Korean War* (New York: The Macmillan Company), p. 30, 113을 참조. 비더만은 이 수치들을 미국 국방부 기록과 줄리우스 시걸의 연구에서 가져왔다. Charles Young, *Name, Rank, and Serial Number: Exploiting Korean War POWs at Home and Abroad* (Oxford University Press, 2014). 포로, 사상자, 실종자 수는 정치적 이해관계에 따라 달랐고 불확실했다. "사망자 수에 대한 초기의 추정치는 과장된 것이었다. 전투 중 행방불명 인원은 1만 2000명이었는데, 이 수치에는 포로로 잡힌 숫자들도 포함되어 있었다. (…) 포로로 생포된 수치는 7000명이었지만, 미 정보국은 6113명의 포로가 '살해되거나, 고문을 받다 굶어 죽었다'고 발표했다. 실제 사망자 수치가 이와 같다면, 송환된 미군 포로가 본문에 제시된 것처럼 4000명 이상일 수 없다." 그러나 영이 지적했듯, "사망자는 매우 많았다." 영과 비더만이 지적하듯, 상당수의 포로들이 폭격, 영양실조, 동사 등의 이유로 사망했다. 포로들 역시 압록강을 향해 북쪽으로 행군하던 도중 많은 인원이 사망했다고 회고했다.

8 James Thompson, *True Colors: 1004 Days as a Prisoner of War* (Madison, WI: Ashley Books, 1989), p. 11.

9 Thompson, *True Colors*, p. 12.

10 Neal Stanford, "Red 'Teaching' of Prisoners Stirs U.S.", *Christian Science Monitor*, April 7, 1953.

11 Arthur Krock, "In the Nation: Allen W. Dulles Describes 'Warfare for the Brain'", *New York Times*, April 16, 1953.

12 한국전쟁 당시 미군 포로들과 일해 본 경험을 바탕으로 리프턴은 20세기 전쟁과 사상개조에 관한 최고의 분석가이자 이론가 중 한 사람이 된다.

13 R. J. Lifton, "Home by Ship: Reaction Patterns of American Prisoners of War Repatriated from North Korea." *American Journal of Psychiatry*, 110, no. 10 (1954), p. 737.

14 Lifton, "Home by Ship", p. 737.

15 Lifton, "Home by Ship", p. 737.

16 William E. Mayer, *Beyond the Call: Memoirs of a Medical Visionary*, vol. 1

(Albuquerque: Mayer Publishing Group International, 2009), p. 350.

17 Mayer, *Beyond the Call*, p. 350.
18 Mayer, p. 350.
19 Mayer, p. 350.
20 Mayer, p. 352.
21 Japan Joint Intelligence Processing Board Final Report, October 1953, vols. 1-2 ZA017695; Records of the Investigative Records Repository, Intelligence and Investigative Dossiers— Impersonal File, 1939-80, Box 47, RG 0319 Army Staff, NARA, College Park, Maryland.
22 Mayer, *Beyond the Call,* pp. 349, 350.
23 Japan Joint Intelligence Processing Board Final Report, October 1953. 다음 인용문은 이 출처에서 가져온 것이다.
24 Pamphlet: Prisoner Sense (Training Division, Bureau of Aeronautics, United States Navy), May 1943.
25 Mayer, *Beyond the Call,* p. 352.
26 Japan Joint Intelligence Processing Board Final Report, October 1953.
27 Albert Biderman, *March to Calumny: The Story of American POW's in the Korean War* (New York: Macmillan, 1963), p. 154.
28 Virginia Pasley, *21 Stayed: The Story of the American GI's Who Chose Communist China* (New York: Farrar, Straus, and Cudahy, 1955).
29 다음 다큐멘터리 영화에 나오는 아카이브 영상에서 인용. Shui-Bo Wang, *They Chose China* (Brooklyn: First Run/Icarus Films, 2005).
30 Tejasvi Nagaraja, "Soldiers of the American Dream: Midcentury War Work, Jim Crow, and Popular Movements Amidst Global Militarization" (PhD diss., New York University, 2017), pp. 303, 304.
31 Christine Hong, "The Unending Korean War", in a special issue, "The Unending Korean War", *positions: asia critique* 23, no. 4 (2015), p. 606.
32 Linda Gordon, *The Second Coming of the KKK: The Ku Klux Klan of the 1920s and the American Political Tradition* (New York: Liveright Publishing, 2017), p. 2.
33 Linda Gordon, *Second Coming of the KKK*, p. 2.
34 Thompson, *True Colors*, pp. 14, 15.
35 Thompson, *True Colors*, p. 18.
36 Thompson, p. 19.
37 Thompson, p. 18.
38 Lloyd Pate, *Reactionary!* (New York: Harper, 1956), p. 15.
39 Francis Mosnicka; 950774-RECAP-K; Intelligence Document File, Assistant Chief of Staff, G-2 (Intelligence); Box 1034, RG 0319 Army Staff, NARA, College Park, Maryland.
40 George Barnett; 950774-RECAP-K; Intelligence Document File, Assistant Chief of Staff, G-2 (Intelligence); Box 1025, RG 0319 Army Staff, NARA, College Park, Maryland.

41 Charles Armstrong, "The Destruction and Reconstruction of North Korea, 1950-1960", *Asia-Pacific Journal* 8, no. 51 (2010).

42 Alfred P. Banash; 950774-RECAP-K; Intelligence Document File, Assistant Chief of Staff, G-2 (intelligence); Box 1025, RG 0319 Army Staff, NARA, College Park, Maryland.

43 Moore and Gentry, *I Cannot Forget*, p. 96.

44 Howard Beadleson; 950774-RECAP-K; Intelligence Document File, Assistant Chief of Staff, G-2 (Intelligence); Box 1025, RG 0319 Army Staff, NARA, College Park, Maryland.

45 George Sayre; 950774-RECAP-K; Intelligence Document File, Assistant Chief of Staff, G-2 (Intelligence); Box 1037, RG 0319 Army Staff, NARA, College Park, Maryland.

46 Millard Kaessner; 950774-RECAP-K; Intelligence Document File, Assistant Chief of Staff, G-2 (intelligence); Box 1032, RG 0319 Army Staff, NARA, College Park, Maryland.

47 Sayre, 950774-RECAP-K.

48 Ray Dowe; 950774-RECAP-K; Intelligence Document File, Assistant Chief of Staff, G-2 (intelligence); Box 1027[??], RG 0319 Army Staff, NARA, College Park, Maryland.

49 Manuel Castlewitz; 950774-RECAP-K; Intelligence Document File, Assistant Chief of Staff, G-2 (intelligence); Box 1027, RG 0319 Army Staff, NARA, College Park, Maryland.

50 Michael Lorenzo Folder: 950774 ASCIR 0049 27 Apr 54; Box 1025, Intelligence Document File, Assistant Chief of Staff, G-2 (Intelligence); Records of the Army Staff; Record Group 319; NARA, College Park, Maryland.

51 Frank Page Folder: 950774 ASCIR 0055; Box 1025, Intelligence Document File, Assistant Chief of Staff, G-2 (Intelligence); Records of the Army Staff; Record Group 319; NARA, College Park, Maryland.

52 Leonard Wilmeth. Folder: 950774: ASCIR 005127 Apr 54; Box 1025, Intelligence Document File, Assistant Chief of Staff, G-2 (intelligence); Records of the Army Staff; Record Group 319; NARA, College Park, Maryland.

53 Richard Artesani. Folder: 950774: ASCIR 0056 9 June 54; Box 1025, Intelligence Document File, Assistant Chief of Staff, G-2 (Intelligence); Records of the Army Staff; Record Group 319; NARA, College Park, Maryland.

54 Raymond Mendell; Folder: 950774: ASCIR 0052 20 May 54; Box 1025, Intelligence Document File, Assistant Chief of Staff, G-2 (Intelligence); Records of the Army Staff; Record Group 319; NARA, College Park, Maryland.

55 조 해리슨은 진짜 이름이 '웡'이라고 주장했고. 마이클 로렌조는 '리'라고 말했으며, 알러리치 자켈레는 '친'이라고 말했다.

56 Alarich Zacherle. Folder: 950774: ASCIR 0062 11 June 54; Box 1025, Intelligence Document File, Assistant Chief of Staff, G-2 (Intelligence); Records of the Army Staff; Record Group 319; NARA, College Park, Maryland.

57 Joseph Harrison. Folder: 950774: ASCIR 0065 17 June 54; Box 1025, Intelligence Document File, Assistant Chief of Staff, G-2 (Intelligence); Records of the Army Staff; Record Group 319; NARA, College Park, Maryland.

58 Lorenzo, Folder: 950774, NARA.

59 Artesani, Folder: 950774, NARA.

60 Artesani, Folder: 950774, NARA.

61 Castlewitz, 950774-RECAP-K.

62 Everett Carpenter; 950774-RECAP-K; Intelligence Document File; Assistant Chief of Staff, G-2 (Intelligence); Box 1027, RG 0319 Army Staff, NARA, College Park, Maryland.

63 Edward Campbell; 950774-RECAP-K; Intelligence Document File; Assistant Chief of Staff, G-2 (Intelligence); Box 1027, RG 0319 Army Staff, NARA, College Park, Maryland.

64 Artesani, Folder: 950774; NARA.

65 Willie Polee; 950774-RECAP-K; Intelligence Document File; Assistant Chief of Staff, G-2 (Intelligence); Box 1035, RG 0319 Army Staff, NARA, College Park, Maryland.

66 Daniel Johnson; 950774-RECAP-K; Intelligence Document File; Assistant Chief of Staff, G-2 (Intelligence); Box 1031, RG 0319 Army Staff, NARA, College Park, Maryland.

67 Marvin Moore; 950774-RECAP-K; Intelligence Document File; Assistant Chief of Staff, G-2 (Intelligence); Box 1034, RG 0319 Army Staff, NARA, College Park, Maryland.

68 Kaessner, 950774-RECAP-K.

69 Artesani, Folder: 950774, NARA.

70 Zacherle, Folder: 950774, NARA.

71 Shelton Foss, Folder: 950774: ASCIR 0060 26 May 54; Box 1025, Intelligence Document File; Assistant Chief of Staff, G-2 (Intelligence); Records of the Army Staff; Record Group 319; NARA College Park, Maryland.

72 Foss, Foldder: 950774, NARA.

73 이에 대해서는, Kim San and Nym Wales, *Song of Ariran: The Life Story of Korean Rebel* (New York: John Day, 1941)[『아리랑』, 송영인 옮김, 파주: 동녘, 2005].

74 Suzy Kim, *Everyday Life in the North Korean Revolution, 1945-1950* (Ithaca, NY: Cornell University Press, 2013), p. 142[『일상과 혁명: 해방 후 북조선, 1945~50년』, 윤철기·안중철 옮김, 서울: 후마니타스, 2023, 221쪽].

75 Theodore Hughes, *Literature and Film in Cold War South Korea: Freedom's Frontier* (New York: Columbia University Press, 2012), p. 68[국역본, 126쪽].

76 Andre Schmid, "'My Turn to Speak': Criticism Culture and the Multiple Uses of Class in Postwar North Korea", *International Journal of Korean History* 21, no. 2 (2016), p. 129.

77 주체와 관련해서는 다음을 참조. Heonik Kwon and Byung-Ho Chung, *North Korea: Beyond Charismatic Politics* (Lanham, MD: Rowman and Littlefield 2012); Jae-Jung Suh, ed., *Origins of North Korea's Juche: Colonialism, War, and Development* (Lanham, MD: Lexington

Books, 2013); Benjamin Young, "Juche in the United States: The Black Panther Party's Relations with North Korea, 1969-1971", *Asia-Pacific Journal* 13, issue 12, no. 2 (March 30): 2015; Cheehyung Kim, "Total, Thus Broken: Chuch'e Sasang and North Korea's Terrain of Subjectivity", *The Journal of Korean Studies* (17:1) Spring 2012, pp. 69-96.

78   Japan Joint Intelligence Processing Board Final Report, October 1953. "Al Trabadeux, the latter Colored" referenced in Richie's report most probably refers to Al Thibodeaux.

79   Thompson, *True Colors*, p. 85.

80   Japan Joint Intelligence Processing Board Final Report, October 1953.

81   Foss, Folder: 950774, NARA.

82   Dwight Coxe. Folder: 950774: ASCIR 0059 10 June 54; Box 1025, Intelligence Document File; Assistant Chief of Staff, G-2 (Intelligence); Records of the Army Staff; Record Group 319; NARA, College Park, Maryland.

83   Raymond Mendell. Folder: 950774: ASCIR 0052 20 May 54; Box 1025; Intelligence Document File; Assistant Chief of Staff, G-2 (Intelligence); Records of the Army Staff; Record Group 319; NARA, College Park, Maryland.

84   Harrison, Folder: 950774, NARA.

85   William Mayer, "Brainwashing: The Ultimate Weapon", October 4, 1956. Speech given to the "officers and supervisors of the San Francisco Shipyard in the Naval Radiological Defense Laboratory".

86   Japan Joint Intelligence Processing Board Final Report, October 1953.

87   "A Study of North Korean and Chinese Soldier Attitudes toward Communism, Democracy, and the United Nations", by Julius Segal—Technical Memorandum ORO-T-42(FEC)— Received: 16 February 1954; Box 19; Unclassified Records, 1969-75; POW/Civilian Internee Information Center; RG 389, NARA, College Park, Maryland.

88   "A Study of North Korean and Chinese Soldier Attitudes".

89   "The Oriental Communist Prisoner of War: A Study from the Intelligence Viewpoint", Folder: Unclassified 511-02; Box 19; Unclassified Records, 1969-75; POW/Civilian Internee Information Center; RG 389, NARA, College Park, Maryland.

90   Julius Segal, "Correlates of Collaboration and Resistance Behavior among US Army POWs in Korea", *Journal of Social Issues* (13:3).

91   Artesani, Wilmeth, Foss, Folder: 950774; NARA.

92   Zacherle, Folder: 950774, NARA.

93   Zacherle, Folder: 950774, NARA.

94   Clarence Adams, *An American Dream: The Life of an African American Solider and POW Who Spent Twelve Years in Communist China* (Amherst: University of Massachusetts Press, 2007), p. 56.

95   Adams, *An American Dream*, pp. 59, 60.

96   Raymond Goodburlet; 950774-RECAP-K; Intelligence Document File; Assistant

Chief of Staff, G-2 (Intelligence); Box 1030, RG 0319 Army Staff, NARA, College Park, Maryland.

97 Gerard Brown; 950774-RECAP-K; Intelligence Document File; Assistant Chief of Staff, G-2 (Intelligence); Box 1027, RG 0319 Army Staff, NARA, College Park, Maryland.

98 Jimmy Chavez; 950774-RECAP-K; Intelligence Document File; Assistant Chief of Staff, G-2 (Intelligence); Box 1027, RG 0319 Army Staff, NARA, College Park, Maryland.

99 Gerard Brown, 950774-RECAP-K.

100 Goodburlet, 950774-RECAP-K.

101 Joseph Ramsey; 950774-RECAP-K; Intelligence Document File; Assistant Chief of Staff, G-2 (Intelligence); Box 1036, RG 0319 Army Staff, NARA, College Park, Maryland.

102 William Freeman; 950774-RECAP-K; Intelligence Document File; Assistant Chief of Staff, G-2 (Intelligence); Box 1029, RG 0319 Army Staff, NARA, College Park, Maryland.

103 David Shay; 950774-RECAP-K; Intelligence Document File; Assistant Chief of Staff, G-2 (Intelligence); Box 1037, RG 0319 Army Staff, NARA, College Park, Maryland.

104 Dwight D. Eisenhower: "Executive Order 10631—Code of Conduct for Members of the Armed Forces of the United States", August 17, 1955; "POW: The Fight Continues after the Battle", The Report of the Secretary of Defense's Advisory Committee on Prisoners of War, August 1955.

결론: 전쟁의 디아스포라

1 정전협정 전문은 다음 책의 부록 C를 참고. Walter Hermes, *Truce Tent and Fighting Front* (Washington, DC: Office of the Chief of Military History, United States Army, 1966).

2 Clarence Adams, *An American Dream: The life of an African American Soldier and POW Who Spent Twelve Years in Communist China* (Amherst: University of Massachusetts Press, 2007), p. 103.

3 Adams, *American Dream*, p. 104.

4 Adams, *American Dream*, p. 111.

5 Adams, *American Dream*, p. 114.

6 주영복 구술 생애사 인터뷰. Korean American Archives at University of Southern California, https://digitallibrary.usc.edu (접속일: 2018년 7월 1일).

7 샘 시게루 미야모토, 2007년 3월 1일, 저자의 인터뷰, Monterey Park, California.

8 Mary Dudziak, *War Time: An Idea, Its History, Its Consequences* (Oxford: Oxford University Press, 2012), p. 85.

9 Progress Report on the National Psychological Effort for the Period July 1, 1952 through September 30, 1952. Dated October 30, 1952. Folder: File #1 Report by PSB on the Status of the Psychological Program [2 of 2]; Box 22; SMOF: Psychological Strategy Board Files; Papers of Harry S. Truman. Harry S. Truman Presidential Library and Archives.

10 Young, "Bombing Civilians", p. 159.

11 Hermes, *Truce Tent*의 부록 B.

12 David Cheng Chang, "To Return Home or 'Return to Taiwan': Conflicts and Survival in the 'Voluntary Repatriation' of Chinese POWs in the Korean War" (PhD diss., University of California, San Diego, 2011), p. 7.

13 Deokhyo Choi, "Fighting the Korean War in Pacifist Japan", *Critical Asian Studies* 49, no. 4 (2017), p. 1. 이들 재일 한국인 좌파는 일제강점기에 강제로 일본으로 징용을 오게 된 사람들의 일부였다. 이들은 주로 대도시의 공장, 광산에서 일했고, 이들의 노동은 일본 경제의 필수적인 요소가 되었다.

14 Alfred W. McCoy, *Policing America's Empire: The United States, the Philippines, and the Rise of the Surveillance State* (Madison: University of Wisconsin Press, 2009); Greg Grandin, *Empire's Workshop: Latin America, the United States, and the Rise of the New Imperialism* (New York: Metropolitan Books, 2006); Laleh Khalili, *Time in the Shadows: Confinement in Counterinsurgencies* (Stanford, CA: Stanford University Press, 2013).

15 미출간 원고를 공유해 준 크리스틴 홍에게 감사한다.

참고문헌

1차 자료

아카이브 자료

국가기록원(National Archives of Korea).
United States National Archives and Record Administration, College Park, Maryland (NARA).
International Committee of the Red Cross Archives, Geneva, Switzerland.
United States Army Military History Institute, Carlisle, Pennsylvania.
Harry S. Truman Presidential Library and Archives, Independence, Missouri.
Dwight D. Eisenhower Presidential Library and Archives, Abilene, Kansas.
Franklin D. Roosevelt Presidential Library and Archives, Hyde Park, New York.
Hoover Institution, Stanford University.
Korean American Archive, University of Southern California.
United Nations Archives, New York, New York.
Swarthmore College Peace Archives.

구술

• 저자의 인터뷰

Isobe, Tohoru. February 27, 2007, Los Angeles, California.
Ju, Yeong-taek. Oral history interview, Pusan, Republic of Korea, July 6, 2008.
Miyamoto, Atsushi "Archie". February 26, 2007, Harbor City, California.
Miyamoto, Sam Shigeru. March 1, 2007, Monterey Park, California.
Nakatani, Katsuya "Kats". February 24, 2007, at the All Wars Conference for the Japanese American Veterans Association in Los Angeles, California.
Shiraga, Roy. at the Japanese American Veterans Association 2007 All Wars Conference, February 24, 2007.
_____. March 2, 2007, Hacienda Heights, California.
Son, Ku-wŏn. Oral history interviews, Seoul, Republic of Korea, May 28, 2008, and June 21,

2008.
Taniguchi, George. March 6, 2007, phone interview.
Tsuda, George. February 28, 2007, Fullerton, California.
Yi, Chong-gyu. Oral history interview, Seoul, Republic of Korea, January 11, 2008.

• 리빙 레거시의 인터뷰(수전 우에무라, 구술사 기록 프로젝트)

Matsuzaki, Roy. March 3, 2006, Japanese American Museum and Library, San Jose, California.
Nakatani, Katsuya "Kats." November 29, 2005, Pico Rivera, California.
Okada, Howard. November 9, 2006, Honolulu, Hawaii.
Shiraga, Roy. August 10, 2006, Hacienda Heights, California.
Shiroishi, Robert. November 22, 2006, Cypress, California.
Takane, Thomas, and Thomas Tanaka. November 9, 2006, Honolulu, Hawaii.
Yanagihara, Reverend Jim "Gopher". January 14, 2006, at San Diego Buddhist Church.
Yoshizawa, Arnold. December 2, 2006, Carson, California.

미출간 1차 자료

"The Gripsholm Exchanges: A Short Concise Report on the Exchange of Hostages during World War II between the United States and Japan as It Relates to Japanese Americans." Written by Atsushi "Archie" Miyamoto. 저자가 사본 소장.
"Interviews with 24 Korean POW Leaders." Prepared by Research, Analysis, and Evaluation Division, Psychological Warfare Section, United States Army Forces, Far East, Headquarters. Dated May 13, 1954. 미출간 원고.
Tsuda, George. 미출간 자서전. 저자가 사본 소장.
2004년 MBC(문화방송)에서 제작한 특집 다큐멘터리 시리즈를 위해 수집된 미공개 자료. 〈한국전쟁과 포로〉라는 이 다큐멘터리는 〈이제는 말할 수 있다〉라는 프로그램의 특집 3부작으로 방송되었다.

출간된 1차 자료 모음집

Documents of the Division of Historical Policy Research of the US State Department. Korea project file: 『미국 국무부 정책연구과 문서』. 서울: 국방부 군사편찬연구소, 1998.
G-2 Periodic Report/United States Army Forces in Korea. Headquarters. G-2. 1945-48. 춘천: 한림대학교 아시아문화연구소.
Merrill, Dennis, ed. *Documentary History of the Truman Presidency*. University Publications of

America, 1997.
[Proclamations and ordinances] Official gazette, United States Army Military Government in Korea: 『미군정청관보』. 서울: 원주문화사.
[Records of the Counterintelligence Corps] 『미군정기정보자료집: CIC(방첩대) 보고서』, 1945.9-1949.1. 춘천: 한림대학교 아시아문화연구소, 1995.
[Records of the Counterintelligence Corps] 『미군 CIC 정보 보고서: RG 319 Office of the Chief of Military History』. 서울: 중앙일보 현대사연구소, 1996.
Records of the policy planning staff of the Department of State: 『미국무부 정책기획실 문서』. 서울: 국방부 군사편찬연구소, 1997.
Selected legal opinions of the Department of Justice, United States Army Military Government in Korea: Opinions rendered in the role of legal adviser to the military government of Korea and covering a period from March 1946 to August 1948: 『미군정기정보자료집: 법무국·사법부의 법해석 보고서』. Seoul, Korea: Department of Justice, Headquarters, United States Army Military Government in Korea, 1948: 『미군정기정보자료집: 법무국·사법부의 법해석 보고서』. 춘천: 한림대학교 아시아문화연구소, 1997로 재발간.
US Department of State, Papers Relating to the Foreign Relations of the United States. Washington, DC: US Government Printing Office.
US Department of State relating to the internal affairs of Korea: 『미 국무부 한국국내상황관련 문서』. 서울: 국방부 군사편찬연구소, 2000-2002.

출간된 1차 자료

고영근. 『죽음의 고비를 넘어서. 제1-4권』. 서울: 한국목민선교회, 1989-1997.
오세희. 『65 포로수용소: 한국전쟁 포로의 고발수기』. 대구: 만인사, 2000.
이무호. 『어느 졸병이 겪은 한국전쟁』. 서울: 지식산업사, 2003.
주영복. 『76인의 포로들』. 서울: 대광, 1993.
_____. 『내가 겪은 조선전쟁. 1-2』. 서울: 고려원, 1990-1991.

Biderman, Albert. *March to Calumny: The Story of American POW's in the Korean War*. New York: Macmillan, 1963.
Fraenkel, Ernst. *Gesammelte Schriften*. Baden Baden: Nomos Verlagsgesellschaft, 1999.
_____. "Korea: A Turning Point in International Law?" Translated by Patricia Szobar. Berlin: Gebrüder Weiss Publishers, 1951.
History of the United States Armed Forces in Korea. United States, Far East Command, Published in 1948.
Interviews with 24 Korean POW Leaders. Prepared by Research, Analysis, and Evaluation

Division, Psychological Warfare Section, United States Army Forces, Far East, Headquarters. May 13, 1954.

Lifton, R. J. "Home by Ship: Reaction Patterns of American Prisoners of War Repatriated from North Korea." *American Journal of Psychiatry* 110, no. 10 (1954).

Mass Behavior in Battle and Captivity: The Communist Soldier in the Korean War. Research studies directed by William C. Bradbury. Edited by Samuel Meyers and Albert D. Biderman. Chicago: University of Chicago Press: 1968.

[Pamphlet] Prisoner Sense (Training Division, Bureau of Aeronautics, United States Navy), May 1943.

Pasley, Virginia. *21 Stayed: The Story of the American GI's Who Chose Communist China*. New York: Farrar, Straus, and Cudahy, 1955.

회고록

Adams, Clarence. *An American Dream: The Life of an African American Solider and POW Who Spent Twelve Years in Communist China*. Amherst: University of Massachusetts Press, 2007.

Acheson, Dean. *Present at the Creation: My Years in the State Department*. 1st ed. New York: Norton, 1969.

Carlson, Lewis H., ed. *Remembered Prisoners of a Forgotten War: An Oral History of Korean War POWs*. New York: St. Martin's Press, 2002.

Clark, Mark W. *From the Danube to the Yalu*. New York: Harper, 1954.

Daugherty, William E. *A Psychological Warfare Casebook*. Baltimore: Published for Operations Research Office, Johns Hopkins University, by Johns Hopkins Press, 1958.

Hansen, Kenneth K. *Heroes behind Barbed Wire*. Princeton, NJ: Van Nostrand, 1957.

Joy, C. Turner. *How Communists Negotiate*. New York: Macmillan, 1955.

Mayer, William E. *Beyond the Call: Memoirs of a Medical Visionary*, vols. 1 and 2. Albuquerque: Mayer Publishing Group International, 2009.

Moore, Johnny, and Judith Fenner Gentry. *I Cannot Forget: Imprisoned in Korea, Accused at Home*. College Station: Texas A&M University Press, 2013.

Nehru, Jawaharlal. *India's Foreign Policy: Selected Speeches*. [Delhi]: Publications Division, Ministry of Information and Broadcasting, Government of India, 1961.

Pate, Lloyd. *Reactionary!* New York: Harper, 1956.

Prasad, Sri Nandan, and Birendra Chandra Chakravorty. *History of the Custodian Force (India) in Korea, 1953-54*. Armed Forces of the Indian Union. [New Delhi]: Historical Section, Ministry of Defence, Government of India, 1976.

Rowley, Arden Allen. *Korea-POW: A Thousand Days with Life on Hold, 1950-1953*. Mesa, AZ: Tanner Publishing, 1997.

Rusk, Dean. *As I Saw It*. 1st ed. New York: W. W. Norton, 1990[『냉전의 비망록: 딘 러스크의 증언』, 홍영주·정순주 옮김, 서울: 시공사, 1991].

Song, Hyo-sun. *The Fight for Freedom: The Untold Story of the Korean War Prisoners*. Seoul: Korean Library Association, 1980[송효순, 『대석방』, 서울: 신현실사, 1973].

Thimayya, Kodendera Subayya. *Experiment in Neutrality*. New Delhi: Vision Books, 1981[『판문점 일기』, 라윤도 옮김, 서울: 소나무, 1993].

Thompson, James. *True Colors: 1004 Days as a Prisoner of War*. Madison, WI: Ashley Books, 1989.

Truman, Harry S. *Memoirs*. Garden City, NY: Doubleday, 1955.

United States Government. *Japanese Evacuation from the West Coast, 1942: Final Report*. The Asian Experience in North America: Chinese and Japanese. New York: Arno Press, 1978.

_____. *Personal Justice Denied Report of the Commission on Wartime Relocation and Internment of Civilians: Report for the Committee on Interior and Insular Affairs*. Washington, DC: US GPO, 1992.

Vatcher, William H. *Panmunjom: The Story of the Korean Military Armistice Negotiations*. New York: Praeger, 1958.

Yoneda, Karl G. *Ganbatte: Sixty-Year Struggle of a Kibei Worker*. Los Angeles: Resource Development and Publications, Asian American Studies Center, University of California, Los Angeles, 1983.

Zellers Larry. *In Enemy Hands: A Prisoner in North Korea*. Lexington: University Press of Kentucky, 1991.

제네바협약 기록

Final Record of the Diplomatic Conference at Geneva of 1949. Berne: Federal Political Department, 1963.

Pictet, Jean S., ed. *Commentary: The Geneva Conventions of 12 August 1949*. 4 vols. Geneva, ICRC, 1952, 1958, 1960.

신문

『동아일보』
Atlanta Daily World
Chicago Daily Tribune
Los Angeles Times
Madison Press (Madison County, Ohio)

New York Times
Washington Post

누리집 자료

국사편찬위원회, 〈우리역사넷〉, https://contents.history.go.kr/front
국사편찬위원회, 〈한국사데이터베이스〉, https://db.history.go.kr
대한적십자사, '국제인도법의 개념',
    https://www.redcross.or.kr/redcross_rcmovement/redcross_rcmovement_humanitariallaw_introduce.do
동아일보, 〈동아디지털아카이브〉, https://www.donga.com/archive/newslibrary
법제처, 〈국가법령정보센터〉, https://www.law.go.kr
위키미디어 재단, 〈위키문헌〉, https://ko.wikisource.org/wiki
한국학중앙연구원, 〈한국향토문화전자대전〉, https://www.grandculture.net/korea
행정안전부 대통령기록관, 〈기록컬렉션〉,
    https://www.pa.go.kr/research/contents/speech/index.jsp

2차 자료

김득중. 『'빨갱이'의 탄생: 여순사건과 반공 국가의 형성』. 서울: 선인, 2009.
김태우. 『폭격: 미공군의 공중폭격 기록으로 읽는 한국전쟁』. 파주: 창비, 2013.
박명림. 『한국전쟁의 발발과 기원. I-II』. 서울: 나남출판, 1996.
박찬표. 『한국의 국가형성과 민주주의: 미군정기 자유민주주의의 초기제도화』. 서울:
    고려대학교 출판부, 1997.
서중석. 『이승만의 정치이데올로기』. 서울: 역사비평사, 2005.
_____. 『조봉암과 1950년대. 상, 하』. 서울: 역사비평사, 1999.
유숙현. 「거제도 포로수용소에서 포로의 체험과 송환선택」. 연세대학교 석사 학위논문, 2008.
정병준. 『한국전쟁: 38선 충돌과 전쟁의 형성』. 파주: 돌베개, 2006.
정용욱. 『해방 전후 미국의 대한정책: 과도정부 구상과 중간파 정책을 중심으로』. 서울:
    서울대학교출판부, 2003.
조성훈. 『한국전쟁과 포로』. 서울: 선인, 2010.

Agamben, Giorgio. *Homo Sacer: Sovereign Power and Bare Life*. Meridian: Crossing Aesthetics.
    Stanford, CA: Stanford University Press, 1998[『호모 사케르』, 박진우 옮김, 서울: 새물결,
    2008].

_____. *State of Exception*. Chicago: University of Chicago Press, 2005.

Anghie, Antony. *Imperialism, Sovereignty, and the Making of International Law*. Cambridge: Cambridge University Press, 2004.

Appleman, Roy Edgar. *South to the Naktong, North to the Yalu: June-November 1950*. United States Army in the Korean War, 2nd vol. Washington, DC: Office of the Chief of Military History, Department of the Army, 1961.

Arendt, Hannah. *On Revolution*. New York: Viking Press, 1963[『혁명론』, 홍원표 옮김, 파주: 한길사, 2004].

_____. *The Origins of Totalitarianism*. New ed. New York: Harcourt, Brace and World, 1966[『전체주의의 기원. 1-2』, 이진우·박미애 옮김, 파주: 한길사, 2006].

Armstrong, Charles. "The Cultural Cold War in Korea, 1945-1950." *Journal of Asian Studies* 62, no. 1 (2003): 71-99.

_____. *The North Korean Revolution, 1945-1950*. Studies of the East Asian Institute. Ithaca, NY: Cornell University Press, 2003[『북조선 탄생』, 김연철·이정우 옮김, 파주: 서해문집, 2006].

_____. *Tyranny of the Weak: North Korea and the World*. Ithaca, NY: Cornell University Press, 2013.

Azuma, Eiichiro. *Between Two Empires: Race, History, and Transnationalism in Japanese America*. Oxford: Oxford University Press, 2005.

_____. "Brokering Race, Culture, and Citizenship: Japanese Americans in Occupied Japan and Postwar National Inclusion." *Journal of American-East Asian Relations* 16, no. 3 (2009): 183-211.

Bacevich, Andrew J. *The New American Militarism: How Americans Are Seduced by War*. New York: Oxford University Press, 2013.

Balakrishnan, Gopal. *The Enemy: An Intellectual Portrait of Carl Schmitt*. London: Verso, 2000.

Barnes, Robert. "Between the Blocs: India, the United Nations, and Ending the Korean War." *Journal of Korean Studies* 18, no. 2 (2013).

_____. *The US, the UN, and the Korean War: Communism in the Far East and the American Struggle for Hegemony in the Cold War*. New York: I. B. Tauris, 2014.

Berman, Nathaniel. "Intervention in a 'Divided World': Axes of Legitimacy." *European Journal of International Law* 17, no. 4 (2006): 743.

_____. "Privileging Combat? Contemporary Conflict and the Legal Construction of War." *Columbia Journal of Transnational Law* 43, no. 1 (2004): 1-71.

Best, Geoffrey. *War and Law since 1945*. Oxford: Clarendon Press, 1996.

Bhagavan, Manu. *India and the Quest for One World: The Peacemakers*. Basingstoke: Palgrave Macmillan, 2013.

Borgwardt, Elizabeth. *A New Deal for the World: America's Vision for Human Rights*. Cambridge, MA: Belknap Press of Harvard University Press, 2005.

Borstelmann, Thomas. *The Cold War and the Color Line: American Race Relations in the Global Arena*. Cambridge, MA: Harvard University Press, 2001.

Bose, Sugata, and Ayesha Jalal. *Nationalism, Democracy, and Development: State and Politics in India*. New York: Oxford University Press, 1997.

Botsman, Daniel. *Punishment and Power in the Making of Modern Japan*. Princeton, NJ: Princeton University Press, 2005.

Bourke, Joanna. *An Intimate History of Killing: Face-to-Face Killing in Twentieth Century Warfare*. New York: Basic Books, 1999.

Bradley, Mark. *Imagining Vietnam and America: The Making of Postcolonial Vietnam, 1919-1950*. New Cold War History. Chapel Hill: University of North Carolina Press, 2000.

Caprio, Mark. *Japanese Assimilation Policies in Colonial Korea, 1910-1945*. Seattle: University of Washington Press, 2009.

Carlson, David, Drucilla Cornell, and Michel Rosenfeld, eds. *Deconstruction and the Possibility of Justice*. New York: Routledge, 1992.

Carruthers, Susan. *Cold War Captives: Imprisonment, Escape, and Brainwashing*. Berkeley: University of California Press, 2009.

Casey, Steven. *Selling the Korean War: Propaganda, Politics, and Public Opinion in the United States, 1950-1953*. New York: Oxford University Press, 2008.

Chae, Grace. "Captive Minds: Race, War, and the Education of Korean War POWs in U.S. Custody, 1950-1953." PhD diss., University of Chicago, 2010.

Chakrabarty, Dipesh. *Provincializing Europe: Postcolonial Thought and Historical Difference*. Princeton Studies in Culture/Power/History. Princeton, NJ: Princeton University Press, 2000[『유럽을 지방화하기: 포스트식민 사상과 역사적 차이』, 김택현·안준범 옮김, 서울: 그린비, 2014].

Chang, David Cheng. *The Hijacked War: The Story of Chinese POWs in the Korean War*. Stanford, CA: Stanford University Press, 2019.

Chang, Gordon H. "Whose 'Barbarism'? Whose 'Treachery'? Race and Civilization in the Unknown United States-Korea War of 1871." *Journal of American History* 89, no. 4 (2003): 1331-1365.

Chatterjee, Partha. *Nationalist Thought and the Colonial World: A Derivative Discourse*. Minneapolis: University of Minnesota Press, 1993[『민족주의 사상과 식민지 세계』, 이광수 옮김, 서울: 그린비, 2013].

Cho, Grace M. *Haunting the Korean Diaspora: Shame, Secrecy, and the Forgotten War*. Minneapolis: University of Minnesota Press, 2008.

Choi, Deokhyo. "Crucible for the Post-Empire: Decolonization, Race, and Cold War Politics in US-Japan-Korea Relations, 1945-1952." PhD diss., Cornell University, 2013.

Clinton, Maggie. *Revolutionary Nativism, Fascism, and Culture in China, 1925-1937*. Durham, NC: Duke University Press, 2017.

Connelly, Matthew James. *A Diplomatic Revolution: Algeria's Fight for Independence and the Origins of the Post-Cold War Era*. New York: Oxford University Press, 2002.

Coronil, Fernando, and Julie Skurski. *States of Violence*. Comparative Studies in Society and History Book Series. Ann Arbor: University of Michigan Press, 2006.

Cover, Robert M. *Narrative, Violence, and the Law: The Essays of Robert Cover*. 1st ed. Law, Meaning, and Violence. Ann Arbor: University of Michigan Press, 1995.

Cumings, Bruce. *Child of Conflict: The Korean-American Relationship, 1943-1953*. Seattle: University of Washington Press, 1983.

_____. *Dominion from Sea to Sea: Pacific Ascendancy and American Power*. New Haven, CT: Yale University Press, 2010[『(바다에서 바다로) 미국 패권의 역사』, 박진빈·김동노·임종명 옮김, 파주: 서해문집, 2011].

_____. *North Korea: Another Country*. New York: New Press, 2004[『김정일 코드: 브루스 커밍스의 북한』, 남성욱 옮김, 서울: 따뜻한손, 2005].

_____. *The Origins of the Korean War*. Vols. 1 and 2. Studies of the East Asian Institute. Princeton, NJ: Princeton University Press, 1981-90[『한국전쟁의 기원』, 김범 옮김, 파주: 글항아리, 2023].

_____. *Parallax Visions: Making Sense of American-East Asian Relations at the End of the Century*. Asia-Pacific, Culture, Politics, and Society. Durham, NC: Duke University Press, 1999.

_____. *War and Television*. Haymarket Series. London: Verso, 1992.

Daniels, Roger. *Concentration Camps USA: Japanese Americans and World War II*. New York: Holt, Rinehart and Winston, 1971.

Dayal, Shiv. *India's Role in the Korean Question: A Study in the Settlement of International Disputes under the United Nations*. Delhi: S. Chand, 1959.

Denning, Michael. *Culture in the Age of Three Worlds*. London: Verso, 2004.

Dower, John W. *Cultures of War: Pearl Harbor, Hiroshima, 9-11, Iraq*. New York: W. W. Norton; New Press, 2010[『전쟁의 문화: 미국과 일본의 선택적 기억, 집단적 망각』, 최파일 옮김, 김동춘 해제, 파주: arte(북이십일 아르테), 2024].

_____. *Embracing Defeat*. New York: W. W. Norton, 2000[『패배를 껴안고: 제2차 세계 대전 후의 일본과 일본인』, 최은석 옮김, 파주: 민음사, 2009].

_____. *War without Mercy: Race and Power in the Pacific War*. New York: Pantheon Books, 1986.

Drinnon, Richard. *Keeper of Concentration Camps: Dillon S. Myer and American Racism*. Berkeley: University of California Press, 1987.

Duara, Prasenjit. *Decolonization: Perspectives from Now and Then*. Rewriting Histories. London: Routledge, 2004.

_____. *Sovereignty and Authenticity: Manchukuo and the East Asian Modern*. State and Society in East Asia Series. Lanham, MD: Rowman and Littlefield, 2003[『주권과 순수성: 만주국과 동아시아적 근대』, 한석정 옮김, 파주: 나남, 2008].

Dudziak, Mary L. *Cold War Civil Rights: Race and the Image of American Democracy*. Princeton, NJ: Princeton University Press, 2000.

_____. *War Time: An Idea, Its History, Its Consequences*. Oxford: Oxford University Press, 2012.

Elleman, Bruce A. *Japanese-American Civilian Prisoner Exchanges and Detention Camps, 1941-45*. Routledge Studies in the Modern History of Asia 37. London: Routledge, 2006.

Em, Henry. *The Great Enterprise: Sovereignty and Historiography in Modern Korea*. Durham, NC: Duke University Press, 2013.

Evans, Humphrey. *Thimayya of India: A Soldier's Life*. New York: Harcourt, Brace, 1960.

Fanon, Frantz. *The Wretched of the Earth*. Translated from the French by Richard Philcox. Introductions by Jean-Paul Sartre and Homi K. Bhabha. New York: Grove Press, 2004[『대지의 저주받은 사람들』, 남경태 옮김, 서울: 그린비, 2010(2판)].

Feldman, Ilana. *Governing Gaza: Bureaucracy, Authority, and the Work of Rule, 1917-1967*. Durham, NC: Duke University Press, 2008.

Foot, Rosemary. "Nuclear Coercion and the Ending of the Korean Conflict." *International Security* 13, no. 3 (1988): 92-112.

_____. *A Substitute for Victory: The Politics of Peacemaking at the Korean Armistice Talks*. Cornell Studies in Security Affairs. Ithaca, NY: Cornell University Press, 1990.

Foucault, Michel. *The Archaeology of Knowledge*. New York: Harper and Row, 1976.

_____. *Discipline and Punish: The Birth of the Prison*. New York: Vintage Books, 1995[『감시와 처벌: 감옥의 탄생』, 오생근 옮김, 파주: 나남, 2020(번역개정2판)].

_____. *Security, Territory, Population: Lectures at the Collège de France, 1977-78*. Translated by Michel Senellart, François Ewald, and Alessandro Fontana. Basingstoke: Palgrave Macmillan; République Française, 2007[『안전, 영토, 인구: 콜레주드프랑스 강의 1977~78년』, 오트르망·심세광·전혜리·조성은 옮김, 서울: 난장, 2011].

_____. *"Society Must Be Defended": Lectures at the Collège de France, 1975-76*. Translated by Mauro Bertani, Alessandro Fontana, and David Macey. New York: Picador, 2003[『사회를 보호해야 한다: 콜레주드프랑스 강의 1975~76년』, 김상운 옮김, 서울: 난장, 2015].

Ffytche, Matt, and Daniel Pick, eds. *Psychoanalysis in the Age of Totalitarianism*. London: Routledge, Taylor Francis Group, 2016.

Fujitani, Takashi. *Race for Empire: Koreans as Japanese and Japanese as Americans during World War II*. Berkeley: University of California Press, 2011[『총력전 제국의 인종주의: 제2차 세계대전기 식민지 조선인과 일본계 미국인』, 이경훈 옮김, 서울: 푸른역사, 2019].

Gaddis, John Lewis. *The Long Peace: Inquiries into the History of the Cold War*. New York: Oxford University Press, 1987.

_____. *We Now Know: Rethinking Cold War History*. Oxford: Clarendon Press, 1997[『새로 쓰는 냉전의 역사』, 박건영 옮김, 서울: 사회평론, 2002].

Gauthier, Brandon. "The Other Korea: Ideological Constructions of North Korea in the

American Imagination, 1948-2000." PhD diss., Fordham University, 2016.

Goodrich, Leland M. *Korea: A Study of U.S. Policy in the United Nations*. New York: Council on Foreign Relations, 1956.

_____. *The United Nations*. New York: Crowell, 1959.

Gordon, Linda. *The Second Coming of the KKK: The Ku Klux Klan of the 1920s and the American Political Tradition*. 1st ed. New York: Liveright Publishing, 2017.

Grandin, Greg. *Empire's Workshop: Latin America, the United States, and the Rise of the New Imperialism*. New York: Metropolitan Books, 2006.

Graves, Kori. "Domesticating Foreign Affairs: The African-American Family, Korean War Orphans, and Cold War Civil Rights." PhD diss., University of Wisconsin-Madison, 2011.

Ha, Yong-ch'ul, Hong Yung Lee, and Clark W. Sorensen, eds. *Colonial Rule and Social Change in Korea, 1910-1945*. Seattle: University of Washington Press, 2012.

Halberstam, David. *The Coldest Winter: America and the Korean War*. New York: Hyperion, 2007[『콜디스트 윈터: 한국전쟁의 감추어진 역사』, 정윤미·이은진 옮김, 파주: 살림출판사, 2024].

Hanley, Charles J., Sang-Hun Choe, and Martha Mendoza. *The Bridge at No Gun Ri: A Hidden Nightmare from the Korean War*. New York: Henry Holt, 2001[『노근리 다리: 한국전쟁의 숨겨진 악몽』, 남원준 옮김, 서울: 잉걸, 2003].

Hansen, Thomas Blom, and Finn Stepputat. *Sovereign Bodies: Citizens, Migrants, and States in the Postcolonial World*. Princeton, NJ: Princeton University Press, 2005.

Hara, Kimie, ed. *The San Francisco System and Its Legacies: Continuation, Transformation, and Historical Reconciliation in the Asia-Pacific*. Asia's Transformations. Hoboken, NJ: Taylor and Francis, 2014.

Haruki, Wada. *The Korean War: An International History*. Translated by Frank Baldwin. New York: Rowman and Littlefield, 2014.

Hasegawa, Tsuyoshi. *Racing the Enemy: Stalin, Truman, and the Surrender of Japan*. Cambridge, MA: Harvard University Press, 2005[『종전의 설계자들: 1945년 스탈린과 트루먼, 그리고 일본의 항복』, 한승동 옮김, 서울: 메디치미디어, 2019].

Hayashi, Brian Masaru. *Democratizing the Enemy: The Japanese American Internment*. Princeton, NJ: Princeton University Press, 2004.

Henderson, Gregory. *Korea: The Politics of the Vortex*. Cambridge, MA: Harvard University Press, 1968[『소용돌이의 한국정치』, 이종삼·박행웅 옮김, 파주: 한울아카데미, 2013].

Hermes, Walter G. *Truce Tent and Fighting Front*. United States Army in the Korean War 2. Washington, DC: Center of Military History, United States Army, 2005.

Hobbes, Thomas. *Leviathan*. Rev. student ed. Cambridge Texts in the History of Political Thought. Cambridge: Cambridge University Press, 1996[『리바이어던: 교회국가 및 시민국가의 재료와 형태 및 권력. 1-2』, 진석용 옮김, 파주: 나남, 2008].

Hogan, Michael J. *A Cross of Iron: Harry S. Truman and the Origins of the National Security State,*

1945-1954. Cambridge: Cambridge University Press, 1998.

Hogan, Michael J., ed. *The Ambiguous Legacy: U.S. Foreign Relations in the "American Century"*. Cambridge: Cambridge University Press, 1999.

Höhn, Maria, and Seungsook Moon. *Over There: Living with the U.S. Military Empire from World War Two to the Present*. Durham, NC: Duke University Press, 2010[『오버 데어: 2차 세계대전부터 현재까지 미국 제군과 함께 살아온 삶』, 이현숙 옮김, 서울: 그린비, 2017].

Hong, Christine. Introduction, "The Unending Korean War". Special issue of *positions: asia critique* 23, no. 4 (2015): 597-617.

―――. Introduction to "Reframing North Korean Human Rights." Coedited with Hazel Smith. Thematic issue of *Critical Asian Studies* 45, no. 4 (2013): 511-32.

―――. "Legal Fictions: Human Rights Cultural Production and the Pax Americana in the Pacific Rim." PhD diss., University of California, Berkeley, 2007.

Horne, Gerald. *Black and Red: W. E. B. Du Bois and the Afro-American Response to the Cold War, 1944-1963*. SUNY Series in Afro-American Society. Albany: State University of New York Press, 1986.

Howland, Douglas, and Luise White, eds. *The State of Sovereignty: Territories, Laws, Populations*. Bloomington: Indiana University Press, 2009.

Hua, Ch'ing-chao. *From Yalta to Panmunjom: Truman's Diplomacy and the Four Powers, 1945-1953*. Ithaca, NY: East Asia Program, Cornell University, 1993.

Hughes, Theodore. *Literature and Film in Cold War South Korea: Freedom's Frontier*. New York: Columbia University Press, 2012[『냉전시대 한국의 문학과 영화: 자유의 경계선』, 나병철 옮김, 서울: 소명출판, 2013].

Hussain, Nasser. *The Jurisprudence of Emergency*. Ann Arbor: University of Michigan Press, 2003.

Hwang, Junghyun. "Specters of the Cold War in America's Century: The Korean War and Transnational Politics of National Imaginaries in the 1950s." PhD diss., University of California, San Diego, 2008.

Hwang, Su-kyoung. *Korea's Grievous War*. Philadelphia: University of Pennsylvania Press, 2016.

Ichioka, Yuji. *Before Internment: Essays in Prewar Japanese American History*. Edited by Gordon H. Chang and Eiichiro Azuma. Asian America. Stanford, CA: Stanford University Press, 2006.

―――. *The Issei: The World of the First Generation Japanese Immigrants, 1885-1924*. New York: Free Press, 1988.

Iriye, Akira. *After Imperialism: The Search for a New Order in the Far East, 1921-1931*. Cambridge, MA: Harvard University Press, 1965.

―――. *Global Community: The Role of International Organizations in the Making of the Contemporary World*. Berkeley: University of California Press, 2002.

Irwin, Ryan. *Gordian Knot: Apartheid and the Unmaking of the Liberal World Order*. Oxford: Oxford University Press, 2012.

Jager, Sheila Miyoshi. *Brothers at War: The Unending Conflict in Korea*. New York: W. W. Norton, 2013.

Jian, Chen. *China's Road to the Korean War: The Making of the Sino-American Confrontation*. U.S. and Pacific Asia. New York: Columbia University Press, 1994.

Khalili, Laleh. *Time in the Shadows: Confinement in Counterinsurgencies*. Stanford, CA: Stanford University Press, 2013.

Kaplan, Amy, and Donald Pease, eds. *Cultures of United States Imperialism*. New Americanists. Durham, NC: Duke University Press, 1993.

Kawashima, Ken C. *The Proletarian Gamble: Korean Workers in Interwar Japan*. Durham, NC: Duke University Press, 2009.

Kelly, John Dunham, and Martha Kaplan. *Represented Communities: Fiji and World Decolonization*. Chicago: University of Chicago Press, 2001.

Kennedy, David. *Of War and Law*. Princeton, NJ: Princeton University Press, 2006.

Kennedy, Paul M. *The Parliament of Man: The Past, Present, and Future of the United Nations*. New York: Random House, 2006.

Kim, Dong-choon. *The Unending Korean War: A Social History*. Honolulu: University of Hawaii Press, 2009.

Kim, Jeong-Min. "Intimate Exchanges: Korean Women, American GIs, and the Making of the Wartime Political Economy of South Korea during the Korean War." PhD diss., New York University, 2017.

Kim, Jodi. *Ends of Empire: Asian American Critique and the Cold War*. Minneapolis: University of Minnesota Press, 2010.

Kim, Richard S. *The Quest for Statehood: Korean Immigrant Nationalism and US Sovereignty, 1905-1945*. Oxford: Oxford University Press, 2011.

Kim, Suzy. *Everyday Life in the North Korean Revolution, 1945-1950*. Ithaca, NY: Cornell University Press, 2013[『일상과 혁명: 해방 후 북조선, 1945~50년』, 윤철기·안중철 옮김, 서울: 후마니타스, 2023].

Koskenniemi, Martti. *The Gentle Civilizer of Nations: The Rise and Fall of International Law, 1870-1960*. Cambridge: Cambridge University Press, 2002.

Kramer, Paul A. *The Blood of Government: Race, Empire, the United States, and the Philippines*. Chapel Hill: University of North Carolina Press, 2006.

Kurashige, Scott. *The Shifting Grounds of Race: Black and Japanese Americans in the Making of Multiethnic Los Angeles*. Politics and Society in Twentieth-Century America. Princeton, NJ: Princeton University Press, 2008.

Kuzmarov, Jeremy. *Modernizing Repression: Police Training and Nation-Building in the American Century*. Amherst: University of Massachusetts Press, 2012.

Kwon, Heonik. *The Other Cold War*. New York: Columbia University Press, 2010[『또 하나의 냉전: 인류학으로 본 냉전의 역사』, 이한중 옮김, 파주: 민음사, 2013].

Kwon, Heonik, and Byung-ho Chung. *North Korea: Beyond Charismatic Politics*. London: Rowman and Littlefield, 2012[『극장국가 북한: 카리스마 권력은 어떻게 세습되는가』, 파주: 창비, 2013].

Lankov, A. N. *From Stalin to Kim Il Sung: The Formation of North Korea, 1945-1960*. New Brunswick, NJ: Rutgers University Press, 2002.

Lee, Chong-Sik. *Syngman Rhee: The Prison Years of a Young Radical*. Institute for Modern Korean Studies Monograph Series 4. [Seoul]: Yonsei University Press, 2001.

Lee, Christopher J. *Making a World after Empire: The Bandung Moment and Its Political Afterlives*. Athens: Ohio University Press, 2010.

Lee, Steven Hugh. *Outposts of Empire: Korea, Vietnam, and the Origins of the Cold War in Asia, 1949-1954*. Montreal: McGill-Queen's University Press, 1995.

Leffler, Melvyn P. *For the Soul of Mankind: The United States, the Soviet Union, and the Cold War*. New York: Hill and Wang, 2007.

———. *A Preponderance of Power: National Security, the Truman Administration, and the Cold War*. Stanford Nuclear Age Series. Stanford, CA: Stanford University Press, 1992.

Lipman, Jana K. *Guantánamo: A Working-Class History between Empire and Revolution*. Berkeley: University of California Press, 2009.

Louis, William Roger. *Imperialism at Bay: The United States and the Decolonization of the British Empire, 1941-1945*. Oxford: Clarendon Press, 1977.

Lowe, Lisa, and David Lloyd, eds. *The Politics of Culture in the Shadow of Capital*. Postcontemporary Interventions. Durham, NC: Duke University Press, 1997.

Lucas, Scott. "Campaigns of Truth: The Psychological Strategy Board and American Ideology, 1951-1953." *International History Review* 18, no. 2 (1996): 253-504.

Man, Simeon. *Soldiering through Empire: Race and the Making of the Decolonizing Pacific*. Oakland: University of California Press, 2018.

Manela, Erez. *The Wilsonian Moment: Self-Determination and the International Origins of Anticolonial Nationalism*. Oxford: Oxford University Press, 2007.

Matray, James A. *The Reluctant Crusade: American Foreign Policy in Korea, 1941-1950*. Honolulu: University of Hawaii Press, 1985.

Mazower, Mark. *No Enchanted Palace: The End of Empire and the Ideological Origins of the United Nations*. Princeton, NJ: Princeton University Press, 2009.

McCoy, Alfred W. *Policing America's Empire: The United States, the Philippines, and the Rise of the Surveillance State*. Madison: University of Wisconsin Press, 2009.

———. *A Question of Torture: CIA Interrogation from the Cold War to the War on Terror*. New York: Metropolitan Books, 2006.

McMahon, Robert J. *The Cold War on the Periphery: The United States, India, and Pakistan*. New

York: Columbia University Press, 1994.

McNaughton, James. *Nisei Linguists: Japanese Americans in the Military Intelligence Service during World War II*. Washington, DC: Department of the Army, 2007.

Merrill, John. *Korea: The Peninsular Origins of the War*. Newark: University of Delaware Press, 1989[『(새롭게 밝혀 낸)한국 전쟁의 기원과 진실』, 이종찬·김충남 옮김, 서울: 두산동아, 2004].

Millett, Allan R. "Introduction to the Korean War." *Journal of Military History* 65, no. 4 (2001): 921-35.

_____. *The War for Korea, 1945-1950: A House Burning*. Modern War Studies. Lawrence: University Press of Kansas, 2005.

_____. *The War for Korea, 1950-1951: They Came from the North*. Modern War Studies. Lawrence: University Press of Kansas, 2010.

Morris-Suzuki, Tessa, ed. *The Korean War in Asia: A Hidden History*. New York: Rowman and Littlefield, 2018.

Muller, Eric L. *American Inquisition: The Hunt for Japanese American Disloyalty in World War II*. Chapel Hill: University of North Carolina Press, 2007.

Muthanna, I. M. *General Thimmayya (Former: Chief of Army Staff, India; Chairman, N.N.R.C., Korea; Commander, U.N. Forces, Cyprus)*. Bangalore: Orient Power Press, 1972.

Nabulsi, Karma. *Traditions of War: Occupation, Resistance, and the Law*. New York: Oxford University Press, 1999.

Nagaraja, Tejasvi. "Soldiers of the American Dream: Midcentury War Work, Jim Crow, and Popular Movements Amidst Global Militarization." PhD diss., New York University, 2017.

Ngai, Mae M. *Impossible Subjects: Illegal Aliens and the Making of Modern America*. Princeton, NJ: Princeton University Press, 2004.

Nguyen, Mimi Thi. *The Gift of Freedom War, Debt, and Other Refugee Passages*. Durham, NC: Duke University Press, 2012.

Oh, Bonnie B. C., ed. *Korea under the American Military Government, 1945-1948*. Westport, CT: Praeger, 2002.

Oliver, Robert Tarbell. *Syngman Rhee and American Involvement in Korea, 1942-1960: A Personal Narrative*. Seoul: Panmun Book, 1978[『(건국과 나라 수호를 위한)이승만의 대미투쟁: 편지와 일기, 신문기사로 엮은 건국사의 결정판(1942-1960). 상, 하』, 한준석 옮김, 서울: 비봉출판사, 2013].

_____. *Syngman Rhee: The Man behind the Myth*. New York: Dodd, Mead, 1954[『리승만박사전: 신비에 싸인 인물』, 박마리아 옮김, 서울: 한국학자료원, 2024].

Paik, A. Naomi. *Rightlessness: Testimony and Redress in U.S. Prison Camps since World War II*. Chapel Hill: University of North Carolina Press, 2016.

Paik Nak-Chung. *The Division System in Crisis: Essays on Contemporary Korea*, trans. by Myunghwan Kim, June-Kyu Sol, Seung-chul Song, and Young-joo Ryu. Seoul-California

Series in Korean Studies. Berkeley: University of California Press, 2011[『흔들리는 분단체제』, 서울: 창작과비평사, 1998].

Pang, Kie-Chung, and Michael Shin, eds. *Landlords, Peasants, and Intellectuals in Modern Korea*. Ithaca, NY: East Asia Program, Cornell University, 2005.

Park, Hyun Ok. *Two Dreams in One Bed: Empire, Social Life, and the Origins of the North Korean Revolution in Manchuria*. Durham, NC: Duke University Press, 2005.

Pierpaoli, Paul G. *Truman and Korea: The Political Culture of the Early Cold War*. Columbia: University of Missouri Press, 1999.

Prados, John. *Safe for Democracy: The Secret Wars of the CIA*. Chicago: Ivan R. Dee, 2006.

Prashad, Vijay. *The Darker Nations: A People's History of the Third World*. A New Press People's History. New York: New Press, distributed by W. W. Norton, 2007[『갈색의 세계사: 새로 쓴 제3세계 인민의 역사』, 박소현 옮김, 서울: 뿌리와이파리, 2015].

Rafael, Vicente L. *Motherless Tongues: The Insurgency of Language amid Wars of Translation*. Durham, NC: Duke University Press, 2016.

_____. *White Love and Other Events in Filipino History*. Durham, NC: Duke University Press, 2000.

Rejali, Darius M. *Torture and Democracy*. Princeton, NJ: Princeton University Press, 2007.

Robin, Ron Theodore. *The Barbed-Wire College: Reeducating German POWs in the United States during World War II*. Princeton, NJ: Princeton University Press, 1995.

_____. *The Making of the Cold War Enemy: Culture and Politics in the Military-Intellectual Complex*. Princeton, NJ: Princeton University Press, 2001.

Robinson, Greg. *By Order of the President*. Cambridge, MA: Harvard University Press, 2001.

_____. *A Tragedy of Democracy: Japanese Confinement in North America*. New York: Columbia University Press, 2009.

Scarry, Elaine. *The Body in Pain: The Making and Unmaking of the World*. New York: Oxford University Press, 1985[『고통받는 몸: 세계를 창조하기와 파괴하기』, 메이 옮김, 파주: 오월의봄, 2018].

Schaller, Michael. *The American Occupation of Japan: The Origins of the Cold War in Asia*. New York: Oxford University Press, 1985.

Scheper-Hughes, Nancy, and Philippe Bourgois, eds. *Violence in War and Peace*. Blackwell Readers in Anthropology 5. Malden, MA: Blackwell, 2004.

Scheipers, Sibylle, ed. *Prisoners in War*. Oxford: Oxford University Press, 2010.

Schmid, Andre. "'My Turn to Speak': Criticism Culture and the Multiple Uses of Class in Postwar North Korea." *International Journal of Korean History* 21, no. 2 (2016).

_____. *Korea between Empires, 1895-1919*. New York: Columbia University Press, 2002[『제국 그 사이의 한국 1895~1919』, 정여울 옮김, 서울: 휴머니스트 출판그룹, 2007].

Schmitt, Carl. *The Concept of the Political*. Chicago: University of Chicago Press, 2007[『정치적인 것의 개념: 서문과 세 개의 계론을 수록한 1932년 판』, 김효전·정태호 옮김,

파주: 살림출판사, 2012].

_____. *The Crisis of Parliamentary Democracy*. Studies in Contemporary German Social Thought. Cambridge, MA: MIT Press, 1985.

_____. *The Nomos of the Earth in the International Law of the Jus Publicum Europaeum*. New York: Telos Press, 2003[『대지의 노모스』, 최재훈 옮김, 파주: 민음사, 1995].

_____. *Political Theology: Four Chapters on the Concept of Sovereignty*. Studies in Contemporary German Social Thought. Cambridge, MA: MIT Press, 1985[『정치신학: 주권론에 관한 네 개의 장』, 김항 옮김, 서울: 그린비출판사, 2010].

Schrecker, Ellen. *Many Are the Crimes: McCarthyism in America*. 1st ed. Boston: Little, Brown, 1998.

Schrecker, Ellen, ed. *Cold War Triumphalism: The Misuse of History after the Fall of Communism*. New York: New Press, distributed by W. W. Norton, 2004.

See, Sarita Echavez. *The Decolonized Eye: Filipino American Art and Performance*. Minneapolis: University of Minnesota Press, 2009.

Selden, Mark, and Alvin Y. So. *War and State Terrorism: The United States, Japan, and the AsiaPacific in the Long Twentieth Century*. Lanham, MD: Rowman and Littlefield, 2004.

Shaw, Angel Velasco, and Luis Francia, eds. *Vestiges of War: The Philippine-American War and the Aftermath of an Imperial Dream, 1899-1999*. New York: New York University Press, 2002.

Shepard, Todd. *The Invention of Decolonization: The Algerian War and the Remaking of France*. Ithaca, NY: Cornell University Press, 2006.

Shibusawa, Naoko. *America's Geisha Ally: Reimagining the Japanese Enemy*. Cambridge, MA: Harvard University Press, 2006.

Shigematsu, Setsu, and Keith L. Camacho, eds. *Militarized Currents: Toward a Decolonized Future in Asia and the Pacific*. Minneapolis: University of Minnesota Press, 2010.

Shin, Gi-Wook. *Ethnic Nationalism in Korea: Genealogy, Politics, and Legacy*. Stanford, CA: Stanford University Press, 2006.

Shin, Gi-Wook, and Michael Robinson, eds. *Colonial Modernity in Korea*. Cambridge, MA: Harvard University Asia Center, distributed by Harvard University Press, 1999.

Simpson, Bradley. *Economists with Guns: Authoritarian Development and US-Indonesian Relations, 1960-1968*. Stanford, CA: Stanford University Press, 2008.

Simpson, Caroline Chung. *An Absent Presence: Japanese Americans in Postwar American Culture, 1945-1960*. New Americanists. Durham, NC: Duke University Press, 2001.

Singh, Nikhil Pal. *Race and America's Long War*. Oakland: University of California Press, 2017.

Sinha, Manisha, and Penny von Eschen, eds. *Contested Democracy: Freedom, Race, and Power in American History*. New York: Columbia University Press, 2007.

Smith, Aminda M. *Thought Reform and China's Dangerous Classes: Reeducation, Resistance, and the People*. Asia/Pacific/Perspectives. Lanham, MD: Rowman and Littlefield, 2013.

Sodei, Rinjirō. *Were We the Enemy?: American Survivors of Hiroshima*. Transitions—Asia and Asian America. Boulder, CO: Westview Press, 1998.

Sparrow, James. *Warfare State: World War II Americans and the Age of Big Government*. Oxford: Oxford University Press, 2011.

Spillers, Hortense J. *Black, White, and in Color: Essays on American Literature and Culture*. Chicago: University of Chicago Press, 2003.

Stoler, Ann Laura, ed. *Haunted by Empire: Geographies of Intimacy in North American History*. American Encounters/Global Interactions. Durham, NC: Duke University Press, 2006.

Stone, I. F. *The Hidden History of the Korean War, 1950-1951*. A Nonconformist History of Our Times. Boston: Little, Brown, 1988.

Straus, Ulrich. *The Anguish of Surrender: Japanese POW's of World War II*. Seattle: University of Washington Press, 2003.

Stueck, William. *The Korean War: An International History*. Princeton Studies in International History and Politics. Princeton, NJ: Princeton University Press, 1995.

_____. *Rethinking the Korean War: A New Diplomatic and Strategic History*. Princeton, NJ: Princeton University Press, 2002[『한국전쟁과 미국 외교정책』, 서은경 옮김, 파주: 나남출판, 2005].

Suh, Jae-Jung, ed. *Origins of North Korea's Juche: Colonialism, War, and Development*. Reprint edition. Lanham, MD: Lexington Books, 2014.

Tanaka, Yuki, and Marilyn Blatt Young, eds. *Bombing Civilians: A Twentieth-Century History*. New York: New Press, 2009.

Toland, John. *In Mortal Combat: Korea, 1950-1953*. New York: Quill/William Morrow, 1993[『(존 톨랜드의)6·25전쟁. 1-2』, 김익희 옮김, 서울: 바움, 2010].

Trouillot, Michel-Rolph. *Silencing the Past: Power and the Production of History*. Boston: Beason Press, 2015.

Uchida, Jun. *Brokers of Empire: Japanese Settler Colonialism in Korea, 1876-1945*. Cambridge, MA: Harvard University Asia Center, 2014[『제국의 브로커들: 일제강점기의 일본 정착민 식민주의 1876~1945』, 한승동 옮김, 서울: 길, 2020].

Von Eschen, Penny M. *Race against Empire: Black Americans and Anticolonialism, 1937-1957*. Ithaca, NY: Cornell University Press, 1997.

Watt, Lori. *When Empire Comes Home: Repatriation and Reintegration in Postwar Japan*. Harvard East Asian Monographs. Cambridge, MA: Harvard University Asia Center, distributed by Harvard University Press, 2009.

Weglyn, Michi. *Years of Infamy: The Untold Story of America's Concentration Camps*. New York: Morrow, 1976.

Westad, Odd Arne. *The Global Cold War: Third World Interventions and the Making of Our Times*. Cambridge: Cambridge University Press, 2005[『냉전의 지구사: 미국과 소련 그리고 제3세계』, 옥창준 옮김, 서울: 에코리브르, 2020].

Williams, William Appleman. *The Tragedy of American Diplomacy*. New York: W. W. Norton, 1988.

Woods, Colleen. "Bombs, Bureaucrats, and Rosary Beads: The United States, the Philippines, and the Making of Global Anti-Communism, 1945-1960." PhD diss., University of Michigan, 2012.

Yoneyama, Lisa. *Cold War Ruins: Transpacific Critique of American Justice and Japanese War Crimes*. Durham, NC: Duke University Press, 2016[『냉전의 폐허: 미국의 정의와 일본의 전쟁범죄에 대한 태평양횡단 비평』, 김려실 옮김, 부산: 부산대학교출판문화원, 2023].

Yoo, Theodore Jun. *It's Madness: The Politics of Mental Health in Colonial Korea*. Oakland: University of California Press, 2016.

Young, Charles. *Name, Rank, and Serial Number: Exploiting Korean War POWs at Home and Abroad*. New York: Oxford University Press, 2014.

Young, Louise. *Japan's Total Empire: Manchuria and the Culture of Wartime Imperialism*. Berkeley: University of California Press, 1998.

Young, Marilyn Blatt. *American Expansionism: The Critical Issues*. Critical Issues in American History Series. Boston: Little, Brown, 1973.

Yuh, Ji-Yeon. *Beyond the Shadow of Camptown: Korean Military Brides in America*. New York: New York University Press, 2002.

Zhihua, Shen. *Mao, Stalin and the Korean War: Trilateral Communist Relations in the 1950s*. Cold War History Series. Hoboken, NJ: Taylor and Francis, 2012.

찾아보기

인명

ㄱ
간디, 인디라 Indira Gandhi 341
고든, 린다 Linda Gordon 368, 422
고먼, 조지프 Joseph Gorman 89
고야마, 스파디 Spady Koyama 179
굿버렛, 레이먼드 Raymond Goodburlet 398, 399
그랜딘, 그레그 Greg Grandin 415
김동춘 262, 420
김수지 383

ㄴ
나가라자, 테자스비 Tejasvi Nagaraja 367
나가토, 후미타게 Fumitake Nagato 177
나불시, 카르마 Karma Nabulsi 33
나카타니, 가쓰야 Katsuya Nakatani 171, 173, 182, 183, 460, 461
네루, 자와할랄 Jawaharlal Nehru 21, 29, 309, 311, 312, 317, 318, 341, 344
니츠, 폴 Paul Nitze 26, 27, 411
니컬스, 도널드 Donald Nichols 73, 267, 270, 271, 273, 275

ㄷ
다나마치, 사부로 Saburo Tanamachi 177
다나카, 토머스 Thomas Tanaka 170, 459
다나카, 해리 Harry Tanaka 170
다니구치, 조지 George Taniguchi 172, 197-199, 460, 462
다얄, 시브 Shiv Dayal 314
다우, 레이 Ray Dowe 374
다우워, 존 John Dower 175
더든, 알렉시스 Alexis Dudden 50
덜레스, 앨런 W. Allen W. Dulles 354
덧지액, 메리 Mary Dudziak 411
데이비스, 아이클 Icle Davis 206
데임, 하틀렛 F. Hartlet F. Dame 143
도드, 프랜시스 Francis Dodd 32, 147, 205-215, 218-226, 232-236, 241, 243, 244, 247, 248, 310, 328, 407, 412, 435
두보이스, W. E. B. W. E. B. Du Bois 356, 377, 378

ㄹ
라우, 베네갈 Benegal Rau 308
랄, 아서 S. Arthur S. Lall 345, 475
램지, 조지프 Joseph Ramsey 399
러스크, 딘 Dean Rusk 58
레빈, 데이비드 A. David A. Levin 289
레흐, 레이먼드 Raymond Lech 352
로, 프랭크 E. Frank E. Lowe 237-241
로, 프레더릭 F. Frederick F. Low 54
로런스, 토머스 조지프 Thomas Joseph Lawrence 51
로브슨, 폴 Paul Robeson 356, 378
로비네트, 윌리엄 R. William R. Robinette 321

로빈슨, 존 N.John N. Robinson 264
로저스, 존John Rodgers 54
롤리, 아덴Arden Rowley 351-353
롱, 브레킨리지Breckinridge Long 160
루스벨트, 시어도어Theodore Roosevelt 56
루스벨트, 프랭클린 델러노Franklin Delano
　　Roosevelt 57, 58, 66, 71, 152, 156, 159,
　　175, 181
리비, 루스벤 E.Rutheven E. Libby 19, 20, 102,
　　228, 230-232, 454
리시에브스키, 조지프 빈센트Joseph Vincent
　　Lisiewski 92
리지웨이, 매슈Matthew Ridgway 132, 412
리치, 프레스턴 E.Preston E. Richie 386, 387
리프턴, 로버트Robert Lifton 357-359, 378,
　　476
리학구 138, 211, 212, 214, 215, 219-221,
　　223, 225, 236-242, 463

□

마쓰자키, 로이Roy Matsuzaki 171, 460
마요, 월터Walter Mayo 398
매카시, 조지프Joseph McCarthy 17, 150, 368
매켄지, 로버트 J.Robert J. Mackenzie 135
매코이, 앨프리드Alfred McCoy 415
맥너마라, 제임스James McNamara 208
맥두걸, 케네스Kenneth MacDougall 73, 74, 81,
　　84
맥아더, 더글러스Douglas MacArthur 11, 18,
　　46, 59, 60, 68, 72, 78, 80, 106, 107,
　　117, 122, 194, 236, 309, 353, 370, 412,
　　448
맨, 시메온Simeon Man 261
메논, 크리슈나Krishna Menon 311, 316, 317
메이어, 윌리엄William Mayer 360, 361, 364,
　　391
멘델, 레이먼드Raymond Mendell 389, 390
모스니카, 프랜시스Francis Mosnicka 370
모이어, 로버트 H.Robert H. Moyer 92
무어, 조니Johnny Moore 352, 372
문승숙 27
미드, 에드워드 그랜트Edward Grant Meade
　　69-71
미야모토, 샘Sam Miyamoto 149, 150, 152-
　　158, 167, 169, 174, 175, 181, 182,
　　191-194, 196, 200, 201, 410, 411,
　　457-462, 481

ㅂ

바가반, 마누Manu Bhagavan 309
바나, 앨프리드Alfred Banah 371
바넷, 조지George Barnett 370
바틀릿, 새뮤얼 C. (2세)Samuel C. Bartlett Jr.
　　184-188, 193, 195
배로스, 러셀 D.Russell D. Barros 261
버, 로버트 윌리엄Robert William Burr 92, 93
베스트, 제프리Geoffrey Best 127
보트너, 헤이든Haydon Boatner 211,
　　241-244, 246, 407
본스틸, 찰스Charles Bonesteel 58
볼스, 에드워드 L.Edward L. Bowles 238-241
브라운, 앨버트 E.Albert E. Brown 264
브라운, 에바Eva Braun 35
브란트, 조지George Brandt 164
브리지스, 해리Harry Bridges 387
비더만, 앨버트Albert Biderman 366, 367, 476
비에리, 프레더릭Frederick Bieri 32, 95, 99,
　　100, 115

ㅅ

샤이퍼스, 지빌레Sibylle Schiepers 126
설리번, 러런스 V.Larance V. Sullivan 397
세이어, 조지George Sayre 372, 373
셀즈, 잭Jack Sells 89
셰이, 데이비드David Shay 400
셸던, 로스Ross Sheldon 285
소데이, 린지로Rinjiro Sodei 176, 461
슈마흐, 머리Murray Schumach 205, 241, 247
슈미드, 앙드레Andre Schmid 384, 422
슈미트, 카를Carl Schmitt 31, 125, 245, 455
슈펠트, 로버트Robert Shufeldt 54
스캐리, 일레인Elaine Scarry 241
스타센, 해럴드Harold Stassen 253, 254
스털, 로버트 K.Robert K. Stull 360
스테드, 윌리엄 T.William T. Stead 50, 53, 54
스테푸타트, 핀Finn Stepputat 90
스팀슨, 헨리Henry Stimson 162, 181
시걸, 줄리어스Julius Segal 393, 394, 476
시라가, 로이Roy Shiraga 170, 179, 180, 459, 461
시라쓰키, 토머스Thomas Shiratsuki 190, 191
시로이시, 로버트Robert Shiroishi 158
싱 딜런, 구르바크쉬Gurbaksh Singh Dhillon 338
싱, 우잘Ujjal Singh 324
쓰다, 조지George Tsuda 173, 197-199, 460, 462

ㅇ

아감벤, 조르조Giorgio Agamben 201, 456
아널드, 아치볼드Archibald Arnold 71, 72
아이젠하워, 드와이트Dwight Eisenhower 27, 32, 34, 36, 249, 252-254, 299, 306, 307, 316, 400, 420
아즈마, 에이치로Eiichiro Azuma 169, 171, 172, 421, 460
안호상 287
알베르티, 잭Jack Alberti 185
암스트롱, 로버트 R.Robert R. Armstrong 137
암스트롱, 찰스Charles Armstrong 371, 464
애덤스, 클래런스Clarence Adams 367, 397, 398, 400, 409-411
애치슨, 딘Dean Acheson 27, 29, 107, 132, 411, 464
앨런, 레이먼드Raymond Allen 101, 102, 120, 121, 123
앵기, 앤서니Anthony Anghie 51
야나기하라, 짐Jim Yanagihara 170, 171, 179, 182, 460, 461
야마모토, 스티브Steve Yamamoto 360
에드워즈, 노먼Norman Edwards 142, 143
엔세키, 주디 (아야)Judy (Aya) Enseki 175, 176
엘리먼, 브루스Bruce Elleman 162, 166
영, 매릴린Marilyn Young 31, 423
오세희 11-14, 21, 24, 28, 31, 32, 37, 42, 48, 111, 116-118, 329, 413
오카다, 하워드Howard Okada 170, 171, 182, 459-461
와쿠가와, 겐지로 프레드Kenjiro Fred Wakugawa 190, 191
요시다 시게루Shigeru Yoshida 414
요시자와, 아널드Arnold Yoshizawa 158, 178-180, 461
요코야마, 마모루 "스티브"Mamoru "Steve" Yokoyama 195, 196, 462
월턴, 새뮤얼 E. (2세)Samuel E. Walton Jr. 278
윌리엄스, 윌리엄 애플먼William Appleman Williams 429

윌메스, 레너드Leonard Wilmeth　395
윌슨, 우드로Woodrow Wilson　124
이무호　93, 95
이소베, 토로Toro Isobe　156
이승만　29, 87, 124, 230, 252-254, 257, 258, 272, 273, 280-282, 287, 297, 301, 302, 306, 309, 311, 339, 435
이치오카, 유지Yuji Ichioka　170
임, 헨리Henry Em　53, 55, 418, 446

ㅈ

자켈레, 알러리치Alarich Zacherle　380, 396, 478
잘버그, 샌퍼드 L.Sanford L. Zalburg　206-208, 462
장제스蔣介石　57, 256, 260
잭슨, 베른 O.Verne O. Jackson　291
잭슨, 앤드루Andrew Jackson　365
제이컵스, 조지프Joseph Jacobs　280
조이, 찰스 터너Charles Turner Joy　227
존슨, 린든 베인스Lyndon Baines Johnson　409
존슨, 찰머스Chalmers Johnson　272
주영복　302, 303, 309-311, 337-342, 346-350, 410, 411, 481

ㅊ

차이청원柴成文, Tsai Cheng-wen　228
차크라바르티, B. N.B. N. Chakravarty　311
창, 고든Gordon Chang　54
창, 데이비드 청David Cheng Chang, 常成　414, 421, 428
채오병　287
처칠, 윈스턴Winston Churchill　57

ㅋ

카루시, 조지프 S.Joseph S. Carusi　360
카펜터, 에버렛Everett Carpenter　377
칼릴리, 랄레Laleh Khalili　422
캐슬위츠, 마누엘Manuel Castlewitz　377
캐플런, 마사Martha Kaplan　227
캠벨, 에드워드Edward Campbell　377
커밍스, 브루스Bruce Cumings　27, 46, 55, 69, 161, 263, 264, 421, 468
케이스, 올리버 L.Oliver L. Case　295
켈리, 존John Kelly　227
콕스, 드와이트Dwight Coxe　389, 390
콘월, 마이클Michael Cornwell　352
콜슨, 찰스 F.Charles F. Colson　207, 214, 221, 225, 234
쿠니홈, 베르텔Bertel Kuniholm　281
쿠퍼, 캐럴Carroll Cooper　136-138, 141
크레이그, 윌리엄 H.William H. Craig　214
크로, 짐Jim Crow　30, 369, 397, 398, 409
클라우제비츠, 카를 폰Carl von Clausewitz　15, 400
클라크, 마크Mark Clark　36, 245, 246, 299
클린턴, 매기Maggie Clinton　287

ㅌ

타이그, 윌리엄 J.William J. Tigue　74, 268
태프트, 윌리엄 하워드William Howard Taft　56
터커, 캐리 S.Cary S. Tucker　104
토라트, S. P. P.Shankarrao Pandurang Patil(SPP) Thorat　342
톨런드, 존John Toland　350
톰슨, 지미Jimmy Thompson　353, 368-370, 385, 398
트루먼, 해리Harry Truman　15, 18, 20, 25, 26, 28, 49, 88, 91, 101, 103, 107, 119, 120,

126, 129, 131, 132, 144, 147, 153, 154, 175, 178, 179, 181, 209, 211, 237, 239-241, 249, 367, 411, 420, 457

티메이야, 코덴데라 수베이야Kodandera Subayya Thimayya   21, 306, 307, 311-313, 318, 323, 325-327, 329, 331-336, 338, 339, 342, 347

ㅍ

파농, 프란츠Frantz Fanon   17
파디야 네르보, 루이스Luis Padilla Nervo   314
파렐, 조지프Joseph Farell   291
패넬, 매리언 R.Marion R. Panell   360
패슬리, 버지니아Virginia Pasley   355
퍼트넘, 파머Palmer Putnam   123
페리, 매슈Matthew Perry   54, 55
페이트, 로이드Lloyd Pate   370
페티트피에르, 막스Max Petitpierre   127
포레타, 아르멘도Armendo Poretta   138
포스, 셸턴Shelton Foss   381-385, 389, 395
풋, 로즈메리Rosemary Foot   316, 431
프래도스, 존John Prados   119
프랭켈, 에른스트Ernst Fraenkel   60-63, 67, 68, 74, 97, 423, 447
프리먼, 윌리엄William Freeman   399, 400
피시, 해밀턴Hamilton Fish   54
피츠제럴드, 모리스Maurice Fitzgerald   144, 147
피카드, 헨리 J.Henry J. Picard   190, 191
픽테, 장Jean Pictet   128
핀마르크, 렌나르트Lennart Finnmark   345

ㅎ

하우스만, 제임스 H.James H. Hausman   261, 271, 272, 274, 468-470

하지, 존John Hodge   59, 60, 64, 65, 67, 72-74, 76, 84, 85, 261, 263, 264, 301, 448
학사르, P. N.P. N. Haksar   311
한센, 케네스Kenneth Hansen   327-332
한센, 토머스 블롬Thomas Blom Hansen   90
함마르셸드, 다그Dag Hammarskjöld   343, 345, 475
해리슨, 윌리엄 K.William K. Harrison   36, 299, 305
해리슨, 조지프Joseph Harrison   375, 376, 390, 478
해트, 고든 R.Gordon R. Hatt   360
햄블런, A. K.A. K. Hamblen   321
헤이니, 조지 W.George W. Haney   292
헨더슨, 그레고리Gregory Henderson   61, 73, 255, 257, 259, 260, 263, 294
헨리, 제임스 M.James M. Hanley   151, 152, 184, 239
호건, 마이클Michael Hogan   26
호프만, 게오르크Georg Hoffmann   247
혼, 마리아Maria Höhn   27
혼다, 톰Tom Honda   179
홍, 크리스틴Christine Hong   367, 415, 419, 424, 482
화이트, 윌리엄 C.William C. White   397
황수경   272
후지이, 존John Fujii   190, 191, 194, 199
후지타니, 다카시Takashi Fujitani   164, 165, 421
휴스, 시어도어Theodore Hughes   349, 383
히크먼, 조지 W. (2세)George W. Hickman Jr.   228

확인 불가

관태용 Kwan Tae Yong 289, 290
김교황 Kim Kyo Whang 294
김종숙 Kim Jong Sook 235
김종자 Kim Jong Ja 235
김창모 Kim Chang Mo 213, 233
김치규 Kim Chi Kyu 90
김학준 Kim Hak Joon 255
류이 Lui I 215
리홍종 Ri Hong Jong 384
박기병 Park Ki Byung 260, 467
박기찬 Pak Gi-Chan 342
박상신 Pak Sang Sin 344
박송원 Pak Song Won 289-291
박수복 Pak Soo Pok 235
박찬배 Pak Chan Be 191
서청만 Suh Chung Man 104
석창주 Suk Chang Joo 294
선진관 Sun Jin Kwan 236
성용창 Sung Yong-Chang 251
송모진 Song Mo Jin 205, 233
신현욱 Shin Hyun Uk 289, 290
안종운 An Jong Un 220
양정옥 Yang Jung Ok 294

오병걸 O Byong Keol 233
오승권 O Seong Kwon 213, 214, 233
윤경구 Yun Kyung Koo 105
윤봉천 Yun Bong Chun 190
은진식 Eun Jin Sik 135
이광순 Lee Kwang Soon 282
이병화 Lee Byong Wha 136
이윤준 Lee Yun Jun 134
이재복 Lee Jae Bok 286, 287
이종규 Yi Chong-gyu 115, 117, 118, 453, 454
이철균 Lee Chol Jyun 344
이철수 Lee Cheul Soo 104
이평만 Lee Pyong Man 32
임상영 Im Sang Yung 289-291
임익감 Lim Ik Kam 344
임채관 Lim Chai Kwan 135, 136
장성섬 Chang Sung Sum 45-48, 68, 97, 445
전용고 Jeon Yong Ko 294, 295
주택운 Joo Tek Woon 205, 213, 214, 221, 233
지기철 Ji Ki Cheol 344, 345, 475
최현효 Choi Hyun Hyo 134
탁성중 Taik Song Jeung 105-107, 109
현동화 Hyeon Dong Hwa 344, 345
홍일섭 Hong Il Seop 344

용어

1-Z

1882년 중국인 배제법Chinese Exclusion Act 1882 170, 171

1924년 이민법Immigrantion Act 1924 170-172, 460

38선 17-19, 21, 24, 29, 45-48, 58-60, 68, 91, 93, 101, 105, 106, 109, 110, 115, 116, 122, 124, 181, 182, 208, 209, 227-231, 265, 303, 306-309, 311, 316-319, 326, 327, 329, 331-333, 336, 337, 342, 346, 349-351, 353, 356, 362, 370, 371, 394, 397, 408, 431, 445, 465

FBI → 연방수사국

G-2 → 미 극동군 사령부 정보참모부

G-2 주간정보보고서 68, 76

KKK → 큐클럭스클랜

NSC-68 → 국가안전보장회의 보고서 제68호

SS 그립스홀름SS Gripsholm호 152, 158, 163, 167, 173-175

ㄱ

가쓰라-태프트 협약 56, 161

강제 송환 19, 20, 123, 126, 209, 221, 232, 314, 316

개입 전쟁 39, 48, 153, 356, 403, 413, 415, 417

거제도 포로수용소 32, 100, 102, 109-111, 114, 115, 117, 134, 136, 142, 144, 146, 205, 206, 208, 210-212, 221, 229, 245, 246, 332, 433

건준 → 조선건국준비위원회

경찰 행동(치안 활동)police action 16, 19, 48, 91, 97, 104, 119, 153, 154, 395, 415

국가안전보장회의 보고서 제68호NSC-68 26, 27, 101, 119, 153, 178, 411

국가안전보장회의NSC 101, 104, 119, 120, 252-254, 258

국민-만들기subject-making 31, 156, 194, 200

국제법 15, 25, 36, 50, 55, 56, 61, 97, 129, 225, 228, 232, 308, 312, 314-316, 411, 423, 430-434

국제적십자위원회ICRC 21, 32, 33, 95, 99-101, 103, 123-125, 127-129, 159, 211, 212, 244, 247, 328, 420, 463

군사 국가militarized state 26

군사원조고문단MAAG 28

군사정보국MIS 184, 190, 239, 360, 457, 461

귀향증 12, 31, 32, 37, 210

ㄴ

남로당 → 남조선노동당

남의사藍衣社 256, 287

남조선국방경비대 256, 257, 261, 272

남조선노동당(남로당) 80, 83, 91, 272, 273

뉘른베르크재판 33

니세이(일본계 미국인 2세) 28, 150, 151, 154, 175-177, 179, 180, 189-191, 265, 461

ㄷ

다이요 마루Taiyo Maru호 173, 174

대한민주청년동맹(대한민청) 273
대한반공청년단 36, 255, 257, 279, 282,
　　284, 288, 298-300, 302, 326, 328, 329,
　　338, 339
대한청년단 280, 282, 435

ㄹ

롤백 18, 106, 107, 121, 122, 229, 370

ㅁ

〈맨츄리안 켄디데이트〉The Manchurian
　　Candidate 355, 368
문명화(의) 사명 47, 51, 71, 161
문신 39, 259, 296, 297
미 극동군 사령부 정보참모부G-2 34, 80,
　　89, 90, 95, 182, 264, 266, 272
미국 국가기록관리청NARA 34-36, 299,
　　302, 420, 472
미국 전략사무국OSS 62, 260, 390, 454
미군 방첩대CIC 34, 35, 45-49, 69, 73, 74,
　　79-89, 91, 92, 95, 255, 257-259, 263-
　　279, 289-292, 297, 302, 352, 356, 357,
　　360-362, 366, 371, 373, 374, 376-378,
　　381, 382, 385, 388, 391, 392, 395, 396,
　　398-400, 413, 414, 433, 435
미군 포로 28, 29, 35, 37-39, 41, 122,
　　352-357, 360-367, 370, 371, 373-377,
　　379-381, 384-392, 394-400, 414, 476
미군정 22, 37, 40, 45-49, 59, 62-65, 67-
　　69, 71-80, 82, 85, 87, 88, 90-92, 95,
　　109, 117, 184, 230, 255-257, 259,
　　261-264, 267, 270-273, 275, 278-280,
　　289, 349, 361, 448, 460
민간인 억류자/민간인 포로 112, 115-
　　117, 142-144, 211, 228, 454, 465

민간정보교육국CIE 219, 279, 282, 284,
　　285, 288, 295, 297, 328, 337
민주청년동맹위원회(민청) 11

ㅂ

반공 포로 36, 100, 103, 133-135, 141,
　　249, 251, 253, 255, 257, 279, 282-284,
　　287, 288, 293-295, 297, 300-302,
　　309-311, 325, 327-331, 337, 339, 407,
　　433, 435
방첩대 보고서 83, 268, 269, 275, 357
범죄수사대CID 140, 233-236, 283, 390
법무감실JAG 151
베르사유조약 161
북조선노동당 83, 215, 237
붉은색 유니폼 사건 110, 111, 133, 138
비무장지대 306, 307, 323, 353, 409, 415,
　　417, 437, 464
비상사태state of emergency 46, 48, 49, 72,
　　75, 77-80, 84, 86-88, 91, 95, 103, 152,
　　200, 267, 288, 292, 353
비송환 포로 323, 331, 335

ㅅ

상설조사소위원회 150
샌프란시스코 평화조약 129, 130, 132
서북청년단 257, 258, 265, 267-273, 275,
　　279, 294, 435
설득실(설명실) 24, 29, 38, 40, 211, 306,
　　307, 316-323, 326, 330-333, 335, 339,
　　344, 346
세계인권선언 15, 33
세뇌 37, 197, 293, 313, 325, 353-356,
　　360, 362, 365, 368, 377, 388, 391,
　　394-400, 422, 436

스팀슨 독트린 162, 170
심리전략위원회PSB 101-104, 119-125,
　127-131, 147, 282, 411, 412

ㅇ
애국자 증명서 11-13
애스컴 시티Ascom City(미군수지원사령부)
　197
연방수사국FBI 156, 157, 182, 352, 400,
　409
연합군최고사령부GHQ 176
영천 포로수용소 36, 298, 302, 339, 347
예외적 주권exceptional sovereignty 84, 267
오자와Ozawa 대 미국 소송 172
유엔군 12, 18, 19, 29, 32, 35, 37, 40, 89,
　91, 93, 101, 103, 107, 109, 131, 134,
　135, 139, 142, 143, 197, 210, 225, 228,
　245, 246, 251, 257, 277, 305, 310, 332,
　333, 338, 339, 360, 370, 382, 428, 435,
　444
유엔군사령부 송환설명단UNCREG 321
유엔군사령부UNC 12, 18, 19, 39, 40, 42,
　99, 104, 105, 140, 144, 147, 148, 208,
　211, 221, 227, 228, 232-234, 251, 252,
　254, 255, 257, 276, 282, 285, 289, 291,
　293, 305, 309, 313, 314, 319-321, 323,
　333, 339, 347, 392, 410, 412, 465
이세이(일본계 미국인 1세) 165, 171, 172,
　460
인공 → 조선인민공화국
인도관리군CFI 38, 40, 306, 309, 323-325,
　327, 331, 335, 337-342, 344
인민군 → 조선인민군
인민위원회 69-71, 76
인종-만들기race-making 155

인천 상륙작전 18, 105, 106, 109, 197,
　370
일민주의 287
일본계 미국인 1세 → 이세이
일본계 미국인 2세 → 니세이
일본계 미국인 수용소 39, 178
일본계 미국인 심문관 36, 40, 182, 183,
　191, 194, 195, 197, 200, 201, 239, 416,
　434
일본계 미국인의 리빙 레거시JALL 420
일본합동정보처리위원회JJPB 360-362,
　385-388, 391, 392, 394-396

ㅈ
(심문 기법으로서) 자서전 쓰기 259, 383,
　384
자아비판 38, 328
자원 송환 19, 47, 102, 104, 122, 124,
　127-131, 142, 147, 205, 209, 211, 212,
　221, 225, 231, 235, 240, 243, 245, 314,
　317, 354, 386, 412, 434
적국 출신 거류 외국인enemy alien 39, 40,
　156, 410
"적절한 시기에"in due course 57, 61, 67, 85,
　271, 413
전시민간인통제국WCCA 169
전쟁범죄의 처벌에 관한 선언(1942년) 33
전쟁범죄조사단WCD 151
전쟁부War Department 61, 164, 454
전쟁재배치국War Relocation Authority 164,
　165
정보공개법Information Act 35
정치고문단PAG 80, 266
제네바협약 32, 33, 100, 101, 109, 111,
　122, 123, 127-129, 132, 133, 135, 137,

141, 158, 159, 209, 210, 212, 223, 225,
226, 229, 232, 235, 236, 244, 245, 252,
314-316, 328
조선건국준비위원회(건준) 65, 69, 70,
215
조선민족청년단 256, 261, 262, 280
조선민주주의인민공화국 18, 19, 21, 22,
100, 101, 181, 209, 221, 226-228, 230,
319, 465
조선인민공화국(인공) 65, 66, 69, 71, 72,
74, 76, 78-80, 90, 262
조선인민군(인민군) 11-13, 18, 42, 83, 90,
93, 101, 106, 107, 115-118, 122, 138,
145, 210, 215, 231, 236, 238, 240, 257,
276, 280, 289, 302, 308, 310, 318, 325,
337, 344, 345, 362, 407, 433, 435
조선인민군 및 중국인민지원군 포로
 대표단(포로 대표단) 210, 216, 219,
221, 223, 225, 232, 234, 235, 241, 245,
328, 407
주체사상 384, 385
주한미군정청USAMGIK 48, 60, 61, 63, 74,
97
중국인 포로 131, 199, 326, 330, 354, 443
중국인민지원군(중국군) 17, 20, 30, 41,
42, 93, 95, 101, 107, 137, 141, 145,
191, 197, 199, 210, 215, 234, 257, 260,
289, 290, 309, 325, 332, 352, 353, 361,
362, 366, 369-372, 376, 378-380, 382,
385-387, 389, 390, 392, 394, 396, 409,
414, 428, 436
중립국 선택 24, 40, 303, 307, 309, 311,
316, 317, 323, 335-337, 339-342,
346-349, 410, 414, 433, 435, 436, 475
중립국송환위원회NNRC 21, 24, 29, 38,

311, 316, 317, 319, 321, 325, 331, 338

ㅊ

첩보전/첩보 전쟁 81, 82, 91, 263, 292,
413
추수 봉기 49, 264, 272
치안대 116, 256, 262
친공 포로 32, 38, 100, 103, 114, 133-136,
141, 142, 145, 148, 149, 155, 205, 214,
233, 240, 242, 243, 245, 257, 288, 294,
301, 310, 328, 335, 377, 394, 407, 412

ㅋ

카이로선언/카이로회담 57, 60, 61, 67,
85, 124, 413, 446
켈로그-브리앙조약 162
큐클럭스클랜KKK 38, 39, 365, 366, 368,
398-400, 409

ㅌ

태평양전쟁위원회 58
태프트-하틀리 법Taft-Hartley Act 400
트루먼독트린 25, 26, 71

ㅍ

판문점 협상 40, 147, 210, 226, 227, 230,
254, 301
『평화회의보』Courrier de La Conférence de la paix
50, 52, 53
포고령 49, 60, 67, 68, 78, 157, 158, 178,
179
포로 대표단 → 조선인민군 및 중국인민지원군
 포로 대표단
포로 이송 경로pipeline 277, 291
포츠머스조약 56

표준 운영 절차SOP　81, 277, 278

ㅎ
하원 반미활동위원회HUAC　400
행정명령 10631　34, 400
행정명령 9981　367

헤이그만국평화회의　34, 47, 49-51, 53,
　54, 56, 62, 86, 129
혈서　36, 211, 259, 282, 297-299, 301,
　302, 435, 472
히로시마 폭격　152, 174, 175